„Juden, die ins Lied sich retten" –
der Komponist Mieczysław Weinberg (1919–1996)
in der Sowjetunion

Waxmann Verlag GmbH
Steinfurter Straße 555, 48159 Münster
info@waxmann.com

Musik und Diktatur

Herausgegeben von
Friedrich Geiger

Band 1

Verena Mogl

„Juden, die ins Lied sich retten" – der Komponist Mieczysław Weinberg (1919–1996) in der Sowjetunion

Waxmann 2017
Münster · New York

Gedruckt mit Unterstützung der
Gerda Henkel Stiftung, Düsseldorf.

Bibliografische Informationen der Deutschen Nationalbibliothek
Die Deutsche Nationalbibliothek verzeichnet diese Publikation in
der Deutschen Nationalbibliografie; detaillierte bibliografische
Daten sind im Internet über http://dnb.dnb.de abrufbar.

Musik und Diktatur, Band 1

ISSN 2199-3912
Print-ISBN   978-3-8309-3137-9
E-Book-ISBN   978-3-8309-8137-4

© Waxmann Verlag GmbH, 2017
www.waxmann.com
info@waxmann.com

Umschlaggestaltung: Pleßmann Design, Ascheberg
Autorinnenfoto: © Yvonne Schmedemann
Satz: Stoddart Satz- und Layoutservice, Münster

Gedruckt auf alterungsbeständigem Papier,
säurefrei gemäß ISO 9706

Für Magdalena

Zur Schriftenreihe „Musik und Diktatur"

Musik spielt in Diktaturen eine entscheidende Rolle. Wie keine andere Kunst appelliert sie an die Emotionen der Menschen, ohne Umwege über den Verstand, den totalitäre Regime gerne aushebeln. Musik kann, wie jeder weiß, überwältigen, und dieses Potential haben sich Herrscher zu allen Zeiten zunutze gemacht. In Diktaturen geschah dies meist planmäßig und in großem Maßstab. Dabei zeigt die Musikpolitik in fast allen Regimen gewisse Ähnlichkeiten. So gehört zu ihren Grundzügen, dass sie zwischen erwünschter Musik (Musik, die dem Regime nützt) und unerwünschter Musik (Musik, die dem Regime nicht nützt oder sogar schadet) unterscheidet und in zwei Richtungen agiert. Erwünschte Musik und ihre Komponisten werden stark gefördert, unerwünschte Musik und ihre Komponisten hingegen ausgegrenzt, unterdrückt oder auf Linie gebracht.

Welche Musik erwünscht oder unerwünscht war, verhielt sich in jeder Diktatur anders. Gleichwohl lassen sich einige übergreifende Tendenzen benennen:

- Erwünscht war Musik, die etwa bei Selbstinszenierungen der Regime – Massenveranstaltungen wie Parteitagen, Sportwettkämpfen, Aufmärschen, Gedenktagen, Weihefesten und so fort – den Machtanspruch der Herrschenden verklären und ihre markigen Reden überhöhen konnte.
- Musik unterstützte die Propaganda der Regime, indem sie die ideologische Botschaft emotionalisierte und die Hörer in die gewünschte Richtung lenkte.
- Operngalas und Festkonzerte verliehen den Gewaltherrschern kulturellen Glanz. Sie beanspruchten bedeutende musikalische Traditionen, profitierten von deren Beliebtheit und versuchten die Massen zu gewinnen, indem sie ihnen dieses Repertoire in preiswerten Volkskonzerten zugänglich machten.
- Die Diktaturen griffen auf die gemeinschaftsbildende Kraft der Musik zurück, die aus dem Gemeindegesang vertraut ist, aber auch in Konzerten oder beim gemeinsamen Singen etwa in Jugendorganisationen wirkte.
- Auch die zeitgenössische Musik nahmen die Kulturideologen in den Dienst. So wurden Komponisten, die erwünschte Musik schrieben, durch Posten, Stipendien und Preise belohnt, was bei vielen verfing, da sie wirtschaftlich kaum abgesichert waren.

Im Gegensatz zu dieser Musik, die den diktatorischen Regimen nützte, stand die unerwünschte Musik. Fragt man danach, was Musik bei den Kulturideologen in Misskredit brachte, zeichnen sich in der Regel politische, rassistische und ästhetische Gründe ab, die allerdings in jeder Diktatur unterschiedliches Gewicht hatten. In der Musikpolitik des NS-Staates etwa zeigen sich von Anfang an rassistische Motive, die im Zuge der „kumulativen Radikalisierung" (Hans Mommsen) und der territorialen Expansion des Regimes immer ausschließlicher dominierten, zuweilen sogar im Widerspruch zu seinen politischen und ästhetischen Interessen.

Vergleichende musikbezogene Diktaturforschung, so zeigen schon diese knappen Bemerkungen, ist auf die detaillierte Untersuchung einzelner Aspekte genauso angewiesen wie auf die übergeordnete Perspektive. Beidem möchte die Schriftenreihe „Musik und Diktatur" Raum bieten und beides miteinander in Beziehung setzen. Herausragende Qualifikationsarbeiten stehen dabei neben Studien bereits arrivierter Autorinnen und Autoren. Dass disziplinäre Grenzen regelmäßig überschritten werden, ist wichtig und willkommen. Geographisch und zeitlich unterliegen die Themen der Monographien keinerlei Einschränkungen – Diktaturen gab und gibt es bekanntlich seit jeher und auf der ganzen Welt, Musik ebenso. Wenn diese Reihe dazu beiträgt, für die Zusammenhänge zwischen Musik und Diktatur zu sensibilisieren, hat sie ihren Zweck erfüllt.

Friedrich Geiger

Inhalt

Einleitung

Mieczysław Weinberg – Zum Stand der Forschung

Das erste erhaltene Kompositionsmanuskript des am 8. Dezember 1919 in Warschau geborenen Mieczysław Weinberg – es trägt den Titel *Dwa mazurki* [zwei Mazurken] für Klavier op. 10 und 10a – ist datiert auf den 17./21. November 1933, Entstehungsort ist Warschau. Das jüngste erhaltene Manuskript, eine Skizze der 22. Symphonie op. 154, ist datiert auf den 25. März/10. Mai des Jahres 1994, Entstehungsort ist Moskau (Abb. 1 und 2).[1]

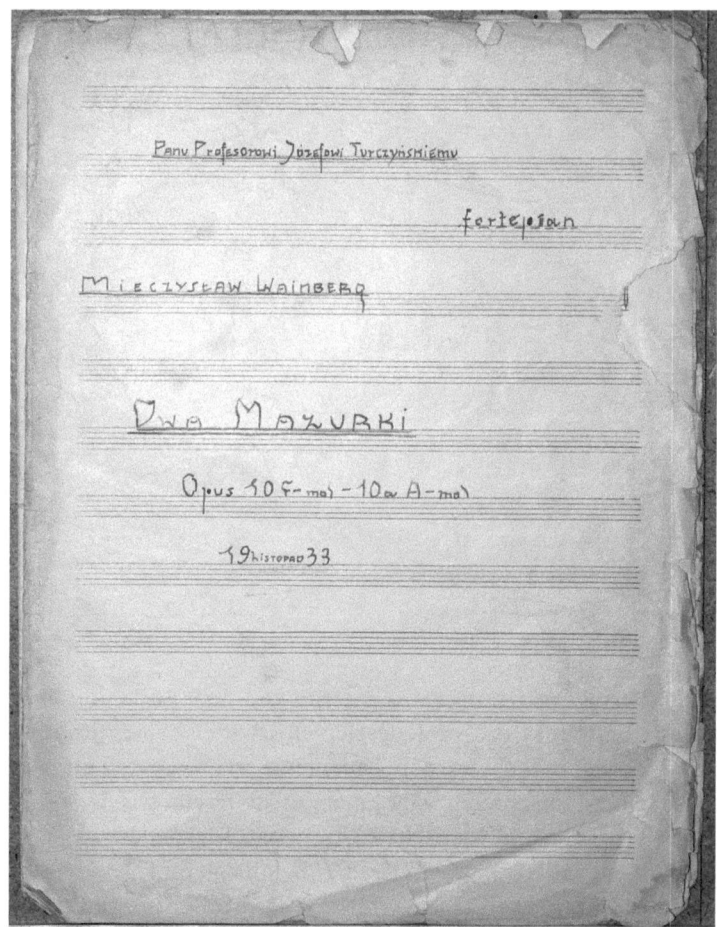

Abb. 1: Titelblatt zu op. 10 / 10a (MWMA 0101).

---

1   Es handelt sich um Abbildungen der Manuskripte aus dem Privatnachlass Weinbergs, der mir digitalisiert zur Verfügung stand. Dieser Nachlass wird im Folgenden mit MWMA bezeichnet. Die Nummerierungen der einzelnen Manuskripte folgen der Nummerierung, nach welcher die Digitalisierung geordnet wurde. Auf dem Titelblatt der 22. Symphonie machte Weinberg fälschlicherweise die Angabe 21. Symphonie.

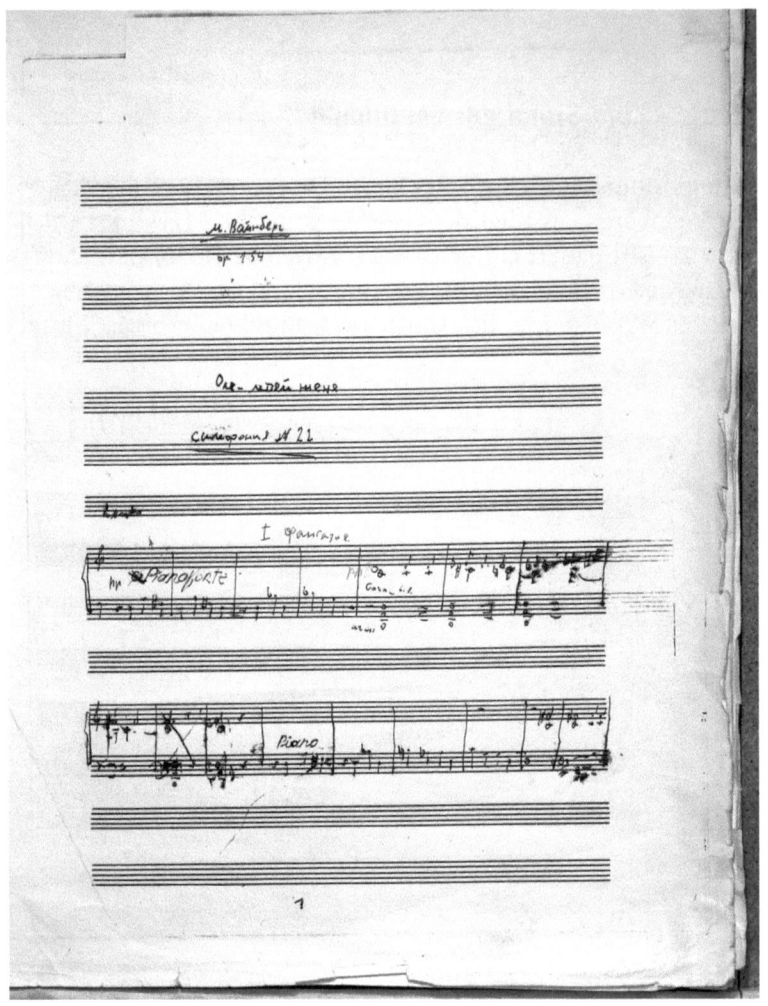

Abb. 2: Titelblatt der 22. Symphonie op. 154 (MWMA 0542).

Diese Manuskripte, zwischen deren Entstehung ein Zeitraum von über 60 Jahren liegt, markieren den Anfangs- und Endpunkt des umfangreichen Schaffens eines Komponisten, dessen Werke schon zu Lebzeiten von den bedeutendsten sowjetischen Musikern gespielt wurden. Zu seinen Interpreten zählten unter anderem das Borodin-Quartett, Ėmil' Gilel's, David Ojstrach und Mstislav Rostropovič; Dirigenten wie Kiril Kondrašin, Gennadij Roždestvennskij oder Kurt Sanderling dirigierten seine Symphonien. Dies mag den Eindruck erwecken, Weinbergs kompositorischer Werdegang könne als Erfolgsgeschichte gelten. Tatsächlich entspricht dies jedoch nicht der Wirklichkeit. Denn ein Großteil seiner Werke aus dem Bereich der so genannten ‚ernsten‘ Musik blieb zu Lebzeiten des Komponisten unaufgeführt und unveröffentlicht. Zwar gehören Weinbergs Kompositionen aus dem Bereich der ‚funktionalen‘ Musik – etwa für den sowjetischen Zeichentrick-Klassiker *Vinni Puch* oder den Film *Poslednij djujm* – auch heute noch zum musikalischen Allgemeingut Russlands, der Name Weinbergs wurde jedoch weder damals noch wird er heute damit in Verbindung gebracht. Echte Anerkennung erlangte der Komponist zur Zeit seines Wirkens vor allem im Kreise von Kollegen. Neben den Komponisten Venjamin Basner und Boris Čajkovskij, die Weinberg zu seinen engsten Freunden zählte, gehörte vor allem Dmitrij Šostakovič zu seinen Befürwortern und Unterstützern. Mit Šostakovič stand Weinberg bis zu dessen Tode nicht nur beruflich in engem Austausch, sondern war ihm auch persönlich sehr verbunden (davon wird noch zu sprechen sein).

Die enge berufliche und auch private Vernetzung Weinbergs mit prominenten sowjetischen Musikern und Komponistenkollegen und deren dauerhafter Zuspruch trugen indes weder zur öffentlichen Kenntnisnahme Weinbergs bei, noch fanden sie ihr Äquivalent in der sowjetischen Musikforschung. Denn nur ein kleiner Teilbereich von Weinbergs Schaffen – und darin wiederum nur ausgewählte Werke in größtenteils sehr überblickshaften Zusammenfassungen – fanden musikwissenschaftliche Beachtung.

Die sowjetische Fachwelt richtete ihr Augenmerk hauptsächlich auf das symphonische Œuvre. Die einzige umfangreiche Arbeit dazu, die bereits 1972 veröffentlicht wurde, stammt von der Musikwissenschaftlerin und Pianistin Ljudmila Nikitina.[2] Ihre Untersuchung der 1. bis einschließlich 10. Symphonie Weinbergs folgte zwei Artikeln, die Nikitina 1970 und 1971 veröffentlicht hatte.[3] Wie in Erfahrung zu bringen war, plante Nikitina ursprünglich, eine umfassende Monographie über Weinberg zu verfassen. Sie ließ diesen Plan dann jedoch aus ungeklärten Gründen fallen.[4] Dennoch ist das Buch *Simfonii M Vajnberga* [Die Symphonien Weinbergs][5] die bisher ausführlichste Arbeit zum Schaffen des Komponisten. Ich werde im Folgenden immer wieder darauf verweisen. Abgesehen davon wurde das symphonische Werk in verschiedenen musikwissenschaftlichen Publikationen eher selektiv und kursorisch behandelt.[6]

---

2   Ljudmila Nikitina: *Simfonii M. Vajnberga*. Moskau 1972.
3   In einem ersten Artikel noch vor Erscheinen ihrer Arbeiten zu den Symphonien widmete sich Nikitina überblicksartig einer Reihe von Werken in dem Beitrag: Plodotvornoe sodružestvo, in: *Sovetskaja muzyka* 5 (1970), S. 93f. Diesem kurzen Beitrag folgte ein Beitrag zu den, wie Nikitina sie nannte, „Programm-Symphonien" Weinbergs: Ljudmila Nikitina: Programmnye simfonii M. Vajnberga, in: A. Kandinskij (glav. red.): *Iz Istorii Russkoj i sovetskoj muzyki*. Moskau 1971, S. 110-133.
4   Zu den Gründen für das Fallenlassen des Projekts befragt, gab Ljudmila Nikitina in einer E-Mail an Verena Mogl vom 23. März 2013 leider keine konkrete Auskunft.
5   Übersetzungen hier und im Folgenden (soweit nicht anders angegeben) von Verena Mogl.
6   In der Publikation *Istorija muzyki narodov SSSR* (1974) fanden überblicksartig Symphonien Weinbergs, nämlich die 4., 6. und 8., sowie das Konzert für Trompete und Orchester op. 94 (1966/67) Beachtung; vgl. Viktor Bobrovskij: [Über die 4., 6. und 8. Symphonie, das Trompetenkonzert], in: Jurij Keldyš (otv. red): *Istorija Musyki narodow CCCP*. Bd. 5. Moskau 1974, S. 78-83 u. 101-113. In den sehr knapp gehaltenen Ausführungen von Victor Bobrovskij zeigt sich, dass der Autor mit dem Werk Weinbergs zwar vertraut war, sich aber auf sehr pauschale Anmerkungen beschränkt. Ebenso verhält es sich mit den Ausführungen, die Mark Aranovskij in dem 1979 erschienenen Band *Simfoničeskie iskanija* zu Weinbergs Symphonien 6 bis 10 (6. Symphonie op. 79, 7. Symphonie op. 81 [1964], 8. Symphonie op. 83 [1964], 9. Symphonie op. 93 [1966/67], 10. Symphonie op. 98) gab. Auch er behandelt die genannten Werke nur kursorisch und geht an keiner Stelle in die Tiefe; vgl. Mark Aranovskij: in: *Simfoničeskaja Iskanija*. Leningrad 1979, S. 196-198, 200-202, 217-223. Vor diesen beiden Publikationen beschäftigten sich auch einzelne Artikel in der Fachpresse mit den Symphonien: So wurde die 3. Symphonie op. 45 (1949/59) im Anschluss an ihre Uraufführung 1960 rezensiert; vgl. Ju[rij] Korev: Po pervym vpečatlenijam, in: *Sovetskaja muzyka* 5 (1960), S. 12-17, die Ausführungen zur 3. Symphonie auf den Seiten 13-15. Auf diesen Artikel wird im Folgenden noch genauer verwiesen. Ein Jahr später rezensierte der Musikwissenschaftler Semen Šlifštejn die 4. Symphonie op. 61 (1957/61) direkt nach ihrer Uraufführung im Oktober desselben Jahres. Allerdings fand diese Rezension, wie Šlifštejn selbst an-

In einem der wenigen Beiträge, in dem auch andere Gattungen Beachtung fanden, wurde 1957 das Konzert für Violoncello und Orchester op. 43 (1948/56) rezensiert,[7] in einem weiteren 1961 erschienenen Artikel das Konzert für Violine und Orchester op. 67 (1959) und die 2. Sinfonietta op. 74 (1960).[8] Ansonsten fand neben den Symphonien vor allem das Opernschaffen Weinbergs Beachtung.[9] Zudem gibt es drei Beiträge in der sowjetischen Fachpresse, die sich vor allem der Komponistenpersönlichkeit – und dabei überblicksartig auch dem kompositorischen Schaffen – widmen.[10]

gibt, erst volle 16 Jahre später in einer Sammlung seiner Artikel ihren Weg in die Öffentlichkeit; vgl. Semen Šlifštejn: O četvertoj simfonii M. Vainberga, in: Ders.: *Isbrannie stati*. Moskau 1977, S. 181-185, v.a. Fn. 1. In der Rezension selbst wiederum irritiert aus der Retrospektive vor allem Šlifštejns Bemerkung, Weinberg würde in seiner Musik generell nach der „hohen Schlichtheit in der Kunst" suchen, was sich auch in der Faktur der 4. Symphonie widerspiegle; ebd., S. 183. Dies steht, wie sich im Laufe der folgenden Ausführungen zeigen wird, in Widerspruch zu der anspruchsvollen Kompositionstechnik Weinbergs. Dennoch wird in Šlifštejns Ausführungen deutlich, dass er Weinberg als Komponisten sehr schätzte und den offenbar nur mäßigen Erfolg der 4. Symphonie nach ihrer Aufführung allein der schlechten Interpretation durch das Orchester zuschrieb; vgl. ebd., S. 185. Die Symphonie war vom Orchester der Moskauer Philharmonie, Ltg. Kirill Kondrašin, aufgeführt worden. 1965 wurde die 6. Symphonie op. 79 (1962/63) in der Publikation *Muzyka i sovremennost'* mit Aufmerksamkeit bedacht, interessanterweise von Vasilij Zolotarev, bei dem Weinberg in Minsk seine Kompositionsausbildung absolviert hatte; vgl. Vasilij Zolotarev: Zametki o šestoj simfonii Vajnberga, in: V. D. Konen (red.): *Muzyka i sovremennost'. Sbornik statej*. 3. Ausg. Moskau 1965, S. 170-185. Zolotarev betont zu Beginn seiner Ausführungen vor allem die in der Symphonie behandelte Thematik des Krieges und den „philosophischen Aspekt", den die Symphonie dadurch erhalte, dass als Gegengewicht zum Thema des Krieges das „Abbild des Menschlichen" in das Werk Einzug gehalten habe; mit den Kinderstimmen setze Weinberg „ein Zeichen des Zukünftigen" in dieser Komposition; alle Zitate Zolotarev (1965), S. 170f. Insgesamt wird in der Begutachtung Zolotarevs deutlich, dass er mit dem Lebensweg und dem Werk Weinbergs vertraut war; so zieht er Vergleiche zur 5. Symphonie op. 76 (1962) und erwähnt, wenngleich nur indirekt, u.a. den 2. Zyklus nach jüdischen Dichtern Opus 17, der unveröffentlicht geblieben war; vgl. 172-174 u. 184. Die 5. Symphonie wurde ebenfalls – jedoch nur sehr knapp zusammengefasst – von Liana Genina besprochen; vgl. L[iana] Genina: Novaja simfonija, in: *Sovetskaja muzyka* 12 (1962), S. 90f. Zwei Jahre später gab der Musikwissenschaftler Michail Bjalik einige allgemeine Informationen zur derselben Symphonie in einer Publikation zur sowjetischen Symphonik; vgl. Michail Bjalik: Šestaja simfonija, in: Georgij S. Tigranov (red. koll.): *Sovetskaja simfonija za 50 let*. Leningrad 1967, S. 72-77. 1969 schließlich wurde in der *Sovetskaja muzyka* die 10. Symphonie op. 98 (1968) durch Michaël' Rojterštejn besprochen; vgl. Michaël' Rojterštejn: Simfonija s monologami, in: *Sovetskaja muzyka* 3 (1969), S. 26-28.

7   Lev Ginzburg: Novyj violončel'nyj koncert, in: *Sovetskaja muzyka* 8 (1957), S. 55-59.

8   G. Poljanovskij: Bol'šoj uspech Vajnberga, in: *Sovetskaja muzyka* 8 (1961), S. 17-19.

9   So besprach Genrietta Skudina 1969 in der *Muzykal'naja žizn'* die Oper *Passažirka* op. 97; vgl. G[enrietta] Skudina: Krov'ju serdca. Ob opere M. Vajnberga „Passažirka", in: *Muzykal'naja žizn'* 1 (1969), S. 8f. Dasselbe Werk rezensierte Ljudmila Nikitina ein Jahr später in der *Sovetskaja muzyka*; Ljudmila Nikitina: Opera-Simfonija, in: *Sovetskaja muzyka* 12 (1970), S. 67-72. Die Oper *Madonna i Soldat* op. 105 (1970/71) wurde 1975, kurze Zeit nach ihrer ersten Aufführung, in der Fachpresse behandelt; L. Fajkina: Opera o vojne, in: *Sovetskaja muzyka* 10 (1975), S. 31-35. Ebenso die Oper *L'jubov' d'Artan'jana* op. 109 (1971/74); vgl. A[leksandr] Ivaškin: Vozvraščenie k žanru, in: *Sovetskaja muzyka* 10 (1975), S. 36-39; wie auch Konstantin Sakva: Geroi Djuma na opernoj scene, in: *Muzykal'naja žizn'* 6 (1975), S. 5f. Bereits in postsowjetischer Zeit fanden die Opern *Ledi Magnezija* op. 112 (1975) – vgl. David Krivickij: M. Vajnberg. Komičeskaja opera „Ledi Magnezija", in: Šantyr', M. (glav. red.): *Antologija opernogo tvorčestva Moskovskich kompozitorov (vtoraja polovina XX veka)*. Moskau 2003, S. 113-118 – und *Idiot* op. 144 (1986) – Aleksandr Vlasov: Variacii na temu „Idiota", in: *Muzykal'naja akademija* 4 (1992), S. 54-57 – Beachtung in der Presse.

10 A. Nikolaev: O tvorčestve M. Vajnberga, in: *Sovetskaja Muzyka* 1 (1960), S. 40-47; Liana Genina: Vse budet chorošo (o tvorčeste M. Vajnberga), in: *Sovetskaja muzyka* 8 (1962), S. 21-31; Ljudmila Nikitina: Na avtorskom koncerte. … M. Wajnberga, in: *Sovetskaja muyzka* 10 (1980), S. 32f;

In dem hier behandelten Kontext ist wichtig zu erwähnen, dass die Artikel und Beiträge aus sowjetischer Zeit unabhängig von ihrer jeweiligen konkreten Aussage zur Musik als wertvolle Quellen dienen, um vor allem den Zeitraum ihrer Entstehung näher bestimmen zu können. Schon die eingeschränkte Auswahl an Werken und die Konzentration auf einzelne Gattungen – v.a. Symphonie, deutlich weniger Konzert und Oper –, die in den Beiträgen zu erkennen ist, weist auf eine ideologisch motivierte Auswahl der Werke hin. Denn wenngleich nachvollzogen werden kann, dass eher ,kleinere' Kompositionen wie etwa Sonaten zunächst keine Beachtung fanden, so ist doch völlig unverständlich, weshalb beispielsweise keines der 17 ambitionierten Streichquartette Weinbergs einer ausführlichen Begutachtung in der Fachpresse unterzogen wurde.[11] Auch dass das umfangreiche Liedschaffen Weinbergs fast völlig ignoriert wurde, scheint in Anbetracht der Bedeutung, die in sowjetischen Zeiten gerade dem Lied zugesprochen wurde, wenig verständlich. Und selbst im Bereich der Symphonien wurde von den 20 Symphonien, die Weinberg in sowjetischer Zeit komponierte (abgesehen von den Publikationen Nikitinas) nur eine kleine Auswahl in der Fachpresse erwähnt.

Nicht nur in der sowjetischen, sondern auch in der post-, und außersowjetischen Musikforschung wurde Weinbergs Kompositionen lange Zeit wenig Beachtung geschenkt. Eine frühe Ausnahme stellen die Artikel des 2007 verstorbenen schwedischen Musikwissenschaftlers Per Skans dar.[12] Skans veröffentlichte die ersten Aufsätze zu Leben und Werk Weinbergs außerhalb der Sowjetunion und arbeitete an einer umfassenden Monographie des Komponisten. Auch in einigen russischen Publikationen fand vor allem die Biographie Weinbergs Beachtung.[13] Sehr knapp, doch inhaltlich aufschlussreich wurden Ausschnitte aus Weinbergs Werken 2007 in der Publikation *Repressirovannja muzyka* besprochen, einer Sammlung kurzer Texte mit begleitender CD.[14] Der britische Musikwissenschaftler David Fanning wiederum, der das biographische Material von Per Skans nach dessen Tod übernahm, veröffentlichte im Jahre 2010 – pünktlich zum thematischen Schwerpunkt „Weinberg" der Bregenzer Festspiele – die Monographie *Mieczysław Weinberg. Auf der Suche nach Freiheit*, die auf

---

I. Žmodjak: Tribuna: Mečislav Wajnberg. Čestnosť, pravdivosť, polnaja otdača, in: *Sovetskaja muzyka* 9 (1988), S. 23-26.

11 Eine der wenigen Ausnahmen ist die Erwähnung des 4. Streichquartetts op. 20 in einer kurzen Rezension in der *Sovetskaja muzyka* – Oc.: Novniki sovetskoj muzyki po radio, in: *Sovetskaja muzyka* 7 (1946), S. 97 – und eine ebenso kurze Bemerkung zum selben Werk in Lev Raben: *Sovetskaja kamerno-instrumental'naja muzyka*. Leningrad 1963, S. 123.

12 Per Skans: Mieczysław Weinberg – ein bescheidener Kollege, in: Ernst Kuhn u.a. (Hg.): *Dmitri Schostakowitsch und das jüdische musikalische Erbe*. Berlin 2001, S. 298-324; Per Skans: Ein jüdischer Immigrant: Mieczysław Weinberg, in: Jascha Nemtsov u.a. (Hg.): *„Samuel" Goldenberg und „Schmuyle": Jüdisches und Antisemitisches in der russischen Musikkultur*. Berlin 2003, S. 151-161; Per Skans: Mieczysław Weinberg, in: *Musica reanimata*, (mr-Mitteilungen Nr. 57, Nov. 2005, hg. vom Förderverein zur Wiederentdeckung NS-verfolgter Komponisten und ihrer Werke e.V.). Berlin 2005, S. 1-13.

13 Ljudmila Nikitina: O muzyke, o sebe. Iz besedy s M. S. Vajnbergom Ljudmily Nikitinoj, kandidata iskusstvovedenija, in: *Muzykal'naja akademija* 5 (1994), S. 17-24. Dieser Artikel wurde erneut (auch in englischer Übersetzung) in der Zeitschrift *Muzyka v Rossii / Music in Russia*, der Russischen Autoren-Agentur veröffentlicht (Ausgabe 1/12 (2007), S. 33-44). Ein weiterer Artikel stammt von dem Musikwissenschaftler Manašir Jakubov: Mečislav Vajnberg: „Vzju zizn ja žadno sočinjal muzyku", in: *Utro Rossii* 67/7 (16.-22. Feb. 1995), S. 12f.

14 Michail Kaliuzskij (red.): *Repressirovannaja muzyka*. Moskau 2007, S. 25-28.

Englisch und Deutsch publiziert wurde.[15] Diese Arbeit ist momentan die einzig greif-
bare umfangreiche Veröffentlichung zu Weinberg in deutscher Sprache, verfolgt jedoch einen eher populärwissenschaftlichen Ansatz.[16] Trotzdem werde ich im Folgenden immer wieder darauf verweisen, vor allem da Skans – teilweise in persönlichen
Korrespondenzen mit Zeitgenossen Weinbergs – viele interessante Aussagen sammeln
konnte, die Fanning auch in seine Publikation aufnahm. Ebenfalls 2010 widmete sich
eine Ausgabe der Zeitschrift *Osteuropa* dem Komponisten Weinberg und beleuchtete
verschiedene Aspekte des Werkes in wissenschaftlich fundierten Artikeln. Allerdings
fanden hier naturgemäß nur Bruchstücke des Œuvres Beachtung. Ein Symposium am
Musikwissenschaftlichen Institut der Universität Hamburg widmete sich im Mai 2012
dem Schaffensabschnitt Weinbergs, der mit der politischen Ära Leonid Brežnevs zu-
sammenfällt. In mehreren Vorträgen wurde nicht nur das Werk Weinbergs aus diesem
Zeitabschnitt, sondern auch das kulturpolitische Umfeld, in dem der Komponist wirkte, untersucht. Weiterhin gibt es eine polnische Publikation zu Weinberg von der Musikwissenschaftlerin Danuta Gwizdalanka, die in einer leider nur schwer zugänglichen
Veröffentlichung des Teatr Wielki in Poznań erschien.[17] Darin widmet sich Gwizdalanka überblicksartig vor allem biographischen Aspekten. Im April 2016 erschien im
Nachgang der oben erwähnten Hamburger Konferenz eine Ausgabe des Fachmagazins
Tonkunst, das Weinbergs Schaffen während der Regierungszeit Brežnevs thematisierte.[18] Die Dissertationsschrift des britischen Musikwissenschaftlers Daniel Elphick widmet sich den Streichquartetten Weinbergs in ihrem musikhistorischen Kontext. Sie ist
jedoch leider bisher nur online verfügbar.[19] Einen vorläufigen Höhepunkt stellt das internationale Forum „Mečislav Vajnberg (1919–1996): Vozvraščenie / Mieczysław Weinberg (1919–1996): A Re-Discovery" dar, das vom 16. bis 19. Februar 2017 in Moskau
stattfand.[20] Veranstaltet wurde das Forum vom Gosudarstvennyj akademičeskij Bol'šoj
Teatr Rossij und der Musikzeitschrift *Muzykal'noe Obozrenie.* Auf dieser Veranstaltung
fanden erstmals (Musik-)WissenschaftlerInnen, InterpretInnen, Veranstalter und Zeit-
zeugInnen zusammen, um sich umfassend verschiedenen Aspekten des Lebens und
des Werks Weinbergs zu widmen.[21] Auch auf dieser Veranstaltung wurde deutlich, dass
die Musik Weinbergs zwar momentan für die Konzertsäle und Opernhäuser wieder-
entdeckt wird[22] – auch wurden eine Vielzahl von Neueinspielungen veröffentlicht oder

---

15 Fanning (2010a).
16 Eine zweite, umfassende Publikation ist laut David Fanning in Vorbereitung, war allerdings bei
    Fertigstellung dieser Arbeit noch nicht erschienen.
17 Danuta Gwizdalanka: *Mieczysław Wajnberg: Kompozytor z trech światów.* Poznań 2013. Ich danke
    Frau Dr. Anna Artwińska für den Hinweis auf diese Publikation.
18 Friedrich Geiger / Verena Mogl (Hgg.): *Mieczysław Weinberg in der Ära Brežnev. Die Tonkunst*
    2. Jg / Nr. 2 (April 2016).
19 Daniel Elphick: *The String Quartets of Mieczysław Weinberg: A Critical Study.* [Manchester] 2016.
    Die Dissertationsschrift ist online verfügbar unter: https://www.academia.edu/28121947/The_
    String_Quartets_of_ Mieczys%C5%82aw_Weinberg_A_Critical_Study [Stand: 25.02.2017].
20 Auf der Website der Zeitschrift kann das Programm eingesehen werden: http://muzobozrenie.
    ru/v-fevrale-2017-goda-v-moskve-projdet-mezhdunarodnaya-konferentsiya-posvyashhennaya-
    moiseyu-vajnbergu/ [Stand: 25.02.2017].
21 Angeschlossen an die Veranstaltung waren zahlreiche Konzerte und Aufführungen, darunter zwei
    verschiedene Inszenierungen der Oper *Passažirka* sowie eine Darbietung der Oper *Idiot.*
22 Der Schwerpunkt „Weinberg" auf den Bregenzer Festspielen 2010 bildete gleichsam den Anfang
    der Renaissance des Komponisten; seitdem wurden mehrere Opern neu inszeniert. Auch eine
    Reihe von Konzerten widmete und widmet sich Werken Weinbergs.

sind in Vorbereitung[23] – doch die Klärung der biographischen Hintergründe sowie die wissenschaftliche Erfassung des Œuvres stehen noch ganz am Anfang.

Weinbergs Kompositionen – Ausgangspunkt der Betrachtungen

Die Materiallage

Um für die vorliegende Untersuchung eine sinnvolle Auswahl aus dem gewaltigen Œuvre Weinbergs treffen zu können, war es in einem ersten Schritt notwendig, sich einen Überblick über das Gesamtwerk zu verschaffen. Auf drei bereits vorliegende Werkkataloge konnte dabei zugegriffen werden. Ein erstes, noch zu Lebzeiten Weinbergs angefertigtes und daher unvollständiges Werkverzeichnis wurde bereits 1972 von Ljudmila Nikitina in ihrer Monographie zu den Symphonien veröffentlicht.[24] Mit diesem stimmt das von Nina Sladkova erstellte und 1986 von der sowjetischen *Vsesojuznoe agenstvo dlja avtorskich prava*, (VAAP) [Allunions-Agentur für Urheberrechte] in einer englischen und einer russischen Fassung herausgegebene Werkverzeichnis zu großen Teilen überein, wenngleich es etwas ausführlicher und naturgemäß umfangreicher ist.[25] Ein weiteres Werkverzeichnis wurde der Monographie von David Fanning beigefügt.[26] Es stützt sich zu weiten Teilen auf die Verzeichnisse von Nikitina und Sladkova.

Alle diese Werkverzeichnisse erwiesen sich jedoch bei genauerer Überprüfung als nur bedingt vollständig und teilweise unzuverlässig. Im Zuge der Recherchen für die vorliegende Arbeit entstand deshalb ein neues Werkverzeichnis, das auch meinen Weinberg-Artikel für das Lexikon *Komponisten der Gegenwart* begleitet.[27] In seiner ausführlichen und aktualisierten Version ist das von mir erstellte Werkverzeichnis im Anhang der vorliegenden Arbeit zu finden. Es bildet den zum gegenwärtigen Zeitpunkt aktuellen Forschungsstand zu Weinbergs kompositorischem Œuvre ab. Dennoch kann auch dieses Verzeichnis keinen Anspruch auf Vollständigkeit erheben.

Dies ist – abgesehen davon, dass die Erstellung eines kritischen Werkverzeichnisses den Rahmen dieser Arbeit sprengen würde – vor allem der schwierigen und unübersichtlichen Materiallage geschuldet. So muss beispielsweise eine Vielzahl von Dokumenten, die Weinberg noch in Warschau oder während seiner Flucht über Minsk und Taschkent nach Moskau verfasste, nach momentanem Stand als verloren betrachtet werden.[28] Zudem ist der Umstand problematisch, dass die in Moskau erhaltenen

---

23 Hier muss vor allem die Gesamteinspielung aller Streichquartette Weinbergs durch das Quatuor Danel Erwähnung finden (die Einspielungen wurden veröffentlicht auf CPO).

24 Nikitina (1972), S. 191-207.

25 Sladkova, Nina (Hg.): *Mečislav Vajnberg. Notografičeskij spravočnik / Composer Mieczysław Weinberg. Complete Catalogue of Works.* Moskau [1986]. In diesem Werkverzeichnis finden sich auch Angaben zu Erstveröffentlichungen und Uraufführungen (wenngleich nicht immer zuverlässig).

26 Fanning (2010a), S. 213-235.

27 Artikel „Weinberg, Mieczysław" in: *Komponisten der Gegenwart,* hg. von Hanns-Werner Heister und Walter Wolfgang Sparrer, online verfügbar unter: http://www.munzinger.de.

28 Die Archive des Warschauer Konservatoriums, an dem Weinberg von 1935–1939 Klavier studierte, des Belorusskaja gosudarstvennaja konservatorija [Weißrussischen Staatskonservatoriums] Minsk, wo Weinberg zwischen 1939 und 1941 Komposition studierte und des Operyj teatr imeni Sverdlov [Sverdlov-Opernhaus] in Taschkent, an dem Weinberg zwischen 1941 und 1943 tätig war, konnten nicht geprüft werden.

Manuskripte nicht an einem zentralen Ort gesammelt sind, sondern sich auf eine bisher noch uneingrenzbare Zahl von Orten verteilen. Ein umfangreiches Archiv stellt das Privatarchiv der Witwe Weinbergs, Ol'ga Rochal'skaja, dar. In diesem Archiv, dem Mieczysław Weinberg Manuskript-Archiv (MWMA), befinden sich Manuskripte, Kopistenabschriften und Druckausgaben von Werken Weinbergs, die mir zur Erstellung dieser Arbeit in Form von digitalen Kopien zur Verfügung standen.[29] Daneben existieren zahlreiche Manuskripte und Druckausgaben in den Beständen des Rossijskij Gosudarstvennyj Archiv Literartuy i Iskusstv, RGALI [Russisches Staatsarchiv für Literatur und Kunst, Moskau], der Rossijskaja Gosudarstvennaja Biblioteka imeni Lenina [Russische Lenin-Staatsbibliothek, Moskau] und dem Archiv des Gosudarstvennyj Central'nyj Muzej Muzykal'noj Kul'tury imeni M. I. Glinki, GCMMK [Staatliches Glinka-Zentralmuseum für Musikalische Kultur, Moskau]. Diese Bestände konnte ich im Zuge eines Forschungsaufenthaltes im Herbst 2011 in Moskau in Teilen sichten und auswerten.[30]

Im Zuge dessen wurde deutlich, dass das Material in den genannten Archiven und Bibliotheken größtenteils noch nicht eingesehen und demnach auch für die Erstellung der bereits veröffentlichten Werkverzeichnisse nicht herangezogen worden war.[31] Darüber hinaus wurde – abgesehen davon, dass der Verbleib einer Vielzahl von Dokumenten weiterhin ungeklärt blieb – im Zuge der Recherchen offenkundig, dass von einzelnen Werken oftmals mehrere Manuskriptversionen existieren.[32] Über diesen Umstand wird weder bei Nikitina noch bei Sladkova oder Fanning Auskunft gegeben und es ist nicht klar, welche Manuskripte oder Ausgaben für die Erstellung der jeweiligen Werkverzeichnisse herangezogen wurden. Auch wenn sich zeigte, dass unterschiedliche Manuskripte nicht immer unterschiedliche Bearbeitungen oder Korrekturversionen eines Werks darstellen, sondern teilweise auch deckungsgleiche Abschriften sind, kann nicht ausgeschlossen werden, dass an bisher unbekannten Orten weitere Manuskripte und damit eventuell zusätzliche Versionen bzw. Bearbeitungen von Werken aufzufinden sind.[33]

---

29 Herr Arnt Nitschke, Peermusic Classical (Hamburg) digitalisierte das gesamte Archiv im Sommer 2009 und stellte es mir dankenswerterweise zur Verfügung.

30 Die Bibliothek des Moskauer Komponistenverbandes, in der alle Veröffentlichungen Weinbergs enthalten sein sollen, konnte ich im Zuge meiner Archiv-Reise nicht aufsuchen.

31 Sowohl im RGALI als auch im GCMMK wird Buch geführt, wer zu welchem Zweck und welchem Zeitpunkt in die jeweiligen Unterlagen Einsicht nimmt. Von wenigen Ausnahmen abgesehen war mein Eintrag stets der erste in der Liste.

32 So befindet sich etwa – um nur ein Beispiel zu nennen – ein Manuskriptexemplar der 5. Sonate für Violine und Klavier sowohl im MWMA (MWMA 0160), als auch im GCMMK (f. 226, ed. chr. 15.).

33 So befindet sich vermutlich weiteres Material an Orten, an denen Weinbergs Musik aufgeführt wurde, wie etwa dem Moskauer Stanislavskij-Theater oder dem Bol'šoj-Theater sowie in weiteren Archiven wie dem Rosskijskij gosudarstvennyj archiv kinofotodokumentov [Staatsarchiv für Kino- und Fotodokumente, Moskau].

Das Werk im Überblick – Auffälligkeiten

Im Überblick erweist sich Weinbergs musikalische Hinterlassenschaft als enorm umfangreich und erstaunlich heterogen. Im Bereich der ‚ernsten‘ Musik kommen zu den 154 Werken mit Opusbezifferung die eingangs erwähnten zwei Mazurken mit der vorläufigen Bezifferung op. 10/10a, die auf mindestens neun weitere vorläufig bezifferte – jedoch verschollene – Manuskripte hinweisen. Daneben existieren nach bisherigem Kenntnisstand weitere 30 Werke ‚ernster‘ Musik ohne Opusbezifferung.[34] Weiterhin zählt zum musikalischen Nachlass die von Weinberg komponierte ‚funktionale‘ Musik, welche nach aktuellem Stand 33 Werke für den Zirkus,[35] 70 vertonte Filme (Kino- und Fernsehproduktionen)[36] und eine Kinochronik, acht vertonte Hörspiele, fünf Werke für das Theater und ein Musical[37] umfasst. Insgesamt handelt es sich also um über 300 Werke von sehr unterschiedlichem Umfang – verschiedene Bearbeitungen, (Korrektur-)Versionen und Werke mit Unterbezifferung (wie Opus 10a, 49bis etc.) nicht eingerechnet.

Dass Weinberg sich mit fast allen gängigen musikalischen Gattungen auseinandersetzte und nicht nur ‚ernste‘ Musik komponierte, sondern sich auch den unterschiedlichsten Bereichen der Unterhaltungsmusik widmete, bewirkt die Heterogenität von Weinbergs musikalischem Vermächtnis. Neben acht erhaltenen Opern und Operetten, Ballettmusik, Chorwerken, Liedern, 21 vollendeten Symphonien, vier Kammersymphonien, 17 Streichquartetten, zehn Instrumentalkonzerten, einer Vielzahl von kammermusikalischen und solistischen Werken komponierte Weinberg unter anderem auch einfache Tanzmusik wie Polkas und Walzer, Musik für Entrées oder artistische Darbietungen (vor allem für den Film und den Zirkus), sowie – zumeist im Rahmen von Filmmusik – reine ‚Begleitmusik‘ oder auch populäre (das heißt elektronische) Musik und Schlager. Die Vielfalt des Werkes im Hinblick auf Gattungen und Genres zeigt, dass er wenig Berührungsängste mit den unterschiedlichen Betätigungsfeldern

---

34 Teilweise ist nicht ganz klar, ob Werke dem Bereich der ‚ernsten‘ oder der ‚funktionalen‘ Musik zuzurechnen sind. Es wurde – soweit möglich – nach Übereinstimmungen gesucht und dann eine Zuordnungsentscheidung getroffen. Naturgemäß ist der Übergang jedoch fließend. Allerdings handelt es sich nur um sehr wenige Werke, bei denen die Zuordnung relativ unklar bleibt, weshalb dies hier nicht ins Gewicht fällt.

35 Bzw. für Unterhaltungsorchester. Sie werden hier dem Bereich Zirkusmusik zugeordnet, da sie fast alle von der Glavnoe Upravlenie cirkov [Hauptverwaltung für Zirkus] veröffentlicht wurden. Bei einigen Werken, deren Manuskripte verschollen sind, erfolgt die Genrezuordnung vor allem aufgrund der im Titel erkennbaren thematischen Nähe zu diesen Werken.

36 Vgl. dazu die Filmographie im Anhang dieser Arbeit. Bei den vertonten Filmen stellte sich hinsichtlich der Zählung das Problem, dass teilweise Einzelstücke aus dem Film separat veröffentlicht wurden, etwa bei dem Film *Ukrotitel'nica Tigrov* (1954), aus dem eine Suite (1955), ein Marsch und ein Lied (beides 1956) veröffentlicht wurden. Hier wurden jeweils nur die kompletten Filmmusiken gezählt, nicht die Einzelveröffentlichungen, da nicht immer nachgeprüft werden konnte, ob die Musik für die Veröffentlichung weiter bearbeitet wurde oder nicht.

37 Es handelt sich dabei um eine Musicalversion des Hörspiels *Dimka-Nevidimka*, für das Weinberg 1952 die ersten Folgen vertont hatte. 1955 fand eine Aufführung des Musicals am Central'nyj detskij teatr [Zentrales Kindertheater, Moskau] unter der Regie von Oleg N. Efremov statt; vgl. dazu auch den Artikel in der Zeitschrift des Rossijskij akademičeskij molodežnyj teatr [Russisches staatliches Jugendtheater, Moskau], als Onlineressource verfügbar unter: http://www.ramto graf.ru/march_2012/strpamyati.html [Stand. 20.09.2013]. Auch in der Werkliste aus den Beständen des RGALI (f. 2490, op. 4, ed. chr. 319, l. 88) wird ein „Vaudeville in 3 Akten" für die Jahre 1954-55 aufgeführt.

hatte. Weinberg selbst gab in einem Interview an, kein Genre vor dem anderen zu be-vorzugen.[38]

Doch die Quantität und gattungs- und genrebedingte Vielfalt des Werkes lässt sich genauer untersuchen. So wurde im Zuge der chronologischen Erfassung des Œuvres offenkundig, dass es innerhalb des Schaffensverlaufs zu markanten Kumulationen und Verschiebungen innerhalb der musikalischen Gattungen und Genres kommt. Auch wenn wechselnde Arbeitsphasen oder bevorzugte Betätigungsfelder im Schaffen ei-nes Künstlers keine Ausnahme sind, scheint dies im Werk Weinbergs überaus auf-fällig. Denn verschiedene Indizien weisen darauf hin, dass die wechselnden Schwer-punkte weniger einer rein künstlerischen Entscheidung als vielmehr äußeren Anlässen geschuldet sind. Schon im Zuge eines nur groben Abgleichs von historischem Kontext, biographischen Zusammenhängen und dem kompositorischen Werk wurde die Korre-lation zwischen äußeren Umständen (Politik / Biographie) und der Bevorzugung be-stimmter Genres und Gattungen offenkundig. Aus diesem Grunde erschien es sinnvoll, das kompositorische Schaffen Weinbergs in dessen zeitgeschichtlichem Kontext zu ver-orten und die Suche nach Zusammenhängen als Ausgangspunkt der Fragestellung zu nehmen.

Weinberg – ein Komponist im ‚kurzen 20. Jahrhundert‘

Dass die biographischen und historischen Zusammenhänge im Hinblick auf das kom-positorische Werk eine prominente Rolle spielen, kann beim Blick auf die Lebensda-ten Weinbergs nicht verwundern. Denn diese Lebensdaten machen den Komponisten, um mit dem Historiker Eric Hobsbawm zu sprechen, zu einem „Altersgenossen“, der „das gesamte oder nahezu gesamte ‚Kurze 20. Jahrhundert‘ erlebt“ hat.[39] Weinberg ge-hört damit zu denjenigen „Männer[n] und Frauen einer bestimmten Zeit und eines bestimmten Lebensraums, die auf unterschiedlichste Weise als Darsteller ins Drama ihrer Geschichte verwickelt waren“.[40]

Dass die persönliche Geschichte Weinbergs tatsächlich als Drama bezeichnet wer-den kann, liegt maßgeblich daran, dass er jüdischer Herkunft war. Obwohl weder in seinem Elternhaus noch später in seiner eigenen Familie der jüdische Glaube streng praktiziert wurde, beeinflussten die jüdischen Wurzeln seine Biographie entscheidend. Denn das historische Gefüge des 20. Jahrhunderts, innerhalb dessen sich Weinberg künstlerisch entfalten und seinen ästhetischen Weg suchen musste, war aufgrund die-ser Herkunft gezeichnet von Verfolgung, Flucht, Verlust, Restriktion, Diskriminierung, Existenzangst und Instabilität. Die Nationalsozialisten bedrohten sein Leben, ermor-deten seine Familie und zwangen ihn zur Flucht aus seiner Heimat Polen. Auch nach Weinbergs Übersiedelung in die Sowjetunion blieb die polnisch-jüdische Abstammung von großer Bedeutung. Wie gezeigt werden kann, setzte sich Weinberg in seiner Mu-sik immer wieder mit dieser Thematik auseinander und fand dabei zu einer originären

---

38 Vgl. Žmodjak (1988), S. 24.
39 Hobsbawm, Eric: *Das Zeitalter der Extreme. Weltgeschichte des 20. Jahrhunderts. Aus dem Engli-schen von Yvonne Badal.* München / Wien 1995, S. 17.
40 Ebd.

musikalischen Ästhetik. Eine unmittelbare Verbindung zwischen der politischen und der kreativen Sphäre schuf die Doktrin des Sozialistischen Realismus, die vom Zentralkomitee der KPdSU 1932 in der Sowjetunion implementiert worden war.

Weinbergs erste erhaltene Kompositionen, die bereits erwähnten *Dwa mazurki* [zwei Mazurken] für Klavier op. 10 und 10a komponierte er im Jahre 1933. Sein letztes erhaltenes Projekt, Entwürfe zur 22. Symphonie op. 154, entstand 1994 nach dem Zusammenbruch des Sowjetreiches und damit nach dem offiziellen Ende der Geltungsdauer des Sozialistischen Realismus.[41] Mit dem Beginn seiner kompositorischen Ausbildung in Minsk musste Weinberg sich auch mit den Bedingungen der Doktrin künstlerisch auseinandersetzen. Deren normative Vorgaben waren jedoch zu keinem Zeitpunkt genau fixiert, sondern stets der Willkür in der Auslegung durch die offiziellen Organe unterworfen. Mit der politischen Situation änderten sich auch die Ausprägungen der Doktrin. Zwar modifizierte sich nach Stalins Tod 1953 der staatlich kontrollierte Umgang mit der Kunst, die Auswirkungen der Repression jedoch blieben weiterhin spürbar. Von gänzlich freiem Kunstschaffen konnte auch in Zeiten von ‚Tauwetter‘ und ‚Perestroika‘ nicht die Rede sein, und *de facto* blieb die Doktrin bis zum Ende des Sowjetreiches für alle Kunstformen offiziell verbindlich. Auch wirkten die indirekten Folgen des langjährigen Gesinnungsterrors weiter und beeinflussten die künstlerische Praxis. Wenngleich sich die politischen Vorzeichen nach Stalins Tod verändert hatten, so zeigte sich die Situation doch wenig beständig und die Kulturschaffenden konnten sich weiterhin nicht vor Übergriffen durch die Staatsmacht sicher fühlen. So verlor der Sozialistische Realismus zwar nach und nach seine absolute Gültigkeit als Kunstdoktrin, nicht aber seine faktische Wirkungskraft. Dies gilt in besonderem Maße für Künstler der Generation Weinbergs. Die berufliche Entwicklung dieser Generation hatte maßgeblich während der Stalinzeit, in Zeiten von ‚Säuberungen‘ und kulturpolitischem Terror stattgefunden. Die Auswirkungen der stalinistischen Repressionen spiegeln sich, wie im Weiteren dazulegen sein wird, deutlich im Musikschaffen Weinbergs wider. Sie beeinflussten nicht nur die ‚äußere‘ Gestalt des Werkkorpus, sondern auch die ‚innere‘ Entwicklung des musikalischen Personalstils von Weinberg.

Weinberg hatte – wie andere Künstler seiner Generation – auch in den Jahren nach Stalins Tod eine andere Haltung gegenüber der ‚Staatsgewalt‘ als die später geborene Generation der so genannten Šestidesjatniki [die in den 1960er Jahren Geborenen], die im kulturpolitischen Klima der 1960er Jahre aufgewachsen und dadurch grundlegend anders sozialisiert war. Diese Generation kannte nicht nur andere ästhetische Vorbilder, sie formulierte ihre Positionen zudem weitaus mutiger und radikaler und fand sich (vor allem in Zeiten des ‚Kalten Krieges‘) auch vom ‚Westen‘ als aufstrebende sowjetische ‚Avantgarde‘[42] stärker rezipiert als die Komponisten der Generation Weinbergs. Deren Musik wurde eher kritisch betrachtet, denn es stellte sich (nicht nur im Westen) die Frage, ob und wie diese Generation sich mit der Politik auseinandergesetzt bzw. arrangiert hatte und ob infolge dessen auch ihre Musik als ‚indoktriniert‘ beziehungs-

---

41 Im MWMA waren nur die bereits genannten Entwurfsskizzen der Symphonie enthalten. Möglicherweise befinden sich jedoch an anderer Stelle noch weitere Blätter zu dem Werk.

42 Vgl. zum sowjetischen Konzept der Avantgarde u.a. bei Dorothea Redepenning: *Geschichte der russischen und der sowjetischen Musik. Bd. 2: Das 20. Jahrhundert, Teilband 2.* Laaber 2008b, S. 650-682.

weise ‚ideologiekonform' zu bewerten sei. Zudem galten die künstlerischen Werte der älteren Generation als überkommen und schlichtweg altmodisch. Weinberg selbst begründete gegen Ende seines Lebens in einem Brief an Krzysztof Meyer das mangelnde öffentliche Interesse an seiner Musik damit, dass sie „ihren Platz inzwischen in der Rumpelkammer" habe „und den gegenwärtigen Moden" nicht entspreche.[43]

Zusätzlich befand sich speziell Weinberg aufgrund seiner Biographie in einer insgesamt zwiespältigen Situation. Einerseits brachte er dem Sowjetregime verständlicherweise ein gewisses Maß an dankbarer Solidarität entgegen. Er hatte 1939 in der Sowjetunion nicht nur Zuflucht vor dem lebensbedrohlichen Übergriff Hitlers gefunden, sondern hatte dort – als mittelloser polnischer Flüchtling – auf Staatskosten eine Ausbildung zum Komponisten absolvieren können. Später war es ihm möglich gewesen, über Jahre hinweg auf relativ stabilem Niveau seinen Lebensunterhalt als Komponist zu bestreiten. Andererseits konnte er sich auch in der Sowjetunion nicht uneingeschränkt sicher fühlen und wurde selbst Opfer staatlicher Verfolgung. Zwei Mal, 1948 und 1953, griff der sowjetische Restriktionsapparat direkt auf ihn zu. Trotzdem betonte Weinberg später, sich nicht zu den verfolgten Künstlern zählen zu wollen.[44]

Die zwiespältige Situation, in der sich Weinberg als Mensch und Künstler befand, und die sich stetig ändernden Vorzeichen, denen sein Kunstschaffen begegnete, spiegeln sich nicht nur in seiner Musik, sondern auch im Verhalten des Regimes gegenüber dem Komponisten: Neben Phasen der offenen und verdeckten Diskriminierung, der Weinberg immer wieder ausgesetzt war, gab es auch Zeiten der staatlichen Anerkennung. So zeigt sich etwa, dass Artikel in der sowjetischen Fachpresse zur Musik Weinbergs vor allem ab und in einem bestimmten Zeitabschnitt, nämlich Anfang/Mitte der 1960er Jahre bis Mitte/Ende der 1970er Jahre publiziert wurden. Offizielle Ehrungen erhielt Weinberg erst im letzten Lebensdrittel. So wurde er 1971 als „Verdienter Kunstschaffender der RSFSR" geehrt, 1980 als „Verdienter Künstler der UdSSR", und noch 1990 erhielt er den Staatspreis der UdSSR.[45]

Weinberg selbst bemühte sich indes nicht um öffentliche Aufmerksamkeit. Sein Leben lang entzog er sich jeglicher institutioneller Vereinnahmung. Er wurde weder Mitglied der Partei noch suchte er nach einer prominenten Funktion in der Gemeinschaft der Kulturschaffenden. Zeit seines Lebens mied er den großen öffentlichen Auftritt und bevorzugte private Kontakte und Freundschaften. Sein ‚Rückzugsort' war die Musik, und ungeachtet der jeweiligen Bedingungen, denen er sich ausgesetzt sah, gelang es ihm Zeit seines Lebens, ohne nennenswerte Schaffenspausen in immensem Umfang zu komponieren.[46] Bei gleich bleibendem kompositorischen Anspruch fand er den Weg zu einem originären Idiom. Die Musik entzieht sich dabei größtenteils Etikettierungen wie ‚staatskonform' oder ‚dissident'.

---

43 Zit. nach Fanning (2010a), S. 163.
44 Vgl. Nikitina (1994), S. 22f.
45 Vgl. dazu auch Fanning (2010a), S. 138.
46 Bei dem besagten Symposium am Musikwissenschaftlichen Institut der Universität Hamburg erwähnte am 13. Mai 2012 der Gastredner Michail Bjalik, der Weinberg persönlich gekannt hatte, Weinberg habe einmal bei Freunden über eine „schwere Schaffenskrise" geklagt: Seit „knapp zwei Wochen" (!) habe er nicht einen Takt komponieren können. Jetzt jedoch sei die Krise Gott sei Dank überwunden, und er habe bereits eine Reihe von Werken beendet.

Methodik und Disposition

Um der skizzierten Fragestellung nachzugehen, war es zunächst notwendig, diejenigen Werkabschnitte im Schaffen Weinbergs zu isolieren, in denen sich besondere Auffälligkeiten erkennen lassen. Die ausgewählten Abschnitte sollten dann vor dem Hintergrund der jeweiligen (kultur-)politischen und biographischen Situation genauer betrachtet werden.

Zudem werden verschiedene Untersuchungsebenen nebeneinander gestellt. Neben (1) der Auswahl der Werke wie oben dargelegt, bildete (2) die Begutachtung der archivalischen Manuskripte Weinbergs eine weitere Ebene. Denn die Autographe geben teilweise Auskunft zur Werkgenese, zu (selbst-)zensorischen Maßnahmen beziehungsweise Umarbeitungen. Auch die äußere Gestaltung der Manuskripte – darunter vor allem die Frage der verwendeten Schrift (polnisch oder kyrillisch) – wurde in Betracht gezogen. Weiterhin wurde (3) die Rezeption Weinbergs in der Fachpresse analysiert. Anhand dieser Quellen konnte einerseits nachvollzogen werden, welche Haltung in den verschiedenen, einer streng ideologischen Kontrolle unterzogenen Fachorganen wie der *Sovetskaja muzyka* oder der *Sovetskaja kul'tura* gegenüber Weinberg eingenommen wurde. Darüber hinaus wurde versucht nachzuvollziehen, ob und wie Weinberg auf die Haltung, die ihm und seinen Werken gegenüber eingenommen wurde, reagierte beziehungsweise ob sich die öffentliche Diskussion zur Musik und zu Kulturfragen im Allgemeinen in seinem Werk niederschlug. (4) Soweit die entsprechenden Quellen in den Archiven aufgefunden werden konnten, wurden darüber hinaus vereinzelte Protokolle von Anhörungen der Werke Weinbergs im Komponistenverband ausgewertet. Diese Anhörungen waren von entscheidender Bedeutung für den weiteren Erfolg oder Misserfolg eines Werks. Die Diskussionen, die sich dabei um die Werke entspannen, wurden im von Parteimitgliedern durchsetzten Berufsverband geführt und weisen – wie auch die Artikel in der Fachpresse oder Literatur – oftmals eine stark ideologisierte und formelhafte Sprechweise auf. Aus diesem Grund war es unabdingbar, eine genaue sprachliche und inhaltliche Analyse dieser Dokumente vorzunehmen, um aus den verwendeten ‚Sprechformeln' die darin verborgenen Subtexte zu extrahieren. (5) Ausgehend von diesen Quellen ließen sich die Werke in ihrem historischen Kontext verorten. Im Zuge dessen wurden sowohl die behandelten Zeitabschnitte in ihrer jeweiligen (kultur-)politischen Dimension skizziert, als auch einzelne Vorgänge hervorgehoben, die in Zusammenhang mit konkreten Werken von Bedeutung scheinen. Das Augenmerk liegt dabei generell auf der Korrelation von künstlerischem Werk und kulturpolitischen Vorgaben.

Daraus ergeben sich zwei weitere Betrachtungsweisen: Zum einen, inwieweit politische Vorgaben und Umstände das Werk beeinflussten, und wie der Künstler sie in seiner Musik zu interpretieren suchte. Zum anderen jedoch auch, inwieweit sich im Umkehrschluss aus der Veränderung des Werkkorpus – zu welchem Zeitpunkt etwa wählte Weinberg welche Ausdruckformen oder vermied welche Themen – und dessen öffentlicher Rezeption (oder Negierung) Aussagen zu den kulturpolitischen Anforderungen machen lassen, denen Musik jeweils zu begegnen hatte. So wird im Ergebnis neben einer lange überfälligen Betrachtung von wichtigen Aspekten der künstlerischen Entwicklung und dem Personalstil Weinbergs auch in exemplarischer Weise der Begriff des ‚Sozialistischen Realismus' weiter erhellt, der insbesondere für die Zeit nach Stalins Tod dringend der Konturierung bedarf.

‚Sozialistischer Realismus' – Zur Problematik des Begriffs

Die ästhetische Doktrin des Sozialistischen Realismus spielt zwangsläufig für die nachfolgenden Ausführungen eine zentrale Rolle. Aus zahlreichen Arbeiten, die sich der sowjetischen Musikgeschichte widmen, geht indes hervor, wie problematisch der Begriff vor allem auf den Bereich der Musik zu übertragen ist.[47] Zwar wurde von Behördenseite versucht, mittels einer Reihe von Schlagwörtern (wie *pravdivost'* [Wahrhaftigkeit im Sinne der Ideologie] oder *idejnost'* [Inhalt im Sinne der Ideologie]) die Maßstäbe, denen die Künste zu entsprechen hatten, genauer zu bestimmen. Doch war und ist deren Übertragbarkeit auf den Bereich der Musik grundsätzlich problematisch.

Deshalb wird im Folgenden der Begriff ‚Sozialistischer Realismus' nicht als feststehender Terminus verstanden, sondern im Verlauf der weiteren Ausführungen werden diejenigen Merkmale isoliert und in den Begriff gleichsam eingeschrieben, welche sich aus der Beschaffenheit der Musik und ihrer (öffentlichen) Bewertung herauslesen lassen. Das musikalische Werk Weinbergs, seine Faktur und seine Bewertung sowie seine öffentliche Rezeption wurden herangezogen, um zu verstehen, was ‚Sozialistischer Realismus' im Hinblick auf Musik konkret bedeuten konnte und wie sich diese Bedeutung im Laufe der Zeit veränderte und modifizierte.

Wie die Ergebnisse meiner Untersuchung verdeutlichen, kann ‚Sozialistischer Realismus' nicht als eine monolithische, über die Jahrzehnte konstante Doktrin verstanden werden, sondern muss vielmehr als Sammelbegriff für ein ganzes Bündel ideologischer Postulate aufgefasst werden. Aus diesem Katalog von Ideologemen wurden einzelne Elemente zu unterschiedlichen Zeiten, in unterschiedlichen Kontexten und mit divergierendem Gewicht herausgelöst und *pars pro poto* für die gesamte Doktrin aktualisiert. Diese Aufsplitterung hat zur Folge, dass eine starre definitorische Erfassung des Begriffs an seinem Wesen vorbei geht und stattdessen eine genaue und eingehende Betrachtung des jeweiligen Kontextes, in welchem der Begriff verwendet wurde, erforderlich ist.

Für die vorliegende Arbeit bedeutet dies, dass die Betrachtung von Weinbergs Œuvre allein soweit exemplarisch verstanden werden kann, als sich die spezifischen Aus-

---

47 Vgl. u.a. Marina Frolova-Walker: „National in Form, Socialist in Content“: Musical Nation-Building in the Soviet Republics, in: *Journal of the American Musicological Society*, Vol. 5, No 2 (1998), S. 331-371; Mikuláš Bek u.a. (Hg.): *Socialist Realism and Musik*, (Musicological Colloquium at the Brno International Music Festival, 36). Brno 2001, darin vor allem: Geoffrey Chew / Mikuláš Bek: Introduction: The Dialectics of Socialist Realism, in: ebd., S. 9-15; Jiří Fukač: Socialist Realism in Music: An Artificial System of Ideological and Aesthetic Norms, in: ebd., S. 16-21; Klaus Mehner: Sozialistischer Realismus als Programm, in: ebd., S. 32-38; Marina Frolova-Walker: Stalin and the Art of Boredom, in: Michaela G. Grochulski u.a. (Hg.): *Musik in Diktaturen des 20. Jahrhunderts. Internationales Symposium an der Bergischen Universität Wuppertal vom 28./29.2.2004. Tagungsband*, (Musik im Metrum der Macht Bd. 3). Mainz 2006, S. 252-276; Michael John: *Die Anfänge des sozialistischen Realismus in der sowjetischen Musik der 20er und 30er Jahre. Historische Hintergründe, ästhetische Diskurse und musikalische Genres*. Bochum / Freiburg 2009, v.a. S. 355-357.

prägungen des doktrinären Systems darin deutlich aufzeigen lassen. Die Frage, was ‚Sozialistischer Realismus' heißt, ist immer individuell, also für den Komponisten Weinberg anders zu beantworten als für einen beliebigen anderen Komponisten aus seinem Umfeld. Es ist zu erkennen, dass die speziellen biographischen Faktoren, die Weinbergs Werk und dessen Beurteilung beeinflussten, jeweils spezifische doktrinäre Mechanismen aktivierten, welche sich im Laufe der Zeit und mit Veränderung der biographischen und zeitgeschichtlichen Situation modifizierten. Hier zeichnen sich die Schwierigkeiten dabei ab, das Leben und Werk eines einzelnen Künstlers exemplarisch dafür heranzuziehen, was Kunstschaffen in einem totalitären System bedeutet und wie dieses System zu greifen ist. Erst aus der Summe einzelner Betrachtungen kann eine Annäherung erfolgen. Dass gleichwohl der Terminus über die Jahre konstant blieb, dürfte pragmatische Gründe gehabt haben: Nachdem er sich als repressiver Begriff einmal etabliert hatte, entfaltete er erhebliche Wirkung, wenngleich die Faktoren, auf die er zielte, sehr deutlichen Veränderungen unterworfen waren und sich die Motivationen, aus denen heraus gehandelt wurde, ebenfalls unterschieden.

Ein weiteres, sehr viel konkreteres Problem, das sich bei der Untersuchung des Sozialistischen Realismus stellt, ist die Übertragung einiger russischer Begriffe ins Deutsche, die formelhaft angewandt wurden, um den Terminus genauer zu ‚definieren'. Es handelt sich dabei vor allem um die Begriffe *partijnost'*, *idejnost'*, *narodnost'*, *realnost'*, *massovost'* und *pravdivost'*. Im Deutschen gibt es keine konkreten Ausdrücke für diese Wörter und es sind umständliche Umschreibungen notwendig, um den Sinn der russischen Begriffe richtig zu erfassen. Aus diesem Grunde sollen sie hier kurz vorgestellt werden, um im Folgenden auf ausgedehnte Erläuterungen verzichten zu können. *Partijnost'* meint: im Sinne der Partei, der KPdSU und ihren Richtlinien verpflichtet; *idejnost'* bezeichnet die Art des Inhalts, der sich auf die Utopie des Sozialismus beziehen soll; *narodnost'* bezeichnet die (utopische) ‚Volksverbundenheit' im Sinne des Sowjetischen Reiches und im Bereich der Kunst vor allem den Einsatz und die Kenntlichmachung von musikalischen Merkmalen, die geeignet sind, die vielen Völker des Sowjetischen Reiches zu repräsentieren. Ob diese Merkmale authentisch sind oder nicht, spielt dabei zunächst keine Rolle. *Real'nost'* meint die Wiedergabe der (sozialistischen) Wirklichkeit mit ihrem utopischen Anteil, was sich klar unterscheidet von der *natural'nost'*, die nur reproduziert; *massovost'* meint für die Massen verfasst und für sie tauglich; *pravdivost'* meint die unbedingte Wahrheitstreue der Darstellung im Sinne der sozialistischen Utopie. Diese Termini, die auch in den im Folgenden zitierten Fachbeiträgen oder Diskussionen immer wieder Verwendung finden, wurden – damit sie als solche stets erkennbar bleiben – an den gegebenen Stellen zwar jeweils übersetzt, das russische Wort wurde jedoch zusätzlich in eckigen Klammern daneben gesetzt.[48]

Weiter stellt sich im Zusammenhang mit der ästhetischen Doktrin die Frage, wer genau – welche Behörde, Institution oder auch möglicherweise einzelne Person – die Beurteilung eines Werks vornahm und damit bewertete, ob es im Sinne des Sozialistischen tauglich sei. Denn bevor ein Werk in die Öffentlichkeit gelangen konnte, musste es nicht nur verschiedene Gremien innerhalb des von politischen Funktionären

---

48 Das Gleiche gilt für weitere russische Worte, deren deutsche Übersetzung nicht problemlos möglich ist.

durchsetzten Komponistenverbandes Sojuz kompozitorov (SK/SSK) durchlaufen, sondern darüber hinaus mussten auch die jeweiligen Gremien und Institutionen, die für die weitere Verbreitung von Kultur zuständig waren – in Theatern und Opernhäusern, Verlagen, Orchesterdirektionen, Radio usw. – und in denen stets Parteimitglieder vertreten waren, ihr Placet geben. Dazu gesellten sich noch die jeweiligen Zensurbehörden, die wiederum in eigenständigen Abteilungen teilweise nebeneinander organisiert waren (dazu im Laufe der Ausführungen mehr). So kann in den meisten Fällen kaum nachvollzogen werden, wer konkret dafür verantwortlich war, wenn ein Werk nicht, erst sehr verspätet oder nur stark umgearbeitet zur Aufführung kam. Nicht zuletzt die vielen unterschiedlichen Kontrollstempel, die auf den Manuskripten zu finden sind, legen von den unterschiedlichen Zensurebenen Zeugnis ab. Deshalb wird im Folgenden oft der verallgemeinernde Ausdruck ‚offizielle Seite‘ verwendet, um die vielen unterschiedlichen Stellen zu bezeichnen, von denen ausgehend eine Bewertung des Werkes erfolgen konnte. Nicht ausgeschlossen werden kann dabei jedoch, dass auch Kompetenzrangeleien, eventuell persönlich motivierte Schritte oder Maßnahmen in vorauseilendem Gehorsam – unabhängig von einer unmittelbar politischen Intention – bei der Begutachtung der Werke eine Rolle spielten.

Aufbau der Untersuchung

Im Sinne der oben skizzierten Methodik ergibt sich der Aufbau der Untersuchung. Der erste Abschnitt widmet sich dem Zeitraum von ungefähr dem Ende des Zweiten Weltkrieges bis zum Tode Josif Stalins und etwas darüber hinaus (ca. 1956). Dabei zeigt sich, wie sich das nach dem Krieg deutlich erkaltende und zunehmend antisemitisch aufgeladene (kultur-)politische Klima auf das Schaffen Weinbergs auswirkte. Der erneute und zweifache Einbruch politischer Gewalt in das Leben Weinbergs hatte großen Einfluss auf das kompositorische Werk. Insbesondere mit Blick auf das Streichquartett und die Symphonie wird deutlich, dass er nach einer langen Suche nach der auch ideologisch ‚richtigen‘ Ausdrucksform diese Gattungen, mit denen er offenkundig immer wieder an den offiziellen Anforderungen scheiterte, zugunsten anderer Genres aufgab, in denen er bedeutend mehr Erfolg hatte.

Im zweiten Abschnitt, der zeitlich gegen Mitte der 1950er Jahre einsetzt, wird deutlich, wie die politische Situation nach dem Tode Stalins sich vor allem in der Einführung und Behandlung konkreter Themen im Schaffen Weinbergs manifestiert. Denn Weinberg widmete sich in einer Vielzahl vokaler Werke der kompositorischen Reflexion der ‚alten‘ polnischen und der ‚neuen‘ sowjetischen Heimat.[49] Dabei wird erkennbar, wie Weinberg in unterschiedlich ausgeprägter Art und Weise kompositorische Maßnahmen ergriff, um die Thematik zu verschleiern und stellenweise ‚doppelte‘ Lesarten zu ermöglichen. Die außermusikalischen Inhalte, die er in die Vokalwerke einführte, stammen über einen langen Zeitraum hinweg ausschließlich von dem polnisch-jüdischen Dichter Julian Tuwim. Ab Mitte der 1960er Jahre reflektieren die Werke

---

49 Die Frage nach der Problematik eines ‚autobiographischen‘ Komponierens wurde hier außer Acht gelassen und soll in einem separaten Artikel behandelt werden. Ich danke an dieser Stelle Frau Dr. Anna Artwińska für die Anregung hierzu.

Weinbergs vermehrt die Frage der jüdischen Existenz und, damit zusammenhängend, des Holocaust. Dabei widmete sich Weinberg auch Texten des (ebenfalls polnisch-jüdischen) Dichters Stanisław Wygodzki, der selbst die Inhaftierung in Auschwitz überlebt hatte. Die kompositorische Beschäftigung mit den Werken Tuwims (und weiterhin Wygodzkis), die einen Zeitraum von etwas mehr als zehn Jahren umspannt, wird im zweiten Abschnitt verfolgt.

Der dritte und letzte Abschnitt bringt eine eingehende Betrachtung von Weinbergs Oper *Passažirka* op. 97 (1966/68), dem zentralen Werk des Komponisten. Hier zeigt sich, dass die Wahl und Behandlung des gewählten außermusikalischen Inhalts in einer Reihe mit den im Vorherigen behandelten Themen zu verstehen ist. Wie Weinberg versuchte, subtile Deutungsalternativen und doppelte Interpretationsansätze kompositorisch anzubieten, gibt weiterhin Aufschluss darüber, wie er den offiziellen Anforderungen an die Musik beizukommen versuchte. In dieser Oper, die ihm eigenen Aussagen zufolge sehr am Herzen lag, ergriff er eine Vielzahl von Maßnahmen, um die öffentliche Aufführung des Werks sicherzustellen. Nach dem Scheitern der Oper veränderte sich, wie im Überblick über das Gesamtwerk zu erkennen ist, nicht nur die Wahl der außermusikalischen Inhalte signifikant, sondern auch die Form der musikalischen Weiterführung einzelner Themen. Weiterhin ist eine Verlagerung der gewählten Programmatik erkennbar.

Zur Biographie

Da bisher kaum Informationen zu Weinbergs Lebensweg verfügbar sind, diese jedoch im Folgenden von großer Bedeutung sein werden, möchte ich meinen Ausführungen einen kurzen biographischen Überblick voranstellen. Mit der Arbeit von David Fanning liegt ein zumindest kursorischer Überblick über Weinbergs Lebenslauf vor. Auch die Publikation von Danuta Gwizdalanka kann einige erhellende Fakten zu Weinbergs Biographie anführen, doch ist dieser Text bisher nicht in deutscher Sprache zugänglich. Daher möchte ich mich im Folgenden auf jene biographischen Details beschränken, denen (1) in meinem Kontext besonderes Gewicht zufällt, die (2) bisher keine Beachtung gefunden haben, die (3) bisher nicht in deutscher Übersetzung vorliegen und/oder die (4) einer Korrektur bedürfen.

Der Zeitabschnitt, dem ich mich dabei besonders widmen möchte – und welcher gleichzeitig den sicherlich am schlechtesten dokumentierten und für die Forschung problematischsten Zeitabschnitt darstellt –, ist der Abschnitt bis 1943. Im Grunde kann erst ab 1943, also mit Weinbergs Ankunft in Moskau, von einer einigermaßen dokumentierten Biographie gesprochen werden.[50] Erkenntnisse, die ich für diesen Zeitabschnitt im Zuge meiner Arbeit gewinnen konnte, fließen direkt in die nächsten Kapitel ein. Über den Zeitraum bis zur Ankunft Weinbergs in Moskau sind indes nur rudimentäre Informationen verfügbar, zudem kursieren viele falsche Angaben.

Dies ist hauptsächlich den Verwerfungen geschuldet, denen Weinbergs Lebenslauf in Folge von Hitlers Vernichtungskrieg ausgesetzt war. So verteilen sich die verschiedenen biographischen Stationen, die Weinberg von September 1939 bis zu seiner An-

---

50 Wobei auch für diesen Zeitraum eine Unmenge von Fragen offen bleibt.

kunft in Moskau im Herbst 1943 durchlief, auf eine ganze Reihe von Orten – nämlich Warschau (Polen), Luninez, Minsk (beide Weißrussland) und Taschkent (Usbekistan). Alle diese Orte (sowie die Wegstrecken dazwischen) wären bei der Recherche in Betracht zu ziehen. Gleichwohl muss vorausgesetzt werden, dass eine Vielzahl von Quellen im Kriegsverlauf vernichtet oder verloren wurde. Um weiterhin die vorhandenen Quellen zu bewerten, wäre es zusätzlich notwendig, nicht nur Russisch, sondern auch Polnisch und Jiddisch zu beherrschen. Trotzdem soll hier in aller Kürze der Versuch unternommen werden, Weinbergs Biographie bis 1943 wenigstens punktuell zu beleuchten. Denn gerade dieser Zeitabschnitt – und damit die familiären Wurzeln sowie die Kindheit und Jugend in Warschau bis 1939 – erscheint mir von existenzieller Bedeutung hinsichtlich Weinbergs ästhetischer Sozialisation und, im Zusammenhang damit, seines kompositorischen Werdegangs.

Einige wichtige Angaben sind dem leider bisher unübersetzten *Lexicon of the Yiddish Theatre* (*LoYT*), welches Zalmen Zylbercwaig zwischen 1931 und 1969 kompilierte, zu entnehmen.[51] Dieses Lexikon, das in sechs Bänden in jiddischer Sprache verfügbar ist, stellt ein unverzichtbares Kompendium der im Zweiten Weltkrieg fast ausnahmslos vernichteten jüdischen Theaterwelt dar. Es sammelt unter anderem biographische Informationen zu über 3.000 im Theaterbetrieb beschäftigten Personen, zu kulturellen Institutionen, Theatern, Schauspielervereinigungen oder Studios.[52] Zur Bewertung dieser Quelle meint Michael C. Steinlauf:

> Zylbercweig's encyclopedia, a monument to his extraordinary dedication, reflects both his scholarly limitations and the difficult conditions of his work. The volumes have been insufficiently edited and contain errors and imprecise data. Even more problematic is the matter of sources. Although he provides bibliographies of varying degrees of accuracy at the end of each article, much of Zylbercweig's information is based on his subjects' personal communications, often about their own careers. The longer articles typically consist of lengthy citations from insufficiently identified sources that can be traced, if at all, only with great effort. However, the *Leksikon* is also a vast source of social and cultural documentation. Its more than 800 women's biographies, for example, constitute a major source about the lives of modern Yiddish-speaking women.[53]

Da dieses Lexikon als eine der wenigen Quellen konkrete Informationen zu Weinbergs Eltern enthält, wurde es trotz der von Steinlauf genannten Mängel herangezogen. Allerdings ist wohl zu vermuten, dass auch einige Fehlinformationen zu Weinbergs Eltern – und vor allem zur Person seiner Mutter – auf genau dieses Lexikon zurückgehen (dazu gleich noch mehr). Der Artikel zu Weinbergs Vater Shmuel[54] wur-

---

51 Zalmen Zylbercwaig (Hg.): *Lexicon of the Yiddish Theatre*, Vol. 1-6, New York, NY 1931–1969.
52 Vgl. den Artikel von Michael C. Steinlauf: Zylbercweig, Zalmen, Onlineressource, einzusehen unter: http://www.yivoencyclopedia.org/article.aspx/Zylbercweig_Zalmen [Stand: 12.09.2013].
53 Ebd.
54 Artikel „Weinberg, Shmuel", in: *Lexicon of the Yiddish Theatre. Compiled and Edited by Zalmen Zylbercweig. Published under the auspices of Hebrew Actors Union of America*. Vol. 5. Mexiko 1967, Sp. 4847f. [im Folgenden abgekürzt mit „Artikel ‚Shmuel'", *LoYT*, S. 4847f.]. Der Artikel wurde laut den Angaben des Lexikons nach einem schriftlichen Zeugnis („Sh. E.") – wobei der

de für diese Arbeit erstmals ins Deutsche übertragen. Weitere Teile dieses Lexikons sowie Auszüge aus dem zweibändigen Werk *Yidisher teater in Eyrope tsvishn beyde velt-milkhomes* von Jonas Turkow, Itsik Manger und Moyshe Perenson[55] sind in englischer Übersetzung in der Datenbank des Museum of Familiy History (MoFH) verfügbar, die von Steven Lansky verwaltet wird.[56] Neben Auszügen aus dem *LoYT* finden sich dort Informationen sowie Bildmaterial zur jüdischen Geschichte und insbesondere Aspekten des jüdischen kulturellen Lebens in Europa, welches mit dem Zweiten Weltkrieg fast ausnahmslos vernichtet wurde. In verschiedenen virtuellen ‚Ausstellungen‘ wird das vom MoFH gesammelte Material online zur Verfügung gestellt. Dem *LoYT* von Zalmen Zylbercweig ist eine eigene Abteilung gewidmet.[57]

Weiteres Quellenmaterial entstammt dem Archiv des Institute for Jewish Research (YIVO) in New York City, welches seinen Katalog sowie eine Vielzahl von weiterführenden Informationen auf seiner Website zur Verfügung stellt.[58] In diesem Archiv befinden sich auch Dokumente des Yidisher profesyoneler artistn fareyn in poyln [YPAF, Verein jüdischer professioneller Artisten in Polen],[59] die während des Zweiten Weltkrieges vom Einsatzstab ‚Reichsleiter Rosenberg‘ aus dem Yidisher Visnshaftlekher Institut in Wilno (heute: Vilnius, Litauen) geraubt und 1942 nach Deutschland gebracht worden waren.[60] Erst 1947 gelangten die Dokumente vom Archiv des U.S. Militärs in Offenbach nach New York City.[61] In den Unterlagen des YPAF finden sich ebenfalls konkrete, bisher unbekannte Detailinformationen zu Weinbergs Vater[62] und (vermutlich) seiner Tante,[63] die für die vorliegende Arbeit erstmals übertragen und ausgewertet wurden.

Von großem Nutzen war auch die Website JewishGen.org,[64] die vom Museum of Jewish Heritatge in New York City verwaltet wird. Auf dieser Website sind Informationen in verschiedenen Datenbanken, unter anderem zu Opfern des Holocaust, systematisch gesammelt und durchsuchbar. Auch die Datenbank des United States Holocaust

---

   Verfasser nicht genannt wird – und einem mündlichen Zeugnis („M.E.“) von Zalmen Koleshnikov verfasst. Ich danke Mio Hamann und Sophie Fetthauer für die Hinweise zu den entsprechenden Abkürzungen.

55 Bd. 1: Polyn. New York, NY 1968; Bd. 2: Sovetn-farband, mayrev-eyrope, baltishe lender. New York, NY 1971.

56 http://www.museumoffamiliyhistory.com [Stand: 12.08.2013]

57 http://www.museumoffamilyhistory.com/yw/zylbercweig/zz-main.htm [Stand: 13.09.2013].

58 http://www.yivoencyclopedia.org/ [Stand: 12.08.2013].

59 Der Verein war 1919 in Warschau gegründet worden und existierte bis September 1939. Sein Hauptanliegen sah der Verein darin, die Interessen der jüdischen Theaterschaffenden in finanziellen Fragen bei den Theaterdirektoren und in den Truppen zu vertreten. Gleichwohl war der Verein auch in politischen Belangen aktiv und setzte sich für größere Autonomie der jüdischen Bevölkerung ein, indem er auf kulturelle Seite die Entwicklung eines professionellen und künstlerisch ambitionierten polnisch-jüdischen Theaters einsetzte. Vgl. dazu auf den Informationsseiten des YIVO unter: http://polishjews.yivoarchives.org/archive/?p=collections/findingaid&id=34305&q= [Stand: 30.06.2014].

60 Vgl. dazu die Angaben auf der Archiv-Seite des YIVO unter: http://polishjews.yivoarchives.org/archive/?p=collections/findingaid&id=34305&q= [Stand: 30.06.2014].

61 Vgl. ebd.

62 YIVO Institute for Jewish Research; Records of the Yidisher Artistn Farayn, RG 26, box 29A, folder 607: Shmuel Weinberg.

63 YIVO Institute for Jewish Research; Records of the Yidisher Artistn Farayn, RG 26, box 29A, folder 605: Sonja Weinberg.

64 http://www.jewishgen.org/databases/ [Stand: 12.08.2013].

Memorial Museum in Washington, DC (USHMM),[65] die einen Abgleich der Daten ermöglichte, war hilfreich.

Neben diesen Quellen gingen in die folgenden Ausführungen auch Informationen ein, die nicht wissenschaftlichen Ursprungs sind. Dabei handelt es sich vor allem um Erinnerungsliteratur sowie diverse biographische Angaben aus unterschiedlichen Quellen. Dass diese Quellen (natürlich mit dem entsprechenden Hinweis) einbezogen wurden, hat den einfachen Grund, dass es – angesichts der insgesamt extrem problematischen und lückenhaften Quellenlage – sinnvoll scheint, alle Hinweise, die einen validen Eindruck machen, zumindest zu präsentieren und damit für zukünftige Forschungsvorhaben zur Verfügung zu stellen und Anknüpfungspunkte für eine tiefergehende Untersuchung zu bieten.

Die familiären Wurzeln Weinbergs – viele Fragen, einige Antworten

Der Vater, Shmuel Weinberg

Als eine der wenigen gesicherten Informationen kann gelten, dass Weinbergs Vater Shmuel (auch Samuel, Szmul oder schlicht Sem) 1882 im bessarabischen Kišinew – heute Chişinău, Moldawien – geboren wurde.[66] In einer online publizierten Erinnerungsschrift von Ada Codikova – deren Großmutter Adelaida die Schwester von Mieczysław Weinbergs Vater gewesen ist – ist nachzulesen, dass Shmuel eines von insgesamt 13 Kindern in der Familie Weinberg war.[67] Im *LoYT*-Artikel zu Shmuel Weinberg findet sich unter anderem ein längerer Absatz, in dem aus einer (leider nicht näher bestimmten) „Autobiographie" Weinbergs zitiert wird.[68] Die Authentizität dieser ‚Autobiographie' kann bis zu deren Auffindung nicht verifiziert werden, und auch die übrigen Quellen, auf denen der Artikel basiert, sind nicht angegeben. Dennoch möchte ich Auszüge daraus zitieren, da er bisher nicht in deutscher Sprache zugänglich ist und einige der Angaben in enger Übereinstimmung mit Angaben aus dem YPAF stehen, weshalb sie valide erscheinen. Auch korrespondieren die Angaben zur Familie an vielen Stellen mit den Aussagen, die Ada Codikova macht.[69] Bei Codikova ist zu lesen, dass die Eltern der Familie Weinberg sehr um die standesgemäße Erziehung ihrer Kinder besorgt waren und dass dem Familienoberhaupt Moisej ein ‚gehobener' Beruf, wie etwa Arzt oder Jurist, für seine Kinder vorgeschwebt habe.[70] Da bisher keine vollständige Übersetzung des *LoYT*-Artikels zugänglich ist, soll er im Folgenden in Gänze zitiert werden:

---

65 www.ushmm.org/ [Stand: 12.08.2013].

66 Vgl. dazu Ada Codikova: Derevo žisni, in: *Samizadt* 2009, Onlinersource, einzusehen unter: http://samlib.ru/c/codikowa_a/codikowa326-1.shtml [Stand: 03.09.2013] und: http://world.lib.ru/g/gorfinkelx_a/gorfinkelx22332.shtml [Stand: 10.10.2014]. Unter den genannten Links finden sich zwei unterschiedlich aufgebaute, jedoch inhaltlich weitgehend übereinstimmende Erinnerungsniederschriften Codikovas. Siehe auch den Artikel „Weinberg, Shmuel", *LoYT*, Sp. 4847.

67 Vgl. Codikova (2009).

68 Vgl. Artikel „Weinberg, Shmuel", *LoYT*, Sp. 4848.

69 Vgl. Codikova (2009) – wobei natürlich nicht ausgeschlossen werden kann, dass Codikova sich selbst auf den Artikel im *LoYT* beruft.

70 Ada Codikovas Großmutter Adelaida M. Gorfinkel' besuchte (als einzige Jüdin) das Gymnasium und nahm danach ein Studium auf; vgl. Codikova (2009).

Weinberg, Shmuel

(geb. 1882 – von den Nazis umgebracht)

Geboren 1882 in Kišinev, Bessarabien, bei frommen chassidischen Eltern. Der Vater – Buchhalter in einer gutsituierten Firma – war sehr mit seiner Arbeit beschäftigt und hatte keine Zeit, sich um die Erziehung seiner Kinder zu kümmern.

Im Alter von sieben Jahren hat er [Shmuel – V.M.] zufällig eine Geige in die Hände bekommen und mit einem Finger eine Melodie „gekratzt". Ein Jahr später, er spielte bereits richtiger auf der Geige, hat ihn ein vorbeigehender Zigeuner-Musiker durch's offene Fenster spielen gehört und den Eltern den Vorschlag gemacht, ihn umsonst zu unterrichten. In seiner Autobiographie schreibt er:

„Überrascht wurde mein Vater nicht dadurch. Ungeachtet dessen hat mich der Musiker eine gewisse Zeit lang unterrichtet und mir sehr große Hoffnungen gemacht. Aber wie groß auch mein Talent war, meine Unlust zu Üben war größer. Eine seltene Erscheinung; sowie der Lehrer mir die Lektion vorgespielt hat, die ich [für] ihn vorbereiten sollte, konnte ich sie sogleich auswendig spielen. Auf diese Weise konnte ich ihn eine Zeit lang hinter's Licht führen, bis ich schließlich entlarvt wurde, und er mich daraufhin aufhörte zu unterrichten, nicht ohne mir das Folgende zu sagen: ‚Wenn ein solches Talent mit diesen 10 Fingern wie Sie keine Lust zum Lernen hat, müssen Sie sich selbst eine Grube schaufeln und sich dort begraben, denn Sie werden dies ihr ganzes Leben lang beweinen.' Mein Vater wollte, dass ich es im Leben zu etwas bringe und hat mich deshalb erst in ein Galanterie-Geschäft zur Ausbildung gegeben, dann in noch ein weiteres Geschäft, eine Druckerei. Es hat alles nicht gehalten. Bis zu meinem 17. Lebensjahr habe ich mich so herumgetrieben.

Im Jahr 1899 ist Sabseys Truppe nach Kišinev gekommen, um zu spielen, jedoch erwiesenermaßen ohne Erfolg, weil sie [die Truppe – V.M.] auseinandergebrochen ist und in der Folge hat mich Sabsey in die Truppe aufgenommen. Mit Glück wurde ich zum Rundum-Schaffenden: als Geiger, Dirigent, Chorleiter, Schauspieler, Requisiteur, Souffleur, und für das alles habe ich 14 Kopeken am Tag bekommen und so hatte ich mein Auskommen."[71]

Anhand dieser Information und auch anhand von Dokumenten aus dem YPAF kann annähernd rekonstruiert werden, wann Shmuel in die Truppe eintrat und in der Folge seine Heimatstadt verließ. So finden sich im YPAF Mitgliedsdokumente,[72] in denen

---

71 Artikel „Weinberg, Shmuel", *LoYT*, Sp. 4847f. Für die Übersetzung aus dem Jiddischen hier und im Folgenden danke ich Mio Hamann.

72 YIVO Institute for Jewish Research; Records of the Yidisher Artistn Farayn, RG 26, box 29A, folder 607.

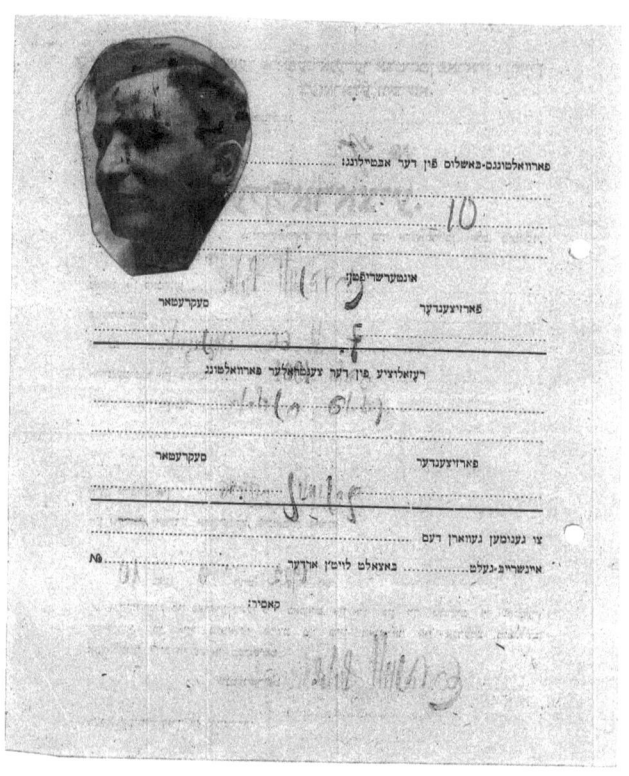

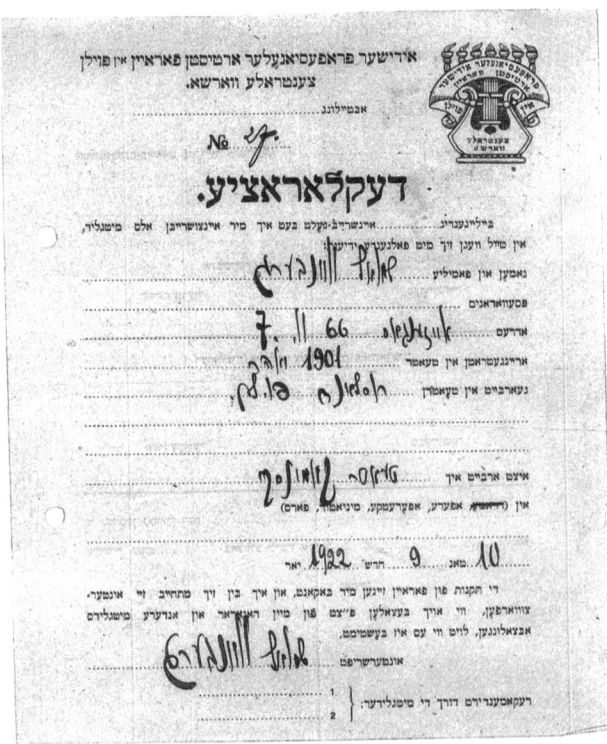

Abb. 3 u. 4:
From the Archives of the
YIVO Institute for Jewish
Research; Records of the
Yidisher Artistn Farayn,
RG 26, box 29A, folder 607,
Blatt 2 u. 3 [meine Blatt-
nummerierungen – V.M].

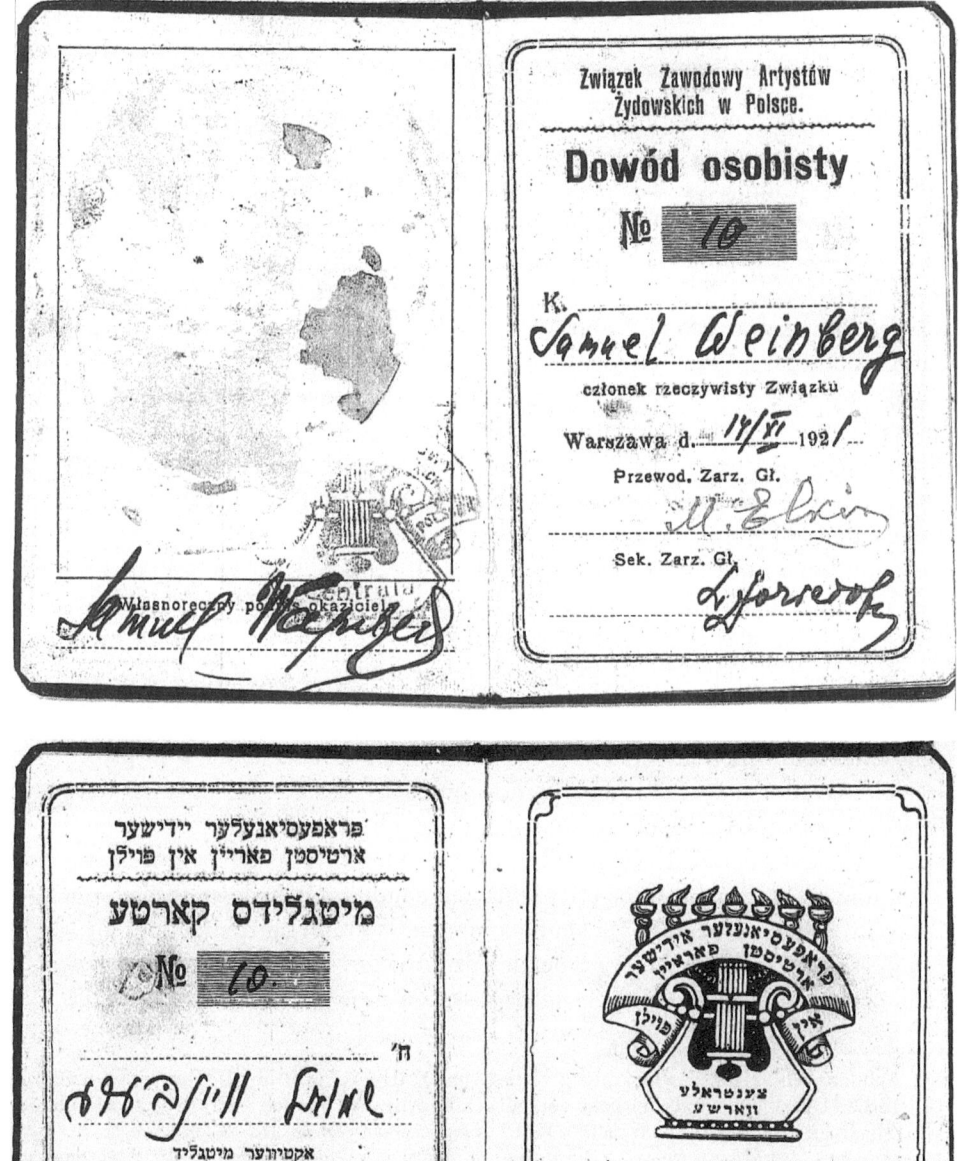

Abb. 5. u. 6:   From the Archives of the YIVO Institute for Jewish Research; Records of the
Yidisher Artistn Farayn, RG 26, box 29A, folder 606, Blatt 26 u. 28 [meine
Blattnummerierungen – V.M]

Shmuel selbst angibt, im Jahre 1901 ins Theater eingetreten zu sein (Abb. 3, 4[73] und 5, 6[74]). Gleicht man dies mit den Angaben aus dem *LoYT* ab, so ist davon auszugehen, dass Weinberg in demselben Jahr noch in Kišinew für Sabsey tätig wurde. Anschließend verließ er mit der Truppe von Sabsey die Stadt und gelangte nach Baku.[75] Wie bei Codikova zu lesen ist, zog nicht nur Shmuel nach Baku, sondern es siedelten insgesamt acht der Kinder aus der Familie Weinberg dorthin um. Leider liefert Codikova keine genauen Angaben zu den Gründen. Sie vermutet, dass sich zumindest Shmuel durch die Übersiedelung nach Baku der Familie entzogen habe, die seine Berufswahl nicht goutierte.[76]

Als gesichert kann jedoch gelten, dass der Weggang aus Kišinew noch vor 1903 stattfand – und dass er Shmuel Weinberg das Leben rettete. Denn im April 1903 nahm in Kišinew das erste Pogrom gegen die jüdische Bevölkerung der Stadt seinen Anfang.

Im Anschluss an seine Tätigkeiten für Sabsey arbeitete Shmuel, wie im *LoYT* vermerkt ist, für eine ganze Reihe unterschiedlicher Theatertruppen. Darunter recht berühmte Ensembles wie die Ensembles von Mark Meyerson, von Mishe Genfer oder von Aba und Leah Kompaneyets. Leider ist es schwer bis unmöglich, genau nachzuvollziehen, wann Shmuel Weinberg für welche Truppe in welcher Funktion tätig war.[77] Dies ist nicht nur der schwierigen Quellenlage geschuldet, sondern auch der Art und Weise, wie sich die jüdischen Theatertruppen formierten. In Nahma Sandrows *World History of Yiddish Theater* ist dazu Folgendes festgehalten:

> There are many accounts of Yiddish theater companies, all with different dates and different versions of dispute, different facts about who played which play first and where and with how much success. [...] Companies were constantly forming, taking on new members who had maybe never seen a play two weeks before, travelling, breaking up, multiplying like paramecia, reshuffling [...]. That was to be the permanent condition of Yiddish theater, not only in Eastern Europe [...]. Many companies were organized simply for a single season, a single tour, or a single performance. Others played for a season or more, but only on weekends. A „season" was generally understood as

---

73 Die Abbildungen zeigen das Dokument recte (Abb. 3) und verso (Abb. 4). Der Text auf Abb. 4 lautet: [Die Überschrift und sämtliche vorgedruckten Angaben werden hier kursiv gesetzt, handschriftliche Eintragungen stehen recte – V.M.] *Yidisher profesyoneler artistn fareyn in poyln. Tsentrale Varshe / Abteilung / No. 27 / Deklaration / Beiliegend _ Einschreib-Geld Ich bitte, mich als Mitglied einzuschreiben und teile über ich Folgendes mit: / Vorname und Nachname:* Shmuel Weinberg / *Pseudonym:* – / *Adresse:* Ayzengaz 66 W. 7. / *Eingetreten ins Theater* 1901 Jahr / *Gearbeitet im Theater* Russland Polen / *Jetzt arbeite ich* Teatr Kaminski / *In (Drama, Oper, Operette, Miniatur, Farce)* Drama / *Tag* 10 *Monat* 9 *Jahr* 1922 / *Die Vereinsregeln sind mir bekannt und ich verpflichte mich, mich ihnen zu unterwerfen, sowie auch % von meinem Honorar und anderen Mitgliedszahlungen gemäß den Bestimmungen zu zahlen / Unterschrift* Shmuel Weinberg / *Empfohlen durch die Mitglieder 1. / 2;* ebd.

74 Der Ausweis der Vereinigung.

75 Vgl. Codikova (2009).

76 Vgl. ebd.

77 Einzig auf einer erhaltenen Karteikarte aus dem YPAF findet sich der Hinweis, dass Shmuel Weinberg vom 9. November 1923 bis zum 1. Mai 1924, vom 1. Mai 1924 an noch einen weiteren unbestimmten Zeitraum im Jahre 1924, und vom 14. Oktober [1924] bis zum 1. Mai 1925 in der Theatertruppe von Kaminski tätig gewesen ist. YIVO Institute for Jewish Research; Records of the Yidisher Artistn Farayn, RG 26, box 29A, folder 607, Blatt 6.

meaning from the autumn New Year holidays to after Passover in the spring, but companies kept touring in the summer as well.[78]

Zur Besetzung der Truppen schreibt Sandrow, dass vor allem größere Truppen ihren eigenen musikalischen Direktor, und vom einfachen Geiger bis zu kleinen Orchestern alle Arten von Musikern hatten. Nur stellenweise hätten die Truppen auch über einen eigenen Chor verfügt, wobei eher gängig gewesen sei, dass ein Chor im Bedarfsfall angeheuert wurde.[79] Daraus lässt sich schließen, dass die Truppen, denen Shmuel Weinberg angehörte, eher größer waren.

Die Mutter Weinbergs – ein bisher ungelöstes Rätsel

Kaum eine Information zu Weinberg's Biographie ist so schwer zu fixieren, wie die Frage nach der Identität seiner Mutter. So kursieren zu ihrer Person nach momentanem Forschungsstand allein drei bis vier unterschiedliche Namen. Auch die Umstände ihrer Beziehung zu Shmuel Weinberg bleiben verschwommen, wie ebenso die Frage nach ihrer beruflichen Situiertheit.

Das *LoYT* führt einen langen Artikel zu einer Sängerin/Schauspielerin namens Sonja Karl / Sonja Weinberg, geboren im März 1988 in Odessa, und bildet auch ein Foto ab (Abb. 7).[80] Den Angaben des *LoYT* zufolge handelt es sich dabei um Shmuel Weinbergs Frau – demnach Mieczysław Weinbergs Mutter.[81] Diese sei nach Abschluss einer 4-jährigen Regierungsschule an einem Progymnasium unterrichtet worden. Weiter wird erwähnt, sie habe bereits während der Schulzeit Gesangsunterricht genommen und sei 1905 Mitglied in der Theatertruppe von Mark Meyerson geworden.[82] Auch im YPAF konnten Unterlagen zu einer Sonja Weinberg / (Karmiol) gefunden werden, die 1905 in den jüdischen Theaterverband eingetreten sei (Abb. 8 und 9). Der Abgleich des Bildmaterials aus dem *LoYT* und dem *YPAF* mit einem Bild aus dem Privatarchiv von O'ga Rochal'skaja macht jedoch deutlich, dass es sich zumindest auf dem Foto mit großer Sicherheit bei jener Sonja Weinberg nicht um Weinberg's Mutter, sondern vielmehr um seine Tante handelt – die Schwester von Shmuel Weinberg (vgl. Abb. 10).[83]

---

78 Nahma Sandrow: *Vagabond Stars. A World History of Yiddish Theater.* New York, NY 1977, S. 54f.
79 Vgl. ebd., S. 55.
80 Vgl. den Artikel „Weinberg, Sonja [Karl]", in: *Lexicon of the Yiddish Theatre. Compiled and Edited by Zalmen Zylbercweig. Published under the auspices of Hebrew Actors Union of America.* Vol. I. New York, NY 1931, Sp. 683 [im Folgenden abgekürzt mit „Artikel ‚Sonja', *LoYT*]. Der Artikel ist auch abgedruckt in ebd.: Vol. V. Mexico 1967, Sp. 3780f. Im letztgenannten Band wird vermerkt, der Artikel basiere auf einem mündlichen Zeugnis [„M.E."] von Jonas Turkow; ebd., Sp. 3781.
81 Auch Victoria Weinberg gab an, den Namen ihrer Großmutter mit „Sarra", Familienname „Karl" zu erinnern.
82 Vgl. ebd. Interessant ist vielleicht, dass die Truppe von Sabsey bereits 1904 in Odessa gastierte.
83 Abb. 10 zeigt Shmuel Weinberg mit seinen Schwestern Sonja und Adele [Adelaida bei Codikova], aufgenommen bei einem Fotografen in Kišinew. Zu Sonja Weinberg: Wie aus den Unterlagen des YIVO hervorgeht, war „Sonja Weinberg (Karmiol)" als ‚Prima Donna' in der Truppe von Aba und Leah Kompaneyets, arbeitete dann ein Jahr in der Truppe von Sabsey, einige Jahre in der Truppe von Mishe Genfer, drei Monate mit Avraham Kaminski sowie in der Truppe von Kompaneyets und dann noch einmal ein Jahr mit Sabsey, wo sie – den Angaben des *LoYT* zufolge – das Ensemble auch leitete (zusammen mit einer/einem gewissen Schwartzbard); vgl. Artikel „Weinberg, Sonja", *LoYT*, Sp. 683. Auch für die Truppe von Avraham Fishzon war Sonja Weinberg tätig, außerdem zwei Jahre in der Truppe von Nakhum Lipovski in Vilnius und bei Yitzhak Zandberg in Łódź; vgl. ebd. Insgesamt handelte es sich bei Weinbergs Tante offenbar eine hoch profilierte und viel beschäftigte Künstlerin.

Abb. 7:
Sonja Weinberg / Karl:
*Lexicon of the Yiddish
Theatre. Compiled and Edited
by Zalmen Zylbercweig.
Published under the auspices
of Hebrew Actors Union of
America.* Vol. I. New York,
NY 1931, Sp. 683.

Abb. 8 u. 9:
Sonja Weinberg / Karmiol: From the Archives
of the YIVO Institute for Jewish Research;
Records of the Yidisher Artistn Farayn, RG 26,
box 29A, folder 605, Blatt 9 u. 12.

ייִדישער פּראָפֿעסיאָנעלער אַרטיסטן-פֿאַריין אין פּוילן.

נאָמען און פֿאַמיליע

פּסעוודאָנים

שטענדיקער אַדרעס

אַנגעקומען אויף דער בינע, דעם ____ 19

אַנגענומען אין פֿאַריין, דעם ____ 19

פֿאַמיליע - צושטאַנד

מיטגלידס קאַרטע № 110

שפּילטעאַ ט:

Abb. 10: Shmuel Weinberg mit seinen Schwestern Sonja und Adele; Foto aus dem Privatarchiv von O'lga Rochal'skaja. Ich danke Frau Rochal'skaja für die Abdruckerlaubnis.

Abb. 11:
Die Familie Weinberg, vermutlich Anfang/Mitte der 1920er Jahre; ich danke Victoria Bishops für die Abdruckerlaubnis.

Und ein Familienbild der Weinbergs macht deutlich, dass nur wenig Ähnlichkeit besteht zwischen Weinbergs Mutter und der Sonja Weinberg, die auf den Bildern des YPAF und mit ihrem Bruder Shmuel zu sehen ist (vgl. Abb. 11). Die Verwechslung – ob es sich nur um eine Verwechslung des Fotos, oder auch der restlichen Information handelt, muss bislang offen bleiben – könnte indes auch darauf zurückzuführen sein, dass den Aussagen von Ol'ga Rochal'skaja[84] und Victoria Bishops[85] zufolge tatsächlich auch Weinbergs Mutter im jüdischen Theater gearbeitet hatte.

Was die Information zu Shmuel Weinbergs Schwester Sonja auch deutlich macht ist, dass Shmuel nicht als einziger seiner Familie eine Theaterkarriere verfolgte. Ob die Aussage von Ada Codikova, die Eltern Shmuel Weinbergs hätten seine Berufswahl nicht goutiert, demnach valide ist, bleibt ungeklärt. Immerhin scheint es unwahrscheinlich, dass gleich zwei Kinder einer Familie einen Beruf ergreifen, der von den Eltern nicht unterstützt wird.

Was die Mutter von Mieczysław Weinberg angeht, so lautete den Angaben Ol'ga Rochal'skajas zufolge – und so auch zu lesen bei David Fanning – der Name auf „Sarra Kotlitzkaja".[86] Die Inschrift auf einem Familienfoto weist darauf hin, dass (als Kosename?) der Mutter auch der Vorname „Sura" kursierte.[87] Unterlagen, die Danuta Gwizdalanka im Archiv des Warschauer Konservatoriums ausfindig machen konnte, weisen wiederum den Namen der Mutter als „Sura Dwojra Stern" aus.[88] Selbst wenn davon ausgegangen werden darf, dass möglicherweise mehrere Namen dieselbe Person bezeichnen (wenn man Kosename, Künstlername und auch verschiedene Schreibweisen eines möglicherweise jiddischen Namens beachtet), so ist doch nicht von der Hand zu weisen, dass die genaue Identität der Mutter Weinbergs bisher noch unklar ist.

Die Familie Weinberg in Warschau

Während die genaue Identität der Mutter zunächst ungeklärt bleiben muss, so können doch Angaben zur Situation der Familie Weinberg in Warschau gemacht werden. Informationen aus dem *LoYT* legen nahe, dass die Weinbergs im Jahre 1916 nach Warschau umsiedelten. Shmuel arbeitete dort, wie auch aus den Unterlagen des YPAF hervorgeht, unter anderem an den Theatern Central und Elyseum, später am Warschauer Theater Skala. Nach momentanem Kenntnisstand ist ein Aufenthalt Shmuels in Warschau erstmals für die Jahre 1921 und 1922 verbürgt. So existiert ein Mitgliedsausweis des YPAF in Warschau, der auf Juni 1921 datiert ist. Im Jahr 1922 (und noch einmal 1925) gab Shmuel selbst auf einem Formular des YPAF seine Warschauer Adresse mit

---

84 Ol'ga Rochal'skaja auf dem Moskauer Forum *Mieczysław Weinberg (1919–1996): Vozvraščenie* am 19. Februar 2017.
85 Victoria Bishops gab an, dass ihren Erinnerungen zufolge die Großmutter im jüdischen Theater gearbeitet habe, und dass „Karl" eventuell auch ihr Künstlername gewesen sein könnte; E-Mail an Verena Mogl vom 21. April 2015.
86 Fanning (2010a), S. 17 und die Aussage von Ol'ga Rochal'skaja auf dem Moskauer Forum *Mieczysław Weinberg (1919–1996): Vozvraščenie* am 19. Februar 2017. Victoria Bishops hingegen gab in einer E-Mail an, diesen Namen vor der Veröffentlichung von Fanning noch nie gehört zu haben; E-Mail vom 21. April 2015.
87 *Mečislav Wajnberg (1919–1996). Stranicy biografii. Pis'ma. Materialy meždunarodnogo foruma* (=Biblioteka gazety „Muzykal'noe obozrenie" t. 3). Moskau 2017, S. 43.
88 Danuta Gwizdalanka auf dem Moskauer Forum *Mieczysław Weinberg (1919–1996): Vozvraščenie* am 18. Februar 2017.

„Eisengasse 66 (Ayzengas) W.7." an (vgl. Abb. 4). Dies stimmt überein mit Aussagen, die Weinberg selbst zu seinem Wohnort in Warschau machte

Während bisher vorausgesetzt wurde, die Familie habe sich nach der Geburt ihres ersten Kindes Mieczysław und bald darauf des zweiten Kindes Ester (geb. 1921) fest in Warschau niedergelassen, ist jedoch nicht unwahrscheinlich, dass Shmuel auch weiterhin für diverse Engagements unterwegs war. So war Shmuel beteiligt an der Truppe Sambatyon, die unter der Leitung von Izhak Nozyk im Juni 1926 (!) in Vilnius gegründet worden war und die im August desselben Jahres am Warschauer Skala Theater ihre erste Vorstellung gab. Die Produktion – eine Groteske in zwei Akten, 12 Szenen und einem Prolog mit dem Titel *Sambatyon* – wurde von Nozyk selbst geleitet, Shmuel Weinberg hatte die Musik arrangiert.[89] Es scheint darher nicht unwahrscheinlich, dass Shmuel zu Proben nach Vilnius gereist war. Die Truppe Sambatyon erfreute sich großer Beliebtheit und die Musik zu den Stücken wurde, wie im MoFH nachzulesen ist, sehr populär.[90] Angaben im MoFM ist weiterhin zu entnehmen, dass Shmuel auch in Łódź beschäftigt gewesen sein soll, und zwar am Theater Skala, welches ab 1924 (und somit bereits nach der Niederlassung der Familie in Warschau) unter diesem Namen betrieben wurde.[91] Dass Shumel dort möglicherweise auch wieder mit seiner Schwester Sonja zusammentraf, mit der er vermutlich auch schon früher in Theatertruppen zusammengearbeitet hatte,[92] liegt nahe. Denn zumindest für das Jahr 1922 geht aus den Unterlagen des YPAF hervor, dass sich Sonja Weinberg im August 1922 in Łódź (Adresse „Wschodnia 22"), wo sie am Flora Theater arbeitete.[93]

Insgesamt belegen die Unterlagen aus dem YIVO, dass das Leben der Familie hart und das Einkommen knapp war. So wird in den Dokumenten des YPAF für das Jahr 1926 der offizielle Beleg erbracht, dass Shmuel Weinberg zwischen Oktober 1925 und Mai 1926 arbeitslos gewesen ist. Der YPAF stellte eine

Bescheinigung […] auf den Wunsch von Herrn Weinberg [aus] […] [sie] ist beim dem Gericht für Frieden vorzulegen, um die Zwangsräumung der zur Zeit genutzten Wohnung zu vermeiden.[94]

---

89 Vgl. dazu den Eintrag zum Theater Sambatyon im MoFH, www.museumoffamilyhistory.com/yt/sambatyon.htm [Stand: 13.09.2013].
90 Ebd.
91 Zwar war das Theater Skala bereits 1915 (und damit vor dem ‚Umzug' der Weinbergs nach Warschau) unter dem Namen „Venus Theater" erbaut worden, doch hieß das Theater erst ab 1924 „Skala". Titel der Aufführung, an der Shmuel beteiligt war: *Dos klezmerl* (poln. Grajek), in 3 Akten und 12 Szenen; Regie: Sh. Lokman; Musik und Text: Sh. Prizament; Choreographie: Aneta Reyzer; Schauspieler: H. Hart; B. Litwina, R. Sandler; Z. Zomina, Sz. Pryzament; L. Winer; S. Fostel; J. Fiszer; M. Hilsberg; G. Hajden; M. Maniela, G. Ariel; Orchesterleitung: Sh. Veynberg; Technischer Leiter: A. Liberman; Intendant: M. Fiszman; http://www.museumoffamilyhistory.com/yt/tat-01.htm [Stand: 13.09.2013].
92 Es ist anzunehmen, dass die beiden bereits 1904 in der Truppe von Sabsey – der zu diesem Zeitpunkt in Odessa gastierte – zusammen gearbeitet hatten und 1914 gemeinsam mit Yitzhak Zandbergs Truppe nach Łódź gelangt waren.
93 Vgl. YIVO Institute for Jewish Research; Records of the Yidisher Artistn Farayn, RG 26, box 29A, folder 605, Blatt 11.
94 YIVO Institute for Jewish Research; Records of the Yidisher Artistn Farayn, RG 26, box 29A, folder 606, Blatt 48. Ich danke Frau Dr. Anna Artwińska hier und im Folgenden für die Übersetzung aus dem Polnischen.

In einem weiteren Dokument des Sekretariats des YPAF aus dem Jahr 1933 ist zu lesen:

> Der Hauptvorstand des Vereines von Künstler der Jüdischen Bühnen bescheinigt, dass Herr Samuel Wajnberg, wohnhaft in Warschau, Dzielna Str. 4, ein ordentliches Mitglied des Vereines ZASZ [= YPAF – V.M.] in Polen ist.
>
> Herr S. Wajnberg bleibt seit längerer Zeit arbeitslos und aus diesem Grund ist seine materielle Lage sehr schlecht.
>
> Diese Bescheinigung wird auf die Bitte von Herrn Wajnberg für die Vorlage beim Finanzamt in Warschau aufgestellt.[95]

In einem Dokument aus dem Jahre 1936, das der YPAF für die Vorlage beim Warschauer Konservatorium ausstellte, ist angegeben, dass Shmuel Weinberg freiberuflich für den YPAF tätig war und „seine Einkünfte in diesem Jahr 35 Złoty pro Woche nicht überstiegen" hatten.[96] Möglicherweise benötigte Shmuel dieses Dokument, um seinem Sohn Mieczysław trotz der prekären Lage der Familie den Unterricht am Konservatorium zu ermöglichen.

Dass die finanzielle Situation der Familie schwierig war, zeigt auch der Umstand, dass Shmuel schließlich abseits vom Theater noch eine weitere Beschäftigung aufnahm.[97] Wie bei Tomasz Lerski nachzulesen ist, hatte er – vermutlich ab 1925/26 – den Posten als Musikleiter der jüdischen Abteilung der Plattenfirma Syrena-Record in Warschau inne.[98] Diese Plattenfirma war vor allem im Zeitraum von ca. 1904 bis 1939 erfolgreich. Ihr Gründer, Juliusz Feigenbaum, war ein jüdischer Musiker, Komponist und Kaufmann. Bis 1914 galt Syrena-Record als die größte Plattenfirma im östlichen Raum.[99] In der Abteilung für jüdische Musik war Shmuel Weinberg nicht nur für das Repertoire zuständig – es reichte von jiddischen Operetten bis zu religiösen Gesängen in hebräischer Sprache –,[100] sondern auch selbst an einer Reihe von Aufnahmen betei-

---

95 YIVO Institute for Jewish Research; Records of the Yidisher Artistn Farayn, RG 26, box 29A, folder 606, Blatt 44.

96 YIVO Institute for Jewish Research; Records of the Yidisher Artistn Farayn, RG 26, box 29A, folder 606, Blatt 45. Als Vergleichswert für den geringen Lohn kann hinzugezogen werden, dass der durchschnittliche Wochenlohn eines einfachen Industriearbeiters in Warschau 1939 bei 40,3 Złoty lag; vgl. die Angaben des Herder Instituts für historische Ostmitteleuropaforschung, einzusehen unter: http://www.herder-institut.de/no_cache/bestaende-digitale-angebote/e-publikationen/dokumente-und-materialien/themenmodule/quelle/52/details.html [Stand: 20.10.2014].

97 Aus Dokumenten des YPAF geht auch hervor, dass Shmuel unter anderem als Mitglied der Examenskommission dazu bestimmt wurde, „die Examen der neu eintretenden Mitglieder" in den Verein durchzuführen; vgl. YIVO Institute for Jewish Research; Records of the Yidisher Artistn Farayn, RG 26, box 29A, folder 606, Blatt 42. Ob diese Tätigkeit indes honoriert wurde, konnte an dieser Stelle nicht geklärt werden.

98 Vgl. Tomasz Lerski: *Syrena Record. Pierwsza polska wytwórnia fonograficzna. Poland's first recording company. 1904–1939*. New York, NY / Warschau (o.J.), S. 785. Auch *LoYT* und Gwizdalanka (2013), S. 13.

99 Vgl. Lerski (o.J.), S. 9f.

100 Darunter die folgenden Aufnahmen (ich gebe hier teilweise den Aufdruck auf den Plattenetiketten wieder, wie bei Lerski aufgeführt): „Junkele dem Rebins' und ‚Chatzele', gesungen von Betty Kenig, Soubrettin des Jüdischen Theater in Amerike, mit Orchester unter Leitung Samuel Weinberg", Syrena-Electro (1928–1938), 5268, 20715/20716. Eine Reihe von Gesängen in hebräischer Sprache: „Jehi rozojn szejbomu' I. und II. Teil, „Jacob Kusewitzki, Oberkantor, Gesang mit Orchesterbegleitung von Samuel Weinberg. Ausschlieslich auf ‚Sirena Record Kompanie'", 5340, 21722/21723; ‚Lejl Szimirim' und ‚Ejli dhorim', 5342, 21724/21726; ‚Ribojn szel Ojlom' Teil I+

ligt. Er spielte beispielsweise Solo-Aufnahmen aus dem Repertoire der jiddischen Unterhaltungsmusik ein.[101]

Bei allen Unschärfen hinsichtlich der beruflichen Situation und den genauen Aufenthaltsorten der Familienmitglieder wird trotzdem sehr deutlich, dass die Weinbergs eng mit der jüdischen Gemeinde und im Besonderen mit den Mitgliedern der kulturellen (Theater-)Szene vernetzt waren. Shmuel – und eventuell auch seine Frau – waren aktiv an der Gestaltung dieser Szene beteiligt. Wie Nahma Sandrow zeigt, war sich speziell die jüdische Theaterszene – gerade in den Jahren zwischen den Weltkriegen – klar ihrer Identität bewusst, erwies sich dabei jedoch auch flexibel und durchlässig. Die jiddische Sprache war selbstverständlich Teil dieser Identität:

> In the period between the two world wars, Polish Yiddish theater came closer than it had ever before to taking itself for granted as an institution in the natural context of its own traditions and especially its language. The era when it was necessary to prove that a Yiddish-language theater could exist was long past; the era when it would be necessary to prove that it still existed had not yet arrived.
>
> Yiddish was simply a living language, a natural medium for a community's theater. Linguistic purity was still an important criterion for Yiddish art theaters. However, Yiddish-speaking audiences were rather flexible about which language they would go to see theater in; often they understood Polish, Russian, German, or French – or all of them – so going to Yiddish theater was only one of their options. Conversely, Poles, Germans, Rumanians, and Russians sometimes came to Yiddish theater when there was an artistic experiment they'd heard about or a pretty actress whose picture they'd seen on posters.[102]

Vor diesem Hintergrund ist interessant, dass Weinbergs erste Ehefrau Natal'ja Vovsi-Michoëls in einem Interview mit Per Skans angab, Weinberg habe das Jiddische sehr gut verstanden, und zwar „sowohl in gesprochener als auch in geschriebener Form".[103] Der Grund sei gewesen, dass er mit dieser Sprache an den „jüdischen Theatern" zu tun gehabt habe. Er habe sie jedoch nicht (!) selbst gesprochen.[104] In Anbetracht der engen Vernetzung der Familie in der jüdischen Theatergemeinde Warschaus ist jedoch davon auszugehen, dass Weinberg das Jiddische, anders als Vovsi-Michoël angibt, nicht nur verstand, sondern durchaus selbst sprach – zumal sich die Aussagen Vovsi-Michoëls

II, 5346, 21737/21738; ‚Al chejt' und ‚Rachejl Mewako al bonecho' 5347, 21732/21734; vgl. ebd., S. 349f. Komödiantische Lieder: „„Geh mach es macht sich nit', Couplet aus ‚Gekojfter Chosen' (Kon H.)" und „„Theater – Bileter'. Komischer Dialog (Korn-Teuer S.)" dargeboten von „Isaak Feld mit Musikbegleitung von Sem Weinberg", 5375, 22878/22880; vgl. ebd., S. 350.

101 So etwa die Lieder „Ejli, ejli" und den „Tanz von ‚Dibuk'" (Habimah) für Violine solo. Syrena-Electro 5120; 18145/18144; vgl. ebd., S. VI.

102 Sandrow (1977), S. 309f.

103 Zit. nach Fanning (2010a), S. 43.

104 Ebd.

widersprechen: In einem weiteren Interview sagte sie beispielsweise aus, Weinberg habe das Jiddische sowohl gesprochen als auch geschrieben.[105]

Eine der wenigen Aussagen, die Weinberg selbst zu seinen ersten musikalischen Erfahrungen machte, passt insgesamt zu dem bisher skizzierten Bild:

> Der erste Musiklehrer war das Leben, da ich in eine Familie geboren wurde, in der der Vater sich von klein auf mit Musik beschäftigt hatte. Er war Geiger und Komponist, aber … [sic!] ich würde sagen … [sic!] nicht auf sehr hohem Niveau. Er fuhr mit umherreisenden jüdischen Schauspielertruppen und schrieb für sie Musik. Bei Aufführungen saß er hinter dem Dirigentenpult, spielte Geige und dirigierte. Schon mit sechs Jahren klebte ich an seinen Fersen und hörte all diese Melodien, die nicht von sehr großer Qualität, aber sehr innig waren.[106]

Weinbergs Jugendjahre in Warschau und das Schicksal der Familie nach 1939

Weinberg führte das musikalische Erbe seiner Eltern weiter und erlernte früh autodidaktisch das Klavierspiel. Eigenen Angaben zufolge begleitete er bereits mit zehn oder elf Jahren seinen Vater im Theater am Flügel.[107] Um Geld zu verdienen, spielte er schon bald in Cafés, auf jüdischen Hochzeiten und anderen Feierlichkeiten.[108] Erst mit zwölf Jahren erhielt er seinen ersten Klavierunterricht bei einer gewissen Frau Matulewicz.[109] Die Lehrerin erkannte die große Begabung ihres Schülers und regte an, dass Weinberg das Warschauer Konservatorium besuchen solle. Danuta Gwizdalanka gibt an, dass der Begriff Konservatorium

> eine zweistufige Musikschule für Kinder und Erwachsene bezeichnete, mit einer 6-jährigen Mittel- und einer 3-jährigen Oberstufe. Wie Frau Matulewicz wusste, wurden zur Mittelstufe Schüler bis zum Alter von 12 Jahren zugelassen. Mieczysław nahm dort Klavier- und Musikunterricht und besuchte zugleich eine allgemeinbildende Schule.[110]

Das Pflichtprogramm für Pianisten im Jahr 1937 lässt weiterhin erahnen, welche Fächer Weinberg dann als 18-jähriger Student zu absolvieren hatte: Solfège, Theorie, Satzlehre, Musikgeschichte, Instrumentenkunde, Kontrapunkt und Formenlehre, Klavierdidaktik, Klavierliteratur, Kammermusikklasse, Korrepetition und Chor.[111]

---

105 Interview von Brigitte van Kann mit Natal'ja Vovsi-Michoëls am 29.11.2011. Ich danke Frau van Kann für die Bereitstellung des Materials, auf das ich im Laufe meiner Ausführungen immer wieder zurückgreifen werde.
106 Nikitina (1994), S. 17.
107 Ebd.
108 Ebd.
109 Vgl. Jakubov (1995), S. 12. Danuta Gwizdalanka gibt an, Weinberg habe eine Musikschule besucht, die Frau Matulewicz geleitet habe; Gwizdalanka (2013), S. 14.
110 Ebd. Übersetzung aus dem Polnischen von Ewelina Nowicka.
111 Vgl. ebd.

Einer der Lehrer Weinbergs am Konservatorium war der Pianist und Pädagoge Józef Turczyński (1884–1953),[112] der selbst noch bei Anna Esipova eine Ausbildung am Petersburger Konservatorium absolviert hatte. Später – nachdem Turczyński vor den Nationalsozialisten in die Schweiz geflohen war – erlangte er vor allem als Mitherausgeber der Chopin-Gesamtausgabe auch internationale Bekanntheit.[113] Als Leiter des Warschauer Konservatoriums zur Zeit von Weinbergs Unterricht fungierten zuerst Karol Szymanowski, dann Zbigniew Drzewiecki und schließlich Eugeniusz Morawski. Eine dezidierte kompositorische Ausbildung erhielt der junge Musiker am Warschauer Konservatorium nicht.[114] Dennoch komponierte Weinberg bereits während seiner Zeit am Konservatorium und widmete mit 14 Jahren seine ersten (noch erhaltenen) und mit Bezifferung versehenen Werke (die bereits erwähnten *Dwa Mazurki* op. 10 und 10a sowie später das 1. Streichquartett op. 2 aus dem Jahre 1937) seinem Lehrer Turczyński.[115]

Danuta Gwizdalanka konnte weiterhin einen öffentlichen Auftritt Weinbergs als Pianist dokumentieren. So führte ihren Angaben zufolge Weinberg am 10. Dezember 1936 zusammen mit dem Violinisten Stanisław Jarzębski und dem Cellisten Józef Bakman das Klaviertrio des kurz zuvor diplomierten Komponisten Andrzej Panufnik auf. Ein halbes Jahr später trat er in der Warschauer Philharmonie anlässlich des jährlichen Absolventenvorspiels des Konservatoriums auf. Bei dieser Gelegenheit erhielten Witold Lutosławski, Stefan Kiesielewski und Zbigniew Turski ihr Diplom der Komposition. Das Orchester der Warschauer Philharmonie bot ein Klavierkonzert von Turski unter der Leitung von Walerian Bierdiajew dar, mit Weinberg als ausführendem Pianisten.[116] Wie bei Gwizdalanka zu lesen ist, rezensierte Konstantin Régamey das Stück wohlwollend und fügte hinzu: „Eine Klasse für sich stellte der Pianist des Konzerts von Turski dar – M. Weinberg aus der Klavierklasse von Prof. Turczyński. In seinem sehr männlichen Spiel imponierten vor allem Oktaven und ein starkes Einfühlungsvermögen für den modernen Stil."[117]

Ebenfalls 1936 wurde Weinberg das erste Mal im Bereich der Filmmusik tätig und zwar für den Film *Fredek uszczęśliwia świat* [Fredek macht die Welt glücklich] des Regisseurs Zbigniew Ziembiński. Weinberg war für die musikalische Bearbeitung und das Arrangement der Begleitmusik zuständig. Der Warschauer Komponist Wiktor Krupiński[118] komponierte die Lieder des Films, die von der Sängerin und Komponistin Wanda Vorbond gesungen wurden.[119] Im Nachfeld nahm der Bariton der Warschauer

---

112 Auch Turczyński hatte auf Syrena-Electro veröffentlicht; vgl. Lerski (o.J.), S. 379.
113 Vgl. dazu Grigorij S. Frid: *Putešestvie na nevidimuju storonu raja*. Moskau 2002, S. 106 und Fanning (2010a), S. 20. Die Chopin-Gesamtausgabe wurde herausgegeben von Ignacy Paderewski, Ludwik Bronarski und Turczyński, Warschau / Krakau 1949ff.
114 Vgl. Nikitina (1994), S. 18f.
115 1985 überarbeitet und mit op. 141 beziffert.
116 Alle Angaben Gwizdalanka (2013), S. 15.
117 Zit. nach ebd., S. 15. Übersetzung aus dem Polnischen von Ewelina Nowicka.
118 Wiktor Adam Krupiński, *24 Dez. 1879 oder 1884, † 19. Feb. 1951, Warschau; vgl. Lerski (o.J.), S. 676. Dort findet sich ein biographischer Abriss zu Krupiński.
119 Leider konnten zu Wanda Vorbond im Rahmen dieser Arbeit keine vertiefenden Informationen gefunden werden. Ein Portrait der Künstlerin mit kurzen biographischen Angaben findet sich jedoch u.a. unter: https://audiovis.nac.gov.pl/obraz/132921/ [Stand: 25.02.2017].

Oper Jerzy Czapliski zwei dieser Lieder auf, die dann – bei Syrena-Record veröffentlicht – ein großer Hit wurden.[120]

Dass Weinberg im Filmgeschäft tätig werden konnte, ist möglicherweise Wiktor Krupiński zu verdanken. Nicht nur hatte Krupiński bis 1936 bereits eine Vielzahl von Aufnahmen auf Syrena-Record veröffentlicht – was eine erste Verbindung zu Shmuel Weinberg aufzeigt –, er war zudem als Komponist, Begleiter und Dirigent in verschiedenen Warschauer Theatern tätig, darunter für das Kabarett Momus – das erste literarische Kabarett Warschaus – oder für das Theater Czarny Kot. Aus der Verbindung Krupiński-Weinberg ergibt sich darüber hinaus die Option für eine weitere Linie, nämlich zu Julian Tuwim. Denn Tuwim, dessen Gedichte für Weinbergs kompositorisches Schaffen immense Bedeutung erlangen sollten (dazu noch ausführlich), hatte unter anderem als Liedtexter mit Krupiński zusammengearbeitet,[121] nachweislich für die Revue *Dookoła Bartel* am Warschauer Kabarett-Theater Qui Pro Quo. Zu einem Stück aus der Revue, das Krupiński komponiert hatte, hatte Tuwim unter dem Pseudonym Julian Oldlen den Text verfasst. Dieses Lied, „To pewno miłość", gesungen von der Sängerin Zofia Terné, wurde wiederum 1930 auf Syrena-Record veröffentlicht.[122] Darüber hinaus erschien eine Reihe von Liedern, zu denen Tuwim die Texte verfasst hatte, ebenfalls auf Syrena-Record.[123]

Doch nicht nur die Verbindung zu Krupiński lässt vermuten, dass Weinberg in Warschau in Berührung mit Tuwim gekommen war oder ihn sogar persönlich kannte. Schon die enge Vernetzung des Dichters und des jungen Musikers mit der Warschauer Theaterszene legt nahe, dass sich die beiden in diesem Umfeld begegnet waren. Denn wenngleich Tuwims Tätigkeiten für das Theater hauptsächlich im nicht jüdischen Kontext stattfanden,[124] so waren die Kreise doch, wie bereits erwähnt, durchlässig. Und teilweise waren es die gleichen Theaterhäuser, an denen die jüdischen und/oder polnischen Produktionen stattfanden. Wie in Ron Nowickis Untersuchung zur Warschauer Kabarett-Szene zu lesen ist,

> one could still see Yiddish actors and actresses performing in the Kaminsky Theater, and at the Eliseum, the Central, the Eldorado, the Venus, the Scala, and later the innovative and grand Nowości. The performers recited their lines in Yiddish, but their material was frequently contemporary in nature. It was not limited to the traditional Yiddishkayt – plays only about Yiddish culture – but included Shakespeare, Strindberg, and the European avant-garde.

---

120 Vgl. ebd., S. 676. Die Aufnahmen waren: Syrena-Electro (1936), 9754, 27576/27577; vgl. ebd., S. 521.

121 Abgesehen davon, dass auch Tuwim am Momus und im Czarny Kot tätig war.

122 Vgl. ebd., S. 315, SE 3511.

123 Zu den Aufnahmen Tuwims vgl. auch die Auflistung der Aufnahmen, teilweise unter Pseudonym verfasst: http://www.russian-records.com/search.php [Stand: 01.07.2013]. Zu einigen dieser Aufnahmen finden sich Audiodateien.

124 So wirkte er maßgeblich in einem der zu seiner Zeit wohl berühmtesten Kabaretts, dem Qui Pro Quo mit, welches am 4. April 1919 in Warschau eröffnete; vgl. Ron Nowicki: *Warsaw. The Cabaret Years.* San Francisco, CA 1992, S. 49f. Wie Nowicki zum Erfolg des Qui Pro Quo ausführt: „From its opening day Qui Pro Quo was a smash hit. In fact, it was so popular that legitimate theaters, including the respected Polish Theater, avoided scheduling premieres when Qui Pro Quo was opening a new show"; ebd., S. 50.

Although few non-Jews would admit to patronizing Yiddish theater – there was a language problem, of course – there seemed to be no lack of interest in the other direction. The Jews of Warsaw not only attended Yiddish theater, but also went outside their district to attend plays performed in Polish.[125]

Abgesehen von Weinbergs Aktivitäten im Bereich der Unterhaltungsmusik entwickelte er sich im Laufe seiner Ausbildung am Konservatorium zu einem hervorragenden Pianisten. Als der berühmte Pianist Józef Hofmann sich während einer Konzertreise in Warschau aufhielt, stellte Turczyński ihm Weinberg als vielversprechenden Nachwuchspianisten vor. Hofmann, der seit 1927 das Curtis Institute of Music in Philadelphia leitete, schlug Weinberg daraufhin vor, seine Ausbildung dort fortzusetzen.[126] Der Überfall Hitlers auf Polen im September 1939 verhinderte jedoch, dass er diesen Weg weiter verfolgen konnte. Stattdessen sah er sich zur Flucht gezwungen.

Die Umstände dieser Flucht sind nebulös. Eigenen Aussagen zufolge floh Weinberg zunächst allein mit seiner Schwester Ester, während die Eltern in Warschau verblieben seien. Nach kurzer Zeit hätten der Schwester jedoch die Füße weh getan und sie sei umgekehrt.[127] Diese Selbstaussage Weinbergs wird gemeinhin als gültige Version der Flucht verbreitet. Tatsächlich scheint sie jedoch wenig plausibel. Denn – abgesehen davon, dass schmerzende Füße unter den gegebenen Umständen ein wenig glaubhafter Grund für eine Umkehr zu sein scheinen – warum hätten Weinbergs Eltern in Warschau zurückbleiben sollen? Weinbergs Vater wusste aus eigener, leidvoller Erfahrung um die Grauen eines Pogroms und es ist gänzlich unverständlich, weshalb er sich mit seiner Frau diesem Grauen freiwillig hätte ausliefern sollen. Immerhin waren die Weinbergs 1939 erst Anfang/Mitte Fünfzig. Eine weitere Version der Flucht stammt, wie Codikova angibt, von der ersten Frau Weinbergs, Natal'ja Vovsi-Michoëls. Deren Aussagen zufolge sei zwar die gesamte Familie zur Flucht aufgebrochen, die Schwester habe sich während der Flucht jedoch verletzt, weshalb sie mit ihren Eltern zurückgeblieben sei. Mieczysław allein hätte den rettenden Zug erreicht.[128] Diese Version scheint zumindest plausibler als die erste.

Eine weitere, noch weitaus schlüssigere Aussage zu den Umständen der Flucht bekam Codikova von ihrer Tante Chaja. Diese erzählte ihrer Nichte, die Familie von Shumel Weinberg sei noch vor einer Abreise nach Russland ins Lager gebracht worden, denn die sowjetische Regierung hätte angeordnet, keine Flüchtlinge aufzunehmen. Allein Mieczysław sei es gelungen, in eine Gruppe zu kommen, die nach Russland geschickt worden sei, und zwar ausschließlich aufgrund seines musikalischen Talents.[129] Diese Version scheint – wenngleich sie bisher ebenso wenig belegt werden konnte wie die oben genannten – eher glaubhaft, schon allein deshalb, weil sie mit einer anderen Fluchtgeschichte korrespondiert (dazu noch ausführlicher).

---

125 Nowicki (1992), S. 61f.

126 Vgl. dazu bei Jakubov (1995), S. 12; auch Fanning (2010a), S. 20.

127 Vgl. Jakubov (1995), S. 13; auch Frid (2002), S. 109.

128 Vgl. Codikova (2009).

129 Vgl. ebd. Wenn diese Aussage den Tatsachen entspricht, stellt sich natürlich die Frage, weshalb ihre Profession weder dem Vater, noch der Mutter – die sich ja ebenfalls als Musiker bzw. Kulturschaffende ausgezeichnet hatten – zur Rettung verhelfen konnte. Möglicherweise spielten hier dann das Alter und vor allem die enge Vernetzung von Weinbergs Eltern in der speziell jüdischen Kultursphäre Warschaus eine Rolle.

Wie Codikova vermutet, ist die Implementierung der erstgenannten, ,alternativen' Fluchtversionen – auch durch Weinberg selbst – dem Umstand geschuldet, dass die sowjetische Regierung ihre anfängliche Kollaboration mit Hitler nach dessen „Operation Barbarossa" fortwährend zu vertuschen suchte.[130] In diesem Zusammenhang scheint es auch verständlich, dass Weinberg, der Zeit seines Lebens weitere Übergriffe bzw. Repressionen durch die sowjetische Staatsgewalt fürchtete,[131] eine alternative Version seiner Flucht in die Welt setzte – und sich ansonsten bedeckt hielt, was seine Vergangenheit anging.

Was das weitere, traurige Schicksal von Weinbergs Familie angeht, so gibt es auch dazu bisher keine konkreten Hinweise. Gemeinhin wird angegeben, Weinbergs Eltern und Schwester seien im Lager Trawniki ermordet worden, was wiederum auf eine Aussage Grigorij Frids zurückgeht.[132] Diese Aussage jedoch stammt, wie Frid vermerkt, von nicht genauer bestimmten, ehemaligen Nachbarn der Weinbergs, die Mieczysław bei seinem Besuch in Warschau 1966 getroffen habe.[133]

Das Lager Trawniki existierte seit Juli 1941 im Distrikt Lublin. Von September 1941 bis Juli 1944 fungierte es als eine Art Übungs- und Ausbildungsplatz für ,Hilfskräfte' (die fast ausschließlich aus sowjetischen Kriegsgefangenen für die Polizei rekrutiert wurden),[134] der so genannten ,Operation Reinhard'.[135] Die dort ausgebildeten ,Wachmänner' wurden vor allem in den Vernichtungslagern Bełżec, Sobibór, Treblinka II, auch in Lubin Majdanek und Auschwitz eingesetzt. Die Ausgebildeten wurden gleichzeitig dafür herangezogen, Juden aus den kleinen und großen Ghettos zu deportieren.[136] Gleichzeitig war das Lager zwischen Juni 1942 und September 1943 ein Arbeitslager für Juden, zwischen September 1943 und Mai 1944 zusätzlich ein Außenlager von Lublin-Majdanek. Wie dokumentiert ist, wurden zwischen dem 15. Februar und dem 30. April 1943 2.848 Männer, 2.397 Frauen und 388 Kinder nach Trawniki deportiert.[137] Am 1. Mai 1943 befanden sich mindestens 5.633 Juden, meist polnische Juden, in den Arbeitslagern von Trawniki.[138] Peter Black schreibt dazu:

---

130 Zur Umschreibung der tatsächlichen historischen Begebenheiten durch die sowjetische Historiographie auch noch im Folgenden ausführlicher.
131 Dass Weinberg Zeit seines Lebens Angst vor Übergriffen hatte, wird deutlich in dem Interview, das er Manašir Jakubov gab; vgl. Jakubov (1995), v.a. S. 13.
132 Frid (2002), S. 109.
133 Ebd.
134 Vgl. dazu auch Angelika Benz: Trawniki, in: Wolfgang Benz / Barbara Diestel (Hg.): *Der Ort des Terrors. Geschichte der nationalsozialistischen Konzentrationslager. Bd. 9: Arbeitserziehungslager, Ghettos, Jugendschutzlager, Polizeihaftlager, Sonderlager, Zigeunerlager, Zwangsarbeiter.* München 2009, S. 602-611. Dort ist zu lesen: „Die ,Trawnikis' […] waren zweitrangige Helfer und wurden von den Deutschen als verlängerter Arm genutzt für die schrecklichste Arbeit, das Betreiben der Mordmaschinerie." Ebd., S. 602.
135 Peter Black: Trawniki, in: Geoffrey P. Megargee (Hg): *The United States Holocaust Memorial Museum: Encyclopedia of Camps and Ghettos, 1933–1945. Vol. 1: Early Camps, Youth Camps, and Concentration Camps and Subcamps under the SS-Business Administration Main Office (WVHA). Part B.* Bloomington, IN 2009, S. 893.
136 Ebd.
137 Ebd., S. 894.
138 Ebd.

In late October 1943, stunned by the Sobibór prisoner uprising, Himmler ordered the murder of the remaining Polish Jews in the Lublin District. As part of the cynically christened Operation Harvest Festival (Aktion Erntefest), SS and police units shot at least 6,000 Jewish inmates of Trawniki and Dorohucza on November 3, 1943, virtually eliminating the entire workforce.[139]

Aus diesen Informationen geht hervor, dass – wenn sich die Weinbergs tatsächlich in Trawniki befunden haben sollten – dies frühestens nach dem Juli 1941 möglich gewesen wäre. Für die Zeit davor wäre ihr Verbleiben weiterhin ungeklärt.

Zu Sonja Weinberg findet sich eventuell ein Hinweis in dem Buch *C'était ainsi*, das der bereits erwähnte Holocaust-Überlebende Jonas Turkow über das Ghetto Warschau verfasste.[140] Turkow führt darin eine mehrere Seiten umfassende Liste derjenigen Personen an, die vor dem Krieg im kulturellen Bereich tätig gewesen und nach Hitlers Überfall im Ghetto festgesetzt worden waren. In der Rubrik „Acteurs, metteurs en scène et gens de théâtre" steht der Name „Vainberg Sonia".[141] In der Rubrik „Musiciens et compositeurs" ist jedoch kein Shmuel Weinberg aufgelistet. Dies könnte ein Hinweis darauf sein, dass Weinbergs Vater sich zum Zeitpunkt, als das Ghetto geschlossen wurde, bereits nicht mehr in der Stadt befand.

Diese Informationsbruchstücke schließen an eine weitere Unklarheit an – und zwar an die Frage nach dem Ehestand der Eltern. In beiden Artikeln (sowohl zu Sonja als auch zu Shmuel Weinberg) im *LoYT* ist angegeben, Shmuel Weinberg habe sich von seiner Frau scheiden lassen. Doch finden sich keine genauen Angaben zum Zeitpunkt oder gar zu den Gründen. Zu lesen ist allein, Shmuel Weinberg sei „mit der Primadonna Sonja Weinberg, von der er sich hat scheiden lassen" verheiratet gewesen.[142] Im *LoYT*-Artikel zu Sonja Weinberg – wobei hier noch einmal an die eventuelle Verwechslung erinnert werden soll – wird erwähnt, sie habe sich „nach ihrer Scheidung von der Bühne zurückgezogen" und sei nur noch selten aufgetreten.[143] Aus Dokumenten der YPAF geht hervor, dass Shmuel noch 1925 seinen Familienstand mit „verheiratet" angab.[144] Insofern handelt es sich eventuell um eine weitere Verwechslung im *LoYT*. Dort ist auch zu lesen, Shmuel sei während des Zweiten Weltkrieges Direktor eines Kino-Theaters in Luninez gewesen und dort umgekommen.[145] Hier lässt aufhorchen, dass auf einem Autograph, das Mieczysław Weinberg während seiner Flucht nach Osten verfasste, als Ort „Luninec" (i.e. Lunines/Luninez) angegeben ist.[146] Und in diesem Zusammenhang treten plötzlich noch zwei weitere Versionen der Flucht von Weinbergs Familie in den Vordergrund: einmal die Möglichkeit, dass Weinberg zusammen mit seinem Vater geflohen war. Und allein die Mutter und die Schwester – die

---

139 Ebd., S. 895.
140 Ionas Turkov [Jonas Turkow]: *C'était ainsi. 1939–1943, la vie dans le ghetto de Varsovie. Traduit du yiddish par Maurice Pfeffer*. [Paris] 1995.
141 Ebd., S. 200. Zwar ist nicht zu klären, ob es sich dabei wirklich um die nämliche Sonja Weinberg (Karl) handelt, doch scheint der Theaterkontext darauf hinzuweisen.
142 Artikel „Weinberg, Shmuel", LoYT, Sp. 4848.
143 Artikel „Weinberg, Sonja", LoYT, Sp. 683.
144 YIVO Institute for Jewish Research; Records of the Yidisher Artistn Farayn, RG 26, box 29A, folder 607, Blatt 6.
145 Vgl. Artikel „Weinberg, Shmuel", LoYT, Sp. 4848.
146 1. Sonate für Klavier op. 5 (MWMA 0108), Titelblatt.

eventuell nach der Scheidung weiterhin gemeinsam lebten – in Polen zurückblieben. Die Suche in den Holocaust-Datenbanken ergab bisher keine konkreten Ergebnisse, doch konnte zumindest ein Eintrag gefunden werden, der Weinbergs Schwester meinen könnte (!). So ist auf der „Łódź Ghetto Liste" der JewishGen-Datenbank ein Eintrag zu finden, der auf eine Ester Weinberg, geb. am 24. März 1921 hinweist.[147]

Auffällig in diesem Zusammenhang ist, dass Weinberg weder jemals seiner ganzen Familie ein Werk widmete, noch dem Vater und der Mutter zusammen. Als Widmungsträger sind stets entweder der Vater oder die Mutter oder die Mutter und Schwester gemeinsam angegeben. Victoria Bishops hingegen gab an, dass ihr Vater niemals von einer Scheidung seiner Eltern gesprochen habe.[148] O'lga Rochal'skaja wiederum deutete an, dass Weinbergs Vater eventuell vor seiner Ehe mit Weinbergs Mutter schon einmal verheiratet gewesen sei.[149]

Eine weitere Version der Flucht im Zusammenhang mit Luninez eröffnet sich, zieht man noch eine Quelle in Betracht, die bisher weitgehend unbeachtet blieb. So findet sich in den Beständen des Gosudarsvennyj Archiv Rossijskoj Federazij (GARF) ein Dokument mit Artikeln, die für die jüdische Zeitschrift *Eynikayt* verfasst wurden.[150] Einer dieser Artikel wurde verfasst von David A. Rabinovič und widmet sich dem „Künstlerischen Weg Moisej Weinbergs".[151] In diesem Artikel gibt Rabinovič an, Weinberg sei zunächst – wie die meisten Einwohner Warschaus – nach dem Überfall der Nationalsozialisten auf Polen in der Stadt verblieben. Erst am sechsten Tag seien die Einwohner über das Radio dazu gedrängt worden, Warschau zu verlassen. Nach wenigen Kilometern jedoch sei unter den Flüchtlingen das Gerücht aufgekommen, die Stadt würde sich verteidigen. Also sei Weinberg zusammen mit einer Gruppe junger Menschen zurückgekehrt, um sich den Verteidigern anzuschließen. Dieses Vorhaben sei allerdings bitter gescheitert und Weinberg habe die schlimmste Grausamkeit der Nazis mit ansehen müssen. Daraufhin sei er ein zweites Mal geflohen und habe die Sowjetunion erreicht, wo er schließlich die Möglichkeit bekommen habe, sich zu versorgen und zu arbeiten. Innerhalb von zwei Jahren habe er das Weißrussische Konservatorium (offensichtlich das Minsker Konservatorium) absolviert und erste Werke komponiert. Nach seinem Abschluss dort im Juni 1941 sei der Krieg erneut auf ihn hereingebrochen, denn er habe seine beiden Eltern und seine Schwester verloren, denen die Flucht aus der (damals noch polnischen) Stadt Luninez (polnisch: Łuniniec) nicht gelungen sei. Weinberg hingegen sei mit einer Gruppe von Musikern nach Taschkent evakuiert worden.[152]

Wenngleich die Angaben in dem Artikel von Rabinovič, der sich auf Aussagen von Weinberg selbst beruft, nicht überprüft werden können, so zeigt sich im Neben-

---

147 Vgl. http://www.jewishgen.org/databases/jgdetail_2.php [Stand: 25.02.2017].
148 E-Mail an Verena Mogl vom 01. Mai 2015.
149 Ol'ga Rochal'skaja auf dem Moskauer Forum *Mieczysław Weinberg (1919–1996): Vozvraščenie* am 19. Februar 2017.
150 GARF, f. 8114. op. 1. d. 155: Evrejskij antifašistskij komitet; Stat'i korrespondentov gazety „Ějnikajt" na russkom jazyke. Ich danke Bret Werb vom Washington Holocaust Memorial für den Hinweis auf diese Quelle.
151 So der Titel des Artikels, der mir in englischer Übertragung zur Verfügung gestellt wurde; vgl. GARF, f. 8114. op. 1. d. 155, l. 74f. Ich danke Bret Werb vom Washington Holocaust Memorial für die Bereitstellung der englischen Übersetzung dieses Artikels.
152 Alle Angaben vgl. ebd.

einanderstellen der verschiedenen Informationsbruchstücke doch diese letzte Version als sehr glaubwürdig. Doch auch hier steht die genaue Überprüfung der verfügbaren Quellen noch aus.

So kann die endgültige Klärung der biographischen Zusammenhänge an dieser Stelle leider nicht erfolgen.

Minsk, Taschkent, Moskau

Unbestritten ist allein die Tatsache, dass die Flucht Weinberg Richtung Osten führte, an die Grenze der Sowjetunion, und dass er ohne seine Familie dort ankam. Wie die Flucht genau verlief und wohin sie ursprünglich führen sollte, kann jedoch bisher nicht nachvollzogen werden. Einige Hinweise darauf finden sich allein in Zusammenhang mit dem Komponisten Genrich Vagner.[153]

Vagner, der zusammen mit Weinberg die Klavierklasse am Warschauer Konservatorium besucht hatte,[154] war mit dem Ausbruch des Zweiten Weltkrieges ebenfalls Richtung Osten geflohen. In einem Artikel, den Vladimir Orlov über Vagner veröffentlichte, ist interessanterweise zu lesen, Vagner sei – zusammen mit Weinberg – allein deshalb in die Sowjetunion gelangt, weil er auf der Flucht mit seinem Klavierspiel einen Beamten beeindruckt hätte.[155] Dies wäre eine Parallele zu der Aussage, die Codikova zu Weinbergs Flucht machte.

Nachdem Weinberg die Grenze zur Sowjetunion passiert hatte, erreichte er noch im September 1939 die Stadt Minsk.[156] Dort wurde ihm ermöglicht – was unter den gegebenen Umständen einigermaßen außergewöhnlich war und ebenfalls auf einen Zusammenhang des musikalischen Talents mit dem Fluchtverlauf hinweist – am Konservatorium Komposition zu studieren. Er besuchte die Kompositionsklasse von Vassilj A. Zolotarev (der selbst am Petersburger Konservatorium studiert hatte) zusammen mit weiteren ehemaligen Schülern des Warschauer Konservatoriums, darunter Lev Abeliovič und, wie bereits erwähnt, auch Genrich Vagner.[157] Das Zimmer des Wohnheims teilte sich Weinberg mit dem Pianisten und späteren Pädagogen Aleksej Klumov, mit dem er die russische Sprache übte und den er bisweilen in Kompositionsfragen konsultierte.[158]

Während seiner Ausbildung in Minsk arbeitete Weinberg eigenen Angaben zufolge immer wieder als Pianist für das Orchester der dortigen Philharmonie.[159] Im Zuge dieser Tätigkeit machte er erstmals die Bekanntschaft mit der Musik des zu dieser Zeit

---

153 *1922 in Warschau, †2000 in Minsk.
154 Vgl. dazu u.a. Inessa F. Dvužil'naja: *Tema cholokosta v akademičeskoj muzyke*. Grodno 2016, S. 147. Ich danke Frau Dvužil'naja für die Bereitstellung der Publikation.
155 Vladimir Orlov: Ne tot – tot Wagner, in: *Mišpocha* Nr. 22, Onlineressource, einzusehen unter: http://mishpoha.org/n22/22a30.shtml [Stand. 03.10.2013].
156 Vgl. Inessa F. Dvužil'naja: Mečislav Vajnberg i belorusskaja konservatorija, in: *Vesci BDAM: navukova-tėarėtyčny časopis* N16 (2010), S. 62-67. Die Quelle wird hier zitiert nach der Onlineversion, einzusehen unter: http://www.elib.grsu.by/doc/2666 (Stand: 20.04.2017).
157 Die beide später ebenfalls eine Karriere als Komponisten einschlugen.
158 Vgl. Dvužil'naja (2010). Weinberg widmete Klumov seine 1. Sonate für Klavier op. 5 (1940/41).
159 Mieczysław Weinberg: Pervaja vstreča s muzykoj Dmitrija Šostakoviča, in: G[ivi] Ordžonikidze (Hg.): *Dmitrij Šostakovič*. Moskau 1967, S. 84-86, hier: S. 85.

schon international bekannten Dmitrij Šostakovič. Dies bedeutete für Weinberg die Entdeckung eines neuen musikalischen Kontinents,[160] und er bezeichnete diesen Moment als einen derjenigen richtungsweisenden Abschnitte, in denen das „Leben beginnt, sich neu zu bemessen".[161] Dass er selbst mit dem großen Komponisten einmal eng befreundet sein sollte, konnte Weinberg zu diesem Zeitpunkt nicht ahnen.

Mit dem *Simfoničeskaja poèma* [Symphonisches Poem] für großes Orchester op. 6 beendete Weinberg 1941 seine Ausbildung am Konservatorium. Das Werk wurde am 21. Juni desselben Jahres uraufgeführt, im Rahmen des Konzerts erhielt Weinberg sein Diplom zum Abschluss des Konservatoriums.[162]

Um die gleiche Zeit nahm die Operation „Barbarossa" ihren Anfang und Nazi-Deutschland griff am 22. Juni 1941 überraschend die Sowjetunion an. Weinberg sah sich erneut zur Flucht gezwungen und wurde zusammen mit den übrigen Mitgliedern des Konservatoriums nach Taschkent in Usbekistan evakuiert. Die usbekische Hauptstadt war damals Fluchtpunkt für zahlreiche im Westen der Sowjetunion angesiedelte Menschen aus dem kulturellen Bereich. So war etwa auch das gesamte Personal des jüdischen Theaters in Moskau (GosET) nach Taschkent evakuiert worden.[163]

Bei einer Aufführung des GosET in Taschkent lernte Weinberg im Zuschauerraum des Theaters zufällig Natal'ja Vovsi-Michoèls kennen, die Tochter des berühmten Regisseurs, Schauspielers und späteren Vorsitzenden des Jüdischen Antifaschistischen Komites (JAK), Solomon Michoèls.[164] Der Komponist und die junge Frau verliebten sich und heirateten ein Jahr später (1942). Wie Vovsi-Michoèls in einem Interview angab, wohnte das Paar nach der Hochzeit zusammen in einem Haus, das früher die Verwaltung der Straflager von Usbekistan beherbergt hatte. Die gesamte Belegschaft des GosET war dort zusammen mit Mitgliedern der Moskauer Akademie der Wissenschaften auf zwei Etagen untergebracht.[165]

Weinberg arbeitete in Taschkent an der Usbekischen Oper als Korrepetitor, wo er Bekanntschaft mit einer Reihe weiterer junger Komponisten schloss. Darunter befand sich Jurij Levitin, mit dem Weinberg ein Leben lang befreundet bleiben sollte. Auch Alexej Klumov befand sich in Taschkent. Die Kompositionen Weinbergs, die in dieser Zeit in Zusammenarbeit mit Klumov und weiteren, auch usbekischen Komponisten, entstanden, gelten heute leider als verloren. Erhalten sind lediglich die Titel einiger Werke (hauptsächlich von Musikdramen), die einen eher propagandistischen Inhalt ahnen lassen.[166]

Wichtige erhaltene Kompositionen Weinbergs aus der Zeit in Taschkent sind die 1. Symphonie op. 10 (1942/43) und der erste Zyklus jüdischer Lieder *Evrejskie pesni* für Gesang und Klavier nach Gedichten von Itzhok Lejb Perez op. 13. Die erste Symphonie ist in mehrlei Hinsicht bemerkenswert. Zum einen bildet sie den Anfangs-

---

160 Ebd.
161 Ebd.
162 Dvužil'naja (2010).
163 Vgl. Veidlinger, Jeffrey: Artikel „GosET", in: *Enzyklopädie jüdischer Geschichte und Kultur*. Im Auftrag der Sächsischen Akademie der Wissenschaften zu Leipzig, hg. von Dan Dinter. Bd. 2: Co-Ha. Stuttgart / Weimar, S. 469-474, hier: S. 473.
164 Interview von Brigitte van Kann mit Vovsi-Michoèls vom 29.11.2011.
165 Ebd.
166 Vgl. dazu das Werkverzeichnis im Anhang.

punkt von Weinbergs lebenslanger Beschäftigung mit der Gattung der Symphonie. Darüber hinaus war es offenkundig diesem Stück zu verdanken, dass Weinberg im Herbst 1943 nach Moskau übersiedeln konnte. Denn Šostakovič hatte dort von dem vielversprechenden jungen Komponisten gehört und wollte sich gerne mit dessen Werk vertraut machen. Ein Exemplar der 1. Symphonie gelangte in seine Hände und Šostakovič zeigte sich so angetan, dass er sich dafür einsetzte, dass Weinberg mit seiner Familie im Herbst 1943 nach Moskau übersiedeln konnte.[167] Wie genau und über welche Wege die Partitur zu Šostakovič gelangte ist bisher nicht genau geklärt. Wichtig im Hinblick auf die Umsiedlung Weinbergs nach Moskau erscheint jedoch – abgesehen von Šostakovičs möglichem Einfluss –, dass dabei sicherlich auch Solomon Michoëls in seiner Funktion und Popularität eine Rolle spielte.

---

167 Vgl. dazu auch bei Fanning (2010a), S. 45f.

Weinbergs Œuvre im zeitgeschichtlichen Kontext:
Phasen der politischen Einflussnahme

Im Zeichen des Stalinismus

In den Jahren des ‚Großen Vaterländischen Krieges‘ hatte der politische Druck auf die Kunstschaffenden nachgelassen.[1] Stattdessen sei, wie Manfred Hildermeier schreibt, eine deutliche „Befreiung von ideologischen Zwängen" zu spüren gewesen.[2] Laut Kirill Tomoff

> Musicians actively participated in the patriotic effort right from the start. [...] They composed songs for the troops or symphonies for audiences in the rear, and they travelled to the front with performance brigades as hybrid performer-composers. In fact, musicians served the Soviet war effort as perhaps no other artistic group did.[3]

Der angesichts der Bedrohung durch den Nationalsozialismus vorherrschende patriotische Idealismus ermöglichte es der Staatsführung, die ideologische Lockerung auch politisch zu rechtfertigen. Nach dem Krieg jedoch entfiel laut Hildermeier „die Notwendigkeit, die Bevölkerung hinter der Staatsführung zu versammeln und dafür politisch-ideologische Konzessionen zu machen."[4] Nicht nur das innen-, auch das außenpolitische Klima kühlte deutlich ab[5] und es begann „eine Art Endzeit".[6] Mögen die genauen Zeiträume und konkreten Gründe für den so genannten ‚Kalten Krieg‘ in der Forschung auch strittig sein, so steht doch außer Frage, dass mit Stalins Rede vom 9. Februar 1946 die Verhärtung der politischen Linie ausgesprochen und die Restauration faktisch beschlossen war. Stalin betonte in dieser Rede, dass der Sozialismus nach wie vor einer großen Bedrohung ausgesetzt sei, und dass zu seiner Verteidigung vielerlei Maßnahmen erforderlich seien.[7] Daraufhin erlahmte das politisch-soziale und kulturelle Leben merklich. „Was als ungeheure Dynamik [...] begonnen hatte, endete in der bewegungslosen Abhängigkeit von der Willensäußerung eines einzigen Mannes, der auf seinem Podest vereinsamte."[8]

---

1   Manfred Hildermeier: *Geschichte der Sowjetunion 1917–1991. Entstehung und Niedergang des ersten sozialistischen Staates.* München 1998, S. 658.
2   Ebd., S. 670.
3   Kirill Tomoff: *Creative Union. The Professional Organization of Soviet Composers, 1939–1953.* Ithaka, NY / London 2006, S. 60. Vgl. auch Tomoffs Ausführungen in dem Unterkapitel „The Reward: Official Codification of Hierarchies of Privilege"; ebd., S. 89-94. Zum Einsatz von Musikern (vor allem aus dem Bereich der Unterhaltungsmusik) an der Front vgl. Donald MacFadyen: *Songs for Fat People. Affect, Emotion, and Celebrity in the Russian Popular Song.* Montreal u.a. 2002, S. 18-21.
4   Hildermeier (1998), S. 670.
5   Zu den innenpolitischen Verhärtungen der Nachkriegszeit vgl. u.a. Stephen Lovell: *The Shadow of War. Russia and the USSR – 1941 to the present.* Chichester 2010, v.a. S. 20-32.
6   Hildermeier (1998), S. 670.
7   Vgl. Stalin, Iosif V.: *Werk.* Bd. 15: Mai 1945-Dezember 1952. Deutsche Ausgabe erschienen auf Beschluss des Zentralkomitees der Kommunistischen Partei Deutschlands / Marxisten-Leninisten. Dortmund 1979, S. 37-53, va. S. 40-42.
8   Hildermeier (1998), S. 670f.

Die restaurative stalinistische Politik der Nachkriegszeit hatte im akademischen Bereich zur Folge, dass zunächst die Privilegien der (Natur-)Wissenschaftler erhöht wurden. Stalin wollte im technischen Wettbewerb mit dem Westen nicht zurückfallen.[9] Gleichzeitig wurden die politischen Restriktionen in den kulturellen und geisteswissenschaftlichen Disziplinen massiv verstärkt, um diese Bereiche „mit neuer Strenge auf den universalen Gültigkeitsanspruch der Staatsideologie – einschließlich durchaus wechselnder Deutungen"[10] – zu verpflichten und eine umfassende Re-Ideologisierung dieser Bereiche vorzunehmen.[11] Wie auch Tat'jana Gorjaeva in ihrer Studie zur sowjetischen Zensur festhält, lag die Absicht der politischen Führung vor allem darin, die ideologische Schraube „anzuziehen" und die Kulturschaffenden „in ihre Schranken zu verweisen".[12] Die Maßnahmen hierfür erfolgten in mehreren Schritten, die, so Gorjaeva weiter, mit einer Reihe von politischen Intrigen im Kreml in Zusammenhang standen.[13]

Seinen Anfang nahm der als Ždanovščina in die Historiographie eingegangene Übergriff auf die Kunst mit dem Erlass des Zentralkomitees (CK) der VKP (b) unter Andrej A. Ždanov vom 14. August 1946 – „O žurnalach ‚Zvezda‘ i ‚Leningrad‘" [Über die Journale ‚Zvezda‘ und ‚Leningrad‘].[14] Der Erlass, der voller Verunglimpfungen und Beschimpfungen steckt, zielte auf die Herausgeber der beiden Magazine sowie auf den Autor Michail M. Zoščenko und die Dichterin Anna A. Achmatova. Sie wurden für die apolitische Haltung ihrer Werke sowie für die „missgestaltete und karikaturhafte Darstellung" des sowjetischen Volkes (Zoščenko), ihren „Pessimismus" und ihre „bourgeois-aristokratische Ästhetik und Dekadenz" (Achmatova) angegriffen.[15] Ein zweiter Erlass, datiert auf den 26. August 1946, richtete sich gegen den Theaterbetrieb. Unter dem Titel „O repertuare dramatičeskich teatrov i merach po ego ulučšeniju" [Über das Repertoire der dramatischen Theater und Maßnahmen zu dessen Verbesserung] wurde eine Ideologisierung der heimischen Theaterproduktion gefordert und die Darbietung ausländischer ‚bourgeoiser‘ Theaterstücke scharf kritisiert.[16] Im Zentrum der Kritik standen nicht nur die Theater als Produktionsstätten – und darin vor allem die Dramaturgen –, sondern darüber hinaus auch die Theaterkritik und eine Reihe von Presseorganen. Eine weitere Resolution vom 4. September 1946 richtete sich unter dem Titel „O kinofil'me ‚Bol'šaja žizn'‘" [Über den Kinofilm ‚Bol'šaja žizn'‘] vor allem ge-

---

9   Vgl. dazu Alexej B. Kojevnikov: Dialoge über Wissen und Macht, in: Dietrich Beyrau (Hg.): *Im Dschungel der Macht. Intellektuelle Professionen unter Stalin und Hitler.* Göttingen 2000, S. 45-64, hier v.a. S. 55. Vgl. auch Hildermeier (1998) S. 722.

10   Ebd.

11   Diese Diskrepanz im Verfahren der politischen Führung mit den verschiedenen Wissenschaften ist bedeutsam. Denn hier manifestiert sich die ideologische Funktion, die der Kunst zugewiesen wurde.

12   Tat'jana Gorjaeva: *Političeskaja censura v SSSR. 1917–1991* (Serija „Kul'tura i vlast' ot Stalina do Gorbačeva". Issledovanie). Moskau 2002, S. 300.

13   Vgl. dazu die Ausführungen ebd., S. 300-302.

14   Beschluss des Orgbüros des CK VKP (b) vom 14.08.1946: O žurnalach „Zvezda" i „Leningrad", in: Jakovlev, A. N. (Red.): *Vlast' i chudožestvennaja intelligencija. Dokumenty CK RKP (b) – VKP (b), VČK – OGPU – NKVD o kul'turnoj politike. 1917–1953.* Zusammengestellt von A. N. Artizov / O. V. Naumov. Moskau 1999, S. 587-591. Im Folgenden werden die jeweiligen Erlasse mit den ersten beiden Worten abgekürzt, hier: O žurnalach...

15   Beide Zitate ebd., S. 587.

16   Beschluss des Orgbüros des CK VKP (b) vom 26.08.1946: O repertuare dramatičeskich teatrov i merach po ego ulučšeniju, nachzulesen ebd., S. 591-596.

gen die gleichnamige Produktion von Leonid D. Lukov.[17] Der Film wurde unter anderem als „falsch in politisch-ideologischer und äußerst schwach in künstlerischer Hinsicht" verurteilt.[18] Kritisiert wurden – wie bereits in der Resolution gegen die Theater – sowohl die Wahl des historischen Sujets und dessen angeblich falsche Darstellung wie auch die verzerrte und nicht wahrheitsgemäße Darstellung des sowjetischen Volkes mit seinen hohen ideellen [idejnych] und moralischen Qualitäten. In diesem Erlass wurde auch die Musik erstmals explizit thematisiert: „Die im Film eingesetzten Musikstücke (Komponist N. Bogoslovskij, Textdichter der Lieder A. Fat'janov, V. Agatov) sind durchdrungen von einer albernen Melancholie, die dem sowjetischen Volk fremd ist."[19] Im Anschluss wurden im Oktober 1946 Musiker und Komponisten aus dem Bereich der Unterhaltungs- und Filmmusik scharf angegriffen, darunter noch einmal Nikita V. Bogoslovskij wie auch Isaak O. Dunaevskij. Ihnen wurde vor allem eine falsche Einstellung im Hinblick auf die ‚Funktion' ihrer Musik vorgeworfen. Die Kritik lautete, dass die Künstler dieses Genres der Ansicht seien,

> dass sich die Heimat nach dem Krieg von den ernsten und großen Themen [ideja] erholen müsse, dass die besondere Aufgabe der Kunst zu diesem Zeitpunkt wäre, leichtes Vergnügen und Abwechslung zu verschaffen.[20]

Diese Auffassung habe allerdings „in einigen Fällen zur Entstehung von inhaltslosen [bezidejnych], unpolitischen Kompositionen" geführt.[21] Vor allem der Bereich der vokalen Unterhaltungsmusik weise schwere Mängel auf und es gebe eine große Menge von „gesanglicher Makulatur und Schnulzen, pseudo-volkstümlicher [psevdo-narodnych] Lieder und kleinbürgerlicher Kneipenmusik."[22]

Nur wenig später (1947) erschien im 52. Band der ersten Auflage der *Bol'šaja Sovetskaja ėnciklopedija* ein langer Eintrag zum Terminus „Socialističeskij realizm".[23] Darin wurden die wichtigsten Funktionen der Kunst (*partijnost', idejnost', narodnost', real'nost', massovost'* und *pravdivost'*) über acht Spalten zusammengefasst. Einige Ausschnitte aus der Definition seien hier wiedergeben. Interessant erscheint, wie mit dem Hinweis auf verschiedene ‚organische' Zusammenhänge dem *terminus technicus* des Sozialistischen Realismus gleichsam Leben eingehaucht werden sollte:

> Der S.R. ist die tiefste lebensechte wissenschaftliche und fortschrittlichste künstlerische Methode, die sich als Ergebnis der Erfolge des sozialistischen Aufbaus und der Erziehung der sowjetischen Menschen im Geist des Kommunismus herausgebildet hat. [...] Die wahrheitsgemäße Darstellung der Wirklichkeit, die tiefgründige Darlegung des Sinnes des sich zutragenden Geschehens und historische Genauigkeit sind die besonderen Züge des S.R.

---

17 Beschluss des Orgbüros des CK VKP (b) vom 04.09.1946: O kinofil'me „Bol'šaja žizn", in: ebd., S. 598-602.
18 Zit. nach ebd., S. 598.
19 Zit. nach ebd., S. 600.
20 [Anonymus]: Itogi plenuma Orgkomiteta Sojuza Sovetskich Kompozitorov SSSR, in: *Sovetskaja muzyka* 10 (1946), S. 3-11, hier S. 7.
21 Ebd.
22 [Anonymus]: Materialy plenuma, in: *Sovetskaja muzyka* 10 (1946), S. 12-32, hier S. 16. Zu den Angriffen auf den Bereich der Unterhaltungsmusik vgl. auch bei MacFadyen (2002), S. 26f.
23 [Anonymus]: Socialističeskij realizm, in: Bucharin, Nikolaj J. u.a. (obšč. red): *Bol'šaja sovetskaja ėnciklopedija*. Bd. 52: Soznanie-Strategija. Moskau 1947 Sp. 239-247.

als künstlerischer Methode.[24] [...] Die Wahrhaftigkeit der Darstellung in der Kunst des S.R. ist organisch verbunden mit der objektiven Wiedergabe und der Parteilichkeit der Kunst. Der Interpret der neuen Gesellschaftsformierung und der künftigen kommunistischen Gesellschaft ist die Arbeiterklasse und ihre Partei.[25] [...] deshalb kann nur die parteiliche Literatur, die von der Idee des Kommunismus durchdrungen ist, objektiv den Charakter der Epoche wiedergeben, ihre besonderen Momente und eine Tendenz der zukünftigen Entwicklung der Gesellschaft.[26] [...] Während sich die bourgeoise Literatur des Westens vom Realismus lossagte, sich abwendete von der Wahrheit [...] Pessimismus predigt, Dekadenz und Sinnlosigkeit [bezidejnost'], bewahrt die sowjetische Literatur die realistische Tradition und die Tradition der revolutionären Romantik und erweist sich als zutiefst und folgerichtig optimistisch.[27] National in der Form und sozialistisch im Gehalt schließt die Kunst des S.R. jegliche nationale Beschränktheit aus, sie ist den Ideen des sozialistischen Humanismus verbunden, dessen Ziel es ist, alle Länder des sozialistischen Staates im kriegerischen internationalen Geist der Brüderlichkeit und Freundschaft zu erziehen. [...] Die Methode des S.R. gibt den Künstlern die Möglichkeit, international zu sein, die Wirklichkeit weit zu umfassen, eine Kunst zu erschaffen, die erreichbarer für die breiten Völkermassen [narodnym massam] des multinationalen sowjetischen Landes ist. [...] Der Held sozialistisch-realistischer Werke ist ein aktiver Erbauer der neuen Gesellschaft. [...] Das Thema der Schwierigkeit ist eng verbunden mit dem Thema der Heldenhaftigkeit.[28] [...] Der Große Vaterländische Krieg stellte den Künstlern neues Material zur Verfügung, um die sowjetischen Menschen darzustellen, die an der Front im Kampf mit dem Feind fochten, und die heldenhafte Arbeit im Hinterland ihrer sozialistischen Errungenschaften. [...] Als Hymne des alles bezwingenden Mutes erklingt die Siebte Symphonie von Šostakovič, die im belagerten Leningrad geschrieben wurde. „Mut bezwingt Glück im Kampf" – diese Worte, die I. V. Stalin bereits vor vielen Jahren aussprach, und auch seine Unterweisung der jungen Musikanten dahingehend, dass die sowjetische Musik fröhlich und sieghaft klingen muss, beziehen sich auf alle Kunst des S.R., der tiefer Optimismus organisch innewohnt. Der S.R. schließt hoffnungslose Themen, sinnlose Existenzen im sozialistischen Staat und eine pessimistische Lebenshaltung als der sozialistischen Wirklichkeit wesensfremd und sie verzerrend aus.[29]

Somit wurde in der lexikalischen Definition des Sozialistischen Realismus die Musik bereits konkret thematisiert und ihre wichtigsten Funktionen – eine funktionale, programmatische und optimistische Ausrichtung – angesprochen. Es scheint daher nicht weiter verwunderlich, dass im Nachgang der Erlasse zur Literatur, zum Theater und zum Film – und nach weiteren Maßregelungen auch anderer Bereiche der Wissen-

---

24 Ebd., Sp. 239.
25 Ebd., Sp. 240.
26 Ebd., Sp. 241.
27 Ebd., Sp. 244f.
28 Ebd., Sp. 245.
29 Ebd., Sp. 246.

schaft –[30] im Jahre 1948 auch der politische Zugriff auf den Bereich der ‚ernsten Musik' folgte.

In dem Erlass „Ob opere ‚Velikaja družba' V. Muradeli"[31] [Über die Oper ‚Velikaja družba' von V. Muradeli] vom 10. Februar 1948 wurde der „wirre Lärm" der Komposition unter anderem scharf für ihren Mangel an volkstümlichen Melodien und für die Negierung der „besten Traditionen und Erfahrungen der klassischen Oper im allgemeinen und der klassischen Oper Rußlands im besonderen" kritisiert. Schließlich wurde die Kritik ausgeweitet auf den „unbefriedigenden Stand der modernen Sowjetmusik" und die „formalistische Richtung unter den Sowjetkomponisten". Auch einzelne Komponisten („Tondichter, die der formalistischen volksfremden Richtung huldigen"), bestimmte musikalische Gattungen („komplizierte Formen sinfonischer Instrumentalmusik"), die musikalischen Ausbildungsstätten (vor allem das Moskauer Konservatorium, wo „die formalistische Richtung vorherrscht") wie auch die Musikkritik wurden angegriffen. Mit dem Hinweis auf die vernichtende Kritik an Dmitrij Šostakovičs Oper *Ledi Makbet Mcenskogo uezda* [Lady Macbeth des Mcensker Kreises] im Jahre 1936 und mit der neuerlichen Bekräftigung sämtlicher damals formulierter Anklagen wurde unmissverständlich klar gemacht, dass die Zeit der ideologischen Entspannung endgültig vorbei war. Weiterhin wies der Erlass ausdrücklich darauf hin, dass die Inhalte der vorausgehenden Dekrete auch für den Bereich der Musik von Bedeutung gewesen, jedoch zu wenig beachtet worden seien:

> Ungeachtet dieser Warnungen und auch entgegen jenen Weisungen, die das ZK der VKP (b) in seinen Beschlüssen über die Zeitschriften *Zvesda* und *Leningrad*, über den Kinofilm *Das große Leben*, über das Repertoire der dramatischen Theater und zu Maßnahmen zur Verbesserung gegeben hatte, wurden in der sowjetischen Musik keinerlei Veränderungen durchgeführt.[32]

Somit war ausgesprochen, was allgemein bekannt war, nämlich dass die Erlasse, ungeachtet ihres jeweiligen konkreten ‚Adressaten', die inhaltliche Reformation und umfassende Re-Ideologisierung des Kunstbetriebs in seiner Gesamtheit zum Ziele hatten und dass der Kunst hauptsächlich die Aufgabe zufallen sollte, „die politisch-ideologische[n] Positionen des Regimes [zu] entfalten, sie offen [zu] propagieren und den Hörer im Sinne dieser Positionen [zu] beeinflussen".[33] Die Doktrin des Sozialistischen Realismus war somit auch für den Bereich der Musik erneut und unmissverständlich bekräftigt worden.

---

30 U.a. der Philosophie; vgl. dazu auch bei Tomoff (2006), S. 98.
31 Beschluss des Orgbüros des CK VKP (b) vom 10.02.1948: Ob opere ‚Velokaja družba' V. Muradeli, nachzulesen in: Jakovlev (1999), S. 630-634.
32 Ausschnitt aus dem Beschluss „Ob opere ‚Velokaja družba' V. Muradeli", zit. nach der Übersetzung in: Redepenning (2008b), S. 766.
33 Friedrich Geiger: *Musik in zwei Diktaturen. Verfolgung von Komponisten unter Hitler und Stalin.* Kassel u.a. 2004, S. 200. Geiger bezieht sich auf die Ideologie der „Väter des ‚Sozialistischen Realismus'" (ebd.), die 1948 bekräftigt werden sollte.

Der Erlass von 1948 und das Musikgeschehen

Was das Musikgeschehen betrifft, so haben sich eingehende Untersuchungen den Ereignissen gewidmet, die dem Erlass des CK VKP (b) vom Februar 1948 vorausgingen und nachfolgten. Levon Hakobian, der in seiner bereits 1998 erschienenen Studie zur sowjetischen Musikgeschichte das Jahr 1948 in einem eigenen Abschnitt behandelt,[34] stellt seinen Ausführungen voran, dass „die Ereignisse dieses Jahres im Musikleben der Sowjetunion von einer Reihe von Autoren […] eingehend beschrieben und analysiert" worden seien.[35] Ich möchte an dieser Stelle neben der Studie von Hakobian auch auf die einschlägigen Studien und Artikel von Boris Schwarz, Liana S. Genina, Grigorij L. Golovinskij, Leonid Maksimenkov, Julij V. Mályšev und Dorothea Redepenning verweisen.[36] Kurz vorgestellt werden sollen allerdings wenige ausgewählte Untersuchungen, die – unter anderem von russischen Wissenschaftlern und neueren Datums – oft anhand von bis dahin unbekanntem Archivmaterial neue Details zu den Ereignissen anführen und/oder erhellende Einblicke liefern, die auch für die vorliegende Studie von besonderer Bedeutung sind.

So setzt sich die Untersuchung *Stalin. Iskusstvo i vlast'* des russischen Philosophen und Filmwissenschaftlers Evgenij Gromov[37] zum Ziel, die persönliche Einflussnahme Stalins auf die Mechanismen des Kunstbetriebs und dessen zweckmäßige Formierung nachzuzeichnen. Leider wahrt Gromov dabei nicht immer die notwendige Distanz, ein Problem, das er im Vorwort der Arbeit selbst anspricht.[38] Hinsichtlich des Erlasses von 1948 ist für Gromov klar, dass die „Verurteilung der Oper ‚*Velikaja družba*' […] nur ein Aspekt der verabschiedeten Beschlüsse [war], und nicht der bedeutendste."[39] In der Kampagne sieht er – neben dem Ziel der politischen Stärkung Stalins – nicht zuletzt eine Bestätigung von dessen persönlichen ästhetischen Neigungen.[40] Dies ist ein so simpler wie einleuchtender Aspekt des Erlasses, der meiner Meinung nach bisher weitgehend ausgeblendet worden ist. Im Zusammenhang mit der Willkür, welche die kulturpolitischen Ereignisse in dem Zeitraum kennzeichnet, erhält er jedoch weitreichende Bedeutung. Gromov zeigt auf, dass die utilitaristische Anforderung an die Kunst, sie solle „schnell ideologische Dividenden abwerfen",[41] in Zusammenhang mit Stalins di-

---

34 Levon Hakobian: *Music of the Soviet Age. 1917–1987*. Stockholm 1998, S. 198-215. 2016 erschien eine neu bearbeitete Version des Buches unter dem Titel *Music of the Soviet Era. 1917–1991* (London). Für die vorliegende Arbeit wurde neben der Version von 1998 auch das E-Book der Neuauflage verwendet.

35 Ebd., S. 198f.

36 Boris Schwarz: *Music and Musical Life in Soviet Russia*. Bloomington, IN 1983, S. 205ff.; Liana Genina: Esli ne sejčas, to kogda, in: *Sovetskaja muzyka* 4 (1988), S. 4; Grigorij Golovisnkyj: Tak čto že proizošlo v 1948 godu?, in: *Sovetskaja muzyka* 8 (1988), S. 29-37; Julij Mályšev: O nekotorych urokach prošlogo i nastojaščego. Stat'ja pervaja, in: *Sovetskaja muzyka* 4 (1989), S. 4; Leonid Maksimenkov: Partija – naš rulevoj, in: *Muzykal'naja žizn'* 13 (1993), S. 6-8, 15-16 (1993), S. 8-10; Redepenning (2008b), S. 492-532.

37 Evgenij Gromov: *Stalin. Iskusstvo i vlast'*. Moskau 2003, v.a. S. 394ff. Es handelt sich dabei um eine neue, nur geringfügig veränderte Ausgabe der bereits 1998 veröffentlichten Studie *Stalin. Vlast' i iskusstvo* desselben Autors.

38 Vgl. ebd., S. 11.

39 Ebd., S. 440.

40 Vgl. ebd., S. 442.

41 Ebd.

rekten Anweisungen steht. Er belegt dies anhand von Archivmaterial, das die persönliche Einsichtnahme Stalins in die Details des Erlasses über eine Woche vor dessen Veröffentlichung nachweist.[42]

Auch die Studie von Friedrich Geiger zum Verhältnis der Künste unter Hitler und Stalin[43] widmet sich den politischen Aktivitäten vom Jahresanfang 1948.[44] Im Zusammenhang mit meiner Arbeit ist vor allem Geigers Beobachtung aufschlussreich, dass die Ereignisse vom 10. Februar 1948 nicht allein in Verbindung mit der politisch forcierten Re-Ideologisierung des Kulturbetriebs stehen. Vielmehr wird der in der Forschung für diesen Zeitpunkt meist separat behandelte Feldzug Stalins gegen die Juden erkennbar.[45] Geiger weist darauf hin, dass die Listung der Komponisten auf dem vom Glavrepertkom[46] erlassenen *Prikaz No. 17* [Befehl Nr. 17] vom 14. Februar 1948 offenkundig weniger künstlerischen Gesichtspunkten folgte. Vielmehr sei zu erkennen, so Geiger, dass – bei aller stilistischen Vielfalt der darauf genannten Komponisten – „der Anteil jüdischer Komponisten auf der Liste" signifikant hoch sei.[47] Wie Geiger schlussfolgert, „spiegelt [der Befehl Nr. 17] somit genau die Richtung wider, in die Stalins Re-ideologisierungsstrategie verlief"[48] – nämlich in Richtung eines staatlich sanktionierten Antisemitismus. Auch Weinbergs Name findet sich auf dem *Prikaz No. 17*, was für meine nachfolgenden Betrachtungen noch von Bedeutung sein wird.

Die aktuellsten und umfassendsten Studien zu den Vorgängen um *Velikaja Družba* stammen von Kirill Tomoff und Ekaterina Vlasova.[49] Beide Arbeiten präsentierten neues Archivmaterial und zeichnen zusammen ein sehr klares Bild der musikpolitischen Vorgänge um 1948. In der 2006 erschienenen Studie Tomoffs werden die Ereignisse von 1948 in Zusammenhang mit der Institution des Komponistenverbandes untersucht. Vlasova dagegen dokumentiert in ihrer 2010 erschienenen Arbeit umfassend den historischen Verlauf der sowjetischen Kulturpolitik und die Ent- und Verwicklung der verschiedenen kulturpolitischen Maßnahmen bis zum Eklat um Muradelis Oper und schließlich die Auswirkung dieser Vorgänge auf den Kulturbetrieb. Vlasova macht dabei deutlich, wie schon die ersten oben erwähnten Erlasse unmittelbaren Einfluss auf

---

42   Vgl. ebd., S. 442f., Fn. 52: Ždanov hatte Stalin nicht nur den ausformulierten Erlass, sondern auch seine daran anschließenden Reden bereits am 2. Februar 1948 zur Kenntnisnahme vorgelegt. 20 Jahre nach Gromovs Studie belegen Kirill Tomoff (2006) und vor allem Ekaterina C. Vlasova (*1948 god v sovetskoj muzyke*. Moskau 2010) den genauen Verlauf der Entstehung des Dokuments. Zu diesen Studien ausführlich im Folgenden. Auch bei Gorjaeva sind vor allem die Vorgänge in den einzelnen Behörden nachgezeichnet; vgl. Gorjaeva (2002), S. 300ff.
43   Geiger (2004).
44   Vgl. ebd., S. 126-135.
45   Vgl. ebd., S. 130f.
46   Glavnyj komitet po kontrolju za repertuarom.
47   Ebd., S. 131.
48   Ebd. Auch unter den bereits 1946 angegriffenen Komponisten aus dem Bereich der Unterhaltsmusik finden sich auffällig viele Komponisten jüdischer Herkunft: Isaak Dunaevskij, Oskar D. Strok und Mosej Ja. Ferkel'man. Ob dies ebenfalls ein frühes Indiz des politischen Antisemitismus ist und ob weiterhin dieser Umstand der Tatsache geschuldet ist, dass im Bereich der Unterhaltungsmusik besonders viele jüdische Komponisten tätig waren – woraus sich wieder neue Fragen ergeben –, kann an dieser Stelle nicht überprüft werden.
49   Tomoff (2006); Vlasova (2010). Zur antisemitischen Tendenz der Kampagne im Folgenden noch ausführlicher.

das Musikleben hatten.[50] Da ihre Studie bisher nicht übersetzt, jedoch für die Erhellung des hier behandelten Zeitraums unerlässlich ist, soll an dieser Stelle auf einige in meinem Zusammenhang wichtige Details genauer eingegangen werden.

So belegt Vlasova, dass ein bisher weithin unbeachteter Erlass, der in direktem Zusammenhang mit den Ereignissen von 1948 steht, bereits am 23. Januar 1947 erteilt wurde. Es handelt sich dabei um den *Prikaz No. 40* [Befehl Nr. 40] „O povyšenii stavok oplaty avtorov i kompozitorov za sozdanie novych proizvedenij po dogovoram s veduščimi teatrami opery i baleta" [Über die Anhebung des Gehalts der Autoren und Komponisten für die Fertigung neuer Werke gemäß der Vereinbarungen mit den Führungskräften der Opern- und Balletttheater].[51] In diesem Erlass wird kritisiert, dass das zeitgenössische sowjetische Operntheater in schlechter Verfassung sei und im Verlauf von fünf Jahren nur eine Oper mit zeitgenössischem Thema (Kabalevskijs Oper *V ogne*) aufgeführt worden sei. Mit dem Erlass wurden die Musiktheaterbühnen verpflichtet,

> 1947 die Produktion wenigstens einer Opern- und einer Ballettaufführung nach einem zeitgenössischem sowjetischem Thema durchzuführen und in den Folgejahren jährlich nicht weniger als zwei Operninszenierungen und ein Ballett auf sowjetische Themen.[52]

Unmittelbare Auswirkung des Erlasses war unter anderem die Anhebung des Salärs für das Verfassen von Opern- und Ballettmusik (wie auch für das Verfassen von Libretti) nach sowjetischen Themen.[53] Im Hinblick auf Muradelis Oper ist der Erlass in zweierlei Hinsicht von großer Bedeutung: So legt Vlasova ausführlich dar, in welcher Form bereits nach den ersten Anhörungen von *Velikaja družba* im Herbst 1947 auf Veranlassung der Behörden eine Reihe von gravierenden Veränderungen vor allem am Libretto vorgenommen worden waren. Die Behörden wollten im Nachgang des oben genannten Erlasses anhand von Muradelis Oper exemplarisch aufzeigen, wie eine gute sowjetische Oper auszusehen habe.[54] Anhand des Materials wird jedoch deutlich, dass

---

50 Vgl. Vlasova (2010), S. 211. Vlasova führt an, dass im Nachklang der o.g. Erlasse im Winter 1946 das Komitee po delam iskusstv und der SSK eine Allunions-Konferenz für Oper und Ballett durchführten. Sie wurde dokumentiert und die Ergebnisse wurden veröffentlicht in der ersten Ausgabe von *Sovetskaja muzyka* des Jahres 1947; vgl. [Anonymus]: Vsenoe sovečśanie po voprosam opery i baleta, in: *Sovetskaja muzyka* 1 (1947), S. 3-15. Die Bedeutung der Erlasse auch für „das Schaffen und die Organisationstätigkeiten der Theater, den Komponistenverband und alle Musikschaffenden" wurde deutlich ausgesprochen; vgl. ebd., S. 9.

51 Vlasova (2010), S. 218. Der Erlass entstand im Nachgang der Allunions-Konferenz des Komitet po delam iskusstv, des SK SSSR für „Fragen der Oper und des Balletts" im Dezember 1946; vgl. ebd. Der Erlass wird auch einbezogen in die Untersuchungen von Robert Enz: *Sowjetische Repertoirepolitik in der Stalinzeit am Beispiel Moskauer und Leningrader Opern- und Balletttheater wie Philharmonien.* Diss. phil. Heidelberg 2006, v.a. S. 156f. Ein pdf-Dokument der Dissertation steht zum Download bereit unter http://archiv.ub.uni-heidelberg.de/volltextserver/view/creators/Enz=3ARobert=3A=3A.html [Stand: 28.01.2013].

52 Zit. nach: Vlasova (2010), S. 218. In der Dokumentation des o.g. Allunions-Kongresses zu Fragen der Oper und des Balletts wird erwähnt, dass das Komitee „alle Operntheater des Landes verpflichtete, nicht weniger als zwei sowjetische Aufführungen im Jahr" durchzuführen; vgl. [Anonymus]: Vsesojuznoe sovečśanie po voprosam opery i baleta, in: *Sovetskaja muzyka* 1 (1947), S. 3-15, hier: S. 9.

53 Vgl. Vlasova (2010), S. 218f.

54 Vgl. dazu ebd., S. 220f. Auf der Allunions-Konferenz des Komitet po delam iskusstv, des SK SSSR für „Fragen der Oper und des Balletts" im Dezember 1946 wurde explizit darauf hingewiesen,

die Behörden selbst nicht genau einschätzen konnten, welche konkrete inhaltliche Ausrichtung die Oper im Sinne der aktuellen Richtlinien des Sozialistischen Realismus erhalten sollte. Als am 6. Januar 1948 – einen Tag nach der letzten Aufführung von Muradelis Oper im Moskauer Bol'šoj-Theater am 5. Januar – eine Zusammenkunft aller an der Aufführung Beteiligten organisiert wurde, die Andrej Ždanov einberufen hatte, wurde die „Position der Landesführung" (wie Vlasova es ausdrückt) durch Ždanov folgendermaßen formuliert: „Die Meinung des CK und der Regierung ist, dass die Oper nicht geglückt ist."[55] Zu diesem Zeitpunkt musste jedoch, wie Vlasova schlussfolgert, allen an der Aufführung Verantwortlichen – und darunter vor allem Ždanov selbst – ihr Anteil an der endgültigen Form der Oper und damit ihr eigenes Scheitern sehr klar gewesen sein.[56]

Eine weitere Auswirkung, die unmittelbar mit dem Erlass vom Januar 1947 in Zusammenhang steht, liegt auf der oft zu wenig beachteten finanziellen Ebene. Sowohl Tomoff als auch Vlasova fanden Archivalien, welche die exorbitanten Kosten der Produktion von *Velikaja družba* dokumentieren. Tomoff führt Quellen an, die zeigen, dass Stalin Mitte Januar 1948 seinen Finanzminister Arsenij G. Zverev nach den Kosten der Oper fragte, die ihm Zverev dann am 19. Januar 1948 belegte.[57] Wie aus den von Tomoff präsentierten Dokumenten hervorgeht, waren bereits im Juni 1947 die finanziellen Mittel des Bol'šoj-Theater deutlich erhöht[58] und die Kosten für die Produktion von *Velikaja družba* schließlich mit 766.000 Rubeln bewilligt worden.[59] Damit war diese Produktion fast doppelt so kostspielig wie andere Opernproduktionen.[60] Dazu kam eine Reihe von Unregelmäßigkeiten bei der Bezahlung der ausführenden Künstler:

> Zverev catalogues a number of payments that simply violated the policy of even the Committee on Artistic Affairs. The composer's and librettist's pay exceeded the limits ordered by the VKI in 1945, sometimes by more than double. Worse, an audit of Muzfond uncovered the fact that Muradeli had contacted to write *Velikaia druzhba* with seventeen different opera theaters around the country. All told, these theaters had already paid him and the librettist far more than the equivalent of the Soviet Union's top artistic honor, a Stalin

---

dass das Moskauer Bol'šoj-Theater zusammen mit dem Komponisten Muradeli und dem Dramaturgen Midvani an einer Oper arbeite, die der Freundschaft der sowjetischen Völker gewidmet sein sollte; vgl. *Sovetskaja muzyka* 1 (1947), S. 9f.

55 Aussage von Andrej Ždanov, zit. nach Vlasova (2010), S. 229. Vlasova beruft sich auf die Memoiren von Tichon Chrennikov.

56 Vgl. ebd., S. 236.

57 Kirill Tomoff beruft sich auf folgende Quelle: RGASPI, f. 82, op. 2, d. 951, l. 86; vgl. Tomoff (2006), S. 137, Fn. 49. Hier gibt Tomoff an, dass er die Datierung dem Blatt 85 der Quelle entnimmt. Dort sei als Datum fälschlicherweise der 19. Januar 1947 eingetragen. Anhand des Kontextes und eines Behördenstempels korrigiert Tomoff das Jahr auf 1948. Zur Frage des genauen Datums noch im Folgenden.

58 In seinen Memoiren erwähnt Arsenij Zverev für diesen Zeitraum umfassende finanzielle Reformen, die unter anderem eine Anhebung der Ausgaben im sozio-kulturellen Bereich vorsahen; vgl. Arsenij G. Zverev: *Zapiski ministra*. Moskau 1973, [S. 254]. Die Publikation ist als Word-Dokument (.doc) zum Download verfügbar in der elektronischen Bibliothek A. M. Kazižanov: http://sklib.ru/libhistory/18450-zapiski-ministra.html [Stand: 10.10.2012]. Die genannte Seitenzahl wurde dem Word-file entnommen und stimmt möglicherweise nicht mit den Seitenangaben der Printversion überein.

59 Vgl. Tomoff (2006), S. 139, auch Fn. 55.

60 1947 wurden für eine Opernproduktion ca. 400.000 Rubel angesetzt; vgl. ebd., S. 139.

Prize, first class. [...] Zverev promised to conduct a financial investigation of both the Bol'shoi and the Committee on Artistic Affairs.[61]

Tomoff schlussfolgert: „It is scarcely surprising that Stalin and the other party leaders who read it [Zverevs Bericht – V.M.] agreed to expand their suspicion beyond the production of *Velikaja druzhba* and into other major musical institutions."[62] Für Tomoff liegt auf der Hand, dass der Erlass von 1948 auch ein Mittel war, um den musikalischen Institutionen ein richtungweisendes ‚Werkzeug' für (finanzielle) Modifikationen in die Hand zu geben:

> As the query to Zverev demonstrates, Stalin was concerned about the financial ramifications of what all of the leaders agreed was an unacceptable state of affairs. [...] [He] was not interested in publicly spelling out a party program with specific instructions about how musical institutions should remedy the situation. Rather the resolution was a vehicle to set out broad principles that those institutions could apply later.[63]

Tatsächlich revidierten die verschiedenen Institutionen ihr (finanz-)politisches Vorgehen. Aus einem Sitzungsprotokoll der Abteilung Muzfond vom 19. März 1948 geht deutlich hervor, dass die Situation genutzt wurde, um Ausgaben zu senken – und über den finanziellen Weg prominente Komponisten, die bereits im Fokus der Kritik standen, weiter zu maßregeln:

> Die unzulänglichen Methoden der Verwaltung und die muffige Atmosphäre, die im Orgkomitee geherrscht hat, kommen vollständig zum Vorschein in den Tätigkeiten des Muzskal'nyj Fond SSSR (Vorsitzender tov. Muradeli, Direktor des Muzfond tov. Atov'mjan). Die meisten Mittel, die von der Parteiführung zur Entwicklung des Werkschaffens der sowjetischen Komponisten und zur Verbesserung ihrer Lebensbedingungen zur Verfügung gestellt wurden, wurden an eine bestimmte Gruppe der so genannten ‚führenden' Komponisten verschwendet, wobei die materiellen und alltäglichen Bedürfnisse der großen Masse der Komponisten weitgehend ignoriert wurden. Die privilegierte Gruppe der Komponisten (S. Prokof'ev, D. Šostakovič, N. Mjaskovskij, A. Chačaturjan, V. Šebalin, G. Popov)[64] nahm wiederholt unbegrenzte rückzahlbare Darlehen in Anspruch, trotz der festgesetzten Bestimmung zum höchstzulässigen Betrag der Darlehens-Ausgabe (an S. Prokov'ev wurden 185.617 Rubel an rückzahlbaren Darlehen ausgezahlt, an G. Popov 67.000 Rubel, an Gauk 60.000 Rubel).[65]

Auch für Vlasova liegt auf der Hand, dass die Geldverschwendung, die mit der Aufführung von *Velikaja družba* einherging, ein Grund für Stalins Ablehnung der Oper

---

61 Ebd.
62 Ebd., S. 140.
63 Ebd.
64 Die Aufzählung dieser Komponisten wiederholt sich in fast der gleichen Reihenfolge auf dem *Prikaz 17*: dort wird zuerst D. Šostakovič angeführt, dann folgen S. Prokof'ev, N. Mjaskovskij, A. Chačaturjan, V. Šebalin und G. Popov, bevor auch andere Komponisten angeführt werden; vgl. dazu das Faksimile des Befehls in Geiger (2004), S. 130.
65 RGALI, f. 2454, op. 1, ed. chr. 12, l. 82.

war.[66] Sie präsentiert dasselbe Schriftstück, in dem durch Arsenij Zverev die Kosten der Opernproduktion dokumentiert sind. Allerdings datiert Vlasova das Schriftstück auf den 19. Januar 1949.[67] Welche Datierung korrekt ist, wäre im RGASPI zu überprüfen. Klar ist jedoch, dass das Schriftstück tatsächlich einen unglaublichen Kostenaufwand dokumentiert: Vlasova errechnet, dass die Oper Gesamtkosten von fast 2.000.000 Rubel verursacht hatte:[68] „Stalin musste darüber in Wut geraten.“[69] Festzuhalten ist, dass – abgesehen von allen inhaltlichen Aspekten – auch anhand der Kosten die vorherrschende Unsicherheit bei der Einführung und Umsetzung der politischen Vorgaben deutlich wird: Immerhin hatte der Erlass vom Frühjahr 1947 die Theater direkt dazu aufgefordert, sich mehr der Opernproduktion (und vor allem der Opernproduktion auf sowjetische Themen) zu widmen, und die nötigen Mittel waren zugeteilt worden. Zur exemplarischen Umsetzung der Vorgaben schien das Opernprojekt von Vano Muradeli und Georgij Mdivani bestens geeignet. Die Behörden hatten sich angesichts dieser Umstände frühzeitig in den Entstehungsprozess eingeschaltet und nicht nur inhaltlich eingegriffen, sondern auch dafür gesorgt, dass der Opernproduktion ausreichende Mittel zur Verfügung standen – eine Aktion, die dann vollkommen aus dem Ruder lief. Vlasova konstatiert deshalb, dass die Geschichte der Oper als Beweis für den „katastrophalen Misserfolg der Musikpolitik des Agitprop und persönlich A. A. Ždanovs" gelten muss.[70]

Der Kostenfrage im Zusammenhang mit *Velokaja družba* widmet sich ausführlich Robert Enz in seiner Dissertation zur sowjetischen Repertoirepolitik der Stalinzeit.[71] Auch für Enz ist klar, dass die Affäre um Muradelis Oper den Ausgangspunkt für umfassende, generelle Einschnitte „in die Finanzwirtschaft der Theater" bildete, die „Anfang März [1948 – V.M.] von einer Ministerratsverordnung über die Subventionskürzung" ihren Ausgang nahm.[72] Auch er zitiert aus dem Brief Zverevs an Stalin und kommt zu der Schlussfolgerung:

> Zverevs Report an Stalin liest sich als klarer Fall und lässt für sich genommen keine Zweifel an der allzu großzügigen Handhabung staatlicher Gelder durch das Theater und die Kunstadministration: die durchschnittlichen planmäßigen Kosten für eine Operninszenierung bereits im Anschlag deutlich überboten [sic], das ursprünglich bestimmte Limit durch das *KDI* [...] aufgestockt und vom *GABT*[73] noch einmal [...] überschritten, die gesetzlich vorgeschriebenen

---

66 Vgl. Vlasova (2010), S. 240f.
67 Vlasova beruft sich auf dieselbe Quelle wie Kirill Tomoff: RGASPI, f. 82, op. 2, d. 951, l. 85-87; vgl. ebd., S. 241, Fn. 46.
68 Vgl. ebd., S. 240f. Um einen Vergleichswert zu schaffen, ist bei Hildermeier nachzulesen, dass im Jahre 1948 der „durchschnittliche Bruttoarbeitslohn eines nichtlandwirtschaftlichen Lohn- oder Gehaltsempfängers" 7720 Rubel betrug; Hildermeier (1998), S. 711.
69 Vlasova (2010), S. 241. Vor allem, wenn man sich ins Gedächtnis ruft, dass die Wirtschaft der Sowjetunion zu diesem Zeitpunkt darniederlag, eine katastrophale Missernte 1946 eine neue Hungersnot verursacht hatte, in allen Bereichen großer Mangel vorherrschte und die Bevölkerung für weniger Lohn mehr Arbeit zu bewältigen hatte; vgl. dazu Hildermeier (1998), v.a. S. 688-701 u. 710-715.
70 Vlasova (2010), S. 236.
71 Enz (2006), S. 214-224.
72 Ebd., S. 214.
73 Gosudarstvennyj akademičeskij Bol'šoj teatr.

Beiträge des Autorenhonorars missachtet, um *in summa* bei 175% der planmäßigen Jahresdurchschnittskosten für eine Produktion zu landen [...].[74]

Wie unklar die ganze Situation in finanzieller Hinsicht trotzdem blieb, wird jedoch deutlich anhand weiterer, bei Enz aufgeführter Dokumente, die zeigen, dass die einseitige Argumentation des Finanzministers, „Brechungen, die sich aus dem langjährigen Entstehungsprozess bedingten, einerseits," und Konflikte „zwischen dem *Bolšoj teatr* und der staatlichen Kunstadministration andererseits" aussparte.[75] So existiert ein Brief des damaligen Direktors des GABT, Fedor P. Bondarenko, in dem dieser darlegt, wie die hohen Kosten der Produktion im Laufe ihrer langjährigen Planung entstanden und wie jeder Kostenschritt für die geplante Operninszenierung politisch abgesegnet worden war.[76] Dabei war es bereits im Mai 1947 zu Auseinandersetzungen gekommen. Bondarenko habe, so Enz, die hohen Kosten damit verteidigt, dass das Theater „keineswegs von vermessenen Kalkulationen ausgegangen" sei. Das „Theater und nicht minder die Kunstadministration" habe „in dem Bewusstsein um die mit der Inszenierung einer sowjetischen Oper verbundene Verantwortung" agiert, „ohne hierüber das Staatsbudget unverhältnismäßig strapaziert zu haben."[77] Wie widersprüchlich auch immer die Argumentationen der unterschiedlichen Seiten hinsichtlich des Kostenplans für *Velikaja družba* gewesen sein mögen,[78] so wird anhand der von Enz präsentierten Dokumente einmal mehr deutlich, wie wenig konsistent und konsequent die finanziellen Entscheidungen und Richtlinien der Behörden waren. Diese wankelmütige Haltung zeigt sich auch in der Entstehungsgeschichte des Erlasses *Ob opere...* selbst. Vlasova präsentiert eine Vielzahl von unterschiedlichen Dokumenten und Entwürfen, die der in der *Pravda* veröffentlichten Resolution vorangehen. Sie zeigt auf, wie viele Entwurfsstadien der Text durchlief und wie viele verschiedene Menschen an dessen endgültigem Zuschnitt beteiligt waren. Auch der unmittelbare Einfluss Stalins auf die endgültige Form des Textes ist Gegenstand der Studie und wird anhand von Archivmaterial belegt.[79]

Die hier wiedergegebenen Untersuchungen vermitteln sehr deutlich die nervöse Unruhe, die in den Jahren ab 1946 im Musikbetrieb herrschte. Allen Kulturschaffenden war klar, dass die Zeit der Entspannung vorbei war – doch welche konkrete Richtung die Ideologisierungsmaßnahmen nehmen würden, blieb angesichts des größtenteils erratischen Verhaltens der offiziellen Stellen nebulös. Der sowjetische Musikwissenschaftler und Kritiker Daniėl' Žitomirskij spricht in seinen *Aufzeichnungen eines Beteiligten* von einer Stimmung der „Gereiztheit", die überall zu spüren gewesen

---

74 Ebd., S. 215.
75 Ebd., S. 216.
76 Vgl. ebd., S. 216f.
77 Ebd., S. 220.
78 Enz setzt in seiner Untersuchung die Kosten für Muradelis Oper auf insgesamt 770.000 Rubel fest und argumentiert dann, dass auch andere Produktionen Kosten in gleicher Höhe veranschlagten oder gar teurer waren; vgl. ebd., S. 220f. Enz zieht daraus die Schlussfolgerung, dass die Folgen, die der Kostenaufwand von *Velikaja družba* verursachte, unverhältnismäßig hart waren; vgl. ebd., S. 224. Stellt man jedoch Vlasovas Berechnungen daneben, welche die Kosten der Oper auf über 2 Millionen Rubel festsetzen (s.o., Vlasova zieht auch eine Reihe von in Zusammenhang stehenden Nebenkosten in die Berechnungen mit ein), so wird deutlich, dass die Oper in ihrem Gesamtkostenaufwand deutlich vor anderen Produktionen stand.
79 Vgl. Vlasova (2010), v.a. S. 265-272.

sei.[80] Wie aufgeladen, angespannt und unsicher die Stimmung bis zu Stalins Tod blieb, zeigt sich nicht zuletzt anhand der ambivalenten und instabilen Situation, in der sich Weinberg befand.

Weinbergs Ankunft in Moskau: Im Wirkungskreis von Michoëls und Šostakovič

Grundsätzlich kann angenommen werden, dass sich die Lebenssituation für Weinberg seit Herbst 1943 positiv entwickelt hatte. Dank der Unterstützung Dmitrij Šostakovič konnte er in Moskau, im Zentrum des sowjetischen Musikgeschehens, von seiner Arbeit als Komponist leben und offensichtlich für sich und seine Familie sorgen. Er war Mitglied im Komponistenverband und genoss dadurch eine Reihe von Privilegien, die anderen Bürgern vorenthalten blieben.[81] Nachweislich seit Oktober 1943 erhielt er regelmäßig materielle Unterstützung durch den staatlichen Muzfond.[82] Und in Šostakovič wie auch in Nikolaj Mjaskovskij hatte Weinberg prominente Fürsprecher, die sich für ihn und seine Musik persönlich einsetzten.[83] Anfang 1946 war Weinberg aktiv am Musikleben der Stadt beteiligt und erhielt, wie im Folgenden noch gezeigt werden wird, in der Reihe der so genannten ‚jungen Komponisten‘ besondere Aufmerksamkeit.[84] Auch als Pianist war er auf den Bühnen der Stadt präsent, unter anderem bei Aufführungen von Werken seiner Kollegen Gara Garayev (Kara Karaev),[85] Nikolaj Pejko[86] oder Jurij Šaporin.[87] Seine eigenen Kompositionen wurden (teilweise wiederholt) aufgeführt, etwa der erste Zyklus auf Verse jüdischer Dichter op. 13 und die Opera 16, 19 und 23, die Weinberg in drei Heften unter dem Titel *Tri deskich tetradi. 23 preludii dlja fortepiano* [Drei Kinderhefte. 23 Präludien für Klavier] angelegt hatte,[88] sein 4. Streichquar-

---

80 Daniel Shitomirski: *Blindheit als Schutz vor der Wahrheit. Aufzeichnungen eines Beteiligten zu Musik und Musikleben in der ehemaligen Sowjetunion. Mit einem Vorwort von Oksana Leontjewa und einem vollständigen Verzeichnis der wissenschaftlichen Arbeiten Shitomirskis, hg. u. aus d. Russ. übers. von Ernst Kuhn.* Berlin 1996, S. 191.

81 Vgl. Tomoff (2006), S. 89-93.

82 Vgl. RGALI, f. 2454, op. 1, ed. chr. 2, l. 55: Muzfond SSSR – Gos. Prav. Muzfonda o mat. pomošči M. S. Vajnberga (15. Okt. 1943). Für das Jahr 1943 finden sich insgesamt drei Belege für materielle Unterstützung, für das Jahr 1944 sechs Belege und für das Jahr 1945 vier Belege.

83 Den Angaben von David Fanning zufolge hatten sich Weinberg und Nikolaj Mjaskovskij bereits 1940 kennengelernt; vgl. Fanning (2010a), S. 28. Zum engen Verhältnis mit Nikolaj Mjaskovskij vgl. auch Nikitina (1994), S. 21. Mjaskovskij hatte sich unter anderem als Fürsprecher für das später auf dem *Prikaz 17* gelistete 6. Streichquartett eingesetzt; vgl. dazu auch die Ausführungen ab S. 68.

84 In seinen Reden benutzte Tichon Chrennikov in diesem Zeitraum oftmals den Ausdruck ‚molodoj kompozitorov‘ [junge Komponisten], wenn er von Komponisten wie Weinberg oder Jurij Levitin sprach.

85 Šest vokal'nych miniatjur, Anhörung des SSK am 14. Jan. 1946, vgl. *Sovetskaja muzyka* 1 (1946), S. 100.

86 Symphonie (vierhändige Darbietung), Anhörung des SSK am 28. Jan. 1946, vgl. ebd.

87 Romanzenabend im Dom aktera [Haus der Schauspieler] am 18. Mai 1946; vgl. *Sovetskaja muzyka* 8-9 (1946), S. 110. Im kleinen Saal des Konservatoriums am 3. November 1946 Uraufführung der Elegien auf russische Dichter, vgl. *Sovetskaja muzyka* 12 (1946), S. 106.

88 Ausführende Pianistin Marija Grinberg; vgl. *Sovetskaja muzyka* 4 (1946), S. 92. Das genaue Datum der Darbietung ist leider nicht angegeben.

tett op. 20,[89] das Trio für Violine, Violoncello und Klavier op. 24[90] oder die Sonate für Klarinette und Klavier op. 28.[91]

Außerdem wurden einige seiner Werke unmittelbar im Anschluss an ihre Entstehung veröffentlicht, teilweise mehrfach, wie der bereits erwähnte Zyklus auf Vers jüdischer Dichter op. 13[92] und die *Kinderhefte* op. 16, 19 und 23.[93] Weiterhin fanden 1946 die *Dvenadcat miniatjur* [Zwölf Miniaturen] für Flöte und Klavier op. 29 wie auch der Vokalzyklus *Iz liriki Tjutčeva* [Aus der Dichtung Tjutčevs] op. 25 ihren Weg in die Öffentlichkeit. 1947 folgten die Veröffentlichungen der 1. Sonate für Violine und Klavier op. 12, der 1. Sonate für Violoncello und Klavier op. 21 und der *Šest detskich pesenok* [Sechs Kinderliedchen] op. 139.[94] Dass Weinberg als talentierter und interessanter Nachwuchskomponist gehandelt wurde, spiegelt sich unter anderem in Reaktionen der Fachpresse, die lobend von ihm Notiz nahm. So wies beispielsweise Daniėl' V. Žitomirskij in der April-Ausgabe der *Sovetskaja muzyka* (1946) im Zusammenhang mit einem Konzert der Pianistin Marija Grinberg folgendermaßen auf Weinberg hin:

> In der Reihe der hervorragendsten Klavierabende muss das Konzert von Marija Grinberg unter Beteiligung der Sängerin Nina Dorliak erwähnt werden. Die Pianistin trat mit einem sehr interessanten Programm auf, im Zuge dessen neben Schumann auch Werke des jungen, hoch begabten Komponisten Moisej Weinberg aufgeführt wurden.[95]

Auffällig ist jedoch, dass sich bald diffuse, schließlich immer konkretere Kritik in die ansonsten wohlwollende Begutachtung des jungen Komponisten mischte. Die schrittweise Modifikation, welche die Kritik an Weinberg vollzog, möchte ich im Folgenden nachzeichnen. Zuerst erschien 1946 in der Juli-Ausgabe von *Sovetskaja muzyka* unter der Rubrik *Novinki sovetskoj muzyki po radio* [Neuerscheinungen der sowjetischen Musik im Radio] eine durchaus positive Rezension von Weinbergs 4. Streichquartett op. 20. Weinberg wurde darin als „sehr begabter junger Komponist" bezeichnet, der viel und äußerst ertragreich arbeite.[96] Kritisiert wurde in der ansonsten durchgehend positiven Besprechung des Werkes (dazu ausführlicher im Folgenden) nur etwas ne-

---

89 Nach der Uraufführung des Quartetts am 19. Jan. 1946 wurde es weiterhin am 11. April 1946 im Radio und am 13. April im Kleinen Saal des Konservatoriums aufgeführt; vgl. *Sovetskaja muzyka* 7 (1946), S. 110.

90 Am 9. Jan. 1946 im Kleinen Saal des Konservatoriums, *Sovetskaja muzyka* 2-3 (1946), S. 149.

91 Aufführung im Kleinen Saal des Konservatoriums am 20. Apr. 1946; vgl. *Sovetskaja muzyka* 7 (1946), S. 111.

92 Die Lieder waren 1944 (Muzfond) und 1945 (Sojuz Sovetskich Kompozitorov) veröffentlicht worden.

93 Die UA aller drei Hefte hatte am 10. Okt. 1945 stattgefunden. Opus 16 war 1944, Opus 19 1945 von Muzfond veröffentlicht worden. Nur Opus 23 wurde erst 1947 in einer Sammelausgabe der drei Hefte bei Muzgiz veröffentlicht. Davor hatte Nikolaj Pejko es in einer Versammlung von Muzfond ausdrücklich für unzweckmäßig erklärt, alle drei Hefte noch einmal abzudrucken. Er riet zu einer Ausgabe, in der zehn bis zwölf Präludien nachgedruckt werden sollten, und zwar jene, die am meisten den pädagogischen Ansprüchen genügen würden. Unter seiner Notiz protokollierte er: „Der Autor ist [...] einverstanden."; RGALI, f. 2454, op. 1, ed. chr. 10, l. 291.

94 Die *Sechs Kinderlieder* überarbeitete Weinberg 1984 und nahm das bis dahin unbezifferte Werk als Opus 139 in seinen Katalog auf.

95 D[aniėl'] Žitomirskij: Zametki o moskovskich koncertach, in: *Sovetskaja muzyka* 4 (1946), S. 90-92, hier: S. 92.

96 Oc. (1946), S. 97.

bulös, dass „man in seinen Werken zu offenkundig unüberwundene Einflüsse [spüre], die sein künstlerisches Wachstum stör[t]en".[97] Bald darauf wurde die Kritik konkreter: In der nächsten Ausgabe der *Sovetskaja muzyka* (Aug./Sept. 1946) – die bereits im Nachgang der Erlasse „O žurnalach…" und „O kinofil'me…" erschien – wurden im Leitartikel die „Problemy sovetskogo muzykal'nogo tvorčestva" [Die Probleme des sowjetischen Musikschaffens] behandelt. Weinberg wurde darin als einziger der ‚jungen Komponisten' namentlich und ausführlich erwähnt:

> Ernsthafte Beanstandungen ruft auch vieles im Schaffen des talentierten jungen Komponisten Weinberg hervor. Zu viel in seinen Werken ist verkopfte [golovnyj] Konstruktion; oft verdeckt und beschämt die Kompliziertheit der technischen Mittel den Ausdruck der unverfälschten Gefühle und gibt den klaren melodischen Gedanken nicht die Möglichkeit, sich zu entwickeln. [98]

Im Weiteren wurde vor allem die Musikkritik dafür gerügt,[99] dem Komponisten nicht ausreichend auf den „Weg der unverfälscht-demokratischen Kunst" zu helfen – wonach einige der Kompositionen Weinbergs durchaus strebten. Stattdessen würden die Kritiker zu Weinbergs Defiziten schweigen oder sogar zu beweisen versuchen, dass genau diese Defizite die stärkste Seite seiner Musik darstellten.[100] Wieder eine Ausgabe später (Okt. 1946) wurde umfangreiches Material zum Plenum des Orgkomitees des SSK, das vom 2. bis zum 8. Oktober 1946 stattgefunden hatte, in der *Sovetskaja muzyka* abgedruckt. Erneut und ausführlich wurden hier die drei Erlasse des CK VKP (b) kommentiert, und erneut tauchte Weinbergs Name an mehreren Stellen auf. Zuerst wurde er in der vom Plenum des Orgkomitees verabschiedeten Resolution zusammen mit anderen Nachwuchskomponisten wie unter anderem Jurij Levitin und Nikolaj Pejko dafür angegriffen,[101] dass sich in „einzelnen Werken [dieser Komponisten – V.M.] entweder abstrakte Schaffensweisen, die Entfernung von volkstümlichen [narodnych] musikalischen Quellen oder die Behandlung von Themen und Bildern, die weit von unserer Gegenwart entfernt liegen", befänden, „manchmal auch das ungesunde Interesse für zeitgenössische bourgeoise dekadente Poesie".[102] Im Anschluss wurden die Komponisten vom Plenum „vor möglichen Rückfällen zu westlich-formalistischen und in höchstem Maße artistisch-modernistischen Einflüssen" wortwörtlich „entschieden [ge-]warnt".[103] In seiner nachfolgenden Rede widmete sich Chrennikov dem kompositorischen Nachwuchs, darunter Weinberg, der als Einziger – von einer kurzen Erwähnung Jurij Levitins abgesehen – namentlich erwähnt wird:

> Es ist beispielsweise bedauerlich, dass Weinberg sich außerordentlich selten dem nationalen Melos zuwendet und die Neigung hat, sich hauptsächlich abstrakter Musiksprache zu widmen, der der konkrete bildhafte Inhalt fehlt. Und

---

97 Ebd.
98 [Anonymus]: Porblemy sovetskogo muzykal'nogo tvorčestva, in: *Sovetskaja muzyka* 8/9 (1946), S. 3-14, hier: S. 8.
99 Und damit möglicherweise indirekt der Kritiker der vorangehenden Ausgabe von *Sovetskaja muzyka*, der das 4. Streichquartett so wohlwollend bewertet hatte.
100 Ebd.
101 Und der Name Weinbergs befand sich in der (nicht-alphabetischen) Aufzählung an erster Stelle.
102 [Anonymus]: Materialy plenuma Orgkomiteta SSK SSSR, in: *Sovetskaja muzyka* 10 (1946), S. 12-20, hier: S. 14.
103 Ebd.

es ist besonders bedauerlich, dass die Kritiker, die die Musik Weinbergs positiv bewerten, für ihn, wie auch für [Jurij – V.M.] Levitin vor allem lobende Worte finden (ich erinnere an die begeisterten Äußerungen der Herren Rabinovič und Šlifštejn) und nicht die klaffende Lücke zwischen der ideologischen Armut und dem soliden professionell-technischen Können anmerken. Die Aufgabe der Kritik wäre es, auf diese Diskrepanz hinzuweisen und eine wahrhaft prinzipientreue Perspektive für die weiteren Bemühungen Weinbergs zu geben. Indem die Kritik dies versäumte, erwies sie dem jungen Komponisten mit ihrem apologetischen Ton einen Bärendienst.

Wir müssen uns sorgfältig mit der ideologischen Erziehung der talentierten Jugend befassen und sie vor den Tendenzen bewahren, die unvereinbar mit den Aufgaben der sowjetischen realistischen Kunst sind, sie allseitig einbeziehen in den Kampf um den Sieg der ästhetischen Prinzipien des Sozialistischen Realismus, der vollgültigen Verkörperung der großen zeitgenössischen Themen und der demokratischen und volkstümlichen [narodnyj], lebensechtwahrhaften musikalischen Sprache.[104]

Lev Knipper urteilte auf derselben Veranstaltung über die Arbeit einiger ‚junger Komponisten' – namentlich erwähnte er den lettischen Komponisten Jānis Ivanovs und Weinberg –: sie zeuge „leider" von einem

Nachlassen der Verbindung zwischen der Meisterschaft im Formalen und dem Ideenreichtum. Die opulenten Farben und der Einfallsreichtum der Symphonie von Janis Ivanovs führen den Hörer nirgendwohin, und zu verstehen, weshalb der Autor sie niederschrieb und was er damit zum Ausdruck bringen will, ist schwer. Dieselbe Loslösung von Können und Aussage [soderžanie] zeigt sich auch bei Weinberg. Das ist eine gefährliche Tendenz. Unsere Jugend muss von der älteren Generation die ideologische Zielstrebigkeit lernen.[105]

Die zunehmend ablehnende Haltung gegenüber Weinbergs Musik lässt sich mit Blick auf verschiedene Faktoren beleuchten. Ein Aspekt wird deutlich anhand einer Replik von Dmitrij D. Kabalevskij auf die erwähnte Rede Chrennikovs. Im Grunde sollte diese Replik wohl der Verteidigung Weinbergs dienen:

Viele kritisieren auch Weinberg, doch vergessen dabei, dass Weinberg in einer künstlerischen und kulturellen Umwelt aufwuchs, die sehr weit von unserer entfernt ist. Er wurde am Warschauer Konservatorium unter dem bedeutenden Eindruck der westlich-europäischen Einflüsse ausgebildet. Aber jetzt tut er sehr viel dafür, sich von diesen Einflüssen zu befreien, die ihn in seinem Schaffen behindern. Im Grunde genommen finden wir uns nämlich im Werk Weinbergs, dieses begabten Komponisten, wenig zurecht.[106]

---

104 Tichon Chrennikov: Doklad zamestitelja predsedatelja Orgkomiteta Sojuza sovetskich kompozitorov SSSR A. I. Chačaturjan, in: *Sovetskaja muzyka* 10 (1946), S. 21-32, hier: S. 24.
105 [Anonymus]: Vystuplenija na plenume, in: *Sovetskaja muzyka* 10 (1946), S. 33-89, hier: S. 76.
106 Dmitrij Kabalevskij, wiedergegeben in [Anonymus]: Vystuplenija na plenume, in: *Sovetskaja muzyka* 10 (1946), S. 33-89, hier: S. 55.

Auch Jurij Šaporin ergriff für Weinberg das Wort:

> Die künstlerische Umgestaltung setzt auch eine ideologische Umgestaltung voraus. Dieser Vorgang nimmt eine gewisse Zeit in Anspruch, und daher können die Urteile über Weinbergs Werke nicht korrekt sein, wenn nicht der Umstand berücksichtigt wird, dass sich seine Ausbildung unter Bedingungen vollzog, die denen, unter denen er jetzt lebt, diametral entgegengesetzt waren. Weinberg hat Talent, wirkliches Talent. Und im Hinblick auf ihn „schaue ich ohne Furcht nach vorne",[107] – man muss ihm nur helfen.[108]

Anhand dieser Aussagen wird erkennbar, dass die ‚fremde‘, polnische Herkunft, die Weinberg als Exilanten in Moskau kennzeichnete, für die Rezeption seiner Musik entscheidend war. Dies wird auch aus einem bei Vlasova aufgeführten Dokument ersichtlich, in dem Weinberg zum konkreten Gegenstand der Betrachtung wird. Es handelt sich dabei um ein Dokument von 25 maschinengeschriebenen Seiten mit dem Titel „Voprosy muzykal'nogo fronta" [Fragen der musikalischen Front], das von Aleksandr B. Gol'denvejzer, dem ehemaligen Direktor des Moskauer Konservatoriums, Ende Januar 1948 an Andrej Ždanov geschickt worden war.[109] In dem Pamphlet stellt sich Gol'denvejzer gegen die modernistischen Tendenzen in der zeitgenössischen Musik und kritisiert, dass vor allem jungen Komponisten (darunter u.a. Mieczysław Weinberg)[110] keinerlei Orientierung mehr gegeben würde. Ihnen stünden für ihre ‚gesunde‘ künstlerische Entwicklung keine Vorbilder zur Verfügung.[111] So sei Weinberg ein Komponist,

> der im Ausland gelernt und dort die Strömung des musikalischen Modernismus in sich aufgesogen [habe]. Nur, dass die von ihm gewählte, entstellte Richtung von Seiten der Pädagogen und des Sojuz [Komponistenverbandes – V.M.] keine Abfuhr [erhalten habe], sondern im Gegenteil höchstes Lob und Ruhm bis zum Vorschlag seiner Werke für den Stalinpreis.[112]

---

107 Šaporin zitiert hier aus einem Gedicht von A. S. Puškin. Im Original lautet die Zeile: „gljašu vpered ja bez bojazni" aus dem Gedicht „Stansy (V naleže slavy i dobra…)".

108 [Anonymus]: Vystuplenija na plenume, in: *Sovetskaja muzyka* 10 (1946), 33-89, hier: S. 57.

109 Wichtig in diesem Zusammenhang ist, dass Gol'denvejzer bereits zu einem frühen Zeitpunkt Opfer einer eindeutig antisemitisch geprägten Kulturpolitik geworden war. Seinen Posten als Leiter des Moskauer Konservatoriums hatte er infolge eines judenfeindlichen Schmähbriefs, der bereits im August 1942 (!) an das Sekretariat des CK VKP (b), namentlich A. A. Andreev, G. M. Malenkov und A. S. Šerbakov geschickt worden war, an Vissarion Ja. Šebalin verloren. Gol'denvejzer wusste von diesem Schreiben nichts und machte Šebalin persönlich für den Verlust seines Postens verantwortlich. Eingedenk der starken Ressentiments, die Gol'denvejzer infolge dieses Postenverlusts gehegt haben musste, sollte, wie auch Vlasova einräumt, das Schriftstück an Ždanov bewertet werden; vgl. bei Vlasova (2010), S. 247-250. Vgl. zu den Vorgängen vom August 1942 auch Gennadij Kostyrčenko: *Stalin protiv ‚kosmopolitov‘. Vlast' i evrejskaja intelligencija v SSSR.* Moskau 2009, S. 100-104.

110 Gol'denvejzer und Weinberg kannten sich offenbar persönlich aus der Zeit in Taschkent, wo sie in einem Haus zusammengelebt hatten; vgl. Fanning (2010a), S. 39.

111 Vgl. Vlasova (2010), S. 250f.

112 Ebd., S. 251. Wie Vlasova zeigen kann, enthält das von Gol'denvejzer verfasste Schriftstück – wie viele weitere, ähnliche Schriftstücke – sprachlich wie inhaltlich bereits viele Elemente der im Februar erlassenen Resolution.

Wie die doch in einigem zeitlichen Abstand entstandenen Aussagen zeigen, blieb das Etikett ‚Ausländer‘ an Weinberg, obwohl er in der Sowjetunion schnell Fuß gefasst hatte, haften wie sein starker polnischer Akzent.[113] Welche Tragweite dieser Umstand für Weinbergs berufliche Situation und kompositorische Tätigkeit erhielt, wird im folgenden Kapitel ausgeführt werden.

In Zusammenhang damit steht ein weiteres biographisches Faktum, das sich in hohem Maße auf die Bewertung und – wie sich noch zeigen wird – auch auf die Anlage von Weinbergs Kompositionen auswirkte: die jüdische Herkunft und die verwandtschaftliche Beziehung zu Solomon Michoëls. Denn dadurch, dass Michoëls, der seit 1942 dem Jüdischen Antifaschistischen Komitee (JAK) vorstand, Weinbergs Schwiegervater geworden war, erhielt der Umstand, dass Weinberg Jude war, noch zusätzlich an Gewicht. Unumstritten ist, dass Antisemitismus sowohl während als auch nach dem Krieg Teil der sowjetischen Realität war. Wie Frank Grüner schreibt, war mit Beginn des Zweiten Weltkrieges „der Antisemitismus in der sowjetischen Gesellschaft nicht nur keineswegs überwunden", sondern es zeigte sich, dass „antijüdische Einstellungen in den harten Kriegsjahren sowie in der ökonomischen und politischen Krisensituation der Nachkriegszeit vielmehr ein ungemein aggressives Potenzial freisetzten."[114] Weinberg, der als Schwiegersohn von Michoëls sicherlich Einblick in die Vorgänge um das JAK und die Belange der jüdischen Gemeinde in Moskau hatte, betraf dies vermutlich sehr unmittelbar, schon dadurch, dass das öffentliche Augenmerk auf Michoëls sich auch mit seiner Person verband. Dies sollte dramatische Folgen haben. Er wurde mehrmals – wie im Weiteren dargelegt werden wird – nicht nur Opfer eines direkten, sondern auch eines indirekten Antisemitismus. In welchem Maße die Problematik der verwandtschaftlichen Verbindung mit Michoëls und weiterhin der Umstand, dass ihm seine jüdische Herkunft Probleme bereiten würde, Weinberg bewusst war, wird auch deutlich anhand einer Anekdote, die Weinbergs erste Ehefrau Natal’ja Vovsi-Michoëls in einem Interview wiedergab. So habe sich Michoëls vor seiner fatalen Abreise nach Minsk im Januar 1948 von seinem Schwiegersohn mit den Worten verabschiedet: „Auch du wirst nach ihrer Pfeife tanzen müssen."[115]

Ein weiterer Aspekt, der neben der Betonung von Weinbergs ‚Ausländertum‘, seinem Judentum und seiner Verwandtschaft mit Solomon Michoëls bei der Beurteilung seiner Werke eine prominente Rolle spielte, war die enge Beziehung zu Dmitrij Šostakovič. Denn in fast allen Kritiken ging der Bewertung Weinbergs eine ausführliche Besprechung und Bewertung von Šostakovič voran. Diese Koppelung betonte zuvorderst den ‚schlechten Einfluss‘ Šostakovičs auf den kompositorischen Nachwuchs und konnte so instrumentalisiert werden, um den berühmten Kollegen indirekt zu maßregeln. In der oben erwähnten Kritik an Weinberg reihte Chrennikov, indem er

---

113 Vgl. dazu Skans (2001), S. 321. Skans – der Weinberg und seine Familie persönlich kannte – gibt dort an, dass Weinberg „Russisch mit starke[m] Akzent und erstaunlicherweise sogar mit ziemlich vielen Fehlern sprach".

114 Frank Grüner: Patrioten und Kosmopoliten. Juden im Sowjetstaat 1941–1953. Köln u.a. 2008, S. 46.

115 Interview von Brigitte van Kann mit Natal’ja Vovsi-Michoëls am 29.11.2010 in Tel Aviv. Wörtlich übersetzt lautet die Aussage: „Auch du wirst kikeriki krähen müssen." Die Übersetzung, „auch du wirst nach ihrer Pfeife tanzen müssen" ist daher relativ frei, trifft aber den Sinn wohl am besten. Ich danke Frau van Kann nicht nur für die Bereitstellung des Interviewmaterials, sondern auch für ihre Hilfe bei der Suche nach der besten Übersetzung.

zuerst von den ‚kleinen Šostakovičs' sprach, die unter zu großem Einfluss ihres Vorbilds stünden, Weinberg in die Reihe der Šostakovič-Epigonen ein.[116] Zudem muss angenommen werden, dass die enge Verbindung der beiden Komponisten im Musikbetrieb für Argwohn und schnöden Neid sorgte. Wie Tomoff in seiner Studie zu den ausgeprägten Netzwerken im Musikbetrieb während der Ära Stalin darlegt, waren dergleichen halbprivate, informelle Beziehungen, wie sie auch zwischen Weinberg und Šostakovič bestanden, „ein fortwährender Quell an Verdächtigungen und Missgunst".[117] Tomoff führt aus:

> Understanding the corollaries of this suspicion and resentment is crucial to explaining how the successive campaigns against perceived formalists, cosmopolitans and Jews unfolded in the music world. Political elites worried that scarce resources were being swallowed uncontrollably by shadowy groupings within the music profession, and musicians without access to unofficial networks resented those who received the special treatment that being plugged into a network provided. This suspicion by the political elites and resentment of colleagues and peers combined to make unofficial networks – real and imagined – lightning-rods for attack during successive campaigns in the postwar Stalinist period.[118]

Weinberg zog als *Protegé* Šostakovičs gesteigerte Aufmerksamkeit auf sich – zumal Šostakovič selbst sich in einer äußerst unsicheren Position befand. Trotzdem ergriff er für Weinberg das Wort, wenn auch so vorsichtig wie möglich. Bei dem oben erwähnten Plenum des Komponistenverbandes im Oktober 1946 äußerte er sich laut dem offiziellen Protokoll wie folgt:

> Einige Worte zu den jungen Komponisten, vor allem zu Weinberg und Levitin. Ihre Werke werden viel zu wenig der Kritik und Erörterung unterzogen. Weinberg, der zweifellos über große kompositorische Begabung verfügt, macht meines Erachtens in der letzten Zeit sehr große Fortschritte und man muss ihn auf jede Art und Weise unterstützen und ihm mit freundschaftlicher Kritik und kollegialer Hilfe zur Seite stehen.[119]

Nicht außer Acht gelassen werden darf auch der musikalisch-kompositionstechnische Aspekt, der sich in der Kritik an Weinbergs ‚verkopfter, abstrakter Musiksprache' und dem ‚Nachlassen der Verbindung zwischen der Meisterschaft im Formalen und dem Ideenreichtum' widerspiegelt.

Tatsächlich hatte Weinberg seit seiner Übersiedelung nach Moskau an seinem musikalischen Stil gefeilt, und der spätromantisch-expressive Tonfall früherer Werke (wie

---

116 Chrennikov (1946), hier: S. 24.

117 Kirill Tomoff: „Most Respected Comrade…": Patrons, Clients, Brokers and Unofficial Networks in the Stalinist Musical World, in: *Contemporary European History*. Vol 11, No. 1 (2002), S. 33-65, hier: S. 55.

118 Ebd.

119 Dmitrij Šostakovič, wiedergegeben in [Anonymus]: Vystuplenija na plenume, in: *Sovetskaja muzyka* 10 (1946), S. 33-89, hier: S. 58.

etwa der 1. Klaviersonate op. 5 [1940] oder der *Arija dlja strunnogo kvarteta* op. 9 [1942])[120] war graduell einer konziser strukturierten und zunehmend komplexeren Musiksprache gewichen. Die kompositorische Entwicklung manifestiert sich am deutlichsten im Klavierquintett op. 18 (1944), in dem der charakteristische Personalstil Weinbergs erstmals klar zum Vorschein kommt.[121] Das Werk war im März 1945 von Ėmil' Gilel's und dem Quartett des Bol'šoj-Theater uraufgeführt worden und danach sogar – zusammen mit Dmitrij Šostakovičs 2. Klaviertrio op. 67 – für den Stalinpreis vorgeschlagen worden, den es allerdings nicht erhielt.[122] Da die Musik Weinbergs den Ausgangspunkt meiner Untersuchung darstellt, jedoch nicht vorausgesetzt werden kann, dass die besprochenen Werke bekannt sind – und darüber hinaus das Notenmaterial teilweise schwer zugänglich ist –, ist eine analytische Erörterung ausgewählter Titel für die nachfolgenden Ausführungen unerlässlich.[123]

Als Werk, in dem sich die verschiedenen, im Vorhergehenden erwähnten und für Weinbergs Arbeit so bedeutsamen wie problematischen Aspekte manifestieren, kann das Trio für Violine, Violoncello und Klavier op. 24 angeführt werden. Weinberg hatte

---

120 Im chronologischen Werkverzeichnis im Anhang der Arbeit findet sich eine Auflistung aller Werktitel mit deutscher Übersetzung.

121 So weist das Quintett eine spannungsreiche und ausdifferenzierte Klanglichkeit auf, in dem sich locker und dicht gefügte Abschnitte abwechseln. Der Einsatz der Instrumente, die teilweise klar voneinander abgegrenzt, teilweise in Blocksätzen agieren, zeugt von der sorgfältigen dramaturgischen Planung. Jedem Instrument kommt eine individuelle und doch den anderen Instrumenten ebenbürtige Rolle zu, was den in formaler und harmonischer Hinsicht konzentrierten Charakter des Stückes mit bestimmt. Die Harmonik bleibt insgesamt einem tonalen Zentrum verpflichtet, changiert jedoch stark zwischen Auflösung und Bestätigung der Tonalität. Dissonanzen und Chromatik gehören fest zum Klangbild. Ein Kennzeichen von Weinbergs Personalstil ist das bewusste Brechen der kompositorischen Tradition. Charakteristisch sind auch lange *Unisono*-Passagen (hier etwa zu Beginn des 2. Satzes Vl. I und Vc.), die in fast allen Werken Weinbergs zu finden sind.

122 Vgl. Aleksandr Fadeev: Iz Vystuplenija na zasedanijach komiteta po stalinskim premija pri SNK SSSR v oblasti literatury i iskusstva, in: Natal'ja B. Volkova (red. koll.): *Aleksandr Fadeev. Materialy i issledovanija*. Moskau 1977, S. 126-129, v.a. S. 128. In einem Eintrag vom 3. April 1945 widmet sich Fadeev dem Bereich der Musik und namentlich der Musik von Dmitrij Šostakovič. Er spiegelt sehr aufschlussreich die damalige Situation bezüglich des Sozialistischen Realismus in der Musik wider: „In Bereichen wie der Literatur und der Malerei verstehen wir besser, was Formalismus eigentlich ist und erkennen ihn auf Anhieb. Aber im Bereich der Musik sind wir sehr befangen und wenn die Spezialisten sprechen, schweigen wir ehrfurchtsvoll und vertrauen nicht auf die lebendige Stimme des Herzens, die in diesem Bereich sehr große Bedeutung hat. Daher ist es sehr angemessen, über dieses Thema zu sprechen. Und in der konkreten Besprechung der aufgestellten Kandidaten scheint es mir unangemessen, Šostakovič und Weinberg nebeneinander zu stellen, aufgrund der Qualität und der Verschiedenheit der Talente dieser Komponisten. Wenn man sehr grundsätzlich über die Frage des Formalismus spricht und über den Sozialistischen Realismus, darf man niemals vergessen, dass es bis jetzt den Formalismus gibt und man gegen ihn kämpfen muss, aber auf der anderen Seite hat die Frage auch die Kehrseite, dass man nicht nur der Traditionalität folgen soll, und im Bereich der Malerei haben wir vor kurzem gehört, dass alle französischen Impressionisten zu den Formalisten gezählt wurden, dass Vrubel' für einen Formalisten gehalten wurde usw. Die Suche nach dem Neuen, nach der Vielfalt, muss es auch geben. Bezüglich Šostakovič unterstütze ich die Ansicht von Michael Borisovič [Chrapčenko – V.M.], dass man ihm für sein Trio den ersten Preis verleiht. Ich bin nicht einverstanden mit Mordvino [Arkadij G. – V.M.], dass man das Trio vollständig als formalistisch bezeichnet." Ebd., S. 128. Den Hinweis auf diese Publikation verdanke ich Per Skans bzw. David Fanning.

123 Die musikanalytischen Ausführungen setzen sich hier und im Folgenden typographisch vom Rest des Textes ab.

es bereits im Sommer 1945 komponiert, uraufgeführt jedoch wurde es erst im Januar 1946. Die Widmung galt Weinbergs erster Ehefrau Natal'ja Vovsi (Michoëls).

Vordergründig thematisiert es die Auseinandersetzung mit dem musikalischen Erbe, was schon anhand der Satzbezeichnungen „Präludium und Arie", „Toccata", „Poem" und „Finale" sichtbar wird. Kompositorisch zeigt sich diese Auseinandersetzung vor allem im Aufgreifen von Klangmodellen, die mit starken Hörererwartungen verbunden sind, wie beispielsweise der strahlende, deklamatorische A-Dur-Akkord von Violine und Violoncello im 1. Satz (T. 1-9) oder die Akkordverbindung des Klaviers im 3. Satz (T. 30-35) (Notenbeispiele 1 u. 2).[124] Allerdings werden die klanglichen Reminiszenzen ironisch gebrochen: so führt beispielsweise das Entrée des A-Dur-Akkords zu Beginn des 1. Satzes nach zweimaliger Repetition und darauf folgender mehrmaliger Wiederholung ins Nichts. Auch die Akkordfolge im 3. Satz wird nicht durch die erwartete kadenzielle Weiterführung nach A-Dur beendet, sondern bleibt in Takt 33 auf dem Halbschluss (E-Dur) stehen und wird im Verklingen von einem trockenen Geigen-*Pizzicato* abgelöst. Grundsätzlich ist das Werk tonal gebunden, jedoch bedient sich Weinberg einer sehr freien Tonalität, indem er sie fast vollständig aus dem funktionsharmonischen Deutungshorizont löst, mit leiterfremden Tönen anreichert oder unterschiedliche harmonische Schichten übereinander lagert. Im 2. Satz, der Toccata, widmet sich das Stück – wie auch politisch gefordert – der Verarbeitung volksliedhafter Melodien, allerdings bleiben die Melodien schematisch und roh. Durch die stark rhythmisierte Verarbeitung (in $^9/_{16}$-, $^6/_{16}$-, $^5/_{16}$- oder $^4/_{16}$-Takten) bekommen sie eher mechanischen Charakter.

Bemerkenswert ist die thematische Arbeit im 4. Satz: Weinberg beginnt den Satz mit einer Reverenz an sein eigenes Klavierquintett op. 18, indem er dessen charakteristische Hauptfigur aus dem 1. Satz leicht modifiziert (Quart- statt Quintsprung abwärts, großer Terz- statt Quartsprung aufwärts, übermäßiger Quintsprung statt Sextsprung abwärts, schrittweise Aufwärtsbewegung) aufgreift (Notenbeispiele 3 u. 4), und zwar allein gespielt von der rechten Hand im Klavier. Diese klar voranschreitende, vergleichsweise nüchterne Figur wird wiederholt, bevor ab Takt 2 nach Ziffer 56 in der Violine *con sordino* ein kontrastierendes zweites Thema eigeführt wird und der Satz deutlich an Dynamik gewinnt. Bedeutsam ist vor allem der Einsatz eines kurzen Motivs, das auch Šostakovič im 4. Satz (*Allegretto*) seines 1944 entstandenen Klaviertrios op. 67, das am 28. Dezember desselben Jahres in Moskau Premiere gehabt hatte, verwendete.[125] Šostakovič war dieses Motiv aus seiner Bearbeitung von Venjamin Flejšmans Oper *Skripka Rotšil'da* und auch dem vierten Lied des zweiten Zyklus jüdischer Lieder op. 17 von Weinberg als ‚jüdisches' Motiv bekannt (Notenbeispiele 5, 6

---

124 Ich danke Herrn cand. phil. Johann Layer für die Erstellung sämtlicher Notenbeispiele für diese Arbeit. Den Verlagen Peermusic Classical und Sikorski danke ich hier und im Folgenden für die Erteilung der Abdruckgenehmigung von Auszügen aus Werken Weinbergs.

125 Ausführend war das Quartett des Bol'šoj-Theater, das auch die Uraufführung in Leningrad am 15. November 1944 durchgeführt hatte mit Dmitrij Šostakovič am Klavier.

u. 7).[126] Weinberg verwendete nun das Motiv leicht variiert erneut in seinem Trio und glich die umgebende Textur derjenigen des 4. Satzes aus Šostakovičs Trio an. Zusätzlich verarbeitete er das Hauptthema aus Šostakovičs Trio – welches dort im Kopfsatz und erneut im 4. Satz erklingt – und zwar exponiert in der Violine in hoher Lage (*marcato*), was den exklamatorischen Charakter der musikalischen Reminiszenz unterstrich und es dem geübten Hörer unmöglich machte, die Reverenz nicht zu erkennen (Notenbeispiele 8 u. 9). Die inhaltliche Auseinandersetzung bzw. der künstlerische Dialog der Kollegen war damit offenkundig. Zudem war durch diesen ‚Zitat-Austausch' die programmatische Verbindung des Werks zum Leid der Juden hergestellt.[127]

Insgesamt vereint das Trio op. 24 Weinbergs Hinwendung zur ‚Abstraktion', das heißt zu einer sorgfältig konstruierten, wenig massentauglichen Tonsprache, die sich äußerlich auch in der intimen Gattung des Trios manifestiert. Durch die Widmung thematisiert das Stück die Verbindung zur Familie Michoëls, es verarbeitet jüdische Themen und nimmt musikalisch Bezug auf den Holocaust. Zwar erfolgt die geforderte kompositorische Auseinandersetzung mit volkstümlichen Themen, im Sinne von „narodnyj", – allerdings nicht im gewünschten Sinne. Vor allem bezeugt das Trio die enge kompositorische Verbindung zu Šostakovič.

Mögen all diese Punkte zum Zeitpunkt der Uraufführung des Werkes noch unproblematisch gewesen sein – Šostakovič hatte für sein Trio den Stalinpreis zweiter Klasse erhalten –,[128] so zeigt sich doch retrospektiv, wie die Uraufführung dieses Werkes zeitlich mit einem Wendepunkt in Weinbergs Schaffen korreliert: Nach dem Erscheinen der ersten drei Erlasse reagierte Weinberg unmittelbar auf die graduelle Abkühlung, die im kulturellen Betrieb stattgefunden hatte. Werke wie das Klavierquintett op. 18, das 4. Streichquartett op. 20 oder das Trio op. 24 verschwanden für lange Zeit aus seinem Œuvre. Eine Art ‚Schlusspunkt' markiert vor allem das 6. Streichquartett op. 35.

---

126 Vgl. dazu auch Nelly Kravets: Shostakovich's "From The Jewish Folk Poetry" and Weinberg's "Jewish Songs", in: Kuhn u.a. (2001), S. 279-97. Weinberg verwendete dieses ‚jüdische Motiv' auch in anderen Werken. Dazu noch im Folgenden. Ich danke dem Sikorski Musikverlag für die Abdruckgenehmigung der hier und im folgenden angeführten Werke aus ihrem Repertoire (Šostakovič, Flejšman).

127 Opus 67 hatte Šostakovič im Eindruck des Todes seines Freundes Sollertinskijs komponiert, wodurch der Topos vorgegeben war; vgl. dazu Laurel Fay: *Shostakovich. A Life.* Oxford 2000, S. 140f. Durch die intensive Verwendung jüdischer Idiomatik wurde die kompositorische Auseinandersetzung mit dem Tod mit dem Schicksal der Juden verknüpft, was insbesondere im 4. Satz beim Publikum eine intensive Wirkung erzeugt hatte: Ein Augenzeuge berichtete von der Moskauer Premiere, dass der ganze Saal geweint und das Publikum die Wiederholung des 4. Satzes gefordert habe; vgl. Patrick McCreless: The cycle of structure and the cycle of meaning: the Piano Trio in E minor, Op. 67, in: David Fanning (Hg.): *Shostakovich Studies.* Cambridge 1995, S. 113-136, hier: S. 113, Fn. 1. Die kompositorische Verarbeitung jüdischer Idiomatik ist für viele in diesem Zeitraum entstandene Werke von Weinberg charakteristisch und ist u.a. im 5. Streichquartett op. 27 (dazu im Folgenden ausführlicher) und der Sonate für Klarinette und Klavier op. 28 zu finden.

128 Vgl. u.a. Fay (2000), S. 143.

Notenbeispiel 1: M. Weinberg, Opus 24, 1. Satz, T. 1-9.

Notenbeispiel 2: M. Weinberg, Opus 24, 3. Satz, T. 30-35.

Notenbeispiel 3: M. Weinberg, Opus 24, 4. Satz, T. 1-4.

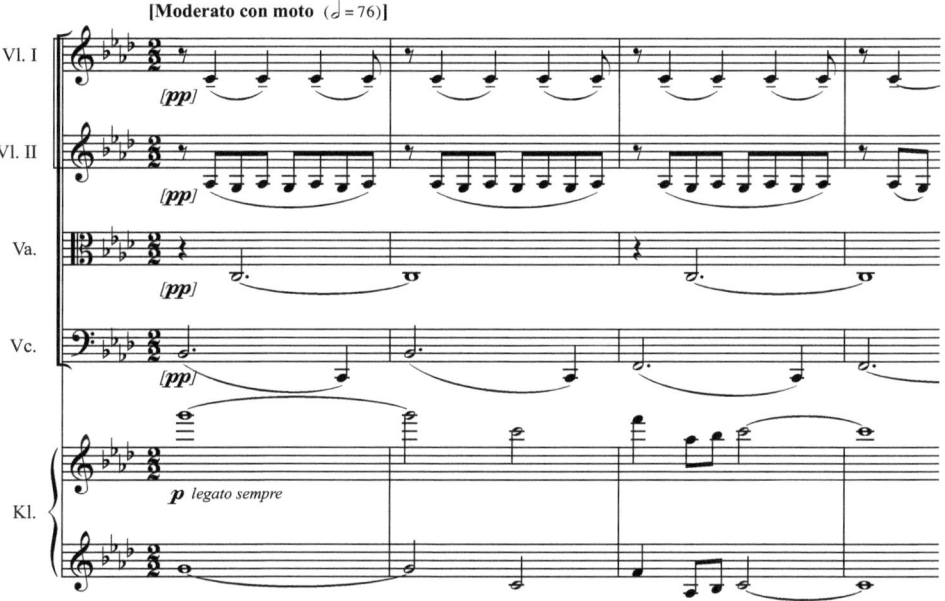

Notenbeispiel 4: M. Weinberg, Klavierquintett op. 18, 1. Satz, T. 1-4.

Die Abkehr von den ‚klassischen' Gattungen in den Regierungsjahren Stalins

Die Modifikation von Weinbergs Arbeit lässt sich – geht man vom Werkkorpus in seiner Gesamtheit aus – in einem ersten Zugriff am sinnvollsten von ‚außen' nach ‚innen' verfolgen, das heißt von der Gattung zu den einzelnen Werken. Sehr deutlich lässt sich insbesondere die Veränderung in der kompositorischen Auseinandersetzung Weinbergs mit den ‚klassischen' Gattungen des Streichquartetts und der Symphonie ab 1946 nachzeichnen.

Notenbeispiel 5: M. Weinberg, Opus 17, 4. Lied, T. 21-24.

Notenbeispiel 6: D. Šostakovič, Opus 67, 4. Satz, T. 36-37.

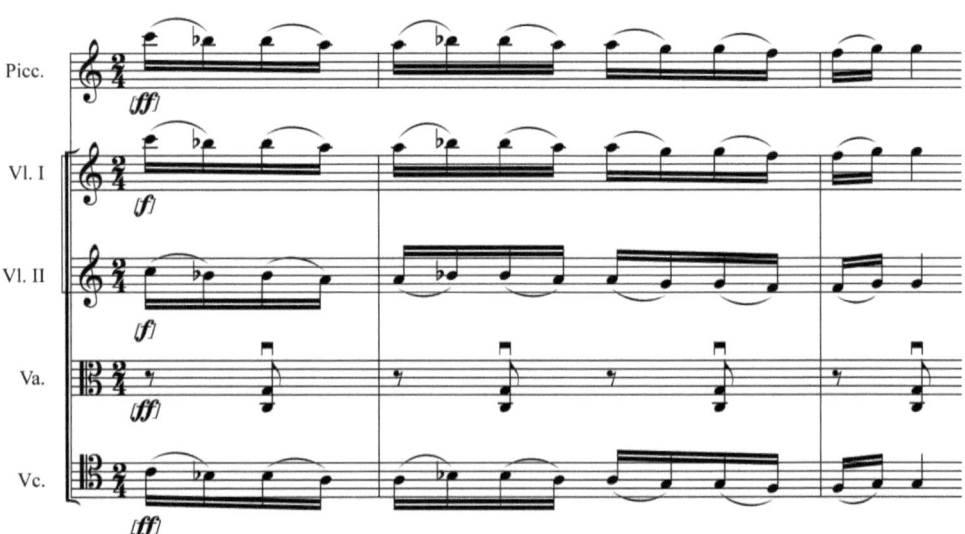

Notenbeispiel 7: V. Flejšman: *Skripka Rotšilda,* 2 T. nach Z. 32 (Ausschnitt).

Notenbeispiel 8: M. Weinberg, Opus 24, 4. Satz, T. 325-330.

Notenbeispiel 9: D. Šostakovič, Opus 67, 1. Satz, T. 7-14.

Streichquartette

Weinberg beschäftigte sich Zeit seines Lebens nicht nur mit ‚großen' Kompositionen wie Symphonien oder Opern, sondern auch mit Kammermusik. Darunter nimmt die Gattung der Streichquartette einen bedeutenden Stellenwert ein: Schon zu einem sehr frühen Zeitpunkt seiner kompositorischen Karriere hatte sich Weinberg mit dieser Gattung befasst,[129] und bis zu seinem Tode komponierte er insgesamt 17 Streichquartette.[130] Doch ist zu erkennen, dass die zeitliche Verteilung der Kompositionen für Streichquartett deutlichen Schwankungen unterliegt. Zwischen 1937 und 1946 hatte sich Weinberg durchgehend mit der Gattung beschäftigt und insgesamt sechs Quartette komponiert.[131] Dann folgte eine Pause von elf Jahren zwischen 1946 und 1957, und

---

129 Schon Opus 2 (1937) und Opus 3 (1939) sind Streichquartette.

130 Zu den Streichquartetten Weinbergs vgl. Friedrich Geiger: Ideologie und Autonomie. Mieczysław Weinbergs Streichquartette, in: *Osteuropa* 7 (Juli 2010), S. 93-109.

131 Das 1. Streichquartett op. 2 (1937), das 2. Streichquartett op. 3 (1939/40), das 3. Streichquartett op. 14 (1944), das 4. Streichquartett op. 20 (1945), das 5. Streichquartett op. 27 (1945) und das 6. Streichquartett op. 35 (1946). Dazu kommen zwei einsätzige Werke mit Quartett-Besetzung, die

erst ab 1969/70 widmete er sich wieder kontinuierlich dem Streichquartett.[132] Wie ich im Folgenden zeigen möchte, besteht ein Zusammenhang zwischen der politischen Situation in den Jahren ab 1946, Weinbergs Auseinandersetzung mit der Gattung bis zu diesem Zeitpunkt und schließlich seiner Abkehr von der Gattung. Friedrich Geiger erwähnt in seinem Artikel zu Weinbergs Streichquartetten, dass allein

> die Geschichte der Gattung und ihr Nimbus [...] dem Konzept eines Sozialistischen Realismus offenkundig diametral entgegen [standen]: Im Streichquartett kristallisierte sich wie in keiner anderen Gattung die Musikkultur der Bourgeoisie; die Intimität des Genres siedelte es fern aller Massentauglichkeit im Bereich einer elitären Kennerkunst an; seine ausgeprägte Tradition als Ort des kompositorischen Experiments und der künstlerischen Selbstbefragung rückte es a priori in unmittelbare Nähe der negativen Schlagworte ‚Formalismus' und ‚Subjektivismus'.[133]

Allerdings lässt Geiger die Tatsache außer Acht, dass die Auseinandersetzung mit der Volksmusik, deren Verwendung der Sozialistische Realismus propagierte, für die speziell russische Tradition der Streichquartette eine wichtige Rolle spielte[134] und den Brückenschlag zwischen der grundsätzlich problematischen Gattung und den kulturpolitischen Forderungen somit möglich machte.[135] Weinberg versuchte, diesen Brückenschlag zu vollziehen, bevor er sich aus der Gattung für viele Jahre zurückzog.

Der Weg in eine Art ‚künstlerische Kapitulation' lässt sich anhand der bis inklusive 1946 komponierten Streichquartette nachvollziehen. Dabei möchte ich das 1. Streichquartett op. 2/141 und das 2. Streichquartett op. 3/145[136] bei meinen Ausführungen aussparen: Das 1. Streichquartett entstand 1937 noch in Warschau,

---

jedoch nicht als Quartett benannt wurden: eine *Arija dlja strunnogo kvarteta* op. 9 (1942) und ein *Kapričćo* op. 11 (1943); vgl. dazu auch bei Geiger (2010) die Übersicht auf S. 97. Ebenfalls genannt werden muss die *Improvisazija i romans dlja strunnogo karteta* o. O. (1950). Als gattungsverwandte Werke müssen das Klavierquintett op. 18 (1944), das bereits erwähnte Trio für Violine, Violoncello und Klavier op. 24 (1945) und das Trio für Violine, Viola und Violoncello op. 48 (1950) genannt werden.

132 Das 7. Streichquartett op. 59 (1957), das 8. Streichquartett op. 66 (1959), das 9. Streichquartett op. 80 (1963), das 10. Streichquartett op. 85, das 11. Streichquartett op. 89 (beide 1965) und das 12. Streichquartett op. 103 (1969/70). Nach einer erneuten Pause von sieben Jahren begann Weinberg, noch während er an seiner 15. Symphonie op. 119 (1977) arbeitete, schließlich mit der Arbeit an seinem 13. Streichquartett op 118. Nach dessen Fertigstellung im Juli 1977 komponierte er bis 1986 weitere vier Streichquartette und überarbeitete die ersten beiden Streichquartette op. 2 und 3.

133 Geiger (2010), S. 94.

134 Man denke beispielsweise an das 1. Streichquartett von Petr I. Čajkovskij (op. 11, 1871), das von Dorothea Redepenning als „Synthese zwischen klassisch-romantischer Quartett-Tradition und folkloristischen Elementen" bezeichnet wurde; Dorothea Redepenning: *Geschichte der russischen und sowjetischen Musik. Bd. 1: Das 19. Jahrhundert*. Laaber 1994, S 281. Volksliedgut wird auch verarbeitet z.B. in den Streichquartetten in A-Dur (1873) und D-Dur (1881) von Aleksandr P. Borodin; vgl. dazu auch bei Ludwig Finscher: *Streichkammermusik*, (MGG prisma). Kassel u.a. 2001, S. 58-61.

135 Vor allem eingedenk der russischen Tradition des zweiten Drittels des 19. Jahrhunderts, die sich in der Nachfolge Michail Glinkas verstand. Bei den Komponisten der nachfolgenden Generation – wie Sergej I. Taneev oder Aleksandr K. Glazunov – hatte die russische Volksmusik für das Repertoire an Bedeutung verloren.

136 Beide Streichquartette überarbeitete Weinberg zu einem späteren Zeitpunkt und wies ihnen dabei neue Opuszahlen zu.

demnach vor der kompositorischen Ausbildung Weinbergs und außerhalb des unmittelbaren Einzugsbereichs des Sozialistischen Realismus. Anders liegt der Fall bei Opus 3, das Weinberg während seiner Ausbildung am Minsker Konservatorium komponierte. Wie auch Geiger vermutet, ist anzunehmen, dass die Richtlinien des Sozialistischen Realismus dort Teil seiner kompositorischen Ausbildung gewesen waren. Allerdings dürften im Kompositionsunterricht bei Vassilij Zolotarev, der selbst noch Schüler von Nikolaj A. Rimskij-Korsakov gewesen war – und somit der ‚klassischen‘ russischen Musiktradition verbunden gewesen sein dürfte –, bestimmte Vorgaben (wie etwa Programmatik), die auch im Sinne des Sozialistischen Realismus waren, als natürlicher Teil der sowjetischen Musikkultur vermittelt worden sein. Zudem muss, vor allem in der Unterrichtssituation, in Betracht gezogen werden, dass das vorgegebene Regelwerk der kompositorischen Orientierung dienen konnte und nicht unbedingt repressiv verstanden werden musste. Ein weiterer Grund, weshalb ich Opus 3 hier aus den Betrachtungen aussparen möchte, liegt darin, dass die ursprüngliche Anlage des Werkes anhand des existierenden Manuskripts heute kaum nachvollzogen werden kann. Denn Weinberg überarbeitete das Stück 1986 so umfangreich, so dass eine Rekonstruktion der Ausgangsfassung hier nicht möglich ist. Zudem scheint es mir sinnvoll, mich bei meinen Betrachtungen auf diejenigen Werke zu konzentrieren, die (a) nach der vollendeten kompositorischen Ausbildung und (b) nach der Übersiedelung nach Moskau entstanden, wo sich Weinberg im Zentrum des Musikgeschehens und der Politik befand.[137]

Das 3. Streichquartett op. 14 in d-Moll komponierte Weinberg im Februar 1944, demnach ein gutes halbes Jahr nach seiner Übersiedelung nach Moskau.

> Das Werk mit einer Gesamtdauer von ca. 21 Minuten umfasst drei Sätze (1. *Presto*, 2. *Andante sostenuto*, 3. *Allegretto*), die *attacca* ineinander übergehen. Charakteristisch ist im 1. Satz vor allem das Spiel mit unterschiedlichen Klangschichten in den einzelnen Stimmen, die sich teilweise verweben, wieder voneinander trennen, sich überlagern oder vertauscht werden. Die immer wieder auftretenden Verwischungen des metrischen Pulses durch Hemiolen und Synkopierungen verleihen dem Satz ein stark fließendes Klangbild. Als bindendes Moment fungiert das einprägsame Hauptthema (in voller Länge zuerst T. 21-38, Vl I+II), welches über den gesamten Satz hinweg immer wieder durchscheint und auch in einer Reprise (ab T. 274) in verkürzter Form von Va. und Vc. rekapituliert wird. Ein zweites Thema (T. 118-130) wird eingeführt, wirkt jedoch wie ein Intermezzo, dem vor allem die Funktion zukommt, das Wiederauftauchen des ersten Themas vorzubereiten. In der Coda verklingen die einzelnen Stimmen nach und nach. Fragmente des ersten Themas *pizzicato* (Vl. I) und *pizzicato*-Oktavklänge auf d (restliche Stimmen) kommen auf einem leeren Oktavklang auf d zum Erliegen. Der Satz endet mit einer Generalpause. Nach der sehr fließenden, wogenden Gestimmtheit des 1. Satzes beginnt der 2. Satz in Violine II, Viola und Violoncello kontrastierend mit gravitätischen Viertelfortschreitungen

---

137 Opus 9, die *Arija dlja strunnogo kvarteta* entstand, wie vermutlich auch das *Kapriččio* op. 11, in Taschkent. Diese beiden einsätzigen Werke spare ich aus, da sie vergleichsweise kurz (4'25 bzw. 6'35) sind. Das gilt auch für die 1950 entstandene, unbezifferte *Improvisazija i romans dlja strunnogo kvarteta*. Alle drei Stücke wirken neben den mehrsätzigen, auch als solche benannten Streichquartetten eher wie Parerga.

unisono, die das klagende Thema der Violine I (ab T. 5) vorbereiten und weiter kommentieren. Schleppend zieht sich der erste Themenkomplex *portato* voran, bis die Schwere in Takt 23 einem versöhnlich beginnenden zweiten Thema in Des-Dur weicht. Insgesamt bleibt der Satz jedoch durchdrungen von einer Stimmung der Trauer und Klage, was durch die Rolle der Violine I als Trägerin des thematischen Materials gestützt wird. Insofern kann der Satz als Threnos bezeichnet werden. Wie der 1. Satz wird auch der 2. durch zahlreiche Ruhepunkte und Klangpausen strukturiert. Und auch dieser Satz verlöscht gleichsam in sich mehr und mehr ausdünnenden *pizzicato*-Klängen. Ein einsames G und eine Generalpause bilden den Schlusspunkt. Wieder anders erscheint der 3. Satz, dessen brüchige, filigrane Grundstimmung eingangs dadurch erzeugt wird, dass das Hauptthema *con sordino* in allen Stimmen kanonartig durchgereicht wird. Wie im 1. Satz bleibt auch im 3. das erste Thema bestimmendes melodisches Moment. Die Struktur des Satzes wird jedoch nicht durch einen überspannenden Bogen zusammengehalten, sondern bricht immer wieder deutlich auf, wird von Generalpausen und dynamischen Ausbrüchen unterteilt. Am Ende fragmentiert sich die Musik mehr und mehr, bis sie in d-Oktav-Verdoppelungen im *pizzicato* verklingt.

Insgesamt lässt sich festhalten, dass die expressiven Stimmungsbilder früherer Werke in diesem Quartett von ambitionierteren Kompositionsverfahren durchwirkt sind. Neben den emotional aufgeladenen Klangfeldern zeigt sich sehr deutlich der Wille zur Struktur, zur architektonischen Konstruktion der Themen und zur rationalen Handhabung des musikalischen Materials. So scheint das 3. Streichquartett eine Art ‚Scharnier‘ zwischen der romantisch-expressiven Welt etwa Karol Szymanowskis (dessen Ästhetik Weinbergs frühe Stücke verbunden sind; Weinbergs Opus 14 weist mit dem 1927 entstandenem 2. Streichquartett op. 56 von Szymanowski Ähnlichkeiten auf) und der klar strukturierten Musiksprache Šostakovičs zu sein, der sich Weinberg spätestens ab dem Klavierquintett op. 18 noch stärker zuwenden und fortan verbunden bleiben sollte.[138] Es ist anzunehmen, dass die Konventionen der Gattung ihm ein geeignetes, flexibles Grundgerüst boten, innerhalb dessen der Komponist seine technischen Fähigkeiten ausprobieren und entfalten konnte. Auffällig ist im 3. Streichquartett die Abwesenheit programmatisch eindeutiger Elemente. Zwar könnten einige der Motive als volksliedhafte Anleihen interpretiert werden (beispielsweise das erste Thema des 1. Satzes), doch können diese Stellen auch als komponierte Melodien gehört werden. Eine programmatische Deutung des Werkes bleibt weitgehend der subjektiven musikalischen Erfahrung des einzelnen Hörers überlassen. Das Verklingen der einzelnen Sätze, ihre eher melancholische Grundstimmung und ihre ‚Brüchigkeit‘ stehen dem politisch geforderten ‚tiefen Optimismus‘, der „fröhlich und sieghaft klingen muss“,[139] diametral entgegen. So erweist sich das Quartett in seiner insgesamt ausgefeil-

---

138 Vgl. dazu auch die Dissertationsschrift von Daniel Elphick, online publiziert unter: https:// www.academia.edu/28[-]121947/The_String_Quartets_of_Mieczys%C5%82aw_Weinberg_A_ Critical_Study [Stand: 27.02.2015].

139 [Anonymus]: Socialističeskij realizm, in: Bucharin, Nikolaj J. u.a. (obšč. red): Bol'šaja sovetskaja ènciklopedija. Bd. 52: Soznanie-Strategija. Moskau 1947, Sp. 246.

ten Machart, der komplexen Klanglichkeit und aufgrund des fehlenden Programms als Paradebeispiel ‚absoluter' Musik im Sinne der (westlichen) Gattungstradition – und als reiner Formalismus im Sinne der sowjetischen Kulturpolitik. Es ist anzunehmen, dass es auch aus diesen Gründen zum Zeitpunkt seiner Entstehung weder aufgeführt noch veröffentlicht wurde, trotz der Freiheiten, die den Künsten in den Kriegsjahren zugestanden worden waren. Opus 14 wurde erst posthum aufgeführt und veröffentlicht.

Das 4. Streichquartett op. 20 in Es-Dur komponierte Weinberg etwas mehr als ein Jahr später, Anfang März 1945 innerhalb von nur einer Woche.[140] Nach dem dreisätzigen 3. Streichquartett umfasst das 4. Streichquartett nun vier Sätze, die *Allegro commodo*, *Moderato assai*, *Largo marciale* und *Allegro moderato* bezeichnet sind.[141]

> Der ‚klassische' Klangcharakter des 1. Satzes wird vor allem evoziert durch eine sehr regelmäßige rhythmische Struktur, die eingangs durch ein begleitendes Achtelmotiv *portato* in der Viola vorgegeben wird. Die rhythmische Klarheit wird nur an wenigen hervorgehobenen Stellen getrübt. Durch die insgesamt spärlichen Brechungen des metrischen Pulses wird allerdings dessen Regelmäßigkeit noch bestärkt. Das thematische Material ist in seiner Beschaffenheit lyrisch und sanglich, wobei sich ausdrucksstarke melodische Momente (wie etwa das periodisch strukturierte Hauptthema T. 1-16), exklamatorische Momente (wie das Thema ab T. 46) und eher klangfarbliche Momente (wie die Erweiterung des ersten Themas in 16tel-Skalen ab T. 16) abwechseln. Die klare rhythmische und melodische Strukturierung des Satzes sorgt dafür, dass auch harmonisch freie, eher dissonante Abschnitte (wie etwa ab Takt 123, wo die beiden Violinen der Viola und dem Cello in Sekundreibungen gegenüberstehen) gut eingebunden sind. Formal erscheint der Satz als erweiterter Sonatenhauptsatz, wobei die Exposition (schon allein aufgrund ihrer Wiederholung) am klarsten hervortritt.

> Im Vergleich zum 1. Satz präsentiert sich der 2. Satz (in a-Moll) als eine Art *danse macabre*. In *ff* erklingt nach einem kurzen Vorspiel im vierten Takt ein tänzerisches Thema in 16tel-Bewegung in der Violine I, das jedoch durch die vorgegebene Dynamik (*ff*) und *marcato*-Betonung einen schroffen, fast grotesken Klangcharakter erhält. Dieses Thema wird ab T. 13 (mit Auftakt) abgelöst von einem eher kantablen Thema in a-Moll im Violoncello, das jedoch von zerrissenen 16tel-Figuren (teilweise *pizzicato*) in den anderen Stimmen begleitet wird, ebenfalls im *ff* erklingt und zusammen mit dem Hinweis *lugubre* eine düstere und bedrohliche Stimmung evoziert. Diese beiden Themen – schriller Tanz in Violine I, dunkle Klage im Violoncello – wechseln einander ab, wobei in der ersten Wiederholung das dunkle Thema in die Bratsche wandert. In der Verarbeitung ab Ziffer 12 öffnet sich eine neue Klangwelt: Das dunkle zweite Thema erscheint nun in der Violine I, jedoch augmentiert und stark verfremdet durch hohes Register und Sechzehntel-Nachschläge auf a', die eine Art hohen Zentralton bilden. Dazu verwischen *Glissando*-Figuren im Violoncello, 64tel-

---

140 Die Datierung auf dem Manuskript verweist auf den Zeitraum vom 3. bis zum 9. März 1945.
141 Weinberg stockte die Anzahl der Sätze gemäß der Anzahl der bereits komponierten Quartette auf: 5. Streichquartett (fünf Sätze) und 6. Streichquartett (sechs Sätze). Dann bricht das Schema ab.

Figurationen in der Bratsche und ausgedünnte 16tel-Figuren in der Violine II die Konturen der im *pp* gehaltenen Stelle, so dass insgesamt ein sehr flüchtiger, hohler Höreindruck entsteht. Das Spiel mit Kontrasten und scharfer Abschnittsbildung ist eines der Hauptcharakteristika des ersten Teils. Im zweiten Teil ab Takt 96 erhält das Spiel mit den verschiedenen Abschnitten eine neue Wendung: exklamatorische Passagen in e-Moll mit hochalterierter 4. Stufe *ff con sordino* in der Bratsche (2 T. vor Z. 47) stehen im Dialog mit akkordischem Material in Violine II und Violoncello. Fünf Takte vor Ziffer 50 taucht im Violoncello ein weiteres klagendes Thema auf. Nach einer Generalpause (T. 6 nach Z. 53) folgt eine Art Rekapitulation. Mit den verwendeten Tonarten (starker Einsatz von Moll mit alterierter Quarte und Septime) und in seiner motivischen Faktur evoziert der Satz insgesamt eine Klangwelt, die von jüdischer Idiomatik durchdrungen scheint. Da es bei Weinberg zwar nahe liegt, aber gleichwohl problematisch ist, ethnische Idiome ausschließlich mit der jüdischen Musiktradition in Verbindung zu bringen, möchte ich an dieser Stelle den Begriff der jüdischen ‚Melosphäre' (Izalij I. Zemcovskij)[142] verwenden, welche dem 2. Satz (und einer Vielzahl weiterer Stücke Weinbergs) zu eigen ist.[143] Gleichwohl drängt sich im Kontext der Entstehungszeit des 4. Streichquartetts die Deutung des 2. Satzes als (jüdischer) Totentanz auf, durchzogen von tiefer Trauer und leiser Klage. Diese Klage, die in diesem Satz von Groteske und dunkler Drohung überlagert wird, geht im 3. Satz in einen dramatischen *unisono*-Aufschrei (*ff*) aller Stimmen über. Ab Takt 6 beginnt dann ein Trauermarsch, der wie eine fatale Besiegelung der im 2. Satz evozierten Programmatik wirkt. Die klangliche Dichte nimmt dabei stetig zu. Schließlich mündet der Trauermarsch in Takt 79 in eine Klimax, die im *fff* und A-Dur durchaus heroisch wirkt. Nach diesem Höhepunkt zerfließt das thematische Material gleichsam, und die Dramatik des Moments weicht einer versöhnlichen, lyrischen Atmosphäre. Nach einer weiteren Klimax endet das Stück schließlich nach erneutem Aufschrei und erneuter Klage in einem stillen D-Dur-Akkord im *ppp*. Der 4. Satz erweist zuerst dem 1. Satz von Felix Mendelssohns Oktett op. 20 seine Reverenz (man beachte die Übereinstimmung der Opusziffern).[144] Dass damit auch ein weiterer, verschleierter Hinweis auf den ‚jüdischen' Kontext, in dem das Werk zu verstehen sei, gegeben ist, darf vermutet werden. Weinberg zitiert das charakteristische thematische Material aus Mendelssohns 1. Satz und rekurriert auch in den begleitenden Stimmen auf das Oktett (Achtelfigur in Es und B im Violoncello – die auch in Mendelssohns Oktett in den Celli [hier es und B] zu finden ist; Notenbeispiele 10 u. 11).

---

142 Zum Begriff der Melosphäre vgl. Izaly Zemtsovsky: Schostakowitsch und der Jiddischismus in der Musik, in: Kuhn u.a. (2001), S. 150–179, hier: S. 173. Gemeint ist damit die klangliche und gleichsam intuitive Verortung in einem und Anknüpfung an einen bestimmten Bereich. Hier handelt es sich um den Bereich der jüdischen/jiddischen Musiktradition. Im Zuge der weiteren Ausführungen werde ich an verschiedenen Stellen auf spezifische musikalische Fakturen zu sprechen kommen, die Weinberg in ‚jüdischen' Kontexten einsetzt.

143 Zur Problematik des ‚jüdischen' Materials in Weinbergs Musik vgl. u.a. Skans (2001), S. 323 und Geiger (2010), S. 106. Natürlich ist nicht von der Hand zu weisen, dass Weinberg – eingedenk seiner musikalischen Sozialisation – mit der jüdischen Musiktradition und dem Klezmer bestens vertraut war und charakteristische Idiome sicherlich sehr intuitiv verarbeitete.

144 Auf die Ähnlichkeit weist auch Per Skans in seinem unveröffentlichten Manuskript knapp hin.

Notenbeispiel 10: M. Weinberg, Opus 20, 4. Satz, T. 1-4.

Notenbeispiel 11: F. Mendelssohn-Bartholdy, Opus 20, 1. Satz, T. 1-2.

Doch während Mendelssohns 1. Satz, obgleich er leise beginnt, im Verlauf überaus dynamischen und hochenergetischen Charakter entwickelt, bleibt im Vergleich der 4. Satz von Weinbergs Opus 20 – vor allem nach der sehr dichten Struktur des 3. Satzes – zart und brüchig. Im Verlauf des Satzes greift Weinberg neben der ‚Mendelssohn-Figur‘ mehrmals thematisches Material aus den vorangegangenen Sätzen auf und verarbeitet es, bevor der Satz langsam in Fragmentierungen zerfällt und schließlich verklingt. Der ätherische Charakter wird unter anderem durch den Einsatz von *Flageolett*-Tönen evoziert, die teilweise fast flötenhafte Klänge erzeugen. Ein finaler es-Moll-Klang im *crescendo* zum *fff* verleiht dem zarten Gewebe der Coda im Nachklang etwas unbestimmt Trotziges.

Insgesamt lässt sich festhalten, dass das Quartett in seiner vielgestaltigen Klanglichkeit und kompositorischen Ausgefeiltheit den zeitnah entstandenen Opera 18 (Klavierquintett) und 24 (Trio) nahesteht. Die Atmosphäre größerer künstlerischer Freiheit während des Krieges ist hier, wie auch im 3. Streichquartett, zu spüren. Zugleich ist deutlich zu erkennen, dass Weinberg seine kompositorische Herangehensweise modifiziert hatte: Im Vergleich zu Opus 14 zeigt Opus 20 eine konziser durchkonstruierte Struktur. Dazu wird auch offenkundig, dass Weinberg in Opus 20 den programmatischen Charakter des musikalischen Materials verstärkt und sich einer Stilistik zuwendet, die als im weitesten Sinne volkstümlich [narodnyj] bezeichnet werden kann. Diese Maßnahmen wirkten sich offensichtlich vorteilhaft auf die Rezeption des Quartetts aus. Das Werk wurde durchaus positiv angenommen und mehrmals aufgeführt. Der Premiere am 19. Januar 1946 folgten zeitnah eine Radioübertragung am 11. April und eine Aufführung am 13. April im Kleinen Saal des Moskauer Konservatoriums.[145] Im Nachgang erschien in der Juli-Ausgabe der *Sovetskaja muzyka* die bereits erwähnte Rezension des Werks unter der Rubrik „Novinki sovetskoj muzyki po radio“.[146] Der Rezensent bezeichnet das Quartett als die „Frucht der tiefsten Empfindungen [pereživanie]“ des Komponisten.[147] Er erwähnt die leichten, lyrischen Momente des Werks (1. Satz), den Einsatz „nationaler jüdischer Tonfälle“ (2. Satz) und auch die leidvollen Klänge tiefster Innigkeit, vor allem im 3. Satz, einem „Requiem-Marsch“, der der „Erinnerung an umgekommene liebe Menschen“ gleiche. Bemängelt wird, dass sich der „Stil der Kompositionen von Weinberg […] noch nicht ausreichend herauskristallisiert“ habe. Weiterhin spricht der Rezensent, wie bereits erwähnt, „offenkundig unüberwundene Einflüsse“ an, die Weinbergs „künstlerisches Wachstum stören“ würden.[148]

Es lohnt sich, diese Kritik etwas genauer zu betrachten. Mit dem fehlenden Herauskristallisieren des eigenen Stils kann Unterschiedliches gemeint sein. Zum einen könnte der Vorwurf auf die große thematische und klangfarbliche Dichte zielen, die

---

145 Alle genannten Aufführungen erfolgten durch das Quartett des Bol'šoj-Theater.
146 Alle Zitate Oc. (1946), S. 97. Bei Raaben (1963) wird das Quartett in einem kurzen Abriss als „konfliktreiches Werk, das sich dem Thema des Krieges“ widme, „allerdings mit einigermaßen eigenwilliger Programmatik“, beschrieben. Der 2. Satz stelle den „Einfall des Feindes“ dar, der 3. Satz sei ein „Requiem“, der 4. ein „Bild der glücklichen Kindheit“, das als abschließende Bewegung und somit als tiefere Idee des Werks die Symbolik des Lebens dem Leid des Krieges gegenüberstelle; ebd.
147 Ebd., S. 97.
148 Alle Zitate ebd.

das Quartett aufweist. Weinberg öffnet in den vier Sätzen ein sehr breites Spektrum an Themen und klanglichen Charakteristika. Dass die Kritik als wohlwollende Aufforderung zur Reduktion und Vereinfachung gelesen werden kann, muss angesichts der ansonsten positiven Besprechung zumindest in Erwägung gezogen werden. Allerdings ist – eingedenk der ‚Nicht-Aufführungsgeschichte' des 3. Streichquartetts – zu vermuten, dass damit erneut Weinbergs Hinwendung zur kompositorischen Komplexität, zum musikalischen ‚Intellektualismus' und zur durchaus kritischen Auseinandersetzung mit tradierten kompositorischen Formen bemängelt wurde. Vor allem in Anbetracht der Tatsache, dass diese kompositorische Herangehensweise die enge künstlerische Verbindung zwischen Šostakovič und Weinberg exponierte, könnte die Kritik auch als erste Warnung verstanden werden: an Weinberg, sich vom ‚schlechten Einfluss' des Kollegen frei zu machen – und an Šostakovič, sich nicht in ‚Sicherheit' zu wiegen.

Noch vor Erscheinen der Kritik vollendete Weinberg sein 5. Streichquartett op. 27. Ein genauer Entstehungszeitraum ist auf keinem der bekannten Manuskripte verzeichnet, doch lässt er sich anhand der Opusbezifferung annähernd festlegen: Opus 26, eine Suite für Symphonieorchester, hatte Weinberg im September 1945 beendet. Opus 28, die Sonate für Klarinette und Klavier, hatte er Anfang November desselben Jahres begonnen. Da Weinberg in der Bezifferung seiner Werke chronologisch vorging und selten über längere Zeit parallel an Werken arbeitete, darf angenommen werden, dass das 5. Streichquartett im Herbst (evtl. Oktober) 1945 entstand. Es sind zu diesem Zeitpunkt keine Quellen bekannt, die von einer Kritik am Kompositionsstil Weinbergs vor dem Zeitpunkt der oben erwähnten Rezension zeugen.[149] Dennoch weist das 5. Quartett einen veränderten Stil auf: Die eher komplexe, ausdifferenzierte Musiksprache des 3. und 4. Streichquartetts ist einer teilweise leichter zugänglichen und bildhafteren Tonsprache gewichen.

Signifikant ist auch der erstmalige Einsatz von programmatischen Titeln. Während in den Streichquartetten 1-4 die Satzbezeichnungen aus Tempoangaben bestehen, sind die Sätze im 5. Streichquartett (1945) betitelt mit „Melodija" [Melodie], „Jumoreska" [Humoreske], „Skerco" [Scherzo], „Improvizacija" [Improvisation] und „Serenada" [Serenade]. Dass die Wahl der Titel nicht zufällig stattfand und Weinberg sie mit Sorgfalt auswählte, wird anhand eines Manuskripts offenkundig.[150] Daraus ist zu erkennen, dass der 5. Satz ursprünglich den Titel „Pesenka" [Liedchen] trug, der in jeder Stimme sorgfältig durchgestrichen und mit neuem Titel versehen worden war.[151] Auch innermusikalisch lässt sich eine programmatische Linie nachverfolgen. So beginnt der 1. Satz gemäß seinem Titel mit einer ausgedehnten lyrischen Melodie, die in der Violine I vorgetragen wird, bevor ab Ziffer 1 eine leise Begleitfigur im Cello einsetzt, ab Takt 16 mit Unterstützung der Violine II und der Bratsche. Nachdem die Melodie in

---

149 Da das Werk öffentlich aufgeführt wurde, ist sicher, dass es vor diesem Zeitpunkt im Komponistenverband dargeboten und besprochen wurde. Leider konnte ich in den einschlägigen Archivbeständen kein Protokoll dazu finden.

150 RGALI, f. 2075, op. 8, ed. chr. 47.

151 Das Manuskript ist vollständig von Weinberg verfasst worden und weist nur seine Handschrift auf. Daher ist zu vermuten, dass er die Streichung auch selbst vorgenommen hat. Der neue Titel wurde ebenfalls von ihm niedergeschrieben.

der Violine I zu einem Ende geführt wurde, wechselt sie ab Takt 24 in die Bratsche und kommt in Takt 27 in einem B-Dur-Akkord zum Stehen. Ab Ziffer 2 bringt Weinberg motivisches Material, das klanglich (vor allem in der Terzführung der beiden Violinen und den Tonsprüngen) an die Wiener Walzer Johann Strauss' erinnert (etwa an „Wiener Blut", op. 354, Notenbeispiele 12 u. 13). Allerdings wird die Hörerwartung nur andeutungsweise geweckt nicht bestätigt. Stattdessen verfremdet Weinberg die Melodik und vermengt schließlich Bruchstücke der Walzermotivik mit Melodiefragmenten des ersten Themas (ab T. 50), bis der Satz schließlich auf einem B-Dur-Akkord im *pppp* zur Ruhe kommt. Im Kontext der Entstehungszeit des Stückes könnte diese kompositorische Geste als Sinnbild für den in den Frieden einbrechenden Feind aufgefasst werden, der jedoch die Hoffnung auf Frieden nicht zu ersticken vermag. Im 2. und 3. Satz findet sodann eine intensive Verarbeitung volksliedhafter Melodien statt. Anders als beispielsweise im 4. Streichquartett wird das motivische Material jedoch nicht ironisch gebrochen oder verzerrt. Stattdessen erklingt im 2. Satz zuerst ein reduziertes, aber heiter bewegtes, tänzerisches Thema der ersten Violine (T. 3 mit Auftakt – 6 mit Wiederholung), begleitet von Viola und Cello *pizzicato*, das vor allem in seiner rhythmischen Charakteristik einen Bezug zum jüdischen Klezmer herstellt. Nach der vollständigen Vorstellung des Themas wird es kurz verarbeitet und ab Takt 37 zunehmend in eine melancholisch-elegisch bestimmte Klangwelt aufgelöst, die wiederum Elemente der jüdischen Melosphäre aufgreift (charakteristische Halbtonschritte, Rhythmik). Ab Ziffer 12 wird die melancholische Wendung bestätigt, was dem programmatischen Titel des Satzes als Humoreske diametral entgegen steht bzw. den Titel ironisch bricht. Allein der zarte Schluss des Satzes in F-Dur verheißt Hoffnung, die im tänzerischen 3. Satz, dem Scherzo, dann auch ihre Bestätigung findet. Dieser Satz ist ausgelassen und bewegt, und die vielen harmonischen Reibungen (etwa ab Takt 82, wo zwischen den *unisono* geführten Stimmen der Violinen und den ebenfalls *unisono* geführten Stimmen der Viola und des Violoncellos immer wieder Sekundreibungen entstehen) lösen sich im schnellen Tempo gleichsam auf oder werden durch klangliche Verfremdung aufgelockert (etwa durch den Einsatz von *pizzicato*, vgl. ab Z. 27). Kontrastierend dazu erklingt der 4. Satz. Im Duktus eines Trauermarsches (und ist somit dem 2. Satz des 3. und dem 3. Satz des 4. Streichquartettes ähnlich) erscheint er breit und flächig, getragen von einer Melodie, die zwischen den Violinen I und II hin- und hergereicht wird, untermalt größtenteils von breiten Akkordklängen. Die Stimmung bleibt zurückhaltend und gedrückt, bis es kurz vor Ziffer 33 zu einem kurzen Spannungsausbruch kommt (*crescendo* von *pp* nach *f* in einem Takt, aufsteigende 16tel-Figuren, Haltetöne mit Trillern in Cello und Bratsche, bis T. 7 nach Z. 33 insgesamt aufsteigende Linie) – dem Höhepunkt des Satzes –, der jedoch 4 Takte vor Ziffer 35 abrupt kollabiert. Zum Ende löst sich das thematische Material in einem es-Moll-Akkord mit *Flageolett*-Verdoppelung der erhöhten 4. Stufe in der I. Violine vollständig auf und besiegelt die eingangs evozierte desolate Stimmung. Der 5. Satz, die „Serenade", ist in seiner Struktur sehr reduziert und klar. So gibt es einen deutlich hörbaren ersten Satzteil, in dem das erste Thema

Notenbeispiel 12: M. Weinberg, Opus 27, 1. Satz, ab Z. 2.

Notenbeispiel 13: J. Strauss, Opus 354 („Wiener Blut"), Walzer I, T. 1-7.

über weite Strecken im Violoncello, nur begleitet von einer Achtel-Akkordbrechung in der Viola, alleine geführt wird. Erst ab Ziffer 38 setzt die Violine I ein, die Violine II gar erst ab Takt 108 (dafür schweigt die Violine I, wie auch insgesamt im ersten Teil des Satzes über weite Strecken je eine Stimme schweigt). Insgesamt bleibt die Verteilung der Stimmen sehr differenziert, mit dem thematischen Material in einer Stimme und eher sparsamer Begleitung in den anderen Stimmen. Ab Takt 108 beginnt der zweite Teil des Satzes, schon deutlich abgesetzt durch die veränderte Vorzeichnung, eine neue Begleitfigur und ein neues Thema ab Takt 111. Die beiden Themen werden ab Takt 162 miteinander verwoben und verarbeitet. Eine Art Auftakt zum Höhepunkt des Satzes bildet die kanonartige Verdichtung der Stimmen ab Ziffer 42, die schließlich ab Ziffer 45 und im *ff* auf das zweite Thema rekurriert. Abgesetzt durch einen D-Dur-Akkord mit *Flageolett*-Verdoppelung der Mollterz sowie der kleinen Sexte b in der Violine I endet der zweite Satzteil auf einer Fermate, wodurch sich der letzte Teil des Satzes sehr deutlich abhebt. Am Schluss vereint sich zuerst die Achtel-Begleitfigur des ersten Satzteils mit dem thematischen Material des zweiten Satzteils. Schließlich flackert das erste Thema erneut auf und der Satz verklingt langsam in *pizzicato*-Akkorden, denen zwei breite B-Dur-Akkorde mit Terzverdoppelung nachfolgen, wodurch das Ende gleichermaßen offen bleibt. In der Handhabung des thematischen Materials erscheint der 5. Satz als Schauplatz eines streng choreographierten ‚Gefechts‘ zwischen dem lyrischen ersten Thema und dem dramatischen zweiten Thema, die sich schließlich in einer Art wechselseitiger Auflösung gegenseitig aufheben. Der nach dem Verklingen des thematischen Materials aufleuchtende Schluss wirkt aus dem Kontext gelöst wie ein offenes Ende.

Insgesamt ist in diesem Werk sehr deutlich Weinbergs Tendenz zur dramaturgischen Gestaltung des musikalischen Materials zu erkennen. Die ‚klangliche Regie‘, die hier zutage tritt, ist klarer zu erkennen als beispielsweise in Opus 20, was auch daran liegt, dass das motivische Material im 5. Streichquartett zwar sparsamer, jedoch ungleich plakativer eingesetzt wird. Zudem werden die ausgewählten Themen in klar nachvollziehbarer Architektur angeordnet. Insofern kann das 5. Streichquartett als Weiterentwicklung der im 4. Quartett eingeschlagenen Richtung verstanden werden. Es gelang Weinberg, den programmatischen Gehalt zu erhöhen, ohne den Anspruch der Gattung und das hohe kompositionstechnische Niveau aufzugeben. Der vermehrte Einsatz programmatisch eindeutiger Stellen und deren dramaturgische Anordnung sollten gleichzeitig offenbar der Rechtfertigung klanglich komplexerer Abschnitte dienen. Es ist erstaunlich, wie präzise Weinberg damit zu einem frühen Zeitpunkt Modifikationen an seinem Stil und seinem Umgang mit der Gattung vornahm, die weniger als ein Jahr später auch ausdrücklich eingefordert wurden: Das Orgkomitee des SSK hatte sich in seiner Resolution zum Plenum vom 2. bis zum 8. Oktober 1946 auch der Gattung der Kammermusik gewidmet. Dabei wurde unter anderem kritisiert, dass außer einigen gelungenen Werken, eine große Menge „unkünstlerischer und langweiliger" symphonischer und Kammermusik entstanden sei, die „nur formal und äußerlich mit sowjetischen Themen" verbunden sei.[152] Diese Werke seien „sinnarm" und erwiesen sich als

> schwache Kopien früher geschaffener, strahlender und starker Werke anderer Autoren. [...] In einigen Werken [werde] der unüberwindliche Einfluss des Modernismus offenkundig. [...] Außerdem widme[te]n sich die Komponisten zu selten anderen wichtigen Genres der Orchestermusik (Programmwerken, Ouvertüren und Suiten).[153]

In seinem 5. Streichquartett versuchte Weinberg offenkundig eine Synthese der politischen Forderung mit seinem eigenen Anspruch an die Gattung. Die Rezeptionsgeschichte des Quartetts zeugt jedoch von einem Misserfolg: Das Werk wurde zwar zwei Jahre nach seiner Entstehung am 17. Mai 1947 uraufgeführt, verschwand dann jedoch für lange Zeit aus der Öffentlichkeit.

Das nachfolgende 6. Streichquartett op. 35 komponierte Weinberg vom 20. Juli bis zum 24. August 1946 in Bykovo. Ob er dort die Vorgänge um den Erlass vom 14. August nachverfolgte, kann nicht überprüft werden. Die Anlage des 6. Streichquartetts spiegelt jedoch wider, dass sich Weinberg des herannahenden kulturpolitischen ‚Unwetters' nicht in vollem Maße bewusst war – oder es falsch deutete. Zumindest zeigt die Faktur des Quartetts, dass Weinberg offensichtlich nicht gewillt war, seinen kompositorischen Anspruch zugunsten einer – im Vergleich zum 5. Streichquartett – noch deutlicheren Lesbarkeit und gesteigerten Massentauglichkeit zu reduzieren. Dies zeigt sich schon an den Satzbezeichnungen. Nach den programmatischen Satztiteln von Opus 27 ging Weinberg in Opus 35 wieder dazu über, die Sätze mit Tempoangaben zu bezeichnen. Wie Geiger feststellt, „geht man wohl nicht fehl, wenn man diese Bezeichnungspraxis als Tribut an die Tradition ‚absoluter' Musik begreift, für die das Streichquartett wie kaum eine zweite Gattung steht."[154] In klar ausdifferenzierter, vielgestaltiger Tonsprache präsentiert jeder der sechs Sätze eine eigene Klangwelt, die – im Vergleich mit dem 5. Quartett – wieder weniger zugänglich und weniger deutlich programmatisch aufgeladen ist. Opus 35 ist ein ambitioniertes Werk, in welchem Weinberg sein kompositorisches Können voll entfaltet. Trotzdem ist erkennbar, dass der Komponist weiterhin nach einer geeigneten Synthese von politischem und künstlerischem Anspruch suchte – jedoch mit anderen Mitteln als etwa in Opus 27.

> Im 1. Satz steht die Auseinandersetzung mit dem kompositorischen Erbe der Wiener Klassik im Zentrum. Formal zeigt sich dies auch in der Anlage des Satzes gemäß der Sonatenhauptsatzform, wobei Weinberg dieses Modell jedoch regelmäßig in seinen Streichquartetten anwendet. Deutlicher wird die Referenz erkennbar durch die Verbindung eines melodiösen Themas in der Violine I, das – wie auch im 1. Satz des 4. Streichquartetts – in der Exposition von einer typischen Achtel-Begleitfigur in der Violine II untermalt und schließlich im Violoncello aufgegriffen wird (T. 26). In der Durchführung steigert sich der drama-

---

152 [Anonymus]: Materialy plenuma Orgkomiteta SSK SSSR, in: *Sovetskaja muzyka* 10 (1946), S. 12-20, hier: S. 13.

153 Ebd.

154 Geiger (2010), S. 103. Auch im Hinblick darauf, dass Weinberg eine Reihe seiner späten Streichquartette nur mit Metronomangaben versäh; vgl. dazu auch ebd.

tische Gestus des Satzes. So wird in der Verarbeitung des Themas ab Takt 157 in Viola und Violoncello eine Begleitfigur mit Sekundreibung eingeführt, die *pp* – aber *marcato* – eine mechanische Wirkung erzeugt. Das Maß an dissonanten Reibungen nimmt ab diesem Moment zu und steigert sich ab Takt 167 zu einem schrillen und durch Hemiolen rhythmisch verwischten Flirren, das ab Takt 169 von aufsteigenden Triolen-Akkordbrechungen im Cello gestützt wird. Danach führt Weinberg in wildem Tempo die Verfremdung des thematischen Materials fort. Durch die Lautstärke (*ff* hin zum *sfff*), *Glissando*-Tonverbindungen (ab Z. 13) und zunehmende Verdichtung der Stimmen (etwa ab Ziffer 15 führt Weinberg Viola und Violoncello *unisono* in Terzen) erreicht die Durchführung ihren Höhepunkt, bevor ab Ziffer 16 die Reprise in hohem Register und *fff* einsetzt. Nach erneutem Aufgreifen von verschiedenen thematischen Materialien verklingt der Satz schließlich nach einer aufsteigenden chromatischen Linie *morendo* in *ppp* und einem *Flageolett* in der Violine I.

Der 2. Satz knüpft in seiner Machart an den 2. Satz des 4. Streichquartetts an. Ein volksliedhaft-tänzerisches Motiv in 16tel-Bewegung wird durch sein Tempo (Viertel = 184), die rhythmische Akzentuierung, die Spielanweisungen und die Dynamik (*ff*) stark überzeichnet. Ab Ziffer 34 verändert sich der metrische Puls, die vorwärtsdrängende Bewegung der Triolen weicht einem regelmäßigeren ¾-Rhythmus und nimmt dabei einen volksliedhaft-tänzerischen Charakter an. Einen Takt vor Ziffer 38 wird der tänzerische Charakter des ersten Satzteils mit harschen F-Dur-Akkorden beendet, ab Ziffer 38 setzt ein neues Thema in der Bratsche ein. Nach der regelmäßigen Bewegtheit des ersten Satzteils wird dieser Teil durch das Setzen von Pausen, Überbindungen und unterschiedlichen rhythmischen Schichten aufgebrochen. Erst nach und nach wird er wieder in die Regelmäßigkeit und zur Rekapitulation zurückgeführt und zu einem jähen Ende gebracht, nämlich in f-Moll, jedoch auf der 16tel-Quinte in der Violine I – der Tanz bricht ab.

Der 3. Satz ist eine dicht konstruierte Klangskizze, die auf kleinstem Raum zu maximalem Ausdruck findet. Der Satz hebt an mit einer *Unisono*-Kaskade der unteren drei Stimmen im *ff*, bevor ab Takt 2 eine kadenzartige Akkordverbindung in der Violine I erklingt. Nach einer Generalpause erklingt erneut das *Unisono*-Eingangsmotiv, diesmal jedoch weitergeführt und verdichtet, wobei sich jeweils unterschiedliche Stimmen verdoppeln. Ab Ziffer 50 mündet die Klangkaskade erneut in eine Akkord-Deklamation der Violine I, bevor – abgesetzt erneut durch eine Generalpause mit Fermate – ein kurzer, doch hoch emotionaler Threnos erklingt, der sich von tiefster Klage in fis-Moll am Ende zu einem zarten F-Dur-Akkord wendet. In seinem Wechselspiel von Tutti-Passagen und solistischen Einschüben erscheint der Satz wie eine Art Responsorial, wobei die solistischen Passagen leidenschaftlichen Klageliedern gleichen. Dass Weinberg hier einen subtilen Bezug zur jüdischen Musiktradition herstellte – der sich wohl vor allem Hörern erschloss, denen die jüdische Musikkultur vertraut war – wird retrospektiv daran deutlich, dass die Figuren aus den *Lamento*-Passagen der Violine I (T. 2 und Z. 50) in leicht modifizierter Form in Weinbergs

„Evrejskaja rapsodija", dem 2. Satz von Opus 36 (man beachte die aufeinanderfolgenden Opusziffern) auftauchen (dazu noch im Folgenden).

Der 4. Satz des Quartetts beginnt als Fuge, die das prägnante Thema (zuerst in der Violine II) in allen Stimmen aufgreift und in der Zusammenführung ab Ziffer 55 zu starken dissonanten Reibungen führt. Aufgrund der durchsichtigen Motivik und der zarten Dynamik im *pp* und schließlich *ppp* wirken die Dissonanzen jedoch wenig aufdringlich. Ab 1 Takt vor Ziffer 57 steigert sich die Dynamik, doch klärt sich auch die Struktur der Stimmen. Ab Takt 4 nach Ziffer 58 beginnt eine erneute fugenhafte Verarbeitung von thematischem Material, die bis Ziffer 60 andauert. Recht unvermittelt löst sich der Satz jedoch nach und nach auf und endet, ähnlich dem 1. Satz, *morendo*. Nach dem rätselhaften Verklingen des 4. Satzes beginnt der 5. Satz lebendiger, wenngleich die Bewegtheit des thematischen Materials durch die Anweisung *con sordino* und die reduzierte *pizzicato*-Begleitung gedämpft wird. In einem leichten und tänzelnden Duktus löst Weinberg zuerst die rhythmische Struktur auf, erzeugt dann über vergleichsweise lange Strecken scharfe Dissonanzen (ab Z. 72) und führt den Hörer wieder zum Anfangsmotiv zurück. Ab Ziffer 76 beginnt ein neuer Abschnitt: Über einer reduzierten melodischen Linie mit langen Liegetönen im Violoncello streut Weinberg Akkordbrechungen in 16tel-Triolen *staccato* in den übrigen Stimmen, die zusätzlich von *pizzicato*-Akkorden in der Viola ergänzt werden. Es entsteht eine flüchtige, gleichwohl intensive Klangwelt. Auch hier führt Weinberg den ätherischen Klang durch das Wiederaufgreifen von bekanntem thematischen Material zurück. Am Schluss löst er den Satz erneut in *Flageolett*-Tönen auf, die (ab T. 4 nach Z. 84) dem Abschnitt flötenhaften Klang verleihen. Im 6. Satz verwendet Weinberg noch einmal motivisches Material, das in seiner harmonischen Anlage und versehen mit Trillerfiguren (ab T. 12) Bezug zur jüdischen und auch orientalischen Idiomatik herstellt. Auch hier geht die Verdoppelung der Stimmen ab Ziffer 87 mit starken Dissonanzen einher, bis sich der Satz ab Ziffer 90 deutlich ausdünnt. Es beginnt ein neuer Abschnitt, der durch den wechselnden Einsatz von *pizzicato* und *arco* in Verbindung mit den ineinandergreifenden 16tel- und 32tel-Tonfolgen wieder einen sehr hohlen, gespenstischflüchtigen Klangeindruck erzeugt, bevor der Satz zu bekanntem thematischen Material und zur Ruhe zurückfindet. Nach erneuter Verarbeitung und Verfremdung der bereits eingeführten Themen endet er schließlich auf einem langgezogenen, offenen E-Dur-Klang.

Insgesamt kann das 6. Streichquartett auch in der Evozierung der vielen unterschiedlichen Klangfarben als symphonisch bezeichnet werden. In seiner Vermittlung von intimem und zugleich extrovertiertem kompositorischen Ausdruck ist es im weitesten Sinne in der Tradition der späten Quartette Beethovens zu verstehen. Es wird deutlich, dass Weinberg sich von der im 4. und 5. Quartett eingeschlagenen, offensiv programmatischen Richtung zu lösen versuchte und zu einer betont ‚abstrakteren‘, dabei gezielt dramaturgischen Handhabung des musikalischen Materials fand. In Opus 35 finden sich – eventuell eingedenk der Forderung nach mehr ‚nationalem Melos‘ – verschiedene folkloristische Elemente, wie etwa diverse jüdische Idiome, die volksliedhaft-tänzerischen Motive im 2. Satz oder die Orientalismen im 6. Satz. Grundsätzlich jedoch steht das motivische Material für sich allein und unterliegt der subjektiven Deutung und musikalischen Bildung des Hörers. Der dramatische Verlauf und die folkloristischen Anleihen unterstützen zwar teilweise außermusikalische Deutungen, die allerdings zur Erfassung des Gehörten nicht notwendig sind. So erstaunt es nicht weiter, dass Opus 35 dem utilitaristischen Anspruch, der von Parteiseite an die Kunst gestellt wurde, nicht gerecht wurde. Das Quartett brachte es nicht zur Aufführung, obwohl sich mit Nikolaj Mjaskovskij ein prominenter Kollege dafür eingesetzt hatte. In einer Notiz vom 28. Januar 1947 (!) schrieb er:

> Das sechste Quartett von M. Weinberg steht bezüglich seiner emotionalen Tiefe und technischen Präzision nicht hinter seinem ausgezeichneten 4. Quartett zurück, doch in ihm treten noch klarer die intonatorischen Züge hervor, die dem jungen Komponisten persönlich zu eigen sind, was das Quartett besonders wertvoll macht. Die musikalischen Gestalten des Quartetts und seine Technik sind kompliziert, jedoch klar und ausdrucksstark. Ich befinde, dass es unerlässlich ist, das Quartett mit allen Mitteln für eine Aufführung zu empfehlen.[155]

Die Fürsprache Mjaskovskijs half Opus 35 nicht. Erst 23 Jahre später wurde das Werk erstmals im Druck veröffentlicht, seine Uraufführung erfolgte gar erst volle 61 Jahre nach seiner Entstehung in Manchester (GB).[156] Stattdessen wurde das Quartett auf dem erwähnten *Prikaz 17* gelistet, der es – neben anderen Werken – zur Aufführung verbot. Weinberg musste erkennen, dass seine Suche nach einer Möglichkeit, den Ansprüchen der Gattung, eigenen ästhetischen und technischen Ambitionen und den politischen Anforderungen an die Musik gerecht zu werden, erfolglos geblieben war. Nach dem Scheitern des 6. Streichquartetts, seines ‚Meisterstücks‘, zog er sich aus der Gattung für lange Jahre zurück. Erst 1957, und demnach in einem völlig veränderten politischen Klima, komponierte Weinberg sein nächstes Streichquartett, das 7. Streichquartett op. 59.

Symphonien und Symphonik

Neben der Gattung des Streichquartetts nimmt das symphonische Werk einen bedeutenden Rang in Weinbergs Œuvre ein. Bis zu seinem Tode vollendete er 21 Symphonien; die Skizzen zu einer 22. Symphonie op. 154 (1994) markieren den Schlusspunkt seines umfangreichen Lebenswerks. Dazu kommen vier Kammersymphonien, die – schon rein aufgrund ihres Umfangs – den Symphonien zugerechnet werden könnten,[157]

---

155 Nikolaj Ja. Mjaskovskij: *Stat'i, pis'ma, vospominanija*. Bd. 2. Moskau 1960, S. 242. Leider ist nicht genau angegeben, für welche Stelle diese Empfehlung bestimmt war. In den Anmerkungen wird allein darauf hingewiesen, dass es sich um Gutachten für u.a. die Glavnoe upravlenie muzykal'nych učреždenij (GUMU), das Komitet po delam iskusstv (KDI), den SK, den Verlag Muzgiz oder auch die Philharmonie handelt; vgl. ebd., S. 504, Fn. 187.

156 Am 24. Januar 2007 durch das Quatuor Danel.

157 Weinberg selbst gab hinsichtlich seiner 1. Kammersymphonie an, er habe sie nur deshalb so genannt, da er die inzwischen hohe Zählung nicht weiterführen wollte; vgl. Žmodjak (1988), S. 24. Tatsächlich ist auf dem Manuskript von Opus 145 zu erkennen, dass Weinberg erst die Bezeichnung *Simfonija No. 20* eingetragen hatte, dies jedoch dann korrigierte. Wie David Fanning erwähnt könnte hier eine Rolle spielen, dass es sich bei der 1. Kammersymphonie schlichtweg um eine Bearbeitung des 2. Streichquartetts op. 3/145 handelte; vgl. Fanning (2010a), S. 174.

sowie zahlreiche weitere Werke für Symphonieorchester. Das erste Werk für großes Orchester, das *Simfoničeskaja poèma* [symphonisches Poem] op. 6 in einem Satz mit dem Untertitel *chromatičeskaja poèma* [chromatisches Poem], komponierte Weinberg 1941 in Minsk, wo es auch uraufgeführt wurde.[158] Seine 1. Symphonie op. 10 komponierte Weinberg ein Jahr später in Taschkent. Aus bereits mit Blick auf die Quartette erläuterten Gründen werde ich beide Werke – wie auch Opus 26 (eine Suite für Symphonieorchester) –[159] nicht in meine Untersuchung einbeziehen.

Das erste (heute vollständig erhaltene) symphonische Werk in mehreren Sätzen, das nach der Umsiedelung nach Moskau entstand, ist die 2. Symphonie op. 30 für Streichorchester. Weinberg begann nach Abschluss des Trios op. 24 und des 5. Streichquartetts op. 27 im Dezember 1945 mit der Arbeit daran und stellte die Symphonie im Januar 1946 (wenige Tage vor der Uraufführung des 4. Streichquartetts) fertig. Dieses Werk markiert den Beginn einer kurzen, aber intensiven kompositorischen Suche nach Wegen, den Ansprüchen der Gattung und ihrer Tradition gerecht zu werden und gleichzeitig dem Nimbus, der ihr von politischer Seite zugeschrieben wurde,[160] künstlerisch zu begegnen. Im Kontext seiner Entstehungszeit scheint es mir wichtig zu erwähnen, dass Weinberg in Opus 30 die deutlich programmatisch orientierte Kompositionsweise, die er (wie bereits dargelegt) im 5. Streichquartett angewandt und mit der Sonate für Klarinette und Klavier op. 28 fortgesetzt hatte – vor allem die jüdische Melosphäre spielt in diesen beiden Stücken eine bedeutende Rolle –, nur bedingt weiter verfolgte. Stattdessen widmet sich die 2. Symphonie sowohl formal als auch inhaltlich eher der musikimmanenten Weiterentwicklung ‚klassischer‘ Schemata, der Einsatz programmatischer Elemente erscheint subtil.

Schon das Tonartenschema der Sätze entspricht den Regeln der Gattungstradition: Dem 1. Satz im schnellen Tempo (*Allegro moderato*) in G-Dur folgt ein lyrisches *Adagio* (2. Satz) in C-Dur, das von einem bewegten 3. Satz (*Allegretto* in g-Moll) abgelöst wird. Auch formal ist die Symphonie klar gefasst: allen Sätzen liegt ein mehr oder weniger erweiterter Sonatenhauptsatz zugrunde.

Der 1. Satz hebt an mit einer so einfach wie einprägsam konstruierten lyrischen Begleitfigur in den Violoncelli I, die mit der aufsteigenden Figur eines gebrochenen G-Dur-Akkords und – nach einem Halteton – der schrittweise geführten Abwärtsbewegung (in der Wiederholung einen Ton höher) klassizistisch konzipiert ist. Darüber legt sich nach vier Takten das erste Thema, das zu Beginn mit Halteton und schrittweise geführter Aufwärtsbewegung Elemente der Begleitfigur aufgreift und gleichsam ‚spiegelt‘. Mit seiner gleichmäßigen rhythmischen Struktur in Vierteln, Halben und punktierten Vierteln, den Überbindungen und durch Bindebögen gesetzten langen Phrasen sowie der insgesamt

---

158 Die Uraufführung erfolgte am 21. Juni 1941 durch das Philharmonische Orchester Minsk, Leitung: Il'ja Musin.

159 Weiterhin existiert ein Manuskriptfragment (des Titelblattes) von einer Fantasie (o.O.) für Symphonieorchester, die Angaben des VAAP-Katalogs zufolge Themen der Oper *Le Chalet* (1834) von Adolphe Adam verarbeitet; vgl. dazu Sladkova (1986), S. 28. Auch bei Ljudmila Nikitina wird dieses Werk erwähnt; vgl. Nikitina (1972), S. 204. Über den Verbleib des vollständigen Manuskripts kann keine Aussage getroffen werden.

160 Vgl. dazu v.a. die detaillierten Ausführungen bei Dorothea Redepenning: *Die Geschichte der russischen und sowjetischen Musik. Bd. II: Das 20. Jahrhundert, Teilband 1.* Laaber 2008a, S. 407-443.

wiegenden Aufwärts- und Abwärtsbewegung der Töne erhält das Thema im Zusammenspiel mit der Begleitung trotz der vielen unregelmäßigen Tonsprünge kantablen Charakter. Im harmonischen Verlauf wird der G-Dur-Bereich mit Takt 19 durch leiterfremde Töne aufgeweicht, findet aber durch eine kadenzielle Wendung (beginnend T. 22, tonartlich eindeutiger ab T. 23) nach G-Dur zurück. Nach exakt 24 Takten setzt das erste Thema erneut ein, wobei es Weinberg diesmal rhythmisch verändert (u.a. Augmentierung des ersten Haltetons und zweite aufsteigende Bewegung nicht in drei Vierteln, sondern in vier punktierten Achteln – T. 5 nach Z. 1). Auch die Begleitfigur ist modifiziert und durch Setzung von Pausen fragmentiert. Harmonisch verändert sich der Verlauf insofern, als die Aufweichung der Grundtonart weiter ausgedehnt wird und in sich ein neues tonales Zentrum aufweist (T. 35-39: e-Moll angedeutet). Ab Takt 43 bis Ziffer 4 werden bei sich verflüchtigendem thematischen Material mehrere Tonarten gegeneinander geschnitten (B-Dur: T. 50, G-Dur: T. 58, Es-Dur: T. 73), wodurch sich eine klar erkennbare Tonart ab Takt 82 ganz auflöst. Mit Ziffer 4 beginnt der zweite Teil des Satzes, der harmonisch ausgehend von h-Moll ein zweites Thema in den Violinen einführt (ab T. 98). Dieses Thema, durch Einschläge ins Phrygische mit einer modal anmutenden und im weitesten Sinne ethnischen Färbung versehen, wirkt als melancholische Replik auf das versöhnlich-lyrische erste Thema. Durch dynamische Steigerung und schrittweise erweiterten Ambitus der melodischen Linie (1. Höhepunkt T. 105, g'''; 2. Höhepunkt T. 107, gis'''; 3. Höhepunkt T. 109 a''' und b''') wird die melancholisch-elegische Grundstimmung von einem forsch-markanten Gestus abgelöst, der durch eine aufsteigende *pizzicato*-Akkordbrechung in den Begleitstimmen unterstützt wird. Zum Höhepunkt findet das Thema jedoch erst in der zweiten Wiederholung (beginnend ab Ziffer 5, einen Ganzton nach oben gerückt), und zwar auf dem h''' im *ff* [Z. 6], zu dem die melodische Linie ohne Vorrücken in Schritten direkt gelangt, dort auf einer punktierten Halben zum Stehen kommt und schließlich *diminuendo* und *p* verebbt. Nach einer kurzen Verarbeitung des Themas ab Takt 123 wird die Exposition zu ihrem Ende (mit Wiederholung) geführt. In der Durchführung (ab T. 159) wird die von lyrischer Linearität dominierte Exposition kontrastiert durch die Verkettung mehrerer melodischer Fragmente, die teilweise thematisches Material aus der Exposition aufgreifen, teilweise neues Material beinhalten. Der Anteil an Dissonanzen wird deutlich gesteigert, wie etwa in Takt 185f., wo Violinen I und Celli dieselbe Achtelfigur genau sekundversetzt führen. Ab Takt 193 spielen alle Instrumente erstmals zusammen im *ff*. Zusätzlich erklingen die Violinen und die Bratschen I *unisono*, wie auch die Bratschen II, Celli und Kontrabässe, wodurch sich der Klang konzentriert. Markant in der Durchführung ist das Erklingen einer Art schrägen Walzers ab Ziffer 17. Im Einsatz der Instrumente (teilweise *col legno*), mit ,verrutschter' Harmonik (etwa T. 322, Bass rutscht einen Ganzton nach unten, Melodie einen Ganzton nach oben) und wiederholten, rhythmisch versetzten Themenfragmenten (Vl. I solo) erscheint er wie ein ,aus der Zeit' gefallener Totentanz (bis Z. 18). Mit Ziffer 20 setzt die lang erwartete Reprise ein, *ff*, eine Oktave höher als in der Exposition und zusätzlich mit Stimmverdopplung, so dass auch an dieser Stelle alle

Stimmen des Orchesters gemeinsam erklingen und strahlend und hell das Ende der Durchführung markieren. Ab Takt 347 erklingt erneut das zweite Thema gemäß dem bisher verfolgten Tonartenschema: diesmal in e-Moll mit phrygischem Einschlag. Mit langen Akkorden im *ppp*, die immer wieder von Generalpausen durchbrochen und schließlich noch mit *Flageolett*-Tönen verwischt werden, verklingt der Satz schließlich in einem leisen G-Dur-Akkord.

Der 2. Satz hebt an mit einem Thema in C-Dur, das *unisono* und *f* in den Celli und den Bratschen exponiert wird. Dabei hat es pastoralen Charakter, der unter anderem durch eine fanfarenhafte 16tel-Figur aus gebrochenen Akkorden entsteht, die ab Ziffer 33 zwischen Bratschen und Celli hin- und hergereicht wird. Ljudmila Nikitina sieht dieses Thema dem ‚Heimatsthema‘ aus der 7. Symphonie Šostakovičs und der 2. Symphonie Gavriil Popovs verwandt (Notenbeispiele 14 u. 15).[161] Es steht für sie damit in der Tradition einer Reverenz an die *Mogučaja Rus'*, das alte Russland, „das in den Opern Michail Glinkas und Borodins, in den Symphonien von Glazunov und Rachmaninov besungen wird“.[162] Weinberg kontrastiert das Thema im Anschluss durch eine langsam abfallende melodische Linie, die, untermalt von einem Orgelpunkt, Nikitina zufolge, Anklänge an das *dies irae* beinhaltet (Vl. I div.)[163] und in den weiterhin vorherrschenden düsteren und klagenden Tonfall des 2. Satzes einführt. So wird mit Ziffer 35 das Eingangsthema in den Celli und Bässen erneut aufgegriffen, diesmal jedoch ‚düster verwandelt‘ in a-Moll und *pp*. Ab Ziffer 36 wird in den Violinen I ein neues Thema – in seinem Charakter dem Eingangsthema durchaus nahe – präsentiert. Durch die aufsteigende, teils *pizzicato*, teils *arco* gespielte und durch *vibrato* verwischte, tickende Begleitfigur wird eine stark bedrohliche Stimmung erzeugt. Ab Ziffer 38 imitieren die Bratschen das neue Thema, wobei die Violinen begleiten, die Celli und Bässe pausieren. Die kontrapunktische Dichte steigert sich ab Ziffer 39 mit dem Einsatz der Celli und bricht zwei Takte später mit der lautesten Stelle des Satzes wieder zusammen. Mit seinen vielen Sekundreibungen, Trillern und im *fff* mit Fanfarenrhythmus (Vl., Va) ist dieser Abschnitt der dissonante Höhepunkt des 2. Satzes (er steht auch fast genau in dessen Mitte) und insgesamt der Symphonie. Das erneute Auftreten des zweiten Themas deutet eine bogenförmige Anlage des Satzes an, die zunächst (ab Z. 41) mit einer Reprise des Eingangsthemas bestätigt wird. Ab Ziffer 42 tritt jedoch erneut das *fugato*-Thema auf, diesmal nur mit einem Einsatz. Über einem dichten, pentatonischen Klangteppich greift ab Ziffer 44 die Violine I (solo) die pastorale Figur des ersten Themas auf (rhythmisch und intervallisch augmen-

---

161 Niktina (1972), S. 23. Der Zusammenhang zwischen dem ‚Heimatsthema‘ in Šostakovičs 7. Symphonie und dem Thema des 2. Satzes von op. 30 erscheint mir – abgesehen von übereinstimmenden Tonarten und der *unisono*-Führung der Stimmen – eher lose. Zum Eingangsthema von Popovs 2. Symphonie lässt sich vor allem zwischen der ‚düsteren‘ Version von Weinbergs Thema und Popovs Thema überzeugend herstellen.

162 Ebd., S. 24.

163 Die Wiedererkennbarkeit des *dies irae* ist zwar aufgrund der intervallischen Abweichungen eher schwach ausgeprägt. Da der Bezug gleichwohl hergestellt werden kann, bleibe ich der Einfachheit halber dabei, das Thema als ‚dies-irae-Motiv‘ zu bezeichnen.

Notenbeispiel 14: M. Weinberg, Opus 30, 2. Satz, T. 1-4.

Notenbeispiel 15: D. Šostakovič, Opus 60, 1. Satz T. 1-5.

tiert und in einer Aufwärtsbewegung) und endet schließlich auf C-Dur, jedoch im *pp* und *morendo*.

Der 3. Satz zerfällt in mehrere kontrastierende Abschnitte, die durch rondohaftes Aufgreifen prägnanter thematischer Elemente innerhalb des erweiterten Sonatenhauptsatzes zu einer Einheit verbunden werden. In seinem Duktus beschwingt und ausgehend von g-Moll erhebt sich das erste Thema in den Bratschen. Nach zwölf Takten wird es wiederholt und weitergeführt, bis nach 37 Takten ein zweites Thema in den Violinen I erklingt (T. 38). Auffällig ist der folgende Abschnitt bis Takt 72: Das Taktmaß ändert sich von ²/₄ in ³/₈, und in den Bratschen erklingt eine motorische, leicht ‚hinkende‘ (Achtel auf Zählzeit 1 und 3) Achtel-Begleitfigur, während die Violinen das zweite Thema spielen, rhythmisch die Begleitung eher umspielend denn von dieser gestützt. Auch dieses Seitenthema wird wiederholt und verarbeitet, wobei ab Ziffer 46 die Violine II das erste Thema in veränderter Form aufgreift und ihre Linie im Verlauf dem zweiten Thema immer deutlicher anverwandelt, während die Violine I mit rhythmischen Elementen des zweiten Themas kontrapunktiert. Auch das Taktmaß ändert sich erneut und wechselt zurück in den ²/₄-Puls. Mit Ziffer 47 eröffnet Weinberg eine neue Klangwelt, indem alle Stimmen nun *pizzicato* erklingen und ein drittes Thema eingeführt wird, das – wie die beiden ersten Themen – ebenfalls wiederholt wird, bevor dann die durchführende Verarbeitung aller

Themen beginnt. Dabei treten die einzelnen Stimmen zunehmend als eigenständige rhythmische Ebenen auf, die sich teilweise überlagern, teilweise gegeneinander geschoben werden. Sie verhalten sich rhythmisch komplementär (z.B. T. 112-159) oder auch kontrapunktisch zueinander (u.a. ab T. 250). Im Höhepunkt der Verdichtung ab Ziffer 68 bilden drei rhythmisch gleichbleibende Schichten einen starren Untergrund, über dem die Melodie sich rhythmisch unabhängig entfaltet. Zusätzlich verändert Weinberg teilweise von Takt zu Takt das Metrum, und $^5/_8$-, $^3/_8$- und $^2/_4$- Puls wechseln sich regelmäßig oder unregelmäßig ab (vgl. z.B. T. 112-117). Nicht nur rhythmisch, sondern auch klanglich arbeitet der Komponist stark mit Abschnittsbildung: Nach dem *pizzicato*-Abschnitt des dritten Themas erklingt mit Ziffer 52 das erste Thema in den Celli (*arco*), während die Violinen und Bratschen in chromatisch geführten Großterzparallelen ‚nebenherlaufen'. Gleichzeitig weicht der unregelmäßige Achtel-Viertel-Puls des vorhergehenden Abschnitts einem gleichmäßigen $^2/_4$-Takt. Mit Ziffer 54 erklingt eine Variation des zweiten Themas in den Violinen (I+II), und in motorischen, flächigen 16tel-Bewegungen werden der Achtelpuls und die Terzklänge des vorherigen Teils kontrastiert. Im Folgenden wird das bereits präsentierte thematische Material verschieden verarbeitet und variiert, wobei Weinberg weiterhin stark mit kontrastierender Abschnittsbildung, zunehmender Dissonanz (v.a. ab T. 298), Dichte (v.a. ab Ziffer 68) und sich steigernder Dynamik arbeitet, bevor nach einem *unisono*-Klang im *fff* in allen Stimmen (T. 419) ab Takt 420 im *subito pp* und *unisono* lang gebundene Achtelfiguren plötzliche Ruhe einkehren lassen und schließlich zur Reprise führen, die ab Ziffer 71 – diesmal allerdings in den Violinen I und mit veränderter Begleitfigur in den Bässen – erklingt. Nach der Reprise auch des zweiten Themas zerfällt der Satz mehr und mehr. Einzelne Fragmente der beiden Themen werden vermengt, wobei Elemente des ersten Themas in den Violinen I erklingen, Elemente des zweiten Themas in den restlichen Stimmen. Ab Ziffer 79 erklingt über langgezogenen Akkorden in der Violine I (solo) eine Melodie, die entfernt an das dritte Lied aus Weinbergs zweitem Zyklus jüdischer Lieder op. 17 erinnert (Notenbeispiele 16 u. 17). Während die Akkorde in der Begleitung liegen bleiben, steigt die melodische Linie in der Violine I höher und höher, bevor sie (3 T. vor Z. 80) im *ppp* auf dem ces''' verklingt. Nach einer Generalpause sinken die Violinen und Violen in einer kontinuierlichen chromatischen Linie hemiolisch gebunden abwärts, während die Bässe noch einmal an das zweite Thema erinnern. Nach einem langen, verschwommenen Abstieg kommt die Bewegung schließlich *morendo* auf einem G-Dur-Akkord zum Stehen.

In ihrer gesamten, kompositorisch ambitionierten Faktur spiegelt die 2. Symphonie deutlich die Auseinandersetzung mit der kompositorischen Tradition. Programmatische Anteile sind vor allem im 1. und 2. Satz enthalten, erweisen sich jedoch als wenig eindeutig. Stattdessen eröffnen sie sehr ambivalente Deutungsmöglichkeiten. So könnte etwa die von Ljudmila Nikitina vorgeschlagene Interpretation, dass der Komponist „im zweiten Satz die Stärke und die Macht der russischen Heimat vermitteln" wolle, die „in den Mühen des Krieges" ausharre und sich behaupte, auch durch die Deutung kon-

Notenbeispiel 16: M. Weinberg, Opus 30, 3. Satz, ab Z. 79.

Notenbeispiel 17: M. Weinberg, Opus 17, 3. Lied, T. 1-2 (Transliterierung des Textes aus dem Manuskript).

trastiert werden, dass durch die Gegenüberstellung des eher volkstümlichen Themas mit dem düsteren ‚dies-irae-Motiv' der Niedergang dieser Heimat musikalisch abgebildet werde.[164] Vor allem wenn ein Zusammenhang zwischen Popovs 2. Symphonie und Opus 30 hergestellt wird – und der klangliche Bezug hierzu ist deutlich ausgeprägter als zu Šostakovičs ‚Leningrader' Symphonie –, muss unbedingt bedacht werden, dass Popovs Werk in Reaktion auf die Verurteilung seiner 1. Symphonie und die damit einhergehende Diffamierung seiner Person entstanden war: ein Faktum, das Nikitina nicht thematisiert, das jedoch ihre Deutung sehr problematisch erscheinen lässt.[165] In Anbetracht der Gesamtanlage des Werkes scheint vor allem die Lesart sinnvoll, dass Weinberg weniger ein konkretes musikalisches Programm einführen wollte, sondern sich ‚klassischer' programmatischer Elemente bediente, um die Symphonie dramatur-

---

164 Zwar liegt die Deutung Nikitinas im Kontext der Entstehungszeit des Werkes nahe, doch steht – gerade angesichts des verklingenden Schlusses und des fragmentierten letzten Satzes, in dem (wie auch im 2. Satz) ein heroisches Ende geradezu plakativ negiert wird – die alternative Deutung dem gleichwertig gegenüber.

165 So könnte eher vermutet werden, dass Weinberg – angesichts des ‚düsteren' Bezuges – Popov kompositorisch seine Solidarität bekundete.

gisch zu gestalten. So findet beispielsweise eine Gegenüberstellung des Pastoralen (im Verweis etwa auf Beethovens 6. Symphonie) mit einem Motiv statt, das, wenn auch entfernt, an einen der wohl prägnantesten und weitest verbreiteten musikalischen Topoi anknüpft: Nämlich das *dies irae,* das (um neben Mozarts Requiem vor allem für die speziell russische Tradition wichtige Werke zu nennen) unter anderem Franz Liszt in seinem *Totentanz* oder Petr I. Čajkovskij in seiner 3. Suite op. 55 eingesetzt hatten. Die musikalische Gestaltung könnte insofern als ostentative Reverenz an das kompositorische Erbe gedeutet werden.

So steht insgesamt zu vermuten, dass das ‚Programm‘ der Symphonie darin bestand, kein konkretes Programm zu haben. Deutungen bleiben den persönlichen Akzentuierungen des Hörers und auch dessen musikalischer Bildung überlassen.[166] Insgesamt verwirklicht sich in der 2. Symphonie daher zweifelsohne eine in sich geschlossene musikalische Welt, wie sie Weinberg – wenngleich anders geartet – auch im 6. Streichquartett konzipierte. Unter diesem Gesichtspunkt erstaunt es nicht, dass die Symphonie das ‚Schicksal‘ des 6. Streichquartetts vorwegnahm. Denn offenkundig genügte das Werk den politischen Anforderungen an die Gattung nicht. Die Uraufführung von Opus 30 erfolgte erst im Dezember 1964,[167] veröffentlicht wurde das Werk erst weitere zehn Jahre später (beim Verlag Sovetskij Kompozitor). Nach Vollendung der 2. Symphonie widmete sich Weinberg vorerst hauptsächlich kammermusikalisch-solistischen Werken,[168] bevor er im Sommer 1946 mit der Arbeit am 6. Streichquartett begann und (wie bereits dargestellt) erneut die Synthese von kompositorischem Anspruch, Gattungstradition und politischen Forderungen suchte – und auch hier scheiterte.

Das Scheitern von Weinbergs nächster Symphonie nach Opus 10 blieb nicht folgenlos und es dauerte fast fünf Jahre, bis Weinberg sich wieder der Gattung der Symphonie zuwandte. Zuvor begann er im November 1946 mit der Arbeit an einem groß angelegten symphonischen Werk außerhalb der Gattung, einem „symphonischen Zyklus“ (so der Untertitel) mit dem Titel *Prazdnyčnie kartiny* [Festliche Bilder] op. 36. Die drei Sätze tragen die Titel „Privetstvennaja uvertjura“ [Begrüßungsouvertüre] (1. Satz), „Evrejskaja rapsodija“ [Jüdische Rhapsodie] (2. Satz, er fand hier bereits Erwähnung) und „Toržestvennaja oda“ [Festliche Ode] (3. Satz). Den Angaben des VAAP-Katalogs zufolge wurde das Werk dem 30. Jahrestag der Oktoberrevolution gewidmet.[169] In einer Ausgabe der *Sovetskaja muzyka* – die zu einem Zeitpunkt erschien, als Weinberg bereits mit der Arbeit an Opus 36 beschäftigt war – wurden die Komponisten aufgerufen,

---

166 Wenn man etwa bedenkt, dass Weinbergs 1944 entstandener Zyklus Opus 17 vermutlich nur einem relativ kleinen Kreis von Hörern gut bekannt war.

167 Am 11. Dez. 1964 durch das Staatliche Symphonieorchester der SSSR, Leitung: Kurt Sanderling, der auch der Widmungsträger der Symphonie ist.

168 Es entstanden die 3. Sonate für Klavier op. 31, die Elegie *Pevcy minuvšego* für Bariton und Klavier, op. 32, die Sonette auf Verse von Shakespeare op. 33 und die 21 *Legkaja p'esa* für Klavier op. 34.

169 Der erste Satz gilt bisher als verschollen, der dritte Satz liegt im CGMMK, durfte jedoch nicht reproduziert werden. Eine analytische Studie war aufgrund des knappen zeitlichen Rahmens leider nicht möglich. Die *Festliche Ode* trägt die Tempobezeichnung *Adagio maestoso* und steht in C-Dur, Tempo: Viertel = 66. Interessant ist, dass der armenische Komponist Aleksandr Arutjunjan ebenfalls 1947 ein Werk mit dem Titel *Toržestvennaja oda* komponierte; vgl. dazu Redepenning (2008b), S. 516. Die identischen Titel weisen auf den formelhaften Einsatz von Werktiteln hin, der die Akzeptanz der Stücke offenkundig vorbereiten sollte.

für den 30. Jahrestag der Oktoberrevolution zu komponieren. Entstehen sollten Werke, die

> ihrem höchsten Niveau entsprechen, indem sie sich bemühen, ihre höchsten Leistungen zu übertrumpfen. [...] Komponisten, die dem Symphonischen zugetan sind, sollen ihre besten Symphonien schreiben, die Meister des kammermusikalischen Genres sollen ihre besten kammermusikalischen Werke schreiben. Der goldene Vorrat der sowjetischen Kunst soll mit neuen glänzenden Beiträgen aufgefüllt werden. Im musikalischen Schaffen muss, gerade in Verbindung mit diesem bedeutenden Datum, die entschiedene Hinwendung zu einem zeitgenössischen Thema zum Vorschein kommen; die Komponisten müssen in ihrem Schaffen um die Verwirklichung der Idee des Sozialistischen Realismus kämpfen, sie müssen das Apologetische und Sinnlose [bezidejnost'] in ihrem Schaffen überwinden, das sich, neben modernistischen Einflüssen, bei einigen von ihnen bemerkbar macht.[170]

Anhand des 2. Satzes von Opus 36, der auf den Zeitraum vom 4. bis zum 14. Januar 1947 datiert ist, kann zumindest ansatzweise nachvollzogen werden, wie Weinberg diese Forderungen musikalisch umzusetzen suchte. Interessant ist die Programmatik, die Weinberg dem Satz mit seinem Titel als 'jüdische Rhapsodie' zuwies. Dies muss als Beleg gelten, dass der Komponist zum Zeitpunkt der Entstehung des Werks noch kein größeres Problem darin sah, die jüdische Musikkultur als Teil der musikalischen Vielfalt des sowjetischen Reiches, als Teil der geforderten musikalischen Volksverbundenheit [narodnost'] zu präsentieren. Für eine gewisse Konjunktur des 'jüdischen Themas' während und nach dem Krieg hatten ja auch weitere Indizien gesprochen: So war etwa Weinbergs erster Zyklus jüdischer Lieder op. 13 explizit unter dem Titel *Evrejskie pesni* [Jüdische Lieder] sogar zweimal im Abstand von nur einem Jahr mit jiddischen und russischen Texten veröffentlicht worden.[171] Einer Aussage von Natal'ja Vovsi-Michoëls zufolge war auch der zweite Zyklus auf Verse jüdischer Dichter, Weinbergs Opus 17, kurz nach seiner Fertigstellung zumindest im Moskauer Komponistenverband aufgeführt worden.[172] Auch Prokov'evs *Uvertjura na evrejskie temy* op. 34 war im April 1946 in Moskau zur Aufführung gekommen. Und nicht zuletzt der Erfolg und die lobende Erwähnung des dezidiert 'jüdischen Tonfalls' des 4. Streichquartetts in der *Sovetskaja muzyka* dürften Weinberg in der Wahl des Sujets für den 2. Satz von Opus 36 bestätigt haben.

Die „Evrejskaja rapsodija" ist im MWMA vollständig enthalten.[173] Auf dem Titelblatt des Konvoluts, in dem sich das Manuskript befindet, werden alle drei Sätze von Opus 36 und auch der Gesamttitel des Werks aufgeführt. Die erste enthaltene Notenseite des Konvoluts, deren Inhalt durchgestrichen ist, weist auf das Ende des vorhergehenden Satzes hin. Als Datierung ist der November 1946 zu erkennen, die Seitenzahl ist mit 43 angegeben (Abb. 12). Auf der Folgeseite 44 ist oben der Rest des Titels „Evrejskaja rapsodija" zu erkennen, der offenbar abgetrennt wurde. Die Bezifferung des Werks beginnt erst auf der unpaginierten Folgeseite (i.e. S. 45). Auf der wiederum

---

170 [Anonymus]: Navstreču velikoj date, in: *Sovetskaja muzyka* 2 (1947), S. 3-6, hier S. 4.
171 1944: Muzfond SSSR, 1945: Sojuz Sovetskich Kompozitorov.
172 Diesen Hinweis verdanke ich Per Skans bzw. David Fanning.
173 MWMA 0147.

Abb. 12: 1. Seite der *Evrejskaja rapsodija* op. 36 (MWMA 0147).

nächsten Seite sind zwei Seitenzahlen angegeben, 2 und 46. Das deutet darauf hin, dass Weinberg die „Evrejskaja rapsodija" nachträglich neu paginierte und das Stück mit der unpaginierten Seite (S. 45) beginnen lassen wollte. Obwohl Opus 36 offenkundig für politische Zwecke komponiert wurde, zeigt sich die Rhapsodie kompositionstechnisch und stilistisch ambitioniert und wenig massentauglich.

Die Besetzung umfasst ein volles Symphonieorchester mit Holzbläsern, Blechbläsern, Schlagwerk, Harfe und Streichern. Formal entspricht der Satz seinem Titel als Rhapsodie, mit einer Reihe von recht lose aufeinander folgenden Passagen, die motivisch ineinandergreifen. Vor allem am Anfang und Schluss des Satzes strukturieren solistische Einschübe den Verlauf, laute Triller in den Holzbläsern im *ff* und *fff* markieren sowohl den Anfang (T. 6, T. 2 nach Z. 3) als auch das Ende des Satzes (ab Z. 36).

Auffällig ist die Dynamik der Rhapsodie, die, von wenigen Ausnahmen abgesehen (etwa Z. 11 oder 3 T. vor Z. 13), fast durchgängig von *f*, *ff* oder *fff* bestimmt ist. Dynamische Veränderungen, *crescendi* oder *decrescendi*, setzen weithin auf dieser hohen Grundlautstärke an. Ebenfalls markant ist die rhythmische Strukturierung des Satzes, die auf mehreren Ebenen stattfindet: So werden die einzelnen Satzteile durch neue Tempoangaben voneinander abgesetzt. Der Satz beginnt im *Largo* (Viertel = 52) und wechselt dann ins *Allegro* (Viertel = 144). Mit Ziffer 3 werden zwei Takte mit Andante vorgezeichnet, bevor Ziffer 4 wieder zum vorherigen Tempo (*Allegro*, Viertel = 144) zurückkehrt. Die Solo-Passage der Violine ist erneut mit *Andante* vorgegeben, ab Ziffer 7 wird das Tempo mit Viertel = 66 festgelegt, acht Takte später mit Viertel = 58. So ereignen sich bereits auf den ersten Seiten des Satzes fünf Tempowechsel. Die häufigen Tempowechsel werden beibehalten, wenngleich der größte Teil des Satzes in schnellem Tempo (Allegro, Viertel = 144) bleibt und die Wechsel in der Mitte des Werks weniger werden. Auffällig ist auch der Einsatz von vielen Fermaten, etwa Takt 5 nach Ziffer 1, Takt 2 nach Ziffer 3, bei Ziffer 6, 1 Takt vor Ziffer 8, usw. Zudem ändert sich häufig das Metrum (etwa T. 9-11 nach Z. 12: $^3/_4$, $^4/_4$, $^3/_4$ oder T. 6-8 nach Z. 17: vom $^2/_4$- zum $^3/_4$- und zum $^3/_8$-Takt). Auch werden einige Abschnitte metrisch aufgeweicht, wie beispielsweise ab Ziffer 28, wo sich unterschiedliche rhythmische Schichten überlagern: innerhalb eines $^3/_8$-Taktes erklingt in den Flöten, Oboen und Klarinetten eine 16tel-Akkordbrechung, die jedoch nicht auf der ersten Zählzeit beginnt. Dazu erklingen im Fagott, in den Violinen (I+II), Bratschen und Celli Achtel-Quartolen, die bereits aus anderen Werken Weinbergs bekannte Motive, welche der ‚jüdischen' Melosphäre zuzurechnen sind, aufgreifen. Dazu setzt der Komponist in den Hörnern, Bässen, Pauken und Posaunen hemiolische Tonrepetitionen, in der Harfe ausgedehnte *glissandi* (im *fff*).

Harmonisch präsentiert sich die Rhapsodie durchsetzt von Dissonanzen, mit vielen chromatischen Läufen und Sekundreibungen. In harmonischer Hinsicht verwendet Weinberg neben in sich konsistenten freitonalen Passagen wieder eine Schichtentechnik: während einzelne Stimmen mit der repetitiven Verwendung von tonalen melodischen Formeln (Leittöne, Quarten, Quinten) einen

Tonartbezug anbieten (z.B. Z. 22: Streicher-Leittöne; auch Z. 27 Celli-Quinten), entwickeln andere Stimmen darüber freitonale Melodien (Z. 27, Trompeten) und Harmoniefolgen (Z. 22, Trompeten).

In seiner gesamten Faktur steht das Werk eindeutig in der Reihe der ambitionierten Kompositionen Weinbergs. Dies wird auch durch die Tatsache gestützt, dass Weinberg in der Rhapsodie in einer Art und Weise motivisch arbeitete, wie er es bereits in anderen Werken getan hatte und weiterhin tat. So ähneln sich einige Motivabschnitte von Opus 36 und der *Sinfonietta* op. 41 stark: Etwa die Anfangspassage der „Rapsodija" (6-3 T. vor Z. 1) und die Takte 15 bis 18 aus Opus 41 (Notenbeispiele 18 u. 19). Auch die langen Haltenoten mit Trillern in den Flöten und Holzbläsern, die über fast *glissando*-artige Läufe erreicht werden (Opus 36, z.B. Z. 3, T. 3ff. nach Z. 7), tauchen später in der *Sinfonietta* auf (z.B. T. 5ff., hier mit 32stel-Vorschlägen). Markant ist auch ein kurzes Motiv (16tel und punktierte, überbundene Viertel), das mehrmals exponiert erklingt (u.a. Z. 10, zuerst in den Streichern, dann in den Flöten, Oboen und Klarinetten), das im 2. Satz der *Sinfonietta* ebenfalls zum markanten thematischen Material gehört (es erklingt zum ersten Mal T. 14, ZZ 4). Aus anderen Werken bekannt, etwa dem 2. Satz des 4. Streichquartetts op. 20, sind die über den gesamten Satz immer wieder auftretenden 16tel-Figurationen (etwa Z. 12f. in den Celli oder Z. 13ff. in den Violinen, Bratschen und Celli). Diese sind ebenfalls wichtiger motivischer Bestandteil der *Sinfonietta* (etwa im 2. Satz). Bereits Erwähnung fand die Solo-Passage der Violine (Z. 6), die anknüpft an die Threnoi der Violine im 3. Satz des 6. Streichquartetts (Notenbeispiel 20 u. 21) – man bedenke, dass diese Opusbezifferung der beiden Werke nahelegt, dass sie nur kurz nacheinander entstanden sind. Alles in allem handelt es sich bei den genannten Motiven um eine Reihe von musikalischen Wendungen, die der jüdischen Melosphäre zuzuordnen sind.

Insgesamt kann daher vermutet werden, dass Weinberg dieses Werk nach bestem Wissen und Gewissen für den politischen Anlass des 30. Jahrestages der Oktoberrevolution komponierte. Allein die für Weinbergs Verhältnisse eher schwer zu lesende, sehr eng beschriebene Partitur könnte ein Indiz dafür sein, dass er das Werk in einiger Hast komponierte. Akribische Verbesserungen im Notentext und die Faktur des Werks insgesamt legen indes nahe, dass das Opus 36 keine lästige ‚Pflicht' für ihn war. Offenkundig suchte er nach einem Weg, seinen kompositorischen Anspruch, der sich in dem Werk zeigt, dem politischen Zweck zukommen zu lassen.

Es ist nicht bekannt, ob und wie Opus 36 zur Aufführung kam. Zwar weisen einige Eintragungen auf dem Manuskript darauf hin, dass eine Aufführung zumindest vorbereitet worden sein muss, jedoch konnten bisher keine Belege dafür gefunden werden.[174] Die Materiallage lässt vermuten, dass der 1. und 3. Satz von Opus 36 separat veröffentlicht werden sollten oder zumindest als separate Werke wahrgenommen wurden. Dafür sprechen verschiedene Indizien: Anscheinend befindet sich im Archiv des Moskauer Komponistenverbandes ein Exemplar einer *Privetstvennaja uvertjura* op. 44. Dieses

---

174 Die Eintragungen zeugen eventuell von einer Anhörungsaufführung im Komponistenverband.

Notenbeispiel 18: M. Weinberg, Opus 36, T. 5-1 vor Z. 1.

Notenbeispiel 19: M. Weinberg, Opus 41, 1. Satz T. 15-18.

Notenbeispiel 20: M. Weinberg, Opus 35, 3. Satz, Z. 48.

Notenbeispiel 21: M. Weinberg, Opus 36, Z. 6.

Opus dürfte, auch den Vermutungen von David Fanning zufolge, mit dem 1. Satz von Opus 36 identisch sein.[175] Im Archiv des GCMMK wiederum findet sich ein Exemplar der „Toržestvennaja oda", welches an das Dokument der „Evrejskaja rapsodija" aus dem MWMA anschließt. So stimmen die Bezifferung, das Format des Papiers und auch die verwendete Tinte überein. Auch die Paginierung schließt an: So endet das Manuskript der Rhapsodie mit Seite 19/64, das Manuskript aus dem GCMMK beginnt mit Seite 1/65.[176] Dass der 2. Satz nicht zur Veröffentlichung gedacht war, lässt sich vor allem an dem Umstand ablesen, dass das Manuskript im MWMA zu finden ist – und nicht bei einer ‚öffentlichen' Stelle, wie die anderen beiden Sätze. Offenbar hielt Weinberg die Rhapsodie für nicht geeignet – oder er zog den Satz nach Kritik von Seiten des SK zurück. Nur wenig später zeigte sich jedoch, dass auch der Rest des Werks nicht goutiert wurde: Auf dem bereits erwähnten *Prikaz 17* wurden eine „Privetstvennaja uvertjura" und eine „Toržestvennaja oda" gelistet – mit hoher Wahrscheinlichkeit handelt es sich dabei um den 1. und 3. Satz von Opus 36. So ist auch in Anbetracht der unsicheren Rezeptionsgeschichte dieses Werks zumindest klar, dass die im vermutlich besten Willen für politische Zwecke komponierten *Prazdnyčnie kartiny* ein Misserfolg waren. Und Weinberg musste deutlich geworden sein, dass er seinen kompositorischen Anspruch auch im Bereich der Symphonik nicht mit den politischen Anforderungen in Einklang bringen konnte, ohne deutliche Zugeständnisse zu machen.

Insgesamt nahm mit dem Jahr 1947 der Druck auf Weinberg deutlich zu. Dies wird auch anhand des Werkkatalogs ersichtlich: Nach den *Prazdnyčnie kartiny* op. 36 begann Weinberg, vermehrt Werke mit eindeutig propagandistischem Inhalt zu verfassen, wie etwa Opus 38, den Liederzyklus *Četyre romansa na stichi sovetskich poėtov*, der unter anderem eine Panegyrik auf Stalin (nach einem Text von Maksim Ryl'skij) enthält. Außerdem entstanden zunehmend Werke, die Weinberg nicht in die Opuszählung aufnahm (dazu mehr im Folgenden). Es sind darüber hinaus keine Quellen bekannt, die eine öffentliche Aufführung von Werken Weinbergs aus oder im Jahre 1947 belegen – mit Ausnahme des 5. Streichquartetts, das, wie bereits erwähnt, im Mai 1947 uraufgeführt worden war und für das Weinberg auf Veranlassung der GUMU im

175 Vgl. Fanning (2010a), S. 222.
176 GCMMK, f. 226, ed. chr. 8. Das Manuskript ist datiert auf den 19. Mai 1947.

Juni 1947 ein Darlehen von 8.000 Rubel erhalten hatte.[177] Nach der Aufführung verschwand das Werk jedoch ebenso in der Schublade wie die 3. und 4. Sonate für Violine und Klavier op. 37 und op. 39. Auch die *Četyre romansa na stichi sovetskich poėtov* op. 38 wurden, soweit bekannt, nicht zur Aufführung gebracht. Eine öffentliche Rezeption der ‚ernsten‘ Musik Weinbergs fand demnach so gut wie garnicht statt. Allein über einige Veröffentlichungen konnte Weinberg sich (zunächst) freuen, zudem erhielt er im Februar 1947 ein Darlehen von Muzfond über 10.000 Rubel[178] und unternahm im Frühjahr mehrere Reisen nach Odessa, die ebenfalls von Muzfond gefördert wurden.[179] Doch Anfang 1948 nahm die Situation für Weinberg eine dramatische Wendung. Um die weiterhin entstandenen symphonischen Werke beurteilen zu können, ist ein biographischer Exkurs an dieser Stelle unerlässlich.

Zur Biographie

Im Januar des Jahres 1948 wurde Solomon Michoëls ermordet, und Weinberg rückte als dessen Schwiegersohn ins Visier der Behörden. In einem Interview gab der Komponist rückblickend dazu an:

> Nachdem Michoëls ermordet worden war, fingen sie an, mich zu überwachen und folgten mir pausenlos. [...] fünf Jahre lang wurde ich überwacht, folgten sie mir, ich durfte nicht ausreisen, stand unter Aufsicht, permanent erschien die Miliz oder bestellte mich zu sich ein…Das ist schlimmer als Gefängnis. [...] Ich erinnere mich: wohin ich auch ging, folgten mir zwei Personen, nahmen ihr Notizbuch und schrieben sich die Adresse auf. Als mir das das erste Mal auffiel, war das ein schreckliches Gefühl; es war, ich erinnere mich, als ich zu Mjaskovskij auf der Svicev vražek [eine Straße in Moskau – V.M.] ging und auf einmal sah: da stehen zwei dunkle Gestalten [gavrika] und schreiben. Und so war es danach immer…[180]

Wie intensiv Weinberg überwacht wurde und in welch großer und unmittelbarer Gefahr er sich befand, wird auch anhand eines Verhörprotokolls deutlich, das der KGB anfertigte: Befragt wurde der Schauspieler Veniamin L'vovič Zuskin, der nach der Ermordung von Michoëls die künstlerische Leitung des GOSET übernommen hatte und im Dezember 1948 inhaftiert worden war.[181] In einem Verhör, datiert auf den 6. Februar 1950, wurde Zuskin folgendermaßen befragt:

---

177 RGALI, f. 2075, op. 15, ed. chr. 811, l. 55.
178 Vgl. RGALI f. 2454, op. 1, ed. chr. 10, l. 291.
179 Vgl. die bewilligten Reisekostenzuschüsse, RGALI, f. 2454, op. 1, ed. chr. 10, l. 109.
180 Jakubov (1995), S. 13.
181 [Anonymus]: Verhör von Venjamin L. Zuskin, in: V[...] F. Koljazin u.a. (red. sost.): „*Vernite mne svobodu*". *Dejateli literaturuy i iskusstva Rossii i Germanii – žertvy stalinskogo terrora. Memoralny sbornik dokumentov is archivov byvšego KGB*. Moskau 1997, S. 329-360. Zuskin wurde im Juli 1952 zum Tode durch Erschießen verurteilt und am 12. August hingerichtet. Den Hinweis auf diese Quelle verdanke ich Nelly Kravets; vgl. Kravets (2001), S. 285. Im Zusammenhang mit dem Verhör Zuskins wird bei Koljazin weiterhin ein Dokument präsentiert, das Zeugnis ablegt, wie die Inhalte des Verhörs von Zuskin erpresst wurden. Erstmals Erwähnung finden diese Verhörprotokolle in der Publikation von Aleksandr M. Borščagovskij (*Obvinjaetsja krov'. Dokumental'naja povest'*. Moskau 1994), doch genügt diese Arbeit nicht durchweg wissenschaftlichen Ansprüchen.

Frage: Sie stehen in enger Verbindung mit Moisse [sic] Weinberg, dem Mann von Michoëls Tochter. Behandelten Sie in den Gesprächen mit Weinberg politische Themen?.. [sic]

Antwort: Ich kann nur zu ihm als Komponist aussagen.

Frage: Er ist was, ein berühmter Komponist?

Antwort: Michoëls sagte mir, dass Weinberg in enger Verbindung zu dem Komponisten Šostakovič steht, und in einer Rede des verantwortlichen Sekretärs des Komponistenverbandes Chrennikov fand er Erwähnung als Formalist in der Musik. Weinberg war befreundet mit berühmten Musikern – dem Pianisten Gilel's und dem Violinisten Fichtengol'c ...[sic][182]

Angesichts dieser Umstände ist der Beistand, den Šostakovič Weinberg und seiner Familie zukommen ließ, ein selbst- und furchtloser Freundschaftsbeweis. Natal'ja Vovsi-Michoëls gab umfangreich Auskunft, wie sich Šostakovič unmittelbar nach Bekanntwerden von Michoëls Tod der Familie zuwandte und damit öffentlich seine Unterstützung bezeugte. Nur wenige Stunden nach dem Tode Michoëls'[183] und unmittelbar nach einer Versammlung des SK, wo der Komponist „gezwungen [worden] war, sich vor Ždanov und seinen Fachkollegen zu demütigen",[184] kam er in das Haus der Hinterbliebenen.

> We ourselves had been living on another planet for the last seven hours, the news of Father's death earlier that day had left us completely devastated. The doors of the flat were open and a stream of people came and went in silence – an endless stream of stunned and frightened people. [...] Suddenly I heard my name called out; on seeing Dmitri Dmitriyevich, I went up to him. Silently he embraced me and my husband, the composer Moisei Weinberg, then he went over to the bookcase and, with his back to everybody in the room, pronounced quietly but distinctly and with uncharacteristic deliberation, ‚I envy him...'. He didn't say another word, but stood rooted to the spot, hugging us both around the shoulders.[185]

Obwohl alle Anzeichen darauf hinwiesen, dass es sich bei dem Unfall von Michoëls um politisch motivierten Mord handelte, wurde dieser Umstand, den Aussagen von Natal'ja Vovsi-Michoëls zufolge, der Familie erst allmählich klar.[186] Ob dies den Tatsachen entspricht, kann hier nicht überprüft werden. Jedoch ist bekannt, dass bereits

---

182 Koljazin (1997), S. 345. Gilel's hatte kurz nach Weinbergs Ankunft in Moskau die 2. Sonate für Klavier op. 8 uraufgeführt und war beteiligt an der Uraufführung des Quintetts op. 18. Weinberg widmete ihm 1955 die 4. Sonate für Klavier op. 55, die Gilel's ebenfalls uraufführte. Fichtengol'c war der Widmungsträger der 3. Sonate für Klavier und Violine op. 37, die Weinberg 1947 komponiert hatte, sowie der 1. und 2. Sonate für Violine op. 82 und 95, die beide von ihm uraufgeführt wurden. Sowohl Gilel's als auch Fichtengol'c waren Juden. Zu Fichtengol'c noch einmal im Zusammenhang mit der Oper *Passažirka* op 97 (ab S. 259).

183 Vgl. dazu u.a. Sigrid Neef: Das jüdische Element in Schostakowitschs Opern, in: Kuhn u.a. (2001), S. 200-228, hier: S. 214.

184 Fay (2000), S. 157. Die Versammlung hatte im Vorfeld des Erlasses „Ob opere..." stattgefunden.

185 Aufzeichnung von Natal'ja Vovsi, in: Elisabeth Wilson: *Shostakovich. A Life Remembered*. London / Boston, NE 1994, S. 227f.

186 In einem Brief an Per Skans vom 28. Mai 2000 schreibt Natal'ja Vovsi: „Als der Mord an meinem Vater passierte, dachten wir nicht, daß das Ereignis mit Politik verbunden war, aber ein Jahr später, als das Jüdische Antifaschistische Komitee geschlossen wurde und jüdische Schriftsteller und

kurze Zeit nach dem Tod von Michoëls das Gerücht kursierte, der berühmte Vorsitzende des JAK sei ermordet worden. Was Weinberg betrifft, so lässt die Faktenlage vermuten, dass sich der Komponist schnell der Gefahr bewusst gewesen sein muss, in der er – und damit auch sein nächster Freundeskreis – schwebten. Darüber hinaus wurde am 10. Februar der Erlass „Ob opere…" veröffentlicht, der auch die Musik unmissverständlich zum Politikum machte und ‚Abweichler' scharf angriff. Weinberg geriet damit von allen Seiten – nicht nur als Schwiegersohn von Michoëls, sondern auch als Komponist – in Bedrängnis. Waren im Jahre 1947 die öffentlichen Stimmen in der Fachpresse zu Weinberg nach und nach verstummt,[187] so wurde jetzt deutliche Kritik laut. Sie begann mit einem Angriff von Tichon Chrennikov, der in einer Rede auf der Versammlung des Komponistenverbandes im Anschluss an den Erlass sagte:

> Der Einfluss des Formalismus zeigt sich sehr deutlich im Schaffen des kompositorischen Nachwuchses. Die Nachahmung der negativen Elemente der Musik von Šostakovič und Prokof'ev (Vajnberg, Sviridov, Levitin, Meerovič) und die Begeisterung für dekadente Themen, Exotismus und Mystik (Pejko, Belorusec, Admoni, Dokšin) wurden im Werk der Jugend beinahe normal.[188]

In der ersten Ausgabe der *Sovetskaja muzyka* des Jahres 1948, in der Chrennikovs Rede abgedruckt war, wurde Weinberg auch direkt noch einmal angegriffen. So fand sich unter der Rubrik „Po stranicym pečati" (einer Art ‚Pressespiegel') ein Auszug einer Kritik, die in der Zeitschrift *Zvezda* der Stadt Molotov, dem heutigen Perm, abgedruckt worden war, und der auf diese Weise an eine große Öffentlichkeit gelangte. Zuerst wurden Šostakovičs 24 Präludien für Klavier vernichtend beurteilt, dann die *Fünf Tänze* für Klavier von Leonid Polovinkin, zu denen unter anderem geschrieben wurde, sie würden zur „Schädigung der Musik" beitragen und die „sowjetische Kultur zurückwerfen".[189] Zu solch einer „fehlerhaft-verderbten Musik" solle die Jugend nicht erzogen werden.[190] Dann richtete sich die Kritik auf Weinberg:

> Symptomatisch in dieser Hinsicht sind auch die Werke Weinbergs, vor allem seine „Kinderhefte". Darin sind so dissonante Akkorde enthalten, wie sie nie ein Kind verwenden würde. Alle Stücke sind technisch verkompliziert. Sie sind nicht frisch und lebensbejahend, sondern im Gegenteil erklingen in ihnen Motive des Pessimismus. Solche Werke können dem Anliegen der musikalischen Erziehung der sowjetischen Jugend nicht dienlich sein.[191]

Als am 14. Februar 1948 der *Prikaz 17* erlassen wurde, der die Aufführung von Werken einer Reihe von Komponisten untersagte, war damit quasi offiziell besiegelt, dass die Werke Weinbergs vorerst aus dem Repertoire der damals tätigen 22 Philharmonien des Landes verschwinden würden, da ihnen der Erlass als Orientierung für ihre Auf-

---

Autoren festgenommen wurden, verstanden wir, daß der Mord der Beginn einer antisemitischen Aktion in Rußland gewesen war." Zit. nach Skans (2001), S. 314.

187 Was auch dem Umstand geschuldet sein mag, dass er aufgrund seiner Verbindungen und seiner Musik mehr und mehr zu einer ‚gefährlichen' Person wurde, an der sich niemand die Finger verbrennen wollte.

188 Tichon Chrennikov: Za tvorčestvo, dostojnoe sovetskogo naroda, in: *Sovetskaja muzyka* 1 (1948) S. 54-62, hier: S. 60.

189 [Anonymus]: Po stranicym pečati, in: *Sovetskaja muzyka* 1 (1948), S. 111-122, hier: 121.

190 Ebd.

191 Ebd.

führungspraxis diente.[192] Gleichzeitig sickerte damit in den offiziellen Stellen die Erkenntnis durch, dass der bisher eher unterschwellig herrschende Antisemitismus nun
auch von staatlicher Seite Rückhalt bekam. Die erratische Auswahl der ‚verbotenen'
Werke und der signifikante Anteil jüdischer Komponisten machte dies, wie bereits dargestellt, deutlich.[193] In dem bereits erwähnten Sitzungsprotokoll der Abteilung Muzfond vom 19. März 1948 findet sich zudem eine Aussage, die unzweifelhaft auch Weinbergs Musik – und seine Veröffentlichungen aus den Vorjahren – betraf:

> Als Resultat der fehlerhaften und falschen Tätigkeit des Verlages Muzyka'lnyj
> Fond SSSR erwies sich die in 1945, 1946 und 1947 für eine Summe von
> 5.626.227 Rubel herausgegebene Notenliteratur als überflüssig, sie fand ihren
> Markt nicht und fügte der Tätigkeit des Muszykal'nyj fond und des Verlages
> einen großen finanziellen Schaden zu. In den thematischen Plänen des Verla-
> ges nahmen die Komponisten der formalistischen Richtung einen bedeuten-
> den Platz ein.[194]

Auch in der folgenden Ausgabe der *Sovetskaja muzyka* wurde Weinberg erneut von
Chrennikov für seine *Kinderhefte* angegriffen. Chrennikov ließ verlauten:

> Ich muss sagen, dass in diesem Bereich [der Musik für Kinder – V.M.] de-
> kadente Auswüchse, die zum Schaden des instabilen kindlichen Geschmacks
> führen, besonders unduldbar und ungesund sind. Ich nenne als Beispiele die
> in ihrer Falschheit abstoßenden Kinderlieder von Šostakovič und Weinberg.[195]

In der gleichen Ausgabe wurden unter der Rubrik „Notografičeskie zametki" die *21
leg'kaja p'esa* für Klavier op. 34 (Veröffentlichung 1947), die *Kinderhefte* op. 16 und
19 für Klavier (Veröffentlichung 1944/45), die *Evrejskie pesni* op. 13 (Veröffentlichung
1944 und 1945), der Liederzyklus nach Versen von Tjutčev op. 25 (Veröffentlichung
1945), und die 1. Sonate für Violine und Klavier op. 12 (Veröffentlichung 1947) –
demnach fast alle Stücke, die von Weinberg bisher publiziert worden waren – scharf
kritisiert und Weinberg als Komponist pauschal abgeurteilt. Der sich über vier Seiten
erstreckende Angriff des Musikwissenschaftlers Grigorij V. Bernandt[196] beginnt mit folgenden Worten:

> Der Name Weinberg findet seit einigen Jahren permanent Erwähnung, wann
> immer von der formalistischen, westeuropäischen Strömung im Schaffen
> junger Komponisten die Rede ist. Wenn man von den ‚kleinen Šostakovičs'
> spricht – wie Ju. Šaporin die Komponisten treffend charakterisierte –, die
> blind die äußerst negativen Züge des Stils von D. Šostakovič kopieren, hat
> man vor allem M. Vajnberg im Blick. Tatsächlich zeigen sich in den Werken
> von M. Vajnberg, einem zweifelsohne begabten jungen Komponisten, viele ne-
> gative Züge, die der Musik unserer Tage anhaften, mit großer Schärfe und in

---

192 Vgl. Vlasova (2010), S. 338.
193 Vgl. dazu Geiger (2004), v.a. S. 130-135.
194 RGALI, f. 2454, op. 1, ed chr. 12, l. 82.
195 Tichon Chennikov: Tridcat let sovetskoj muzyki i sadači sovetskich kompozitorov, in: *Sovetskaja muzyka* 2 (1948), S. 28-46, hier: S. 38. Die Kinderhefte von Šostakovič, Weinberg und Jurij Levitin wurden noch einmal scharf kritisiert; vgl. ReMi: Notografija i bibliografija. O fortepiannoj
muzyke dlja detej, in: *Sovetskaja muzyka* 4 (1948), S. 105f., hier: S. 106.
196 Interessanterweise war der aus Vilnius stammende Bernandt selbst jüdischer Herkunft.

voller Blöße. Die Vorherrschaft der artifiziellen, gekünstelten „musikalischen Grafik" über die lebendige Musik – das ist der erste Eindruck, den man bei vielen Werken von Weinberg hat. Oft scheint es, dass sein Grundanliegen die Konstruktion eines gewissen musikalischen Aufbaus ist – die Form erfreut sich an sich selbst, und vergisst dabei, weshalb und wofür sie gebaut ist. Der Drang zur Originalität um jeden Preis, der Trend zum spröden Linearismus, zur harmonischen Rauheit und zur zerklüfteten Melodik erwürgen den lebendigen Sinn [myzl'] und das lebendige Gefühl fast überall dort, wo sie sich in ihr [der Musik – V.M.] zeigen.[197]

Die Kritik an den einzelnen Stücken erfolgte in dem am Beginn des Artikels angeschlagenen Tonfall. In Opus 34 erkannte der Kritiker zwar Spuren „gesunde[r] Embryonen", die jedoch vom „Drang nach Originalität" ermordet würden. Weinberg operiere mit „widernatürlichen tonalen Ausschweifungen und anarchisch-linearen Bewegungen der Stimmen". Für Kinder und für pädagogische Zwecke seien die Werke nicht geeignet. Gleiches träfe auf die *Kinderhefte* op. 16 und 19 zu, die weniger Musik für Kinder beinhalteten, sondern offenbar als „Musik ‚über Kinder für Erwachsene'" gedacht sein müssten.[198] Jedoch seien die Stücke derart konstruiert, dass – so das Resümee – „sich unsere Kinder in dieser Musik nicht nur nicht selber erkennen [würden], sondern herb verletzt" seien.[199] Als Werk, welches in der Reihe der besprochenen noch das Beste sei, nannte Bernandt interessanterweise den ersten Zyklus *Evrejskie pesni* op. 13. Die Lieder seien „offenkundig der jüdischen gesanglichen Folklore" verbunden, möglicherweise gäbe es darin sogar Entlehnungen aus „authentischen Volksliedern". In dem Zyklus komme wie in keinem anderen Werk Weinbergs der „lebendige menschliche Klang" zum Ausdruck. Trotzdem könne sich Weinberg auch hier nicht der „geliebten Brüche und der Härte" enthalten.[200] Die Romanzen nach Tjutčev verurteilte Bernandt unter anderem als völlig unsingbar. Weinberg verfiele in „demonstrative Kompliziertheit und Originalität". Die Sonate op. 12 schließlich sei einseitig und verfalle – auch in ihren besten Momenten – oft in die „Linearität der Ablaufs". Wenn man von der „Schönheit der Musik" spreche, dann sei offenkundig, dass Weinberg in der Sonate nirgends danach suche. Abschließend fasst Bernandt folgendermaßen zusammen:

Was für eine Schlussfolgerung kann man aus all diesen Beurteilungen ziehen? – In vielen Werken von Weinberg gibt es, wie bereits erwähnt wurde, einzelne musikalische Momente, die Zeugnis von der Begabung des Komponisten ablegen. Man kann hinzufügen, dass die Kompositionstechniken von Weinberg beherrscht werden, obwohl die Ausrichtung dieser Technik oft auf ein falsches Ziel erfolgt. Aber vor allem legen die mannigfachen Werke Weinbergs Zeugnis darüber ab, dass er sich auf einem unverhohlen formalistischen Weg befindet. Die Missachtung des ideenmäßigen Gehalts der Musik, die Verfälschung ihrer ästhetischen Gesetze, die Abschirmung von den volksgesanglichen Grundlagen und den befruchtenden Traditionen der Klassik – alle diese Anzeichen der formalistischen Kunst kommen in der Musik von Weinberg

---

197 G[rigorij] B[ernand]t: Notografičeskie zametki, in: *Sovetskaja muzyka* 2 (1948), S. 157f., hier: S. 157.
198 Alle Zitate ebd.
199 Ebd., S. 158.
200 Ebd.

in voller Offensichtlichkeit zutage. Daher rühren auch seine abwegigen stilistischen Bestrebungen, wie etwa die Anhänglichkeit an krankhaft-zerklüftete Intonationen, an die gewollte Falschheit der Lautkombinationen, an abstrakten Linearismus, was von den negativen Seiten des Schaffens von D. Šostakovič herrührt und was Weinberg blind nachäfft. Weinberg muss von diesem falschen und fruchtlosen Weg so schnell und so entschieden wie möglich abkehren. Wenn er nicht in sich den ganzen erstickenden Irrwahn des Formalismus auslöscht, so wird er niemals jene Hoffnungen einlösen, die man in ihn legen könnte.[201]

Damit war klar, dass Weinberg vorerst als Komponist vollständig aus dem Spiel war und weder mit einer Aufführung noch mit einer Veröffentlichung seiner Werke rechnen konnte.

Rückkehr zur Symphonik

Wie sehr sich Weinberg der Gefahr bewusst war, in der er sich befand und unter welch großem Druck er auch beruflich gestanden haben muss, manifestiert sich am deutlichsten in einer seiner zwiespältigsten Kompositionen: der *Sinfonietta* Nr. 1 op. 41 in d-Moll.[202] Den Aussagen seiner ersten Frau zufolge komponierte Weinberg das Stück im März 1948, also zwei Monate nach der Ermordung von Michoëls.[203] Auf einem im GCMMK erhaltenen, jedoch undatierten Manuskript findet sich in Weinbergs Handschrift die Eintragung: „Der Freundschaft der Länder der UdSSR gewidmet." Zusätzlich ist ein Epigramm eingetragen, das bereits bei Fanning erwähnt worden war.[204] Anhand dieses Manuskripts ließ es sich nun im genauen Wortlaut verifizieren. Es lautet: „Na kolchoznych poljach zazvučali/ i evrejskie pesni, ne pesni/ prošlogo, polnye grusti i/ bezdol'ja, a novye radostnye/ pesni tvorčestva i truda" [Auf den Feldern der Kolchosen erklangen nun/ auch jüdische Lieder, nicht Lieder/ der Vergangenheit, voller Traurigkeit und/ Unglück, sondern neue, fröhliche/ Lieder des Schaffens und der Arbeit]. Der Urheber des Epigramms, welches verschiedenen Quellen zufolge von Solomon Michoëls stammt,[205] wurde aus dem Papier gekratzt und somit vollständig unkenntlich gemacht. Die Eintragungen auf dem Manuskript deuten darauf hin, dass das Epigramm zuerst erhalten bleiben sollte, dann jedoch (vermutlich unmittelbar vor der Veröffentlichung des Werks) gestrichen wurde.[206] Den Angaben von Vovsi-Michoëls

---

201 Ebd.
202 Korrekt transliteriert müsste der Titel eigentlich *Simfonietta* lauten. Da sich inzwischen allerdings der Titel *Sinfonietta* etabliert hat, werde ich ihn hier und im Folgenden verwenden.
203 Brief von Natalija Vovsi-Michoëls an Per Skans vom 18.05.2000, zit. nach: Skans (2001), S. 315.
204 Vgl. Fanning (2010a), S. 72
205 Skans (2001), S. 315; auch Interview von Brigitte van Kann mit Natal'ja Vovsi-Michoëls vom 29.11.2010. In einem Beitrag der *Sovetskaja muzyka* zu den Anhörungen im Komponistenverband wird das Epigramm erwähnt und vollständig zitiert, jedoch ohne dessen Verfasser zu nennen; vgl. [Anonymus]: Chronika. V Sojuze sovetskich kompozitorov, in: *Sovetskaja muzyka* 4 (1948), S. 96-98, hier: S. 97.
206 Vgl. GCMMK, f. 226, ed. chr. 2. Zahlreiche Verbesserungen im Notentext wurden offenkundig mit demselben Stift durchgeführt, mit dem auch das Epigramm durchgestrichen wurde. Daher steht zu vermuten, dass Weinberg selbst das Epigramm durchstrich. Dass das Werk für eine Veröffentlichung revidiert wurde, geht aus den Behördenstempeln auf jeder Seite des Manuskripts hervor. Leider reichte die Zeit im Glinka-Archiv nicht für eine eingehende Studie und einen Vergleich des Manuskripts mit der gedruckten Version aus.

zufolge war das Werk „von Anfang an der ‚Freundschaft der Völker der UdSSR' gewidmet". Als Motto habe Weinberg das Zitat von Michoëls gewählt. Die Idee mit der Widmung an die ‚Freundschaft der Völker' sei, so Vovsi-Michoëls, Weinbergs eigene Idee gewesen, als „Protest gegen den Mord" an Michoëls. Weinberg habe betonen wollen, „daß ein Mensch nicht einfach deswegen getötet werden" dürfe, „weil er jüdisch" sei.[207] Ob diese Aussage von Weinbergs erster Frau zutrifft, kann nicht überprüft werden, da es keine Aussagen von Weinberg zu diesem Thema gibt. Doch weist auch David Fanning auf die Ambivalenz des Epigramms hin:

> Genauso wahrscheinlich wie ihre [Vovsis-Michoëls' – V.M.] Version ist, daß Weinberg diese Worte zitiert hat, um die Apparatschiks zu blenden. Sie klingen nämlich wie reinste sowjetische Propaganda. Ja, wenn man sie für bare Münze nimmt, dann waren sie in einer Zeit, in der die außerordentlich erfolgreiche Arbeit der jüdischen Siedler in den Kolchosen der Krim noch in bester Erinnerung war, nicht einmal verkehrt. Michoels und wahrscheinlich auch Weinberg selbst dürften an ihre Wahrheit geglaubt haben. Weinbergs Motiv, diese Worte zu zitieren, könnte aber auch eine komplexe Mischung aus Wunschdenken und politischer Berechnung gewesen sein, wenn man bedenkt, was von ihm erwartet wurde: nämlich ein Werk mit bekannten Volksliedelementen oder zumindest volkstümlichem Material, gewidmet einer Sache, die von der Partei offiziell gutgeheißen wurde, wie es bei der Freundschaft zwischen den Völkern der UdSSR ohne jeden Zweifel der Fall war. Zugleich könnte er es den Leuten aus der engeren Umgebung Michoels' freigestellt haben wollen, aus seinem Zitat einen anderslautenden Subtext, nämlich Solidarität mit dem ermordeten Schauspieler, herauszulesen.[208]

Im Kontext der Ereignisse und vor allem in Hinblick auf die kompositorische Anlage des Stücks drängt sich allerdings noch eine weitere Deutung auf, die bei aller Brisanz zumindest in Betracht gezogen werden muss. Denn es liegt durchaus nahe, dass sich Weinberg angesichts des immensen Drucks, unter dem er zweifelsohne gestanden hat, mit diesem Stück selbst aus der ‚Schusslinie' nehmen und darüber hinaus beruflich wieder einbringen wollte. Das Epigramm (und die später unkenntlich gemachte Widmung) könnte unter diesem Gesichtspunkt auch so gedeutet werden, dass Weinberg mit dem öffentlichen Bekenntnis zu Michoëls ostentativ seine Anerkennung der staatlich propagierten Version des Unfalls zeigen wollte. Denn indem er sich durch das, wie auch Fanning richtig feststellt, absolut linientreue Epigramm zu Michoëls bekannte, zeigte er ostentativ, dass es keinen Grund gab, ein Werk *nicht* Michoëls zu widmen – was im Falle eines Mordes nicht der Fall gewesen wäre.[209] Vor allem die Anlage des Werkes spricht für diese Lesart: Die *Sinfonietta* ist das erste einer ganzen Reihe von gestalterisch schlichten, kompositorisch wie intellektuell wenig anspruchsvollen und absolut eindimensionalen symphonischen Werken Weinbergs. Ein wie auch immer ge-

---

207 Alle Zitate nach Skans (2001), S. 315. Hier widerspricht Natal'ja Vovsi der im Vorherigen erwähnten Aussage, dass der Familie lange nicht klar gewesen sei, dass es sich um Mord gehandelt habe. Zwischen dem Mord an ihrem Vater und – wenn ihre Aussagen stimmen – der Komposition der *Sinfonietta* liegen gerade zwei Monate.

208 Fanning (2010a), S. 72.

209 Somit eine Strategie, welche die staatliche Verschleierung des Mordes aufgriff: wurde Michoëls doch von seinen Mördern ein pompöses Staatsbegräbnis ausgerichtet.

arteter Protest oder kreative Subversivität[210] lassen sich anhand der kompositorischen Faktur nicht ausmachen.

Die Anlage der *Sinfonietta* ist viersätzig (1. *Allegro risoluto*; 2. *Lento*; 3. *Allegretto*; 4. *Vivace*), und der Tonartenverlauf von d-Moll über a-Moll und fis-Moll nach D-Dur nimmt die gewünschte heroische Wendung gemäß dem Prinzip *per aspera ad astra*. Der strahlende Schluss in reinem D-Dur im *fff* steht in diametralem Gegensatz zum Ende der 2. Symphonie (und einer Vielzahl anderer Werke Weinbergs), deren Schluss im zwei- bzw. dreifachen *p* mit dem Hinweis *morendo* verklingt. In allen vier Sätzen bedient sich Weinberg des formalen Gerüsts des Sonatenhauptsatzes[211] und evoziert mit jeweils unterschiedlichen kompositorischen Mitteln eine im weitesten Sinne jüdische Idiomatik.

Der 1. Satz hebt an mit einer ostentativ prunkvollen Einleitung: Zuerst erklingt ein exklamatorischer Halteton (*f* bzw. *ff* und mit Trillern), der zwischen Blechbläsern und Pauken (auf d, T. 1-4), Holzbläsern (auf a, T. 5-8) und Streichern (auf e, T. 9-12) weitergereicht wird, bevor ab Takt 13 ein einleitendes Motiv *unisono* ertönt, das die harmonische Prägung des Hauptmotivs vorweg nimmt. Dann erfolgt ab Takt 19 eine fanfarenhafte Akkordbrechung in den Blechbläsern. Weitere einleitende Motive werden zwischen Holzbläsern und Streichern hin- und hergereicht, bevor ab Takt 37 das erste Thema (in den Streichern [Vl. I+II, Va], charakteristische Hum-Ta-Begleitung in Bläserstimmen und Celli) beginnt. Dieses Thema zeigt eine regelmäßige periodische und harmonische Struktur. Harmonisch ausgehend von d-Moll, erweitert um charakteristische Strebetöne wie die erhöhte 4. und die erniedrigte 2. Stufe, wird plakativ eine ,orientalische' Klangwirkung erzeugt. Ab Takt 48 wird es weitergeführt und nach exakt zwölf Takten wechselt es in die Flöten, während die restlichen Stimmen die Begleitfunktion (,Hum-Ta' im *pizzicato*) übernehmen. Ab Ziffer 5 ist der Durchlauf des Hauptthemas in den Flötenstimmen vorüber und es beginnt eine kurze Verarbeitung des motivischen Materials, wobei vor allem – wie bereits im Eingang des Satzes – das Wechselspiel zwischen Streichern und Bläsern im Vordergrund steht. Ab Ziffer 6 wird ein neues Thema eingeführt, welches – es erfolgt ein Tonartenwechsel von d-Moll nach f-Moll – das erste Thema kontrastiert. Anstatt tänzerisch und selbstbewusst wie das erste Thema (mit Achteln und 16tel-Triolen, *sempre marcato*, in Auf- und Abstrichen) erklingt es im *pp* und *dolce* mit absteigenden und gebundenen Achteln. Auch die Begleitung ist nicht mehr der ,Hum-Ta'-Klang, sondern eine reduzierte *pizzicato*-Figur. Das eher lyrische Seitenthema greift Elemente des ersten Themenkomplexes (16tel-Motiv aus T. 50) auf. Ab Takt 110 vermengen sich – nach einem Tonartenwechsel zurück nach d-Moll – nach und nach beide Thementeile in der Durch-

---

210 Die angebliche Subversivität des Werkes wird immer wieder thematisiert, jedoch – was wenig verwunderlich ist – nicht belegt. So ist beispielsweise im Booklet einer 2011 veröffentlichten Aufnahme der *Sinfonietta* zu lesen, das Werk sei „fortschrittlich und auf der Höhe der Zeit." Durch den „einnehmenden Geist der jüdischen Volksmusik" lenke der Komponist von einem „raffinierten ,Formalismus' ab". Matthias Corvin im Booklet zur *Sinfonietta* Nr. 1 in d-Moll (1948), NEOS Music 2011, S. 4.

211 Was grundsätzlich für Weinberg nicht ungewöhnlich ist. Auffällig ist im Falle der *Sinfonietta* nur die fast plumpe Geradlinigkeit, mit der Weinberg das Formschema bestätigt.

führung. Ab Takt 122 steigert sich der energetische Gestus des Satzes noch einmal und erhält mit exklamatorischen Trompetenfiguren, *unisono* Streicherabschnitten und einer laut rumpelnden Hum-Ta-Begleitung fast circensischen Charakter. Ab Ziffer 11 (und erneut in f-Moll) wird dieser Abschnitt erneut kontrastiert, wobei die verwendeten Motive fast durchgehend bekannt sind. Erwartungsgemäß erklingt nach diesem Teil der Durchführung ab Takt 189 die Reprise, wobei Weinberg das Hauptthema verdoppelt (in Holzbläsern und Streichern) und mit Fanfarenklängen (anknüpfend an die Einleitung) in den Blechbläsern durchbricht. Dazu lässt er Elemente aus der Durchführung aufscheinen, alles hell, strahlend, fröhlich und beschwingt in einer einzigen Steigerung, bis ab Ziffer 17 die Reprise des zweiten Themas einsetzt, erneut kontrastierend im *pp* und *subito dolce,* das thematische Material vorwiegend in den Bratschen und Celli. Dieser Abschnitt verklingt mit einer leise aufsteigenden Linie in der Violine II solo, die auf einem es" im *ppp* zum Halten kommt (T. 238f.). Danach tritt strahlend das erste Einleitungsmotiv (vgl. T. 5) der Streicher erneut in Erscheinung und die Einleitung wird fast komplett wiederholt. Der Satz endet auf *unisono*-d.

Nach dem bewegt-heroischen 1. Satz erscheint der 2. Satz als getragenes *Largo*. Er hebt an mit dem Lamento eines Solo-Horns, dessen thematisches Material ab Takt 11 vom Hauptthema in der Oboe abgelöst und ab Ziffer 2 in den Violinen II weitergeführt wird. Charakteristisches Stilmittel dieses Satzes ist – nach dem Changieren zwischen Dur und Moll im 1. Satz – die Arbeit mit Halbtonschritten und darüber hinaus eine freiere Rhythmik. Weinberg stellt verschiedene metrische Pulse nebeneinander (bereits das Horn-*Lamento* bestätigt kein Metrum) und überlagert zeitweilig die rhythmischen Schichten (z.B. T. 28ff., oder T. 34ff.). Die Dynamik steigert sich kontinuierlich und führt mit Ziffer 7 zu einer Klimax, in der im *f* das Hauptthema als Reprise erklingt, diesmal jedoch in den Streichern (Vl. I+II, Va, Vc. I) *unisono*. Schließlich verebbt das Thema, und ab Ziffer 9 erklingt eine Melodie in der Klarinette, die motivisch an das Horn-*Lamento* anknüpft. Ab Takt 60 wird die Melodie, diesmal in Verarbeitung von Material des Hauptthemas von der Oboe aufgegriffen und weitergeführt (die Oboen zitieren und variieren das ab Takt 11 verwendete Material). Schließlich beenden – symmetrisch zum Stückanfang – die Hörner mit der Melodie aus den Takten 7-8 den Satz.

Der 3. Satz erscheint leichtfüßig und tänzerisch. Das Thema wird zuerst in den Flöten vorgestellt (T. 1-7, Bordunbegleitung in den Celli) und wechselt dann in die Klarinette (T. 8-14). Auffälligstes Merkmal, das dem Satz eine im weitesten Sinne ,jüdische' Klanglichkeit verleiht, sind (erneut) die charakteristischen Halbtonschritte und der starke Einsatz von Quintklängen. Ansonsten besteht der Satz vor allem aus der Verarbeitung des Hauptmotivs gemäß den Konventionen des Sonatenhauptsatzes. Nach der Exposition (bis Z. 2) und Durchführung (Z. 2-7) erklingt ab Ziffer 7 die Reprise, die erneut das Thema in den Flöten, jedoch verdoppelt in den Violinen (I+II) und dann in der Klarinette bringt. Im Schlussteil des Satzes ab Ziffer 10 erklingt dazu das Thema zuerst in Moll in den Hörnern und verebbt schließlich über einem Quintklang (Violinen II).

Der 4. Satz besteht im Wesentlichen aus nur einem tänzerisch bewegten Thema aus zweimal vier und zweimal drei Takten (T. 1-14) im schnellen Tempo, das durch die unterschiedlichen Stimmen gereicht und dabei nur wenig variiert wird. Im Verlauf des Satzes werden die unterschiedlichen Stilmittel aus den vorhergehenden Sätzen aufgegriffen, etwa das Gegeneinanderstellen unterschiedlicher metrischer Pulse, wie schon im Hauptthema angelegt (explizit u.a. ab Z. 8), oder auch die starke Durchsetzung mit Quintklängen (u.a. bereits im Hauptmotiv, Celli) sowie die in jedem Satz verwendeten charakteristischen Halbtonschritte. Mit dem Einsetzen der Reprise im *ff* ab Ziffer 18 (diesmal erklingt das Thema nicht nur in den Streichern, sondern auch in den Flöten, Klarinetten und Oboen, rhythmisch gedoppelt von Blechbläsern und Schlagwerk) wird zum heroischen Ende der *Sinfonietta* hingeführt. Ab Ziffer 21 erklingen wieder die Liegetöne aus dem 1. Satz (Fl., Cl., Ob.). Fragmente des Themas und die bereits aus dem dritten Satz bekannte Bordunbegleitung (Fg., Blechbläser) werden augmentiert und hemiolisch überbunden (ab Z. 22), dann bricht die Dynamik ab und es erklingt die Pauke solo (7 T. vor Z. 23), schließlich leicht gestützt vom Zupfen von zwei solistischen Kontrabässen. Darüber legen sich verwischte Trompetenklänge *con sordino* mit bekanntem motivischen Material (ab Z. 23), was insgesamt einen Klangeindruck erzeugt, der das Bild der ,Ruhe nach der Schlacht' evoziert. Mit Ziffer 25 erklingt noch einmal im *ff* das Hauptthema in den Streichern. Nach einer erneuten Fragmentierung und Erweiterung und dem Anreichern in alle Stimmen, durchgehend im *ff*, wird schließlich *crescendo marcatissimo* eine aufsteigende Linie erreicht, die zum Schlussakkord im *fff* führt.

Insgesamt sind die Sätze der *Sinfonietta* mit ihrem gleichmäßigen Hin- und Herreichen des motivischen Materials durch die verschiedenen Stimmen und Sektionen, der harmonischen und rhythmischen Struktur sowie der Beschaffenheit und Verarbeitung des Materials an sich von geradezu modellhafter Symmetrie. Alles ist absolut regelmäßig, und der musikalische Verlauf erweist sich als vorhersehbar und einprägsam. Die kompositorischen Mittel, deren sich Weinberg in anderen Werken zuhauf bediente – wie der Einsatz von unterschiedlichen Klangfarben und Klangwelten, harmonisch dichten, dissonanten Abschnitten, intellektuellen kompositorischen Spielereien und harmonischen Wischtechniken –, sind nicht nur im 1. Satz nicht zu finden, sondern auch in keinem der anderen Sätze. Wichtig scheint an dieser Stelle auch, dass Weinberg das Werk offensichtlich nicht der Gattung der Symphonie zurechnen wollte; sein Umfang, die Besetzung und die formale Anlage hätten dem im Grunde nicht entgegengestanden. Stattdessen klassifizierte Weinberg das Werk durch den Titel als ,kleine Symphonie'. Ob dies bedeutet, dass Weinberg das schlichte Werk nicht in einer Reihe mit seinen Symphonien sehen wollte, oder ob es ein Mittel war, um dem der Gattung von politischer Seite verliehenen Nimbus zu entgehen, kann nicht geklärt werden. Eigenen Aussagen zufolge hatte das Werk für Weinberg große Bedeutung,[212] was jedoch

---

212 Den Angaben von Natal'ja Vovsi zufolge war Weinberg die *Sinfonietta* sehr wichtig; vgl. Interview von Brigitte van Kann mit Natal'ja Vovsi-Michoëls vom 29.11.2010.

vermutlich weniger inner- als vielmehr außermusikalische Gründe haben dürfte. Angenommen werden darf, dass Weinberg sich mit diesem Werk den Weg zurück in die Öffentlichkeit ebnen wollte – und nach vielen Misserfolgen nun endlich Erfolg hatte: Die *Sinfonietta* wurde von den offiziellen Stellen zunächst mit Begeisterung angenommen.

Am 13. Mai 1948 fand eine Anhörung in der Sektion für symphonische-, Kammer- und Chormusik des SK statt.[213] An der Diskussion beteiligten sich unter anderem Michail Gnesin, Grigorij Krejn (der Bruder von Aleksandr Krejn), Lev Abeliovič, Aleksandr Veprik, Dmitrij Šostakovič, Semen Šifštejn und Boris Šechter (der den Vorsitz führte). Die *Sinfonietta* bildete – den Darstellungen der *Sovetskaja muzyka* zufolge – den Höhepunkt der Anhörung, bei der neben anderen Werken auch eine Bearbeitung von Bachs Italienischem Konzert und eine *Ouvertüre-Humoreske* für Symphonieorchester von V. Anpilogov aufgeführt wurden.[214] In einer einleitenden Ansprache hob der Komponist Vladimir Jurovskij die *Sinfonietta* Weinbergs lobend hervor. Er betonte die „leuchtende und plastische musikalische Sprache, die auf dem nationalen jüdischen Melos aufgebaut [sei], die klare Form und die ausgezeichnete Instrumentierung".[215] Die Besprechung des Werkes wurde in der offiziellen Presse wie folgt wiedergegeben:

> Im Zentrum der Diskussion stand die Sinfonietta von Weinberg, die insgesamt hoch gelobt wurde. Es wurde auf den zweifelsohne positiven Fortschritt im Schaffen Weinbergs hingewiesen, der sich im gesunden optimistischen Tonfall der Sinfonietta, im sangbaren Melos, der Bildhaftigkeit des thematischen Materials und dem guten Gefühl für die Form zeige. Mit diesem Werk wendet sich Weinberg von seinen ihm früher anhaftenden konstruktiven [konstruktivnyj] Schwärmereien ab und betritt das realistische [realističeskij] Terrain der Programmsymphonik.[216]

Anhand des Artikels lässt sich belegen, dass das Epigramm erst zu einem späteren Zeitpunkt gestrichen wurde. Darüber hinaus erfährt man zu seiner damaligen Wirkung Interessantes: „Auch wurde die profunde Projektion des tiefen Sinnes angemerkt, der mit dem Epigramm in die Sinfonietta eingeprägt" wurde.[217] Sodann wurde das Epigramm vollständig zitiert. Demzufolge wurde der propagandistische Gehalt des Zitats trotz (oder wegen?) seines Urhebers von offizieller Seite anerkannt. Doch kam es offenkundig in der Anhörung des Werks auch zu einer scharfen Auseinandersetzung, die – der Presseangabe zufolge – vor allem das thematische Material der *Sinfonietta* zum Inhalt gehabt hatte:

> Während sich die Mehrheit zum guten Geschmack und dem kräftigen nationalen Kolorit des Werks äußerte, trat G. Krejn mit einer scharfen Verurteilung der musikalischen Sprache der Sinfonietta hervor, indem er ihre thematische Arbeit [tematizm] als primitiv und das jüdische Melos entstellend bewertete, und die Harmonik als arm und ausdruckslos. M. Gnesin, A. Veprik,

---

213 Vgl. [Anonymus]: Chronika. V Sojuze sovetskich kompozitorov, in: *Sovetskaja muzyka* 4 (1948) S. 96-98, hier S. 97. Ob die Anhörung öffentlich war, geht aus dem Bericht nicht hervor.
214 Vgl. ebd.
215 Ebd.
216 Ebd.
217 Ebd.

S. Šlifštejn und andere widersprachen Krejn entschieden und bewerteten das neue Werk von Weinberg sehr positiv.[218]

Es ergibt sich im Grunde nur eine sinnvolle Deutung dieser Diskussion, die an die skizzierte Interpretation des Werkes anschließt. Weinberg befand sich zum Zeitpunkt der Anhörung in Gefahr. Dies musste nicht nur ihm, sondern auch seinen (im Artikel genannten jüdischen) Kollegen (Gnesin, Veprik, Šlifštejn) klar gewesen sein. Insofern könnte es als Akt der Solidarität gewertet werden, wenn fähige Komponisten bzw. Musikwissenschaftler, die aufgrund ihrer Kompetenz und im Wissen um das Können Weinbergs die Schlichtheit des Stils von Opus 41 zu deuten wussten, sich für die *Sinfonietta* und somit für Weinberg aussprachen. Ein Zugeständnis, das Grigorij Krejn, der zusammen mit seinem Bruder Aleksandr (und auch Michail Gnesin) der Gesellschaft für jüdische Volksmusik angehörten, anscheinend nicht machen konnte oder wollte. Die im oben genannten Artikel erwähnten Kritikpunkte Krejns hinsichtlich der thematischen Arbeit und der Harmonik sind vollkommen nachvollziehbar. Offen bleiben muss auch die Frage, wie sehr sich Weinberg in diesem Werk gleichsam ironisch von seinem eigenen technischen und ästhetischen Anspruch distanzierte. Zwar ist in der Musik keine Spur von Ironie zu finden, die intellektuelle Schlichtheit des Werkes und seine geradlinige Anlage insgesamt könnten jedoch in genau diesem Sinne gedeutet werden.[219]

Eindeutig ist, dass die *Sinfonietta* ein Erfolg war und Weinberg als Komponisten zumindest teilweise rehabilitierte. Denn die *Sinfonietta* fand ihren Weg auf das Podium: Zwischen 1949 und 1956 wurde das Notenmaterial 20 Mal für Aufführungszwecke verliehen. Nur die *Rapsodija na moldavskije temy* und die *Pol'skie napevy* – der

---

218 [Anonymus]: Chronika. V Sojuze sovetskich kompozitorov, in: *Sovetskaja muzyka* 4 (1948) S. 96-98, hier S. 97.

219 Mjaskovskij trug kurz vor der Anhörung des Werkes in sein Tagebuch ein: „M. Vajnberg – mit einer sehr strahlenden und prächtigen Sinfonietta auf jüdische Themen"; Eintragung vom 9. Mai 1948, in: O[...] P. Lamm: *Stranicy tvorčestoj biografij Mjaskovskogo*. Moskau 1989, S. 325. Wobei in diesem Zusammenhang das russische Adjektiv „chlestkij", das Mjaskovskij verwendete, durchaus auch im Sinne von „kitschig" bzw. „sehr ausladend" verstanden werden kann. Ich danke Frau Rada Krohn Cortes für die Hilfe bei der Übertragung. Eine weitere Unklarheit ergibt sich aus Dokumenten, die bei Vlasova Erwähnung finden. Vlasova führt eine Liste von Werken an, die vom KDI im Nachklang des Erlasses in Auftrag gegeben worden waren. Darin befindet sich, Vlasovas Angaben zufolge, ein Werk mit dem Titel *Sinfonietta „Prazdnik"* von Weinberg; vgl. Vlasova (2010), S. 344. Vlasova weist darauf hin, dass nicht alle der Werke, die in Auftrag gegeben, auch komponiert wurden – sie jedoch teilweise trotzdem in eine Liste aufgenommen worden seien, die die „besten Werke sowjetischer Komponisten, die nach dem Erlass des CK VKP (b) vom 10. Februar 1948 geschrieben wurden" enthielt; ebd., S. 343. In dieser bei Vlasova wiedergegebenen Liste findet sich auch ein Werk von Weinberg mit dem Titel *Simfoničeskaja sjuita „Prazdnik"*. Da es nach aktuellem Wissensstand kein Werk – weder eine *Sinfonietta* noch eine symphonische Suite – mit dem Titel *Prazdnik* gibt, muss hier die Frage offen bleiben, ob Opus 41 eventuell aus dieser Beauftragung entstand. Andererseits ist nicht nachzuvollziehen, weshalb Weinberg, der gerade erst ,offiziell' in Ungnade gefallen war, einen derartigen Auftrag hätte erhalten sollen. Interessant erscheint mir in diesem Zusammenhang, dass sich auf der Liste der Beauftragungen weitere Komponisten befinden, die später (u.a. in Zusammenhang mit dem *Prikaz 17*) in Ungnade fallen sollten, wie etwa Leonid Polovinkin. Zudem wird Weinberg auf der Liste der besten Werke nach dem Erlass zweimal genannt, als zweites Werk wird ein „Konzert für Violine und Orchester" geführt. Entweder handelt es sich dabei um das Concertino für Violine und Streichorchester op. 42, das unmittelbar nach der *Sinfonietta* entstand, um ein bisher unbekanntes Werk – oder um ein weiteres ,Auftragsphantom'; vgl. zu den Dokumenten Vlasova (2010), S. 340-344.

wohl größte Erfolg Weinbergs wurden öfter aufgeführt.[220] Darüber hinaus muss Weinberg sehr deutlich geworden sein, was von seiner Musik erwartet wurde und – eingedenk der Kritik der *Tri detskich tetradi* – was nicht. Denn in derselben Ausgabe der *Sovetskaja muzyka*, in der die *Sinfonietta* erstmals öffentlich gelobt wurde, wurden an anderer Stelle die *detskich tetradi* Weinbergs ein weiteres Mal scharf verurteilt.[221] Auch Tichon Chrennikov, der sich vor Erscheinen der *Sinfonietta* vielfach durch kritische Bemerkungen zu Weinberg hervorgetan hatte, bedachte das Werk, welches erneut am 21. Dezember 1948 auf dem Plenum des Komponistenverbandes im ersten Konzert[222] aufgeführt worden war, mit großem Lob:

> Als strahlender Beweis für die Fruchtbarkeit des realistischen Weges erweist sich die Sinfonietta von Weinberg, einem Komponisten, der sich unter dem starken Einfluss der modernistischen Kunst befand, die sein unzweifelhaftes Talent abnorm deformiert hatte. Indem er sich den Quellen der jüdischen Volksmusik zuwandte, erschuf Weinberg ein leuchtendes, lebensfrohes Werk, das sich dem Thema des fröhlichen, freien Lebens des jüdischen Volkes im Land des Sozialismus widmet. In diesem Werk zeigte Weinberg sein außerordentliches Können und den Reichtum seiner schöpferischen Fantasie.[223]

Im oben genannten Plenum, auf dem Chrennikov sein Lob aussprach, äußerten sich auch weitere Komponistenkollegen positiv zur *Sinfonietta*, beispielsweise Gara Garaev[224] oder Konstantin F. Dan'kevič.[225] Geradezu grotesk in ihrer (ungewollten?) Doppeldeutigkeit ist die Bemerkung, die der armenische Musikwissenschaftler Aleksandr Šaverdjan zu Weinbergs *Sinfonietta* machte:

> Als strahlender Erfolg erweist sich auch die Sinfonietta von M. Weinberg. Sie ist ein Beispiel für die Befreiung eines Talents, Ergebnis der erbaulichen Auswirkungen, die zweifellos die Vorgänge des Jahres 1948 hervorgebracht haben.[226]

Für Weinberg dürfte angesichts aller kompositionstechnisch-ästhetischen Zugeständnisse, die er in der *Sinfonietta* gemacht hatte, von großer Bedeutung gewesen sein, dass er mit dem Werk zumindest zu einer offiziell goutierten kompositorischen Ausdrucksform gefunden hatte. Zudem hatte er eine Form des ,jüdischen' Idioms und damit eine Form der *narodnost'* entwickelt, die ebenfalls offiziellen Anklang gefunden hatte. Wie sehr Weinberg sich an dem Erfolg der *Sinfonietta* auch kompositorisch festhielt, wird an anderer Stelle noch einmal thematisiert werden. Die simple kompositorische Herangehensweise, die Weinberg in der *Sinfonietta* anwandte, behielt er nämlich nicht

---

220 Vgl. RGALI, f. 2454, op. 2, ed. chr. 11, l. 101.
221 Vgl. ReMi (1948), S. 106.
222 Mjaskovskij erwähnte das Konzert in seinem Tagebuch: Eintragung vom 21. Dez. 1948: „Plenum des Komponistenverbandes. Erstes Konzert: Vajnberg – Sinfonietta – großartig […]"; vgl. Lamm (1989), S. 238.
223 Tichon Chrennikov: Vtoroj plenum pravlenija Sojuza sovetskich kompozitorov SSSR, in: *Sovetskaja muzyka* 1 (1949a), S. 21-37, hier: S. 27f.
224 [Anonymus]: Vystuplenija na plenume, in: *Sovetskaja muzyka* 1 (1949), S. 38-56, hier: S. 44.
225 Ebd., S. 46.
226 [Anonymus]: Vystuplenija na plenume, in: *Sovetskaja muzyka* 1 (1949), S. 38-56, hier: S. 52. Ob Šaverdjan diese Aussage tatsächlich in doppeldeutigem Sinne machte, kann an dieser Stelle nicht bewertet werden und sei dahingestellt.

nur im Bereich der ‚ernsten Musik' in vielen Werken als ‚Rezept' bei. Darüber hinaus verhalf sie ihm auch auf dem Gebiet der Unterhaltungsmusik zu Erfolgen.

Insgesamt verwundert es jedoch wenig, dass Weinberg trotz der positiven Aufnahme der *Sinfonietta* weiterhin vorsichtig agierte. In welcher schwierigen Situation er sich als Künstler befand, kann anhand seines nächsten großen symphonischen Werks, der 3. Symphonie op. 45, gezeigt werden. Weinberg begann im März 1949 mit der Arbeit daran, und ihm war bewusst, dass nach dem Erscheinen des Erlasses „Ob opere…" vor allem in der Königsdisziplin der Symphonie von einem Komponisten Großes erwartet wurde. Dies machte auch ein Beitrag in der September-Ausgabe (1948) der *Sovetskaja muzyka* unmissverständlich deutlich. Dort wurde anlässlich der „Eröffnung der Konzertsaison" (so die Überschrift des Artikels) gemeldet:

> Die angekündigte Aufführung der neuen fünften Symphonie von Vasilenko befeuerte das öffentliche Interesse außerordentlich. Es handelt sich dabei um die erste Premiere einer Symphonie eines sowjetischen Komponisten nach dem Erlass des CK VKP (b) zu Muradelis Oper „Velikaja družba". Indem die Philharmonie die Konzertsaison mit diesem Stück eröffnete, deklarierte sie ihre Umstrukturierung im Hinblick auf die Aufführung von Werken sowjetischer Komponisten. Die Komposition avancierte zum Musterstück der neuen sowjetischen Symphonie und erwies sich als Richtwert für die schöpferischen und ideologischen Umstrukturierungen, die umzusetzen man sich im Komponistenverband vorgenommen hatte.[227]

Leider sind weder ein Notenexemplar oder eine Tonaufnahme dieser Symphonie in a-Moll op. 123 greifbar.[228] Überliefert ist jedoch eine Bemerkung von Nikolaj Mjaskovskij zur 5. Symphonie Vasilenkos, über die der große Symphoniker trocken befand: „Ziemlich schlecht, eine Musik ohne Sinn."[229] Obwohl Weinberg im Nachfeld der *Sinfonietta* wusste, was von ihm erwartet wurde, war er – wie die Anlage der 3. Symphonie zeigt – offenkundig nicht bereit, die in der *Sinfonietta* vorherrschende kompositorische Schlichtheit auf die Gattung der Symphonie zu applizieren. Vielmehr versuchte er eine Synthese seines Gattungsanspruchs mit dem in der *Sinfonietta* erprobten und Erfolg versprechenden plakativ-folkloristischen Element. Anhand der vorliegenden Manuskripte und Versionen von Opus 45 lässt sich nachweisen, wie schwierig und problematisch dies für ihn gewesen sein musste.

227 M. Leonidov: Muzykal'naja žizn': K otkrytiju koncertnogo sezona, in: *Sovetskaja muzyka* 9 (1948), S. 57-61, hier: S. 59.

228 Dass Vasilenko der Komponist von fünf Symphonien ist – und nicht wie manchmal fälschlich vermerkt nur von dreien –, belegt der Eintrag in der *Bol'šaja sovetskaja ènciklopedija*; [Anonymus]: Vasilenko, Sergej Nikolaevič, in: Sergej I. Vavilov (glav. red.): *Bol'šaja sovetskaja ènciklopedija*. Bd. 7: Varioloid-Vibrator. 2. Ausg. Moskau 1951, S. 26f., hier: S. 27.

229 Michail Segel'man: Plač stranstvujuščego (očerk o Dvadcatoj šestoj simfonii N. Mjaskovskogo). Onlineressource, einzusehen unter: http://www.opentextnn.ru/music/personalia/mjaskovskiy/?id= 4216 [Stand: 10.01.2013]. Segel'man beruft sich auf die Tagebücher von Mjaskovskij, die er im RGALI einsehen konnte (f. 2040, op. 1, ed. chr. 65). Diese Quelle zieht auch Lamm in Betracht; vgl. Lamm (1989), S. 327.

Nach aktuellem Kenntnisstand existieren an handschriftlichen Dokumenten von der 3. Symphonie ein Manuskript (im Folgenden MWMA0153) und eine (von Weinberg stark korrigierte) Kopistenabschrift (im Folgenden KA).[230] Im MWMA0153 zeigen sich viele Schritte der Umarbeitung und der Korrektur. Eine erste Version des Werks verfasste Weinberg offenbar im Zeitraum zwischen dem 1. März und dem 30. Juni 1949. Diese ursprüngliche Version umfasste der Paginierung zufolge 117 Seiten und wurde noch im Jahr 1949 den Behörden vorgelegt, wovon ein Stempel der Glavrepertkom zeugt, der sich auf dem Deckblatt der Komposition befindet (Abb. 13). Aus dem Stempel geht weiterhin hervor, dass sie im gleichen Jahr zum Druck und zur Aufführung freigegeben wurde. Alle Seiten, die von der Behörde geprüft wurden, wurden mit einem weiteren Kontrollstempel versehen (Abb. 14), weshalb man anhand der Stempel die frühe Fassung annähernd rekonstruieren kann. So ist zu erkennen, dass der 2. Satz der Fassung, die ich hier als Endversion (EV) bezeichne, in der ersten Fassung als 3. Satz ausgewiesen war, was anhand der Paginierung und der Nachbesserung der Satzbezifferung zu erkennen ist. Der Satz, der in der EV als 3. Satz fungiert, war anfänglich als 2. Satz ausgewiesen und wurde in das Konvolut nachträglich eingefügt. Er ist auf anderem Notenpapier niedergeschrieben, weist keine Behördenstempel auf, und auch die Datierung verweist auf einen späteren Zeitpunkt, nämlich den 20. Juni 1950. Trotz der Datierung macht ein Vergleich der verwendeten Stifte deutlich, dass die vorgenommenen Verbesserungen in diesem Satz erst später, wohl erst in 1959, vorgenommen wurden. Wie der 2. Satz der frühen Version aussah, ist nicht nachzuvollziehen. Auch der 1. und der 4. Satz weisen starke Überarbeitungen auf. Ganze Seiten wurden überklebt und/oder durchgestrichen oder nachträglich eingefügt. Der Schluss des 1. Satzes wurde vollständig überarbeitet, worauf auch die Datierung am Ende – 3. Juni 1959 – hinweist. Den 2. (ursprünglich 3.) Satz der ersten Version übernahm Weinberg – abgesehen von marginalen Korrekturen, deren Eintragungszeitpunkt nicht nachvollzogen werden kann – für die EV vollständig. Der 4. Satz wurde erneut großflächig überarbeitet, und zwar sowohl 1950 als auch 1959, wobei Weinberg auch hier den Schluss veränderte (ein Überbleibsel des Schlusses der ersten Version ist noch im MWMA0153 erhalten). Nicht nur das Original (MWMA0153), auch die KA, die vermutlich erst mit der Redaktion im Jahr 1959 entstand, weist starke handschriftliche Überarbeitungen auf. So wurden einige Streichungen zurückgenommen (etwa 1. Satz MWMA0153, S. 15, erste Akkolade letzter gestrichener Takt), andere Streichungen sind identisch, zudem fügte Weinberg unter anderem Passagen ein[231] oder nahm noch einmal weitere Änderungen vor.[232] Doch unabhängig von Abweichungen oder Übereinstimmungen von MWMA0153 und KA ist klar, dass zwischen dem Beginn der Arbeit an der Symphonie bis zu deren Endversion viel Zeit verstrich und viel Arbeit investiert wurde. Weinberg, dessen Manuskripte ansonsten oftmals aussehen wie Rein-

---

230 Diese Abschrift wurde mir von Peermusic Classical dankenswerterweise zur Verfügung gestellt.

231 Etwa 1. Satz: im MWMA fehlen die Seiten 8 bis 11, in der KA wurde offenbar ein größerer Abschnitt neu eingefügt, da die Bezifferung im MWMA mit der Ziffer 15 einsetzt, während die identische Passage in der KA die Ziffer 16 trägt, der Unterschied wird durch eine zusätzliche Ziffer im MWMA, die in der Abschrift ausgelassen wird, ausgeglichen.

232 U.a. 4 Takte nach Ziffer 34 im MWMA, dort sind sechs Takte ausgestrichen, in der KA sind 4 Takte, nach Ziffer 34 nur drei Takte gestrichen, drei weitere Takte der Streichung aus dem MWMA wurden nicht übernommen.

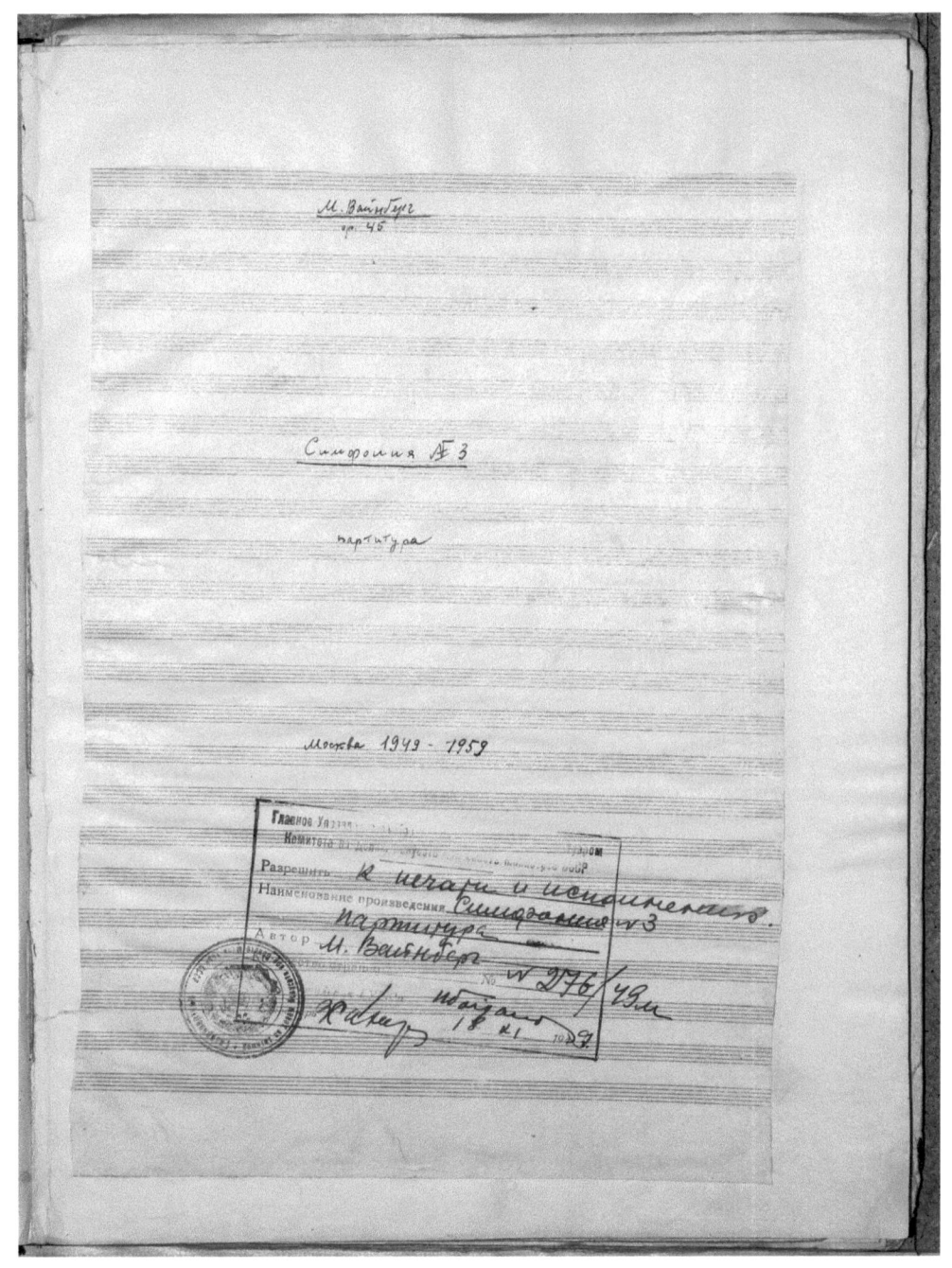

Abb. 13: Titelblatt der 3. Symphonie op. 45 (MWMA 0153).

Abb. 14: 3. Symphonie op. 45, S. 2 (MWMA 0153).

schriften, hatte offenkundig große Probleme, sich auf eine endgültige Version festzulegen. Auch im Werkverzeichnis von Ljudmila Nikitina und auf der RGALI-Liste wird die 3. Symphonie in einer „pervaja redakcija" [Erstfassung] und einer „vtoraja redakcija" [Zweitfassung] geführt.[233]

Angelegt in vier Sätzen, die formal alle dem Schema eines (erweiterten) Sonatenhauptsatzes folgen, erweist Opus 45 zuerst Schuberts ‚unvollendeter' Symphonie (D 759) seine Reverenz.[234] Nicht nur die Tonart stimmt überein (h-Moll), sondern auch weitere Bezüge sind deutlich zu erkennen, vor allem im elegischen ersten Thema (in beiden Fällen anhebend mit Halteton und anschließender Abwärtsbewegung, dann bei Schubert Aufwärtsbewegung, bei Weinberg Abwärtsbewegung, in beiden Fällen lang gebunden) im *pp*, das sich über eine motorisch-bewegte Begleitfigur in den Streichern (in beiden Fällen Vl. I+II) windet. In beiden Werken wird das Hauptthema von Holzbläsern vorgestellt (Oboen und Klarinetten bei Schubert, bei Weinberg Klarinette und Piccolo-Flöten). Nach kompletter Vorstellung und Weiterführung des ersten Themas erklingt bei Schubert (T. 6 nach Z. 1) ein Seitenthema in den Celli, welches klanglich volksliedhaft-ländlerartig erscheint. Peter Andraschke hat darauf hingewiesen, dass „sich die Wendung des Themenbeginns zufällig in der zweiten Hauptstimme eines niederösterreichischen Volksliedes wiederfindet".[235] Nach einer ersten Vorstellung in der tiefen Lage erklingt das Thema anschließend in den Violinen (T. 15 nach Z. 1). Auch bei Weinberg setzt nach Abschluss des ersten Themenkomplexes ein zweites Thema ein, zuerst in den Celli (Z. 6), dann in den Violinen. Auch dieses Thema rekurriert auf Volksmusik: Es handelt sich dabei um ein Zitat des weißrussischen Volksliedes „Što za mesjac" (Was für ein Mond),[236] was Weinberg im MWMA0153 eigens vermerkte (Abb. 15).

Mit der Faktur des Haupt- und Seitenthemas wird nicht nur an Schubert angeknüpft, sondern vor allem die folkloristische Richtung weiterverfolgt, wie sie Weinberg auch in der *Sinfonietta* eingeschlagen hatte. Das Hauptthema, von großer Sangbarkeit und Schönheit in natürlichem (archaisierendem) h-Moll, hat, wie auch Ljudmila Nikitina anmerkt, slawischen Charakter[237] und nimmt die übrigen volkstümlichen Zitate, die Weinberg im Verlauf der Symphonie einsetzt, gleichsam vorweg. Sein lyrischer Tonfall gerät durch die vorwärtsdrängende Begleitfigur in unruhige Bewegung. Das Thema ist klar periodisch struktu-

---

233 Nikitina (1972), S. 195, RGALI, f. 2490, op. 4, ed. chr. 319, l. 87 u. 89.

234 Auf den Bezug wies erstmals der Musikkritiker Jurij S. Korev in einer kurzen Besprechung des Werkes im Nachfeld seiner Uraufführung in der *Sovetskaja muzyka* hin; vgl. Jurij Korev: Po pervym vpečatlenijam, in: *Sovetskaja muzyka* 5 (1960), S. 12-17, hier: S. 12. Korev gibt allerdings nur einen pauschalen Hinweis darauf. Die Uraufführung von Opus 45 fand statt am 23. März 1960 durch das große All-Unions-Radio- und TV-Symphonieorchester, Ltg. Aleksandr Gauk.

235 Peter Andraschke: Einführung und Analyse, in: Franz Schubert: *Sinfonie Nr. 7, h-Moll, ‚Unvollendete'. Taschen-Partitur.* Mainz 1982, S. 101.

236 Eine Hörprobe des Liedes, gesungen von Leonid Bortkevič findet sich unter: https://www.you tube.com/watch?v=BeGDY-4JfUw [Stand. 23.03.2017]. In dem Lied geht es um ein Mädchen, das traurig ist, weil es sich durch ihre Affäre mit einem jungen Mann einen schlechten Ruf eingehandelt hat. Der junge Mann tröstet sie daraufhin und verspricht, sie zur Frau zu nehmen. Ich danke Natal'ja Koller für die Hilfe bei der Übersetzung aus dem Weißrussischen.

237 Nikitina (1972), S. 52.

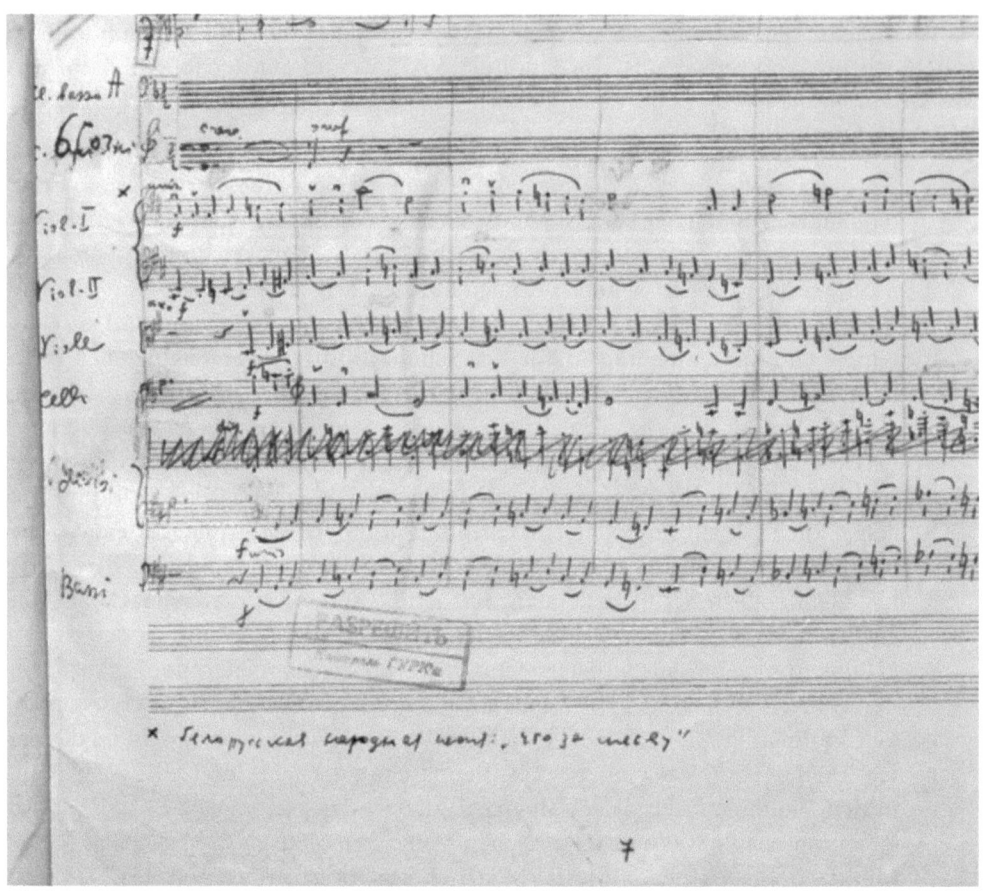

Abb. 15: Ausschnitt 3. Symphonie op. 45, S. 7 (MWMA45).

riert, wechselt von den Bläsern in die Streicher und dann noch einmal zurück in die Bläser. Nach einer kurzen Überleitung erklingt ab Takt 9 nach Ziffer 3 ein Motiv, das wie eine Replik auf den drängenden Gestus des ersten Thementeils wirkt und diesem verbunden scheint. Es erklingt zuerst in der Oboe, *espressivo* in halben Noten (*portato*) und Vierteln, steht in Cis-Dur und hat pastoralen Charakter, unterlegt von einer ruhigen Akkord-Begleitung in den Streichern. Dann wechselt es in die Streicher, und nach dem erneuten Durchlauf ist die Vorstellung des gesamten ersten Themenkomplexes beendet. Beide Thementeile werden kurz verarbeitet, bevor mit Ziffer 6 der erste Einsatz des Seitenthemas – des bereits erwähnten weißrussischen Volksliedes – erfolgt. So, wie bereits der erste Thementeil mit der Gegenüberstellung einander verwandter, doch gleichsam komplementärer Elemente beginnt, führt Weinberg den Satz weiter: Das zweite Thema eröffnet den Zugang zu einer neuen Klangwelt, die – vor allem durch das Volksliedmotiv – an die Sangbarkeit des ersten Themenkomplexes anknüpft, sich jedoch in ihrer Faktur deutlich unterscheidet. So besteht das zweite, ebenfalls periodisch angelegte Thema – bedingt durch die Syllabik des Volksliedes –, vorwiegend aus Viertelnoten und wirkt mit Stimmverdoppelung und kontrapunktischer Begleitung insgesamt dichter und im *f* deutlich lauter und weniger elegisch als der erste Themenkomplex. Nach dem Durchlauf des zweiten Themas ist die Exposition beendet und es beginnt die Durchführung. Sie wird konventionell durch die kontrastierende Verarbeitung und zyklische Wiederkehr der beiden Themen und ihrer Fragmente bestimmt. Sehr in den Vordergrund treten dabei prägnante, wiederkehrende Fanfarenklänge in den Trompeten (z.B. ab Z. 17), die an die Blechbläserpassagen aus dem 1. Satz der *Sinfonietta* op. 41 erinnern. Im Wechsel dieser Fanfaren mit motorischen Streicherklängen (teilweise *unisono*) entsteht ein mitunter sehr dichter, auch dissonant verwischter Klangeindruck, vor allem, wenn sich Schichten unterschiedlichen motivischen Materials überlagern. So erklingt beispielsweise ab Ziffer 18 in den Violinen I und Bratschen das weißrussische Volkslied, zugleich in den Bässen die Fanfarenmotivik. Die Hörner doppeln anfänglich die Violinen und kommen dann zum Liegen, gleichzeitig passen die einsetzenden Fagotte sich rhythmisch den Bässen an (T. 2 nach Z. 18). Acht Takte nach Ziffer 23 findet der Satz zu seinem Höhepunkt und einer verschleierten Reprise mit der Wiederkehr des ersten, teilweise augmentierten Themas in Holzbläsern und Streichern *unisono, marcato* und *ff*. Ab Ziffer 26 erklingt noch einmal das weißrussische Volkslied (Ob.), danach (Z. 27) der zweite Teil des ersten Themenkomplexes (Fl.).[238] Ab Ziffer 29 verwischt Weinberg durch hemiolische Überbindung, die auch bereits in der Exposition zum Einsatz kam (ab Z. 4, Kl.), in den Bässen den metrischen Puls. Zum Ende des Satzes lässt Weinberg die Themen noch einmal aufleuchten, wobei er die Dynamik stark reduziert. Gleichzeitig spielt er wiederum mit metrischen Verschiebungen. Verstörende Wirkung hat mit Ziffer 33 das Aufscheinen einer melodischen Linie in den Violinen (I+II), der durch die Spielweise *con sordino, ppp*, in hoher Lage und mit *Flageolett*-Tönen ein sehr hohler und trostloser Charakter verliehen wird. Anschließend verklingt der Satz nach und nach in langen, gebundenen Noten im *ppp*.

Der 2. Satz (*Allegretto*) hebt an mit einer tänzerischen Melodie, die als Thema von der Oboe (solo) vorgestellt und dann (Z. 1) in den Streichern (Vl. I) *pizzicato* aufgegriffen wird. Der Einsatz von Flöten, Horn, Tamburin (Z. 2) und schließlich Trompete (Z. 4) betont den volksliedhaften Tanzcharakter des Themas. Mit Ziffer 5 ist die Vorstellung des Themas beendet und es beginnt dessen lebhaft-bewegte Durchführung. Der ganze Charakter des Satzes bleibt tänzerisch und wirkt geradezu choreographiert, mit einem Wechselspiel von unterschiedlichen Klangfarben (z.B. Streicher vs. Flöten, Z. 5, oder Streicher vs. Blechbläser, T. 2ff. nach Z. 6) und dem Einsatz des gesamten orchestralen Klangspektrums (ab Z. 7). Erneut treten fanfarenhafte Blechbläserklänge (ab Z. 9) hervor. Ab Ziffer 10 erklingt in den Violinen (I+II) das polnische Volkslied „Umarł Maciek" [Matek ist gestorben], worauf Weinberg im Manuskript explizit hinweist.[239] Das Zitat im *ff* wirkt mit einer schroffen *marcato*-Achtel-

---

238 Diese Stimmen wurden allerdings neu eingefügt.

239 In dem Volkslied geht es um den bösen Matek, der zwar gerne singt, jedoch mit seinem Stock Leute schlägt und nicht wohlgelitten ist. Als er tot ist, scheint sicher, dass ihn eine lebendige Mazurka wieder zum Leben erwecken würde – jedoch steht die Frage, wer einem so bösen Mann ei-

begleitung in den Bässen aggressiv und erweist dem Inhalt des Gedichts seine Reverenz. Nach dem vollständigen Durchlauf dieses neuen Themas steigert sich der Satz ab Ziffer 11 zu einem Höhepunkt, der mit Ziffer 13 in einen grotesk anmutenden Walzer umschlägt, wobei das volksliedhafte Thema in der Piccolo-Klarinette erklingt. Der Charakter des Satzes wirkt ausgelassen und circensisch. Erst ab Ziffer 18 verändert sich mit einer Variation des polnischen Liedes in den Hörnern und motorischen Tonwiederholungen im Schlagwerk die Stimmung merklich, wird dunkler und rastloser. Schließlich wird übergeleitet zur Reprise (T. 5 nach Z. 20), die sich jedoch stark verschleiert präsentiert. So erscheint das erste Thema nur gezupft in den Streichern, rhythmisch verändert und überlagert von einzelnen Exklamationen in den Klarinetten (z.B. Z. 21ff.) und ab 1 Takt vor Ziffer 22 von aufsteigenden Akkordfolgen der Violinen I (3 Violinen solo), wodurch die Bewegung immer wieder zum Innehalten gezwungen wird. Erst ab Ziffer 23 weicht die Stimmung erneut einer tänzerischen Gelöstheit, und das Wechselspiel von Violinen und Flöte (vgl. Z. 5) wiederholt sich. Mit Ziffer 27 beginnt die Coda, die von einer kontrastierenden, langgezogenen Abwärtsbewegung bestimmt wird, metrisch verschoben zu einer $^3/_4$-Figur. Zum Ende des Satzes leuchtet das bekannte thematische Material in den unterschiedlichen Bläsersektionen über einer gleichförmigen Tonrepetition in den Pauken auf, erstirbt langsam und kommt schließlich zum Stehen (Z. 27). Doch dabei bleibt es nicht: Ab Takt 2 nach Ziffer 27 erklingt in den Violinen (I+II, jeweils zwei solistische Geigen) das erste Thema, gespielt *con sordino, col legno* und im *pp* über einem a-Moll-Tremolo in den Bratschen und begleitet von Schlägen der Harfe. Dadurch entsteht ein trostloser, hohler Klangeindruck, der 1 Takt vor Ziffer 28 erstirbt. Wiederum unerwartet erklingt ab Ziffer 28 noch einmal ein Fragment des Eingangsthemas, erneut in den Oboen, nur subtil begleitet vom Schlagwerk, das zusammen mit Bässen und Violen (*con sordino* und *ppp*) den Satz beendet.

Der 3. Satz steht in getragenem *Adagio*. Wie bereits erwähnt, entstand er nachträglich (1950) und war ursprünglich als 2. Satz geplant. Formal ist er ebenfalls ein erweiterter Sonatenhauptsatz. Sein Charakter wird von der dramatischen Verarbeitung des thematischen Materials bestimmt, das – elegisch und düster – in seiner Faktur wie eine dunkle Replik auf das ‚slawische' Eingangsthema des 1. Satzes erscheint. Mitunter knüpft der Satz mit seinen streckenweise sehr dichten und spannungsgeladenen Abschnitten klanglich an Mahlers 5. Symphonie an (etwa die kontrapunktische Steigerung der Streicher ab Ziffer 1, die entfernt an das berühmte „Adagietto" erinnert). In der Reprise ab Ziffer 8 erklingt das thematische Material zuerst in den Trompeten (*con sordino*) und den Streichern im *ff*, dann verdichtet sich die Instrumentierung und die Linie kommt zum Stehen (T. 2 nach Z. 9). Durch einen abrupten Wechsel der Dynamik und den Zusammenklang von Hörnern und Streichern wird die Spannung gehalten, dann jedoch langsam reduziert, bis eine solistische Melodie aus bekanntem thematischen Material in der Klarinette von gezupften Klängen

---

nen Gefallen tun würde. Eine Version des Liedes ist anzuhören unter: http://www.youtube.com/watch?v=uOAqNsjAaVc [Stand: 23.03.2017].

der Streicher *con sordino* abgelöst wird, die dann wiederum in einen aufschimmernden C-Dur-Klang im *ppp* münden. Mit diesem Klang verebbt der 3. Satz.

Der 4. Satz (*Allegro vivace*) zeigt sich einerseits motorisch, schroff und von militärisch anmutender Strenge, andererseits zuweilen tänzerisch und leichtfüßig. Ein bewegtes Achtelmotiv in den Posaunen und Trompeten, welches den einleitenden Satzanfang bildet, wird mit Ziffer 1, dem Beginn der Exposition, in die Streicher gereicht, *sempre marcatissimo* und im *ff*, und dort weitergeführt. Die regelmäßige Achtelstruktur des Satzes wird über eine lange Strecke beibehalten, wobei diese Struktur mit Auftakt zu Ziffer 2 mittels Bindungen durchbrochen wird. Über einen großen Abschnitt des Satzes wird das Wechselspiel der Achtelfigur durch die verschiedenen Instrumentengruppen einerseits und das Spiel mit Bindungen andererseits fortgeschrieben. Erst mit Ziffer 11 wird die rhythmische Struktur verändert und das Metrum über sechs Takte durch hemiolische Bindungen verschoben, bevor in den Achtelpuls zurückgekehrt wird. Ein weiterer Einschnitt findet sich 4 Takte vor Ziffer 15. Die Streicher wechseln ins *pizzicato*, in den Blechbläsern wird ein Fragment des Hauptmotivs rhythmisch augmentiert aufgegriffen. Insgesamt wird so der motorische, schroffe Klang aufgelockert und es entsteht eine Art Ruhepause. Dieser Eindruck weicht einem sehr zart-tänzerischen Klang, der wie ein Ballettsatz anmutet; unter anderem durch den Wechsel in einen ¾-Puls bei Ziffer 14, der schließlich vor allem durch die Begleitfigur der Harfe beibehalten wird. Dazu beginnt ab Takt 7 nach Ziffer 15 ein Dialog zwischen Englischhorn, Flöten, Oboe, Klarinette und schließlich Violine I (solo), die einander motivische Fragmente zureichen. Mit Ziffer 19 weicht das tänzerische Intermezzo wieder dem Achtelpuls, jedoch innerhalb eines $^5/_4$-Metrums. Die Rückkehr zur Reprise wird vorbereitet und die dramatische Steigerung langsam vollzogen. Nach dem ersten Erklingen von Fragmenten des Achtelthemas in den Streichern erklingen im Wechselspiel von zuerst Hörnern, Schlagwerk und Flöten, schließlich auch in den anderen Instrumentengruppen rhythmisch augmentierte Motivteile. Ab Ziffer 22 wird der Klangteppich dichter, die Dynamik steigert sich und mit Ziffer 26 setzt schließlich die Reprise ein, die das motivische Material des Satzanfangs, jedoch in veränderter Form, wieder aufgreift. Bemerkenswert ist noch ein Abschnitt vor der Coda des Satzes, der gleichzeitig den dramatischen Höhepunkt bildet. Mit Ziffer 38 wird das Tempo des Satzes verändert und *Moderato* vorgeschrieben, dazu spielen die Holzbläser und Streicher im *ff*, mit 32stel-Läufen und mit Trillern verzierte Haltenoten, unterlegt mit tremolierenden Bässen, während zuerst in den Trompeten, dann *fugato*-artig in den Posaunen das ‚slawische‘ Hauptthema des 1. Satzes wieder aufgegriffen wird, stark rhythmisch augmentiert und im *ff*. Ab Takt 3 nach Ziffer 38 setzt es dann auch in den Violinen und Bratschen ein, ebenfalls augmentiert und im *Tremolo*. Ab Takt 5 nach Ziffer 38 spielen dann auch die Hörner Fragmente des Themas, bevor 1 Takt vor Ziffer 39 wieder die 32stel-Läufe und Haltenoten mit Trillern (Z. 39) in den Holzbläsern erklingen und Oboen und Klarinetten das Thema erneut aufgreifen. Dann bricht der Höhepunkt gleichsam ein, das Thema wird im *pp* zuerst in der Flöte, dann der Klarinette in Bruchstücken hörbar, und mit Ziffer 41 erklingt erneut das tänzerische Motiv aus der Satzmitte, bevor schließlich zur Schlussgruppe hingeführt wird. Der Satz endet nach einer schroffen Achtelbewegung der Streicher auf h.

Insgesamt wird in der 3. Symphonie die Abkehr von der ‚absoluten‘ Richtung der 2. Symphonie op. 30 deutlich. Weinberg vollzieht eine betonte Hinwendung zur eher romantisch geprägten Symphonik einerseits sowie andererseits zu einem plakativen Folklorismus, wie er auch die *Sinfonietta* (und eine Reihe weiterer ‚Erfolgswerke‘) prägt. Die konkrete Auswahl der Volksliedzitate und auch die Faktur des folkloristischen Hauptthemas aus dem Kopfsatz könnten als Absicht gedeutet werden, das ‚groß-slawische‘ Reich (eingedenk der Widmung „Der Freundschaft der Länder …“ der *Sinfonietta*) musikalisch widerzuspiegeln und gleichzeitig der kulturpolitischen Forderung nach mehr Volksliedhaftigkeit und zeitgenössischen Themen nachzukommen. Möglicherweise war Weinberg in der Wahl des folkloristischen Sujets auch inspiriert von Mjaskovskijs 26. ‚slawischer‘ Symphonie, die er am 20. November 1948 – also relativ kurz vor Beginn der Arbeit an Opus 45 – am Klavier zusammen mit Michail A. Meerovič aufgeführt hatte.[240] Als Weinberg wiederum Anfang Oktober 1949 Mjaskovskij sein Opus 45 gezeigt hatte, hatte dieser in sein Tagebuch notiert: „M. Vajnberg zeigte mir einige ausgezeichnete Werke: Eine Symphonie (nach slawischen Themen, sehr interessant), und eine Moldawische Rhapsodie – sehr prächtig, aber etwas unterentwickelt“.[241]

Weinbergs Auswahl der musikalischen Zitate lässt einen biographischen Bezug vermuten.[242] Wenngleich ich hier auf eine Deutung verzichten möchte, soll wenigstens angemerkt werden, dass Weinberg ausgerechnet das ‚slawische‘ Thema nicht als Zitat einführte, sondern selbst entwarf. Dass das in der *Sinfonietta* auch von offizieller Seite noch so gepriesene jüdische Idiom in dieser Komposition keinen Platz mehr hatte, liegt indessen auf der Hand, markiert das Jahr 1949 doch gemeinhin den Anfang der stalinistischen ‚Antikosmopolitenkampagne‘, in deren Zuge Stalins Antisemitismus offen zum Vorschein kam.

Der technische Anspruch, der Entwurf vielschichtiger Klangwelten, die sorgfältige formale Konstruktion und die abwechslungsreiche Dramaturgie des Werkes zeugen von Weinbergs Willen, im Anschluss an die *Sinfonietta* eine neue Form der Symphonik für sich zu finden, die Erfolg haben könnte. Wie sich zeigte, waren jedoch die Bemühungen, den eigenen Gattungsanspruch im Sinne der auch politisch goutierten Ästhetik zu modellieren, vergebens. Denn offenkundig genügte das Werk den offiziellen Anforderungen an eine Symphonie nicht. Interessant erscheint in Anbetracht der Quellenlage jedoch, *wem* das Werk nicht genügte. Denn MWMA0153 zeugt davon, dass die Komposition zumindest von der Glavrepertkom bereits 1949 zur Aufführung freigegeben worden war. So scheint die erste Überarbeitung aus dem Jahr 1950 mit

---

240 Vgl. Lamm (1989), S. 327. Die Symphonie fiel bei der Anhörung durch, doch liegt es durchaus im Bereich des Möglichen, dass Weinberg sich von dem Werk inspiriert sah. Zumindest gibt es gewisse Ähnlichkeiten des lyrischen Seitenthemas aus Mjaskovskijs Symphonie und Weinbergs Hauptthema.

241 Tagebucheintrag vom 3. Oktober 1948, in: Lamm (1989), S. 329f. Man beachte, dass Mjaskovskij hier dasselbe Adjektiv „prächtig“ („chlestkij“) verwendet, welches er bereits zur Charakterisierung der *Sinfonietta* op. 41 verwendet hatte.

242 Eingedenk der Tatsache, dass er in Minsk seine Ausbildung absolviert hatte und selbst aus Polen kam.

großer Wahrscheinlichkeit auf Kritik von Seiten des Komponistenverbandes zurückzugehen. In einer kurzen Abhandlung des Werkes in der *Sovetskaja muzyka* aus dem Jahre 1960 wird jedenfalls erwähnt, dass die 3. Symphonie kurz nach ihrer Fertigstellung in einer offenen Anhörung des Komponistenverbandes aufgeführt worden sei, der Autor jedoch nach der Anhörung „einige Denkfehler bemerkt" habe und beschlossen habe, die Symphonie nicht öffentlich zu machen.[243] Dies muss als verschleierte Auskunft darüber gewertet werden, dass das Werk im Zuge der Anhörung scharf kritisiert worden war und Weinberg es infolge dessen noch einmal revidierte. In diesem Falle wäre der Vorgang um Opus 45 ein Beleg für den auch von Kirill Tomoff erwähnten Machtüberhang des SSK gegenüber dem KDI.[244] Weiterhin könnte jedoch auch der Konflikt zwischen Glavrepertkom und Glavlit,[245] von dem Tat'jana Gorjaeva ausführlich berichtet, ein Grund für die Nicht-Aufführung des Werks trotz dessen Bewilligung durch das Glavrepertkom sein. Denn wie Gorjaeva darlegt, waren zu diesem Zeitpunkt zwei Behörden gleichzeitig für zensorische Tätigkeiten zuständig, und die Zuständigkeitsbereiche nicht vollkommen geklärt:

> Der Parallelismus brachte Durcheinander in die Haltung zu den künstlerischen Organisationen und störte […] ihre [der Behörden – V.M.] normalen Tätigkeiten: oftmals bewilligte das Glavrepertkom, was Glavlit verbot und umgekehrt.[246]

Um die zweite und sehr viel tiefer greifende Überarbeitung neun Jahre später nachvollziehen zu können,[247] muss kurz ausgeholt werden. Weinberg begann die Arbeit an dem Werk nur wenige Monate, nachdem der *Prikaz 17* durch Stalin aufgehoben worden war. Wie bereits erwähnt, galt der Erlass vor allem den Philharmonien als Richtlinie für ihre Aufführungspolitik. Mit der *Sinfonietta* war die Musik Weinbergs, der durch den *Prikaz* als Komponist *persona non grata* geworden war, zwar wieder für die Bühnen tauglich geworden – doch war schon allein aufgrund seiner biographischen Situation weiterhin Vorsicht angebracht. Dass Opus 45 auch nach der ersten Überarbeitung nicht aufgeführt wurde, könnte daher als Indiz dafür gewertet werden, dass die Symphonie und ihr Komponist den Veranstaltern als zu ‚gefährlich' galten. Denn obwohl Opus 45 einige probate Stilmittel eingeführt hatte, vermittelte das Werk zugleich doch die Abkehr von der technischen und stilistischen Geradlinigkeit der *Sinfonietta* oder auch der *Rapsodija na moldavskie temy* op. 47.1. Dass die Symphonie erst 1960, über zehn Jahre nach Fertigstellung ihrer UV, aufgeführt werden konnte, ist somit offenkundig der politisch veränderten Situation zuzuschreiben, die auch zu einer Repertoireveränderung der Philharmonien führte. Auch die entschärfte biographische Situation Weinbergs, der nach Stalins Tod zumindest nicht mehr als Schwiegersohn Michoëls'

---

243 Vgl. A. Nikolaev: O tvorčeste M. Vajnberga, in: *Sovetskaja muzyka* 1 (1960), S. 40-47, hier S. 41.

244 Tomoff thematisiert die Machtverhältnisse an mehreren Stellen seiner Arbeit, vgl. jedoch vor allem Tomoff (2006), S. 171f., S. 187f. u. 203-211. Die unklare Struktur der zensorischen Behörden und die Machtkämpfe und Probleme, die darüber entstanden, sind anhand von Primärquellen einleuchtend dargestellt bei Gorjaeva (2002), S. 295f.

245 Glavnoe upravlenie po delam literatury i izdatel'stv.

246 Ebd., S. 295. Erst Anfang der 1950er Jahre wurden die Verantwortlichkeitsbereiche der zensorischen Behörden neu strukturiert; vgl. ebd., S. 296f.

247 So wurde beispielsweise die Umstellung von 2. und 3. Satz erst 1959 vorgenommen (was der Abgleich der zur Korrektur verwendeten Stifte bezeugt).

in Gefahr war und der nach der offiziellen Berichtigung des Erlasses „Op opere…"
im Jahre 1958 auch als Komponist offiziell rehabilitiert wurde, spielt dabei gewiss eine
große Rolle.[248]

Insgesamt zeigt die Entstehungsgeschichte von Opus 45, dass Weinberg mit seinem
Versuch einer Synthese von eigenem und politischem Anspruch erneut gescheitert war.
Und das Werkverzeichnis bekundet, dass dieses Scheitern Folgen hatte, die sich unmittelbar auf das kompositorische Schaffen Weinbergs auswirkten. Nach der Erstredakti-
on der 3. Symphonie wandte sich Weinberg fast ausschließlich der zwar grundsätzlich
technisch einwandfreien, doch vergleichsweise simplen und auch wenig umfangreichen
symphonischen Dichtung zu. In relativ schneller Abfolge entstanden die *Pol'skie napevy* op. 47.2, die *Rapsodija na slavjanskie temy* o.O., die *Moldavskaja rapsodija* op. 47.3
und eine *Pol'skaja fantazija* o.O.[249] Dies scheint verständlich, da Weinberg bei allem
künstlerischen Anspruch finanziell darauf angewiesen war, dass seine Musik aufgeführt
und/oder veröffentlicht wurde, was seine ambitionierten Kompositionen nicht gewähr-
leisten konnten. Zudem wollte er sich vermutlich nicht zusätzlich in Gefahr bringen.
Denn seine persönliche Situation war erneut prekär geworden, als der Cousin von Solomon Michoëls, der Arzt Miron Vovsi, im Zuge der ‚Ärzteverschwörung' verhaftet
wurde. Natal'ja Vovsi-Michoëls berichtet, wie die Verhaftung ihres Verwandten unmittelbare Auswirkungen auf ihre Familie hatte:

> In einem TASS-Bericht wurde gesagt, daß dank einer gewissen Frau Dr. Li-
> dija Timaschuk eine ganze Bande von „Mörder-Ärzten" entlarvt worden sei.
> Die Ehre, als Kopf dieser Bande bezeichnet zu werden, wurde meinem On-
> kel[250] Miron Semjonowitsch Wowsi zuteil. […] Mein Vater, der „bourgeoise
> Nationalist und Agent des amerikanischen Jewish Joint Distribution Com-
> mittee (JOINT)", sollte, wie TASS erläuterte, von diesem JOINT stammen-
> de Instruktionen darüber, welche Mitglieder der Regierung ermordet wer-
> den sollten, an meinen Onkel weitergegeben haben. Vierzehn Tage nach
> diesem Bericht wurde bei uns eine fast vierundzwanzig Stunden dauernde
> Hausdurchsuchung durchgeführt, nach der sich in unserer Wohnung nicht
> der kleinste Fetzen Papier mehr befand. „Wissen Sie, was das ist?", fragte der
> KGB-Mann mich und meine Schwester drohend und wedelte mit Lenins „Die
> jüdische Frage in Rußland" vor unseren Augen. „Soll das heißen, daß es ver-
> boten ist, ein Buch von Lenin zu besitzen?" fragten wir erstaunt. „Das ist nati-
> onalistisches Schrifttum!" entgegnete er und legte das Buch zu den konfiszier-
> ten Papieren. Unter den „gefährlichen" Dokumenten befanden sich übrigens

---

248 Ob selbst in der veränderten Situation sechs Jahre nach Stalins Tod die Symphonie in ihrer ‚Ur-
fassung' als nicht geeignet für eine Aufführung bewertet worden war und/oder ob Weinberg nach
der vergleichsweise langen Arbeitspause an Opus 45 aus rein ästhetischen Gründen Änderungen
vornahm, kann heute nicht nachvollzogen werden. Die Überarbeitungen in der 1959er Version
des MWMA0153, die größtenteils übereinstimmen mit den Korrekturen in der KA, deuten in jedem Falle darauf hin, dass sie im Zuge der Vorbereitung einer Aufführung stattfanden.

249 Die Anzahl der Werke ohne Opuszahl in diesem Zeitraum ist signifikant hoch und lässt vermuten, dass Weinberg sich als Komponist von diesen Werken gleichsam distanzieren wollte.

250 Hier wurde *dvojurodnyj brat'* fälschlicherweise mit „Onkel" übersetzt. Tatsächlich war Miron
Vovsi der Cousin von Solomon Michoëls. Ich danke Brigitte van Kann für die hilfreiche Unterstützung bei der Suche nach dem richtigen Verwandtschaftsgrad.

Zeichnungen meiner siebenjährigen Tochter. Als sie endlich davonfuhren, sah das Haus wie nach einem Pogrom aus.[251]

Dass er letztendlich den belastenden familiären Verstrickungen als Komponist wenig entgegensetzen konnte, zeigt in aller Deutlichkeit Weinbergs Verhaftung im Jahre 1953. Am 6. Februar 1953, am Abend nach der Uraufführung seiner *Moldavskaja rapsodija*, wurde Weinberg inhaftiert. Die Vorgänge zu der Verhaftung sind dargestellt bei David Fanning[252] und sollen hier nicht erneut rekapituliert werden. Die Inhaftierung hatte gravierende Folgen für Weinberg, trotzdem wollte er sich rückblickend selbst nicht zu den verfolgten Komponisten zählen:

> Wie war das Jahr 1948? Es war übel, das kann ich sagen. [...] Es war schwierig für mich, weil sie mir einige Jahre lang nichts abnahmen, aber ich arbeitete damals viel für das Theater, den Zirkus. [...] Das heißt, dass ich nicht sagen kann, dass es sehr schwierig war. Anders gesagt, es war schwierig, aber gleichzeitig war ich von den besten Interpreten der Welt umringt und mit ihnen befreundet. Sie spielten meine Werke. Ich kann von mir nicht sagen, was andere Komponisten sagen – dass sie verfolgt wurden.[253]

Noch Jahrzehnte später äußerte er sich ungern zu den Vorgängen, aus Angst, dass sich alles „da capo" wiederholen könne.[254]

Die Nachwirkungen der Haft zeigen sich im Werkkatalog: Nach seiner Freilassung (am 25. April 1953) dauerte es Jahre, bis Weinberg wieder zu voller Schaffenskraft zurückfand. Erst Ende der 1950er Jahre wagte er sich wieder an die ,Meistergattung' der Symphonie. 1957 begann er mit der Arbeit an der 4. Symphonie op. 61, bevor er 1959 Opus 45 einer erneuten Revision unterzog. Auch das Manuskript von Opus 61 weist großflächige Überarbeitungen auf, die Weinberg – den Datierungen zufolge – im Jahre 1961 vornahm. Die Uraufführung der 4. Symphonie erfolgte am 16. Oktober 1961. Die offenkundigen Probleme mit der Gattung zwischen den Jahren 1949 und 1957 waren im Grunde erst ab diesem Zeitpunkt – also nach den Uraufführungen von Opus 45 und Opus 61 – beseitigt. Von da an wandte sich Weinberg der Gattung wieder kontinuierlich zu: Nach Abschluss der 4. Symphonie entstanden in schneller Reihenfolge die 5. Symphonie op. 76 und die 6. Symphonie op. 79 (1962 und 1962/63), die 7. Symphonie op. 81 und die 8. Symphonie op. 84 (beide 1964) sowie die 9. Symphonie op. 93 (1966/67), die 10. Symphonie op. 98 (1968) und die 11. Symphonie op. 101 (1969/70). Nach einer weiteren symphonischen Pause zwischen 1970 und 1975 komponierte Weinberg bis zu seinem Tod etwa alle zwei Jahre eine Symphonie.

251 Natal'ja Vovsi: *Moj otec Solomon Michoëls*. Tel Aviv 1984, S. 189, zit. nach Fanning (2010a), S. 93.
252 Ebd., S. 95f.
253 Vgl. Nikitina (1994), S. 17–24, hier: S. 22.
254 Jakubov (1995), S. 13.

Zuflucht bei den ‚leichten' Genres: Weinbergs Unterhaltungsmusik

In den schweren Jahren ab 1948 war es Weinbergs kompositorischer Flexibilität zu verdanken, dass er sich und seine Familie ernähren konnte. Er zog sich auf ein Genre zurück, das ihm ein finanzielles Auskommen verschaffte, und in dem er wenig Angriffen von offizieller Seite ausgesetzt war: die Zirkusmusik. Zudem begann er in einem Bereich zu arbeiten, den er Zeit seines Lebens bedienen, und in dem er seine größten Erfolge verzeichnen sollte: im Film. Um in der Chronologie des Werkverzeichnisses zu bleiben,[255] beginnen meine Ausführungen mit dem Bereich der Zirkusmusik.

Zirkus

Wie Weinberg zu seinen ersten kompositorischen Aufträgen für den Zirkus kam, ist bislang nicht geklärt. Möglich ist, dass Šostakovič ihm die nötigen Kontakte verschafft hatte. Immerhin war der Freund und Kollege (der selbst große Stücke auf den Zirkus hielt)[256] unter anderem mit Leonid Utesov bekannt, der – als Komponist im Bereich der Unterhaltungsmusik erfolgreich – auch im Zirkus als Darsteller aufgetreten war und enge Verbindungen zu diesem Genre hatte.[257] Es liegt nahe, dass Utesov, der mit bürgerlichem Namen Lazar Iosifovič Wajsbejn hieß und jüdischer Herkunft war, dem in Bedrängnis geratenen Weinberg den Zugang zur Zirkuswelt eröffnete. Dass Weinberg und Utesov sich auf jeden Fall persönlich kannten, davon zeugt ein (leider undatiertes) Stück, das von Utesov verfasst und von Weinberg bearbeitet wurde.[258] Möglich ist aber auch, dass der Kontakt zum Zirkus über Jurij Levitin oder andere Freunde oder Bekannte Weinbergs zustande gekommen war. Immerhin bot der Zirkus in den für die Musik so schwierigen Jahren einer ganzen Reihe von (jüdischen)[259] Komponisten ein Auskommen.[260] Dass Weinberg aufgrund seiner musikalischen Vorbildung für die Tätigkeit in diesem Bereich hervorragend geeignet war, liegt indes auf der Hand.

---

255 Abgesehen von dem Film *Fredek uszczęśliwia świat* [Fredek macht die Welt glücklich], der 1936 unter der Regie von Zbigniew Ziembiński noch in Warschau entstanden war (vgl. dazu S. 28), begann Weinberg 1948 erst für den Zirkus zu komponieren, bevor er zur Filmmusik zurückkehrte.

256 Vgl. Fay (2000), S. 62f.

257 Vgl. den Artikel von E[...] D. Uvarova: Utesov (Vajsbejn). Leonid Osipovič, in: Èstrada Rossii XX veka. Ènciklop*edija*. Moskau 2004, S. 683f., hier: S. 683. Auch S. Frederick Starr: *Red and Hot. Jazz in Rußland von 1917–1990.* Wien 1990, S. 126.

258 Vgl. RGALI, f. 3005, op. 1, ed. chr. 910. Vgl. auch das Werkverzeichnis im Anhang.

259 Der Wechsel vor allem jüdischer Komponisten in den Bereich der Unterhaltungsmusik in den späten 1940er Jahren scheint signifikant häufig. In der Untersuchung von Joachim Braun wird nur pauschal darüber berichtet, dass viele Juden im Bereich des populären Massenliedes tätig waren; vgl. dazu Joachim Braun: Jews in Soviet Music, in: Jack Miller (Hg.): *Jews in Soviet Culture.* New Brunswick, NJ / London 1984, S. 65-106, hier: S. 78-80. Leider ist nichts zu den Gründen zu lesen. Jedoch widmet sich Braun nicht dem Bereich der Zirkus- und Unterhaltungsmusik bzw. dem Wechsel von jüdischen Musikern in diesen Bereich. Auch Martin Lücke weist in seiner Studie *Jazz im Totalitarismus* darauf hin, dass aufgrund „des wachsenden Antisemitismus in der UdSSR seit der zweiten Hälfte der 40er Jahre" eine „große Zahl jüdische Jazzmusiker und Arrangeure" von Verhaftungen betroffen worden seien; Martin Lücke: *Jazz im Totalitarismus*, (Populäre Musik und Jazz in der Forschung. Interdisziplinäre Studien, hg. von Rainer Dollase u.a., Bd. 10). Münster 2004, S. 161, auch Fn. 810. Die aktuelle Studie dazu stammt von Maya B. Katz: *Drawing the Iron Curtain. Jews and the Golden Age of Soviet Animation.* New Brunswick, NJ / London 2016.

260 So waren beispielsweise auch Nikolaj Pejko und Aram Chačaturjan – beide nicht jüdischer Herkunft – für den Zirkus tätig.

Hatte er doch in jungen Jahren sein Geld mit Unterhaltungsmusik verdient, als Pianist auf Hochzeiten und in Cafés gespielt und seinen Vater im jüdischen Theater am Klavier begleitet.[261]

Die Materiallage der von Weinberg komponierten Zirkusmusik ist kompliziert. Weinberg selbst katalogisierte diese Stücke nicht und führte nicht Buch über ihre Produktion. Die wenigen Publikationen, die sich mit Weinberg befassen, ignorieren (wohl auch aufgrund der schwierigen Quellenlage) diesen Bereich weitgehend oder fassen seine Tätigkeiten dafür pauschal zusammen.[262] Die Auflistung der Zirkusmusik Weinbergs im hier angefügten Werkverzeichnis kann daher nicht als vollständig bezeichnet werden, gibt aber den aktuellen Quellenstand wieder. Das Verzeichnis wurde vor allem anhand des Notenbestandes der Rossijskaja gosudarstvennaja biblioteka im. Lenina – in dem eine Vielzahl von Zirkusmusiken Weinbergs enthalten sind – und einiger archivalischer Manuskripte vorgenommen. Auch in den Werkverzeichnissen von Nikitina und Sladkova wird auf die Zirkusmusik Weinbergs hingewiesen. Für den Zeitraum zwischen 1948 und 1954 konnten so bisher drei Galopps, drei Ouvertüren und Romanzen, zwei Walzer, zwei Märsche, zwei Nocturnes[263] und Zwischenakte, ein Intermezzo und eine Mazurka als von Weinberg stammend identifiziert werden. Dazu kommt ein mehrere Stücke umfassendes Konvolut mit dem Titel *Desjat' vychodov i udchodov dlja cirkovych nomerov*, ein Konvolut mit dem Titel *Četyre p'esy na kitajskie temy dlja malogo simfoničeskogo orkestra* und ein Konvolut, das mehrere Stücke für bestimmte artistische Darbietungen umfasst. Weiterhin ein Werk mit dem Titel *P'esy v preloženii dlja simfoničeskogo orkestra* und *Tri p'esy dlja orkestra*, die vermutlich ebenfalls dem Genre der Zirkusmusik zuzurechnen sind. Alle diese Stücke konnten – teils als Notenausgaben in der Orkestroteka (dazu gleich ausführlicher), teils als Manuskripte – in Moskau ausfindig gemacht und eingesehen werden. Dazu kommt eine Reihe von Zirkusmusiken, die zwar in verschiedenen Quellen erwähnt werden, die ich jedoch nicht anhand des vorhandenen Notenmaterials identifizieren konnte.[264] Die meisten dieser Stücke sind vollständig von Weinberg verfasst und instrumentiert. Ausnahmen stellen eine Mazurka in Es-Dur und die *P'esy v preloženii dlja simfoničeskogo orkestra* (beide 1952) dar.[265]

Welche Bedeutung der Zirkus für die russische und sowjetische Gesellschaft hatte und hat, kann kaum überschätzt werden und lässt sich aus westlicher Perspektive nur schwer nachvollziehen. Miriam Neirick zitiert in ihrer 2012 erschienenen Studie zur Geschichte des sowjetischen Zirkus einen Journalisten der *Washington Post*, der Russ-

---

261 Vgl. Nikitina (1994), S. 17.

262 Vgl. die Eintragungen bei Nikitina (1972), S. 204-208, bei Sladkova (1986), S. 76, und bei Fanning (2010a), S. 235.

263 Wobei eine der Nocturnes – die dem Titel zufolge für eine artistische Seilnummer verfasst wurde – aufgrund ihrer Bezifferung Teil eines größeren Konvoluts sein muss.

264 Dazu gehören verschiedene mit *Muzyka dlja cirka* betitelte Ausgaben, eine vierteilige Suite mit dem Titel *V cirke*, eine Konzertouvertüre und eine Suite für Unterhaltungsorchester, eine *Kitajskaja sjuita N2* und ein Stück mit dem Titel *Muzyka k cirkovomu attractionu*.

265 Die Mazurka wurde von einem gewissen A. Gel'man instrumentiert, der wohl im Bereich der Unterhaltungsmusik lange tätig war und bereits vor dem Krieg u.a. ein Werk für Jazz-Orchester für Matvej Blanter instrumentiert hatte. Leider war zur Person keine weitere Information auffindbar. Zu dem Werk mit Blanter vgl. den Eintrag im Katalog der RGB unter http://www.rsl.ru/ [Stand: 02.02.2013]. Die Stücke für Sinfonie-Orchester wurden instrumentiert von einem gewissen É. D. Lapsker. Auch zu dieser Person war keinerlei Information auffindbar.

lands Liebe zum Zirkus sehr treffend als „probably Russia's foremost communal experience" zusammenfasste.[266] Der Journalist hielt fest: „rich, poor, Communist, dissident, Christian, Jew, Muslim or atheist, all Russians were taken to the circus as kids and take their own kids to the circus now."[267] Seit Katharina der Großen – auf ihre Veranlassung hin hatten im Jahr 1790 die ersten Zirkusdarbietungen in St. Petersburg stattgefunden – gehört der Zirkus als fester Bestandteil zur russisch-sowjetischen Unterhaltungskultur. In jeder größeren Stadt findet sich, neben einem Theater oder einem Museum, mindestens ein Zirkusgebäude.[268] Und wie alle Kulturbereiche wurde auch dieser Bereich der ‚leichten' Unterhaltung nach der Revolution 1917 staatlich strukturiert:

> In January 1921, the Circus Section supervised the incorporation of all private circuses within the Russian Republic into local departments of public education. Two years later, these circuses came under the centralized control of the Central Administration of State Circuses […], which had administered the two Moscow circuses since it was founded in 1922. The relative efficiency with which the Bolsheviks organized the circuses – they established the state cinemas, by contrast, only in December 1922 – was the earliest indication of the prominent position the circus would long maintain in the Soviet Union.[269]

Seit 1930 wurden die Zirkusse zusammen mit Varietés und anderen unterhaltungsmusikalischen Bereichen von der GOMÈC[270] verwaltet, ab 1936 wurden sie jedoch einer eigenen Abteilung unterstellt, die sich ausschließlich um die Belange des Zirkus kümmerte: der Glavnoe Upravlenie Cirkov (GUC).[271] Den Angaben von Neirick zufolge gab es im Jahre 1939 in unterschiedlichen Städten des Landes insgesamt 69 feste und dazu 14 reisende Zirkustruppen, die jährlich 19 Millionen Besucher anzogen.[272] Während des Krieges wurden Zirkusdarbietungen an der Front, in den verschiedenen Truppenabteilungen und in Krankenhäusern abgehalten. Nach dem Krieg reduzierte sich die Zahl der Zirkusse leicht (auf 52 oder 53 Zirkusse, die Zahlen scheinen nicht ganz sicher), bis 1960 waren jedoch wieder bereits 65 Zirkusse aktiv, die fast 72.000 Darbietungen für fast 28 Millionen Zuschauer im Jahr boten.[273] Den Grund, warum ein so dezidiert ‚leichtes', dabei überaus wandelbares Metier wie der Zirkus in einer Staatsform, die an ihre Künste klar utilitaristische Ansprüche stellte, so erfolgreich war, sieht Neirick eben in der Flexibilität des Genres. Sie fasst zusammen:

---

266 Zit. nach Miriam Neirick: *When Pigs Could Fly and Bears Could Dance. A History of the Soviet Circus.* Wisconsin, WI 2012, S. 5.
267 Ebd.
268 Zum kurzen geschichtlichen Abriss vgl. ebd., S. 6-13. Anders als in Westeuropa, wo Zirkusse der Tradition gemäß als fahrende Veranstaltungsorte mit Zelten umherziehen – ein festes Gebäude, wie etwa der ‚Kronebau' des *Zirkus Krone* in München, ist eher eine Seltenheit.
269 Neirick (2012), S. 9f. Vgl. dazu auch Maksimilian Nemčinskij: *Cirk Rossii. Na peretonki so vremenem. Modeli cirkovych spektaklej 1920–1990 godov.* Moskau 2001, S. 161.
270 Gosudarstvennoe ob"edinenie muzykal'nych, èstradnych i cirkovych predprijatii.
271 Vgl. Ju. A. Dmitriev: Iskusstvo – Cirk, in: Aleksandr M. Prochorov (glav. red.): *Bol'šaja sovetskaja ènciklopedija.* Bd. 24, Teilband 2: *Sojuz Sovetskich Socialist-českoch respublik.* 3. Ausg. Moskau 1977, Sp. 1398-1401, hier: Sp. 1399.
272 Neirick (2012), S. 10.
273 Alle Angaben ebd.

The circus became and so long remained the darling product of Soviet culture because it appealed to so many different people in so many different ways. […][274]

The political, ideological, economic, social, and cultural imperatives of the Soviet state underwent periodic revision, and the official demands placed on the circus, along with all other cultural products, changed accordingly. At different times, the circus had to do different things. It had to convey different messages, construct different myths, please different constituencies, and promote different interests. Because the circus was a varied and flexible medium whose content remained ambiguous, it was able to perform these tasks with exceptional consistency throughout the succeeding periods of Soviet history.[275]

In den Nachkriegsjahren, in denen auch Weinberg begann, für den Zirkus zu arbeiten, war dessen Funktion klar umrissen:

Postwar circus acts advertised Soviet consumer goods, dramatized scenes from family life, and championed the benefits of cultured living while simultaneously exaggerating the threat that western powers posed to all three. […] After the war, the circus offered proof that the Soviet government was the only able and legitimate provider for all the happy Soviet families residing in well-appointed homes throughout the prosperous Soviet homeland, no matter how difficult each of them had become to secure.[276]

Dass die kulturpolitischen Maßnahmen der Nachkriegsjahre sich auch auf den Zirkusbereich erstreckten und auch dieser Kultursektor scharfer Beobachtung unterlag, davon zeugt ein umfangreicher Artikel zur Zirkusmusik, der in der Juni-Ausgabe des *Sovetskaja muzyka* 1949 abgedruckt worden war. Offenkundig in Folge einer Anhörung im künstlerischen Rat der GUC wurde über drei Seiten zuerst die wichtige Bedeutung der Musik für den Zirkus hervorgehoben:

Die Musik nimmt im Zirkus einen bedeutenden Platz ein. […] Gewöhnlich führt das Orchester zu Beginn eine Ouvertüre auf, und zwischen den aufeinanderfolgenden Abschnitten Zwischenspiele. Die Musik vereint alle Zirkusdarbietungen in einer vollständigen Einheit; wenn sie [die Musik – V.M.] mit Geschick ausgewählt ist, ergänzt sie den Eindruck des Programms.[277]

Dann erfolgte eine so umfassende wie vernichtende Kritik der aktuellen Zirkusmusik und ihrer Komponisten.[278] Verurteilt wurden die Komponisten vor allem dafür, dass sich ihre Musik zu stark am Jazz orientiere. Allein die Titel der Stücke zeugten von der „fauligen Nachahmung der abgeschmackten westlichen Muster". „Skrupellos" würde „minderwertiger jazziger Schund" eingeschleust, unter anderem in Form von Foxtrotts, Tangos und Blues, „als ob es für diese Komponisten keine anderen Musikstücke gäbe."[279] Scharf angegriffen wurde namentlich der (jüdische) Komponist Mat-

---

274 Ebd., S. 13.
275 Ebd., S. 14.
276 Ebd., S. 17.
277 L. Milovidov: Muzykal'naja žizn': Muzyka v cirke, in: *Sovetskaja muzyka* 4 (1949), S. 67-69, hier: S. 67.
278 Namentlich u.a. I. und N. Lavrov, L. Zisserman, Matvej Blantěr.
279 Alle Zitate ebd.

vej Isaakovič Blanter,[280] der die Verwendung so genannter ‚westlicher' Genres auf einer Anhörung vor der GUC im September 1948 folgendermaßen verteidigt habe:

> Den Foxtrott abschaffen, weil er aus dem Westen kommt – das ist überhaupt nicht schlüssig, denn dann müsste man auch den Walzer und die Polonaise und viele andere Tänze abschaffen und nur die Kamarinskaja und die Čečetka und „V sadu li, v ogorode"[281] bestehen lassen.[282]

„M. Blanter kennt den Unterschied zwischen progressiver klassischer Musik und zeitgenössischer dekadenter Musik der Bourgeoisie" nicht, lautete die harsche Zurechtweisung.[283] Ganz offenkundig ging es dem Autor darum, das Verbot des Jazz, das bereits zu ausufernden Restriktionen in anderen Bereichen der Unterhaltungsmusik geführt hatte,[284] auch in der Zirkusarena zu zementieren. Dabei standen moderne Tänze und Musikformen (wie etwa der Foxtrott, der Tango oder der Blues) unter Generalverdacht, wie S. Frederick Starr ausführt:

> Die enge Verbindung zwischen Jazz und den lasziven modernen Tänzen wurde mehr und mehr kritisiert. Da solche Tänze ohne den Jazz nicht möglich waren, empfahl man den sowjetischen Komponisten, völlig neue, jazz-freie Tanzmusik zu schreiben. Folkloristische Truppen [Musikgruppen – V.M.] wurden wiederbelebt und der Musikmarkt mit preiswerten Balalaikas und anderen traditionellen Instrumenten überflutet. Doch die fremden Tänze behielten ihre Popularität. In einer verzweifelten Kampagne […] befahl die Regierung den sowjetischen Paaren, sich wieder dem Walzer, der Polka [und] dem *Krakowjak* […] zuzuwenden.[285]

Doch nicht nur der Einfluss des Jazz im Bereich der Zirkusmusik wurde verurteilt, auch die allzu deutliche Bezugnahme auf klassische Musik wurde scharf angegriffen. Verschiedenen Komponisten, vor allem I. Dodjuk und L. Zisserman,[286] wurde das ‚Plagiieren' der Musik unter anderem von Beethoven, J. Strauss und N. Rimskij-Korsakov vorgeworfen.[287] Außerdem wurde bemängelt, dass in zu vielen Vorstellungen die immer gleiche Musik erklingen würde, anstatt für jede Inszenierung neue Stücke einzuführen. Anschließend wurde erläutert, welche Art von Musik für den Zirkus passend sei:

> Der Zirkus braucht leichte, lebensfrohe und frische Musik. Sie soll sich auszeichnen durch Klarheit, Rhythmus und durch die Fasslichkeit der melodischen Linie. Als die günstigsten Stücke für Zirkusnummern erweisen sich

---

280 Blanter hatte 1946 den Stalinpreis zweiter Klasse erhalten und war 1947 als Verdienter Kunstschaffender der RSFSR gewürdigt worden. U.a. hatte er 1938 das berühmte Lied „Katjuša" komponiert; vgl. N. Zelov: Artikel „Blanter, Matvej Isaakovič", in: Prochorov, Aleksandr M. (glav. red.): *Bol'šaja sovetskaja ènciklopedija*. Bd. 3: Bari-Braslet, S. 414, Sp. 1228f., hier: Sp. 1228.

281 Kamarinskaja und Čečetka sind russische Volkstänze, „V sadu li, v ogorode" ein bekanntes russisches Volkslied.

282 M. Blanter, zit. nach Milovidov (1949), S. 67.

283 Ebd.

284 So war allein die öffentliche Verwendung des Wortes *džas* strikt verboten; vgl. Starr (1990), S. 179.

285 Ebd., S. 181.

286 Zu diesen beiden Personen konnten leider keinerlei weiterführende Informationen ausfindig gemacht werden.

287 Milovidov (1949), S. 67-69, hier: S. 68.

Galopps, Walzer, Märsche, verschiedene rhythmische Tänze, Intermezzi, Ouvertüren usw.[288]

Um die für die Zirkusvorstellungen gewünschte Musik zu propagieren, war – wie der Artikel betonte – von der GUC eine eigene Notenreihe namens Orkestroteka ins Leben gerufen worden, in der Musik für „typisches Zirkusorchester" veröffentlicht werden sollte.[289] Zusätzlich wurde dazu aufgerufen, „in jedem Zirkus" eigene „öffentliche Bibliotheken" zu installieren, um so „die besten Beispiele des Schaffens sowjetischer Komponisten zu propagieren".[290] Die Zirkusmusik Weinbergs, die in dem Artikel ausdrücklich gelobt wurde, erschien – wie auch Zirkusmusik unter anderem von Isaak Duanevskij oder Tichon Chrennikov – in der ersten Serie der Orkestroteka sowie in ihren Folgereihen. Dass Weinberg für den Zirkus mit einigem Erfolg tätig war, davon zeugt auch seine namentliche Nennung als Komponist für Zirkusmusik im Artikel „Zirkus" der *Bol'šaja sovetskaja ènciklopedija*.[291]

Vergleicht man die Anforderungen, die in dem Artikel der *Sovetskaja muzyka* an die Zirkusmusik gestellt wurden, mit den Werken, die Weinberg für den Zirkus komponierte, so sind die Übereinstimmungen deutlich zu erkennen. Den Titeln zufolge handelt es sich tatsächlich vor allem um „Galopps, Walzer, Märsche, verschiedene rhythmische Tänze, Intermezzi und Ouvertüren". In ihrer Besetzung gleichen sich die Stücke und geben damit Auskunft über die Zusammensetzung der Zirkusorchester dieser Zeit: Meist besteht sie aus Holzbläsern (Flöten/Piccolo-Flöten, Oboe, Klarinette/n, Fagott), Blechbläsern (Horn/Hörner, Trompete/n, Posaune, Tuba), Schlagwerk, Violinen, Bratschen, Celli, Kontrabässe und Klavier. In den gedruckten Ausgaben wird jeweils darauf hingewiesen, auf welche der Instrumente gegebenenfalls verzichtet werden kann. Interessant ist, dass bis zu einem bestimmten Zeitpunkt in einer Reihe von Stücken als Ersatz für die Klarinetten Alt- bzw. Tenorsaxophone angegeben werden. Das Saxophon war im Zuge einer ‚Anti-Jazz-Kampagne'[292] nämlich als bourgeoises Instrument in Ungnade gefallen und teilweise komplett verboten worden.[293] Frederick Starr beschreibt die Auswüchse der ‚Anti-Jazz-Kampagne' folgendermaßen:

Das Saxophon traf es am härtesten. 1949-50 wurden alle Saxophonisten des Radio-Komitee-Orchesters entlassen, und der Komponist [Isaac – V.M.] Dunajewski strich fortan sämtliche Saxophonparts aus seinen Arrangements. [...] Eines Tages, im Jahr 1949, erhielt jeder Moskauer Saxophonist die Aufforderung, sein Instrument und seinen Berufsausweis ins Büro der Staatlichen-Varieté-Musikagentur zu bringen. Die verachteten Instrumente wurden konfisziert und die Ausweise der früheren Saxophonisten so geändert, daß sie keinen Hinweis auf das eigentliche Instrument der Musiker enthielten. Der

---

288 Ebd.
289 Ebd., S. 69. Vgl. dazu auch den Eintrag: [Anonymus]: Orkestroteka, in: Jurij V. Keldyš (glav. red.): *Muzykal'naja ènciklopedija*. Bd. 4: Okunev-Simovič. Moskau 1978, Sp. 99. Dort wird zusammengefasst, dass in der *Orkestroteka* u.a. auch Werke „volkstümlicher Musik, sowie populäre Werke sowjetischer Komponisten" herausgegeben werden sollten; ebd.
290 Milovidov (1949), S. 67-69, hier: S. 69.
291 [Anonymus]: Cirk, in: Boris A. Vvedenskij (glav. red.): *Bol'šaja sovetskaja ènciklopedija*. B. 46: Fuse-Curuta. 2. Ausg. Moskau 1957b, hier: S. 638.
292 Vgl. dazu Starr (1990), v.a. S. 177-185.
293 Vgl. dazu auch Lücke (2004), v.a. S. 162. Lücke zitiert einen Propaganda-Slogan, der lautete: „vom Saxophon zum Messer – ein Schritt"; ebd.

Tenorsaxophonist Juri Rubanow kam aus dem Büro als Fagottist, obwohl er dies Instrument noch nie in den Händen gehalten hatte [...]. Ähnliches geschah überall in der Sowjetunion. Im Konservatorium von Riga beispielsweise wurden Saxophone verboten und Prokofieffs *Lieutnant Kische*, dessen Partitur ein Saxophon vorschrieb, aus dem Repertoire gestrichen.[294]

Die von Starr beschriebenen Vorgänge lassen sich anhand der Besetzungsangaben der Zirkusmusik Weinbergs exakt nachvollziehen: Bis inklusive 1950 wird das Saxophon, wie oben erwähnt, als optionales Instrument genannt. In Stücken, die nach 1950 entstanden, ist vom Saxophon keine Rede mehr.

Das Komponieren von ‚funktionaler' Musik – und im Bereich des Zirkus vor allem die Komposition für bestimmte artistische Nummern – stellt an den Komponisten die Herausforderung, sich in hohem Maße auf die Artisten und den Regisseur einzustellen und die Länge und Charakteristik der Nummern genau mit ihnen abzustimmen. Wie die Manuskripte zeigen, arbeitete Weinberg nach einer Art ‚Baukastenprinzip', das ihm – je nach Bedarf – erlaubte, das Stück zu verlängern oder zu verkürzen. Zudem komponierte er offensichtlich sehr schnell und pragmatisch. Dies kann beispielsweise anhand des 2. Satzes der *Kitajskaja sjuita* (1950) aufgezeigt werden, die Weinberg für die Illusionisten Siu-Li und Van-Jum[295] komponierte. So nummerierte Weinberg im Manuskript einzelne Takte, die er im weiteren Verlauf erneut einzusetzen plante, bei ihrem ersten Auftreten durch und setzte bei deren Wiederholung allein die Ziffern (Abb. 16 und 17). Die Reihenfolge der Nummerierung und das erneute Auftreten der nummerierten Takte zeugen wiederum davon, dass ein ganzer Abschnitt des Satzes erst später eingefügt wurde.

Grundsätzlich gleichen sich alle für den Zirkus verfassten Stücke in ihrer Faktur insofern, als sie sehr regelmäßige Formen aufweisen und dem erwähnten ‚Baukastenprinzip' – das ein Einfügen und Streichen von Abschnitten problemlos möglich macht – folgen, etwa gemäß dem Schema A-A' (Wiederholung), B-B', A-A', B*, C, Schluss (Wiederholung).[296] Oftmals wird innerhalb der Sätze *da capo al Fine* vorgeschrieben. Als Taktmaß herrscht der $^2/_4$tel-Takt vor. Auffällig ist, dass Weinberg teilweise den unterschiedlichen Genres typische Charakteristika zuwies. So beginnen alle Galopps, die im Druck erschienen, mit einer einleitenden Figur aus zwei 16teln und einer (punktierten) Viertel, alle Walzer beginnen mit einem dreitaktigen Vorspiel der Begleitfigur. Grundsätzlich finden sich in fast allen Stücken bestimmte motivische Elemente, die – aufgrund ihrer Rhythmik, harmonischen Struktur und Melodik – eindeutig als zirkustypisch erscheinen. Dass alle diese Stücke den Anspruch erkennen lassen, unterhaltsam, abwechslungsreich und mitreißend zu wirken, möchte ich anhand einer 1952 entstandenen Mazurka zeigen.

Die Mazurka steht in Es-Dur, das Tempo ist *mit Allegro moderato* angegeben. Das Stück ist nach dem Baukastenprinzip konzipiert. Es wird eingerahmt von

---

294 Ebd., S. 180.
295 Vgl. Der Artist Siu-Li war als Illusionist tätig und entstammte der Zirkusfamilie Agaronov; vgl.: V[...] V. Akatova: Agaronovy, in: M. E. Švidkoj (glav. red.): *Cirkovoe iskusstvo Rossii. Ėnciklopedija*. Moskau 2000, S. 12. Dort wird der Name Si-U-Li geschrieben. Zu Van-Jum konnten leider keine Informationen ausfindig gemacht werden.
296 So etwa das Formschema des Galopp in d-Moll (1949).

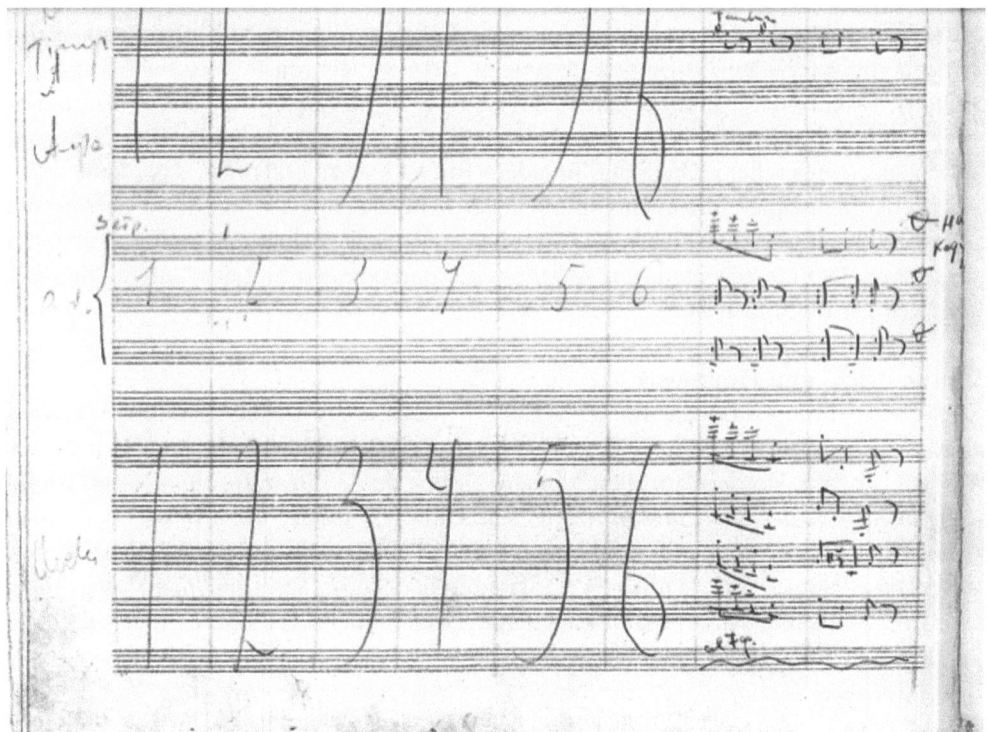

Abb. 16 u. 17: *Kitajskaja sjuita*, „N. 1: Galopp, N. 6", T. 1-11 (Ausschnitt); RGALI, f. 962, op. 23, ed. chr. 25, l. 2 u. 3.

einem Einleitungsmotiv in 2 x 4 und 1 x 4 Takten, und einem Schlussmotiv in 2 x 2 Takten. Innerhalb dieses Rahmens erklingen die periodischen Hauptmotive A (1 x 4 und 2 x 4 T., Z. 1) und B (2 x 4 T., Z. 3), die anfangs in der Reihenfolge A-A-B-B, am Schluss in der Reihenfolge B-B-A'-A" auftreten. Innerhalb des formalen Rahmens kommt es kaum zur Vermischung der unterschiedlichen motivischen Elemente, außer etwa im Abschnitt Ziffer 11, in dem Motive aus dem Formteil C (Z. 6) mit Motiven vermengt werden, die rhythmisch den Bezug zu A und zur Einleitung herstellen (T. 7 nach Z. 11 und T. 12 nach Z. 11). Insgesamt bleiben die einzelnen Abschnitte jedoch klar voneinander getrennt, nur die jeweils letzten Takte variiert Weinberg zum Zwecke der Überleitung. Das Stück ist tonal und folgt den üblichen funktionsharmonischen Zusammenhängen, die er durch vereinzelte Abweichungen noch zusätzlich bestätigt. Insgesamt trägt dies – im Zusammenspiel mit den immer wiederkehrenden und im Verlauf nur leicht modifizierten motivischen Bauteilen und den sangbaren Melodien – dazu bei, dass das Stück einen hohen Wiedererkennungswert hat.

Auffällig ist, wie die geradlinige, sehr klar konstruierte, von plakativen musikalischen Formeln durchsetzte kompositorische Idiomatik, die sich in Werken wie der *Sinfonietta* op. 41 offiziell bewährt hatte, auch im Bereich der Unterhaltungsmusik wiederzufinden ist. Nicht nur angesichts des ungeklärten Entstehungszeitraumes von Opus 41 ist zu vermuten, dass die Komposition der zweifelsohne erfolgreichen Zirkusmusik Weinbergs kompositorische Tätigkeiten im Bereich der ‚ernsten‘ Musik beeinflusste und *vice versa* (ich werde darauf im nächsten Abschnitt noch einmal zurückkommen). Immerhin finden sich unter anderem in der *Sinfonietta*, wie bereits erwähnt, Abschnitte von durchaus circensischem Charakter. In jedem Fall ist klar zu erkennen, dass die kompositorischen Prinzipien, die auch von offizieller Seite akzeptiert wurden, im Bereich der ‚ernsten‘ Musik und im Bereich der Unterhaltungsmusik nicht signifikant voneinander abweichen. Es unterscheiden sich vor allem die Besetzungen und der Umfang der Stücke, weniger ihre Machart.

Zeichentrick- und Filmmusik

Die ersten Kompositionen für den Film – nach dem bereits erwähnten *Fredek uszczęśliwia świat* – verfasste Weinberg 1949.[297] Dabei wurde er jedoch zunächst nicht für den ‚großen‘, sondern für den ‚kleinen‘ Film – den Animationsfilm – tätig. Dieser erfreute sich in der Sowjetunion bereits seit Mitte der 1920er Jahre stetig wachsender Popularität und war schließlich zu einem eigenen Teilbereich der Filmproduktion aufgestiegen. 1936 war auf staatliche Veranlassung das Studio *Sojuzmul'tfil'm*[298] gegründet worden, das die bis dahin separat voneinander agierenden Produktionsstätten für Animationsfilm in Moskau zusammenschloss.[299] Weinberg komponierte 1949 seine erste

---

297 Die Ausführungen in dem Abschnitt zum Film greifen auf meinen Artikel: Musik in Bewegung. Mieczysław Weinbergs Kompositionen für den Film, in: *Osteuropa* 7 (2010), S. 123-137, zurück.

298 Bei seiner Gründung wurde das Studio „Sojuzdetmul'tfil'm" genannt, 1937 allerdings umbenannt in „Sojuzmul'tfil'm". Der Name bildet sich aus den Wörtern *sojuz* [Verband], *mul'tiplikacija* [Zeichen-/Trickfilm] und *fil'm* [Film].

299 Vgl. David MacFadyen: *Yellow crocodiles and blue oranges. Russian animated Film since World War Two*. Montreal u.a. 2005, S. xi-xii.

Musik für den Cartoon *Polkan i Šafka* (Polkan und Šafka) – die Verfilmung einer Fabel von Sergej V. Michalkov – und blieb bis zum Ende seines Lebens in diesem Bereich der Filmbranche tätig. Die Menge der von ihm vertonten Animationsfilme ist beeindruckend: Insgesamt schuf er Kompositionen für 27 Animationsfilme verschiedenster Art.[300] Damit zählt er im Kreise seiner Kollegen, die sich neben der Komposition von ‚ernster Musik' und Musik für den Spiel- und Kinofilm auch der Musik für den Animationsfilm widmeten, zu den produktivsten Komponisten. Allein Jurij Levitin war mit 26 Kompositionen ähnlich aktiv. Auch er hatte sich aufgrund der schwierigen beruflichen Situation, in der er sich Ende der 1940er Jahre befand, in diesen Bereich zurückgezogen und bereits 1948 seine erste Vertonung für den *Sojuzmul'tfil'm*-Cartoon *Svetik-Semicvetik* (Regenbogenblümchen) komponiert.[301] Möglicherweise verdankte demnach Weinberg den Kontakt zu *Sojuzmu'tfil'm* seinem Freund Levitin.

Die ersten Animationsfilme, die Weinberg in den Jahren bis 1954 vertonte, sind Zeichentrickfilme und orientieren sich stilistisch an der Disney-Ästhetik der damaligen Zeit – allein der Film *Tanjuša, Tjavka, Top i Njuša* ist eine Mischform aus ‚echtem' Film, Puppentrick- und Zeichentrickfilm. Die Geschichten folgen insgesamt deutlicher als ihr westliches Pendant einem pädagogischen Zweck und transportieren teilweise sehr archaische moralische Botschaften: Es geht um Tapferkeit, Treue, Mut, Selbstvertrauen und natürlich Folgsamkeit. Was die Musik betrifft, so ist anzunehmen, dass Notenmaterial zu den von Weinberg vertonten Filmen in unterschiedlichen archivalischen Beständen vorhanden ist.[302] Bisher wurden die Filmmusiken Weinbergs jedoch nicht ausfindig gemacht und katalogisiert, und auch Weinberg selbst katalogisierte seine Arbeit für den Film, wie auch für den Zirkus, nicht.

Die Musik der frühen Animationsfilme erscheint ausschließlich als akustische ‚Begleitspur', die die Handlung vor allem lautmalerisch illustriert. Der klangliche Charakter ist vorwiegend flächig-orchestral, mit breitem Einsatz von Streichern, Holz- und Blechbläsern. Darüber hinaus verwendet Weinberg Instrumente wie Harfe, Klavier, Glockenspiel, Akkordeon oder Xylophon, um bestimmte klangliche und lautmalerische Akzente zu setzen und die flächige Klanglichkeit punktuell zu durchbrechen. Die Musik tritt in voller instrumentaler Breite vor allem zu Beginn, am Ende und in der jeweiligen Klimax der Filme in den Vordergrund, meist mit einem prägnanten Thema, das die Handlung quasi ‚einrahmt' und ihren Höhepunkt betont. Teilweise ist bestimmten Figuren eine Art Leitmotiv zugeordnet, das im Verlauf der Handlung immer wieder zum Einsatz kommt und je nach Handlungsmoment variiert wird – beispielsweise das Motiv des mutigen und treuen Hundes Polkan aus dem Zeichentrickfilm *Polkan i Šafka*. Das Motiv erklingt bereits im Vorspann und wird im Handlungsverlauf an denjenigen Stellen eingesetzt, in denen Polkan seine Beherztheit unter Beweis stellt.

---

300 Anhand der Kataloge der russischen Animationsfilm-Plattformen animator.ru und myltik.ru konnte eine Liste der von Weinberg vertonten Cartoons erstellt werden, die dann anhand der Cartoons selbst verifiziert und durch eigene Funde ergänzt wurde; siehe die Internetressourcen: Rossijskaja animacia v bukvach i figurach, Personali, Vajnberg Moisej Samuilović – http://www.animator.ru/db/?p=show_person&pid=982 [Stand: 23.03.2017]; daneben auch: Vajnberg Moisej – http://www.myltik.ru/index.php?topic=db&fe=persview&personid=236> [Stand: 23.03.2017].

301 Auch Levitins Name stand auf dem *Prikaz 17*.

302 Etwa im RGALI, f. 2469: Kinostudija „Sojuzmul'tfil'm".

Dem ängstlichen und unterwürfigen Hund Šafka hingegen, der aufgrund seiner Feigheit letztendlich von den Wölfen gefressen wird, wird kein eigenes Motiv zugeordnet.

Häufig sind die Filme durchsetzt von folkloristischen Liedern, was einerseits dem Einfluss amerikanischer Trickfilmproduktionen geschuldet sein dürfte (auch hier spielen ‚Volkslieder' eine prominente Rolle), andererseits wohl auch dazu diente, die dargestellte Handlung musikalisch mit dem parteilich geforderten volkstümlichen Kolorit zu versehen. Interessant ist hier eine Szene aus *Tanjuša, Tjavka, Top i Njuša*: Hier stellt eine Puppe das Radio an und ein Volkslied erklingt, gespielt von einem Akkordeon. Im selben Moment beginnt auf dem Regal eine Reihe von volkstümlich gekleideten weiblichen Puppen einen Tanz und eine ebenfalls mit Trachten bekleidete männliche Puppe scheint die Musik auf ihrem Akkordeon zu spielen. So wird die Musik innerhalb der Handlung vom Radio auf die Puppe übertragen. Als der Tanz schließlich immer wilder wird, erweitert sich die Besetzung (Streicher, Blechbläser, Flöten, Schlagwerk, Klavier) und die Tanzmusik wechselt in den extradiegetischen Bereich. Der Übergang zwischen diegetischer und extradiegetischer Musik in den Zeichentrickfilmen findet häufig statt. So erklingt die Titelmelodie von *Polka i Šafka* zuerst im Vorspann und leitet dann zur Handlung über. Dabei wechselt das Thema von den Streichern in die Flöte, gleichzeitig erscheint im Film die Figur eines Jungen, der an einen Baum gelehnt die Flöte spielt.

Im Bereich des Spielfilms wurde Weinberg (nach dem bereits genannten *Fredek uszczęśliwia świat*) erst nach Stalins Tod im Jahre 1954 tätig. Bemerkenswert erscheint, dass Weinberg ab diesem Zeitpunkt (von einer Ausnahme abgesehen)[303] offenbar keine weiteren Kompositionen für den Zirkus mehr anfertigte. Doch handelt es sich bei den ersten beiden Vertonungen immerhin um Filme, in denen der Zirkus eine Rolle spielt. Während im Film *Dva Druga* [Zwei Freunde] nur einzelne Szenen im Zirkus stattfinden, ist *Ukrotitel'nica Tigrov* [Die Tigerdompteurin], der erste vertonte Spielfilm Weinbergs unter der Regie von Nadežda Koševerova und Aleksandr Ivanov, ganz in der Welt des Zirkus angesiedelt. Die erfolgreiche Komödie wurde im Studio Lenfil'm mit Sitz in Leningrad produziert. Weinberg vertonte im Laufe seines Lebens eine ganze Reihe von Filmen für dieses Studio. Darüber jedoch, wie er zu seiner Tätigkeit für Lenfil'm kam und warum er nicht zuerst naheliegenderweise für Mosfil'm in Moskau tätig wurde, kann nur spekuliert werden. Möglich ist, dass die Verbindung nach Leningrad über Dmitrij Šostakovič zustande gekommen war, der schon seit den 1930er Jahren eine ganze Reihe von Filmmusiken für *Lenfil'm* verfasst hatte. Darunter war auch 1934 die Filmmusik zu *Junost' Maksima* [Maksims Jugend], bei dem ebenfalls Nadežda Koševerova, allerdings als Regieassistentin, tätig gewesen war. Mit Koševerova arbeitete Weinberg über die gesamte Spanne seines Filmmusik-Schaffens zusammen.

Seine Vertonung von *Ukrotitel'nica Tigrov* ist größtenteils so unterhaltsam wie die Handlung selbst, die unter dem Oberbegriff „Wirren der Liebe" zusammengefasst werden kann und unvermeidlich in ein *Happy End* mündet. Die vorwiegend orchestrale Musik besteht – was angesichts des thematischen Schwerpunkts des Films nicht weiter verwundert – größtenteils aus flotten Märschen und beschwingten Walzern, die in ihrer Faktur den ‚echten' Zirkusmusiken Weinbergs ähnlich sind. Während ein großer Teil der Musik extradiegetisch bleibt, erklingt Musik auch innerhalb der Hand-

---

303 Vgl. das Werkverzeichnis im Anhang.

lung. So in verschiedenen Szenen, die innerhalb der Zirkusmanege und während artistischer Darbietungen stattfinden. Teilweise ist dabei das Zirkusorchester, das die Musik spielt, auch in den Szenen zu erkennen.[304] Dazu gibt es einige Lieder, die von den unterschiedlichen Hauptpersonen gesungen werden.

Wie Weinberg generell an Filmmusik arbeitete, kann gut anhand einer *Muzykal'naja ėksplikacija*, einer detaillierten Liste also, die der Komponist 1956 für den Film *Letjat žuravli* von Michai Kalatosov anfertigte, nachvollzogen werden.[305] Weinberg trug in der linken Spalte einer Liste die Szenennummern ein, dazu die jeweilige Länge der Szenen in (Film-)Metern. In der Mitte der Liste fügte er die Themenbezeichnungen für die geplante Musik ein, auch den Hinweis, auf welche Musik er sich ggf. beziehen würde. In der rechten Spalte vermerkte Weinberg die Musiker, die für die Umsetzung der geplanten Musik notwendig sein würden (Abb. 18).[306] Diese zuerst handschriftliche und mit zahlreichen Verbesserungen versehene Liste wurde dann sauber übertragen (Abb. 19) und von offizieller Stelle ‚abgesegnet'.

Insgesamt bieten die ersten Kompositionen Weinbergs für den Film wenige Überraschungen und bleiben – wie auch bei den Zeichentrickfilmen der Zeit – an die Handlung angepasst. Dass sich die Filmmusik und die im Vorhergehenden besprochenen Zirkusmusiken Weinbergs nicht stark voneinander unterscheiden, erstaunt angesichts des übereinstimmenden Genres wenig.

> So ist die Titelmusik von *Ukrotitel'nica tigrov* ein Marsch in Es-Dur (*Allegro marciale*) nach dem gleichen ‚Baukastenprinzip' geformt wie andere Zirkusmärsche Weinbergs. Das Stück gliedert sich nach einer zweitaktigen Einleitung formal in einzelne periodisch strukturierte Teile (A, A', B, B', C, C'), die Weinberg auch mittels der Bezifferung ausweist. So ist mit Ziffer 2 die Vorstellung des Formteils A (2 x 8 T.) beendet und es beginnt Formteil B (2 x 4 T.). In Formteil D (Z. 4) werden Elemente aus der Einleitung und den Formteilen A und B integriert. Die einzelnen Formteile weisen klanglich eine unterschiedliche Charakteristik auf, und während Teil A als beschwingt-bewegter Marsch gleichsam die ‚Grundstimmung' des Stücks vorgibt, ist der Formteil B von einem eher lyrisch-tänzerischen Gestus. In Teil C vermischen sich die beiden Klangwelten. Der sehr plakative, leicht zu greifende Aufbau und der geradlinige harmonische Verlauf des Stückes sorgen für einen hohen Wiedererkennungswert.

Wenngleich die Musik kompositionstechnisch schlicht erscheint, so vermag sie doch die Handlung mit wenigen Mitteln zu interpretieren. Beispielsweise ordnet Weinberg in einer Reihe von Szenen einzelnen Hauptfiguren bestimmte Instrumente zu, was dann ermöglicht, anhand der Instrumentierung die Handlung musikalisch zu deuten. So beispielsweise in einer Szene, in welcher der Matrose Petja Mokin versucht, seine Angebetete Lena (die Titelfigur des Films und ein echtes ‚Zirkuskind') davon zu überzeugen, den Zirkus zu verlassen. Zuerst erklingt in einem langsamen Walzer ein Ak-

---

304 Dass es nicht ‚tatsächlich' spielt, wird manchmal an den Bewegungen der Musiker deutlich, die nicht mit der gehörten Musik übereinstimmen.

305 Aus Archivdokumenten geht hervor, dass der Film anfänglich den Titel *Za tvoju žizn'* tragen sollte; vgl. RGALI, f. 2453, op. 5, ed. chr. 463.

306 Die handschriftlichen Ergänzungen auf dem linken Rand der Kopie stammen von mir – V.M.

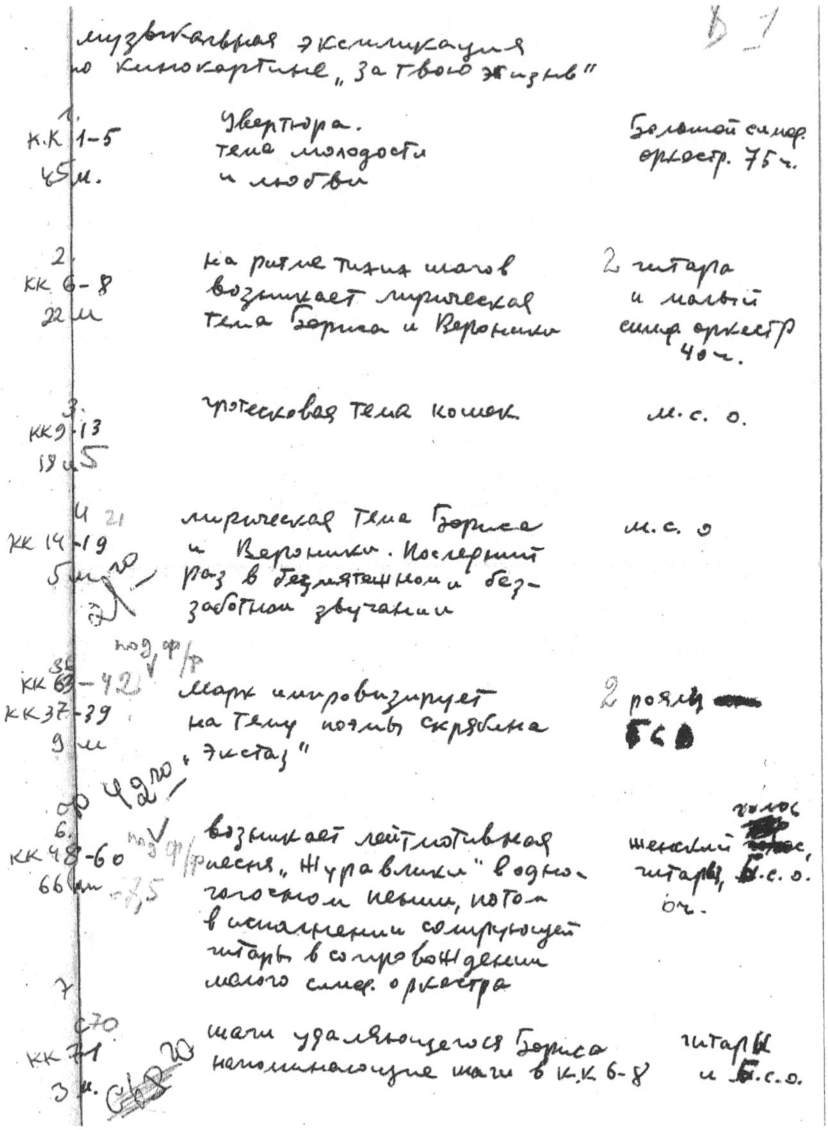

Abb. 18: *Muzykal'naja ėksplikacija* (Ausschnitt), RGALI, f. 2453, op. 5, ed. chr. 463, l. 8.

kordeon (das musikalische Attribut des Matrosen), dessen Spiel nach und nach von Streichern ergänzt wird. Je klarer im Gespräch wird, dass Lena den Zirkus nicht verlassen will, desto mehr wird das Akkordeon von den anderen Instrumenten in den Hintergrund gedrängt. Weinberg gelingt es so, den Konflikt auch mit musikalischen Mitteln zum Ausdruck zu bringen. Auch schuf Weinberg einprägsame Melodien. Das Lied des Petja, in dem der Matrose seinen Liebeskummer äußert, ist durchdrungen von einer sehnsuchtsvollen Traurigkeit, die in der schlichten, doch eindringlichen Melodie zum Ausdruck kommt und durch die sparsame Instrumentierung (Akkordeon, Gitarre) nicht verstellt wird. An einer Stelle des Liedes, in der Petja sein Unverständnis

МУЗЫКАЛЬНАЯ ЭКСПЛИКАЦИЯ

по кинокартине "З А Т В О Ю Ж И З Н Ь".

Кадры	Метраж	Содержание	Участники
1	2	3	4
1-5	45 м.	Увертюра. Тема молодости и любви.	Большой симф. оркестр -75чел
6-8	22 м.	На ритме тихих шагов возникает лирическая тема Бориса и Вероники.	2 гитары и малый симф.орк. - 40 чел.
9-13	18,5м.	Гротесковая тема кошек	М.С.О.
14-21	35м.	Лирическая тема Бориса и Вероники. Последний раз в безмятежном и беззаботном звучании.	М.С.О.
36-42	32,5м.	Марк импровизирует на тему поэмы Скрябина "Экстаз"	2 рояля.
48-60 под ф/ф	67,5.	Возникает лейтмотивная песня "Журавлики" в одноголосном пении, потом в исполнении солирующей гитары в сопровожд. МСО.	Женский голос, гитары-6,Б.С.О
70-71	6м.	Шаги удаляющегося Бориса,напоминающие шаги в кадрах № 6-8	Гитары - 6 Б.С.О.
104-113	53,5	Лирическая тема в эмоционально насыщенной разработке.	Б.С.О.
131-152	101,5	В начале поисков Бориса и Вероники звучат предельно насыщенные темы лирической песни "Журавликов". Во втором эпизоде /следующим без перерыва за первым/ звучат темы разных /контрапунктирующих друг с другом/ духовых маршей. В конце номера звучит тихо и в миноре тема любви.	Б.С.О. и духовой оркестр 20 чел.
.168-179	56м.	Тоска Вероники. Романс для скрипки и арфы.	Скрипка соло, арфа и М.С.О.
.185	8м.	Тема кошек более взвинчена и в миноре.	М.С.О.

Abb. 19: *Muzykal'naja ėksplikacija* (Ausschnitt), RGALI, f. 2453, op. 5, ed. chr. 463, l. 5.

zum Ausdruck bringt, weshalb Lena sich von ihm abwandte, werden seine Worte von einem Männerchor aufgegriffen und wiederholt.

Die Musik des Films, der ein großer Publikumserfolg wurde, fand auch ihren Weg in die Öffentlichkeit. Nicht nur die Lieder wurden mehrmals veröffentlicht, sondern auch die instrumentalen Partien des Films, die im Druck und auch als Tonaufnahme erschienen und sogar in der westlichen Presse besprochen wurden.[307] Auch eine Reihe

307 Vgl. Nicolas Slonimsky: Tsintsadze: Suite from the Dragon-Fly. Vainberg: Suite from the Tiger Tamer. Mshvelidze: Samaya. Lagidze: Sachidao by Georgian Radio Symphony Orch.; Zakhari Khorodze; Grigori Stolyarov; Shalva Azmaiparashvili; Sulkhan Tsintsadze; Moysey Vainberg; Shalva Mshvelidze; Revaz Lagidze, in: *Musical Quarterly*, Vol. 45/4 (1959), S. 578. Für diesen Hinweis danke ich Per Skans bzw. David Fanning.

von Stücken aus dem Film *Dva Druga* wurde veröffentlicht, das Lied „Pionery-druz'ja" sogar mehrfach.[308] Dem Erfolg seiner Filmmusik ist es vermutlich zu verdanken, dass Weinberg ab 1955 im Zuge einer Umorganisation der *Sekcija massovych žanrov*, dem Bereich der Unterhaltungsmusik des Komponistenverbandes, der Abteilung für ‚leichte Instrumentalmusik' zugeordnet wurde.[309]

Ein Meilenstein: *Letjat žuravli*

Einen Höhepunkt unter den frühen Kompositionen Weinbergs für das Kino stellt der bereits erwähnte Film *Letjat žuravli* dar. Diese 1956/57 entstandene Produktion ist der erste von Weinberg vertonte Film mit ernstem Sujet. Das Kriegsdrama gilt auch heute noch als Meilenstein der sowjetischen Kinogeschichte und machte Weinberg als Filmmusikkomponisten international bekannt. Es erzählt die Geschichte der jungen Veronika (Tat'jana Samojlova), deren Geliebter Boris (Aleksej Batalov) sich bei Kriegsausbruch freiwillig meldet und Veronika ohne ein Zeichen von sich zurücklässt. Boris' Bruder Mark (Aleksandr Švorin), ein Komponist, der sich um die Einberufung gedrückt hat und Veronika trotz ihrer Beziehung zu seinem Bruder nachstellt, nutzt in einer schrecklichen Bombennacht deren gebrochenen psychischen Zustand aus und überwältigt die junge Frau. Wenig später heiraten Mark und Veronika, doch die Ehe wird überschattet von Veronikas Schuldgefühlen und ihrer nie erloschenen Liebe zu Boris. Nach der Trennung von Mark wartet Veronika auf die Rückkehr von Boris, obwohl ihr von dessen Tod berichtet wurde. Als sie die Illusion seiner Rückkehr aufgeben muss, droht sie an ihrer Trauer zu zerbrechen. Doch letztlich schöpft sie neue Hoffnung und blickt zuversichtlich in die Zukunft.

Nach den langen Jahren, in denen auf der Leinwand gemäß den Richtlinien der Partei hauptsächlich idealisierte Helden und ihre ebenso holzschnittartigen Widersacher dargestellt worden waren, widmete sich *Lejtat žuravli* zum ersten Mal der Geschichte, dem Schicksal und der psychischen Verfassung einfacher Menschen in der Zeit des Krieges. So statisch und vorhersehbar die Figuren und deren Geschichten in vielen Filmen der vorhergehenden Jahre angelegt gewesen waren, so untypisch und neu war nicht nur die Anlage der Protagonisten, sondern auch die gesamte Machart des Filmes. Zudem fiel sein Erscheinen in eine politisch bewegte Zeit, die in allen kulturellen Bereichen Veränderungen mit sich brachte. Die Partei, die schon seit mehreren Jahren die Produktivität der darniederliegenden Filmindustrie durch ein größeres Plansoll zu steigern versuchte, gestand im Zuge dieser Veränderungen den Filmstudios (wenn auch unter Vorbehalten) ein größeres Maß an kreativer Freiheit zu.[310] Dies wirkte sich unter anderem auf die Gestaltung der Drehbücher aus. Andererseits blieb die Situation für die Filmschaffenden schwierig, da sich das vergleichsweise liberale Klima wenig stabil zeigte und schon nach kurzer Zeit des Aufatmens die konservativen Kräfte bereits 1957 wieder erstarkten.[311] In diesem Kontext war *Letjat žuravli* in jeder Hinsicht eine Sensation.

---

308 Nämlich 1955 (Muzgiz), 1965 und 1967 (Muzyka); vgl. Sladkova (1986), S. 72
309 Vgl. [Anonymus]: V sojuze kompozitorov, in: *Sovetskaja muzyka* 7 (1955), S. 150f., hier: S. 150.
310 Vgl. Josephine Woll: *Real Images. Soviet Cinema and the Thaw*. New York, NY 2000, S. 6f.
311 Vgl. dazu Mira Liehm / Antonin J. Liehm: *The most important Art. Eastern European Film After 1945*. Berkeley, CA u.a. 1977, S. 202f.

Wurden in der sowjetischen Fachpresse vor allem das Spiel von Tat'jana Samojlova und die Kamera von Sergej Urusevskij lobend erwähnt,[312] so nimmt auch die Musik eine bedeutende, wenngleich subtilere Rolle ein. Nicht nur, dass die negative Hauptfigur des Filmes ein Komponist ist, auch kommt der Musik in den Schlüsselszenen des Films eine wichtige Funktion zu.[313] Auf extradiegetische Hintergrundmusik wird mit Ausnahme weniger, doch entscheidender Szenen vollständig verzichtet, und auch innerhalb der Handlung erklingt in nur wenigen Szenen Musik. Von diesen Szenen sind jeweils zwei musikalisch den beiden männlichen Hauptpersonen zugeordnet: emotionale Klaviermusik der negativen Figur des Mark, einfache Weisen einer Mundharmonika der positiven Figur des Boris. Zwei weitere Szenen mit diegetischer Musik, die für den Handlungsverlauf von entscheidender Bedeutung sind, zeigen einmal den Abmarsch der Soldaten in den Krieg und ihre Rückkehr in die Straßen Moskaus.[314] So werden wichtige Handlungsmomente des Filmes auch musikalisch herausgestellt. Bemerkenswerterweise stellt der einzige Moment, in dem diegetische in extradiegetische Musik übergeht, zugleich den dramatischen Höhe- und Wendepunkt der Handlung dar: die Bombennacht, in der Veronika von Mark überwältigt wird. Mark improvisiert hier am Flügel über Aleksandr Skrjabins *Poèma èkstasa* op. 54. Parallel zur wachsenden Dramatik der Szene wird das Klavierspiel mehr und mehr mit orchestralen Klängen angereichert und die Dramatik gesteigert.

In *Letjat žuravli* tritt Weinbergs Verfahren besonders hervor, die extradiegetische Musik in die Geräuschkulisse des Films einzuweben und der Kameraführung anzugleichen. Verdeutlicht werden kann dies anhand einer Szene, in der der Zuschauer die verzweifelte Veronika sieht, die in Richtung einer Bahnbrücke hastet, um sich – wie der Zuschauer annehmen muss – vor den herannahenden Zug zu werfen. Teilweise polyrhythmische Figuren von Streichern und Bläsern ergänzen Urusevskijs Kameraführung, die mit verwischten Bildern und schnellen Schnitten die Dramatik der Situation bildlich einfängt. Je näher Veronika ihrem scheinbar drohenden Ende kommt und je lauter das Stampfen der Lokomotive wird, desto dichter wird das klangliche Geflecht der Musik und desto schneller werden die Schnitte der Kamera. Musik und Ton verschmelzen zu einem Getöse, das die erwartete Katastrophe ankündigt. Doch dann nimmt die Handlung eine überraschende Wendung – Veronika begeht nicht Selbstmord, sondern rettet einen kleinen Jungen, der von einem Auto überfahren zu werden droht. Die Musik setzt genau in dem Moment aus, in dem das Getöse am lautesten ist, die Bilder verschwimmen und der Zuschauer das Ende Veronikas erwartet. Zurück bleibt ‚lärmende Stille‘ – und das Stampfen des vorbeiziehenden Zuges. Die Qualität des Filmes und die behandelte Thematik machten *Letjat žuravli* nicht nur in der Sowjetunion zu einem Erfolg, sondern sorgten dafür, dass er auch international viel Auf-

312 Vgl. dazu u.a. R. Jurenev: Vernost', in: *Iskusstvo kino*, 12 (1957), S. 7-10. Der Film wurde in der Sowjetunion sehr kontrovers diskutiert. Unter anderem in *Iskusstvo kino*, wo sich dem Film drei umfangreiche Beiträge widmeten; vgl. ebd., S. 5-26.

313 Eine umfassende Analyse des Films liegt vor von Josephine Woll: *The Cranes are flying* (Kinofiles Film Companion 7). London / New York, NY 2003. Jedoch muss Wolls Unterbewertung von Weinbergs Musik nachdrücklich widersprochen werden; vgl. ebd., S. 46.

314 Beim Abmarsch der Soldaten findet Veronika ihren Boris im Gedränge nicht. Die Szene markiert den Beginn von Veronikas Schicksal. Bei der Rückkehr der Soldaten schließlich gelingt es ihr, die Vergangenheit hinter sich zu lassen und neue Hoffnung zu schöpfen.

merksamkeit erhielt.[315] Nachdem er 1958 in Cannes mit der Goldenen Palme geehrt worden war, folgten weitere Auszeichnungen in Locarno, Vancouver, Mexico, Finnland und Deutschland.[316] Auch auf dem 1. Allunions-Filmfestival in Moskau 1958 erhielt der Film einen Ehrenpreis. Für Weinberg war es der größte internationale Erfolg im Bereich der Filmmusik.

Zusammenfassend kann festgehalten werden, dass der Bereich der funktionalen Musik für Weinberg in zweierlei Hinsicht von Bedeutung war. Zum einen ermöglichte ihm die Arbeit für Zirkus und Film, in schweren Zeiten weiterhin als Komponist zu arbeiten. In den Jahren bis zu seiner Verhaftung war es die Unterhaltungsmusik, die ihn und seine Familie ernährte. Die Faktur der Musik zeigt zum anderen, dass es Weinberg offenkundig nicht schwer fiel, in diesem Bereich kompositionstechnische Zugeständnisse zu machen, was ihm im Bereich der ‚ernsten‘ Musik erkennbar schwer fiel. Dort war Simplifizierung problematisch, und Weinberg suchte lange Zeit nach geeigneten Ausdrucksformen. Die zeitliche Kongruenz seiner Arbeit für den Unterhaltungsbereich und seinen ersten Kompositionen in betont einfacher Bauweise fällt ins Auge. Der Komponist vollzog die stilistische Wende im Bereich der ‚ernsten‘ Musik mit der *Sinfonietta* op. 41, die eine ähnlich klar konstruierte, simple und plakative Faktur wie die Unterhaltungsmusik aufweist. Doch zog Weinberg es in vielen Fällen vor, diese Werke ‚ernster‘ Musik aus seinem Katalog auszugrenzen, indem er sie unbeziffert ließ.

Der Stellenwert, den Weinbergs Arbeit für den Film hatte, zeigt sich in der Retrospektive auch darin, dass der Komponist nach seiner Verhaftung in diesem Bereich künstlerischen Halt fand. Von wenigen Ausnahmen abgesehen widmete er sich in den Jahren bis einschließlich 1956 vor allem der Unterhaltungsmusik. Und es scheint kein Zufall zu sein, dass das Erscheinen von *Letjat žuravli* im Jahre 1957 zeitlich mit der Rückkehr von Weinbergs kompositorischer Schaffenskraft zusammenfiel – im selben Jahr komponierte Weinberg sein 7. Streichquartett und begann mit der Arbeit an der 4. Symphonie. So markiert *Letjat žuravli* den Beginn einer neuen Phase in Weinbergs Schaffen, die auch eine Hinwendung zu neuen Themen bedeutete.

---

315 Es gibt Vermutungen, dass *Letjat žuravli* nur deshalb im gerade wieder erkaltenden politischen Klima geduldet wurde, weil der Film international so erfolgreich war; vgl. Liehm (1977), S. 202f.
316 Ehrenpreis Locarno Film-Fesival 1958; Internationale Film-Festspiele Vancouver 1958; Guadalajara Film-Festival 1958; Jussi-Award 1958; Preis der Deutschen Filmkritik 1959, vgl. dazu auch bei Woll (2003), S. 74-79.

Weinbergs Auseinandersetzung mit Heimat und Herkunft

Betrachtet man Weinbergs Œuvre aus der Retrospektive und im Zusammenhang mit (kultur-)politischen Prämissen, so zeigt sich, dass der kompositorischen Auseinandersetzung mit dem Thema ‚Heimat‘ zentrale Bedeutung zukommt. Eine große Rolle dabei spielt, dass der Heimatbegriff in Weinbergs spezieller Erfahrung als Exilant[1] von einer typischen Dichotomie gezeichnet ist. Der Ethnologe Stanislav Brouček bemerkt dazu, dass für den Emigranten sowohl der Geburtsort als auch der aktuelle Lebenraum sein Zuhause darstellen.[2] Der Emigrant begreife Heimat „einmal als ursprüngliche Heimat, in die er hineingeboren wurde“, zum anderen jedoch auch „als ‚zweite‘ Heimat, die er gewählt oder die ihm das Schicksal zugewiesen“ habe.[3] Dieser Dichotomie, der Zwiegespaltenheit zwischen der ‚alten‘ und der ‚neuen‘ Heimat, kommt im Zuge der nachfolgenden Ausführungen eine große Bedeutung zu.

Grundsätzlich trifft die Formulierung des Auschwitz-Überlebenden Jean Améry, die Heimat sei „das Kindheits- und Jugendland“,[4] auch auf Weinberg zu. Auch Orlando Figes hat darauf hingewiesen, wie sich die in früher Kindheit erfahrene Kultur gleichsam in die Persönlichkeit ‚einschreibt‘:

> A culture is more than a tradition. It cannot be contained in a library [...]. It is something visceral, emotional, instinctive, a sensibility that shapes the personality and binds [...] to a people and a place.[5]

So blieb auch für Weinberg die Erfahrung von ‚Heimat‘ als Ort der intellektuellen Verwurzelung und als Ort der Sehnsucht stets mit dem polnischen Kulturraum und vor allem der polnischen Sprache verbunden. Dies zeigt sich in der Art und Weise, wie er polnische, insbesondere polnisch-jüdische Themen in einer Vielzahl seiner Kompositionen aufgriff und verarbeitete. Doch reflektierte Weinberg auch intensiv künstlerisch über seine zweite ‚Heimat‘, die Sowjetunion. Er blieb trotz der Schwierigkeiten, mit denen er sich dort beruflich und privat konfrontiert sah, bis zu seinem Lebensende in Moskau wohnhaft. Grund dafür war wohl nicht nur die verständliche, dankbare Loyalität gegenüber der Sowjetmacht, die ihn vor der unmittelbaren Bedrohung durch die Nationalsozialisten bewahrt hatte, sondern darüber hinaus auch der Umstand, dass sich Weinberg dem kreativen beruflichen Umfeld, in welchem er sich speziell in Moskau wiederfand, zutiefst verbunden fühlte. Dass er mit den herrschenden (kultur-)politischen und gesellschaftlichen Verhältnissen im Sowjetstaat jedoch mitnichten einverstanden war, davon zeugt eine subtile, stellenweise auch recht deutliche Systemkritik.

---

1   Zum Zusammenhang zwischen Heimat und Exil z.B. Bernhard Waldenfels: *Topographie des Fremden. Studien zur Phänomenologie des Fremden.* Frankfurt a.M. 1997; Zygmunt Baumann: *Moderne und Ambivalenz. Das Ende der Eindeutigkeit.* Frankfurt a.M. 1995.
2   Vgl. Stanislav Brouček: Heimat und Zuhause in den Vorstellungen von Tschechen und Slowaken in Frankreich während des Ersten Weltkrieges, in: Peter Heumos (Hg.): *Heimat und Exil: Emigration und Rückwanderung, Vertreibung und Integration in der Geschichte der Tschechoslowakei; Vorträge der Tagungen des Colloquium Carolinum in Bad Wiessee vom 20. bis 22. November 1992 und vom 19. bis 21. November 1993.* München 2001, S. 15-22, hier: S. 16.
3   Ebd.
4   Jean Améry: Wieviel Heimat braucht der Mensch?, in: Ders.: *Jenseits von Schuld und Sühne. Bewältigungsversuch eines Überwältigten.* Stuttgart 1977, S. 74-101, hier: S. 84.
5   Orlando Figes: *Natasha's Dance. A Cultural History of Russia.* London 2002, S. 583.

Mehrere dieser kritischen Werke korrelieren mit konkreten politischen Ereignissen, was der Aussage von David Fanning widerspricht, dass – außer in Gedenk-Kompositionen – „keine expliziten gesellschaftspolitischen Botschaften" in Weinbergs Werken enthalten seien.[6] Die kreative Auseinandersetzung mit dem Verlust der Heimat, dem Verlust der Familie und dem von der Familie erlittenen Schicksal sowie die künstlerische Reflexion des Lebens in der ‚neuen' Heimat bzw. in der Fremde ist mit der kritischen Haltung Weinbergs eng verbunden.

Im Gesamtüberblick über Weinbergs Œuvre ist jedoch zu erkennen, dass die Beschäftigung mit diesem Thema nicht kontinuierlich und über die gesamte Schaffensspanne erfolgte. Zum ersten Mal lässt sich die kompositorische Auseinandersetzung mit dem Thema Heimat wenige Jahre nach Weinbergs Flucht beobachten; unmittelbar nach Kriegsende und damit noch in der Regierungszeit Josif Stalins. Grundsätzlich ist jedoch zu erkennen, dass Weinberg nach der überstürzten Flucht aus Polen, der Ankunft in der Sowjetunion und schließlich der Niederlassung in Moskau vor allem damit beschäftigt war, sich als Komponist zu etablieren. Im vorherigen Kapitel wurde gezeigt, dass für den jungen Komponisten in diesem Zusammenhang – angesichts der problematischen politischen und biographischen Umstände in den Jahren ab 1948 – vor allem die Suche nach einer geeigneten Vermittlung zwischen Ästhetik und Politik von großer Bedeutung war. Immerhin ging die kompositorische Stilfindung Weinbergs mehr oder weniger nahtlos in den Zwang über, künstlerisch auf äußere Umstände zu reagieren.[7] Der zunehmende berufliche Druck, der auch mit familiären Umständen in Zusammenhang stand, führte in eine künstlerische Stagnation, die vor allem den Zeitraum bis 1955 prägte: zwischen 1948 und 1955 ist das kompositorische Schaffen Weinbergs quantitativ stark rückläufig. In den Jahren nach Stalins Tod, nach der Inhaftierung und dem Ende der unmittelbaren Repressionen fand Weinberg jedoch schließlich – auch dank des Erfolges im Bereich der Unterhaltungsmusik – zu seiner alten Schaffenskraft zurück. Dabei ist zu erkennen, dass das Wiedererstarken der schöpferischen Kräfte mit einer Veränderung der inhaltlichen Ausrichtung der Kompositionen einherging. So widmete sich Weinberg ab Mitte der 1950er Jahre verstärkt der künstlerischen Auseinandersetzung mit seiner Herkunft, was sich vor allem in der Integration polnischer bzw. polnisch-jüdischer Themen in etlichen seiner Werke manifestiert.[8] Die Behandlung dieser Themen findet dabei hauptsächlich in einem bestimmten Teilbereich des musikalischen Schaffens statt, nämlich vor allem im Bereich der Vokalkomposition. Denn Weinbergs Reflexion der eigenen Herkunft und seiner Lage in der Sowjetunion erfolgte maßgeblich über den Einsatz polnischer Lyrik. Die Texte als sinn- und formgebende Elemente der Kompositionen treten dabei ganz deutlich in den Vordergrund.

---

6 Fanning (2010a), S. 12.
7 Wenn man bedenkt, dass er erst 1941 seine kompositorische Ausbildung abgeschlossen hatte und einer Festigung des Personalstils im Grunde erst ab ca. 1944 gesprochen werden kann (Quintett op. 18).
8 Davon abgesehen komponierte er eine Vielzahl von Werken, in denen er seine spezielle Form der ‚absoluten' Musik, wie er sie u.a. im 6. Streichquartett op. 35 entwickelt hatte, weiterführte. Werke, die ich diesem Bereich zuordnen möchte sind u.a. die 2. Sonate für Violoncello und Klavier op. 63 (1958) oder das 7. und 8. Streichquartett op. 59 und 66 (1957 und 1959). Einen Höhepunkt innerhalb dieser Kategorie stellt die 5. Symphonie op. 76 dar, die Weinberg 1962 komponierte.

Insgesamt wird jedoch klar, dass sich die Beschäftigung mit diesem Schwerpunkt – sowohl während der Amtszeit Stalins als auch in der poststalinistischen Ära – als problematisch erwies. Das Thema ‚Heimat Polen‘ war und blieb für einen polnischen Juden im Sowjetstaat in vielerlei Hinsicht und zu jeder Zeit unter verschiedenen Aspekten schwierig – ganz zu schweigen von denjenigen (polnischen) Inhalten, aus denen eine wie auch immer geartete Kritik an den herrschenden (sowjetischen) Verhältnissen hergeleitet werden konnte. War künstlerische, und damit quasi öffentliche Kritik am Sowjetregime *per se* ein kühnes Unterfangen, so war die Behandlung bestimmter Themen – noch dazu in polnischer Sprache – erst recht prekär. Die Frage, ob diese Werke ihren Weg in die Öffentlichkeit finden würden, hatte dabei wenig mit der Musik an sich zu tun, als vielmehr mit den Inhalten. Anhand verschiedener Indizien kann gezeigt werden, dass sich Weinberg dessen sehr wohl bewusst war. Er suchte jedoch trotz der damit verbundenen Probleme immer wieder nach unterschiedlichen Möglichkeiten, sich der Thematik anzunehmen und sie zu integrieren. Dabei nahm er in Kauf, sowohl eine Vielzahl von umfangreichen Werken allein für die Schublade zu komponieren, als auch bestimmte Inhalte so zu verschlüsseln, dass sie sich nur noch einem kleinen Kreis Eingeweihter offenbaren würden. Darüber hinaus zeigen die Übersetzungen ins Russische teilweise sehr konkrete, der Brisanz des Textes geschuldete Veränderungen am Inhalt. Zu einem bestimmten Zeitpunkt ist überdies erkennbar, dass Weinberg im Sinne der geforderten *narodnost'* seine polnische Herkunft gleichsam instrumentalisierte, um seine Werke zur Aufführung zu bringen.

Die genannten Sachverhalte lassen sich anhand einer ganzen Reihe von außer- und innermusikalischen Indizien belegen. Sie betreffen quellenkritische, textimmanente und natürlich musikalische Phänomene in einzelnen Werken Weinbergs.

Polnisch / Russisch

Ein erstes wichtiges Indiz für die Problematik im Umgang mit den polnischen Wurzeln betrifft die äußere Gestaltung der erhaltenen Notenmanuskripte bzw. die Schreibweise der Titelblätter der Kompositionen und ihrer Signaturen am Ende. Die ersten Kompositionsmanuskripte, die Weinberg noch in Polen anfertigte, sind naturgemäß in polnischer Schreibweise verfasst und von Weinberg mit seiner polnischen Unterschrift signiert (Abb. 20).[9] Nach der Flucht in die Sowjetunion ging Weinberg jedoch bald dazu

---

9   Dabei ist auffällig, dass Weinberg auf Werken, deren Manuskript in polnischer Sprache betitelt und gezeichnet ist, seinen Namen in den allermeisten Fällen mit „Wainberg“ oder „Wajnberg“ wiedergab. Die uneindeutige Schreibweise rührt offenkundig daher, dass die hebräische Version des Namens auf verschiedene Arten und Weisen transliteriert werden kann. Dass Weinberg selbst seinen Namen nicht immer gleich transliteriert, ist ein weiteres Indiz dafür, wie sehr er selbst in der jiddischen Sphäre seiner Heimat verortet war. Inzwischen wurde die Schreibweise ‚Weinberg‘ festgelegt, da es sich dabei, den Auskünften von Arnt Nitschke zufolge, um die im 20. Jahrhundert gültige Buchstabierung des Wortes handelt. Auch im VAAP-Katalog wird diese Schreibweise geführt, vgl. Sladkova (1986). Per Skans stellte in einem Artikel die Behauptung auf, die variierenden Schreibweisen des Namens wurzelten in der „irrigen Annahme, man müsse den Namen aus dem Russischen transliterieren“. Die Schreibweise ‚Weinberg‘ sei jedoch die „einzig korrekte, sofern man das lateinische Alphabet“ verwende; Skans (2005), S. 12. Dies ist jedoch nicht stimmig, insofern nicht nur Weinberg (in den meisten seiner Autographe) sondern auch seine Eltern (in den erhaltenen Dokumenten) den Namen stets mit „a-j“ schrieben. So ist vielmehr zu vermu-

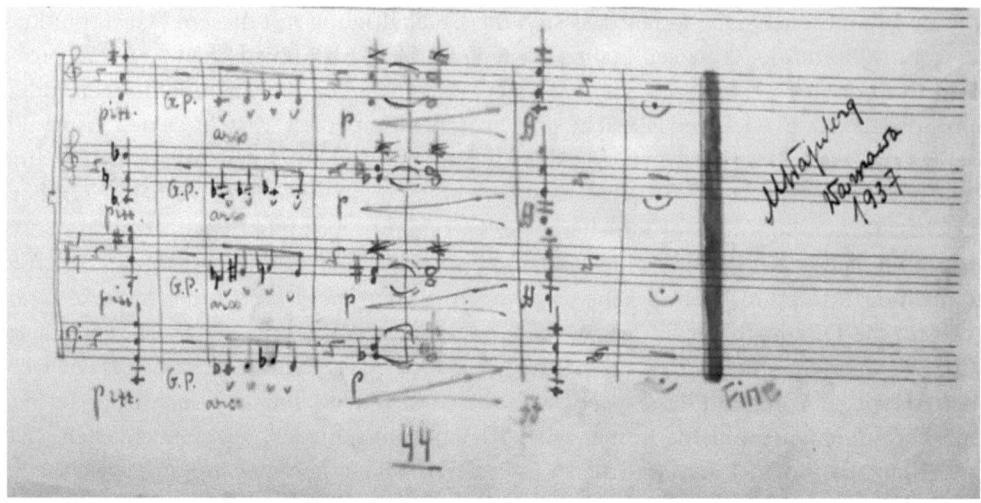

Abb. 20: Ausschnitt op. 2 (MWMA 0103).

über, seine Werke mit kyrillischen Titeln zu versehen. Weinberg veränderte im Folgenden nicht nur die Schriftsprache der Titeleien, sondern auch seine Signatur und zeichnete schließlich seine Werke mit der kyrillischen Schreibweise seines Namens. Diese
Angleichung der Signatur ist ein äußeres Merkmal von Weinbergs Integration in das
neue Lebensumfeld.[10] Für eine kurze Zeit ist die gewählte Schriftsprache innerhalb der
Dokumente noch nicht einheitlich: Kyrillische und polnische Schreibweisen wechseln
unsystematisch. Ab Opus 9 jedoch, der Aria für Streichquartett (1942), stehen die Titeleien wie auch die Signaturen am Ende der Manuskripte in kyrillischer Schrift (Abb. 21
und 22). Allein in einem einem Manuskriptenkonvolut mit Entwürfen zur 1. Symphonie op. 10 findet sich noch ein letztes Titelblatt, das auf Polnisch verfasst ist.[11] Auffällig
im Gesamtüberblick der Manuskripte ist allerdings, dass die Schreibweise der Titelei-
en und der Signaturen – polnisch oder kyrillisch – über die Schaffensspanne Weinbergs hinweg nicht einheitlich blieb. Stattdessen ist zu erkennen, dass die Wahl der
Schrift bzw. der Sprache im Manuskript offenkundig im engen Zusammenhang mit
den gewählten Inhalten steht. Wie deutlich wird, versinnbildlicht die polnische Schriftsprache, die Weinberg in einzelnen Musikstücken wählte, den persönlichen Bezug des
Komponisten zur Thematik. Dies entspricht der Rolle, welche der (Mutter-)Sprache im
Exil zukommt. Magda Stroińska hält dazu fest:

> Whenever we move to a new territory [...] we carry with us the baggage of
> experience that is stored in the form of sensory and [...] verbal memories.
> Without these memories – images, feelings, voices and words – we would not

ten, dass sich irgendwann eine Schreibweise in lateinischer Schrift etablierte, die Weinberg letztendlich selbst akzeptierte. Ich danke Prof. Reinhard Flender für die fachkundige Auskunft zur la-
teinischen Schreibweise des hebräischen Namens und die Hilfe bei der Suche nach der ‚richtigen‘
Schreibweise.

10 Zum Problem der Sprache im Exil vgl. u.a. Magda Stroińska: The role of language in the re-construction of identity in exile, in: Dies. / Vittorina Gecchetto (Hg.): Exile, language and identity.
Frankfurt a.M. 2003, S. 95-109.
11 MWMA0116. Der Entwurf ist datiert auf den 13. Dezember 1942.

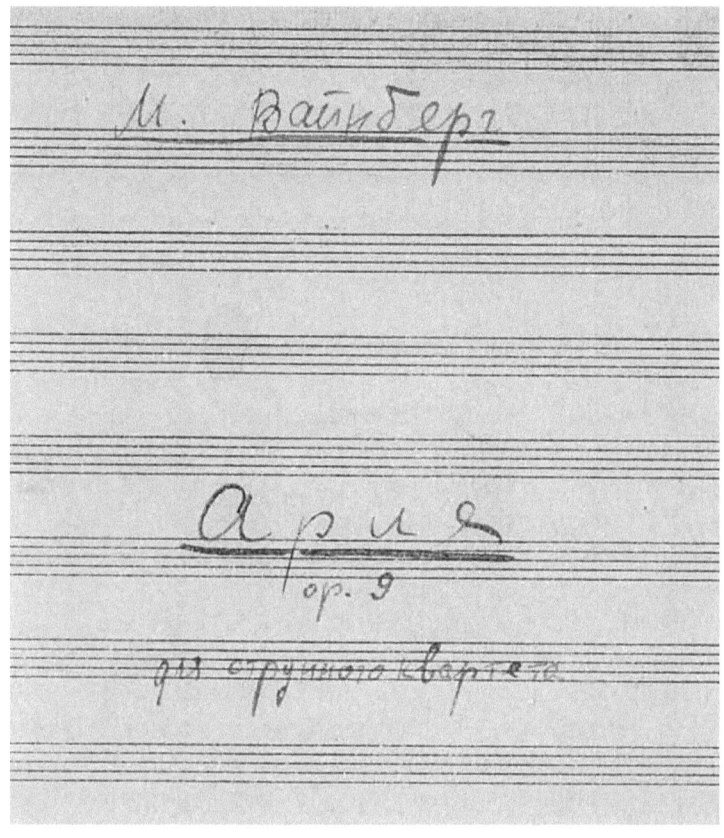

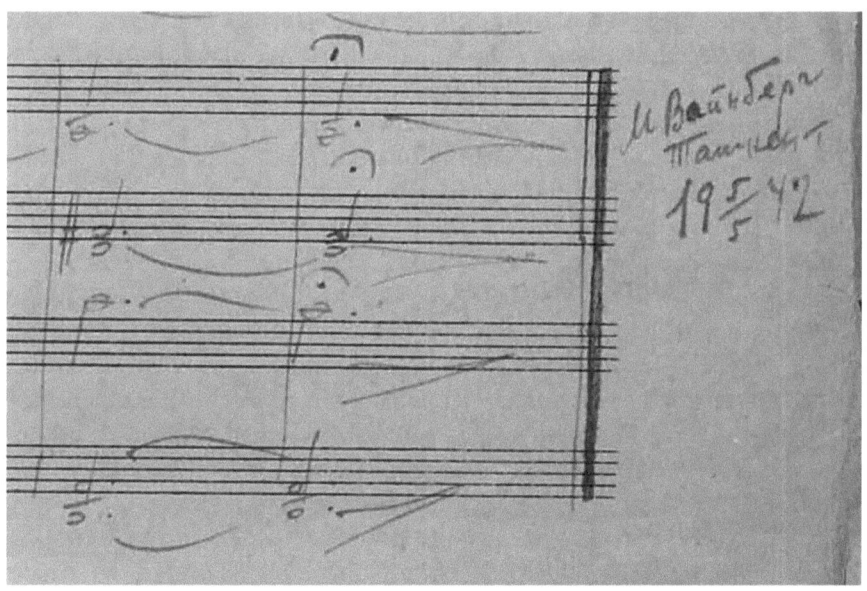

Abb. 21 u. 22: Ausschnitte aus dem Manuskript von op. 9 (MWMA 0115).

be who we are. They constitute part of our identity. Thus language, or languages with which we grow up are factors in identity construction.[12]

Damit korrespondiert auch die Aussage Jean Amérys, dass dem „Verhältnis zur Heimat verwandt" vor allem „die Beziehung zur Muttersprache" sei.[13] Nicht nur die Implementierung polnischer Inhalte in die Kompositionen, sondern auch die Beschriftung der jeweiligen Manuskripte in polnischer Sprache legt davon Zeugnis ab, dass Amérys Aussage auch für Weinberg zutrifft.

„Erinnerst du dich, Laura…" – Erste Reminiszenzen (Adam Mickiewicz)

Neben den im vorherigen Kapitel erwähnten Streichquartetten und Symphonien kommt auch dem Liedschaffen und generell der Vokalkomposition große Bedeutung innerhalb von Weinbergs Œuvre zu. So komponierte er im Laufe seines Lebens im Schnitt alle ein bis zwei Jahre umfangreiche Liederzyklen. Er selbst gab an, dass die Liedkomposition eine prominente Rolle innerhalb seines Werks einnehme und dass im Grunde in allen seinen Symphonien Teile von Liedern enthalten wären.[14]

Bis ins Jahr 1948 ist die Auswahl der vertonten Dichter sehr heterogen. Weinberg komponierte Zyklen nach jüdischen Texten (op. 13, 1943 und op. 17, 1944), er nahm sich russischer (op. 25, 1945), deutscher (op. 32, 1946), englischer (op. 33, 1946) und sowjetischer Dichter (op. 38, 1947) an. Die vertonten Texte trug er in kyrillischer Schrift[15] bzw. in russischer Übersetzung in die Manuskripte ein und nahm – wie aus den Notentexten hervorgeht – auch die Vertonung anhand der übersetzten Texte,[16] nicht der Originaltexte, vor. Eine Ausnahme stellt der frühe Zyklus Opus 4 (1940) dar, den Weinberg noch in Minsk verfasste und in dem er erstmals Texte seines Landsmannes Julian Tuwim vertonte. Diesen Zyklus komponierte Weinberg, was wenig erstaunlich ist, entlang des polnischen Originaltextes, fügte jedoch die russischen Übersetzungen ins Manuskript mit ein. Die Titelei und die Signatur verfasste Weinberg in polnischer Sprache. Die Komposition stammt allerdings aus einer Zeit, in der die sprachliche Ausrichtung der Manuskripte noch nicht einheitlich war. So gesehen muss dem Umstand, dass Opus 4 in polnischer Sprache verfasst ist, nicht zwingend besondere Bedeutung beigemessen werden.

Anders verhält es sich bei dem Zyklus *Trzy pieśni* [Drei Romanzen] op. 22. Es handelt sich hierbei um einen Liederzyklus nach Texten des polnischen Dichters Adam Mickiewicz,[17] den Weinberg im April 1945 (kurze Zeit nach dem 4. Streichquartett op. 20) schrieb. Auch diesen Zyklus komponierte er entlang des polnischen Originaltextes, verfasste die Titelei in polnischer Schreibweise und führte seinen Namen als „Wajnberg" (Abb. 23) auf dem Titelblatt auf. Somit ist Opus 22 seit Opus 9 (1943) und wei-

---

12 Stroińska (2002), S. 95.
13 Améry (1977), S. 88.
14 Nikitina (1994), S. 23. Die Verifizierung dieser Aussage Weinbergs steht noch aus.
15 Opus 13 und 17 beinhalten ja, wie bereits erwähnt, jiddische Texte, die Weinberg jedoch in kyrillischer Schrift eintrug.
16 Die russischen Übersetzungen zu seinen Liedern verfasste Weinberg nicht selbst.
17 Adam Mickiewicz, * 24. Dez. 1798, † 26. Nov. 1855.

terhin bis Opus 47.2 (1950) – zu diesem Werk noch im Folgenden – das einzige Werk, welches eine polnische Beschriftung trägt. Das Bekenntnis zur polnischen Heimat manifestiert sich im Manuskript in der Wahl der polnischen (Schrift-)Sprache schon äußerlich. Inhaltlich wird dieses Bekenntnis in zweierlei Hinsicht offenkundig:

(1) Zum einen in der Wahl des Dichters – denn dass Weinberg in Zeiten, in denen sich das grundsätzlich gespannte Verhältnis Polens zu Stalins Sowjetunion erneut verschlechtert hatte,[18] ausgerechnet Texte von Adam Mickiewicz wählte,[19] dürfte kaum Zufall sein. Wie Elvira Grözinger ausführt, galt und gilt Mickiewicz als

> der polnische Goethe, Symbolfigur der Emigranten und Leuchtfigur des ungebrochenen polnischen Patriotismus. Er, Nichtjude, hatte […] unermüdlich versucht, eine polnische und eine jüdische Brigade […] für den Krieg gegen den Zaren aufzustellen […].[20]

Während Mickiewicz sich zu Lebzeiten stets für die Unabhängigkeit Polens eingesetzt hatte, bis zum heutigen Tag als Nationaldichter des Landes gesehen wird[21] und, wie Günter Wytrzens betont, als „Sprecher und Symbol einer verfolgten Nation"[22] wirkte, war seine Kritik dennoch nicht nationalistisch geprägt. Sie richtete „sich nicht gegen das russische Volk", sondern gegen „das System, seine Träger und Nutznießer".[23] Ein feiner Unterschied, dessen sich Weinberg, der überaus belesen war und über eine umfangreiche polnischsprachige Bibliothek verfügte,[24] sicherlich bewusst war, und den er in seiner persönlichen Lage gewiss selbst nachvollziehen konnte. Es liegt daher nahe, die Vertonung von Mickiewicz-Texten in der fraglichen Zeit – bei aller Loyali-

---

18   Die Abneigung Polens gegenüber der Sowjetunion war in diesem Zeitraum von dem Versäumnis der Roten Armee genährt worden, dem Warschauer Aufstand von 1944 zu Hilfe zu kommen, obwohl sich die Armee in der Nähe befunden hatte; vgl. dazu u.a. Geoffrey Roberts: *Stalin's Wars. From World War to Cold War, 1939–1953.* New Haven / London 2006, v.a. S. 214-217. Auch Stalins Annexion der östlichen Provinzen östlich der Curzon Linie 1945 sowie die von deutlicher Härte bestimmte Politik Stalins gegenüber Polen trugen ihren Anteil dazu bei; vgl. dazu Mark Kramer: Soviet-Polish Relations and the Crisis of 1956. Brinkmanship and Intra-Bloc-Politics, in: Robert Engelmann u.a. (Hgg.): *Kommunismus in der Krise. Die Entstalinisierung 1956 und die Folgen.* Göttingen 2008, S. 61-126, hier v.a. S. 64. Weinberg dürfte vor allem das ‚Versagen' Stalins bezüglich des Warschauer Aufstandes persönlich berührt haben.

19   An dieser Stelle und auch im Folgenden können und sollen keine ausführlichen Gedichtinterpretationen bzw. Lyrikanalysen erfolgen. Dies würde den Ansatz und Umfang dieser Arbeit deutlich übersteigen. Zweifelsohne wäre jedoch eine detaillierte Analyse des Liedschaffens Weinbergs im Hinblick auf die polnischen Texte ein ergiebiges Forschungsgebiet.

20   Elvira Grözinger: „Polin – du bist die wie Gesundheit…", in: Dorothee Gelhard (Hg.): *In und mit der Fremde: über Identität und Diaspora im Ostjudentum.* Frankfurt a.M. u.a. 2005, S. 13-33, hier: S. 13f.

21   Vgl. zur Bedeutung von Mickiewicz u.a. Grażyna Królikiewicz: Die Literatur der Romantik, in: Wacław Walecki (Hg.): *Polnische Literatur. Annäherungen. Vom Mittelalter bis zum Ende des 20. Jahrhunderts.* Übersetzt von Marlis Lami und Jolanta Krzysztofoska-Doschek. Hamburg 2011, S. 113-143, hier: S. 125-130. Królikiewicz hält fest, dass Mickiewicz' Werk bereits zu Lebzeiten des Dichter „als ein patriotisches Manifest des geknechteten Volkes" gelesen wurde; ebd., S. 130.

22   Günter Wyrzens: Adam Mickiewicz. Der große Dichter der polnischen Nation, in: Bonifacy Miązek (Hg.): *Adam Mickiewicz. Leben und Werk.* Frankfurt a.M. u.a. 1998, S. 13-71, hier: S. 71.

23   Ebd., S. 52.

24   Davon zeugt die Aussage von Weinbergs erster Ehefrau, ihr Mann habe über eine umfangreiche und wohlsortierte polnische Bibliothek verfügt; Interview Natal'ja Vovsi-Michoëls mit Brigitte van Kann am 29.11.2011 in Tel Aviv. Auch Weinberg selbst gab an – wenngleich in anderem Zusammenhang und etwas zugespitzt – er besäße eine 2000 Bücher starke, polnischsprachige Bibliothek; vgl. Jakubov (1995), S. 13.

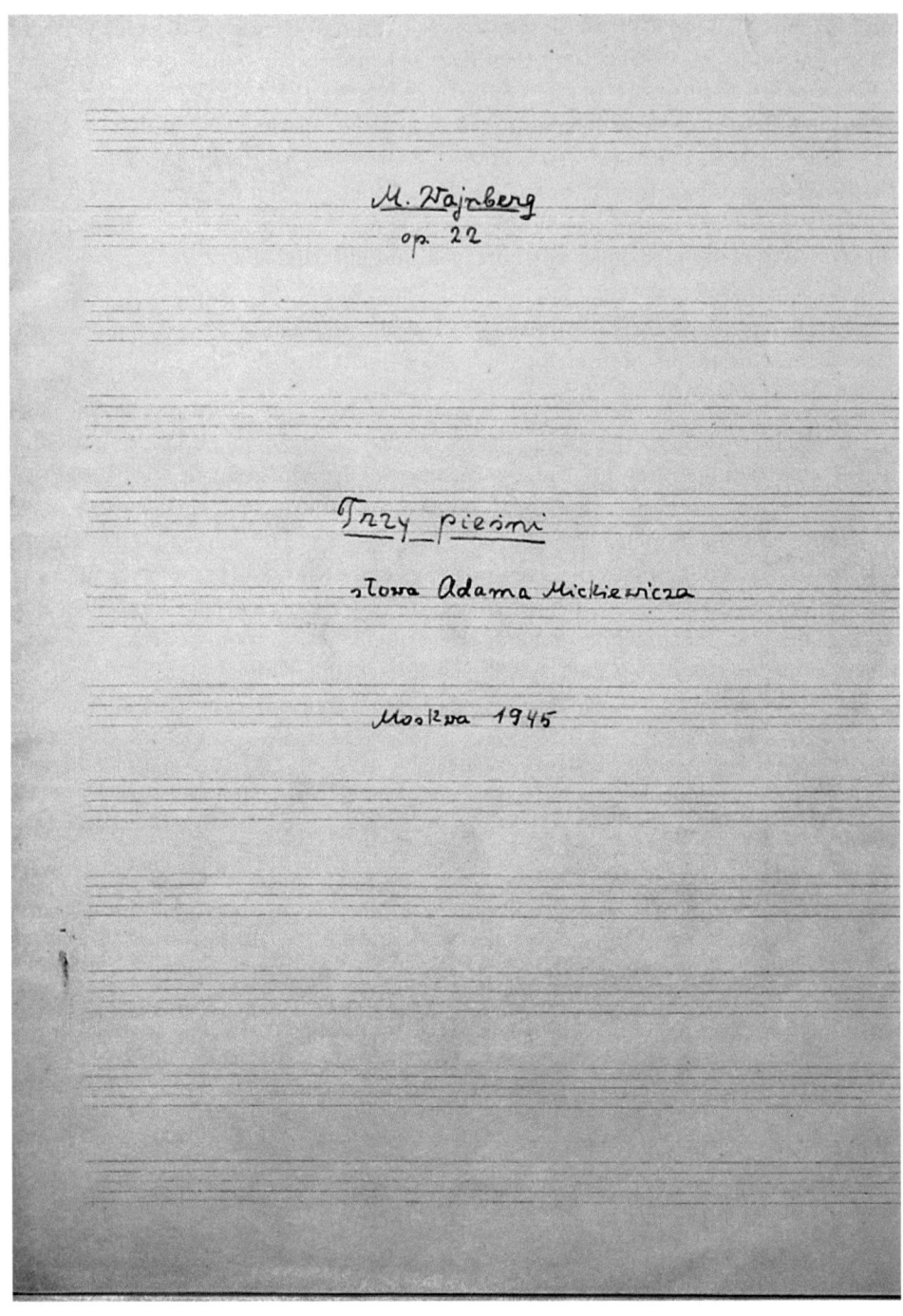

Abb. 23: Titelblatt op. 22 (MWMA 0130).

tät Weinbergs zur Sowjetunion – als, wenngleich subtile, so doch eindeutige Geste der Solidarität mit der Heimat zu werten. (2) Zum anderen galt Mickiewicz, so Rolf Fieguth, als Verfasser von „Heimwehdichtungen, in denen zehntausende Polen der verschiedensten Generationen und der verschiedensten Bildungsschichten sich selbst wiedererkennen konnten".[25] Dass Heimweh und ein persönlicher Bezug zur Thematik bei der Komposition von Opus 22 eine große Rolle spielten, zeigt sich nicht nur in den ausgewählten Texten, sondern auch in der Art ihrer Vertonung. Bei den ausgewählten Gedichten handelt es sich einmal um ein frühes Sonett Mickiewiczs, um „Przypomnienie" [Erinnerung, 1818], weiterhin um zwei Gedichte, die im letzten Lebensabschnitt des Dichters entstanden: „Polały się łzu" [Brach in Tränen aus] und „Nad wodą wielką" [Am großen und reinen Wasser, beide 1939-40]. In der Reihenfolge ihrer Anordnung innerhalb des Zyklus und in der Art ihrer Vertonung erhalten die Inhalte der Gedichte eine eigene Dramaturgie und einen sehr persönlichen Deutungszusammenhang, der sich aus der musikalischen Betonung bestimmter inhaltlicher Aspekte ergibt.

Den Anfang des Zyklus bildet das Sonett „Przypomnienie". In vier Strophen wird darin die Erinnerung an glückliche Zeiten beschworen. In polnischem Original und deutscher Übersetzung lautet das Sonett:

Lauro! czyliż te piękne wieków naszych lata	Erinnerst du dich Laura noch an unsre Stunden
Jeszcze się kiedy twojej malują pamięci?	In jenen glückerfüllten unvergessnen Jahren?
Kiedyśmy sami tylko i sobą zajęci	Als wir allein und nur mit uns beschäftigt waren,
Dbać nie chcieli o resztę obcego nam świata.	Nicht an den Rest der uns so fremden Welt gebunden?
Chłodnik, co się zielonym jaśminem wyplata,	Der Bach, der rauschend sich im Wiesengrund gewunden,
Strumień, co z miłym szmerem po łące się kręci:	Die Laube mit Jasmin und Ranken, unsern Laren,
Tam nas często, wzajemne tłomaczących chęci,	Wie oft lieh uns die Nacht dort ihren wunderbaren
Późnej nocy miłosna osłoniła szata,	Diskreten Mantel, daß wir Wünsche uns bekunden.
A księżyc z pod bladego wyjrzawszy obłoku,	Und aus dem Wolkenschleier sah der Mond herunter,
Śnieżne piersi i złote rozświecał pierścienie,	Gab deinem Goldhaar Glanz und Schneeweiß deinen Brüsten,
Boskiego wdziękom twoim przydając uroku.	Umstrahlte deinen Reiz zum göttergleichen Wunder.

25 Rolf Fieguth: Mickiewiz, Dichter der Polen. Übersetzung, in: Ewa Mazur-Kębłowska / Ulrich Ott: *Adam Mickiewicz und die Deutschen. Eine Tagung im Deutschen Literaturarchiv Marbach am Neckar* (Veröffentlichung des Deutschen Polen-Instituts Darmstadt, gegr. von Karl Dedecius, hg. von Andreas Lawaty, Bd. 13). Wiesbaden 2000, S. 12-25, hier: S. 18.

Wtenczas serca porywa słodkie zachwycenie,	Da steigerten sich Herzen zu den höchsten Lüsten,
Usta się spotykają, oko ginie w oku,	Die Lippen, Augen tauchten ineinander unter,
Łza ze łzą i z westchnieniem miesza się westchnienie!…[26]	Bis Seufzer sich und Tränen miteinander küßten![27]

Weinberg vertont diese romantisch-entrückten Verse in gemäßigtem Tempo (*Andantino*) in Des-Dur. Der Text als formgebendes Element tritt – wie in fast allen Liedern Weinbergs – zwar deutlich in den Vordergrund, jedoch greift die Musik den schwärmerischen Tonfall der Verse nicht auf. Stattdessen negiert die komplexe Tonsprache jeglichen Anflug von Sentiment.

Die Akkorde des Liedes entstammen dem tonalen Repertoire, werden jedoch von funktionalen Zusammenhängen losgelöst. Gegenüber einer impressionistischen Tonsprache, der Weinberg in seinem frühen Werk (vgl. dazu u.a. die Ausführungen zum 3. Streichquartett op. 14) auch nahe stand, wirken die Tonfolgen hier – wie auch im 3. Streichquartett – kantiger und schroffer, was vor allem auf das Vorherrschen von halbtönigen Akkordverbindungen zurückzuführen ist. Auf formaler Ebene spiegelt sich der Gedichtaufbau (2 x 4 und 2 x 3 Verse) in der musikalischen Phrasierung (2 x 7 und 2 x 6 Takte). Die Vertonung der Verse erfolgt syllabisch[28] und *parlando*-artig, über einer ruhigeren Begleitfiguration. Kurze Pausen zwischen den einzelnen musikalischen Abschnitten markieren das Ende der Verse und Strophen.

Inhaltlich wird in den ersten beiden Strophen der Vorgang des Erinnerns gleichsam in Bewegung gesetzt. Das lyrische Ich appelliert an die vergangenen, „glückerfüllten, unvergessnen" (V. 2) Jahre mit der Liebsten (1. Strophe), ruft die Szenerie der gemeinsamen Treffen wieder in Erinnerung und erinnert an die Regelmäßigkeit der scheinbar glücklichen Begegnungen (2. Strophe). Die thematische Verbindung der beiden Strophen korreliert mit deren strophischer Vertonung, die nur an wenigen Stellen voneinander abweicht (etwa T. 5 und T. 11). Weinberg unterlegt den Text im Klavier mit einer ruhigen Begleitfigur in Vierteln und Halben, wobei die linke Hand chromatisch abwärts rutscht (vom Des bis zum Es'), die rechte Hand in Akkorden geführt wird. Die Melodie der Gesangsstimme zeichnet sich, fast nach Art eines Rezitatives, durch oftmalige Tonwiederholungen einerseits und große Sprünge (darunter auch Tritonus-Sprünge, etwa T. 3) andererseits aus. Zusätzlich werden die Sprünge in der Gesangsstimme häufig durch dynamisches An- und Abschwellen (*crescendo – decrescendo*) betont. Zwischen Gesang und Begleitung treten synkopische Verschiebungen (etwa T. 1 oder T. 6) und zahlreiche Sekundreibungen auf. Am Ende der ersten Strophe (T. 6f.) setzt Weinberg im Klavier einen aufwärtsführenden Lauf, während die Gesangsstimme abwärts geführt wird. Damit wird die

---

26 Adam Mickiewicz: *Dzieła. Tom 1: Wiersze.* Warschau 1993, S. 139f.
27 Übersetzung nach Karl Dedecius in: *Adam Mickiewicz: Dichtung und Prosa. Ein Lesebuch von Karl Dedecius,* (Polnische Bibliothek, begr. und hg. von Karl Dedecius). Frankfurt a.M. 1994, S. 21.
28 Auf ausgedehnte Melismen verzichtet Weinberg in den meisten seiner Lieder.

Losgelöstheit vom „Rest der uns so fremden Welt" (V. 4) auch musikalisch verwirklicht. Insgesamt bleibt die Musik der ersten beiden Strophen jedoch – anstatt klanglich an das ‚Idyll' der Erinnerung anzuknüpfen, wie es der Text tut – eher sperrig. Der schwärmerische Tonfall des Gedichts wird durch die komplexe Musiksprache zurückgenommen.

In den letzten beiden Strophen des Gedichts erinnert sich das lyrische Ich der innigen (auch sexuellen) Verbundenheit mit der Geliebten. Dass es eine leidenschaftliche, doch auch unglückliche, und vielleicht sogar verbotene Liebe ist, von der das lyrische Ich berichtet, davon zeugt der letzte Vers. Den Aufruhr, welcher aus dem Text dieser beiden Strophen spricht, betont Weinberg musikalisch. So erzeugt er in der dritten Strophe rhythmische Unruhe: Innerhalb eines $^4/_4$-Taktes spielt die Begleitung Achteltriolen (rechte Hand), die Gesangsstimme setzt vorwiegend Viertel und Achtel dagegen. Auch die Harmonik bleibt sperrig. Eine Vielzahl von Sekundreibungen, die vor allem durch zahlreiche Halbtonschritte in allen Stimmen entstehen, illustriert das im Text nur angedeutete Unglück mit klanglichen Schärfen. In der letzten Strophe führt im Klavier (linke Hand) ein schrittweise nach oben rutschender 8tel-Triolenlauf (T. 20f.) zu langen, mit *sf* betonten, gehaltenen Akkorden, über die sich die Gesangsstimme legt. Dabei akzentuiert Weinberg die Worte „Tränen" und „Seufzer" (T. 24) auch mit musikalischen Seufzern in der Form von aufwärts- und abwärts führenden Halbtonschritten. Das Nachspiel des Klaviers greift noch einmal die ersten Motive der Gesangsstimme (T. 1-3) auf und rekurriert damit auf den Vorgang des Erinnerns.

Es ist festzuhalten, dass der sinnlichen, selbstvergessenen Träumerei, die aus den Versen hervorgeht, in der Musik wenig Platz eingeräumt wird. Stattdessen wird das wehmütige und schmerzhaft-quälende Moment, das im Gedicht nicht im Vordergrund steht, durch die tendenziell komplexe Tonsprache betont. Nach diesem ersten Erinnerungsstück folgt das zentrale Lied des Zyklus. Der polnische Originaltext lautet:

> Polały się łzy me czyste, rzęsiste
> Na me dzieciństwo sielskie, anielskie,
> Na moją młodość górną i durną,
> Na mój wiek męski, wiek klęski;
> Polały się łzy me czyste, rzęsiste…[29]

Mickiewicz beschreibt in diesem Gedicht (sehr vereinfacht ausgedrückt) einen Zustand permanenter Trauer, der mit fortschreitendem Leben seine Charakteristik verändert. In den Versen 1 und 5 wird in jeweils identischer Form vom Zustand des Weinens berichtet („Polały się łzy me czyste, rzęsiste…"), die drei mittleren Verse beziehen sich

---

29 Mickiewicz (1993), S. 413. Die einzige deutsche (und sehr freie) Übertragung des Gedichts, die greifbar ist, lautet folgendermaßen: „Rannen Tränen wie Perlenreihn,/ Galten dem Kind, das Engel gewinnt,/ Galten der Jugend, träumevoll toll,/ Galten dem Mann, der Narben gewann,/ Rannen Tränen wie Perlenreihn…". Übersetzung von Arthur Ernst Rutra, enthalten in Adam Mickiewicz: *Poetische Werke. Erster Band*, (Polnische Bibliothek, begr. u. hg. von Dr. A. v. Guttry / W. v. Kościelski. Zweite Abt. 2. Bd.). München 1919, S. 99.

auf die unterschiedlichen Lebensabschnitte (Kindheit – Jugend – Erwachsenenalter), denen das Weinen gilt. Die Übersetzerin Joanna Janecka, die sich in einem Beitrag zu Übertragungsproblemen polnischer Lyrik auch Mickiewiczs Gedicht „Polały się łzu" widmet,[30] verweist auf die Bedeutung des Gedichts innerhalb von Mickiewiczs Schaffen und beruft sich dabei auf ihre Kollegin Aniela Korzeniowska:

> Korzeniowska said that „every language has its own sound and these sounds are uttered in certain combinations to express the feelings and emotions of the writer or poet". Her claim is excellently illustrated by another poem by Adam Mickiewicz, also from his Lausanne period, a period of sadness, nostalgia for his homeland and, first and foremost, awareness of the relentless passing of time. One of our contemporary Polish poets compares the poem to crying [wiersz – płacz] which is probably the best description of the poem *Polały się łzy*. Although only five lines long, the poem comprises all the power of reflection on the poet's own life. And, what is most important here, Mickiewicz's emotions are expressed mainly by means of the sound of the language he uses; we nearly hear the cry and the sound of tears flowing down the poet's face [...].[31]

Jannecka zitiert weiterhin den polnischen Lyriker Julian Przyboś, der das Gedicht folgendermaßen charakterisiert: No „comforting wisdom flows from this poem; there only flow tears in refrain, in the sentence repeated in such a way as if this crying never ended and never soothed the defeated."[32] Weinberg spiegelt die Untröstlichkeit, von denen Przyboś spricht, musikalisch wider.

Das Gedicht wird vertont in e-Moll, wobei jedoch auch hier nur stellenweise auf das tonale Zentrum rekurriert wird und die Harmonik größtenteils frei bleibt. In Analogie zum strukturellen Aufbau des Gedichts mit identischem ersten und fünften Vers wird der Gesang von einer zwölftaktigen Einleitung ($^6/_8$-Takt, *Allegro molto*) und einem zwölftaktigen Nachspiel umrahmt. Den sich wiederholenden ersten und letzten Vers des Gedichts spiegelt Weinberg auf formaler Ebene mit dessen fast identischer Vertonung.

Die Einleitung steht im *ff* und mit dem Hinweis *feroce*, wobei synkopierte, rhythmisch akzentuierte Akkorde einen schroff-bewegten Klangeindruck erzeugen und den insgesamt eher rauen Tonfall des Liedes vorwegnehmen. Charakteristisch für den Klang des gesamten Liedes sind die zahlreichen Quint-Akkorde, die Weinberg teilweise in beiden Händen übereinanderschichtet, wobei teilweise stark dissonante Reibungen erzeugt werden (etwa T. 3-4, dort geschichtet mit Sextakkorden) (Notenbeispiel 22). In Takt 7-8 erklingt in der rechten Hand eine Linie aus allmählich aufsteigenden 16tel-Wechselnoten, welche die sich ankündigende Spannung antizipiert. Doch wird die Spannung nicht kon-

---

30 Vgl. dazu auch den Beitrag von Aleksandr A. Iljušin, der sich ausführlich dem Problem widmet, das Gedicht in die russische Sprache zu übertragen; Aleksandr A. Iljušin: Stichotvorenie A. Mickewiča „Polilis' moi slezy" v russkom kontexte, in: V. A. Chorev (otv. red.): *Adam Mickewič i pol'skij romantizm v russkoj kul'ture*. Moskau 2007, S. 263-266.
31 Joanna Janecka: The Power of Sound, in: *Translation Journal*. Vol. 5 (4/2001), Onlineressource, einzusehen unter: http://www.bokorlang.com/journal/18sound.htm [Stand: 04.03.2013].
32 Zitiert nach Janecka (2001).

tinuierlich fortgeführt. Schon vor dem Einsatz des Gesangs wird der musikalische Gestus sowohl rhythmisch als auch durch ein *allargando* verlangsamt (ab T. 9). In langgezogenen, leisen Tönen erklingt ab Takt 13 der erste Vers des Gedichts. Diesen interpretiert Weinberg in einer schlichten, schrittweise aufsteigenden Melodie und einem abschließenden Quintsprung musikalisch. Die Melodie wird im Klavier ab Takt 17 (rechte Hand) aufgegriffen und Motive werden imitiert (T. 19).[33] Nach diesem kurzen Zwischenspiel des Klaviers erklingt ab Takt 21 der zweite Vers. Dessen Melodie stellt eine expressiv ausgeweitete Variation der Anfangsmelodie dar. So vollzieht auf dem Wort „dzieciństwo" [Kindheit] (V. 2) die Gesangsstimme einen Sextsprung mit anschließender schrittweiser Abwärtsbewegung (geschuldet dem dreisilbigen polnischen Wort) und nach einer kurzen Pause erklingt das Wort „sielskie" [idyllische], das sich als Melisma über einen Takt hinzieht (T. 23, vgl. T. 15). Die beiden Worte, die durch Sprung bzw. Melisma betont werden, werden durch an- und abschwellende Dynamik weiter akzentuiert. Mit Abschluss des zweiten Verses erhöht sich die musikalische Spannung: So steht bereits ab Takt 17 innerhalb eines $^6/_8$-Taktes im Klavier in der linken Hand ein akkordischer Puls aus Vierteln und Achteln, während in der rechten Hand eine langgezogene halbtönige Abwärtsbewegung erklingt, die durch den langanhaltenden Triller eines Mittelstimmen-Orgelpunktes auf dem Ton e' aufgeweicht wird. Darüber erklingt im Gesang eine diatonisch aufsteigende Linie aus punktierten Achteln. Es entsteht eine zunehmend bedrohliche Stimmung, die durch *crescendi* und *decrescendi* zusätzlich betont wird. Inhaltlich behandelt wird ab Takt 27 das Jugendalter (V. 3), und auch hier setzt Weinberg auf dem Adjektiv, welches diesem Alter zugeordnet wird („górną" [erhaben]) einen Sextsprung aufwärts (T. 29) in *f* und einen verminderten Quintsprung abwärts (T. 30) *decrescendo*. Die zunehmende Spannung reißt auch nach diesem Abwärtsprung und mit Ende des dritten Verses nicht ab. Mit Takt 31 rückt die Begleitung einen Halbton nach oben. Aus der halbtönig absteigenden Linie wird eine diatonisch aufsteigende Linie. Im Gesang erklingen zuerst die Worte „Na mój wek męski" [Über mein Mannesalter] (V. 4), erneut in einer aufsteigenden Linie, wobei die Dynamik des Gesangs aus dem *mf* im *crescendo* anschwillt. Nach einer abrupten, kurzen Pause in Takt 33 bringt die Gesangsstimme die expressiv vertonten letzten Worte „wiek klęski" [Alter der Niederlagen] des Gedichtes. Während die Begleitung aussetzt, ertönt von Takt 33 bis Takt 34 im *ff* ein Quintsprung aufwärts zum b'. Nachdem dieser höchste Ton des Liedes im Tempo des Vorspiels (*Allegro molto*) über mehr als einen Takt erklungen ist, springt die Gesangslinie auf der zweiten Silbe des Wortes mit einem Sextsprung abwärts (Notenbeispiel 23). Die Begleitung, die schon mit Takt 34 die Takte 7f. aufgreift, kehrt dann zurück zum Anfang und wiederholt die Einleitung abschnittsweise (T. 34-41 entspricht mit wenigen Erweiterungen den

---

33 Inwieweit diese kompositorische Geste mit der sprachlichen Konstruktion des polnischen Originaltextes in Verbindung steht, kann an dieser Stelle nur gemutmaßt werden. Der Artikel von Aleksandr Iljušin gibt Hinweise auf die sprachrhythmischen Eigenheiten von „Połały się łzy"; vgl. dazu Iljušin (2007), v.a. S. 163.

Notenbeispiel 22: M. Weinberg, Opus 22, 2. Lied, T. 3f. (Ausschnitt Klavierstimme).

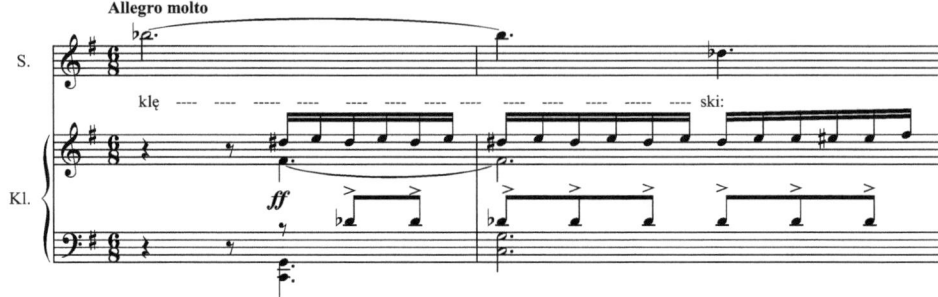

Notenbeispiel 23: M. Weinberg, Opus 22, 2. Lied, T. 34f.

Takten 7-13). Abschließend wird der erste Vers wiederholt, bevor das Klavier schließlich auf langgezogenen Akkorden verklingt und die Musik verebbt.

So erscheint das zweite Lied in der musikalischen Dramaturgie des Zyklus nach dem schmerzbehafteten Erinnern, wovon im ersten Lied gesprochen wird, als Bestandsaufnahme und Reflexion eines Zustandes immerwährender Trauer und großer Spannung – einer Spannung, die klanglich mit Zorn und Widerstand verbunden ist, die jedoch in sich gleichsam gebunden bleibt und keine Auflösung findet. Die Musik spendet keinen Trost, zeigt keinen Ausweg, sondern betont stattdessen – schon durch die Bogenform, die Anfang und Ende des Liedes identisch gestaltet, sowie den ‚hohlen' Schluss – das im Gedicht enthaltene Moment der Resignation und des Fatalismus. Die musikalische Hervorhebung der Tränen, die dem „Mannesalter", dem „Alter der Niederlagen" (V. 4) gelten, zeugt von Zorn einerseits und andererseits der finalen, desolaten Traurigkeit als *status quo* des lyrischen Ich.

Um das Lied angemessen zu deuten, ist an dieser Stelle zu erwähnen, dass Mickiewicz das Gedicht in der Verbannung verfasst hatte.[34] Aus politischen Gründen war der Dichter bereits mit 25 Jahren gezwungen worden, seine polnisch-litauische Heimat für immer zu verlassen. An der Trennung von der Heimat litt Mickiewicz Zeit seines Lebens. Der Ansicht Fieguths zufolge war die Trauer darüber so groß, dass dem Dichter, wie Fieguth es nennt, „in fremdem Land" gar die „poetische Intention" entglitt.[35] Als Beispiel dafür nimmt Fieguth das Gedicht „Nad wodą wielka", das aus demselben Zeitraum stammt wie „Polały się łzy". Weinberg fügte just dieses Gedicht als drittes und letztes Lied in seinen Zyklus ein. Im Original und in der Übersetzung lautet es:

---

34 Vgl. Fieguth (2000), S. 14.
35 Ebd.

Nad wodą wielką i czystą	Am großen und reinen Wasser
Stały rzędami opoki,	Ragen die Felsen in Reihen,
I woda tonią przejrzystą	Und klar und tief das Wasser,
Odbiła twarze ich czarne;	Spiegelt die schwarzen Gesichter;
Nad wodą wielką i czystą	Übers große und reine Wasser
Przebiegły czarne obłoki,	Ziehen die schwarzen Wolken,
I woda tonią przejrzystą	Und klar und tief das Wasser,
Odbiła kształty ich marne;	Spiegelt die nichtigen Gestalten.
Nad wodą wielką i czystą	Übers große reine Wasser
Błysnęło wzdłuż i grom ryknął,	Blitzte es längs und hallte der Donner,
I woda tonią przejrzystą	Und klar und tief das Wasser
Odbiła światło, głos zniknął.	Spiegelt das Licht; verhallt ist der Donner.
A woda, jak dawniej czysta,	Und rein, wie zuvor, das Wasser
Stoi wielka i przejrzysta.	Steht groß und klar und gelassen.
Tę wodę widzę dokoła	Um mich herum sehe ich nur dieses Wasser,
I wszystko wiernie odbijam,	Und ich spiegle alles getreulich,
I dumne opoki czoła,	Und die stolzen Stirnen der Berge
I błyskawice – pomijam.	Und die Blitze verwinde ich gelassen.
Skałom trzeba stać i grozić,	Die Felsen müssen drohen und stehen,
Obłokom deszcze przewozić,	Die Wolken Regen ergießen,
Błyskawicom grzmieć i ginąć,	Die Blitze schlagen, vergehen,
Mnie płynąć, płynąć i płynąć.[36]	Ich – fließen, fließen und fließen.[37]

Fieguth bezeichnet das Gedicht als einen „der zeitlosen großen Melancholietexte der Weltliteratur".[38] Eindringlich reflektiert Mickiewicz in dem Gedicht poetisch über die Unabänderlichkeit des Weltenlaufs (versinnbildlicht durch das Wasser) und die Situierung des Menschen darin. Dies führt in der letzten Strophe zu dem Schluss, dass als einzig möglicher Weg, in allem Aufruhr zur Ruhe zu finden (so auch die Interpretation von Janecka), eine Angleichung an das Wasser zu vollziehen ist. Janecka sieht darin die Akzeptanz des Weltenlaufs versinnbildlicht, mit der auch Frieden einkehrt:

> Now [im letzten Vers – V.M.], our attention is attracted by the phenomenon of continuity, emphasised not only by the repetition of a single sound [...], but also of a whole word repeated three times in the last line of the poem [...]. The image of flowing, or sailing is upheld in translation, which reads: And I must flow, must flow, must flow.[39]

---

36 Mickiewicz (1993), S. 411f.
37 Übersetzung nach Rolf Fieguth; Fieguth (2000), S. 14f. Eine weitere Übersetzung von Olschowsky findet sich in: Mickiewicz (1994), S. 280.
38 Fieguth (2000), S. 16.
39 Janecka (2001).

Diese Interpretation korrespondiert mit der Art, in der Weinberg das Gedicht vertont. Das Lied steht im $^3/_4$-Takt *Moderato* bei vorgezeichnetem Des-Dur. Sowohl Rhythmik als auch Harmonik bleiben frei. Auch dieses Lied ist, wie das zweite Lied, durchzogen von Quintklängen (als Liegetöne etwa in der Begleitung linke Hand T. 18ff. oder Begleitfigur T. 31ff.), kleinen Imitationen (etwa T. 14f.) und rhythmischen Verschiebungen (etwa T. 41). Den Höhepunkt dieses Liedes legt Weinberg auf den dritten und vierten Vers der dritten Strophe. Schon mit Beginn der dritten Strophe (T. 32) zeichnet sich die Steigerung ab, indem Weinberg dieses Mal – anders als in der ersten und zweiten Strophe, die in Analogie der identischen ersten Verse mit derselben musikalischen Geste anheben – bei gleichbleibendem Vers („Nad wodą wielką i czysta") eine veränderte Melodie einsetzt. Dazu setzt er schrittweise sich hin- und her bewegende Quint-Achtelfiguren in der linken Hand und schrittweise gegenläufige Terzfiguren in der rechten Hand. Nach einem großen *crescendo* (T. 34f.) kommt schließlich in Takt 38 in *ff* das Klavier auf einem dissonanten Akkord zum Stillstand. Im Gesang wird der Vers „I woda tonią przejrzystą" [Und klar und tief das Wasser], welcher – wie auch der erste Vers der ersten drei Strophen – an dieser Stelle wiederholt wird, ebenfalls abweichend vertont. Der Quintklang, welcher ab Takt 38 in der linken Hand erklingt, wird nun als eine Art Orgelpunkt fortgeführt, der die sich abzeichnende Ruhe vorwegnimmt. Die rechte Hand vollzieht noch eine aufgeregte Figuration (T. 42f.), doch dann beruhigt sich ihre Bewegung merklich. Mit Beginn der sechsten Strophe (T. 49) setzt Weinberg einen letzten Höhepunkt, der sich nur noch in der Dynamik, nicht mehr in der Figuration oder Rhythmik äußert. Ab Takt 54 wird mit einem dreitaktigen *Decrescendo* die Schlussdynamik *ppp* angestrebt. Der letzte Vers besteht nur noch aus Quint- und Sextsprüngen über einem liegenden Akkord in der Begleitung. Dann rekurriert Weinberg erneut auf den Anfang des Liedes, wobei sich hier nach der Wiederholung des Eingangsmotivs die Begleitung ebenfalls reduziert auf gleichsam ‚tropfende' Tonsprünge, die im *ppp* synkopisch verwischt werden.

In der Abfolge der Gedichte innerhalb des Zyklus wird in diesem Lied das Ende eines emotionalen Prozesses klanglich interpretiert, der von wehmütigem, bittersüßem Erinnern über tiefe Trauer, Zorn und Resignation hin zu stiller Fügung reicht. Opus 22 zeichnet damit sehr klar musikalisch die Modifikation eines Seelenzustandes nach, dem Weinberg mit bestimmten kompositorischen Akzentuierungen eine eigene, sehr persönliche Prägung verlieh. Die wenig zugängliche Musiksprache von Opus 22 steht dabei in diametralem Widerspruch zur volksliedhaften Ästhetik, die in den davor komponierten Zyklen Opus 13 und 17 zum Ausdruck kommt. Diese Zyklen sind in Korrespondenz zu den sprachlich klar strukturierten Versen musikalisch schlichter, sangbarer und eindringlicher. Dabei ist die Musik gemäß den vertonten (jüdischen) Dichtern von jüdischer Idiomatik durchdrungen.[40] Opus 22 ist – in Analogie zu der anspruchsvollen Dichtung Mickiewicz' – ein hermetisches Kunstlied, in dem die intellektuelle Auseinandersetzung mit dem Text zu einer musikalisch intimen Form findet.

---

40 So beginnt und endet etwa Opus 13 mit einem ‚Lied ohne Worte', einem klassischen *Niggun*.

Die musikalische Komplexität und das polnische Sujet trugen dazu bei, dass der Zyklus den Anforderungen der offiziellen Stellen nicht genügte. Verschiedene Indizien weisen darauf hin, dass Opus 22 – welches (bis heute) weder aufgeführt noch veröffentlicht wurde – von Weinberg selbst zurückgehalten wurde. Denn obwohl zum Zeitpunkt der Entstehung des Werkes, in der Phase des ‚Patriotischen Realismus‘,[41] von Seiten des Regimes gewisse ästhetische „Lizenzen"[42] erteilt worden waren, so waren diese doch daran gebunden, den, wie Geiger es ausdrückt, „Ruhm des russischen Volkes" und dessen „Bedrohung durch den Nazifaschismus" musikalisch zu interpretieren.[43] Nichts von alledem spielt in Opus 22 eine Rolle. Stattdessen spricht aus der ambitionierten Musiksprache nagendes Heimweh, das vor allem im ersten Lied zum Ausdruck gebracht wird. Es ist das Heimweh des Exilanten, das Jean Améry als „übles, zehrendes Weh" beschreibt, „das gar keinen volksliedhaft-traulichen, ja überhaupt keinen durch Gefühlskonventionen geheiligten Charakter" hat und dem der „Eichendorff-Tonfall" offenkundig fehlt.[44]

Dass Weinberg sich der Schwierigkeiten, die sich aus der gesamten Faktur von Opus 22 ergeben würden, sehr wohl bewusst war, wird deutlich im Vergleich mit dem Liederzyklus Opus 25, den er nur knapp drei Monate nach Opus 22 komponierte.[45] In diesem Zyklus wandte er sich nach Mickewicz mit der Wahl von Versen Fedor I. Tjutčevs ostentativ einem russischen Klassiker zu.[46] Darüber hinaus verfolgte er in Opus 25 zwar eine noch immer ambitionierte, jedoch nicht in gleichem Maße hermetische Ästhetik, und die Hinwendung zu russischen Inhalten geht mit einer gewissen Abmilderung des musikalischen Idioms einher.

> So erweisen sich die Lieder in ihrer Faktur insgesamt klarer und weniger dicht als Opus 22. Diese Reduzierung betrifft zuvorderst die Rhythmik, die regelmäßiger und weniger abwechslungsreich ist als in Opus 22, und zwar sowohl im Hinblick auf die Begleitung als auch auf die Gesangsstimme. Gleichzeitig stehen sich Begleitung und Gesang rhythmisch weniger entgegen, als dies in Opus 22 oft der Fall ist. Das harmonische Idiom beider Zyklen ähnelt sich, allerdings erreicht Weinberg in Opus 25 die volle tonartliche Komplexität erst sukzessive – ein von ihm häufig angewendetes Verfahren –, während die Stücke von Opus 22 häufig gleich zu Beginn ihren vollen Dissonanzgrad präsentieren.

Tatsächlich waren diese Maßnahmen zumindest in einem ersten Schritt erfolgreich: wie im vorherigen Kapitel bereits erwähnt, war Opus 25 veröffentlicht worden. Ruft man sich dann jedoch die vernichtende Kritik, die dieser Zyklus erhalten hatte, ins Ge-

---

41 Vgl. dazu u.a. Geiger (2004), S. 122-126.

42 Ebd., S. 126.

43 Ebd., S. 123. Geiger legt dar: „Vor allem ließen sich nun auch dissonantere Texturen mit dem Hinweis darauf legitimieren, man müsse ja – aus aktuellem Anlass – die Atmosphäre feindlicher Bedrohung und Gewalt schildern"; ebd.

44 Améry (1977), S. 76

45 Opus 25 ist datiert auf den 5. bis 6. Juli 1945.

46 Die ausgewählten Gedichte stehen in der Tradition des für Tjučev typischen metaphysischen Pessimismus. Es handelt sich um Weinbergs ersten Zyklus nach Versen eines russischen Dichters. 1941 hatte Weinberg erstmals Verse sowjetischer Dichter vertont (Opus 7) und Gedichte von Aleksandr Prokov'ev und Elena Ryvina zu Musik gesetzt.

dächtnis – die Lieder waren als unsingbar und zu kompliziert abgekanzelt worden –, so muss Opus 22 dagegen als ‚Formalismus' in Reinform erscheinen.

Dass Weinberg eventuell gar nicht plante, Opus 22 den öffentlichen Stellen vorzulegen, lässt die ausschließlich polnische Beschriftung des Manuskripts vermuten. Alle weiteren Werke, in denen Weinberg polnische Texte verarbeitete, weisen zumindest eine zweisprachige Titelei auf. Ein Werk für die Schublade blieb der Zyklus gleichwohl nicht. Dass er ihn im kleinen Kreis vortrug, ist belegt – der Zyklus ist eine der wenigen Kompositionen Weinbergs, zu denen sich Šostakovič (wenngleich knapp) äußerte. Weinberg selbst berichtete dazu: „In den ersten Nachkriegsjahren schrieb ich einen Liederzyklus nach Versen von A. Mickiewicz und Šostakovič sagte: ‚Viel Impressionismus'."[47]

Auch anhand eines einzelnen, 1951 komponierten Liedes wird deutlich, dass Weinberg sich bewusst war, dass ambitionierte Werke, in denen er polnische Texte einsetzte, die ideologischen Kontrollinstanzen nicht überwinden würden. So vertonte er in dem Lied „Svatovetvo" [Brautwerbung] erneut ein Gedicht von Adam Mickiewicz, und zwar das Gedicht „Zaloty" [Schäkern] (1825). Die Musik zu den Versen, in denen es um die ironisch-bissige Beschreibung einer Brautwerbung geht,[48] verfasste der Komponist jedoch nicht entlang des polnischen Originaltextes, sondern nach der russischen Übersetzung von Mark Živov.[49] Und tatsächlich gibt es im gesamten Dokument keine äußeren Hinweise darauf, dass es sich ursprünglich um einen polnischen Text handelt. Sowohl der Name des Dichters (mit dem Hinweis auf den Übersetzer) als auch der Name des Komponisten sind kyrillisch aufgeführt (Abb. 24). Interessant ist auch die musikalische Faktur des Liedes, die im Liedschaffen Weinbergs als singulär zu bezeichnen ist. Hier verfolgt er weder die volksliedhafte Ästhetik der Zyklen Opus 13 und 17, noch die ambitionierte Klanglichkeit der Zyklen Opus 22 und 25. Stattdessen vertonte er „Svatovetvo" auf geradezu ostentativ schlichte und eindimensionale Art und Weise.

---

47 Sof'ja M. Chentova: *V mire Šostakoviča. Zapis' besed s D. D. Šostakovičem*. Moskau 1996, S. 186.

48 In deutscher Übersetzung lautet der Text: „Des Töchterchens Schönheit besing ich einstweilen,/ Der Onkel, der liest, Muttchen lauscht, mag nichts sagen./ Kaum seufzen um Herz und um Hand meine Zeilen,/ schon schweig ich, die andern hingegen stelln Fragen.// Mama fragt nach Gütern, Besitz und Gesinde,/ Der Onkel nach Titeln, Verdiensten und Steuern,/ Die Zofe forscht beim Diener geschwinde/ Nach all meinen Liebesabenteuern.// Ich hab nur mich selber, ach ihr, meine Lieben,/ Und auf dem Parnaß meine Länderein./ Verdienste hat mir meine Feder erschrieben -/ Den Titel, den muß mir die Nachwelt verleihn.// Wen geht's etwas an, ob ich liebte vor Jahren?/ Doch daß ich's verstehe, das will ich schon zeigen:/ Laß, Kammerkätzchen, den Diener nur fahren,/ Sollst abends in meinem Gasthof absteigen…". Übertragen von Lore Franz, in: Bernd Jentzsch (Hg.): *Adam Mickiewicz* (=Poesiealbum 109). Berlin 1976, S. 7f.

49 Ein interessantes Detail ist, dass der Übersetzer Živov (*1893, † 1962) einer jüdischen Familie mit Wurzeln in Warschau entstammte. In Moskau unterhielt Živov offenkundig Beziehungen zu Solomon Michoëls; vgl. dazu das Interview mit seinem Sohn Viktor in: http://booknik.ru/con text/all/zhivov/ [Stand: 21.03.2017]. Es ist demnach durchaus möglich, dass sich Weinberg und Živov persönlich kannten. Živov übertrug zudem Gedichte Julian Tuwims ins Russische.

Abb. 24: Titelblatt „Svatovetvo" o.O. (MWMA 0218).

Notenbeispiel 24: M. Weinberg, „Svatovetvo" o.O., T. 1-18 (Gesangsstimme ohne Text).

Das Lied steht in Es-Dur und folgt dem Rhythmus einer Mazurka im $^3/_4$-Takt (*Allegretto*). Dieser Puls wird streng durchgehalten, wobei Weinberg ihn rhythmisch akzentuiert, weshalb das gesamte Lied als ein fröhlich-strammer Mazurka-Marsch im *f* und mit *staccato*-Akzentuierungen erscheint (Notenbeispiel 24). Diese schlichte Faktur setzt sich in der nur taktweise wechselnden Harmonik fort. Das ganze Stück kommt mit Akkorden des Es-Dur-Vorrates aus, jedoch stellen sich kaum funktionsharmonische Beziehungen ein. Mit Terz- und Sekundverbindungen bleiben die harmonischen Fortschreitungen gleichsam modal. Die musikalische Abweichung der dritten Strophe ergibt sich allein aus dem Inhalt des Gedichts, in dem in der dritten Strophe das lyrische Ich erstmals von sich selbst berichtet (T. 48-52). Die grundsätzliche Struktur des Liedes wird davon jedoch nicht bedeutend verändert, stattdessen betont die leichte Abweichung an dieser Stelle die Gleichförmigkeit der anderen Abschnitte.

Es wird deutlich, dass sich das Lied in seiner bewusst geradlinigen Faktur als Beispiel eines vokalen Werks erweist, in dem Weinberg das im vorherigen Kapitel vorgestellte ‚Erfolgsrezept‘ verfolgte, welches er zum gleichen Zeitpunkt in einer Reihe von instrumentalen Stücken aus dem Bereich der ‚ernsten‘ Musik angewandt hatte. Jedoch halfen der geradlinige Aufbau und die schlichte musikalische Faktur offenkundig nicht. Das grundsätzlich positive, optimistische Lied mit seinem – zumindest vordergründig – unterhaltsamen und humoristischen Text gelangte nicht in die Öffentlichkeit. Nach momentanem Kenntnisstand wurde das Werk weder aufgeführt noch veröffentlicht. Dass das Lied hingegen bei aller Schlichtheit für Weinberg eine gewisse Bedeutung hatte, lässt sich daran ablesen, dass er es knapp 20 Jahre nach seiner Entstehung – wie eine Reihe anderer ‚unerhörter‘ Lieder – in die Sammlung *Romansy raznych let* op. 71 einfügte, die vermutlich als Konvolut für einen Liederband angelegt war.[50]

Auch wenn ein Zusammenhang nicht belegt werden kann, so sei hinsichtlich des Entstehungszeitpunkts des Liedes auf ein politisches Ereignis hingewiesen, das angesichts des bissigen Humors, der aus dem Text gelesen werden kann und der geradezu provokativ platten Vertonung unschwer in Verbindung mit dem Inhalt des Liedes gebracht werden könnte. Am 15. Februar 1951 unterzeichneten Vertreter der polnischen und der sowjetischen Regierung einen Vertrag zum „Austausch von Abschnitten staatlicher Gebiete“.[51] Dabei wurden kleine Gebiete Polens an die Sowjetunion übertragen und *vice versa*. Das Lied komponierte Weinberg nur kurze Zeit, nachdem der Austausch beschlossen worden war, im April desselben Jahres. Die erneute Vertonung des Volksdichters Mickiewicz und die musikalische Untermalung des als fragwürdig dargestellten, ironisch überhöhten Vorgangs einer Brautwerbung lässt eine Analogie zu den politischen Vorgängen plausibel erscheinen. Dieses Lied ist im gesamten Werkkatalog Weinbergs das einzige Lied mit polnischem Inhalt, das ausschließlich auf Russisch und mit kyrillischer Beschriftung des Manuskripts verfasst ist.

Ab 1948 stagnierte die Liedkomposition insgesamt deutlich. Nach Opus 22 und 25 komponierte Weinberg 1946 den Zyklus Opus 33 nach Versen von Shakespeare – der sich als Vokalwerk auf dem *Prikaz 17* wiederfand. Und selbst Opus 38 (1947), ein Liederzyklus „nach Versen sowjetischer Dichter“ (so auch der Titel des Zyklus), hatte offenbar keinen Anklang gefunden und ist weder aufgeführt noch veröffentlicht worden. Auch der relativ allein stehende Zyklus Opus 50 aus dem Jahre 1950 nach Versen von Aleksandr Blok blieb unaufgeführt. Als nach 1945 von Weinberg komponiertes Vokalwerk hatte das 1952 entstandene und im selben Jahr bei Muzgiz veröffentlichte „Novogodnaja pesnja“ [Neujahrslied] den größten Erfolg, eine Stalin-Panegyrik nach einem Text von Samuil Maršak. Auf einem Manuskript, welches im RGALI vorhanden ist, kann man erkennen, dass der Text ursprünglich vermeiden wollte, Stalin namentlich

---

50 Jedoch ist bislang eine solche Veröffentlichung nicht bekannt. Anscheinend gab es zwei Anläufe dazu; einen ersten Versuch bereits 1960 (worauf die Opusbezifferung hinweist), einen zweiten Anlauf 1972 (worauf das erste Lied im Konvolut hinweist).

51 Das digitalisierte Dokument des Vertrages ist einzusehen und als Download bereitgestellt auf einer offiziellen Website der Republik Polen unter: http://isap.sejm.gov.pl/DetailsServlet?id=WDU19520110063 [Stand: 13.09.2013].

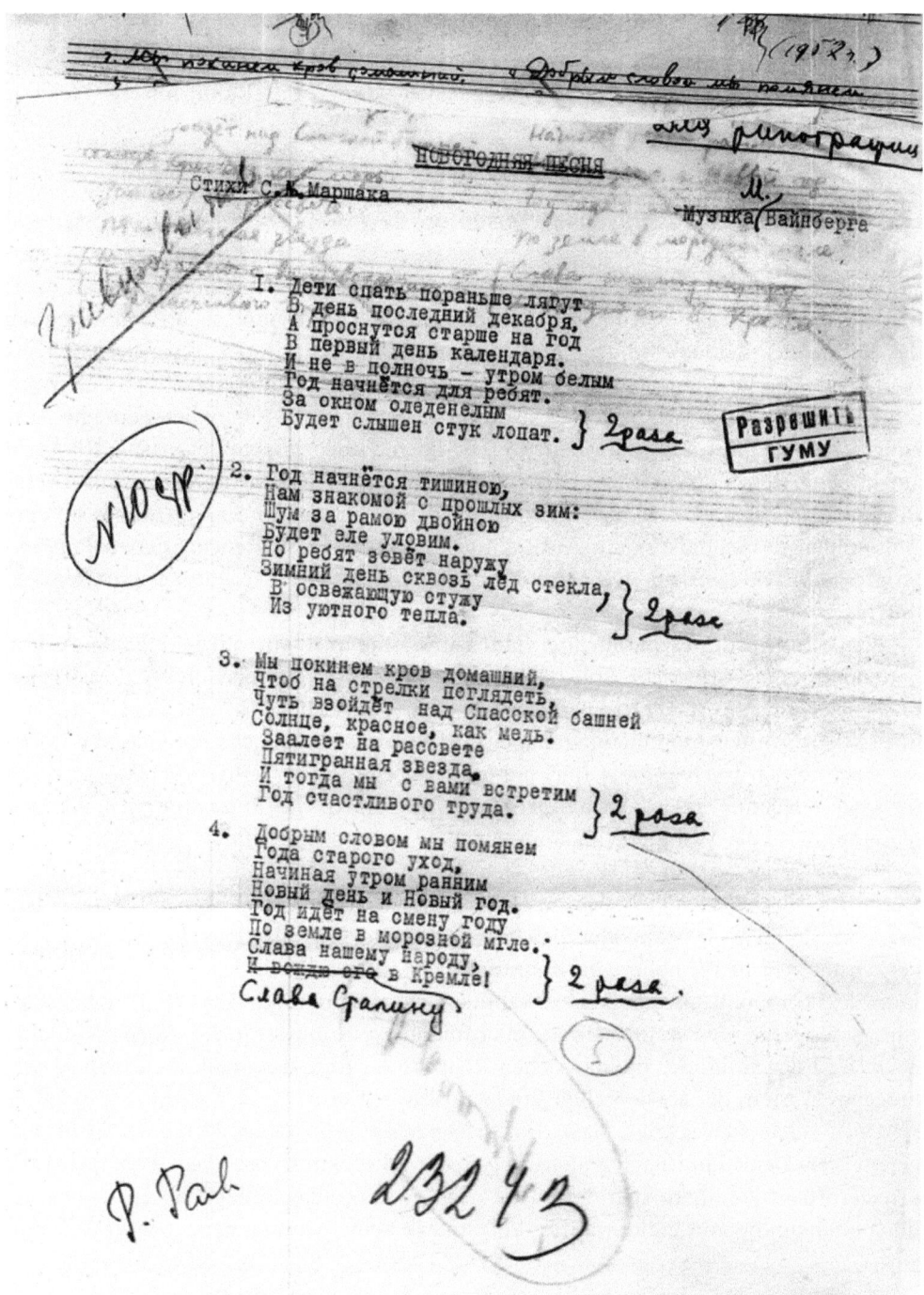

Abb. 25: Textentwurf zu M. Weinbergs „Novogodnaja pesnja", Manuskript mit handschriftlichen Verbesserungen aus dem RGALI, f. 653, op. 5, ed. chr. 60, l. 3.

zu nennen. Im Zuge der Vorlage des Dokuments bei der Kontrollbehörde wurde jedoch der Text so verändert, dass die Worte der letzten zwei Verse „Ruhm unserer Heimat/ und ihrem Führer im Kreml'" umgedichtet wurden in: „Ruhm unserer Heimat/ Ruhm Stalin im Kreml'" (Abb. 25).

Exkurs Folklore – die *Polnischen Weisen* op. 47.2

In den Jahren ab 1948, in denen Weinbergs kompositorisches Schaffen insgesamt deutlich zurückging, griff der Komponist schließlich über fünf Jahre nach der Entstehung des Mickiewicz-Zyklus – und noch vor der Entstehung des Liedes „Svatovetvo" – erneut die polnische Thematik auf, jedoch gänzlich anders gelagert als in Opus 22. Während sich in diesem Zyklus eine musikalisch anspruchsvolle, persönlich geprägte Auseinandersetzung mit den Textinhalten verwirklicht hatte, erfolgte der erneue Rückgriff auf im weitesten Sinne polnische Themen im Bereich der Instrumentalmusik. Dieser Rückgriff steht offenbar in Zusammenhang mit dem Erfolg der *Sinfonietta* op. 41, dem Aufbranden des stalinistischen Antisemitismus und der 1949 entstandenen *Rapsodija na moldavskie temy* op. 47.1. Um diese Zusammenhänge verdeutlichen zu können, muss kurz ausgeholt werden.

Politisch gefordertes nationales Kolorit und eine auch für offizielle Stellen geeignete, klare kompositorische Stilistik hatte Weinberg mit der plakativ-folkloristischen und eher simpel konstruierten *Sinfonietta* op. 41 entwickelt. Mit dem Beginn der stalinistischen ‚Antikosmopolitenkampagne' 1949 war es nicht mehr möglich, die in der *Sinfonietta* noch hoch gelobte und politisch geforderte musikalische Folkloristik mit im weitesten Sinne jüdischer Idiomatik zu erzeugen. In der *Rapsodija na moldavskie temy* op. 47.1, die Weinberg im Sommer 1949 komponierte, folgte er stilistisch den Grundsätzen der *Sinfonietta*, wandte sich jedoch ostentativ anderen Folklorismen zu. Der Erfolg der *Rapsodija* bewies Weinberg, dass dieser Ansatz sinnvoll schien: Das Werk wurde mehrere Male öffentlich aufgeführt und 1951 als eines der wenigen Werke ‚ernster' Musik Weinbergs im Zeitraum nach 1948 veröffentlicht. Auf dem III. Plenum des Komponistenverbandes erwähnte Tichon Chrennikov das Werk lobend als eine „temperamentvolle, meisterhaft instrumentierte Komposition".[52] Noch viele Jahre nach der Entstehung der moldawischen Rhapsodie wurde das Stück mehrmals als gelungenes Werk in der sowjetischen Presse positiv erwähnt.[53]

Doch zeigte sich schnell, dass das ‚Erfolgsrezept' von Opus 47.1 noch nicht ausgereift war. Denn kurz nach Entstehung des Werkes wurde bei allem Lob mehrmals kritisiert, dass Weinberg sich dem Titel nach zwar moldawischen Weisen widme, jedoch offenkundig von moldawischer Volksmusik keine Ahnung habe. Schon Chrenni-

---

52 Tichon Chrennikov: Za novyj pod'em sovestkoj muzyki, in: *Sovestkaja muzyka* 12 (1949b), S. 45-57, hier: S. 50.

53 Beispielsweise noch 1955 von dem (dem reaktionären Lager zuzurechnenden) Redakteur der *Sovetskaja muzyka* und Komponisten Marian Koval' und 1957 von Tichon Chrennikov; vgl. Marian Koval': K VIII plenumu pravlenija Sojuza sovetskich kompozitorov SSSR. Muzyka moldavskogo naroda, in: *Sovetskaja kul'tura* 34/268 (12. März 1955), [S. 3]; Tichon Chrenniov: Sostojanie i sadači sovetskogo muzykal'nogo tvorčestva, in: *Sovetskaja ku'ltura* 43/589 (29. März 1957), [S. 3-4, hier: S. 4]

kov fügte seinem oben zitierten Lob hinzu, dass „sich der etwas oberflächliche Charakter der Gestaltung der moldawischen volkstümlichen Themen" als anfechtbar erweise.[54] Expliziter formulierte der Sekretär des Komponistenverbandes Andrej Ja. Štogarenko seine Kritik und merkte auf demselben Plenum an, dass „Weinberg, dieser zweifelsohne begabte Komponist, in seiner ‚Moldawischen Rhapsodie' keine besonders profunde Beleuchtung der moldawischen Folklore" vorgenommen habe.[55] So sei schon das Anfangsthema „wenig überzeugend".[56] „Es entsteht der Eindruck", so Štogarenko weiter, „dass sich Weinberg mit der moldawischen Musik anhand von Liedersammlungen bekannt gemacht [habe] und nicht anhand der vom Volk gelebten künstlerischen Praxis."[57] In derselben Ausgabe der *Sovetskaja muzyka*, in dem der Kommentar Štogarenkos abgedruckt war, fand sich unter der Rubrik „Govorjat sovetskie slušateli" [Es sprechen sowjetische Hörer] auch die harsche Kritik eines ‚unbekannten Hörers',[58] offenbar in Zusammenhang mit einer Aufführung der *Moldawischen Rhapsodie*:

> Mich hat der Applaus eines Teils des Auditoriums nach der Aufführung der „Moldawischen Rhapsodie" von M. Weinberg verwundert. In diesem Werk gewinnt das [kompositorische – V.M.] Können eine selbstgenügende Bedeutung und wird folglich ein „Können" im formalistischen Sinne. Worin liegt der Sinn dieser Komposition? Der Komponist selbst kann vermutlich auf diese Frage nicht antworten. Weiß er, womit das moldawische Volk lebt? Ein sowjetischer Komponist wäre verpflichtet gewesen, in einem solchen Werk ein Abbild des volkstümlichen [narodnyj] Lebens zu geben. Aber stattdessen begeistert sich der Komponist an oberflächlichen Effekten des Orchesters, die weit vom authentischen Charakter der Volksmusik entfernt sind. Es scheint, dass Gen. Weinberg seine außergewöhnliche Begabung in diesem Falle auf einen falschen Weg geführt hat.[59]

Die an der *Rapsodija* geäußerte Kritik nahm Weinberg sich zu Herzen. So führte er das kompositorische Konzept von Opus 47.1 zwar weiter, tauschte jedoch das folkloristische Programm aus. Und bereits Anfang 1950 begann er mit der Arbeit an einer Suite für Symphonieorchester, der er den Titel *Pol'skie napevy* [Polnische Weisen] verlieh und die er mit der Opusbezifferung 47.2 in direkten Bezug zur *Rapsodija na moldavskie temy* brachte.

Die thematische Hinwendung zum Polnischen mag nicht nur damit in Zusammenhang stehen, dass Weinberg nach der Schelte für zu wenig ‚Moldawisches' in der *Moldawischen Rhapsodie* nun ein Terrain wählen wollte, für das er schon aufgrund seiner Abstammung als qualifiziert gelten musste. Zudem war der polnischen Volksmusik just Ende 1949 in der *Sovetskaja muzyka* besonders positive Aufmerksamkeit geschenkt

54 Chrennikov (1957), [S. 4].
55 [Anonymus]: Tretij plenum Pravlenija Sojuza sovetskich kompozitorov SSSR: Tvorčeskaja diskussija na plenume, in: *Sovetskaja muzyka* 1 (1950), S. 40-54, hier: S. 41.
56 Ebd.
57 Ebd.
58 Inwieweit dieser ‚unbekannte Hörer' authentisch war, sei hier dahingestellt.
59 K. Šedrin [Zusammenstellung]: Govorjat sovetskie slušateli, in: *Sovetskaja muzyka* 1 (1950), S. 57-59, hier: S. 58.

worden.[60] In der Oktober-Ausgabe des Jahres war in einem dreiseitigen Artikel über das „Festival der Polnischen Volksmusik" (so der Titel) berichtet worden. Der Tonfall, mit dem der Artikel anhebt, macht dessen politische Intention deutlich:

> Das volkstümliche [narodnaja] demokratische Polen, das unentwegt dem Sozialismus folgt, setzt dieses Ziel in die Tat um. Die Kultur und die Kunst, die aus der Tiefe der volkstümlichen Massen hervorgehen, werden in Polen gepflegt und beachtet. Nie hatte die polnische Musik solche Möglichkeiten zur Entwicklung wie gerade jetzt. [...] Als überzeugender und strahlender Beweis des Aufschwungs der musikalischen Kultur des neuen Polen erweist sich das vom Ministerium für Kultur und Kunst und dem polnischen Radio im Mai dieses Jahres organisierte Gesamt-Polnische [Vsepol'skij] Festival der Volksmusik.[61]

Die im Artikel erfolgte Betonung der Bedeutung der polnischen Folklore und die Reduzierung der polnischen Musik auf das ‚Volkstümliche' veranschaulichen die politische Intention, Polen nicht als eigenständiges (kulturelles) Terrain zu akzeptieren, sondern das Land als ein – in diesem Falle musikalisch-dekoratives – Element des sowjetischen Vielvölkerstaates zu betrachten. Orlando Figes meint zu dieser Frage:

> Soviet pride in Russian culture knew no bounds in the post-war period. [...] Russia's cultural domination was also imposed on the satellite regions of eastern Europe and on the republics of the Soviet Union, where Russian became a compulsory language in all schools and children were brought up on Russian fairy tales and literature. Soviet ‚folk' choires and dancing troupes made frequent tours to eastern Europe, whose own state-sponsored ‚folk' ensembles ([...] the Mazowsze in Poland [...]) sprang up on the Soviet design. The stated aim of these ‚folk' groups was to promote regional and national cultures within the Soviet bloc. [...] But theses groups had litte real connection with the folk culture they were meant to represent. Made up of professionals, they performed a type of song and dance which bore the clear hallmark of the ersatz folk songs performed by Red Army ensembles, and their national character was reflected only in their outward forms (generic ‚folk costumes' and melodies). The long-term plan of Soviet policy was to channel these ‚folk cultures' into higher forms of art on the lines set out (or so it was believed) by the Russian nationalists of the nineteenth century.[62]

---

60 Bereits mit der April-Ausgabe des Jahres 1948 war in der *Sovetskaja muzyka* eine eigene Rubrik mit dem Titel „Muzyka narodov CCCR" eingeführt worden, die zuerst in unregelmäßigen Abständen, ab der September-Ausgabe 1949 jedoch regelmäßig erschien. In der Rubrik wurde die volkstümliche Musik unterschiedlicher Völkerteile des Sowjetreiches besprochen. In ihrer inhaltlichen Ausrichtung gab es die Abteilung schon früher, jedoch trug sie den Titel „Po sovetskom sojuzu". Die Umbenennung der Rubrik mit Betonung auf die *Narodnost'* scheint mir bedeutsam. Auffällige Nebenerscheinung, dass die Rubrik zwar bereits in der Februar-Ausgabe von 1946 zu finden ist, jedoch mit nur einem Beitrag. In den folgenden Ausgaben findet sich die Rubrik nicht, mit der 11. Ausgabe 1946, die im Nachfeld der ersten Erlasse erschien, ist sie wieder vertreten, mit ganzen 11 (!) Beiträgen. Auch rutscht die Rubrik ganz an den Anfang der Zeitschrift, während sie in der Februar-Ausgabe noch im hinteren Bereich zu finden war. Ab der November-Ausgabe 1946 ist die Rubrik in ungleich regelmäßigerem Abstand vertreten.

61 S. S.: Festival' pol'skoj narodnoj muzyki, in: *Sovetskaja muzyka* 8 (1949), S. 104-106.

62 Figes (2002), S. 505.

Diese Intention wird in der Genese von Opus 47.2 exemplarisch nachvollziehbar: Denn der Weg von der Entstehung des Werks bis zu seiner Veröffentlichung war trotz – oder wegen – des thematischen Terrains offenkundig problematisch. Dies kann anhand zweier Manuskripte gezeigt werden, die ich im GCMMK ausfindig machen konnte.

Die Datierungen beider Manuskripte der Suite verweisen auf das Jahr 1950. Das ältere der beiden Dokumente entstand offenkundig im Zeitraum Januar/Februar 1950. Es trägt eine ausschließlich polnische Titelei – *Polskie melodje. Suita na symfoniczny orkiestra* [Polnische Weisen. Suite für Symphonieorchester] – und führt Weinbergs Namen in polnischer Schreibweise auf.[63] Die einzelnen Sätze in dem Manuskript tragen durchweg polnische Titel, die auf verschiedene polnische Volkstänze hinweisen, wie zum Beispiel der 2. Satz, der den Titel „Kujawjak" trägt, oder der 3. Satz, der „Krakowiak" benannt ist.[64] Dieses Werk ist das erste nach Opus 22, das eine polnische Titelei trägt, wodurch es sich von anderen Werken des gleichen Zeitraums abhebt. Es darf daher angenommen werden, dass Weinberg die Titelei gemäß der gewählten polnischen Programmatik bewusst auf Polnisch mitteilte. Zu den polnischen Titeln im Konvolut ergänzte Weinberg die jeweiligen russischen Übersetzungen der Satztitel, was darauf schließen lässt, dass er mit einer Vorlage des Werks bei den offiziellen Stellen rechnete. Tatsächlich wurde das Werk im März 1950 von der GURK[65] zur Veröffentlichung und Aufführung freigegeben, was anhand der Kontrollstempel der Behörde auf dem Manuskript nachzuvollziehen ist. Die Uraufführung fand am 13. Dezember 1950 im großen Saal des Moskauer Konservatoriums unter der Leitung von Karl I. Èliasberg statt.[66]

An dem Manuskript wurden jedoch einige Veränderungen vorgenommen. Diese Veränderungen betreffen aber interessanterweise nicht die Musik, sondern vor allem die äußere Form, das heißt die Satztitel. So erhielt etwa der 2. Satz, der „Kujawjak", den Alternativtitel „Dumka",[67] der 3. Satz, ursprünglich „Krakowiak", wurde umbe-

---

63 GCMMK, f. 226, ed. chr. 3. Das Manuskript wurde von Weinberg mit der Angabe „Januar/Februar 1950" versehen.

64 Der „Kujawiak" ist ein polnischer Volkstanz, der aus der Region um Kujaw stammt. Aufgrund der rhythmischen Akzentuierung wird er auch in die Gattung der Mazurka eingereiht, allerdings weist er ein langsameres Tempo als die Mazurka auf; vgl. Stephen Downes: Kujawiak, in: Stanley Sadie (Hg.): *The New Grove Dictionary of Music and Musicians*. 2nd Ed., Vol. 14: Kufferath to Litton. London 2001a, S. 14. Der „Krakowiak" ist ein Volkstanz aus der Region um Krakau, der sich durch sein schnelles Tempo im 2/4-Takt mit zahlreichen Synkopierungen auszeichnet. Beim Tanz selbst sind die synkopierten Rhythmen verbunden mit dem Aufstampfen oder dem Absatzklacken der Tänzer; vgl. dazu Downes, Stephen: Krakowiak, in: Stanley Sadie (Hg.): *The New Grove Dictionary of Music and Musicians*. 2nd Ed., vol. 13: Jennens to Kuerti. London 2001b, S. 868f. hier: S. 868.

65 Glavnoe upravlenie po kontrolju za repertuarom i zreliščami.

66 Vgl. Sladkova (1986), S. 31.

67 Es mag Zufall sein, dass der „Kujawiak" explizit Bestandteil der polnischen Folklore ist, während die „Dumka" nicht nur in der Volksmusik Polens ihre Tradition hat, sondern auch in der ukrainischen und vor allem der tschechischen Folklore; vgl. dazu John Tyrell: Dumka, in: Stanley Sadie (Hg.): *The New Grove Dictionary of Music and Musicians*. 2nd Edition, vol. 7: Đàn tranh to Egüés. London 2001, S. 697f., hier: S. 698. Auch in die russische Klassik v.a. des 19. Jahrhundert hielt die „Dumka" Einzug, u.a. in Werke von Mussorgskij (in der Oper *Soročincaja jarmarka*, 1874-80), Čajkovskij (*Dumka* op. 59 für Klavier, 1886) und Balakirev (*Dumka* für Klavier, 1900); vgl. ebd., S. 698.

nannt in „Góralski taniec / tanec gorcev".[68] Auch neutrale Titel wurden verändert: aus dem 1. Satz, der „Pejzaż", wurde eine „Introdukcija". Allein der 4. Satz, eine „Masur / Mazurka", blieb unverändert. Ob die Änderungen im Zuge der Kontrolle durch die GURK oder zu einem späteren Zeitpunkt vorgenommen wurden – das Dokument wurde zwei Jahre nach seiner Anfertigung noch einmal im Jahre 1952 bearbeitet, worauf verschiedene Eintragungen hinweisen –, kann anhand des Manuskripts nicht festgestellt werden. Allerdings legt die äußere Form des zweiten, jüngeren Manuskript des Werks (datiert auf den 14. Oktober 1950) nahe, dass die Änderungen im älteren Manuskript bereits vor der Uraufführung des Werkes vorgenommen wurden. So trägt das jüngere Manuskript bereits einen zweisprachigen Titel – *Polskie melodje / Pol'skie napev dlja simfoničeskogo orkestra* [Polnische Weisen für Symphonieorchester]. Auch die vollständige Titelei (Angaben zur Besetzung,[69] Entstehungsort etc.) ist auf Russisch notiert. Auffällig ist vor allem, dass die einzelnen Sätze in diesem Manuskript allein mit Tempoangaben versehen sind und keine Satztitel mehr auftauchen.[70] In dieser titelfreien Version wurde das Stück zwei Jahre nach seiner Entstehung veröffentlicht.[71] Die Dokumente im Vergleich legen die Vermutung nahe, dass das ältere Manuskript nach einer Vorlage bei öffentlichen Stellen – ob im Komponistenverband oder bei der GURK – verändert, und nach erneuter Vorlage ein neues Manuskript angefertigt wurde, in dem weitere Veränderungen umgesetzt wurden. In jedem Falle zeigt sich philologisch, wie im Zuge der Vorbereitung von Aufführung und schließlich Veröffentlichung der dezidiert polnische Bezug abgeschwächt bzw. ausgelöscht wurde.

> Die musikalische Bezugnahme jedoch blieb bestehen, und die kompositorische Faktur wurde im Laufe der Überarbeitungen nicht verändert. So ist der 2. Satz tatsächlich ein „Kujawiak", in langsamem Tempo (*Adantino*), dem Metrum eines $^3/_4$-Taktes und in (d-)Moll. Auch der 3. Satz von Opus 47.2 ist ein ‚echter' „Krakowiak", in schnellem Tempo (*Allegro*, Viertel = 208), einem $^2/_4$-Takt, mit vielen *stakkato*-Akzentuierungen und prägnanten rhythmischen Verschiebungen (etwa T. 3 nach Z. 7, Streicher). Insgesamt bleiben die *polnischen Weisen* kompositorisch klar und vergleichsweise schlicht. Der formale Aufbau der einzelnen Sätze ergibt sich größtenteils aus der Vorstellung und Verarbeitung periodisch gegliederter Motive, die in der bereits mehrfach erwähnten ‚Baukastenstruktur' aneinander gereiht sind. Harmonisch bleiben die Sätze fest in der Tonalität verankert, und der Tonartenverlauf innerhalb des Werkes führt grundsätzlich von ‚eingetrübt' (a-Moll / d-Moll, 1. und 2. Satz) nach ‚hell' (G-Dur / Es-Dur 3. und 4. Satz).

Dass sich die nach *Sinfonietta* op. 41 und der *Moldawischen Rhapsodie* auch in diesem Werk angewandte ‚kompositorische Formel' erneut als erfolgsversprechend erwies,

---

68 Ebenfalls ein polnischer Volkstanz; vgl. dazu den Artikel: Polen. II. Volksmusik von Jan Steszewski, in: *Die Musik in Geschichte und Gegenwart. Allgemeine Enzyklopädie der Musik* begr. von Friedrich Blume, 2. neubearb. Ausg., hg. von Ludwig Finscher. Sachteil 7: Mut-Que, Kassel u.a. 1997, Sp. 1624-1633, hier: Sp. 1631.

69 Auch die Besetzung unterscheidet sich geringfügig von der Besetzung, die auf dem älteren Dokument ausgewiesen ist.

70 GCMMK, f. 226, ed. chr. 4. Das Manuskript wurde von Weinberg auf den 14. Okt. 1950 datiert.

71 Muzgiz 1952.

zeigt sich nicht nur daran, dass Opus 47.2 diejenige Komposition Weinbergs ist, deren Notenmaterial von Muzfond im Zeitraum zwischen 1949 und 1956 am häufigsten zu Aufführungszwecken ausgegeben wurde.[72] Es wird auch evident anhand des 4. Satzes. Dieser ist identisch mit der im vorherigen Kapitel beschriebenen Mazurka in Es-Dur, die 1952 in der Orkestroteka veröffentlicht wurde.[73] So ist Opus 47.2 auch ein Beleg dafür, wie stark sich Weinberg in den problematischen Jahren zwischen 1948 und 1953 in seiner ,ernsten' Musik kompositorisch dem Bereich der ,leichten' Musik annäherte, um weiterhin (erfolgreich) arbeiten zu können: Der Satz eines Stücks, welches er beziffert in seinen Werkkatalog aufgenommen hatte, konnte als unbezifferte Einzelveröffentlichung problemlos in der Orkestroteka für populäre Musik Platz finden. Darüber hinaus wird deutlich, dass die explizit polnischen Titel im Rahmen der Unterhaltungsmusik kein Problem darstellten – im Rahmen der ,ernsten Musik' jedoch offenkundig einer neutralen, d.h. titelfreien Satzbezifferung zu weichen hatten.[74] Dies belegt auch die Existenz eines weiteren „Kujawjak", der stilistisch dem zweiten Satz von Opus 47.2 genau gleicht und den Weinberg als 1. Satz eines zweisätzigen Werkes für zwei Xylophone und Orchester (*Kujawjak i Oberek*, 1952, o.O.) führte, das den Angaben von Sladkova zufolge 1954 in der bereits erwähnten Orkestroteka veröffentlicht wurde.[75] Nur der „Kujawjak" war davor unter demselben Namen bereits 1953 in der Orkestroteka veröffentlicht worden.[76] Eine bewusste Reduzierung der Bezugnahme auf die polnische Kultur, bzw. die Einschränkung der polnischen ,Folklore' auf den Bereich der Unterhatungsmusik wird damit evident. Auch ist auffällig, dass ich für die *Polnischen Weisen* – das erfolgreichste Stück Weinbergs aus diesem Zeitraum – keinen einzigen Hinweis in der Fachpresse finden konnte. Die *Moldawische Rhapsodie* hingegen wird noch Jahre später in der Presse erwähnt.

So lässt sich zusammenfassend festhalten, dass in den Jahren bis 1953 für die kontemplative Auseinandersetzung mit polnischen Texten auf hohem kompositorischen Niveau (Opus 22) ebenso wenig Platz war wie für deren ostentativ schlichten Einsatz in russischer Sprache („Svatovetvo"). Ein ausschließlich folkloristischer Bezug war im Bereich der ,ernsten' Musik wiederum nur dann erfolgsversprechend, solange ansonsten keine außermusikalischen Hinweise auf die (im weitesten Sinne) polnische Thematik gegeben waren. Dies war dem Bereich der Unterhaltungsmusik vorbehalten. Darüber hinaus wird deutlich, dass die folkloristische Bezugnahme auf den polnischen Kulturraum, wie Weinberg sie in Opus 47.2 vorgenommen hatte, aus rein pragmatischen Gründen erfolgt war. Er instrumentalisierte die (polnische) Folklore,[77] um sein Erfolgsrezept weiterzuverfolgen und Werke in die Öffentlichkeit bringen zu können.

---

72 Vgl. RGALI, f. 2454, op. 2, ed. chr. 11, l. 102.

73 Vermutlich adaptierte A. Gel'man, der für die Instrumentierung der Orkestroteka-Version verantwortlich war, die Besetzung aus Op. 47.2 für Unterhaltungsorchester.

74 Interessant vor allem, da die Umbenennung der Sätze beispielsweise die Mazurka – als eine auch in der Sowjetunion gängige Betitelung – aussparte.

75 Den Angaben von Sladkova zufolge als *Kujawjak i Oberek* in der Orkestroteka / Muzgiz (1954), vgl. Sladkova (1986), S. 34.

76 Ich konnte eine separate Einzelveröffentlichung des „Kujawjak" auffinden, die 1953 in der Orkestroteka auf den Markt kam.

77 Nach der moldawischen und später auch der slawischen: Ebenfalls 1950 komponierte Weinberg noch eine *Rapsodija na slavjanskie temy*, die jedoch verschollen ist, vgl. dazu Sladkova (1986), S. 32.

Dies entsprach jedoch offenkundig nicht der Art, wie er arbeiten wollte. Kein einziges Lied, das Weinberg nach polnischen Texten vertonte, verfolgt diese Art von Ästhetik. Generell entwickelte Weinberg diesen kompositorischen Ansatz nach Stalins Tod nicht weiter. Das stilistische Erfolgsrezept der *Sinfonietta* op. 41, das Rezept einer plakativ eingesetzten Folkloristik, ließ er mit dem Anbruch der neuen politischen Ära endgültig fallen.

Eine neue Ära

In der poststalinistischen Ära wich der Pragmatismus, mit dem Weinberg sich der (polnischen) Folkloristik zugewandt hatte, einer ambitionierten kompositorischen Reflexion der polnischen Thematik, die nichts mehr mit Folklore zu tun hatte. Stattdessen wandte er sich polnischen Inhalten in Form von poetischen Texten zu, die er in einer ganzen Reihe von Werken vertonte. Es ist zu erkennen, dass ungefähr ab Mitte der 1950er Jahre der textbasierten kompositorischen Auseinandersetzung mit der polnisch-jüdischen Herkunft eine zentrale Bedeutung im Schaffen Weinbergs zukommt. Wie ich im Folgenden darlegen möchte, wirkte sich dies maßgeblich auf die öffentliche Rezeption von Weinbergs Œuvre aus.

Zunächst ist jedoch die Frage zu stellen, weshalb sich Weinberg erst nach Stalins Tod wieder dieser Thematik zuwandte. Dass er sich aufgrund des problematischen Mickiewicz-Zyklus weiterhin von der Vertonung polnischer Dichter fern gehalten hatte, darf zumindest angenommen werden. In Anbetracht der Lebenssituation Weinbergs scheint jedoch darüber hinaus plausibel, dass er die Rückbesinnung auf die Heimat und die Trauer um den Verlust derselben unmittelbar nach der Flucht in die Sowjetunion unterdrückt haben dürfte, schon allein deshalb, weil er sich eine neue Existenz aufbauen musste. Die schmerzhafte Kontemplation, die sich in Opus 22 musikalisch verwirklicht, deutet darauf hin. Dass Weinberg plante, permanent in der Sowjetunion zu bleiben, macht nicht nur der Umstand offenkundig, dass er dort relativ bald nach seiner Ankunft eine Familie gegründet und beruflich Fuß gefasst hatte,[78] sondern auch die Tatsache, dass er keine der Möglichkeiten zur Rückkehr, die polnischen Juden von offizieller Seite bereits seit 1945 geboten worden war,[79] genutzt hatte. Für ihn – wie für viele andere – galt zu diesem Zeitpunkt, was Yosef Litvak in seiner Untersuchung zu polnisch-jüdischen Flüchtlingen in der Sowjetunion folgendermaßen beschreibt:

---

[78] Wobei die Nähe zu dem von ihm verehrten Komponisten Šostakovič, wie auch der Umstand, dass Moskau ein bedeutendes kreatives Zentrum der östlichen Staaten war, eine große Rolle spielte.

[79] „The mass return of Jews to Poland took place in accordance with an additional Polish-Soviet repatriation agreement, which was signed in Moscow on 6 July 1945 […]. This agreement […] was defined as ‚an agreement on the right of members of the Polish nationality and Polish Jews living in the Soviet Union to renounce their Soviet citizenship and to be evacuated to Poland […].‘ Yosef Litvak: Polish-Jewish Refugees Repatriated from the Soviet Union at the End of the Second World War and Afterwars, in: Norman Davies / Antony Polonsky (Hg.): *Jews in Eastern Poland and the USSR, 1939-46.* Hampshire / London 1991, S. 227-239, hier: S. 231. Abgesehen davon, dass diese so genannten ‚Repatriierungsmaßnahmen‘ als problematisch zu bewerten sind; vgl. dazu die Ausführungen bei Timothy Snyder: *Bloodlands. Europa zwischen Hitler und Stalin. Aus dem Englischen von Martin Richter.* München 2011, S. 320-322, und v.a. S. 355f.

Life began to return slowly to normal. Many refugees had jobs and housing. There were those who had established new families and had begun to adjust gradually to the Soviet way of life, in spite of the heavy burden of the immediate past. All knew already that their dear ones in Poland had been killed, that the old house no longer existed [...].[80]

Der geeignete Moment für einen Blick zurück war unter diesen Umständen noch nicht gekommen. Ein weiterer Grund, weshalb Weinberg sich erst vergleichsweise spät dem Thema ‚Heimat' kompositorisch widmete, dürfte darin liegen, dass er die Folgen eines zweifachen Schicksalsschlags zu verarbeiten hatte: nicht nur den Überfall der Nationalsozialisten, sondern auch die stalinistischen Übergriffe. Denn die Brutalität des Stalinregimes hatte sich mit dem Mord an Michoëls in maximaler Grausamkeit auch innerhalb des nächsten Angehörigenkreises von Weinberg entladen, und der Komponist hatte erneut um sich und seine Familie fürchten müssen. Die dankbare Solidarität, die Weinberg nach seiner Flucht gegenüber dem Sowjetstaat empfand, dürfte dadurch tief erschüttert worden sein. Spätestens im Moment seiner Inhaftierung „als jüdischer bourgeoiser Nationalist"[81] muss Weinberg schmerzlich klar geworden sein, dass – um einmal mehr Jean Améry zu zitieren – „Heimat [...], reduziert auf den positiv-psychologischen Grundgehalt des Begriffs, *Sicherheit*" bedeutet.[82] Diese Form der Heimat war für Weinberg nicht (mehr) existent.[83] Um über diesen Umstand künstlerisch reflektieren zu können, bedurfte es wohl nicht nur einigen zeitlichen Abstands, sondern auch einer politischen Veränderung, die das Moment der unmittelbaren Bedrohung beseitigte. Mit Stalins Tod und den neuen politischen Vorzeichen, die der Machtwechsel mit sich brachte,[84] war diese Veränderung gegeben.

Aufbruch und Stagnation nach Stalin

Der Anbruch des oft zitierten *Tauwetters*[85] markiert den Beginn einer Zeit der Umbrüche, die alle Bereiche des Lebens betrafen. Wie Hildermeier schreibt, erwachte das gesamte Land unmittelbar nach Stalins Tod „aus einer tiefen Erstarrung".[86] Die Angst und der Schrecken, den Stalins zunehmend von unberechenbarem Verfolgungswahn gezeichnete Politik verbreitet hatte, fiel mit dem Tod des Diktators wie eine „zentnerschwere Last" auch von den Mitgliedern der Parteispitze.[87] Zwar stand in keinem Moment zur Debatte, das politische System als solches in Frage zu stellen. Doch war den Nachfolgern klar, dass es deutlicher politischer Signale bedurfte, um sich nicht nur in der Öffentlichkeit vom stalinistischen Terror zu distanzieren, sondern im Zuge dessen

---

80 Litvak (1991), S. 234.
81 Weinberg im Interview mit Manašir Jakubov; Jakubov (1995), S. 13.
82 Améry (1977), S. 81.
83 Inwieweit Weinberg als Jude bereits im Warschau der Vorkriegszeit Diskriminierung erfahren hatte, lässt sich an dieser Stelle nicht nachvollziehen.
84 Dazu sehr gut zusammengefasst bei Bernd Bonwetsch: Entstalinisierung und imperiale Politik. Die UdSSR und der Ostblock nach Stalins Tod, in: Engelmann u.a. (2008), S. 169-192, v.a. S. 169-181.
85 So der Titel des Romans von Il'ja Ėrenburg, dessen erster Teil 1954 in der Zeitschrift *Znamja* (5/1954) veröffentlicht wurde.
86 Hildermeier (1998), S. 757.
87 Ebd.

auch innerhalb des Machtgefüges die jeweils eigene politische Position zu stärken.[88] So fanden im ganzen Land umfassende Rehabilitierungsmaßnahmen statt und zehntausende Verurteilte wurden aus den GULags entlassen.[89] Die Rehabilitierungsmaßnahmen betrafen auch Weinbergs Familie und ihn selbst unmittelbar: Maßgeblich auf Veranlassung von Lavrentij P. Berija wurden bereits kurz nach Stalins Tod am 3. April 1953 die ‚Kreml-Ärzte‘ rehabilitiert. In der *Pravda* vom 6. April des Jahres war zu lesen, so Bernd Bonwetsch in seiner Untersuchung zur Entstalinisierung, dass „die Verurteilungen aufgrund von gefälschten Anschuldigungen und erpressten Geständnissen erfolgt seien."[90] Auch Weinberg wurde aus der Haft entlassen und formal rehabilitiert.[91] Weitere Maßnahmen erfolgten in Form von justizpolitischen Veränderungen, die auch ein Verbot der Folter beinhalteten. Ziel dieser Veränderungen war vor allem, der Bevölkerung zu signalisieren, dass die Zeiten des ‚großen Terrors‘ nun vorbei seien.[92] Von großer Bedeutung für das Voranschreiten der Destalinisierung war die Distanzierung Chruščevs vom stalinistischen Personenkult, die er in seiner Rede auf dem XX. Parteitag der KPdSU vom 14. bis zum 25. Februar 1956 offenkundig machte. Die Rede, so Bonwetsch, schlug ein „wie eine Bombe":[93]

> Der Saal schwieg, es gab – wohl einmalig nach der Rede eines sowjetischen Parteiführers – keinen Beifall. Das Präsidium beschloss, die Rede in redigierter Form im ganzen Land in Versammlungen verlesen zu lassen und sie auch den ausländischen Parteiführungen bekanntzumachen, sie aber nicht zu veröffentlichen.[94]

Aus diesem Grunde oft als ‚geheime‘ Rede bezeichnet, wurde sie jedoch weiträumig rezipiert. Karen Laß fasst zu ihrer Wirkung auf die sowjetischen *Intelligencija* zusammen:

> Chruščevs Geheimrede auf dem XX. Parteitag, der vom 14. bis zum 25. Februar 1956 stattfand, weckte in der künstlerischen Intelligenz große Hoffnungen auf Liberalisierung [...]. Chruščevs Rede, in der er mit dem Stalinkult brach, wurde auf den Parteiversammlungen von Instituten und Organisationen, darunter auch der künstlerischen Verbände, verlesen, war aber nicht für

---

88 Zu den politischen Ränken, die nach Stalins Tod das System prägten, vgl. u.a. ebd., S. 758-766.
89 Vgl. dazu Lovell (2010), S. 214. Zur Problematik der Amnestien vgl. auch Andreas Hilger: Grenzen der Entstalinisierung. Sowjetische Politik zwischen Rehabilitierung und Repression 1953–1964, in: Engelmann u.a. (2008), S. 253-273, v.a. S. 255-257; Bonwetsch (2008), S. 173. Bei Albert P. van Goudoever ist nachzulesen, dass politische Gefangene explizit von den Rehabilitierungen ausgenommen waren, was Aleksandr Solženicyn zu der Aussage hinriss, vor allem ‚krimineller Abschaum‘ sei entlassen worden; vgl. Albert P. van Goudoever: *The Limits of Destalinization in the Soviet Union. Political Rehabilitations in the Soviet Union since Stalin.* London / Sydney 1986, hier: S. 38.
90 Bonwetsch (2008), S. 173.
91 Vgl. dazu das leider undatierte Faksimile der Rehabilitationsurkunde bei David Fanning: „Was aber zählt, ist die Musik". Mieczysław Weinbergs Leben und Werk, in: *Osteuropa* 7 (2010b), S. 5-23, hier: S. 15. Auf dem Faksimile sind allein das Datum der Verhaftung, das Datum des Abschlusses des Falls und das Freilassungsdatum vermerkt. Dabei ist interessant, dass auf der *Spravka* nicht der genaue Grund für den Abschluss des Falles vermerkt ist, wie es sonst häufig der Fall war; vgl. dazu Goudoever (1986), S. 43.
92 Vgl. Hilger (2008), S. 255f.
93 Bonwetsch (2008), S. 179. Und erzeugte dabei durchaus widersprüchliche Reaktionen; so kam es etwa in Georgien zu Unruhen, die sich gegen die „Verunglimpfung Stalins richteten"; ebd., S. 179.
94 Ebd.

eine Publikation bestimmt; einige Mitglieder stenografierten sie mit und verbreiteten sie weiter.[95]

Logische Folge dieser Distanzierung der Parteiführung vom verstorbenen *Vošd'* im Zusammenspiel mit den bereits laufenden politischen Modifikationen war, dass auch in den künstlerischen Disziplinen der Wunsch nach Veränderung lauter wurde.[96] Ein „größeres Maß an Meinungsfreiheit" schien, so Hildermeier, „in Kunst, Wissenschaft und allgemeiner öffentlicher Diskussion unabdingbar".[97] Dies gestaltete sich jedoch schwierig, da für die neuen Machthaber klar war, dass die Grenzen der Diskussion „sichtbar bleiben und ihre Kontrollinstitutionen, von der Zensur bis zu den gelenkten Berufsverbänden, fortbestehen" sollten.[98] Hildermeier weiter:

> Nicht zuletzt aus dieser widersprüchlichen Zielsetzung dürfte die Wellenbewegung der Chruščevschen Kulturpolitik zu erklären sein. Zwar brach das „Tauwetter" aus [...]; aber der Frühling blieb launisch.[99]

Aus der Retrospektive ist jedoch verständlich, dass gerade die von Hildermeier erwähnten künstlerischen „Kontrollinstitutionen", i.e., die Berufsverbände – als institutionell direkt vorgeschaltete Kontrollinstanzen der jeweiligen Disziplinen – zum Gegenstand kritischer Äußerungen wurden. So monierte etwa (ausgerechnet) Michail A. Šolochov[100] auf dem erwähnten XX. Parteitag, dass das Mitgliederverzeichnis des Schriftstellerverbandes „zu einem erheblichen Teil ‚tote Seelen'" enthalte.[101] Die Führung des Verbandes rügte er für ihren „herrschsüchtige[n] Führungsstil"[102] und plädierte für einen Abbau des bürokratischen Apparates.[103] Der Kunstwissenschaftler Aleksandr A. Kamenskij wiederum kritisierte im Mai 1956 öffentlich die leitenden Funktionäre des Künstlerverbandes. Wie bei Laß nachzulesen ist, bezeichnete Kamenskij die „Werke führender Künstler [...] als ‚Paradekunst', in der durch viel Glanz und Farbe versucht werde, ihre inhaltliche Leere zu vertuschen."[104] Das Orgkomitee des

---

95 Karen Laß: *Vom Tauwetter zur Perestrojka. Kulturpolitik in der Sowjetunion (1953–1991).* Köln u.a. 2002, S. 44. Noch über ein Jahr später findet sich in der *Sovetskaja kul'tura* die Reproduktion eines Bildes, auf dem ein Mann inmitten einer Schar von aufmerksamen Zuhörern ein Dokument verliest. Die Bildunterschrift lautet: „Der Sekretär der Parteiorganisation I. Rjabuškin macht die Arbeiter der Naborner Zeche mit [...] den Thesen des Vortrags von tov. N. S. Chruščev bekannt"; vgl. *Sovetskaja Kul'tura* 49/595 (5. April 1957), [S. 1] unten.
96 Zu den Bereichen der Literatur und der Bildenden Kunst gut zusammengefasst bei Laß (2002), S. 44-52 u. S. 62-81.
97 Hildermeier (1998), S. 804.
98 Ebd.
99 Ebd.
100 Der mit seinem Werk *Tichi Don* als „Altmeister des ‚sozialistischen Realismus'" (Hildermeier) bezeichnet werden kann.
101 Šolochov beruft sich in seiner Rede auf Gogol's gleichnamigen Roman; vgl. zur Rede Šolochovs auch ebd., S. 820.
102 Laß (2002), S. 45.
103 Vgl. ebd. Im Zuge des Streits um den Führungsstil des Verbandes und um dessen Ausrichtung nahm sich Fadeev, der ehemalige Leiter des Verbandes, das Leben. Wie Laß festhält, sah sich Fadeev „als Opfer der Umstände, er sei gezwungen gewesen, stumpfsinnige bürokratische Angelegenheiten auszuführen, anstatt durch seine Begabung wertvolle Beiträge zur sowjetischen Literatur zu leisten"; ebd., S. 46.
104 Ebd., S. 67.

Verbandes habe jedoch „eben diese Kunst als höchste Errungenschaft der sowjetischen Malerei" dargestellt.[105]

Auch im Bereich der Musik wurde Kritik am Führungsstil des Komponistenverbandes laut. Bereits 1954 hatte Dmitrij Šostakovič in der *Sovetskaja muzyka* verlauten lassen:

> Ich glaube, der Verband darf unsere Komponisten nicht vor dem Suchen nach Neuem, vor dem Verfolgen selbständiger, nicht ausgetretener Wege der Kunst ‚behüten'. Zu fürchten ist nicht das mutige künstlerische Suchen, sondern das ‚wohlbehaltene' Hingleiten an der Oberfläche, die Farblosigkeit und die Schablone. Das Streben nach Glättung scharfer Ecken und Kanten im künstlerischen Schaffen ist für mich eine der Erscheinungsformen der unrichtigen ‚Theorie der Konfliktlosigkeit'.[106]

Unmittelbar nach Chruščevs Rede, im Juni 1956, griff Šostakovič erneut und in unerhört scharfen Worten die leitenden Funktionäre des Verbandes an.[107] Der ‚Angriff' wurde in der *Pravda* veröffentlicht, wo Šostakovič folgende Position bezog:

> Für die Kritiker wie auch die Komponisten erwies es sich als sehr traurig, daß es unter denen, denen die Leitung der musikalischen Belange anvertraut ist, viele trockene Dogmatiker gibt, die die Musik im Grunde genommen wenig lieben. [...] Die willkürliche Auslegung des Begriffes „Formalismus" und sein Mißbrauch diskreditieren in den Augen der Gesellschaft oft das kreative Suchen der Komponisten, bremsen es und bringen es manchmal gänzlich zum Stillstand.[108]

Diese Kritik des prominentesten aller Komponisten an der Institution des Komponistenverbandes im offiziellen Parteiorgan zog natürlich breite Diskussionen nach sich. Zumal sich in diesem Zeitraum bereits deutlich herauskristallisiert hatte, dass, so Laß, „wirkliche Neuerungen in der sowjetischen Musik [...] außerhalb des Komponistenverbandes diskutiert und entwickelt" wurden.[109] Nicht im Komponistenverband, sondern vor allem im stets viel gescholtenen Moskauer Konservatorium war es jetzt möglich, Aufnahmen von Werken der Wiener Schule zu hören, und in vereinzelten Seminaren dort wurde die neueste Musik studiert.[110] Die Autorität des Komponistenverbandes zumindest als ästhetische Kontrollinstanz erwies sich demnach zu diesem Zeitpunkt bereits als deutlich aufgeweicht.[111]

Im Zuge des II. Allunionskongresses der sowjetischen Komponisten im März 1957 wurde jedoch offenkundig, wie sehr das überall spürbare Drängen auf Veränderung im

---

105 Ebd., S. 68.
106 Dmitrij Šostakovič: Tribuna: Radost' tvorčeskich iskanij, in: *Sovetskaja muzyka* 1 (1954), S. 40-42, hier: S. 42; zit. nach Redepenning (2008b), S. 543.
107 Vgl. Laß (2002), S. 81.
108 Šostakovič in der *Pravda* vom 17. Juni 1956, zit. nach ebd.
109 Ebd., S. 82.
110 Vgl. ebd.
111 Kirill Tomoff, der in seiner Studie den Zeitraum nach 1953 nicht einschließt, weist bereits für Anfang der 1950er Jahre darauf hin, dass der Komponistenverband zwar als eine Art ‚Gewerkschaft' über hohen Einfluss auf organisatorischer Ebene verfügte, konkrete musikalische Inhalte und Fragen der Ästhetik jedoch zunehmend nicht mehr Teil der Diskussionen waren; vgl. Tomoff (2006), v.a. S. 207f.

Widerstreit mit dem Beharren auf der vorgezeichneten kulturpolitischen Richtung lag. So unternahm die Parteiführung einige Anstrengungen, um die überall laut gewordenen Rufe nach Veränderung einzudämmen. Tichon Chrennikov bekräftigte in seinem Referat auf dem II. Allunionskongress die Bedeutung des Sozialistischen Realismus für die Musik:

> Indem sie automatisch die Entwicklung unserer Kunst, beginnend 1934, mit den Fehlern und Auswüchsen des Persönlichkeitskultes verbinden und die Methode des Sozialistischen Realismus als „Ausgeburt" dieses Kultes befinden, möchten diese „Theoretiker" die Kraftlosigkeit und Mängel unseres Schaffens auf die wahrhafte Geschichte der Sowjetischen Kunst abwälzen und versuchen, die Methodes des Sozialistischen Realismus selbst, das Prinzip der Parteihaftigkeit der Kunst, zu diskreditieren.[112]

Dabei rekurrierte er auch auf die Vorgänge um Šostakovičs Oper *Ledi Makbet Mcenskogo uezda*:

> Und als die Parteipresse 1936 mit entschiedener Kritik an zwei Kompositionen von Šostakovič auftrat, wurde in dieser Kritik die Reife der künstlerischen Kultur des Volkes [naroda], ihre tiefes Verlangen nach einer der Kunst innenliegenden Lebenswahrheit, zum Ausdruck gebracht.[113]

Sehr deutlich wurde Chrennikov auch, was die Erlasse des Jahres 1948 betraf:

> In den Erlassen wurden ästhetische Prinzipien formuliert, welche die Partei immer befürwortete, beginnend mit den Äußerungen V. I. Lenins über die Parteihaftigkeit [partinost'] und volksverbundenheit [narodnost'] der Kunst.[114]

Die Kritik „formalistischer Werke" und das „umfangreiche positive Programm zu Entwicklung der sowjetischen Musik", formuliert in den Erlassen, hätten „den zuträglichen Effekt auf das weitere Gedeihen unserer Musik-Kunst" ganz klar gezeigt.[115]

Auch der CK-Sekretär Šepilov, der an dem Kongress aktiv teilnahm, machte in seinem Beitrag deutlich, wie die Partei zu Entwicklungen in der Musik stand, und, so Šepilov:

> welche Ansätze – progressive, demokratische, realistische – wir unterstützen und entwickeln müssen, und noch mehr, gegen welche wir kämpfen müssen, welche wir begraben müssen [...], gegen welche Tendenzen wir kämpfen müssen, gegen solche Tendenzen, die unserem Schaffen, unserem programmatischen Bestreben und unseren Aufgaben fremd sind.[116]

Mit dieser Aussage wurde der zweckgebundene Anspruch, dem die Musik nach wie vor entsprechen sollte, bekräftigt – während ‚Abweichlern' offen gedroht wurde. Trotzdem zeigte sich, dass die Drohungen nicht mehr den gleichen Schrecken entfalten konnten wie noch zu Zeiten Stalins. So hinderte die Äußerung Šepilovs wiederum

---

112 Tichon Chrennikov: Sostojanie zadači sovetskogo muzykal'nogo tvorčestva. Doklad, in: *Sovetskaja kul'tura* 43/589 (Freitag 29. März 1957), [S. 2-4, hier: S. 2].
113 Ebd.
114 Ebd.
115 Ebd.
116 Šepilov am 23. März 1957, zit. nach Laß (2002), S. 85.

Šostakovič nicht daran, deutliche Worte der Kritik an herrschenden Verhältnissen zu äußern und im Zuge dessen auch den Komponistenverband anzugreifen. Ein wichtiger Punkt für Šostakovic war unter anderem, dass eine offene künstlerische Diskussion und ein kreativer Austausch, die zur Weiterentwicklung einer lebendigen Kultur unbedingt notwendig seien, nicht möglich erschienen:

> Die Entwicklung der Diskussion stört hauptsächlich ein Überbleibsel aus der Periode des Personenkults. Ich meine vor allem solche inakzeptablen Methoden der Auseinandersetzung, in der die Angelegenheit in eine Diskreditierung umgemünzt wird, um eine der an der Auseinandersetzung beteiligten Seiten zu verleumden. Kaum daß eine der an der Auseinandersetzung beteiligten Seiten ideell [idejnoj] diskreditiert wurde, erstirbt faktisch die Auseinandersetzung. Indes ist vollkommen klar, dass untereinander nur noch Leute diskutieren, die fest auf der Position der sowjetischen Ideologie beharren und die einzig und allein zu diesem Ziel hinstreben, egal auf welchem Weg. (Applaus [des Auditoriums – V.M.]). Wozu – aller Vernunft zum Trotz und entgegen aller Ratschläge und öffentlichen Interessen – zurückgreifen auf die bösartige Demagogie und so die schöpferische Diskussion, die wir so notwendig brauchen, hemmen! Leider hat das Sekretariat des sowjetischen Komponistenverbandes mehr zur Erstarrung der Diskussion als zu ihrer Entwicklung beigetragen.[117]

Zum aktuellen Musikschaffen äußerte Šostakovič die Meinung, dass die Qualität der Musik oft daran kranke, dass Stücke nur deshalb komponiert würden, weil ihre Komposition aufgrund irgendeines äußeren Anlasses schlicht beschlossen worden sei. Solange der Komponist jedoch keine tieferen Beweggründe für ein solches Werk habe, so Šostakovič, könne er nichts von Bedeutung erschaffen.[118] Er schloss an:

> Wenn ich jedoch über aussagekräftige Kunst spreche, so habe ich immer auch ein solches Merkmal dieser Kunst im Sinn, wie es etwa die Offenheit gegenüber Neuem ist. Man muss wohl kaum extra darauf hinweisen, dass in der realistischen Kunst Neuartigkeit kein Selbstzweck ist.[119]

Darüber hinaus beklagte er, dass einige große Werke, etwa Prokof'evs Opern *Semen Kotko* und *Vojna i mir* dem Publikum nur durch „Gerüchte", jedoch nicht aufgrund ihrer Aufführungen bekannt seien.[120]

Auch der Komponist Nikolaj Pejko äußerte in seinem Beitrag scharfe Kritik an der momentanen Situation. Er stimmte mit Šostakovič darin überein, dass der Komponistenverband „die Arbeit der Komponisten nicht unterstütze, sondern oft sogar stör[e]".[121] Weiterhin widersprach er der Haltung Chrennikovs, der, so Pejko, davon ausgehe, die Komponisten würden sich schlichtweg weigern, für breite Massen zu schreiben, weil sie dann gezwungen wären, von ihrem „Neuerertum" abzuweichen.[122]

---

117 D. Šostakovič: Vystuplenie D. D. Šostakoviča, in: *Sovestkaja kul'tura* Nr. 46/592 (2. April 1957), [S. 4]. Der Artikel gibt die Rede Šostakovičs wörtlich (wenngleich evtl. gekürzt) wieder, so dass Šostakovič als Autor des Artikels genannt werden kann.
118 Vgl. ebd.
119 Ebd.
120 Ebd.
121 [Anonymus]: Vystuplenie N. I. Pejko, in: *Sovetskaja kul'tura* Nr. 47/593 (3. April 1957), [S. 4].
122 Ebd.

Pejko setzte dagegen, dass es seiner Meinung nach vielen Komponisten nur widerstrebe, Musik zu komponieren, deren Zweck allein sei, eine „größtmögliche Breitenwirkung" zu erzeugen. Er schlussfolgerte:

> Ich habe den Mut zu erklären, dass es solche Komponisten bei uns gar nicht gibt. Dafür gibt es bei uns viele Komponisten aus unterschiedlichen Generationen und aus unterschiedlichen Nationen, die, wie ich sicher bin, mit Freude jedem beliebigen Publikum jedes ihrer Werke präsentieren würden […]. Wie oft haben wir die symphonischen oder kammermusikalischen Werke von V. Šebalin gehört, eines Autoren, der meiner Ansicht nach mit M. Weinberg und G. Popov zu den begabtesten Autoren symphonischer und kammermusikalischer Vokal- und Instrumentalkompositionen gehört.[123]

Anlass zur Diskussion bot auch das offizielle Presseorgan des Verbandes, die *Sovetskaja muzyka,* die für ihr redaktionelles Konzept angesichts des aktuellen Diskurses kritisiert wurde. So wurde der Redaktion von reaktionärer Seite unter anderem eine zu liberale Haltung vorgeworfen und, „daß einige Autoren die Überbleibsel modernistischer Einflüsse nicht kritisieren würden".[124] Grundsätzlich wurde die Leitung der Zeitschrift dafür angegriffen, dass es ihr „nicht gelungen sei, eine fruchtbringende Diskussion über die Entwicklung der sowjetischen Musik anzukurbeln".[125] Unmittelbares Ergebnis der Diskussionen war die Gründung eines eigenen Musikverlags (Sovetskij kompozitor) und einer weiteren Musikzeitschrift, der *Muzykal'naja žizn'.* Die Gründung dieser neuen Organe zeigt, dass es zum fraglichen Zeitpunkt offenkundig auch darum ging, die bereits existierenden und mächtigen Institutionen zu schwächen, ohne sie jedoch dabei ihrer Legitimität zu berauben – was aufgrund ihrer Machtfülle wohl auch nicht möglich gewesen wäre.

Insgesamt kann der II. Allunionskongress als Sinnbild für die inkonsistente und wenig vorhersebare Haltung der politischen Führung im ‚Bronze-Zeitalter' (Levon Hakobian)[126] der sowjetischen Musikgeschichte verstanden werden. Dies zeigt sich retrospektiv auch darin, dass sich die aktuelle Historiographie nicht einig ist, wie die Ergebnisse des Kongresses im Nachhinein zu bewerten sind. So kommt Boris Schwarz zu dem Schluss, dass weder die Konservativen noch die Liberalen auf dem Kongress einen Sieg für sich hätten verbuchen können, aber „schon die Tatsache, daß jede Starrheit abgelehnt wurde", auf eine „gewisse Liberalisierung" hindeute.[127] Karen Laß hingegen sieht den Kongress „deutlich von der Partei beeinflusst, die sich des Funktionärs Šepilov" bedient habe, um „ihre Ziele durchzusetzen".[128] Ihrer Ansicht nach „gelang es den Konservativen besser als den Liberalen, ihre Positionen zu behaupten".[129] In jedem Falle zeugen die vergleichsweise offenen Worte, die auf dem Kongress gesprochen wer-

---

123 Ebd.
124 Laß (2002), S. 87.
125 Ebd.
126 Hakobian bezeichnet den gesamten Zeitraum der Musikgeschichte nach Stalins Tod als „Bronzezeitalter", wobei er diesen Zeitraum noch einmal untergliedert; vgl. Hakobian (1998), S. 220 und Hakobian (2016), Part III.
127 Schwarz (1982), S. 500.
128 Vgl. Laß (2002), S. 88.
129 Ebd., S. 89.

den konnten, vom – wie Hakobian es ausdrückt – „lightened mode of ideological sur-veillance", der sich für diesen Zeitraum im Bereich der Musik einstellte.[130]

Wie sehr die Parteiführung darum rang, auf der vorgezeichneten politischen Li-nie zu verharren und an ihrem Einfluss festzuhalten, zeigt die Diskussion um die be-rüchtigten Kultur-Erlasse aus den Jahren 1946-48, die 1957 wieder aufgegriffen wurde. Angesichts der immer lauter werdenden kritischen Stimmen an der herrschenden Äs-thetik und im Zusammenhang damit an den Berufsverbänden, wurde es für die Par-tei unvermeidbar, sich in der Diskussion klar zu äußern.[131] Wie Tat'jana Gorjaeva in ihrer Untersuchung zur Zensur im Sowjetstaat darlegt, wurde jedoch von offizieller Seite dem „Anlauf, die parteilichen Beschlüsse, die 1946 bis 1948 zur Literatur und Kunst erlassen worden waren, zu überprüfen […] mit unverholener Feindseligkeit begegnet".[132] In einem umfangreichen Beitrag, der den Angaben von Karlhanns Ber-ger zufolge erstmals 1957 im Journal des CK VKP (b) *Kommunist* erschien,[133] wur-de bei nur kleinen Zugeständnissen an die neue politische Situation auf die unverän-dert gültige inhaltliche Bedeutung der Erlasse hingewiesen. Im Fall des Erlasses „O žurnalach…" zum Bereich der Literatur wurde sogar bemängelt, dass

> der Beschluß des ZK „Über die Zeitschriften ‚Swesda' und ‚Leningrad' in dem Teil, der sich gegen die Publizierung ideologisch nicht stichhaltiger, schädli-cher Werke richtet, noch nicht in vollem Umfang und noch nicht von allen Zeitschriften befolgt [sei].[134]

Auch der Theater-Beschluss „O repertuare…" wurde bekräftigt und Kritikern vorge-worfen, dass ihre „Theorie der Konfliktlosigkeit und ihre Begleiterin, die Schönfärbe-rei, […] der sowjetischen Dramatik großen Schaden zugefügt" hätten.[135] Zu den Be-schlüssen aus dem Bereich Film („O Kinofil'me…") und Musik („Ob opere…") wurde zusammenfassend festgehalten, dass in den Erlassen sehr richtig „einzelne missglückte Werke auf dem Gebiet des Film- und Opernschaffens" kritisiert und an deren Beispiel „Tendenzen aufgedeckt" worden seien, „die einer ganzen Reihe von Werken eigen" ge-wesen wären. Diese Tendenzen hätten „unserer Kunst in bestimmter Weise geschadet" und könnten „ihr auch heute noch schaden", wenn man aufhöre, sie „zu bekämpfen".[136] Konkret zum Musik-Erlass von 1948 wurde noch einmal betont:

> Der Grundgedanke dieses Beschlusses ist vor allem der Kampf gegen den For-malismus in der Musik. Der Beschluß verurteilte die Wendung der Musik zur Kakophonie, einer chaotischen Anhäufung von Tönen, und wandte sich gegen das Neuerertum um des Neuerertums willen im Geiste der heutigen bürgerli-

---

130 Hakobian (1998), S. 218.
131 Vgl. dazu Vladislav M. Zubok: *A failed empire: the Soviet Union in the Cold War from Stalin to Gorbachev.* Chapel Hill 2007, S. 171.
132 Gorjaeva (2002), S. 310.
133 Vgl. Karlhanns Berger: *Die Funktionsbestimmung der Musik in der Sowjetideologie.* Wiesbaden 1963, S. 72.
134 Die Diskussion um die Erlasse wurde erstmals veröffenlich in der Zeitschrift *Kommunist* H. 3 (1957), wie aus der (ost-)deutschen Übersetzung des Textes hervorgeht; vgl. dazu [Anonymus]: Die Partei und die Fragen der Literatur und Kunst, in: *Sowjetwissenschaft. Kunst und Literatur. Zeitschrift für Fragen der Ästhetik und Theorie.* Jg. 5, H. 5 (Mai 1957), S. 460-474, hier: S. 465.
135 Ebd., S. 466.
136 Ebd., S. 467.

chen modernistischen Musik, das heißt gegen alles, was die hohe gesellschaftliche Rolle der Musik herabsetzt, ihre Bedeutung auf die Befriedigung des
entarteten Geschmacks ästhetisierender Individualisten begrenzt und sie auf
einen engen Kreis von Musik-Gourmands beschränkt. [...] In dem Beschluß
trat die Partei mit aller Entschiedenheit für die realistische Richtung in der
Musik ein, die aufbaut auf der Anerkennung der gewaltigen fortschrittlichen
Rolle des klassischen Erbes, besonders der Traditionen der russischen Musikschule, auf der Verbindung von hohem Gehalt mit künstlerischer Vollendung
der musikalischen Form, der Wahrheitstreue, einer tiefen organischen Verbindung mit dem Volk und seinem Musikschaffen und hohem beruflichen Können bei gleichzeitiger Schlichtheit und Verständlichkeit der Musiksprache.[137]

Als Zugeständnis an die aktuellen Diskussionen wurde geäußert:

Wie jedes Dokument, tragen auch diese Beschlüsse den Stempel ihrer Zeit.
Manche Thesen sind veraltet, manche müssen im Hinblick auf die neuen Aufgaben unserer Literatur und Kunst präzisiert werden.[138]

Dabei wurde jedoch betont, dass eventuelle Mängel der Erlasse mit „gewissen Erschei-
nungen des Personenkults" zu verknüpfen seien.[139] Kritikern hingegen wurde im selben Atemzug vorgeworfen, „alles Positive zu verleumden und den Wert dieser Dokumente" in Frage zu stellen. Abschließend wurde die Position der Berufsverbände
bekräftigt und ihre Autorität betont:

Die Verbände der Schriftsteller, der bildenden Künstler und der Komponisten sind dazu berufen, die Parteilinie auf dem Gebiet der Literatur und Kunst
wirklich durchzusetzen und Kämpfer für die ideologische Reinheit und für
hohe künstlerische Meisterschaft zu werden. Die Künstlerverbände [...] setzen
sich mit denen auseinander, die schwanken und zu einer falschen Richtung
neigen. Die Verbände haben sich entwickelt und gefestigt, sie besitzen zuverlässige Kräfte, die im Stande sind, sich in jeder Situation, und sei sie noch so
kompliziert, richtig zu orientieren. Die Partei fördert auf jede Weise die selb-
ständige Tätigkeit der Künstlerorganisationen [...]. Die Bemühungen der Partei sind darauf gerichtet, daß [...] die Literatur- und Kunstschaffenden [...]
ihre künstlerische Methode – den sozialistischen Realismus – weiter entwickeln.[140]

Zusammenfassend wurde klar gestellt: „Somit sind die Beschlüsse des ZK der KPd-
SU aus den Jahren 1946-48 über Fragen der Literatur und Kunst in ihrem Grundgehalt auch jetzt noch aktuell."[141] Die Rhetorik des gesamten Artikels, die zwischen dem
formelhaften Wiederholen gängiger Phrasen – darunter angedeutete Drohgesten, die
Verunglimpfung kritischer Stimmen sowie die Beschwörung des Sozialistischen Realismus –, schwachen Zugeständnissen und einigen Beschwichtigungen schwankt, spiegelt
deutlich die Unruhe der Gesamtsituation.

---

137 Ebd., S. 470.
138 Ebd., S. 471.
139 Ebd.
140 Ebd., S. 473f.
141 Ebd.

Dass die Diskussionen mit dieser deutlich als halbherzig zu erkennenden offiziellen Stellungnahme nicht beendet waren, zeigte sich ein Jahr später. Am 28. Mai 1958 erfolgte der Beschluss „Ob ispravlenii ošibok v ocenke oper ‚Velikaja družba‘, ‚Bogdan Chmel'nickij‘, ‚Ot vesgo serdca‘" [Über die Berichtung von Fehlern bei der Beurteilung der Opern *Die große Freundschaft*, *Bogdan Chmel'nickij* und *Von ganzem Herzen*], der am 8. Juni 1958 in der *Pravda* veröffentlicht wurde. Der Beschluss widmete sich erneut dem Musik-Erlass aus dem Jahr 1948, der ja wie erwähnt noch 1957 von der Partei bekräftigt worden war.

Auch die Rhetorik dieses neuen Erlasses von 1958 zeigt, welche Anstrengungen die Behörden unternahmen, einerseits nicht von der politisch vorgegebenen Richtung abzuweichen, andererseits jedoch dem unausweichlichen Drängen auf Veränderung Rechnung zu tragen. Wie Dorothea Redepenning anmerkt, ist es durchaus bemerkenswert, dass im Titel des Erlasses das Wort „Fehler" erscheint.[142] Allerdings wurden gleich im ersten Satz mögliche Hoffnungen auf eine grundsätzliche Revidierung des 1948er Beschlusses im Keim erstickt. Dort heißt es:

> Das ZK der KPdSU stellt fest, daß der Beschluß des ZK vom 10. Februar 1948 über die Oper Muradelis „Die große Freundschaft" im ganzen eine positive Rolle bei der Entwicklung der sowjetischen Musikkunst gespielt hat.[143]

Weiterhin wurde klar formuliert, dass „die Aufgaben der Entwicklung der Musikkunst auf der Grundlage der Prinzipien des sozialistischen Realismus" in dem Erlass von 1948 hinreichend „dargelegt und die Bedeutung untersucht" worden sei.[144] Anschließend heißt es:

> Mit Recht wurden die formalistischen Tendenzen in der Musik und das scheinbare ‚Neuerertum‘ verurteilt, die die Kunst vom Volke wegführten und sie zum Eigentum eines engen Kreises ästhetisierender Gourmands machten.[145]

Das rhetorische Manöver des Erlasses bestand darin, „die in diesem [i.e. Beschluss von 1948] Beschluß enthaltenen Beurteilungen des Schaffens einzelner Komponisten", die „in einer Anzahl von Fällen unbegründet und ungerecht" gewesen seien, erneut (und diesmal explizit) der „subjektive[n] Einstellung Stalins zu einzelnen Werken der Kunst" anzulasten.[146] Durch diesen Schachzug – nämlich der in diesem Falle expliziten persönlichen Schuldzuweisung – wurde es einerseits möglich, eine Revision des Erlasses vorzunehmen und ‚Fehler‘ zu ‚berichtigen‘, sich jedoch andererseits als Partei und höchste Instanz dabei nicht selbst zu demontieren, sondern vollständig aus der Verantwortung zu nehmen. Indem weiterhin nicht nur Stalins persönliche Meinung, sondern darüber hinaus namentlich auch Molotov, Malenkov und Berija für ihren, wie im Dokument zu lesen, „äußerst negativen Einfluss" verantwortlich gemacht wurden, zeigt sich in dem Erlass des Weiteren dessen strategische Intention, nämlich die Stärkung

---

142 Vgl. Redepenning (2008b), S. 544.
143 Zit. nach Berger (1963), S. 99. Dort ist der gesamte Erlass in Bergers deutscher Übersetzung abgedruckt.
144 Zit. ebd.
145 Zit. nach ebd. Man beachte die Wortwahl des Erlasses, der Begriffe aus dem *Kommunist*-Artikel von 1957 erneut aufgreift.
146 Zit. nach ebd.

der Position Chruščevs. Dass zudem noch diverse Zeitungsredaktionen bezichtigt wurden, die „ungerechtfertigten Vorwürfe" dann „auch noch in anderen Artikeln und Äußerungen" verbreitet zu haben und dazu „offenkundige Übertreibungen und einseitige Einschätzungen" in die Artikel eingefügt zu haben,[147] komplettiert das strategische Vorgehen, die ‚Fehler' von 1948 ausschließlich Einzelpersonen und Führungskräften (i.e., Redaktionen) anzulasten und die Partei als Institution aller Vorwürfe zu entheben. Die Ansicht von Redepenning, der Beschluss signalisiere, dass „das ZK der KPdSU fehlbar" sei,[148] teile ich daher nicht.

Darüber hinaus ist auffällig, dass der Tonfall des Erlasses von 1958 deutlich bestimmter und härter ist als der Tonfall des 1957 erschienenen Artikels. Es zeigt sich klar, dass die Partei mit dem Erlass von 1958 auf ihrer Deutungshoheit beharrte und ihre Unfehlbarkeit als Institution betonte. Insofern ist Karlhanns Berger zuzustimmen, der in seiner bereits 1963 erschienenen Arbeit zur sowjetischen Musikgeschichte für diesen Zeitraum konstatierte, dass „die Prinzipien des Sozialistischen Realismus als ‚Schaffensgrundlage'" bestätigt worden seien.[149] In dem Vorgang, dass Aram Chačaturjan und Šostakovič auf dem II. Allunionskongress als Vorstandsmitglieder in das Sekretariat des Komponistenverbandes aufgenommen wurden, sieht Berger lediglich einen „ausgeklügelte[n] Kompromiß".[150] Weiterhin hält er fest: „Der ZK-Beschluß von 1958 stellt endgültig klar: die Partei verlangt ideologische Gefolgschaft. […] Die ideologisch-musikalische Kontrolle behält das Sekretariat des Komponistenverbandes."[151]

Trotzdem wurde dieses Vorhaben für die Staatsmacht zunehmend schwieriger durchzusetzen. Aus der Retrospektive zeigt sich deutlich, dass allein die veränderte Situation und der wachsende Widerstand die Partei gezwungen hatten zu reagieren. Es wird offenkundig, unter welch großem Druck die Führungsriegen standen und dass ihr die ‚ideologische Gefolgschaft' des Volks so wenig sicher war wie dem Komponistenverband die ‚ideologisch-musikalische Kontrolle' über die Komponisten. Dies zeigte sich auch im Nachgang des Welt-Jugend-Festivals, das im Dezember 1957 in Moskau stattgefunden hatte.[152] Der große Erfolg des Festivals, mit dessen Durchführung eine ganze Reihe von ideologischen Feindbildern gleichsam weggeschwemmt worden war, hatte für eine immense Schwächung des ideellen Überbaus der Partei und für einen deutlich spürbaren Aufschwung der liberalen Stimmung in Moskau gesorgt. Die Partei hatte erhebliche Probleme, die Zügel straff zu halten. Unsicherheit und Instabi-

---

147 Zit. nach Berger (1963), S. 100.
148 Redepenning (2008b), S. 544.
149 Berger (1963), S. 76.
150 Ebd.
151 Ebd. Damit vertritt Berger bereits 1963 dieselbe Meinung, die vierzig Jahre später Karen Laß in ihrer Studie äußerte.
152 Vladimir Zubok beschreibt, welch unglaublichen Effekt das Festival auf die Bevölkerung hatte. Er zitiert den Jazzmusiker Aleksej Kozlov, der über das Festival sagte: „[T]he festival was the beginning of the collapse of the Soviet system. After the festival the process of fragmentation of Stalinist society became irreversible. The festival bred a whole generation of dissidents and intellectuals who lived a double life. At the same time, a new generation of party-Komsomol functionaries was born, double-dealers who understood everything perfectly well but outwardly professed to be loyal to the system." Zubok (2007), S. 175.

lität prägten die Stimmung im Land. Und unvorhersehbar war auch der kulturpolitische Kurs der Partei.

Ein Teil der Unsicherheit, die in der Gesellschaft spürbar war, entsprang der Angst, dass sich die Gewaltexzesse des Staatsapparats wiederholen könnten. Und ein deutliches Zeichen, dass der politische Weg der neuen Führung kein Weg der unbegrenzten Liberalisierungen war, hatte Chruščev mit der gewaltsamen Niederschlagung des Aufstandes in Ungarn durch die Sowjetmacht bereits im November 1956 gesetzt. Dies machte offenkundig, dass auch Gewalt weiterhin Teil des Systems blieb. Vladislav Zubok beschreibt den psychologischen Effekt der Invasion auf die liberalen Teile der Bevölkerung folgendermaßen:

> In November 1956, the Soviet invasion of Hungary restored the conservative majority's self-confidence. The invasion came as a cold shower for the radical anti-Stalinists, especially students, who realized, as one of them recalled, "that in this country we were completely alone. The masses were possessed by absolute chauvinism. 99% of the population shared entirely the imperial aspirations of the authorities."[153]

Der „unbedingte Vorrang des Macht- und Systemerhalts" stand für Chruščev nie zur Debatte,[154] und die Erkenntnis, dass auch die neue Parteiführung mit allen Mitteln ihren Autoritätsanspruch durchsetzen würde, bot bei aller Erleichterung über den Machtwechsel auch Anlass zur Enttäuschung. Andreas Hilger fasst zusammen:

> Auch das neue Regime griff – auf unvergleichlich niedrigerem und schon von daher auf qualitativ neuem Niveau – auf die althergebrachten Instrumente von Strafjustiz und Geheimpolizei zurück, um politische Oppositionen zu unterdrücken und soziale Abweichungen zu ahnden. Die nur halbherzigen Reformen im Bereich der Staatssicherheit änderten nichts an deren politisch-ideologischer Ausrichtung [...], die zukünftiges Wachstum und andauernde Usurpation politischer und gesellschaftlicher Schlüsselpositionen nach sich zogen.[155]

Nicht zuletzt die Affäre um Boris Pasternaks Roman *Doktor Živago*, die bereits 1956 ihren unguten Anfang nahm und 1958 in eine öffentliche Hetzkampagne gegen den Autor mündete,[156] bedeutete den Kulturschaffenden unmissverständlich, dass das ‚Tauwetter' nicht nahtlos in einen ‚Frühling' übergegangen war.[157] Tat'jana Gorjaeva sieht diese Kampagne gar in unmittelbarem Zusammenhang mit der Diskussion um die Erlasse von 1946–1948, zu der sich die Parteiführung 1958 mehr oder weniger gezwungen gesehen hatte.[158] Wie Zubok darlegt:

> Khruschev and the Politburo concluded that the unrest among intellectuals and students endangered political control over the society. Hundreds, perhaps thousands, were expelled from research institutions and universities. The KGB made arrests around the country to suppress dissent. The authorities restored

---

153 Ebd., S. 170f.
154 Hilger (2008), S. 258.
155 Ebd., S. 272.
156 Der Ablauf der Affäre ist detailliert beschrieben u.a. bei Laß (2003), S. 53-62.
157 Vgl. dazu auch Lovell (2010), S. 214.
158 Vgl. Gorjaeva (2002), S. 310f.

the quotas limiting the number of children of intellectuals among university students [...].[159]

Levon Hakobian zufolge konnte der Bereich der Musik im Vergleich zu den Bereichen der Bildenden Kunst und der Literatur in der poststalinistischen Zeit eine relativ autonome und friedliche Existenz führen.[160] Doch bei Komponisten der Generation, die den Terror der Stalin-Jahre unmittelbar durchlebt hatte – die Generation, der auch Weinberg angehörte –, dürfte der (kultur-)politische Kurs des neuen Regimes und die aufflammende Gewaltbereitschaft der neuen Führung bei allen merklichen Veränderungen der Situation nicht zur Etablierung eines grundsätzlichen Vertrauens in die eigene Sicherheit beigetragen haben.

Polen: einige (kultur-)politische Anmerkungen

Für die folgenden Ausführungen zur kompositorischen Reflexion der polnischen Wurzeln im Schaffen Weinbergs ist neben den oben zusammengefassten kulturpolitischen Vorgängen wichtig zu erwähnen, dass just im Zeitraum ab Mitte der 1950er Jahre Polen mehrmals politisch in den Fokus rückte. Auch dort waren nach dem Machtwechsel – wie in allen sowjetischen ‚Satellitenstaaten‘ – die Auswirkungen der Destalinisierung spürbar geworden. Es keimte die Hoffnung auf Reformen, und die Unzufriedenheit mit dem *status quo* wuchs. Infolge einer damit einhergehenden politischen Destabilisierung, die vor allem die anti-sowjetischen Kräfte Polens stärkte, kam es im Juni 1956 zu einem Arbeiteraufstand in Poznań.[161] Der Aufstand wurde gewaltsam niedergeschlagen[162] und der Verlauf der Ereignisse ausführlich in der (Welt-)Presse rezipiert. Die politischen Nachwirkungen führten im Herbst 1956 zu einer Krise zwischen Polen und der Sowjetunion, der so genannten ‚Oktober-Krise‘, die beinahe zu einer militärischen Auseinandersetzung eskaliert wäre.[163] Während der Wiederannäherung Polens und der Sowjetunion wurde ab Ende 1956 zwischen den Ländern ein zweites (und letztes) Repatriierungsabkommen vorbereitet, das im Frühjahr 1957 die Rückkehr polnischer Juden in ihre Heimat ermöglichen sollte.[164]

Diese Vorgänge liefen parallel zu einem für die sowjetische Musikgeschichte bedeutenden Ereignis: Im Oktober 1956 fand das erste Mal in Warschau das Musikfestival Warszawska Jesień [Warschauer Herbst] statt. Wie Ruth Seehaber erläutert, war die Idee des Festivals, „das Schaffen der polnischen Komponisten im In- und Ausland bekannter zu machen und [...] Musikern und Publikum in Polen einen Über-

---

159 Zubok (2007), S. 171.
160 Vgl. Hakobian (1998), S. 217.
161 Vgl. dazu Lovell (2010), S. 265. An dieser Stelle kann nur in aller Kürze auf diese historischen Hintergründe verwiesen werden, da sie für das behandelte Thema relevant erscheinen. Umfassend zum polnisch-sowjetischen Geschehen in den Jahren um 1956 vgl. Kramer (2008), S. 81-102.
162 Allerdings nicht – wie in Ungarn – von der sowjetischen Armee, sondern von der schlesischen Armee und verschiedenen polnischen Einheiten; vgl. ebd., S. 87.
163 Vgl. ebd., S. 117-121.
164 Das Abkommen wurde im März 1957 unterzeichnet und führte zur Rückkehr von 30.000 Juden, die 1939-40 aus Polen in die Sowjetunion geflohen waren; vgl. dazu Litvak (1991), hier: S. 238. Auf den problematischen, durchaus antisemitisch motivierten Aspekt dieser politischen Maßnahme wurde bereits verwiesen.

blick über das aktuelle musikalische Weltschaffen zu ermöglichen".[165] Natürlich war das Festival auch für sowjetische Musiker und Komponisten von großer Bedeutung. Seine „Ausstrahlung", so Dorothea Redepenning, „auf das Schaffen sowjetischer Komponisten und auf den musikästhetischen Diskurs [kann] nicht hoch genug veranschlagt werden".[166] Auch Seehaber ist der Ansicht, dass die „Bedeutung des Festivals als Umschlagplatz für Werke, Kontakte und Informationen in einer ansonsten geteilten Welt" immens war.[167] Denn das Festival zeichnete sich dadurch aus, dass, wie Redepenning weiter ausführt,

> es sich über die Grenzen des Kalten Krieges hinwegsetzte; seine Besonderheit besteht zugleich darin, daß die polnische Kulturpolitik eine permanente Kunsteinrichtung tolerierte, die sich eindeutig von den Regeln des Sozialistischen Realismus verabschiedet hatte, die ausdrücklich solche Werke bevorzugte, die als Gegenentwurf zur sowjetischen Ästhetik verstanden werden konnten, die aber auch Werken Raum gewährte, die aus dieser Tradition stammten.[168]

In Anbetracht der gespannten politischen Lage, die zur gleichen Zeit beinahe zu einer kriegerischen Auseinandersetzung zwischen der Sowjetunion und Polen geführt hätte, erscheint die konzeptionelle Beschaffenheit des Festivals als deutlicher kulturpolitischer Akt der Distanzierung Polens von der Sowjetprotektion.

Sehnsucht und Systemkritik – Werke nach Versen von Julian Tuwim

In just dieser von Aufbruch und Stagnation geprägten, unruhigen politischen Zeit begann Weinberg erneut, sich polnischer Themen anzunehmen. Zentrale Bedeutung kam dabei einem Dichter zu, den der Komponist als einen seiner liebsten und für ihn wichtigsten Dichter bezeichnete:[169] Julian Tuwim. Um die Bedeutung Tuwims für Weinberg richtig bewerten zu können, ist ein kurzer biographischer Abriss zu dem Dichter, der im deutschen Sprachraum nahezu unbekannt ist, unerlässlich.

Der Dichter Julian Tuwim

Tuwim wurde am 3. September 1894 in der polnischen Industriestadt Łódź geboren, einem, wie Elvira Grözinger schreibt, „polnische[n] Manchester", wo sich die Bevölkerung aus Deutschen, Juden und Polen zusammensetzte.[170] Bereits während seiner Zeit am Staatlichen Russischen Gymnasium in Łódź verfasste Tuwim, der selbst jüdischer Abstammung war, erste Verse. Nach Abschluss der Schule studierte er Jura und Philo-

---

165 Ruth Seehaber: „…eine Brücke schlagen…". Deutsch-polnische Musikbeziehungen in den 1960er Jahren, in: Muzykalia VIII: Zestzyt niemiecki 2 Warschau (2009) [Onlineressource], S. 1-7, hier: S. 3. Onlineressource, einzusehen unter: http://www.demusica.pl/cmsimple/images/file/seehaber_muzykalia_8_2.pdf [Stand: 23.03.2017].

166 Redepenning (2008b), S. 548.

167 Seehaber (2009), S. 3.

168 Redepenning (2008b), S. 548.

169 Vgl. Nikitina (1972), S. 116.

170 Vgl. Elvira Grözinger: Das „Judenkind" und der „schreckliche Bürger". Ein Panoptikum der Zwischenkriegsjahre in Julian Tuwims Lyrik, in: Peter Kosta u.a. (Hg.): *Juden und Judentum in Literatur und Film des slavischen Sprachraums. Die geniale Epoche.* Wiesbaden 1999, S. 155-172, zur Biographie v.a. S. 156-158, das Zitat S. 156.

sophie in Warschau, widmete sich jedoch bereits intensiv seinem literarischen Schaffen. Er wurde Mitbegründer der Dichtergruppe *Skamander,* die laut Grözinger „zwischen Expressionismus und Futurismus rangierte" und zu einer der bedeutendsten und revolutionärsten Dichtergruppen ihrer Zeit wurde. „Bis 1939 veröffentlichte Tuwim acht Gedichtbände", so Grözinger weiter,

> die seinen Ruf als Erneuerer der polnischen Dichtung begründeten. Nicht nur als Autor von Prosatexten, darunter vielen Satiren, einem *Säuferlexikon* […], zahlreichen Kinderbüchern, die als Klassiker der polnischen Kinderliteratur gelten und als Bearbeiter eines Theaterstücks, hat er sich als Übersetzer aus dem Russischen, Französischen, Deutschen, Englischen und Lateinischen hervorgetan. Er war auch ein besessener Sammler kulturgeschichtlicher Merkwürdigkeiten, bibliophiler Dokumente u.v.m. So veröffentlichte er u.a. *Polnische Wunder und Teufel* […] und eine *Anthologie der polnischen Epigramme aus vier Jahrhunderten,* hinzu kamen Bühnenbearbeitungen, Vaudevilles, Operettenlibretti, unzählige Kabarettlieder, die zum Teil unter Pseudonym verbreitet wurden.[171]

Darüber hinaus war Tuwim, wie bereits in der Einleitung erwähnt wurde, für das Kabarett und Theater sowie als Verfasser von Liedtexten tätig, die der polnischen Unterhaltungsmusik zuzurechnen sind.[172]

Tuwim fühlte sich seinem Heimatland stets zutiefst verbunden. Doch wurde er vor allem in Zusammenhang mit seiner Dichtung, die nicht nur von Humor, Ironie und Scharfzüngigkeit durchzogen ist, sondern auch „Alltagssprache, Sexthematik und technischen Fortschritt in die bis dato heiligen Hallen der polnischen Poesie" eingeführt hatte,[173] immer wieder in Form antisemitischer Angriffe negativ mit seinem Judentum konfrontiert. Schon in seinen unpublizierten *Juvenilia,* die im Zeitraum zwischen 1911 und 1916 entstanden, reflektiert der junge Dichter über den Antisemitismus, den er in der Gesellschaft vorfand.[174] Die antisemitischen Angriffe schmerzten Tuwim, der sich, wie Grözinger schreibt, „als gleichberechtigter Pole fühlte".[175] Darüber hinaus stand der größte Teil seines Werkes den Angaben von Kryński zufolge anfänglich „nicht in Verbindung zu jüdischen Themen", wiewohl trotzdem „seine jüdische Herkunft von seinen Kritikern als signifikant bewertet" wurde.[176] Tuwim, so Grözinger weiter, „wehrte sich lange dagegen, als Jude abgestempelt zu werden":[177]

> Seit 1934 wurde Tuwims jüdische Herkunft verstärkt das Thema von öffentlichen Attacken rechtsgerichteter polnischer Kreise. In der Zeitung *Myśl Narodowa* („Nationales Denken") hatte man Tuwim ‚geraten', einen schwarzen Kaftan, wie ihn die Chassidim tragen, anzuziehen, ins Ghetto zurückzukehren,

---

171 Ebd., S. 157f.
172 Leider gibt es nach momentanem Kenntnisstand nur wenig (deutsch- oder englischsprachige) Fachliteratur über diesen Bereich von Tuwims Schaffen.
173 Grözinger (2005), hier: S. 15.
174 Magnus Kryński: Politics and Poetry. The case of Julian Tuwim, in: *The Polish Review.* Vol. 18, Nr. 4 (1973), S. 3-33, hier: S. 3.
175 Grözinger (1999), S. 161.
176 Kryński (1973), S. 3. Die deutsche Übersetzung des englischen Artikels hier und im Folgenden V.M.
177 Grözinger (1999), S. 161.

und Jiddisch zu schreiben. Tuwim antwortete, daß derjenige, der das schrieb, seine altpolnische Tracht anziehen möge, damit sich beide zusammen zum Ergötzen des Publikums fotografieren lassen. Nebenbei wies er apologetisch darauf hin, daß er nicht aus einem Ghetto käme und Jiddisch nicht beherrsche.[178]

Die Polemiken, mit denen Tuwim sich wehrte, konnten jedoch nicht verhindern, dass der Dichter, so Kryński, ein „tiefes Trauma" erlitt, von dem er sich Zeit seines Lebens nicht mehr erholen sollte.[179] Der Vormarsch der Nationalsozialisten und schließlich der Ausbruch des Krieges trugen zu diesem Trauma maßgeblich bei. 1939 sah sich Tuwim gezwungen, aus Łódź zu fliehen. Über Rumänien, Frankreich und Portugal gelang ihm die Flucht nach Brasilien. Dort, in Rio de Janeiro, ergriff Tuwim erstmals, wie Marci Shore in ihrer Studie darlegt, schmerzliches Heimweh nach Polen:

> In the paradise of Rio de Janeiro he longed only for Poland: „How cruelly I am cut off outright from that which is dearest to me, from that which is my life, my blood, the essence of my creative work, of my self: from Poland! What are my further intentions? [...] I know one thing: I must write! and I want to RETURN, TO RETURN AS QUICKLY AS POSSIBLE!"[180]

Von Brasilien gelangte Tuwim 1941 in die USA. Der deutsch-sowjetische Nichtangriffspakt war in der Zwischenzeit Makulatur geworden und die Sowjetunion stand auf der Seite der Alliierten. Tuwim, der von Kindheit an der russischen Kultur zugetan gewesen war,[181] begann nun, sich für die kommunistische Idee zu engagieren. Vor dem Krieg hatte Tuwim eher wenig Interesse für Politik bekundet.[182] Auf einem Fragebogen einer Zeitschrift hatte er den Angaben von Antony Polonsky zufolge gar einmal dezidiert angegeben, zum Kommunismus keine Meinung zu haben.[183] Wie Polonsky ausführt:

---

178 Ebd., S. 162. Aufgrund der Ähnlichkeit der Aussage sei an dieser Stelle zitiert, wie Weinberg im Interview mit Manašir Jakubov von seiner Verhaftung in Moskau berichtete: „[...] ich fragte, warum ich verhaftet worden war. Der Untersuchungsrichter sagte: ‚Aufgrund von jüdischem bourgeoisen Nationalismus'. Und ich wurde noch einmal überheblich und sagte ihm: ‚Aber ich spreche kein Wort Hebräisch und habe dafür zweitausend Bücher in polnischer Sprache. Besser wäre polnischer bourgeoiser Nationalismus.'" Jakubov (1995), S. 13. Die Ähnlichkeit der ironischen Zuspitzung, wie sie Tuwim und dann Weinberg anwandten, scheint mir ein Indiz dafür zu sein, dass Weinberg Tuwims oben zitierte (und auch publizierte) Äußerung kannte, verinnerlicht hatte und hier für sich adaptierte.
179 Kryński (1973), S. 3.
180 Marci Shore: *Caviar and Ashes. A Warsaw Generation's Life and Death in Marxism, 1918–1968*. New Haven, CT / London 2006, S. 197. Hervorhebungen im Original. Shore zitiert hier aus Aufzeichnungen Tuwims aus Rio.
181 Tuwim hatte eine ganze Reihe von russischen Dichtern ins Polnische übersetzt, darunter eine Vielzahl von russischen ‚Klassikern' wie Lermontov, Tjučev, Tolstoj, Fet, Blok u.v.m. Den größten Anteil an russischer Dichtung, die Tuwim übertrug, nehmen die Gedichte Puškins ein. Dazu widmete er sich auch vereinzelt der Dichtung von u.a. Vladimir Majakovskij, Samuil Maršak oder Boris Pasternak; vgl. Julian Tuwim: *Przekłady poetyckie. Obracował Seweryn Pollak*. I. Warschau 1959a.
182 Den Angaben von Il'ja Ėrenburg zufolge hatte sich Tuwim – nachdem sich die beiden Dichter bereits seit 1922 kannten und schätzten – erst in den Jahren des Kriegs zur Politik geäußert, und zwar folgendermaßen: „Politik ist nicht meine Profession. Sie ist eine Funktion meines Gewissens und meiner Gemütsbeschaffenheit." Il'ja Ėrenburg: *Ljudi, gody, žizn'*. Kn. 1, T. 1. Moskau 1990, S. 399.
183 Wie bei Antony Polonsky nachzulesen ist, hatte Tuwim noch 1933 auf einem Fragebogen einer Zeitschrift zum Kommunismus ausgesagt, er habe keine Meinung zum ‚Kommunistischen Expe-

Tuwim's attitude to politics was, above all, emotional and probably never went deeper than a facile sympathy for the common man and a rather simpleminded pacifism that saw war as a result of capitalist machinations. Despite his love for Russian literature, he seems never to have been attracted by communism, at least not before the late 1930s.[184]

Davon war nun keine Rede mehr: Von New York aus sandte Tuwim ein Telegramm an seinen langjährigen Bekannten und Kollegen Il'ja Ėrenburg, um seine Solidarität für den Sowjetstaat zu bekunden.[185] Magnus Kryński legt dar, dass Tuwim sich als erster prominenter polnischer Exilant in den USA zur Sowjetunion bekannt und ihr seine Unterstützung versichert habe.[186] Er setzte sich aktiv für die Propagierung des Kommunismus ein und wurde zum *poète engagé*.[187] Sein forcierter politischer Enthusiasmus führte jedoch zu Problemen mit jenen befreundeten polnischen Exilanten, die Tuwims Begeisterung angesichts der kommunistischen Wirklichkeit nicht teilen konnten. In einem Brief an seine Schwester, den Tuwim im September 1941 verfasste, schrieb er:

> It's difficult, [...] I've placed my bets on an entirely different world than they have, I openly voice my battle for that world, exposing myself to the opinion of being a 'Bolshevik'.[188]

Seine politische Begeisterung führte nicht nur zu Streit mit Freunden, sondern brachte Tuwim auch in moralische Bedrängnis. So wurde er Anfang 1943 darüber informiert, dass zwei polnische Bundistenführer, Henryk Erlich und Wiktor Alter, in der Sowjetunion zum Tode verurteilt worden waren. Die Nachricht wurde ihm überbracht mit dem Hinweis, dass man von ihm eine öffentliche Stellungnahme in dieser Angelegenheit erwarte.[189] Tuwim lehnte jedoch ab. Wiederum seiner Schwester schrieb er dazu:

> Like you, I experienced and experience painfully the affair of Erlich and Alter (I don't believe that they're guilty – and I don't believe that they're not guilty; a lovely situation from the point of view of reason and conscience; but such times have come that one has to live with absurdities even of this kind).[190] [...] At times it is not bad to be silent about what pains one/ So that the enemy does not know that he has you in his power.[191]

---

riment': „'In order to know about it,' he wrote, 'I would have to spend five years in Russia: the first as a child, the second--as a peasant, the third--as a worker, the fourth--as a 'bourgeois intelligent' and the fifth--as a Russian.'" Zit. nach Antony Polonsky: Julian Tuwim, the Polish Heine, eine Online-Publikation der *American Association for Polish-Jewish Studies*, einzusehen unter: http://www.aapjstudies.org/index.php?id=115 [Stand: 28.05.2013]; im Folgenden als „Polonsky (online)" zitiert.

184 Antony Polonsky: „Why Did They Hate Tuwim and Boy So Much?". Jews and „Artificial Jews" in the Literary Polemics of the Second Polish Republic, in: Robert Blobaum (Hg.): *Antisemitism and its opponents in modern Poland*. Ithaca, NY / London (2005), S. 189-209, hier: S. 198.

185 Shore (2006), S. 202.

186 Kryński (1973), S. 4.

187 Vgl. dazu Shore (2006), S. 233.

188 Zit. nach ebd., S. 203.

189 Vgl. ebd., S. 233.

190 Zit. nach ebd.

191 Zit. nach ebd., S. 234. Der letzte Satz ist ein Zitat des polnischen Dichters Jan Kochanowski, das Tuwim im Brief an seine Schwester anführte.

Als die Rote Armee sich 1944 vor Warschau befand, schrieb Tuwim erneut an Èrenburg, diesmal, so Shore, in „linkischem Englisch":

> Three years ago during the darkest hour of the heroic struggle of the soviet people I sent to You and to russian writers words full of faith in future victory over the teutonic barbarians stop Today in the bright hour of fulfillment when the indomitable Red Army approaches the very heart of Poland and brings the liberation of your people I share with You the imense joy when the right cause triumphs over the evil one stop.[192]

Wie Tuwim in den Monaten, die seinem hoffnungsvollen und enthusiastischen Telegramm nachfolgten, das Zögern der Roten Armee vor Warschau erlebte, kann nur vermutet werden. Jedoch ist sicher, dass ihn die eigene politische Haltung in eine zunehmende emotionale Ambivalenz gezwungen haben muss.

Dass die gesellschaftliche Utopie des Kommunismus für Tuwim überhaupt eine solche Strahlkraft entwickeln konnte, scheint angesichts der Themen, mit denen er sich seit jeher in seiner Dichtung beschäftigte hatte, indes leicht nachvollziehbar. Bereits vor seinem Engagement für politische Inhalte, vor dem Krieg und vor seinem Exil, hatte er sich intensiv mit der gesellschaftlichen Realität auseinander gesetzt und sie in seiner Dichtung in Worte gefasst. Kyński schreibt dazu folgendermaßen:

> Tuwim from the very beginning introduced into Polish poetry a metropolitan setting; he wrote of a modern city: the atmosphere of its streets, cinemas, cabarets, and coffeehouses. He created a new lyrical hero, the common man, an average inhabitant of a big city who is a part of the city's daily existence. The selection of such a setting and such a hero led to a general relaxation of poetic language, to the use of more natural speech.[193]

Es liegt nahe, dass er diese Form der Dichtung auf abstrakter Ebene mit der Idee des Kommunismus in Übereinstimmung bringen konnte.[194] Dass im Umkehrschluss die dichterische Herangehensweise Tuwims im ‚real existierenden Sozialismus' geschätzt wurde, zeigt sich in einer 1958 in Halle/Saale erschienenen Abhandlung zur polnischen Poesie, die dem Dichter einen eigenen Abschnitt widmet. Der Autor der Abhandlung, Karel Krejčí, merkt an, dass Tuwims Dichtung „zutiefst humanistisch" sei.[195] Tuwim suche stets den

> Weg zum Menschen, ohne sich weder im stolzen, die Menge verachtenden Selbstbewußtsein des Schöpfers, noch in der nihilistischen menschenverachtenden Verzweiflung eines Dekadenten von ihr abzuwenden.[196]

Weiter schreibt Krejčí, der Humanismus Tuwims sei „kämpferisch und revolutionär".[197] Der Dichter lehne den Krieg ab, heiße jedoch die Revolution willkommen.[198] Aller-

---

192 Zit. nach ebd., S. 235. Das Zitat gibt den originalen Wortlaut des Telegramms wieder.
193 Kryński (1973), S. 4.
194 Tuwim verfasste auch ein Gedicht, in dem er von Stalin als unsterblichem Helden spricht; vgl. Shore (2006), S. 283.
195 Beide Zitate: Karel Krejčí: *Geschichte der polnischen Literatur*. Halle (Saale) 1958, S. 470.
196 Ebd.
197 Ebd., S. 471.
198 Vgl. ebd., S. 472.

dings kritisiert der Autor, dass in Tuwims Haltung noch „viel von jener Haltung der bürgerlichen Intelligenz" stecke, „die ratlos vor den sozialen Problemen" stehe und nicht in der Lage sei, sie zu lösen.[199] Zur Verteidigung wird allerdings angeführt, dass es verständlich sei, dass in Zeiten, in denen noch der Kapitalismus herrsche, die negativen Akkorde in der ansonsten „sozialen Poesie Tuwims" einen großen Raum einnehmen würden.[200] Die Haltung, die in dieser DDR-Publikation zu Tuwim eingenommen wird, ist auf die Sowjetunion übertragbar. So wird in der *Sovetskaja ėnciklopedija* von 1956 die ideologische Bindung Tuwims an den sowjetischen Staat betont:

> Bereits in den ersten Gedichtesammlungen […] zeigte sich die demokratische Sympathie des Dichters, obwohl er sich damals nicht großen gesellschaftlichen Themen annahm. In den Sammlungen *Worte voll Blut* (1926), […], *Zigeunerbibel* (1933), […] verschärft sich der Protest des Dichters gegen die bourgeoise Wirklichkeit. […] Die besten von T[uwims] vor dem Krieg entstandenen Gedichte waren gegen das reaktionäre Regime in Polen, den Faschismus und den Krieg gerichtet. […] In den Jahren des zweiten Weltkrieges […], während derer sich T[uwim] in der Emigration befand, wurde er eine aktive Persönlichkeit des öffentlichen Lebens […] und heißt die SSSR willkommen. […] Sein Poem *Die Blumen Polens* […] spiegelt Episoden des Kampfes des polnischen Proletariats wider. T[uwim] besingt den Aufbau des völkisch[narodno]-demokratischen Polens und seine Freundschaft mit der SSSR […].[201]

Unter dem Eindruck des Holocaust nahm sich Tuwim schließlich in der Dichtung auch des Themas seiner jüdischen Existenz vermehrt an. Dabei rückte vor allem die Problematik, sich gleichermaßen als Pole und als Jude zu fühlen, in den Vordergrund. Noch im Exil verfasste er 1944 einen offenen Brief mit dem Titel „My Żydzi polscy" [Wir polnischen Juden], in dem die Spannung, in der sich der Dichter wiederfand, deutlich zum Ausdruck kommt. Da die Dichotomie, von der Tuwim in diesem Brief schreibt, auch auf Weinberg übertragbar ist, gebe ich den Wortlaut des Briefes wieder, wie er (in englischer Übersetzung) bei Polonsky zitiert wird:

> And immediately I can hear the question: „What do you mean--WE?" The question, I grant you, is natural enough. Jews to whom I am wont to explain that I am a Pole have asked it. So will the Poles to the overwhelming majority of whom I am and shall remain a Jew. Here is my answer to both.
>
> I am a Pole because I want to be. It's nobody's business but my own. I certainly have not the slightest intention of rendering account, explaining, or justifying it to anyone. I do not divide Poles into pure-stock Poles and alien-stock Poles. I leave such classification to pure and alien-stock advocates of racialism, to domestic and foreign Nazis. I divide Poles just as I divide Jews and all other nations into the intelligent and the fools, the honest and the dishonest, the brilliant and the dull-witted, the exploited and the exploiters, gentlemen and cads. I also divide Poles into Fascists and anti-Fascists. Neither of

---

199 Ebd., S. 469.
200 Ebd., S. 472.
201 [Anonymus]: Tuwim, Julian, in: Vavilov Sergej I. / Vvedenskij, Boris A. (glav. red.): *Bol'šaja sovetskaja ėnciklopedija*. Bd. 43: topsel'-užeńe. 2. Ausg. Moskau 1957a, S. 352.

these groups is of course homogeneous; each shimmers with a variety of hues and shades. [...]

I can say that in the realm of politics I divide Poles into anti-Semites and anti-Fascists. For Fascism means always anti-Semitism. Anti-Semitism is the international language of Fascism. [...]

If, however, it comes to explaining my nationality, or rather my sense of national belonging, then I am a Pole for the most simple, almost primitive reasons. [...] To be a Pole is neither an honor nor a glory nor a privilege. It is like breathing. I have not yet met a man who is proud of breathing.

I am a Pole because it was in Poland that I was born and bred, that I grew up and learned; because it was in Poland that I was happy and unhappy; because from exile it is to Poland that I want to return, even though I were promised the joys of paradise elsewhere...

Above all a Pole – because I want to be.

"All right," someone will say, "granted you are a Pole. But in that case, why 'we JEWS'?" To which I answer: BECAUSE OF BLOOD "Then racialism again?" No, not racialism at all. Quite the contrary.

There are two kinds of blood: that inside of veins, and that which spurts from them. The first is the sap of the body, and as such comes under the realm of physiologists. Whoever attributes to this blood any other than biological characteristics and powers will in consequence, as we have seen, turn towns into smoking ruins, will slaughter millions of people, and at last, as we shall yet see, bring carnage upon his own kin.

The other kind of blood is the same blood but spilled by this gang leader of international Fascism to testify to the triumph of his gore over mine, the blood of millions of murdered innocents, a blood not hidden in arteries but revealed to the world. Never since the dawn of mankind has there been such a flood of martyr blood, and the blood of Jews (not Jewish blood, mind you) flows in widest and deepest streams. Already its blackening rivulets are flowing together into a tempestuous river. AND IT IS IN THIS NEW JORDAN THAT I BEG TO RECEIVE THE BAPTISM OF BAPTISMS; THE BLOODY, BURNING, MARTYRED BROTHERHOOD OF JEWS.

Take me, my brethren, into that glorious bond of Innocently Shed Blood. To that community, to that church I want to belong from now on.

Let that high rank – the rank of the Jew Doloris Causa—be bestowed upon a Polish poet by the nation which produced him. Not for my merit, for I can claim none in your eyes. I will consider it a promotion and the highest award for those few Polish poems which may survive me and will be connected with the memory of my name—the name of a Polish Jew. [...]

Upon the armbands which you wore in the ghetto the star of David was painted. I believe in a future Poland in which that star of your armbands will become the highest order bestowed upon the bravest among Polish officers and soldiers. They will wear it proudly upon their breasts next to the old Virtuti Militari. [...]

Thus it will be with pride, mournful pride, that we shall count ourselves of that glorious rank which will outshine all others – the rank of the Polish Jew, we who by miracle or by chance have remained alive. With pride? Let us rather say: with contrition and gnawing shame. For it was bestowed upon us for the sake of your torment, your glory, Redeemers!

....And so perhaps I should not say "we Polish Jews," but "we ghosts, we shadows of our slaughtered brethren, the Polish Jews."...[202]

Eine russische Übersetzung des Briefes erreichte auch die Sowjetunion. Il'ja Ėrenburg sandte am 5. Dezember 1944 ein Telegramm an Tuwim in die USA, in dem er ihm für den „inspirierenden Artikel" dankte.[203] In seiner dreiteiligen Autobiographie, die in redigierter Version ab 1960 in der Zeitschrift *Novyj mir* abgedruckt wurde,[204] widmet Ėrenburg Tuwim einen großen Abschnitt und zitiert auch Auszüge des Briefes.[205] Tuwim wurde, wie Jekaterina Lebedewa in ihrer Studie anmerkt, vor allem in den 1950er und 1960er Jahren zu einem wahren Idol vieler russischer Dichter.[206] Lebedewa weiter:

An eben diese Tradition des „Juden doloris causa" [die in dem oben zitierten Brief Tuwims zum Ausdruck kommt – V.M.] knüpfte die sowjetisch-jüdische Intelligencija an – für Tuwim begeisterten sich die Schriftsteller Ėrenburg und Brodskij, der Gitarrenlyriker [Bulat] Okudžava[207] und [Aleksandr] Galič.[208]

Das im Exil entwickelte Selbst-Bewusstsein für die eigenen jüdischen Wurzeln und die damit in Verbindung stehende Solidarität mit den ermordeten (polnischen) Juden erwiesen sich im Folgenden für Tuwim jedoch genauso problematisch wie nach dem Krieg die Rückkehr in die inzwischen fremd gewordene Heimat.[209] Denn, wie Elvira Grözinger darlegt, sah in „Wirklichkeit [...] das stalinistische Nachkriegspolen anders aus als in seinen [Tuwims – V.M.] Exilträumen, und auch politisch fand er sich dort nicht ganz zurecht, denn die Diktaturen waren ihm, ob links oder rechts, gleichermaßen zuwider."[210] Zudem erfuhr der Dichter kurz nach seiner Rückkehr vom Schicksal

---

202 Zit. nach Polonsky (online); Hervorhebungen im Original.
203 Il'ja Ėrenburg: *Na cokole istorij...Pis'ma 1931–1967, izd. podgotov. B. Ja. Frezinskim.* Moskau 2004, S. 333, Brief 287. Hier wird erwähnt, dass die russische Übersetzung von Tuwims Brief jedoch unpubliziert blieb; vgl. dazu auch bei Ėrenburg (1990a), S. 403. Dort schreibt Ėrenburg zu der Polemik: „Ich las diese Worte 1944 und konnte lange mit niemandem darüber sprechen."
204 Der erste Abschnitt des ersten Buches erschien in der Ausgabe 8 (1960), S. 24-60; der zweite Abschnitt in der Ausgabe 9 (1960), S. 87-154; der letzte Abschnitt in der Ausgabe 10 (1960) S. 7-51. Der erste Abschnitt des zweiten Buches erschien in der Ausgabe 1 (1961), S. 91-152; der zweite Abschnitt in der Ausgabe 2 (1961), S. 75-121. Der erste Abschnitt des dritten Buches erschien in der Ausgabe 9 (1961), S. 88-152; der zweite Abschnitt in der Ausgabe 10 (1961), S. 124-157, der letzte Abschnitt in der Ausgabe 11 (1961), S. 126-162.
205 Der Abschnitt zu Tuwim befindet sich in der Ausgabe 9 (1961), S. 99-105. Zu dem offenen Brief Tuwims ebd., S. 102f.
206 Vgl. Jekatherina Lebedewa: „Unser Zug fährt nach Auschwitz, heute und alle Tage!". Zum Widerhall der Judenverfolgung in der russischen Gitarrenlyrik, insbesondere im Werk von Aleksandr Galič, in: Frank Grüner u.a. (Hg.): *„Zerstörer des Schweigens". Formen künstlerischer Erinnerung an die nationalsozialistische Rassen- und Vernichtungspolitik in Osteuropa.* Köln u.a. 2006, S. 158-174, hier: S. 164.
207 Mit dem Weinberg für den Film *Poslednie salpy* (1960) zusammenarbeitete.
208 Ebd., S. 164.
209 Bereits 1946 kehrte Tuwim nach Polen zurück.
210 Grözinger (1999), S. 158.

seiner Mutter, die im Łódźer Ghetto ermordet worden war. Marci Shore legt dar, wie Tuwim die Details zu ihrem Tod erfuhr:

> In the spring of 1947 Stanisław Wygodzki[211] [...] was in a Warsaw café when he saw Tuwim sitting by the wall, looking at him uncertainly. They had met before the war, when Wygodzki, before his days in Auschwitz and Dachau, had looked quite different. Tuwim did recognize him, though. [...] Tuwim asked him, "Do you know what they did with my mother?" Wygodzki was silent. "They threw her from the window onto the pavement."[212]

Erneut eine traumatische Nachricht, die Tuwims Hass auf den Faschismus verstärkte. Jedoch kam es auch in seiner Heimat, im ‚real existierenden Sozialismus', immer wieder zu Situationen, in denen er sich negativ mit der Realität des stalinistischen Apparats konfrontiert sah.[213] Vor allem der ab 1949 staatlich sanktionierte Antisemitismus des Stalinregimes muss für den Dichter ein Schock gewesen sein. Gleichwohl hielt er an seiner Überzeugung fest,[214] und viele Auseinandersetzungen, die Tuwim mit ehemaligen *Skamander*-Weggefährten aufgrund seiner politischen Einstellung gehabt hatte, blieben angesichts dieses Festhaltens unversöhnt. Vor diesem Hintergrund ist verständlich, dass Tuwim – dessen Gesundheit stark angeschlagen war – sich von der Dichtung zunehmend abwandte und immer mehr auf Übersetzungsarbeiten zurückzog.[215] Antony Polonsky meint dazu:

> The new Poland to which Tuwim returned and pledged his complete support must have been a terrible disappointment to him. Antisemitism persisted and in the aftermath of the war, perhaps 1,500 Jews died in anti-Jewish violence, the worst incident being in Kielce. He was determined to ally himself with the new order writing in 1950 to the poet Mieczysław Jastrun that they needed to talk about "the unimportance of lyricism in the project of the socialization of minds and in general about the exceedingly limited influence of poetry on transformations of historical significance in humanity's history." Yet he must have found the new political orthodoxy suffocating although he did compose a sterile "Ode to Stalin" in which he spoke of the Revolution as an eternal beauty, and of Stalin as an immortal hero. His muse dried up and he devoted himself to translation, editing and writing children's stories.[216]

Interessant in diesem Zusammenhang ist, dass weder in der oben erwähnten DDR-Publikation, in der die Abhandlung zu Tuwim und seinen Werken immerhin volle sieben Seiten einnimmt, noch im Artikel der *Bol'saja sovetskaja ènciklopedija* die jüdische

---

211 Dessen Gedichte Weinberg ebenfalls vertonte; dazu noch ausführlicher.
212 Shore (2006), S. 283. Tuwim verarbeitete diese Nachricht in einem Gedicht, das Weinberg in seiner 8. Symphonie op. 83 vertonte.
213 Vgl. dazu Shore (2006), S. 283-285.
214 1948 wurde Tuwim vom Moskauer Literaturverband nach Moskau eingeladen, wo er auch mit Èrenburg zusammentraf. Es war Tuwims erste Reise in die Sowjethauptstadt; vgl. ebd., S. 301. Ob Tuwim dort möglicherweise sogar mit Weinberg zusammengetroffen ist, ist leider nicht bekannt.
215 Tuwim hatte zahlreiche Übersetzungen angefertigt, darunter von Heine, Goethe, Schiller, Hebbel, Nestroy und Ringelnatz, von Rimbaud, von Puškin und Majakovskij; vgl. Grözinger (1999), S. 158.
216 Polonsky (online).

Herkunft Tuwims und das zum Verständnis seines Schaffens so bedeutende Aufbegehren gegen die antisemitischen Verunglimpfungen erwähnt werden.[217]

Trotzdem verlor Tuwim bis zu seinem Ableben nicht die scharfe Beobachtungsgabe, den schwarzen Humor und beißenden Sarkasmus, die sich durch sein dichterisches Schaffen ziehen. Am Abend vor seinem Tode im Dezember 1953 notierte er auf der Serviette eines Restaurants: „For the sake of economy, please turn out the eternal light: I may need it some day to shine for me.“[218] Anlässlich seines Todes schrieb Jan Lechoń, ehemaliges *Skamander*-Mitglied und vormals enger Freund – mit dem sich Tuwim aufgrund seiner kommunistischen Überzeugung zerstritten hatte – in sein Tagebuch: „May the Polish ground rest lightly over you, Julek, the Polish ground you so poorly, so foolishly, but still truly loved.“[219]

Erste Widerworte – die Liederzyklen Opus 57 und 62

Mit der Vertonung von Gedichten Tuwims im Jahre 1956 schloss sich für Weinberg gewissermaßen ein Kreis. Schon der erste erhaltene Liederzyklus *Akacje* op. 4 aus dem Jahr 1940 war eine Vertonung von Tuwim-Gedichten gewesen.[220] 1956, mit der Rückkehr zur Gattung, widmete sich Weinberg erneut dem polnischen Dichter und komponierte im März/April 1956 den Zyklus *Biblia cygańska* [Zigeunerbibel] op. 57. Das Werk besteht aus sieben Liedern, die – anders als der Titel vermuten lässt –[221] unterschiedlichen Gedichtzyklen Tuwims entstammen. Weinberg widmete Opus 57 seinem Freund Šostakovič.[222] Damit beendete er nicht nur die lange Schaffenspause im Bereich der Liedkomposition. Opus 57 ist auch das erste Werk nach Opus 47.2, dessen Titelei zweisprachig geführt ist. Ein interessantes Detail ist, dass Weinberg auf dem Titel auch den Namen von Šostakovič – dessen Familie polnische Wurzeln hatte –[223] in polnischer Schreibweise aufführte (Abb. 26). Die Musik komponierte Weinberg entlang der polnischen Texte, auf deren Übersetzung ins Russische verzichtete er. Lediglich unter einige der Liedtitel trug er im Manuskript – mit Bleistift und kaum zu erkennen – die russische Übersetzung ein.

Der Zyklus weist insgesamt eine klare, lyrisch-sangbare musikalische Sprache auf, die deutlich von jüdischer Idiomatik durchdrungen ist. Insofern ähnelt seine Faktur eher den Zyklen Opus 13 und 17 (den beiden Zyklen nach jüdischen Dichtern) als etwa den Zyklen Opus 22 oder 25, die eine sehr ambitionierte und eher hermetische Ästhetik verfolgen. Welche Bedeutung Opus 57 für Weinberg hatte und wie sich diese in der Musik manifestiert, möchte ich exemplarisch am zweiten Lied des Zyklus mit

---

217 Auch das Hauptwerk Tuwims, die *Kwiaty polskie*, wird bei Krejčí nur mit einem Satz erwähnt; vgl. Krejčí (1958), S. 474. Dazu später noch ausführlich.

218 Shore (2006), S. 304.

219 Ebd.

220 Gleichzeitig ist dieser frühe Zyklus ein Beleg dafür, dass Weinberg sich der Dichtung Tuwims schon vor dessen Begeisterung für den Kommunismus verbunden gefühlt hatte.

221 Tuwim hatte ein Reihe von Gedichten in einem Zyklus *Biblia cygańska* (1933) zusammengefasst; von den in Opus 57 vertonten Gedichten enstammt ihm allein das erste Lied. Eine Auflistung aller in *Biblia cygańka* enthaltenen Gedichte ist nachzulesen in Julian Tuwim: *Wiersze I.* Warschau 1955, S. 14f. Die Angaben zu den Entstehungsjahren der Gedichte folgen den Angaben der Gesamtausgabe. Da in dieser nicht alle Gediche mit Datierungen versehen sind, wurde teilweise auf die Datierung der entsprechenden Zyklen verwiesen.

222 Der im selben Jahr, in dem Weinberg den Zyklus verfasste, seinen 50. Geburtstag feierte.

223 Vgl. Fay (2000), S. 7.

dem Titel „Żydek" zeigen. Tuwim verfasste das gleichnamige Gedicht 1925 und veröffentlichte es ein Jahr später als Teil der Gedichtesammlung *Słowa we krwi* (1926).[224] Karl Dedecius übersetzte den Titel mit „Judenjunge",[225] wiewohl Elvira Grözinger zu bedenken gibt, dass die „polnische Bezeichnung ‚żydek' meistens pejorativ, verachtend, gegenüber [erwachsenen] [sic – V.M.] Juden angewandt wurde".[226] Das Gedicht lautet im Original und deutscher Übertragung folgendermaßen:

Śpiewa na podwórku, tuląc się w łachmany	Kleiner Bettelknabe, irrer Judenjunge,
Mały, biedny chłopiec, Żydek obłąkany.	Singt im Hinterhof, zerlumpt, mit wirrer Zunge.
Ludzie go wygnali, Bóg pomieszał głowę,	Gott verließ ihn, Menschen trieben ihn von hinnen,
Wieki i wygnanie pomieszały mowę.	Jahre der Verbannung schwirrn in seinen Sinnen.
Drapie się i tańczy, płacze i zawodzi	Und nun kratzt er sich und plärrt in alle Ohren,
O tym, że się zgubił, że po prośbie chodzi.	Daß er bettelarm und daß er sich verloren.
Pan z pierwszego piętra patrzy na wariata:	Der vom ersten Stock entdeckt das irre Luder:
Spójrz, mój bracie biedny na smutnego brata.	Sieh, mein armer Bruder, deinen trüben Bruder.
Kędy nas zaniosło? Gdzieśmy się zgubili,	Wohin trug es uns? Wohin sind wir gekommen?
Światu ogromnemu obcy i niemili?	Dieser großen Welt so fremd und unwillkommen?
Pan z pierwszego piętra, brat twój opętańczy	Der vom ersten Stock, genau wie du verraten,
Głową rozpaloną po wszechświecie tańczy.	Tanzt mit heißem Kopf durch aller Herren Staaten.
Pan z pierwszego piętra wyrósł na poetę:	Der vom ersten Stock, gewachsen zum Poeten,
Serce swe, jak grosik, zawinie w gazetę –	Packt sein Herz in Zeitung, wie eine Monete –
I przez okno rzuci, żeby się rozbiło,	Wirft es aus dem Fenster wirf es dir zum Opfer,
Żebyś je podeptał, żeby go nie było!	Daß du es zertrittst, damit es nicht mehr klopfe!
I pójdziemy potem każdy w swoją stronę	Und nun suchen wir ein jeder seine Weite
Na wędrówki nasze smutne i szalone.	Auf der Wanderschaft, die Wahn und Leid bereitet.
Nie znajdziemy nigdy ciszy i przystani,	Finden keine Ruhe, keine Zufluchtstätten,
Żydzi śpiewający, Żydzi obłąkani.[227]	Irre Juden, Juden, die ins Lied sich retten…[228]

---

224 Zu dieser Sammlung noch an anderer Stelle.
225 Vgl. den Abdruck der Übersetzung bei Grözinger (1999), S. 167.
226 Ebd.
227 Tuwim (1955a), S. 282.
228 Julian Tuwim: „Żydek", Übersetzung von Karl Dedecius, zit. nach: Grözinger (1999), S. 167f.

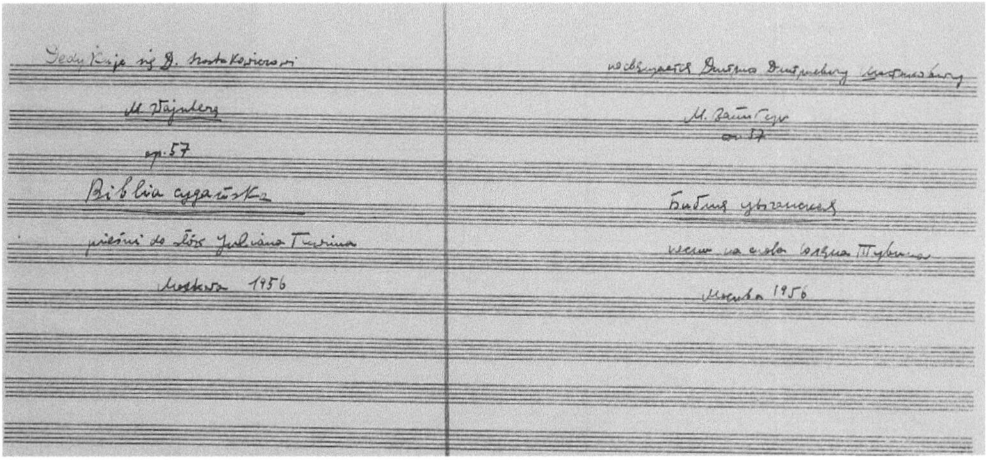

Abb. 26: Ausschnitt aus dem Titelblatt op. 57 (MWMA 0204).

Das Lied steht in gemäßigtem Tempo (*Andantino*, Viertel = 63) in fis-Moll. Die Vertonung des Textes erfolgt – von wenigen Ausnahmen abgesehen – streng syllabisch. Formal untergliedert sich das insgesamt durchkomponierte Lied in vier Abschnitte, die dem Inhalt des Gedichts Rechnung tragen. Der erste Abschnitt umfasst die Strophen 1 bis 3, in denen der Betteljunge ‚vorgestellt‘ wird (T. 1-22). Einen weiteren Abschnitt bilden die Strophen 4 bis 8, in denen die zweite Person auftritt (T. 25-58). Den Strophen 9 und 10 wird je ein eigener Abschnitt zugeteilt (T. 67-71, 9. Strophe), wobei die 10. Strophe noch einmal in zwei Teile zerfällt (T. 74-76, T. 80-83). Eine wiederkehrende Melodie der Gesangsstimme (erstmals T. 3) in der Länge von zwei Takten markiert jeweils den Anfang der Formteile. Diese Melodie stellt gleichzeitig das Hauptmotiv des Liedes dar. Aufgrund ihrer Sangbarkeit und ihres schlichten, doch eindringlichen Charakters hat die Melodie hohen Wiedererkennungswert. Die springende, tänzerische Dreiklangsbrechung wird in den nachfolgenden zwei Takten ergänzt durch ein von halbtöniger Bewegung geprägtes Motiv, das den Rhythmus aufgreift und fortsetzt. Durch die übermäßige Sekunde (T. 6) in der Gesangsstimme erhält dieses Motiv eine ‚orientalische‘ Färbung, die in Zusammenhang mit dem Text als Element der jüdischen Melosphäre gedeutet werden kann. Dass Weinberg dies ebenso verstand, verdeutlicht die große Ähnlichkeit der kompositorischen Faktur – und dieselbe Dynamik an dieser Stelle – zum ersten Lied des Zyklus' nach jüdischen Dichtern op. 13 (Begleitfigur und rhythmisierter Gesang; wenngleich in Opus 13 als ‚Lied ohne Worte‘) (Notenbeispiele 25 und 26). Interessant ist, dass Weinberg im Verlauf des Liedes einzelne Worte – abweichend vom Originaltext – wiederholt: so etwa im ersten Vers der ersten Strophe das Wort „biedny" [arm] (T. 5f.), im zweiten Vers der zweiten Strophe das Wort „wyganie" [Verbannung] (T. 11f.). In der zweiten Strophe tritt erstmals (T. 13) ein kurz lang Rhythmus aus einer 16tel und einer punktierten Achtel auf, der u.a. für jüdische Musik typisch ist und im Verlauf des Stückes im-

Notenbeispiel 25: M. Weinberg, Opus 13, Vorspiel, T. 1-6.

Notenbeispiel 26: M. Weinberg, Opus 57, 2. Lied, T. 1-6.

mer wieder auftritt. In Takt 33 ist gar im Autograph zu erkennen, dass Weinberg eine Folge gerader Achtel erst im Verlauf des Kompositionsprozesses in diesen Rhythmus brachte (Abb. 27). Die dritte Strophe bringt eine neue musikalische Textur, welche die zunehmende Dramatik des lyrischen Geschehens musikalisch illustriert: Wellenförmig auf- und absteigende, an- und abschwellende 16tel-Akkordbrechungen, die die Gesangsstimme kreuzen und teilweise über sie hinausreichen, erheben sich über taktweise liegende Akorde. Die vom Text vorgegebene Interpretation als sich eindringlich Gehör verschaffender Junge liegt nahe („plärrt in alle Ohren, / Daß er bettelarm und daß er sich verloren"). In den Takten 19-20 wird im Klavier das Hauptmotiv aufgegriffen, diesmal jedoch harmonisch verzerrt. Nachdem die Gesangsstimme den bisher höchsten Ton des Stücks erreicht hat (dis" in T. 19), sinkt sie schließlich, durchzogen von Halbtonschritten und teilweise unterhalb der Begleitung, abwärts. Die nur schwach aufeinander bezogenen Akkorde stehen für eine vagierende Harmonik, die jene im Gedicht thematisierte Verlorenheit des Betteljungen auch musikalisch nachbildet. Mit Takt 22 endet der erste Formteil. Nach einem zweitaktigen Zwischenspiel beginnt mit Takt 25 der zweite und umfangreichste Abschnitt des Liedes. Die vierte Strophe vertont Weinberg in Analogie zur ersten Strophe, wobei sich jedoch das Ende der vierten Strophe vor allem rhythmisch unterscheidet: In der Begleitung erscheint zunächst die Folge: eine Achtel, zwei 16tel; danach, ab Beginn der fünften Strophe (T. 31), wird der Rhythmus des Hauptmotives in einer Mittelstimme fortgeführt, während die Oberstimme in Achteln verläuft. In der Gesangsstimme tauchen erstmalig

Abb. 27:
Ausschnitt op. 57, 3. Lied, T. 33
(MWMA 0240).

Viertelsynkopen auf (T. 29, 31). Die Verse „Wohin trug es uns? Wohin sind wir gekommen?" vertont Weinberg in einer repetierten, monotonen Figur, die eine nach g-Moll transponierte harmonische Fortentwicklung der ersten Takte ist (T. 31ff.). Ein *crescendo* signalisiert wachsende Dramatik. Die Gesangsstimme findet auf dem f' in Takt 35 und dem Wort *Światu* [Welt] einen nächsten Höhepunkt, der in eine weitere Steigerung mündet. In den Takten 37-38 steigt die linke Hand der Begleitung in einem gebrochenen c-Moll-Akkord *crescendo* aufwärts, während die rechte Hand von Halbtonschritten und Tonwiederholungen unter Fortführung des bisherigen Rhythmus geprägt ist. Gleichzeitig wird in der Gesangsstimme der Widmungsträger des Zyklus', der Freund und „Bruder" (Zitat Vers 8) im Geiste, Šostakovič, unmittelbar eingebunden: In Takt 37 mit Auftakt erklingt in der Gesangsstimme das musikalisches Signum Šostakovičs – die Töne D-ES-C-H –, welches mit den Worten „ogromnemu obcy i niemili" [fremd und unwillkommen] musikalisch verbunden wird (Notenbeispiel 27). In zornigem *f* ertönen nachfolgend die Verse „Der vom ersten Stock, genau wie du verraten". Dabei wiederholen sich hier die Takte 9-12 (von kleinen Abweichungen abgesehen) musikalisch, diesmal jedoch mit einem Wechsel der Melodie in die Mittelstimme der rechten Hand des Klaviers. Auch im Weiteren werden Strukturen des Liedanfangs mit leichten Abweichungen wiederholt. Ab Takt 49 wird zu den Worten „gewachsen zum Poeten" aus dem bereits bekannten Material eine verzerrende Steigerung geformt, die der schmerzhaften Ironie des Textes entspricht. Mit dem Text „Packt sein Herz in Zeitung, wie eine Monete" (T. 51-54) wird die Steigerung neben der harmonischen um eine rhythmische Komponente ergänzt (v.a. Klavier rechte Hand). Die musikalische Klimax findet statt in den Takten 55ff. Zu den Worten „Wirft es aus dem Fenster wirf es dir zum Opfer,/ Daß du es zertrittst, damit es nicht mehr klopfe!" erreicht die Gesangsstimme ihren lautesten Punkt *ff* (die Begleitung erst vier Takte später) und den absoluten Höhepunkt fis". Der Text wird auf dem Rhythmus des Anfangsmotives skandiert, jedoch erscheint er in seiner Diastematik als Verzweiflungsruf. Derselbe Takt erklingt vier Mal unverändert. Inhaltlich wird hier das quälende Schlagen des Herzes musikalisch nachgebildet. Im anschließenden

Notenbeispiel 27: M. Weinberg, Opus 57, 2. Lied, T. 35-38.

Zwischenspiel (T. 59-66) vollzieht die Begleitung den im Gesang bereits vollendeten Höhepunkt zuächst nach, um sich dann rhythmisch, tonhöhenmäßig und dynamisch zu beruhigen. Der nächste Strophenkomplex (ab T. 67) wird im *pp* und in der rhythmischen Textur des Anfangs erreicht. Zum Ende des Liedes wird der musikalische Zusammenhalt zunehmend von Pausen durchbrochen. Der Tonvorrat des Hauptmotivs wird im gleichen Maß reduziert, bis die Gesangsstimme auf dem cis' verebbt. Die Begleitung wird durch rhythmische Verlangsamung auf einzelne Liegeakkorde reduziert. Es bleibt der Eindruck eines offenen Verklingens. Der – wenngleich sarkastisch überhöhte – Hoffnungsaspekt, der im Text thematisiert wird, nämlich die Zufluchtsstätte im Lied, wird durch dieses Verklingen offenkundig dekonstruiert.

Insgesamt eröffnen sich in dem Lied mehrere Bedeutungsebenen. (1) Eine Ebene ist durch den Text vorgegeben: Denn die Verse sprechen (grob vereinfacht ausgedrückt) von der Unmöglichkeit, als Jude einen Platz in der Welt zu finden. Als Optionen erscheinen nur die Möglichkeiten, ein Dasein als ‚Betteljunge' zu führen oder seine Seele zu verkaufen. Es gibt keine Lösung; heimatlos und ohne Zuflucht bleibt dem Juden nur der Weg des ‚ewigen Wanderers', der im Lied, so wörtlich in der letzten Strophe, seinen Trost suchen muss. Schon indem Weinberg dieses Gedicht zur Vertonung wählte, bestätigte er gleichsam seinen Inhalt. Dazu negiert die Musik die im Text zumindest symbolisch angebotene Möglichkeit, einen Zufluchtsort zu finden. (2) In Anbetracht des Entstehungszeitpunktes des Liedes liegt es darüber hinaus nahe, dass Weinberg den Text nicht nur im Hinblick auf das Schicksal der Juden im Allgemeinen wählte, sondern im Hinblick auf die besondere Situation des Juden im Exil, der quasi als zweifach Heimatloser erscheint.[229] (3) Zu diesen rein textimmanenten Deutungsebenen kommt eine weitere Ebene, die sich im Zusammenspiel von Text, vorangestellter Widmung (Šostakovič) und musikalischer Faktur erschließt. Weinberg, der zusammen mit Šostakovič dessen 10. Symphonie im Oktober 1953 in Leningrad vierhändig am Flügel vorgetragen hatte,[230] wusste gewiss um die Bedeutung des DSCH-Motivs, das Šostakovič im 3. Satz der Symphonie das erste Mal als musikalische Signatur ange-

229 Da Tuwim das Gedicht noch vor seiner Zeit im Exil verfasste, kann er diese Bedeutung nicht im Sinne gehabt haben.
230 Vgl. dazu Fay (2000), S. 188. Es existiert eine Aufnahme dieser Darbietung, nach der Šostakovič den Worten von Edison Denisov zufolge zu Weinberg gesagt habe: „Es wäre schön wenn sie [das

wandt hatte.[231] Im Nachgang der anhaltenden Diskussionen um die 10. Symphonie[232] erscheint der Einsatz des Anagramms in Opus 57 als eindeutiges Bekenntnis Weinbergs zu Šostakovičs Symphonie und seinem Schaffen. (4) Mittels des Anagramms wird weiterhin eine Sinnebene hergestellt, die den „fremden" (was grundsätzlich auf Weinberg zutrifft) und „unwillkommenen" (beide Zitate Vers 10) Künstler (was im übertragenen Sinne auf Šostakovič zutrifft)[233] thematisiert, der gezwungen ist, sich selbst und seine Überzeugung zu verkaufen, um ein Auskommen, ein Heim „im ersten Stock" zu haben. Dieses Heim ist leicht zu deuten als Metapher für das sowjetische Kultursystem, das seine Künstler in Abhängigkeit hält. So manifestiert sich in dem Lied subtil – doch für kundige Hörer deutlich erkennbar – die Kritik an den herrschenden (kultur-) politischen Umständen, die den Künstler in den Opportunismus zwingen.

Neben dieser eher verklausulierten musikalischen Referenz an seinen Freund im Lied „Żydek" nahm Weinberg in einem weiteren Lied des Zyklus Bezug auf das Werk Šostakovičs, diesmal jedoch in musikalisch offenkundigerer Form. Im fünften Lied des Zyklus, in dem Tuwims Gedicht „Moment" vertont ist, stellte Weinberg eine deutliche kompositorische Verbindung zu Šostakovičs 2. Klaviertrio op. 67 her, genauer gesagt zum 3. Satz von Opus 67. Der von Weinberg vertonte Text, von dem nach bisherigem Kenntnisstand keine deutsche Übersetzung vorliegt, spricht davon, dass ein „kleines, armes, dürres Mädchen" (V. 2) im Schaufenster einen Sarg sieht. Das Mädchen blickt in das Fenster und versteht intuitiv die Bedeutung, die der Sarg für sie selbst hat, ohne dass eine Erklärung notwendig ist.

> Die Analogie dieses Liedes zu dem 3. Satz aus Šostakovičs op. 67 besteht in der Anlage des Werks als *Ostinato*-Komposition in getragenem *Largo*. Dabei wird in beiden Fällen vor dem Einsatz des Gesangs bzw. der Melodie das *Ostinato* aus langezogenen Akkordklängen in der Begleitung einmalig komplett vorgestellt (Notenbeispiele 28 und 29). Beide *Ostinato*-Linien weisen einen aufgeweichten kadenziellen Verlauf auf, der (vor allem im Falle von Šostakovičs op. 67) so stark verfremdet ist, dass er kaum auszumachen ist. Indem Weinberg in diesem Lied einen Bezug zu Opus 67 herstellt, verknüpft er die im Text angesprochene Thematik des drohenden Todes – wenngleich im Text nicht explizit von einem jüdischen Mädchen gesprochen wird – mit dem Schicksal des jüdischen Volkes. Musikalisch betont er die Todesthematik nicht nur harmonisch (c-Moll) und dynamisch (*pp*), sondern auch rhythmisch, indem er in der Begleitung an einigen Stellen einen trauermarsch-ähnlichen Puls einfügt (etwa T. 7 und 8).

Leningrader Orchester – V.M.] es so gut wie wir spielen könnten." Zit. nach ebd. (deutsche Übersetzung V.M.).

231 Dabei verwendete Šostakovic die Töne d-es-c und h in dieser Reihenfolge als musikalische Umwandlung der Kürzel seines Namens D(mitrij) Sch(ostakovič). Nach der 10. Symphonie setzte er das Motiv in einer ganzen Reihe weiterer Werke ein.

232 Es existiert zahlreiche Literatur zu den Diskussionen um die 10. Symphonie. Gut zusammengefasst sind die Vorgänge u.a. bei Fay (2000), S. 188-192.

233 Eingedenk dessen, dass über dem Wort „unwillkommen" das DSCH-Motiv erklingt.

Notenbeispiel 28: D. Šostakovič, 2. Klaviertrio op. 67, 3. Satz, T. 1-9.

Notenbeispiel 29: M. Weinberg, Opus 57, 5. Lied, T. 1-5.

Zur Struktur des Stückes, auf welche Weinberg in einer Reihe von weiteren Werken (teilweise modifiziert, doch oft sehr ähnlich) zurückgriff, führte der Komponist selbst Folgendes aus:

> Ich würde sagen, dass Gott überall ist. Mir folgt seit der ersten Symphonie ein Choral, wie er fest in der 8. Symphonie „sitzt", im Satz „Es gibt einen Friedhof in Lodz…" Dann erklingt dieser Choral in der Musik zu Korostylevs „Waravs-kij nabat" und im „Dnevnik ljubvi", und ebendieser Choral ist das vorherr-schende Thema der 21. Symphonie, die dem Aufstand im Warschauer Ghet-to gewidmet ist. Er [der Choral – V.M.] ist keine Kirchenmelodie, sondern stammt von mir. Einige einfache, elementare Akkorde.[234]

Der *ostinato*-artigen Akkordfolge, die ich in Anlehnung an Weinberg als ‚wandernden Choral' bezeichnen möchte, kommt im Schaffen Weinbergs eine fundamentale Bedeu-tung zu. Ljudmila Nikitina sieht sie (in ihrem Artikel ausgehend von der 8. Sympho-nie) zuerst als Symbol für „unüberwindbaren Schmerz und Läuterung". Weiterhin steht sie Nikitinas Ansicht nach in Verbindung mit der „Versöhnung mit dem Schicksal", der „Erkenntnis und Annahme des Unabwendbaren" als „Symbol der Neu-Erweckung".[235] Die erste Deutung Nikitinas scheint nicht nur angesichts des oben beschriebenen Lie-des aus Opus 57 plausibel, sondern auch in Anbetracht weiterer Werke, die ich im Fol-

234 Niktinia (1994), S. 23.
235 Alle Zitate Nikitina (1994), S. 23.

genden besprechen werde. Die zweite Deutung indes ist wenig stichhaltig, da sie weder mit den Inhalten aus „Moment" noch aus einem anderen Werk dieser Struktur in Übereinstimmung zu bringen ist. Die Bedeutung des Liedes „Moment" aus Opus 57 zeigt sich retrospektiv darin, dass Weinberg die Melodie der Gesangsstimme vollständig in der Melodie der Flöte im 2. Satz des Flötenkonzerts op. 75 verarbeitete.[236] Darüber hinaus findet das Lied fast zehn Jahre später als 9. Satz der 9. Symphonie op. 93 Verwendung.

Während Opus 13 zur Zeit seiner Entstehung durchaus als Erfolg bezeichnet werden kann – auf die mehrfachen Veröffentlichungen und die Aufführungen des Zyklus wurde bereits verwiesen – blieb der Zyklus Opus 57 unveröffentlicht. Möglicherweise wurde er im Komponistenverband zur Anhörung gebracht, doch gibt es bisher dafür keine Belege. Allein die zweisprachige Titelei könnte als Indiz dafür gelten – oder als Hinweis darauf, dass Weinberg zumindest mit einer Vorlage des Werks rechnete. Die unübersetzten Texte sprechen jedoch eher dafür, dass das Werk gänzlich in der Schublade landete.

Dabei kann ausgeschlossen werden, dass der Titel des Zyklus oder seine Musiksprache der Grund dafür waren, weshalb das Werk einer breiten Öffentlichkeit verborgen blieb. Dies wird deutlich in Anbetracht der Tatsache, dass u.a. Šostakovičs Liederzyklus *Iz Evrejskoj narodnoj poėsii* [Aus jüdischer Volkspoesie] op. 79 just 1955 mit großem Erfolg uraufgeführt worden war.[237] Dieser Zyklus, der ebenfalls großflächig von jüdischer Idiomatik durchdrungen ist,[238] gehörte auch 1956 noch zum ständigen Repertoire der sowjetischen Konzertsäle.[239] Auch weist keines der Lieder in Opus 57 eine an westlicher zeitgenössischer Musik orientierte Kompositionsweise auf, wie es etwa in Opus 22 der Fall war. Unter diesem Gesichtspunkt wird klar, dass vor allem die Texte Tuwims in Kombination mit der ihnen zugeteilten musikalischen Deutung und den sich daraus ergebenden Subtexten ein Problem darstellten.[240] Gestützt wird diese Vermutung durch den Umstand, dass Tuwims Gedichte zwar durchaus ins Russische übertragen wurden, dabei jedoch bestimmte

---

236 Allerdings transponiert nach as-Moll und augmentiert. Auf die Ähnlichkeit der Melodien weist auch L. Genina in ihrem Artikel zu Weinberg hin; vgl. Genina (1962), S. 22.

237 Die verspätete Uraufführung hatte stattgefunden am 15. Januar 1955 in Leningrad; vgl. zu der Aufführung Fay (2000), S. 195.

238 Vgl. dazu u.a. Kravetz (2001), v.a. S. 283, 287f. und 292-297.

239 Hinweise auf Aufführungen finden sich u.a. in *Sovetskaja muzyka* 2 (1956), S. 101, oder auch *Sovetskaja muzyka* 3 (1956), S. 157 (hier wird von einer Konzertreihe mit dem Titel „Romansy sovetskich kompozitorov" berichtet; Werke Weinbergs wurden im Zuge der Reihe offenbar nicht aufgeführt). Selbst auf der Versammlung des Komponistenverbandes 1957 erwähnte Tichon Chrennikov den Zyklus noch lobend; Tichon Chrennikov: Sostojanie zadači sovetskogo muzykal'nogo tvorčestva. Doklad, in: *Sovetskaja kul'tura* 43/589 (Freitag, 29. März 1957), [S. 2-4, hier: S. 4].

240 In der Manuskriptsammlung *Romans raznych let* op. 71, die Weinberg 1972 zusammenstellte, finden sich zwei weitere Lieder, die ursprünglich wohl als Teil von Opus 57 geplant waren. Sie sind auf den gleichen Notenblättern und mit derselben Tinte notiert wie Opus 57. Am auffälligsten ist das Querformat, das Weinberg sowohl für Opus 57 als auch für diese beiden Lieder verwendete. Auch die Bezifferungen der einzelnen Lieder bzw. die verbesserten Bezifferungen der Lieder von Opus 57 lassen auf die ursprüngliche gemeinsame Anlage schließen. Diese Lieder tragen die Titel „Sława" [Ruhm] – aus dem Zyklus *Biblia cygańska* – und „U sąsiada" [Beim Nachbarn] – aus Tuwims Zyklus *Czyhanie na boga* (1918). Auch hier verzichtete Weinberg auf die Eintragung der russischen Titel. Dazu findet sich ein Notenblatt, auf dem der erste Abschnitt des Liedes „Żydek" wiedergegeben ist, wobei dieses Blatt jedoch durchgestri-

Texte fehlten: So wurde 1965 ein Gedichtband veröffentlicht, in dem eine Sammlung von Zyklen Tuwims in russischer Sprache zusammengestellt war.[241] In dieser Sammlung ist unter anderem der Zyklus *Slowa we krwi* [Worte voll Blut] enthalten, der auch das Gedicht „Żydek" einschließt. In der russischen Ausgabe fehlt genau dieses Gedicht.[242]

Weinberg jedoch widmete sich weiterhin Texten von Julian Tuwim. Kurz nach Vollendung von Opus 57 vertonte der Komponist im Winter 1957/58[243] wiederum Gedichte des polnischen Poeten in dem fünfteiligen Zyklus *Wspomninenia / Vospominanija* [Erinnerungen] op. 62 (1957/58).[244] In seiner kompositorischen Faktur ähnelt der Zyklus Opus 57 nur bedingt, was wohl vor allem den inhaltlichen Unterschieden geschuldet ist. Während in Opus 57 neben verschiedenen ,profanen' Themen[245] vor allem ,jüdische' Themen im weitesten Sinne verhandelt werden, spielen dezidiert ,jüdische' Inhalte in Opus 62 keine Rolle mehr. Stattdessen rücken weltliche Themen ins Zentrum der Aufmerksamkeit. Erstmals wird hier eine Parallele zum Liedschaffen Mussorgskijs erkennbar, die sich teilweise auch in strukturellen Ähnlichkeiten widerspiegelt.[246] Denn die in Opus 62 verwendeten Texte berichten – vor allem in den ersten drei Liedern – in kleinen Szenen und klarer Sprache vom Leben am Rande der Gesellschaft. Dabei bringt Weinberg die ausgewählten Inhalte in eine sorgfältig choreographierte Reihenfolge, die das Gespür des Komponisten für die Dramaturgie der Textinhalte belegt. Wie erkennbar wird, verwirklicht sich in dem Zyklus eine neue und in sich geschlossene Themenwelt.

So ist das erste Gedicht „Rozmyślania" / „Razmyšlenija" [Betrachtungen] (1915)[247] der bedauernswerte (und durchaus abstoßende) Monolog eines einsamen Trinkers, der über dem Bierkrug seinen alkoholgeschwängerten Träumen nachhängt. Das zweite Gedicht berichtet von den unerfüllbaren Wünschen eines armen Kindes, das mit leuchtenden Augen in ein Schaufenster blickt, in dem sich Spielsachen befinden („Dziecko przed sklepem z zabawkami" / „Rebenok pered vitrinoi s iguškami" [Das Kind vor dem Schaufenster mit Spielzeug], 1911).[248] Auch das dritte Gedicht widmet sich ei-

---

chen ist. Warum Weinberg die Lieder nicht in den Zyklus Opus 57 einfügte und warum er das Lied „Żydek" aus Opus 71 wieder strich, kann an dieser Stelle nicht geklärt werden.

241 Julian Tuwim: *Stichi. Perevod s pol'skogo.* Moskau 1965.

242 Vgl. ebd., S. 411. Dort ist die Inhaltsangabe des Bandes.

243 Der Zyklus ist datiert auf den Zeitraum vom 10. Dez. 1957 bis zum 20. Jan. 1958.

244 Weinberg machte – wie so oft – keine Angaben zur Stimmlage. Der Ambitus der Stücke scheint jedoch für Mezzosopran bzw. Bariton am besten geeignet.

245 Etwa im dritten Lied „Kusy / Čertik" [Teufelchen] oder im vierten Lied „Aptekarz majowy/ Majskij aptekar'" [Mai-Apotheker].

246 So weist etwa das vierte Lied des Zyklus Opus 62, „Molitva", durchaus Ähnlichkeit mit Mussorgskijs „Na son grjaduščij", dem fünften Lied aus dem Zyklus *Detskaja* (1870-72) auf.

247 Aus der Sammlung *Sokrates tańczący*, vgl. Tuwim (1955a), S. 144f.

248 Julian Tuwim: *Wiersze II.* Warschau 1955b, S. 241. Zur Metapher des Schaufensters in Tuwims Gedichten vgl. sehr anschaulich die Ausführungen bei Sabrina Bobowski: Zwischen Industriemoloch und Kulturmetropole. Städtebilder bei Julian Tuwim, hg. von Agnieszka Brockmann und Christa Ebert, Fokus Osteuropa. Studentische Beiträge zur Kulturwissenschaft, Bd. 3. Frankfurt O. 2011. Bobowski legt dar, wie in Tuwims Bildsprache die Schaufensterscheibe als „typisch städtischer Ort" erscheint, vor dem sich ein „Sammelsurium trauriger, sich sehnender Gestalten" versammelt; ebd., S. 58f.

ner gesellschaftlichen Randfigur. Ein lyrisches Ich berichtet von einem armen, alten Dienstboten, der vergeblich auf Arbeit wartet und im lyrischen Ich einen potenziellen Auftraggeber erblickt. Die Hoffnungen, die sich der Bote macht, werden jedoch enttäuscht. Nach diesem Gedicht von der gestorbenen Hoffnung – so der Titel des dritten Liedes: „Wiersz o umarłej nadziei" / „Stichi o pogibšej nadežde" (1929)[249] – nimmt der dramaturgische Verlauf innerhalb des Zyklus eine Wendung. Anders als vielleicht vermutet werden könnte, besteht diese Wendung jedoch – gemäß Tuwims Überzeugung von der kommunistischen Idee – nicht darin, eine Lösung der im Vorherigen drastisch geschilderten Zustände im Sinne der sowjetischen Ideologie anzubieten oder eine Perspektive aufzuzeigen. Stattdessen wird im vierten Lied, auf welches gleich noch näher einzugehen ist, die Erinnerung an eine ferne, glückliche und doch nicht näher bestimmte Vergangenheit („Przypomnienie" / „Vospominanie" [Erinnerung], 1915)[250] evoziert. Dabei zeigt sich, dass in dieser Vergangenheit – anders als in den vorher dargestellten Ausschnitten der gesellschaftlichen Wirklichkeit – noch Raum und Zeit für Hoffnungen und Träume war. Abschließend erklingt im fünften und letzten Lied ein Gebet („Litania" / „Molitwa" [Gebet], 1920),[251] in dem Gott um Hilfe für alle Menschen angefleht wird. Die Musik, die Weinberg zu den Texten komponierte, stellt er ganz in den Dienst der Inhalte und kreiert musikalische Tableaus, welche zuweilen die textinhärente Stimmung gerade durch ihre Zurückgenommenheit betonen.

> So wird etwa im zweiten Lied die Armut des Kindes, von der im Text die Rede ist, durch korrespondierende musikalische Tonarmut illustriert: Die Begleitung wird bestimmt von Quint-, Quart- und Oktavklängen und bleibt über das gesamte Stück karg. Auch rhythmisch gibt sich das Stück spärlich; die gehaltenen Akkorde werden fast nur in den Gesangspausen erneuert oder fortentwickelt. Die Gesangsstimme ist ähnlich sparsam und repetiert ein Motiv, das im Verlauf des Stücks nur wenig erweitert oder variiert wird. Im dritten Lied spiegelt sich die aus dem Text sprechende Resignation musikalisch in einer Figur aus Achtel-Wechselnoten in der Begleitung, die in enervierender Konstanz fast das gesamte Lied (auf unterschiedlichen Tonstufen und in unterschiedlichen Lagen) erklingt. Dieses Motiv, welches ich hier und im Folgenden als ‚Langeweile-Motiv' bezeichnen möchte, tritt im Schaffen Weinbergs immer wieder in Erscheinung, wenn Resignation, Langeweile oder Stagnation musikalisch dargestellt werden sollen.

Nicht nur innerhalb des Zyklus kommt dem thematischen ‚Wendepunkt', dem vierten Lied, eine besondere Bedeutung zu. Der Text, von dem keine deutsche Übersetzung vorliegt, lautet:

---

249 Aus der Sammlung *Rzecz czarnoleska*; vgl. Tuwim (1955b), S. 32f.
250 Aus der Sammlung *Siódma Jesień*; vgl. Tuwim (1955a), S. 184.
251 Aus der Sammlung *Sokrates tańczący*; ebd., S. 127f.

Miałem słoneczny gościniec
I biały, cudny dom…
Smutno jest sercu mojemu,
Smutno jest moim snom…

I było okno w mym domu
Za dawnych, dobrych lat,
Patrzałem sobie, patrzałem
W daleki, cichy świat…

Może tam byłem dzień jeden,
A może cały wiek…
Wiem tylko, że kiedyś rano
Bieluchny opadł śnieg.

I śnieżnie, biało, dziecinnie
W słońcu się śmiał mój dom!
Smutno jest sercu mojemu
I dawnym, białym snom…[252]

Vereinfacht ausgedrückt sprechen die Verse von der Trauer um eine zwar nicht näher bestimmte, jedoch verlorene Heimat. In diesem Gedicht taucht das erste Mal das Bild des ‚Hauses' auf (und in diesem Falle des ‚weißen Hauses' = „biały […] dom", Vers 2), dem als Metapher für die verlorene Heimat in Weinbergs Werk an mehreren Stellen Bedeutung zukommt. Die erste Strophe lautet in meiner eigenen wörtlichen Übertragung: „Es lag an einem weißen Weg/ Mein helles, weißes Haus/ Traurig bin ich und traurig ist's / sich zu lösen von meinen Träumen davon." Das lyrische Ich erinnert sich des verlorenen Hauses, der verlorenen Heimat und artikuliert seine Traurigkeit, wenn es davon träumt. Dann berichtet es von der Beschaffenheit des Hauses. Dabei kommt zum Ausdruck, dass das lyrische Ich das Zeitgefühl verloren hat (2. Strophe), dass es nicht mehr weiß, wie lange es sich in dem Haus aufgehalten hat und wie lange es her ist, dass es das Haus verloren hat (3. Strophe). Die letzten Verse sprechen noch einmal vom Schmerz über die verlorenen Träume, die mit dem Haus verbunden waren und sind.

> Weinberg vertont die Verse in Fis-Dur ($^3/_4$-Takt), bei mäßigem Tempo (*Andantino*). Das Lied hebt an mit einer 18-taktigen Einleitung des Klaviers, die Stimmung und kompositorisches Material des gesamten Liedes in konzentrierter Form vorwegnehmend ausbreitet. Obwohl Weinberg mit dem ersten Quintklang fis-cis klar eine fis-Tonalität propagiert, tastet er sich an das vorgezeichnete Fis-Dur nur allmählich heran. Kaum, dass in den Takten 7-8 ein Fis-Dur klar erkennbar erreicht wurde, nimmt die tonartliche Verwischung zwischen Takt 11 und 13 wieder zu, bis sie sich ab Takt 15 in die reine Quint-Substanz fis-cis auflöst, die sich als Bezugsrahmen durch das ganze weitere Stück zieht. Rhythmisch-melodische Mittel dabei sind das Liegenlassen der Zentralquinte als Bor-

---

252 Ebd., S. 184.

dun-Klang der linken Hand und eine Reihe von Vorschlägen, welche beim ornamentalen Umspielen der Stimmen diatonische Stufenvarianten gleichsam
versuchsweise einführen. Mit Takt 9 löst sich die linke Hand aus dem Quintklang und entwickelt eine eigene Melodie, die, hauptsächlich in ruhigen Vierteln und Halben, teilweise hemiolisch auf die Melodie der rechten Hand reagiert. Kurz vor Einsetzen der ersten Strophe (T. 18) nimmt die Begleitung
einen ruhigen Walzerrhythmus auf. In Takt 19 setzt die Gesangsstimme in *pp*
mit einer ruhigen, lyrischen Melodie ein, die in ihren jambischen Rhythmen
vom Walzerpuls der Begleitung getragen wird. Melodisch gelingt es Weinberg,
die ganze erste Strophe in einen gesanglichen Bogen zu fassen. Die von den bereits beschriebenen tonartlichen Varianten geprägte Melodie erreicht einen ersten Höhepunkt auf dem Wort „dom" [Haus] (T. 27), das über drei Takte gehalten wird. Während anschließend die Worte „Smutno jest sercem…" [Traurig ist
mein Herz.] erklingen, tauchen in der rechten Hand des Klaviers wieder die
Vorschläge aus der Einleitung auf (T. 30f.). Ab Takt 34 greift die rechte Hand
kurzzeitig die Gesangsstimme auf und umspielt sie. Gleichzeitig löst sich die linke Hand zugunsten einer diatonisch aufsteigenden Linie aus dem Walzerschema.
Nach Takt 38 folgt ein sieben Takte andauerndes Zwischenspiel der Begleitung, in dem die rechte Hand erneut an die Einleitung anknüpft, die linke Hand
wieder in einem Quint-Bordunklang liegen bleibt, bevor erneut zum Walzergestus zurückgekehrt wird. Ab Takt 55, in der zweiten Hälfte der zweiten Strophe,
entwickelt die Begleitung einen eigenständigen melodischen und rhythmischen
Gestus, der bis zum Ende der Strophe eine gewisse Unruhe erzeugt. Während
sich der Melodiebeginn der Gesangslinie der zweiten Strophe von demjenigen
der ersten Strophe unterscheidet, ist das Ende jedoch identisch. In der dritten
Strophe (ab T. 66) wird im Gesang die erste Strophe wiederholt. Die Begleitung
jedoch weist einige Abweichungen auf. So erklingt etwa in der rechten Hand
statt eines cis" (vgl. T. 20) ein his' mit Vorschlag, was ein dissonantes Aufblit-
zen verursacht. Zudem werden die Mittelstimmen vertauscht. Diese Verfremdung tritt durch die übrigen Gemeinsamkeiten zur ersten Strophe deutlich hervor. Nach dem Liegeton (ab T. 76, diesmal auf dem Wort „wiek" [Jahrhundert])
in der Gesangsstimme schwingt sich die Begleitung erneut zu einer eigenständigen Linie auf, die wieder mehr an die der ersten Strophe angelehnt ist. Mit Takt
87 beginnt die vierte Strophe, die melodisch auf die zweite Strophe rekurriert
und von wenigen Abweichungen abgesehen (etwa T. 92f.) mit dieser in beiden
Stimmen identisch ist, nur dass Weinberg nach der Hälfte der Strophe in diesem Abschnitt einen Takt anfügt (T. 98), was der Silbenzahl der Verse geschuldet ist. Auch das Ende der Strophen weicht voneinander ab. Denn anders als im
Original des Gedichts wiederholt Weinberg zuerst die Verse „białym snom…"
[schneeweiße Träume] (T. 105f.), die Verse „Smutno jest sercu mojemu" [Trau-
rig ist mein Herz] (T. 108-111) und in Abweichung zum Gedicht auch die Verse „Smutno moim snom, moim snom" [Traurig meine Träume, meine Träume]
(T. 112-119). Das Nachspiel ab Takt 116 zitiert die ersten neun Takte des Vorspiels und endet auf der Zentralquinte mit hinzugefügter Dur-Sexte.

Die Musik spiegelt zwar die wehmütige Stimmung des Textes, verstärkt diese jedoch nicht negativ. Stattdessen verwandeln der sanfte Walzergestus und das tonartliche Schwanken die Erinnerung an die verlorene Heimat gleichsam bittersüß. Das im Text zum Ausdruck gebrachte Heimweh erscheint somit – anders als im Zyklus Opus 22 – nicht mit Zorn und Schmerz verbunden, sondern eher mit stiller, wehmütiger Trauer.

Innerhalb der Dramaturgie des Zyklus Opus 62 bildet „Przypomnienie", wie bereits angedeutet, eine Klimax. Denn nach diesem Lied, dessen Inhalt sich deutlich vom vorhergehenden Rest abhebt, scheint neues Hoffen möglich. Und so erklingt im nachfolgenden letzten Lied der Sammlung ein inniges Gebet, in dem Gott angerufen wird, all der Hoffnungs- und Sinnlosigkeit – wie sie in den ersten drei Liedern thematisiert wurde – ein Ende zu machen. Das Gebet bzw. Gedicht lautet im polnischen Original und einer englischen Übertragung folgendermaßen:

Modlę się, Boże, żarliwie,	O God, I ardently pray
Modlę się, Boże, serdecznie:	O God, I heartily pray,
Za krzywdę upokorzonych,	For the injury of the humiliated,
Za drżenie oczekujących,	For the trembling of those who wait,
Za wieczny niepowrót zmarłych,	For eternal non-return of the dead,
Za konających bezsilność,	For the helplessness of the dying,
Za smutek niezrozumianych,	For the sadness of the misunderstood,
Za beznadziejnie proszących,	For men hopelessly begging,
Za obrażonych, wyśmianych,	For those insulted, ridiculed,
Za głupich, złych i maluczkich,	For the stupid, the evil and the petty,
Za tych, co biegną zdyszani	For those who rush breathlessly
Do najbliższego doktora,	To the nearest doctor,
Za tych, co z miasta wracają	For those who come home
Z bijącym sercem do domu,	From the city, with their hearts beating,
Za potrąconych grubiańsko,	For those rudely jostled,
Za wygwizdanych w teatrze,	For those hissed off the stage,
Za nudnych, brzydkich, niezdarnych,	For boring, ugly, clumsy people,
Za słabych, bitych, gnębionych,	For weak, beaten, oppressed men,
Za tych, co usnąć nie mogą,	For those who cannot fall asleep,
Za tych, co śmierci się boją,	For those who fear the coming of death,
Za czekających w aptekach	For people waiting in pharmacies,
I za spóźnionych na pociąg,	For those who miss their trains,
- ZA WSZYSTKICH MIESZKAŃCÓW ŚWIATA,	- FOR ALL THE DWELLERS OF THE WORLD,
Za ich kłopoty, frasunki,	For their troubles and sorrows,
Troski, przykrości, zmartwienia,	Their worries, mishaps, afflictions,
Za niepokoje i bóle,	Their anxiety, and anguish,
Tęsknoty, niepowodzenia,	The yearning and adversity,
Za każde drgnienie najmniejsze,	For every throbbing
Co nie jest szczęściem, radością,	That is not happiness of you

Która niech ludziom tym wiecznie	Which should shine upon these men
Przyświeca jeno życzliwie –	Forever, with loving kindness –
Modlę się, Boże, serdecznie,	O God, I ardently pray,
Modlę się, Boże, żarliwie![253]	O God, I heartly pray.[254]

Die Litanei in ihrem inhaltlichen Aufbau – Gott wird um Hilfe sowohl für Todgeweihte (V. 6) als auch für die „Langweiligen, Hässlichen und Deprimierten" (V. 17) angerufen – ist irritierend, scheint jedoch gerade in seiner Widersprüchlichkeit der gesellschaftlichen Realität gerecht zu werden. Im Kontext der Entstehungszeit von Opus 62 manifestiert sich in dem Gebet vor allem eine ungewöhnlich explizite Kritik am herrschenden System. Diese wird offenkundig in den Versen, in denen Gott etwa um Hilfe für alle „Unterdrückten" (V. 18) angerufen wird, oder – eingedenk öffentlicher Hetzkampagnen – um Hilfe für alle, die „beleidigt, lächerlich gemacht" werden (V. 9). Durch den Aufruf: „FÜR ALLE BÜRGER DER WELT" (V. 23) wird die unmittelbare Übertragung des Inhalts zwar verwischt, bleibt jedoch immanent erhalten. Auf diese Weise entsteht allein durch den Einsatz dieses Gedichts in dem Zyklus eine zweifache Irritation: einmal durch den *per se* ungewöhnlichen Inhalt des Gedichts, darüber hinaus durch die Systemkritik, die vergleichsweise deutlich zutage tritt. Mittels der Anrufung Gottes werden die im Text thematisierten Probleme zudem gleichsam transzendiert. Auffällig ist, wie Weinberg in der Musik diese Transzendenz hervorhebt.

> So vollzieht der Anfang des Liedes, die Anrufung Gottes im *Adagio*, einen harmonischen und melodischen Gestus, der einem sakralen Vorbild entlehnt ist. Die Melodie wechselt zwischen längeren Halte- und kürzeren Rezitationstönen, wobei – innerhalb eines recht instabilen d-Moll-Umfeldes – die Haltetöne als Quinttöne auf a erklingen, die Rezitationstöne auf dem Grunton d. Auch in den begleitenden Liegetönen wird die Quinte aufgegriffen (T. 1-4). Die in schnellem Tempo (*Allegro*) folgenden, eigentlichen Gebetsbitten werden dann jedoch in einer fast aggressiven Folge von Achtelnoten vertont. Die rhythmische Gruppierung in jeweils fünf und drei Achtel folgt offenkundig dem Rhythmus der Gedichtvorlage, schärft diese allerdings, indem sie auf Tonlängungen oder Pausen verzichtet, die grundsätzlich bei der Vertonung eines solchen Rhythmus möglich wären. Die melodische Reduktion auf einen Rezitationston mit Hervorhebung der betonten Silben durch nach oben und unten abweichende Töne verstärkt den drängenden Gestus, der erzeugt wird. Zusäzlich werden die betonten Textsilben durch Klavierakzente angestoßen. In der hastigen Art, in welcher das Gebet vertont wird, ähnelt es dem fünften Lied aus Mussorgskijs Zyklus *Detskaja*. Auch dort stößt das Kind (vor dem Zubettgehen) seine Bitten an den Lieben Gott – etwa um die vielen Tanten (ab T. 18) – in einer raschen Abfolge von tonhöhenmäßig nur wenig variierenden Achteln hervor.

Auch im fünften Lied aus Opus 62 wird der zumindest noch anfänglich ruhige, betont sakrale Charakter aufgelöst und weicht einem drängenden, verzwei-

253 Ebd., S. 127f.
254 Zit. nach Adam Gillon: Dancing Socrates and Other Poems, in: *The Polish Reviews*. Vol. 13, No. 4 (Herbst 1968), S. 52-74, hier: S. 59f.

felten Skandieren. Dieser Duktus erhält sich – auch in einem kurzen Zwischenspiel – über alle im Gedicht formulierten Bitten. Die Lautstärke steigert sich währenddessen vom *pp* ausgehend kontinuierlich. Auf dem Höhepunkt des Gedichtes (V. 23) erreicht auch der Gesang im *f* den Höhepunkt (T. 31) und verbreitet sich rhythmisch. Zu einem neuen Gestus findet Weinberg erst mit dem abschließenden Vers 28, wo er ein ruhiges Dreiklangsbrechungsmotiv einführt (T. 53). Am Ende des Liedes, mit dem erneuten Appell an Gott, erfolgt eine Rückkehr zum Gestus der anfänglichen Anrufung. So wird im Verlauf des Liedes gerade durch den Kontrast von sakral-besinnlichem und verzweifelt-drängendem Gestus die Intensität der Fürbitten betont. Gleichzeitig wird jedoch sowohl durch den ungewöhnlichen Textinhalt der Anrufung als auch durch die musikalische Akzentuierung eine Irritation erzeugt, die den Gesamteindruck des Liedes noch verstärkt. Wichtig in diesem Zusammenhang ist, dass Weinberg hier das Prinzip des ‚wandernden Chorals‘ wieder aufgreift, die individuelle Gestaltung jedoch der Dramaturgie des Zyklus und dem Textinhalt angleicht.

Insgesamt ist festzuhalten, dass Weinberg in Opus 62 sowohl musikalisch als auch inhaltlich zu einer neuen Ästhetik findet. So weist die Musik nicht den hermetischen Charakter der frühen Zyklen (wie etwa Opus 22) auf. Auch ist sie der eher volksliedhaften, in der jüdischen Melosphäre verhafteten Ästhetik des Zyklus Opus 57 nur partiell verwandt. Zwar erzeugen vereinzelt bestimmte klangliche Elemente und harmonische Wendungen eine im weitesten Sinne ethnische Färbung, ohne dass diese jedoch einer bestimmten Melosphäre eindeutig zugeordnet werden könnte. Stattdessen betont Weinberg mit sparsam eingesetzten musikalischen Gesten subtil inhaltliche Details der ausgewählten Texte bei deutlicher Reduktion des kompositorischen Gestus. Die Lieder erscheinen klanglich schlicht und luzide und von zartem, sangbaren Charakter.

Inhaltlich offenbart sich in dem Zyklus das erste Mal der Unmut über den ‚real existierenden Sozialismus‘, der sich von der ideologisierten Utopie deutlich unterscheidet. Dass die in den ersten drei Liedern dargestellten gesellschaftlichen Probleme (Trunksucht, Armut und Not) die sozialistische Wirklichkeit meinen, zeigt sich anhand des vierten Liedes. Durch die dort artikulierte wehmütige Rückbesinnung auf eine verlorene Heimat wird die aktuelle Situation quasi negativ bestätigt. Erst nach dieser Rückbesinnung ist wieder Hoffnung möglich – die sich allerdings in einer verzweifelten Anrufung an Gott artikuliert. Dies steht nicht nur der Haltung des Sowjetregimes zu religiösen Fragen diametral gegenüber, sondern zeugt auch davon, dass dem sozialistischen System als Hoffnungsträger in diesem Zyklus kein Platz eingeräumt wird. In der Realität erweist sich dieses System als Sammelsurium gescheiterter Existenzen, unerfüllter Träume und vergeblicher Hoffnungen.

Dieser kritischen Haltung zum Trotz lässt sich doch anhand des Manuskripts nachvollziehen, dass Weinberg – wohl in Anbetracht der veränderten politischen Situation – durchaus mit einer Vorlage von Opus 62 bei den offiziellen Stellen rechnete. So ist der gesamte Zyklus komplett zweisprachig verfasst. Sowohl die Titelei als auch die Liedtexte sind auf Polnisch und Russisch aufgeführt. Dazu ist in der Quelle deutlich zu erkennen, dass Weinberg darauf bedacht war, die Lieder für einen Vortrag in russischer Sprache vorzubereiten, was sich an stellenweise abweichenden russischen Übersetzungen ablesen lässt, die teilweise noch in Bleistift auf dem Dokument zu erkennen sind. Diese alternativen Übersetzungen verändern jedoch nicht den Inhalt des Texts, sondern betreffen ausschließlich die Satzstellung, wohl im Hinblick auf den Vortrag. Sicher ist hingegen, dass das Werk nicht im Druck erschien. Zwar existiert ein Konvolut mit Kopistenabschriften, in dem einzelne Lieder nach Tuwim (aus den Zyklen Opus 57, Opus 62 und Opus 77) offenbar für eine Sammlung zusammengefasst wurden,[255] allerdings wurde das Konvolut erst zu einem viel späteren Zeitpunkt zusammengestellt.[256]

In einem ausführlichen Artikel, der Anfang 1960 zur Musik Weinbergs in der *Sovetskaja muzyka* erschien, findet sich indes der pauschale Hinweis darauf, dass Weinberg Zyklen (!) nach Tuwim verfasst habe.[257] Dieser Hinweis würde dafür sprechen, dass Opus 57 wie auch 62 zur Anhörung kamen.[258] In dem Artikel erwähnt der Autor jedoch auch, dass Weinberg in „der letzten Zeit vergleichsweise wenig in den vokalen Genres" gearbeitet habe. „Seine interessanten Zyklen nach Versen von Tuwim" gäben allerdings Anlass zu der Vermutung, dass Weinberg durchaus in der Lage sei, eine „vokal-symphonische Komposition zu einem großen zeitgenössischen oder historischen Thema" zu verfassen.[259] Eventuell ist dies ein Hinweis darauf, dass sich Weinberg zu diesem Zeitpunkt schon mit dem Gedanken befasste, eine Vokal-Symphonie zu komponieren – oder eine indirekte Aufforderung an den Komponisten, sich der Vokal-Symphonik zuzuwenden.[260]

Die Zyklen Opus 57 und Opus 62, die in vergleichsweise kurzem Abstand voneinander entstanden,[261] lassen erkennen, wie sich Weinbergs Vokalschaffen inhaltlich und stilistisch weiterentwickelte. So zeigt sich in Opus 57 die Kritik an den herrschenden Umständen auf Textebene noch vergleichsweise stark verschlüsselt, während sie in Opus 62 bereits recht deutlich zu erkennen ist. Der Mut Weinbergs, sich kritischen Themen zu widmen, scheint demnach in dem kurzen Zeitraum zwischen den Zyklen gewachsen zu sein. Auch die Musik verändert sich stilistisch, und Weinberg findet zu einer neuen Tonsprache, welche weniger gefällig wirkt als in Opus 57 und die gewählten Texte vor allem durch Reduktion musikalisch pointiert. Weiterhin ist jedoch auch zu erkennen, dass sowohl in Opus 62 – wie auch in Opus 57 – offenbar hauptsächlich die Texte ein Problem darstellten. Galt doch für die Gattung des Liedes zu diesem Zeitpunkt immer noch der Anspruch – wie Laß treffend zusammenfasst – „die Menschen, die während der Arbeit und in der Freizeit sangen, fröhlich […] zu machen, nicht nur durch die Melodie, sondern auch durch einen erbaulichen Text".[262] Zwar ist die Musik des Zyklus keinesfalls durchweg ‚fröhlich' oder aufmunternd, doch ist sie

---

255 MWMA 0209-0210.

256 Die Kopistenabschriften sind nicht datiert, allerdings findet sich auf einer der Seiten des Konvoluts ein Hinweis auf den Liederzyklus Opus 110, den Weinberg 1973 verfasste. Das Konvolut ist in dieser Form nie im Druck erschienen.

257 Nikolaev (1960), S. S. 40 und S. 46, Anm. 1.

258 Wenn man Opus 4 beiseite lässt.

259 Ebd., S. 46, Anm. 1.

260 Die erste vokale Symphonie, die 6. Symphonie op. 79, komponierte Weinberg jedoch erst zwei Jahre später.

261 Weinberg komponierte auch keine anderen Lieder im Bereich der ‚ernsten Musik' zwischen diesen beiden Zyklen.

262 Laß (2002), S. 125.

auch nicht hermetisch. Stattdessen wirkt sie klar strukturiert, dabei durchaus sangbar und lyrisch.

Dass vor allem der Text – und nicht die Musik – ein Problem war, lässt sich auch anhand des oben besprochenen vierten Liedes von Opus 62 nachzeichnen. Diesem Lied kommt nicht nur innerhalb des Zyklus eine besondere Bedeutung zu, sondern Weinberg setzte es in den Folgejahren in einer ganzen Reihe von Werken fast unverändert ein. So besteht der 4. Satz der 2. *Sinfonietta* op. 74 (1960) – von marginalen Veränderungen abgesehen – aus einer weitgehend identischen, wenngleich instrumentalen Version des Liedes. In einer Besprechung der 2. *Sinfonietta* in der *Sovetskaja muzyka* im Sommer 1961 fand der 4. Satz folgendermaßen Erwähnung:

> Einen besonders tiefen Eindruck hinterlässt das Finale – eine traumverlorene Nocturne. Die Klänge des Liedes entfernen sich immer mehr irgendwohin und werden vollkommen still. Als ob die tiefe Dunkelheit der Nacht nach und nach alles ringsherum umhüllt, als würden Vögel singen, das Gras rauschen… und auch sie nach und nach verstummen.[263]

Ebenfalls unverändert (nur entsprechend instrumentiert) erscheint das Lied als 10. Satz der 9. Symphonie op. 93 (1966/67). Auch im 6. Bild seiner 1970/71 entstandenen Oper *Madonna i Soldat* op. 105 setzte Weinberg das Lied als „Pes'ny Anny" [Lied der Anna] ein. Auffällig dabei ist, dass allein die instrumentale Version des Liedes in der 2. *Sinfonietta* eine breite Zuhörerschaft erreichte.[264] In seiner vokalen Version blieb es auch an anderer Stelle unerhört: die 9. Symphonie wurde (bis heute) nicht aufgeführt. Die Oper *Madonna i Soldat* wurde zwar 1975 inszeniert und veröffentlicht, jedoch findet sich in der Veröffentlichung dezidiert der Hinweis, dass im Falle einer zweiaktigen Aufführung der Oper dieses Lied auszulassen ist – wenngleich das 6. Bild insgesamt aufgeführt werden soll. Tatsächlich wurde im März 1975 am Leningrader Malyj akademičeskii teater opery i baleta nur die zweiaktige Version auf die Bühne gebracht.

Zur Biographie: Weinbergs musikalische Rehabilitierung

Wie bereits im vorherigen Kapitel erwähnt, gewann Weinberg ab 1956 langsam sein kompositorisches Selbstvertrauen zurück. Dies war auch dem Umstand zu verdanken, dass er im Bereich der Filmmusik große Erfolge verbuchen konnte. Wie Zubok darlegt, kam dem Kino in dieser Zeit mehr Bedeutung zu und westliche Produktionen wurden vermehrt gezeigt. Millionen von Zuschauern strömten in die Kinos, wenn es etwa *The Magnificent Seven* mit Yul Brunner oder *Some Like It Hot* mit Marilyn Monroe und Jack Lemmon gab.[265]

---

263 Poljanovskij (1961), S. 19.
264 Die 2. *Sinfonietta* wurde kurz nach ihrer Fertigstellung am 19. November 1960 in Moskau uraufgeführt und weitere zwei Jahre später bei Sovetskij Kompozitor veröffentlicht. Dass Weinberg sich in seinen Kompositionen nicht nur kritisch mit der Situation in der Sowjetunion, sondern vermutlich auch mit der Situation in Polen auseinandersetzte, darauf deutet die 2. Sinfonietta hin, deren Kopfsatz an das polnische Trinklied „Pije Kuba do Jakuba" angelehnt ist – was auch einem zeitgenössischen polnischen Rezensenten des Stücks auffiel; vgl. dazu auch bei Gwizdalanka (2013), S. 41. Eine nähere Untersuchung der Frage, inwieweit und in welcher Form sich Weinberg mit seiner alten Heimat in seinen Kompositionen auseinandersetzte, steht noch aus.
265 Vgl. Zubok (2007), S. 173.

Aber auch die heimischen Produktionen gewannen deutlich an Format. Waren die Figuren und ihre Geschichten in vielen Filmen der vorhergehenden Jahre statisch angelegt und ihre Rollen vorhersehbar konzipiert gewesen, so wurden nun neue Geschichten mit neuen Helden für das Kino entdeckt:

> The cinema played the leading role in changing mass perceptions about war and militarism. The films of war veteran Grigory Chukhrai, [...] as well as *Cranes Are Flying*, by the older filmmaker Mikhail Kalatozov, presented war as a background for individual dramas, where patriotism, heroism, and duty, but also treachery, cowardice, and careerism, were not rigid categories but matters of choice and chance.[266]

Weinberg komponierte nach *Letjat žuravli* zuerst Musik für die Komödie *Šofer ponevole* [Chauffeur wider Willen][267] und dann für den Film *Poslednij djujm* [Das letzte Zoll],[268] der ein weiterer großer Erfolg für ihn werden sollte. Der Schriftsteller Michail Weller schildert in seiner Autobiographie eindrucksvoll, welch immense Bedeutung die Musik aus *Poslednij djujm* für ihn hatte:

> Ich weiß nicht, ob Sie sich erinnern, was es bedeutete: In der Sowjetunion, hinter dem Eisernen Vorhang, ohne Fernsehen und fast ohne Radio, ohne irgendeine Reklame und in autoritär gefilterter Knappheit, alles sowjetisch, und nichts Fremdes, Importiertes, Kapitalistisches, Ungewöhnliches; in diesem engen Raum – dem Kinosaal – sieht ein neunjähriger Stift zum ersten Mal „Das letzte Zoll". Es war eine Offenbarung, ein Schock, diese harte Tragödie mit dem würdigem Ausgang, der dem Schicksal brutal entrissen wurde. Das Lied sangen wir alle. Dann kam eine Platte heraus und wir kauften sie. Die Musik von Weinberg, Texte von [Mark] Sobol'. Bass war der Solist der Kiever Philharmonie Michail Ryba, und das Orchesters ebenfalls der Kiever Philharmonie. Die Harfen (!) fingen an, die Kontrabässe kamen dazu, und das Solo auf dem Klavier beim Zwischenspiel in höheren Tönen hat allen an den Nerven gezerrt. Ich hatte nie einen Gott. Nichts. Aber Dėvi aus „Dem letzte Zoll" war einer. [...] Er war das Ideal eines Menschen. Ja: in dieser Zeit war für einen neunjährigen Stift Dėvi aus „Dem letzten Zoll" [...] das Ideal eines Menschen. Und blieb es für lange Zeit.[269]

Tatsächlich benannte Weller sein Buch, in Anlehnung an das Lied des Ben aus demselben Film, *Moe delo* [Meine Angelegenheit].[270] Die Bedeutung dieses Liedes – das Lied von Ben – zeigt sich auch in einer Bemerkung in der *Sovetskaja muzyka*, in der noch drei Jahre nach Erscheinen des Films zu dessen Musik nur konstatiert wurde: „An das Lied des Ben aus dem Film *Poslednij djujm* erinnern sich natürlich alle."[271]

---

266 Ebd., S. 184.
267 Lenfil'm, Regie: Nadežda Koševerova. Das Lied „Geran'", gesungen von Lidija Gricenko (Text: Sergej Michalkov), erfreut sich auch heute noch großer Bekanntheit und kursiert in vielen russischen Internetforen.
268 Lenfil'm, Regie: Teodor Vul'fovič / Nikita Kurichin.
269 Michail Weller: *Moe delo*. Moskau 2007, S. 37f.
270 Das Lied des Ben aus *Poslednij djujm* wurde ein immenser Erfolg, gesungen von Michail Ryba (Text: Mark Sobol'). Anzuhören ist es u.a. unter: http://www.youtube.com/watch?v=Hr8hgNHS6 DA [Stand: 26.06.2013].
271 Vgl. Genina (1962), S. 28, Anm. 1.

Doch nicht nur als Komponist von Filmmusik, auch als Komponist ‚ernster' Musik fand Weinberg einen Weg aus der Stagnation, und seine Musik fand auch wieder öffentlich Gehör. So wurde am 19. Februar 1957 seine 4. Sonate für Klavier op. 56 (1955) in Moskau von Ėmil' Gil'els uraufgeführt. Am 22. Dezember desselben Jahres erfolgte die Uraufführung des 7. Streichquartetts op. 59 (1957). Knapp ein Jahr darauf wurde am 8. November 1958 die 5. Sonate für Klavier op. 58 (1956) uraufgeführt.[272] Somit wurde eine Reihe von Werken jeweils kurz nach ihrer Entstehung öffentlich dargeboten.[273] Wiederum ein Jahr später folgte die Uraufführung des 8. Streichquartetts op. 66 (1959),[274] im Frühjahr 1960 die (verspätete) Uraufführung der 3. Symphonie op. 45 (1949/59), und im Winter desselben Jahres wurden die Sonate für Violoncello solo op. 72 (1960) und die 2. *Sinfonietta* op. 74 (1960) zum ersten Mal aufgeführt. 1963 erfolgte die Aufführung des 8. Streichquartetts op. 66 auf dem 7. Warschauer Herbst, 1964 die Aufführung der 2. *Sinfonietta* op. 74 auf dem 8. Warschauer Herbst.[275] Auch gab es Veröffentlichungen, und nicht nur Lieder aus dem Bereich der Unterhaltungsmusik wurden publiziert, sondern auch einige Werke ‚ernster' Musik: 1956 die Sonate für Violine und Klavier op. 46 (1949), 1959 die 5. Sonate für Violine und Klavier op. 53 (1953) sowie das 4. Streichquartett op. 20 (1945). 1960 folgten die Publikationen der 4. Sonate für Klavier op. 56 und des Zyklus *V armjanskich gorach* op. 65 (1959) nach Versen des armenischen Dichters Hovhannes Tumanyan. 1961 wurden das 7. und 8. Streichquartett (op. 59 und 66) veröffentlicht, 1962 die 2. Sonate für Violoncello und Klavier op. 63 (1958/59) sowie die 2. *Sinfonietta* op. 74. Dazu erschienen ab 1957 in der *Sovetskaja muzyka* teilweise umfangreiche Artikel über Weinberg und seine Musik.[276]

Die Untersuchungen, die Albert Goudoever zu Formen der Rehabilitierung in der Sowjetunion vornahm, legen nahe, dass diese Welle von Aufführungen und Veröffentlichungen als Teil einer quasi inoffiziellen künstlerischen Rehabilitierung verstanden werden kann.[277] Eine solche Rehabilitierung vollzog sich nicht in Form einer offiziellen und öffentlichen Stellungnahme zu dem am Künstler begangenen Unrecht. Stattdessen wurde die zuvor diskriminierte Person durch wohlwollende öffentliche Aufmerksamkeit gleichsam zurück ins gesellschaftliche Leben geholt. Deutlich tritt eine solche Intention in dem ausführlichen Artikel „O tvorčestve M. Vajnberga" [Über das Schaffen M. Vajnbergs] zutage, der im Januar 1960 in der *Sovetskaja Muzyka* erschien.[278] Darin urteilt der Autor zuerst pauschal über Weinbergs Werk der 1940er Jahre – „Die Musik Weinbergs der 40er Jahre war nicht immer ‚von Interesse' und erlangte deshalb keine große gesellschaftliche Anerkennung"[279] – bevor er fortfuhr:

---

272 Pianist der Aufführung war Leonid Brumberg.
273 Auch hier auffällig, dass Opus 57 als einziges Werk fehlt.
274 13. November, die Aufführung wurde vom Borodin-Quartett durchgeführt.
275 Vgl. das Programm unter: http://www.warszawska-jesien.art.pl/files/2012/07/Indeks_WJ.pdf [Stand: 15.06.2013].
276 Vgl. das Literaturverzeichnis im Anhang.
277 Goudoever führt aus, dass es eine Form der öffentlichen (oft posthumen) Rehabilitierung gab, die sich den Opfern politischer Repression in Form von öffentlichen Beiträgen u.a. in Zeitschriften und überarbeiteten Lexikonartikeln widmete; vgl. Goudoever (1986), v.a. S. 117ff.
278 Vgl. Nikolaev (1960).
279 Ebd., S. 40.

von Jahr zu Jahr, von Werk zu Werk wuchs das Können Weinbergs und wurde stärker, der emotionale Ansatz enthüllte sich leuchtend, scharf wurde die Fantasie und der Sinn tiefgründig. Für das kompositorische Schaffen Weinbergs der letzten Jahre ist das Streben nach deutlichen, ausdrucksvollen Thematiken charakteristisch, die Ausgeprägtheit der Form und schließlich die bewusste und harmonische Berufung auf verschiedenste national-folkloristische Quellen, darunter russische, polnische, moldavische, jüdische.[280]

Anschließend kommt der Autor auf die Vielzahl der von Weinberg bedienten Genres zu sprechen, bevor er ausgewählte Werke näher beleuchtet, darunter die 3. Symphonie op. 45, die 4. Symphonie op. 61, die 5. Sonate für Violine und Klavier op. 53 und das 7. Streichquartett op. 59. Abschließend resümiert der Autor folgendermaßen:

In der Vergangenheit, vor allem in früheren Jahren, hatte der talentierte Komponist, wie bereits erwähnt, unter einer Reihe von schöpferischen Schwierigkeiten zu leiden: Einige Spekulationen und die Verschlossenheit der Denkweise lähmten seine künstlerische Natur. Diese Eigenschaften hinderten ihn, Erfolg und Würdigung bei einem breiten Publikum zu erzielen. Daher rührt die bisher andauernde Diskrepanz zwischen der hochverdienten Würdigung des Talents Weinbergs in den professionellen Musik-Kreisen und der vergleichsweise geringen Popularität in der breiteren Masse der Zuhörer.[281]

Der stark verklausulierte Hinweis auf die stalinistischen Repressionen und auch den Anteil von Eigenschuld, den Weinberg daran gehabt habe, entsprechen vollständig der ambivalenten Haltung, die von offizieller Seite in vielerlei Hinsicht eingenommen wurde. Abschließend kritisiert der Autor die Konzertorganisatoren, sich für die Musik Weinberg zu wenig einzusetzen, die – um die gewünschte Breitenwirkung zu erzeugen – vor allem in den Konzertsälen zu hören sein müsse.[282] Somit erfolgte eine öffentliche ‚Rehabilitierung‘, die dem Künstler (a) einen Anteil an Eigenverantwortung an den erlittenen Repressalien zuschrieb, (b) die verbleibende Verantwortung auf den stalinistischen Personenkult abwälzte, sich dabei (c) selbst aus der Verantwortung zog und (d) zudem die immer noch zu wenig stattfindende Rezeption des Künstlers nicht den zensorischen Kontrollinstanzen, sondern – als wären sie gänzlich unabhängig – den Veranstaltern zuschob.

Wider den Antisemitismus: Der Zyklus Opus 77
Vor diesem Hintergrund ist nachvollziehbar, dass Weinberg – obwohl der Zyklus op. 62 kein Erfolg gewesen war – die dort erstmals deutlich formulierte Systemkritik in einem weiteren Zyklus nach Versen von Tuwim weiterführte. In dem achtteiligen Zyklus *Stare listy / Starye pis'ma* [Alte Briefe] op. 77, den Weinberg im Juli 1962 komponierte und den er der Sopranistin Galina Višnevskaja widmete, kommen Sarkasmus und scharfe Ironie in bisher unerhörter Art und Weise zum Ausdruck. Dabei verschleierte der Komponist – anders als in Opus 62, in welchem die inhärente Systemkritik vergleichsweise leicht zu erkennen war – die Inhalte jedoch stark. Wie bereits in anderen

---

280 Ebd.
281 Ebd., S. 46f.
282 Vgl. ebd., S. 47.

Werken erprobt, gestaltete er den Zyklus derart, dass eine doppelte Les- bzw. Hörart möglich wurde, die je nach Bildungsgrad und thematischer Involviertheit des Hörers differieren konnte.

Deutlich zu hören ist, wie in Analogie zur Schärfe der vertonten Inhalte (wie auch immer man sie deuten mag) die Musik technisch anspruchsvoller wird. Die von Geradlinigkeit und Schlichtheit geprägte Klangwelt von Opus 62 weicht einer komplexeren und weniger zugänglichen Ästhetik. So verstärkt Weinberg etwa den Einsatz von Dissonanzen und deutlichen rhythmischen Verwischungen. Gleichzeitig geht die teilweise enigmatische Dichte der vertonten Texte einher mit einer weiteren Reduzierung des musikalischen Ausdrucks. Die formale Struktur der Lieder ist vollständig den verwendeten Inhalten und dem Rhythmus der Sprache angepasst, was erneut die Nähe zu Mussorgskijs Liedschaffen zeigt.

Der Zyklus hebt an mit einem Panorama der Hoffnungslosigkeit, Resignation und Sinnlosigkeit, das in seinem desolaten Ausdruck sogar die Inhalte der ersten drei Lieder aus Opus 62 überbietet. Die Verse des ersten Liedes (nach Tuwims Gedicht „Staruszkowie" / „Starički" [Alte], 1914)[283] berichten von einem vollkommen inhalts- und ereignislosen Leben, das nur darin besteht, ein Kalenderblatt nach dem anderen abzureißen. Im zweiten Lied („Zegary biją" / „Časov udary" [Schlagen der Uhren], 1913)[284] steht das Schlagen einer Uhr in einem staubverhangenen Haus als Sinnbild für das leere und öde Verstreichen der Lebenszeit. Was draußen geschieht, hat angesichts des schalen und gleichförmigen Vergehens der Momente keine Bedeutung. Gefühle bleiben verborgen, und Dunkelheit und Staub legen sich über alles im Haus. Das „alte Klavier schneuzt sich traurig" und die „Schwermut weint leise", während das Ticken der Uhr unablässig an das Verrinnen der Lebens erinnert. Im dritten Gedicht „Śmierć Izaka Kona" / „Smert' Izaka Kona" [Der Tod von Isaak Kon], 1915)[285] wird vom ärmlichen Leben eines gewissen Isaak Kon berichtet, der in wenig ertragreicher Anstellung allein in der Hoffnung auf ein besseres, höher vergütetes Dasein sein Leben fristet. Schließlich stirbt er, ohne dass sich auch nur einer seiner Träume verwirklicht hat. Die Verse des Gedichts „Walc starich panien" / „Val's starych dev" [Walzer der alten Jungfern] (1923)[286] widmen sich den trübsinnigen Vergnügungen „der Enttäuschten und nicht Verführten", die in trostlos-gemütlichen Wohnungen mit Möbeln aus Plüsch und ewig ausgewechselten Fotografien ihre Lebenszeit verstreichen sehen. In einer dieser Wohnungen erklingen auf einem alten Klavier die immer gleichen Akkorde, nämlich die des „alten Walzers: ‚An der schönen blauen Donau'". Das fünfte Lied, der Liebesbrief („List miłosny / ljubovnoe pis'mo", 1922)[287] berichtet vom Elend des Briefeschreibers, der versucht, seiner Liebsten – die ihn inzwischen fallen gelassen hat und in eine

---

283 Aus der Sammlung *Czyhanie na boga*; vgl. Tuwim (1955a), S. 73.
284 Das Gedicht trägt eigentlich den Titel „Humoreska"; vgl. Tuwim (1955b), S. 242f.
285 Das Gedicht trägt den Untertitel „Poemat sentyentalny"; vgl. ebd., S. 245f. Hier nimmt Weinberg einige Veränderungen am Originaltext vor. So ist das Gedicht ursprünglich in vier nummerierte Absätze unterteilt. Weinberg lässt die zweite Strophe des dritten Absatzes aus und fügt stattdessen die Strophen 2-4 aus dem zweiten Absatz an dieser Stelle ein und verändert dadurch die Abfolge der Strophen. Welche interpretatorischen Feinheiten diese Textumstellung zur Folge hat, wäre Teil einer detaillierten Analyse des Stücks.
286 Aus der Sammmlung *Czwart tom wierszy*; vgl. Tuwim (1955a), S. 255.
287 Hier tauscht Weinberg Gedichttitel aus: das hier verwendete Gedicht trägt eigentlich den Titel „Mąż i ja" und entstammt der Sammlung *Siódma jesień*; vgl. ebd., S. 221-223. Weinberg lässt bei

gute Position eingeheiratet hat – die eigene missliche Lage zu schildern. Doch weiß er, dass sie ihn vergessen und verraten hat. Gleichwohl hält er an ihrer Verbindung fest und droht ihr, ihr so lange zu schreiben, bis sie ihm endlich antwortet. Die „Ballada starofrancuska" / „Starofrancuzskajaballada" [Altfranzösische Ballade] (1931)[288] hebt an im Stile eines Märchens („Es war einmal…") und erzählt von einem gewissen „Jean Fraskass", der mutig war, gern trank – und sich totsoff. Das Lied endet mit Frage und Antwort: „Und weiter? Nichts weiter." Das siebte Lied vertonte Weinberg nach dem kurzen Gedicht „Lorelei" / „Loreljaj" aus dem Jahre 1936.[289] In den wenigen Versen wird davon berichtet, wie die Lorelei aus dem Wasser steigt und „Heil Heine" summt. Das achte Lied „Ostatni list" / „Poslednee pis'mo" [Der letzte Brief][290] gleicht einem lose gewobenen, melancholischen Bewusstseinsfluss, welcher in seiner Rätselhaftigkeit das Ende des Zyklus gleichsam in der Schwebe lässt. Insgesamt entbehren die in den Texten geschilderten Szenen jeglicher ästhetisierender Poetik. Stattdessen zeigt sich neben morbidem Fatalismus und ätzendem Sarkasmus eine auf den ersten Blick durchaus weit reichende Abstraktion.

Sucht man nach dem zyklusimmanenten Zusammenhang der verwendeten Texte, sind – wie bereits erwähnt – Interpretationen in verschiedene Richtungen möglich. In einem ersten Zugriff könnten die behandelten Themen als durchaus parodistisch-kritischer Kommentar zur westeuropäischen Gesellschaft verstanden werden. Diese Deutungsart ergibt sich daraus, dass einige der Lieder nicht nur inhaltlich (etwa die „Altfranzösische Ballade" oder „Lorelei") in Verbindung zur westeuropäischen (Musik-) Kultur stehen, sondern auch musikalisch ein Zusammenhang ausgedrückt wird. So erklingt im „Walzer der alten Jungfern" tatsächlich ein Zitat des Strauss'schen Walzers u.a. an genau derjenigen Stelle des Liedes, an der auch im Text davon die Rede ist (Notenbeispiel 30).

Setzt man den Zyklus jedoch in Zusammenhang zum zeitgeschichtlichen Kontext, in dem er entstanden ist so wird erkennbar, dass Opus 77 nicht allein auf eine Kritik der westlichen Verhältnisse abzielt. Stattdessen offenbart er sich ebenso als Abgesang auf die sowjetische Realität. Eine endgültige Entscheidung für einen Deutungszusammenhang kann gleichwohl nicht getroffen werden. Ich möchte diese Deutungsambivalenz anhand des siebten Liedes „Lorelei" verdeutlichen. Der Text lautet im polnischen Original und deutscher Übertragung:

der Vertonung die 12. Strophe wegfallen. Das Gedicht, welches dem Lied seinen Titel gibt, enstammt der Sammlung *Biblia cygańska*, vgl. Tuwim (1955b), S. 103.

288 Dieses Gedicht entstammt der Sammlung *Jarmark Rymów*; vgl. Julian Tuwim: *Jarmark Rymów. Opracował Janusz Stradecki.* Warschau 1958, S. 109f.

289 Vgl. ebd., S. 334.

290 Auch hier verändert Weinberg den Titel des Originals, welches nur „List" benannt ist und der Sammlung *Siódma jesień* entstammt; vgl. Tuwim (1955a), S. 191. Ein Gedicht mit dem Titel „Ostatni List" konnte ich nicht auffinden.

Notenbeispiel 30: M. Weinberg, Opus 77, 4. Lied, ab T. 117 (Gesangsstimme ohne Text).

Lorelei wypływa przy księżycu z Renu,	Die Lorelei taucht bei Mondschein aus dem Rhein hervor,
Patrzy, czy jej nie śledzą „geheime" i „tajne",	Sie schaut, ob ihr nicht die „Geheimen" und „Heimlichen" folgen
I nuci… I do każdego refrenu	
Dodaje cichutko: „Heil Heine"…[291]	Und sie summt… Und zu jedem Refrain fügt sie leise hinzu: „Heil Heine…"[292]

Tuwim, der den Text 1936 erstmals veröffentlicht hatte, reagierte damit auf die politische Situation in Deutschland, hatte jedoch auch die polnischen Nationalisten im Visier, die – wie bereits ausgeführt – immer wieder die polnischen Juden im Allge-

---

291 Tuwim (1958), S. 334.
292 Für die Hilfe bei der Übertragung danke ich Prof. Dr. Robert Hodel.

meinen und ihn im Speziellen mit antisemitischen Diffamierungen konfrontierten.[293] Diese ‚doppelte Konnotation' muss auch Weinberg bewusst gewesen sein. Denn wie im Manuskript aus dem MWMA zu sehen ist,[294] wurde die russische Übersetzung des polnischen Gedichts nachträglich ‚verbessert'. So lautet die recht originalgetreue russische Übersetzung und deren deutsche Übertragung:[295]

Loreljaj vychodit pod lunoj iz Rejna,/	Die Lorelei steigt unter dem Mond aus dem Rhein empor/
Smotrit b nočy ne sledjat li „gehejme" i tajnye/	Schaut, ob ihr des Nachts nicht „Geheime" und „Stille" folgen/
Loreljaj napevaet posle kupleta, kupleta dobavljaja, tichon'ko, tichon'ko [″]chajl', chajl' Gejne"/ „Gejne".	Die Lorelei singt nach Versen, Versen denen sie leise, leise hinzufügt: „Heil, Heil, Heine"/ „Heine".

Die ausgebesserte, alternative Übersetzung griff massiv in den Originaltext ein und liest sich folgendermaßen:

Loreljaj vychodit pod lunoj iz Rejna,/	Die Lorelei steigt unter dem Mond aus dem Rhein empor/
Smotrit ne sledjat li za nej Fašisty./ I poet: Vse zaprety vaši neprasny žit' budet v serdcach naroda naveki Genrich Gejne,/ Gejne.	Schaut, ob ihr nicht Faschisten folgen/ Und singt Alle eure Verbote sind nutzlos, in den Herzen des Landes wird für immer leben Heinrich Heine/ Heine.

Es kann an dieser Stelle nicht genau nachvollzogen werden, wann und auf wessen Veranlassung diese ‚Verbesserung' des Texts vorgenommen wurde. Da sich jedoch im Manuskript keinerlei sonstige Hinweise auf eine Vorbereitung des Zyklus für einen Vortrag finden und nach bisherigem Kenntnisstand keine konkreten Informationen zu einem Vortrag bekannt sind, muss davon ausgegangen werden, dass es sich bei dem Eingriff um einen Akt der Selbstzensur handelt. Denn durch die veränderte Übersetzung verändert sich auch der interpretatorische Zugriff auf die Verse.

Schon die erste Version bietet mehrerlei Deutungsmöglichkeiten. (1) Einmal, dass – vereinfacht ausgedrückt – die Lorelei (als Metapher für das Volk), als Sinnbild für ein ‚anderes' Deutschland zu verstehen ist, welches nicht dem Nationalsozialismus, sondern Heinrich Heine geistige Gefolgschaft schwört, wenngleich dies Verfolgung bedeutet.[296] Diese Interpretation dürfte insofern problematisch gewesen sein, als sie einen

---

293 Für diesen Hinweis zur Deutung des Gedichts im Zusammenhang mit Julian Tuwim danke ich Dr. Waldemar W. Klemm.
294 MWMA 0224.
295 Die Absätze wurden so markiert, wie sie im Notenmanuskript zu erkennen sind.
296 Hier ist interessant anzumerken, dass das Gedicht „Loreley" von deutschen Literaten im Exil als Folie für eigene Dichtungen genutzt wurde; vgl. Hartmut Steinecke (Hg.): *Heinrich Heine im Dritten Reich und im Exil* (= Nordrhein-Westfälische Akademie der Wissenschaften, Vorträge G 416). Paderborn u.a. 2008, S. 53-57. Zwar wurde der Dichter Heine von den Nationalsozialisten abgelehnt, jedoch war es schwierig, so populäre Werke wie die „Loreley", die vor allem in der

differenzierteren Blick auf das Volk der Kriegsgegner in sich birgt, der aus Sicht der offiziellen sowjetischen Stellen problematisch war. Auch die veränderte Übersetzung wäre – wenngleich sie noch etwas plakativer wirkt – in diesem Sinne zu deuten. Insofern erschließt sich aus diesem Interpretationsansatz nicht explizit, weshalb der Originaltext so massiv verändert wurde. Eine mögliche Klärung dieser Frage würde ein weiterer, jedoch deutlich verklausulierterer Deutungsansatz des Gedichts bieten. (2) So könnten die Verse auch derart gedeutet werden, dass in ihnen – ebenfalls vereinfacht ausgedrückt – der Widerspruch zum Ausdruck gebracht wird, dass ein Volk (die Lorelei erneut als Metapher dafür), welches einen Heinrich Heine hervorbrachte, trotzdem einem Adolf Hitler nachfolgte und ungezügeltem Antisemitismus Bahn brechen ließ. Anschließend an diese Deutung könnte sich dadurch, dass die Lorelei (= das Volk) zusätzlich von einem Geheimdienst (= „geheime" / „tajne") verfolgt wird, die Zuordnung Volk (= Lorelei) gerade durch den Zusatz „tajne"[297] auch verschieben auf: Volk + Geheimdienst (= „tajne") = sowjetisches Volk. Denn die Irritation, die sich aus dem Zusammenhang ‚Deutschland – Heine – Adolf Hitler' ergibt, ließe sich ebenso übertragen auf die Sowjetunion, etwa in der Form ‚Russland/Sowjetunion – Puškin – Stalin'. So ist in dieser Lesart (vor allem im Kontext der Entstehungszeit des Liedes, dazu gleich mehr) eine Übertragung des im Gedicht thematisierten Antisemitismus nicht nur auf das deutsche Volk, sondern ebenso auf das sowjetische Volk in Betracht zu ziehen. Eine Deutung der ersten, originalen Version des Texts wäre dann schlichtweg, dass in der Sowjetunion Antisemitismus existiert. Folgt man diesem Deutungsansatz, ergibt schließlich auch der Eingriff in die Übersetzung weiteren Sinn. Denn in der veränderten Version des Textes ist die Referenz an den Geheimdienst, („tajne") ausgelöscht und durch das vom sowjetischen Regime ideologisierte Wort „Faschisten" ersetzt. Durch diese kleine, aber bedeutende Umformulierung wird eine Übertragung im o.g. Sinne auf die Sowjetunion quasi unmöglich.[298] Stattdessen wird dadurch die Lorelei wieder zum Sinnbild für die unbeugsame (geistige) Freiheit des Volkes (betont durch das neu eingesetzte Wort „narod" im vorletzten Vers), das sich auch von den Faschisten nicht einschüchtern lässt.[299]

Vertonung Friedrich Silchers bekannt war, aus dem Bewusstsein der Deutschen zu tilgen; vgl. dazu ebd., S. 35f. Steinecke führt hier an, wie im *Stürmer* das Lied verurteilt wurde, während es 1937 noch in einem UFA-Spielfilm erklang; vgl. ebd., S. 35. Die Schwierigkeit, das Lied zum ‚Verstummen' zu bringen brachte die Nationalsozialisten schließlich dazu, es nach und nach aus den Schulbüchern und Anthologien zu entfernen; vgl. ebd., S. 36.

297 Das Adjektiv „tajnyj" findet im Russischen u.a. Verwendung, wenn von der Geheimpolizei („tajnaja policija") die Rede ist.

298 An dieser Stelle muss angemerkt werden, dass Tuwim den Dichter Heine schätzte. Anton Polonskij bezeichnete Tuwim gar als ‚polnischen Heine'; vgl. Polonsky (online). Die Wertschätzung äußert sich auch darin, dass Tuwim Texte von Heine aus dem Deutschen ins Polnische übertrug; vgl. die Übersetzungen in: Julian Tuwim: *Przekłady poetyckie. Opracował Seweryn Pollak. II.* Warschau 1959b, S. 505-510.

299 Die schwierige Einordnung der Figur Heinrich Heines und seiner Dichtungen in der Sowjetunion, kann im Rahmen dieser Arbeit nicht dargelegt werden. Auffällig ist jedoch eine offenkundige Verschiebung der Bewertung Heines durch die offiziellen Stellen, die sich an den verschiedenen Artikeln der *Bol'šaja sovetskaja ėnciklopedija* ablesen lässt. So umfasst der Artikel zu Heine, der in der 1952 erschienenen zweiten Ausgabe der *Bol'šaja sovetskaja ėnciklopedija* erschien, insgesamt volle sechs Spalten. Dazu ist ein einseitiges Bild des Dichters eingefügt; vgl. [Anonymus]: Gejne, Genrich, in: Vavilov Sergej I. / Vvedenskij, Boris A. (glav. red.): Bol'šaja *sovetskaja ėnciklopedija*. Bd. 10: Gazel'-Germanij. 2. Ausg. Moskau 1952, S. 329-332. Ausführlich wird auf die Bekannt-

Die Musik, die Weinberg zu diesem eigentümlichen Gedicht verfasste, ist vor allem von deutlicher Reduktion gekennzeichnet. Es steht in b-Moll, als Tempo ist *Allegretto* (Viertel = 88) vorgezeichnet. In der Begleitung wiederholt sich in der rechten Hand ein nur minimal verändertes eintaktiges Motiv, das – von Pausen unterbrochen – einen mechanischen Eindruck hinterlässt. Harmonisch findet ein ständiger Wechsel zwischen Tonika und Moll-Dominante statt, der sich im Satz aber nur durch minimale Veränderung ausdrückt: Ganztonwechsel in der linken Hand, Halbtonwechsel innerhalb der Figuration in der rechten Hand. Im Zusammenspiel dieser äußerst reduzierten motivischen Entwicklung, der Lautstärke *pp* und der ständigen Repetition des Motivs entsteht ein deutliches Spannungsmoment. Die Gesangsstimme formt darüber eine Kantilene mit offenem Charakter. Die melodische Entwicklung, die keinerlei herkömmliche periodische Gliederung erkennen lässt, hinterlässt eine Ratlosigkeit, die dem zunächst enigmatischen Text entspricht. Die Stelle des Textes, an der im Original die Worte „Heil, Heil Heine" erklingen, hebt Weinberg musikalisch hervor. An dieser Stelle verändert sich die Begleitung in einem mediantischen Wechsel von b-Moll nach D-Dur, und der im Grunde negative Höhepunkt des Liedes wird durch eine musikalische Wendung nach Dur hervorgehoben. Diese Technik der Umkehrung herkömmlicher musikalischer Deutung (Moll = negativ / traurig; Dur = positiv / fröhlich) findet sich auch in anderen Werken Weinbergs.

Für eine Deutung des Liedes gemäß dem letztgenannten Vorschlag spricht der zeitgeschichtliche Kontext, in dem es entstand. Denn als Weinberg den Zyklus komponierte, hatte die Diskussion um den latenten sowjetischen Antisemitismus neu an Schärfe gewonnen. Bereits seit 1961 war die antisemitische Haltung des Staatsapparates anhand verschiedener Maßnahmen, die sich vor allem gegen die jüdische Bevölkerung richteten, immer offenkundiger geworden. So hatte – um nur ein Beispiel anzuführen – im März die so genannte ‚Kampagne Wirtschaftsverbrechen' ihren Anfang genommen,[300] in deren Zuge bis einschließlich 1964 117 Sowjetbürger – und davon mit 78 Verurteilten ein signifikant hoher Anteil jüdischer Menschen – zum Tode verurteilt wurden.[301]

---

schaft Heines mit Karl Marx und die Bedeutung von Marx für die „politische Entwicklung" Heines verwiesen; ebd. S. 331. Der Artikel endet mit der Zusammenfassung: „Von allen Vertretern der deutschen klassischen Literatur kämpfte H[eine] am meisten gegen die feudalistisch-junkerliche Reaktion, das feige Spießbürgertum des deutschen Nationalismus und verteidigte die Idee eines vereinten demokratischen Deutschland. [...] Für die deutsche bourgeoise Literaturwissenschaft blieb Heine immer das Stiefkind. Die reaktionäre Kritik begegnet ihm mit giftiger Bösartigkeit"; ebd., S. 332. In der nachfolgenden dritten, 1971 erschienenen Ausgabe der *Bol'šaja sovetskaja ènciklopedija* nimmt der Artikel zu Heine gerade knapp drei Spalten ein. Abgesehen von einem kurzen Hinweis auf die Bekanntschaft von Marx und Heine, wird nicht weiter und ausführlicher auf deren etwaige Bedeutung für das Werk des Dichters verwiesen. Der Artikel enthält sich weitgehend einer wertenden Beurteilung Heines, abgesehen von wenigen Sätzen wie etwa: „Die politischen Gedichte Heines sind Beispiele für den Realismus in der Poesie, der zugespitzt Aktualität und weit entfernte ideenhafte [*idejnymi*] Perspektiven miteinander vereint." vgl. [Anonymus]: Gejne (Heine), Genrich, in: A[...] M. Prochorov (glav. red.): *Bol'šaja sovetskaja ènciklopedija*. Bd. 6: Gazlift-Gogolevo. 3. Ausg. Moskau 1971, S. 185.

300 Zum Ablauf der Ereignisse vgl. u.a. Benjamin Pinkus: *The Soviet Government and the Jews. 1948–1967. A documented study*. Cambridge u.a. 1984, S. 202-207.

301 Vgl. dazu die Aufstellung in ebd., S. 205, Table 9.

Wie Matthias Messmer ausführt, wurde den meisten der Verurteilten das Recht auf ein Gnadengesuch abgesprochen.

> Ihr Eigentum wurde nach Vollstreckung des Urteils vom Staat konfisziert. Begonnen hatte es mit Kampagnen, die in regelmässigen Abständen in der Presse publiziert wurden [...]. Für die Presse war es ein Leichtes, den Leser von der Schuld der Juden zu überzeugen. [...] Der Kampf gegen ‚parasitäre Elemente' wurde von Staat und Partei bewusst angekurbelt, hauptsächlich um die – in Teilen der UdSSR seit der Revolution noch immer blühende – Privat(schatten)wirtschaft endgültig auszulöschen. Chruschtschow hatte mit seiner Kampagne gegen ‚Wirtschaftsverbrechen' zwei Fliegen mit einem Schlag erwischt: Einerseits schüchterte er die Bürger dermassen ein, dass sie es nicht mehr wagten, an Schwarzmarktaktionen oder ähnlichen Aktionen teilzunehmen. Andererseits fand er einmal mehr in den Juden die benötigten Sündenböcke, auf die er die Misserfolge in der Wirtschaft abwälzen konnte.[302]

Zu massiven Diskriminierungen kamen zahlreiche kleinere Schikanen, die auch den religiösen Alltag der jüdischen Bevölkerung torpedierten. So erging 1961 faktisch landesweit ein Verbot, das traditionelle jüdische Mazenbrot zu backen.[303] Auch wurden verstärkt Werke (jüdischer) Schriftsteller, die sich den Gräueltaten des Krieges und auch des Stalinregimes widmeten, unterdrückt.[304] Wie Timothy Snyder ausführt, hing der sowjetische Antisemitismus unmittelbar mit dem problematischen Verhältnis des Regimes zum Holocaust zusammen:

> Die[.] hohen Zahlen ermordeter Juden [im Zweiten Weltkrieg – V.M.] führten auch zu der unbequemen Frage, wie es den Deutschen gelungen war, in so kurzer Zeit so viele Zivilisten in der besetzten Sowjetunion zu töten. Sie hatten Hilfe von Sowjetbürgern. [...] Niemand durfte davon sprechen, dass Sowjetbürger zum Personal von Treblinka, Sobibór und Bełżec gehört hatten.[305] [...] Doch die Kollaboration untergrub den Mythos einer vereinten Sowjetbevölkerung, die die Ehre des Vaterlands durch den Widerstand gegen den verhassten faschistischen Aggressor verteidigte. Die Dominanz dieses Mythos war ein weiterer Grund, warum der Massenmord an den Juden vergessen werden musste. [...] Die überwiegende Zahl ermordeter sowjetischer Juden fand in Gebieten den Tod, die kurz zuvor von der Sowjetunion erobert worden waren.[306] [...] Die Sowjetbürger, die im Krieg am meisten litten, waren kurz vor der deutschen Invasion gewaltsam unter sowjetische Herrschaft gebracht worden – als Ergebnis eines sowjetischen Pakts mit dem Dritten Reich. Das war

---

302 Matthias Messmer: *Sowjetischer und postkommunistischer Antisemitismus. Entwicklungen in Russland, der Ukraine und Litauen*, (Konstanzer Schriften zur Schoah und Judaica, Bd. 3). Konstanz 1997, S. 100f.

303 Vgl. Pinkus (1984), S. 317.

304 Als Beispiel kann der Roman *Alles fließt* von Vassilij Grossmann angeführt werden, der 1961 verboten wurde.

305 An dieser Stelle muss noch einmal auf das Lager Trawniki verwiesen werden, in dem ja, wie bereits an anderer Stelle ausgeführt, vor allem sowjetische Gefangene zu brutalen Handlangern der Nationalsozialisten ausgebildet worden waren.

306 Snyder (2011), S. 346.

peinlich. Die Geschichte des Krieges musste 1941 beginnen, und diese Menschen mussten „friedliche Sowjetbürger" sein.[307]

So wurden immer wieder das Leid der jüdischen (sowjetischen) Bevölkerung und der Anteil, den die Sowjetmacht daran gehabt hatte, nivelliert.[308] Die öffentliche Haltung zu der Problematik eskalierte mit dem Streit um das Pogrom von Babij Jar.[309] Bereits mehrmals hatten sich Mitglieder der sowjetischen *Intelligencija* dafür eingesetzt,[310] dass an der Stätte des Verbrechens unweit von Kiew ein Denkmal errichtet werden sollte. Laut Messmer war die Sowjetführung jedoch bemüht,

> alle Erinnerungen an diesen Ort auszulöschen. Man wollte unter allen Umständen jene Elemente aus dem jüdischen Bewusstsein verdrängen, die diese Erinnerungen hätten aufrechterhalten können.[311]

Und während der Staat den Ort des Verbrechens am liebsten verschwinden lassen wollte,[312] gewann die Diskussion um Babij Jar gegen Ende 1961 ungeahnte Brisanz. Dies war dem Umstand geschuldet, dass der Schriftsteller Evgenij Evtušenko die Stätte von Babij Jar besucht, und kurze Zeit später ein Gedicht mit demselben Titel verfasst hatte.[313] Darin kritisiert Evtušenko die Haltung Russlands zu den dort geschehenen Verbrechen an den Juden. Das Poem trug der Dichter am 16. September 1961 auf einer Lesung in Moskau öffentlich vor. Am 19. September 1961 wurde es in der *Literaturnaja gazeta* veröffentlicht.[314] Evtušenko erhielt viele positive Reaktionen auf sein

---

307 Ebd., S. 348f.
308 Vgl. dazu u.a. Il'ja Al'tman: Die Wiederspiegelung der nationalsozialistischen Politik der Judenvernichtung in der sowjetischen Literatur und Publizistik (1940–1980), in: Grüner (2006), S. 17-32, v.a. S. 21-23.
309 In Babij Jar, einer Schucht unweit von Kiew, waren allein am 29. und 30. Sept. 1941 über 30.000 (und bis Ende des Krieges ca. 150.000) sowjetische Bürger jüdischer Herkunft von den Deutschen grausamst ermordet worden. Der Umstand, dass es sich bei den Ermordeten hauptsächlich um Menschen jüdischer Herkunft gehandelt hatte, wurde jahrzehntelang verschwiegen. Stattdessen wurde stets allein von den ermordeten Sowjetbürgern gesprochen; vgl. dazu Messmer (1997), S. 89.
310 U.a. hatte sich Il'ja Ėrenburg in seinem Roman *Bur'ja* [Der Sturm] dem Pogrom gewidmet. Auch Solomon Michoëls hatte, wie Snyder darlegt, bereits im September 1945 „Asche aus Babi Jar in einer Kristallvase zu einem Vortrag nach Kiew mitgebracht und in den Jahren nach dem Krieg weiterhin offen über die Massengräber geredet." Snyder (2011), S. 343f.
311 Messmer (1997), S. 89.
312 Schon 1959 hatte der Schriftsteller Viktor Nekrassov dagegen protestiert, auf dieser „Stätte einer so kolossalen Tragödie" ein Sportstadium zu errichten; ebd. Zum Umgang der offiziellen Stellen mit dem Pogrom vgl. auch bei Frank Grüner: Die Tragödie von Babij Jar im sowjetischen Gedächtnis. Künstlerische Erinnerung versus offizielles Schweigen, in: Frank Grüner u.a. (2006), S. 57-96, v.a. S. 68-76.
313 Das Gedicht in vollständiger (englischer) Übersetzung ist abgedruckt bei Pinkus (1984), S. 114-116.
314 Vgl. ebd., S. 491, Fn. 102. Bei Pinkus ist ein Bericht Evtušenkos abgedruckt, der vom Vorgang der Publikation erzählt. Daraus geht hervor, dass allen an der Veröffentlichung Beteiligten sehr klar war, was die Publikation dieser Verse zu bedeuten haben würde. Evtušenko berichtet: „I took the poem to the office of the *Literaturnaya gazeta* and read it to a friend of mine who was on the editorial staff. He rushed off next door, brought several colleagues, and made me read the poem again. Then he said: 'Would you let me make a copy? I'd like to have one, and the others asked for copies too.' 'What do you mean, copies? I've brought it for you to publish.' They looked at each other in silence. [...] Then one of the editors said with a bitter laugh: 'He's still sitting in all of us, that damned Stalin.' And he wrote on the typescript the words, 'For publication.' [...] 'We're going to publish it', said the editor-in-chief. [...]. '[...] Of course, anything may happen.

Gedicht, wurde jedoch – auch von Seiten seiner Kollegen – scharf angegriffen. So veröffentlichte der regimetreue Dichter Aleksej Markov kurz nach Erscheinen von „Babij Jar" eine ‚Replik' in der konservativen Zeitschrift *Literatura i žizn'*, in der er Evtušenko als „Pygmäen" verunglimpfte[315] und ihn bezichtigte, die Wahrheit über das Leid der Russen zu verdrehen und die Opfer zu verspotten.[316] Auch Chruščev reagierte auf das Gedicht und versicherte zunächst öffentlich, so Messmer,

> dass die Juden die gleichen Rechte wie alle anderen Völker der UdSSR besässen. Ein jüdisches Problem gebe es in seinem Land nicht. Chruschtschow versäumte es nicht, während seiner Rede – reichlich zusammenhangslos – zwischen ‚guten' und ‚schlechten' Juden zu unterscheiden.[317]

Dann kritisierte er Evtušenko in aller Schärfe.[318] Der latente Druck, der auf Evtušenko ausgeübt wurde, führte schließlich dazu, dass er das Gedicht überarbeitete.[319]

Der Skandal um das Gedicht weitete sich aus und erreichte auch das direkte Umfeld Weinbergs. Denn unmittelbar nach der Veröffentlichung in der *Literaturnaja gazeta* hatte Dmitrij Šostakovič beschlossen, das Poem – neben weiteren Versen Evtušenkos – in seiner 13. Symphonie op. 113 zu verwenden. Bereits im März 1962 war der Klavierauszug der Symphonie, deren 1. Satz das Gedicht „Babij Jar" vertont, fertiggestellt. Am 21. April vollendete Šostakovič die Orchesterpartitur.[320] In Anbetracht des engen persönlichen und beruflichen Kontakts, den Šostakovič und Weinberg pflegten, ist davon auszugehen, dass Weinberg in die Entstehung der 13. Symphonie Einblick hatte. Auf musikalischer Ebene ist in diesem Zusammenhang bemerkenswert, dass das siebte Lied von Opus 77 (die „Lorelei") in Analogie zum 1. Satz der 13. Symphonie in b-Moll steht. Auch die Begleitfigur der Bässe aus dem Anfang der 13. Symphonie weist stellenweise eine strukturelle Ähnlichkeit zur Begleitfigur des siebten Liedes auf (13. Symphonie, T. 2: Quintsprung aufwärts, Sekunde abwärts; ab T. 6: von Pausen strukturiert, Notenbeispiele 31 und 32).

An dieser Stelle erweist sich auch die Widmungsträgerin von Opus 77, die Sopranistin Galina Višnevskaja, als Verbindungsglied zwischen Weinbergs Opus 77 und Šostakovičs Opus 113. Galina Višnevskaja gehörte mit ihrem Mann Mstislav Rostropovič zum engen Freundeskreis Šostakovičs. Darüber hinaus hatte die Sängerin

---

I hope you're prepared.' […] Next morning every copy of *Literaturnaya gazeta* was sold out at every news-stand in a matter of minutes." – Aus der Autbiographie von Evtušenko, zit. nach ebd., S. 116f.

315 Ebd., S. 119.

316 Wiederum in Reaktion darauf veröffentlichten u.a. Samuil Maršak und Leonid Utesov – beide aus dem näheren Bekanntenkreis Weinbergs – kritisch-bissige Repliken auf Markovs Angriff; diese Texte, die – wie das Gedicht Maršaks – erschienen teilweise im *Samizdat* und sind nachzulesen unter: http://www.proza.ru/2010/10/11/1615 [Stand: 23.03.2017].

317 Messmer (1997), S. 90.

318 Vgl. ebd., S. 91.

319 Vgl. Pinkus (1984), S. 98.

320 Laurel Fay berichtet davon, wie Šostaovič erst nach Beendigung der Komposition bei Evtušenko die Erlaubnis für die Vertonung einholte: „In 1962, the embattled poet [Evtušenko – V.M.] was stunned to receive a phone call from the famous composer. With his peculiar defence and humility, Shostakovich begged his permission to set the poem to music, which Yevtushenko granted with alacrity. It was only at this point in the conversation that Shostakovich confessed, with relief, that the setting was already done. He invited Yevtushenko to come over and hear it." Fay (2000), S. 228.

Notenbeispiel 31: D. Sostakovic, 13. Symphonie op. 113, 1. Satz, T. 1-14 (Auszug Bässe).

Notenbeispiel 32: M. Weinberg, Opus 77, 7. Lied, T. 1-6 (Gesangsstimme ohne Text).

im Februar 1961 die Uraufführung von Šostakovičs *Fünf Satiren* op. 109, einem fünfteiligen Gesangszyklus nach Versen des Dichters Saša Černy, gesungen.[321] Den Angaben Višnevskajas zufolge widmete ihr Šostakovič als Dank für ihren persönlichen Einsatz für den Zyklus – der aufgrund einiger der verwendeten Texte als problematisch
betrachtet wurde – seine eben fertiggestellte Orchestrierung von Mussorgskijs *Pesni i
pljaski smerti* [Lieder und Tänze des Todes].[322] Auch war Višnevskaja im Herbst 1972

---

321 Die Verse Černys (i.e. Aleksander Glikberg) beinhalten hochsatirische, bissige und kritische Texte, die zur Zeit der Entstehung des Zyklus als problematisch erachtet wurden; vgl. dazu ausführlicher Galina Vishevskaja: *Galina. A Russian Story.* San Diego u.a. 1984, S. 267-271.
322 Vgl. ebd., S. 271.

zusammen mit Aram Chačaturjan, Kirill Kondrašin, Evgenij Evtušenko und Weinberg bei einer privaten Darbietung der 13. Symphonie bei Šostakovič zugegen.[323]

Angesichts dieses Kontextes muss auch das dritte Lied des Zyklus, „Smert' Isaak Kona", nochmals Erwähnung finden. Denn bei der im Lied thematisierten Figur des Isaak Kon handelt es sich, wie der Name signalisiert, um eine Figur jüdischer Herkunft. Der Text des Liedes, in dem dieser gewisse Isaak Kon ein Leben lang vergeblich auf eine Besserung der eigenen Situation hofft, gewinnt vor diesem Hintergrund eine neue Tragweite.

Zudem stellt sich die Frage, ob Weinberg möglicherweise das „Lied der Juden in Buchenwald" bekannt war, ein antisemitisches Schmählied, das als ‚Lagerlied' im Konzentrationslager Buchenwald von den jüdischen Häftlingen gesungen werden musste.[324] In dem Lied lautet eine Zeile: „Wir sind die Kohn, die Isaak und Wolfsteiner/ Durch unsere Fratzen allgemein bekannt/ Giebt's [sic!] eine Rasse, die noch ist viel gemeiner,/ Dann ist sie sicherlich mit uns verwandt."[325] Führt man diesen Gedanken weiter, so erhält auch der Einsatz des Walzers „An der schönen blauen Donau" im vierten Lied von Opus 77 eine neue Konnotation. Denn neben einer Reihe von Spottliedern, die sowohl als Neukompositionen wie auch Paraphrasierungen kursierten und die von den Häftlingen im Lager Buchenwald gesungen werden mussten, gehörten auch Walzer von Johann Strauss zum festen Repertoire. So berichtete, wie Elisabeth Brinkmann dokumentiert, der ehemalige Häftling Vlastimil Louda:

> Es erging nun der Befehl an die Lagerkapelle, für die Wiener Juden einen Walzer von Strauß zu spielen. Sie mussten sich nach dem Takt dieser Musik, jeder für sich, um die eigene Achse drehen, so lange, bis sie von Schwindel erfasst wurden und umfielen. Dann trieb man sie wieder auf, damit sie in der Halbhocke genau nach dem Takt dieses Walzers auf dem Platz wie Frösche herumhüpfen sollten.[326]

Da jedoch nach bisherigem Kenntnisstand nicht bekannt ist, inwieweit Weinberg über Vorgänge in den Lagern unterrichtet war, müssen dies Vermutungen bleiben.

Klar ist hingegen, dass sich der Zusammenhang zwischen Weinbergs Opus 77 und dem damals (kultur-)politischen Geschehen auf mehreren Ebenen manifestiert. Einmal ist dies durch den Reflex der Vorgänge um Evtušenkos „Babij Jar" und durch weitere textinhärente Hinweise auf die Problematik des Antisemitismus der Fall. In Anbetracht des Aufruhrs, der um die Frage des sowjetischen Antisemitismus zu diesem Zeitpunkt herrschte, muss für einen damaligen sowjetischen Hörer die Kritik am latenten Antisemitismus, der von offizieller Seite partout geleugnet wurde, sehr deutlich hervorgetreten sein. Auch der Zusammenhang mit Šostakovič ergibt sich aus mehreren Punkten. Aus der Retrospektive zeigt sich diese Korrelation auch darin, dass Weinberg im Fina-

---

323 Kurze Zeit später fragte Šostakovič sie um Rat bei der Besetzung des männlichen Solisten; vgl. ebd., S. 774-778, v.a. S. 774.

324 Vgl. dazu die Ausführungen bei Elisabeth Brinkmann: Spottlieder in und außerhalb von Konzentrationslagern, in: Hanns-Werner Heister (Hg.): *„Entartete Musik" 1938 – Weimar und die Ambivalenz. Teil 2.* Saarbrücken 2001, S. 774-778, v.a. S. 774f.

325 Zit. nach ebd., S. 775.

326 Transkription der Aussage von Vlastimil Louda vom 25. April 1945, zit. nach dem Abdruck in dem Artikel von Elisabeth Brinkmann: Musik im Konzentrationslager Buchenwald, in: Heister (2001), S. 779-797. Die Aussage von Louda findet sich auf den Seiten 784f., hier zit.: S. 785.

le seiner 12. Symphonie op. 114 (1975/76), die er unter dem Eindruck des Todes von Šostakovič verfasst und diesem gewidmet hatte, das markante Anfangsmotiv aus dem dritten Lied „Smert' Isaak Kona" erneut einsetzte (Z. 31ff.; Notenbeispiele 33 und 34).

Dass Weinberg die Auseinandersetzung mit dem sowjetischen Antisemitismus und mit der offiziell verzerrten sowjetischen Sicht auf die Realität des Holocaust im Sinn hatte, wird angesichts der geschilderten Kontexte auch im letzten Lied erkennbar. Hier vertonte Weinberg Tuwims Gedicht „List" [Brief]. Der Text dieses Gedichts lautet in polnischem Original und meiner deutschen Übertragung:

Śnieg pada…pada bezgłośnie…	Schnee fällt … fällt lautlos …
Patrz -- śnieg…	Siehe -- Schnee …
Na duszę dziewczęcą Twoją	In Deines Mädchens Seele
całunem legł…	Ein Leichentuch lag …
Bielutko. Cicho. Szczęśliwie.	Blütenweiß. Ruhig. Glücklich.
Śnieg -- patrz …	Schnee -- siehe …
Bezgłośnie ozwie się w duszy	Lautlos bewegt sich in der Seele
serdeczny płacz …	Der herzliche Schrei …
A wtedy zagraj przesmętnie	Und dann spiele den traurigen
„Valse triste"…	„Valse triste" …
Śnieg pada … pada … Już kończę	Schnee fällt … fällt … Schon beende ich
mój dziwny list.	meinen seltsamen Brief.

So hält der Tod am Ende des Zyklus Einzug. Und erneut steht in diesem Gedicht Tuwims der Schnee als Sinnbild für das Vergessen und für ein Gefühl von Resignation und Rückzug. Der Dichter beendet seinen „seltsamen Brief" – und Weinberg seinen Zyklus.

> Das Lied steht in langsamem Tempo (*Adagio*, Viertel = 48) und bezieht sich – wenn auch nicht den Vorzeichen nach – auf eine g-Tonalität. Die Gesangsstimme orientiert sich an den Zentraltönen g und d. Die Begleitung bringt über halbtönig variierenden Liegeklängen der linken Hand in der rechten Hand viertelweise Akkordwechsel, die immer wieder Dominant-Tonika-Verhältnisse andeuten. Dieses ziellose Pendeln in Verbindung mit dem abgerissenen rhythmischen Duktus der Gesangsstimme entspricht der Ratlosigkeit des Gedichtes, das sich in assoziativ hingeworfenen Gedankenfetzen erschöpft. Vor dem Stichwort „Valse triste" ändert sich der Duktus: Die Struktur der Begleitung weicht auf und die Gesangsstimme verliert ihre tonartliche Bezogenheit. Im folgenden Klaviernachspiel reißt Weinberg mit ein paar im ³/₄-Takt hingeworfenen Motivbruchstücken eine denkbare ‚Valse triste' an.[327] Der Schlussteil greift Struktur und Charakter des ersten Teiles wieder auf und verklingt über einem G-Dur-Akkord mit kleiner None als auspendelnder Wechselnote.

---

327 Ein wörtliches Zitat, etwa von Jean Sibelius oder Frédéric Chopin, konnte nicht verifiziert werden.

Notenbeispiel 33: M. Weinberg, 12. Symphonie op. 114, Z. 31ff.

Notenbeispiel 34: M. Weinberg, Opus 77, 3. Lied, T. 9-14 (Gesangsstimme ohne Text).

Zusammenfassend kann festgehalten werden, dass der Zyklus Opus 77 als exemplarisch dafür gelten kann, wie ein repressives Umfeld die fast vollständige Verklausulierung des künstlerischen Produkts nach sich zieht. Die reduzierte, doch technisch ambitionierte, von Dissonanzen und ungleichmäßiger Rhythmik durchdrungene Musiksprache, die an vielen Stellen mit Repetitionen und metrischen Unregelmäßigkeiten arbeitet, dabei den Melodien des Gesangs nur vereinzelt die Möglichkeit gibt, sich zu entwickeln, betont auf musikalischer Ebene die Sperrigkeit der verwendeten Texte.

Angesichts der dargestellten Kontexte scheint plausibel, dass sich der Zyklus (wie bereits Opus 62) mit der sowjetischen Realität auseinandersetzt. Mit letzter Sicherheit kann sich der Inhalt jedoch nur denjenigen Hörern erschließen, die die Intention des Komponisten kennen. Daraus folgt, dass eine Deutung im Sinne des Komponisten umso besser möglich ist, je näher der Hörer dem Komponisten steht. So wird in dem Zyklus letztendlich jene Trennung zwischen privater und öffentlicher Sphäre offenbar, wie sie Orlando Figes im Hinblick auf die sowjetische (stalinistische) Gesellschaft ausführlich untersucht hat.[328]

In diesem Sinne verwundert es nicht, dass auch dieser Zyklus nach bisherigem Kenntnisstand unveröffentlicht blieb. Wie schon bei den Zyklen Opus 57 und 62 ist jedoch zu vermuten, dass es zu einer Anhörung im Komponistenverband kam. In einem großen Artikel, der zur Musik Weinbergs kurze Zeit nach Entstehung des Zyklus Opus 77 in der *Sovetskaja muzyka* erschien, erwähnt die Autorin, Liana Genina, *en passant*, dass Weinberg unter anderem Zyklen nach Versen von Tuwim verfasst habe, ohne dies jedoch genauer zu benennen.[329] Und es ist auffällig, dass sie sich zwar den Zyklen Opus 65 (nach Hovhannes Tumanyan) und Opus 70 (nach Sandor Petőfi) eingehender widmet,[330] jedoch kein konkretes Wort zu den Tuwim-Zyklen verliert, die eindeutig den bedeutenderen Anteil ausmachen. Dafür werden – wie bereits in dem 1960 erschienenen Artikel von Nikolaev –[331] auch hier die Ausführungen der Autorin mit dem Hinweis auf eine „große Vokal-Symphonie nach Versen Ju. Tuwims" beendet, zu der, so die Autorin, bereits ein Plan bestünde.[332]

Die 8. Symphonie op. 83 *Kwiaty polskie* [Die Blumen Polens]

Es steht zu vermuten, dass mit diesem Kommentar von Genina die 8. Symphonie op. 83 für Tenor, gemischten Chor und Orchester gemeint war, in der Weinberg Auszüge aus dem unvollendet gebliebenen *opus magnum* Tuwims, dem Epos *Kwiaty polskie* [Die Blumen Polens] verarbeitete. Weinberg hatte sich den Angaben von Ljudmila Nikitina zufolge bereits 1955 mit diesem Werk Tuwims bekannt gemacht,[333] offenkundig in polnischer Version.[334] Nikitina zufolge wurde das Buch für Weinberg zur „Bibel".[335]

Wie die Angaben auf dem Manuskript nahelegen, begann Weinberg während eines Aufenthaltes in Staraja Ruza[336] mit der Arbeit an der Symphonie. Dieser verlieh Weinberg analog zu seiner hauptsächlichen Text-Quelle den programmatischen Titel *Kwiaty polskie*. Die Datierungen auf dem Manuskript aus dem MWMA nennen den Zeitraum vom 3. Juli bis zum 10. August 1964. Auch bei Nikitina ist als Entstehungszeitraum dieser Zeitabschnitt angegeben.[337] In einer Anhörung der 7. Symphonie op. 81 (1964),

---

328 Vgl. Orlando Figes: *Die Flüsterer. Leben in Stalins Russland. Aus dem Englischen von Bern Rullkötter.* Berlin 2008.
329 Vgl. Genina (1962), S. 23.
330 Vgl. ebd., S. 29.
331 Vgl. Nikolaev (1960), S. 46, Anm. 1.
332 Vgl. Genina (1962), S. 30.
333 Vgl. Nikitina (1972), S. 116.
334 Polnische Erstveröffentlichung: Julian Tuwim: *Kwiaty Polskie. Poemat.* Warszawa 1949; vgl. dazu auch: Eva Behring u.a. (Hg.): *Grundbegriffe und Autoren ostmitteleuropäischer Exilliteraturen 1945–1989. Ein Beitrag zur Systematisierung und Typologisierung.* Stuttgart 2004, S. 127. Die erste Veröffentlichung in russischer Übersetzung erfolgte in gekürzter Version im Verlag Izdatel'stvo inostrannoj literatury (Moskau 1963).
335 Nikitina (1972), S. 116.
336 Dort befindet sich (noch heute) ein Ferienhaus des Komponistenverbandes. Bilder der Anlage sind einzusehen unter: http://dtk-ruza.ru/gallery.php [Stand: 13.05.2013].
337 Vgl. Nikitina (1972), S. 116.

die am 18. September desselben Jahres stattgefunden hatte, erwähnte Šostakovič, dass er gehofft hätte, auch die 8. Symphonie Weinbergs zu hören, doch sei wohl die Partitur noch nicht fertig.[338] Auf dem Manuskript aus dem MWMA ist auch ergänzend zum genannten Zeitraum ein weiterer eingetragen, nämlich der Zeitraum vom 12. bis 23. Oktober 1964, als Ort Moskau. Möglicherweise sind mehrere Verbesserungen und Überarbeitungen, die in dem Dokument erkennbar sind, in diesem Zeitraum entstanden. Die Titelei des Manuskripts ist ausschließlich in polnischer Sprache verfasst. Auch die Angaben zur Besetzung sind polnisch notiert. Erst auf der dritten Seite des Konvoluts – gleichzeitig der ersten Notenseite – wird zusätzlich zum polnischen Titel der russische Titel *Cvety Pol'ši* geführt (Abb. 28 und 29).

Im RGALI fand sich ein Protokoll zur Anhörung des Werks im Komponistenverband am 23. Februar 1965. Den Vorsitz der Anhörung führte Šostakovič, unter den Teilnehmern befanden sich auch Jurij Levitin und Kiril Kondrašin. Vor der Anhörung machte Weinberg folgende erläuternde Angaben zu dem Werk:

> Ich habe die 8. Symphonie nach dem Poem „Die Blumen Polens" des polnischen Dichters L. [sic!] Tuwim verfasst. Das Poem wurde im Jahre 1942 geschrieben. In dem Poem treten folgende Motive auf: Die soziale Ungleichheit im Polen der Vorkriegszeit, der brennende Hass auf den Faschismus und auf die Schrecken des Krieges, und der tiefe Glaube des Poeten daran, dass nach dem Krieg in Polen die sozialistische Ordnung bestehen wird – wie es nun auch der Fall ist. Auf diese drei Grundmotive des Poems habe ich meine Aufmerksamkeit gerichtet. Die Symphonie wurde für Tenor, Chor und Symphonieorchester komponiert. Sie besteht aus 10 Teilen ohne Pause. Den Text hat M[uza] K. Pavlova übersetzt.[339]

Nach dieser kurzen Einführung trug Weinberg die von ihm verwendeten Textteile vor. Muza Pavlova, die bereits eine Reihe von Texten für Weinberg übersetzt hatte,[340] hatte offenbar eigens zu diesem Zweck eine neue Übersetzung der ausgewählten Textteile angefertigt.[341] In seiner Einführung wie auch in der Presse[342] betonte Weinberg den ideologischen Aspekt des Werks, sparte jedoch zugleich eine Reihe von Informationen aus, die – um das Werk insgesamt richtig deuten zu können – unerlässlich sind.

So verschwieg er einen Aspekt, dem in *Kwiaty polskie* eine hervorgehobene Rolle zukommt. Um diesen zu erfassen, müssen einige Informationen zur Entstehung des Epos vorangehen: Tuwim hatte die Arbeit an dem Werk im November 1940 im Exil in Rio de Janeiro aufgenommen. Bis Juli 1944 arbeitete er (zu diesem Zeitpunkt be-

---

338 RGALI, f. 2490, op. 2 ed. chr. 79, l. 6.
339 RGALI, f. 2490, op. 2, ed. chr. 94: Stenogramma zasedanija Sekretariata po obsuždeniju 8-j simfonii M. S. Vajnberga, l. 1.
340 So hatte Pavlova bereits den Zyklus Opus 62 übersetzt. Opus 56, einen Zyklus nach Versen des armenischen Dichters Hovhannes Tumajan hatte Weinberg Pavlova, die auch hier teilweise die Texte übersetzt hatte, gewidmet.
341 Die Übersetzung der russischen Ausgabe von 1963 hatte Nikolaj Čukovskij angefertigt. Leider war es mir nicht möglich, ein Exemplar dieser Publikation einzusehen, um zu prüfen, welche Teile des Poems in dieser Übersetzung vorliegen.
342 Vgl. [Anonymus]: „Cvety pol'ši", in: *Sovetskaja kul'tura* 31 (Sa., 13. März 1965), [S. 1].

Abb. 28 u. 29: Ausschnitt Titelblatt und erste Seite op. 83 (MWMA 0231).

reits in New York) vor allem daran.[343] In Anbetracht der Exil-Situation, in der sich Tuwim befand, ist wenig verwunderlich, dass das Werk thematisch nicht allein den „brennende[n] Hass auf den Faschismus" und den „Glaube[n]", dass „nach dem Krieg in Polen die sozialistische Ordnung" errichtet würde, ins Zentrum stellt.[344] Denn der Dichter setzt sich auch intensiv mit dem Verlust der Heimat und der Problematik des Daseins im Exil auseinander.[345] Shore stellt anhand von Selbstaussagen Tuwims dar, in welch unerträglichem Zustand von Heimweh sich der Dichter befunden haben musste, als er anfing, an dem Gedicht zu arbeiten. So schrieb er unmittelbar vor Aufnahme der Arbeit an seinen Freund, den Dichter Kazimierz Wierzyński aus Rio:

> The beauty of this city is so staggering that the scale is almost so great as to be indescribable. Once here a couple of weeks, when you've seen enough to be satiated – you feel like vomiting.[346]

Shore führt weiter aus:

> Tuwim locked himself in his room, coming out only after he had written a few hundred verses of "Kwiaty polskie" […]. The epic poem told of the pain of exile, of longing for Poland […].[347]

Elvira Grözinger spricht von einem „Exil-Poem":[348]

> Anders als seine [i.e. Tuwims – V.M.] früheren großen Dichtungen ist dieses nicht frei von Pathos, vielleicht aber auch dadurch ein authentisches Zeugnis eines Vertriebenen in der Fremde, der von jeder, auch noch so kleinen, Erinnerung an die heimatlichen Gefilde zu Tränen gerührt wird.[349]

So lautet ein Abschnitt des Gedichts: „Die Heimat/ Ist mein Zuhause. Mir wurde/ das polnische Zuhause zuteil. Das ist – die Heimat,/ Und andere Länder sind die Hotels."[350] Darüber hinaus spielen in diesem Werk auch die jüdische Identität und die problembehaftete Auseinandersetzung damit eine entscheidende Rolle.[351] Weiterhin verschwieg Weinberg den Umstand, dass er in der 8. Symphonie nicht nur Teile aus *Kwiaty polskie* verarbeitet hatte, sondern zusätzlich im 1., 6. und 8. Satz auch einzelne, separat veröffentlichte Gedichte Tuwims, nämlich die Gedichte „Podmych wiosny" [Frühlingsluft]

---

343 Auszüge waren erstmals 1941 in einer Londoner Emigranten-Zeitschrift erschienen; vgl. *Wiadomości Polskie, Polityczne i Literackie* / The Polish News weekly, Nr. 39/81 (Januar 1941), S. 2. Im Januar 1949 war es in zensierter und unvollendeter Form erstmals in Polen veröffentlicht worden (mit Illustrationen von Olga Siemaszko; Warschau: Czytelnik 1949, 306 Seiten).
344 Alle Zitate RGALI, f. 2490, op. 2, ed. chr. 94, l. 1.
345 Leider liegt von diesem Werk bisher keine deutsche Übersetzung vor. Daher beschränken sich meine Aussagen zum Inhalt des Werks auf Angaben, die ich in nicht-polnischer Fachliteratur dazu finden konnte.
346 Shore (2006), S. 198.
347 Ebd.
348 Grözinger (1999), S. 157.
349 Grözinger (2005), S. 17.
350 Zit. nach ebd., S. 20.
351 Zu einer Deutung des Gedichts vgl. u.a. ebd.

(1918),[352] „Lekcja" [Unterrichtsstunde] (1939)[353] und „Matka" [Mutter][354] (zu den beiden letztgenannten gleich noch ausführlicher).

Insgesamt ist aus der Anlage des Werks zu ersehen, dass Weinberg – so wie er in der Anhörung versuchte, den programmatischen Inhalt in eine politisch verträgliche Richtung zu drehen und dabei wichtige Informationen zum Inhalt verschwieg – in der 8. Symphonie auch musikalisch das Spiel mit Doppeldeutigkeit und ambivalenten Interpretationsmöglichkeiten weiterführte, welches er bereits in den Tuwim-Zyklen angewandt hatte. Dabei fügte er in Opus 83 eine ganze Reihe von musikalischen Gesten und Verweisen ein, die gut informierten Zuhörern Deutungsmöglichkeiten eröffneten. Um diese Gesten und Verweise richtig in den Gesamtzusammenhang einordnen zu können, ist ein kurzer analytischer Überblick zum Aufbau der Symphonie (stets im Hinblick auf die Fragestellung) notwendig. Aufschlussreiche Erkenntnisse zu strukturellen Details des Werks hat bereits Ljudmila Nikitina in ihrer Studie zu den Symphonien Weinbergs, auf die ich mich im Folgenden immer wieder berufen werde, präsentiert.[355]

> Die Symphonie besteht aus zehn Sätzen, die *attacca* ineinander übergehen. Der Einsatz von Texten erfolgt in Opus 83 – anders als etwa in der 6. Symphonie – durchgängig in jedem Satz.[356] Naturgemäß wirkt sich dies auf die formale Anlage des Werks aus.[357] Während die Texte in den einzelnen Sätzen teilweise sehr unterschiedliche Themenbereiche behandeln, bringt die Musik die verschiedenen Inhalte miteinander in Verbindung. Dabei spannt Weinberg einen formalen Bogen über die gesamte Länge des Werkes. Dieser Bogen könnte, wie auch Nikitina anmerkt, als dreiteilige Form in der Art eines (wenngleich stark erweiterten) ‚Sonatenhauptsatzes' mit Exposition, Durchführung und Reprise bezeichnet werden.[358] Innerhalb dieses Bogens wiederum strukturiert Weinberg die einzelnen Formteile in kleinere Abschnitte. Bedeutsam für den Zusammenhalt der großen und kleinen Formteile sind bestimmte ‚leitmotivische' musikalische Gesten, die einen sinnstiftenden Bezug herstellen und im Verlauf der Symphonie immer wieder auftauchen.

Der erste große Formteil umfasst die Sätze 1 bis 5. Dabei sind der 1. und der 5. Satz nicht nur thematisch miteinander verbunden – sie behandeln, so Nikitina, „Mensch und die Natur" in unterschiedlicher Ausprägung –, auch musikalisch gehören sie zueinander.

---

352 Aus der Sammlung *Czyhanie na boga*; vgl. Tuwim (1955a), S. 94.
353 Entstanden in Paris; vgl. Tuwim (1955b), S. 218f. Das Gedicht entstammt der Sammlung *Z wierszy ocalałych*.
354 Dieses undatierte Gedicht wurde den Angaben Shores zufolge erstmals veröffentlicht in der Warschauer Zeitschrift *Odrodzenie* 50 (11. Dez 49), S. 1; vgl. Shore (2006), S. 428.
355 Nikitina gliedert die Symphonien Weinbergs in Kammersymphonien, Progammsymphonien und Symphonien ohne Programm. Zu den Programmsymphonien zählt sie die 6., die 8. und die 9. Symphonie.
356 Abgesehen von kurzen Überleitungen und Zwischenstücken.
357 Vgl. Nikitina (1972), S. 118.
358 Vgl. dazu auch ebd.

Dies zeigt sich am Einsatz zweier im Gesamtverlauf der Symphonie bedeutender Leitmotive: Das erste wichtige Motiv, welches ich im Folgenden das ‚Rezitativ-Motiv' nennen möchte, steht am Anfang des 1. Satzes. Dabei erklingen in einem relativ freien metrischen Gefüge die ersten Verse des Sopran (*pp*) über einem *Ostinato* der Celli, Bässe und Harfen (alles in *ppp*) auf G mit leisen Schlägen der Pauken. Dieses Motiv erklingt auch im 2. Satz (ab Z. 9), diesmal jedoch im Tenor (solo) – Bässe auf C – und versehen mit einer ornamentalen Figur der Flöte (Notenbeispiel 35). Die Figur der Flöte ist wiederum selbst ein wichtiges Motiv. Nikitina bezeichnet es als das „Leitmotiv der Blumen".[359] Es besteht aus einzelnen Tönen, die – oft im Abstand von Quinten oder Quarten – mit Vorschlägen, meist im Terz- und Quart-Intervall, versehen sind. In seinem klanglichen Charakter ruft es den Anfang des vierten Liedes von Opus 62 ins Gedächtnis (Notenbeispiel 36).[360] Beide Motive – Rezitativ-Motiv und Blumen-Motiv – treten auch im 5. Satz in Erscheinung, diesmal jedoch auf anderer Tonstufe. So erzeugt Weinberg musikalisch einen Zusammenhalt zwischen den Sätzen. Nikitina sieht im 5. Satz eine Art ‚Reprise' innerhalb des ersten Formteils.[361] Auch die Sätze 2, 3 und 4 stehen – vor allem hinsichtlich der behandelten – miteinander in Verbindung. Sie alle befassen sich, wie Nikitina es nennt, mit den „sozialen Kontrasten im Polen der Vorkriegszeit".[362]

Der zweite große Formteil umfasst die Sätze 6 bis 9. Nikitina bringt die textlichen Inhalte der Sätze mit den Inhalten aus Mussorgskijs *Pesni i pljaski smerti* [Lieder und Tänze des Todes] in Verbindung:[363]

> Dies sind die tragischsten Momente des Zyklus, die an die *Lieder und Tänze des Todes* erinnern. In ihnen offenbaren sich die blutrünstigen Mittel des Faschismus, die grausame Welt der „bitteren Freiheit" […]. Der Komponist trägt den Hörer in die Atmosphäre bereits geschehener Tragödien.[364]

Dass Weinberg hier jedoch nicht nur Bezug nimmt zu „bereits geschehene[n] Tragödien", sondern auch auf die zum Zeitpunkt der Entstehung aktuelle Situation, wird in den folgenden Ausführungen deutlich werden. Musikalisch sorgen auch in diesen Sätzen verschiedene Motive für einen Zusammenhalt innerhalb des großen Formbogens. Hier sollen vor allem der 6., 8. und 9. Satz näher betrachtet werden.

Nach diesem zweiten großen Formblock erscheint der 10. Satz als eine Art Epilog mit Reprisenfunktion. Dabei rekurriert Weinberg nicht nur musikalisch auf den Anfang der Symphonie, auch inhaltlich findet die Rückkehr zu poetischen Naturbildern statt.

---

359 Vgl. ebd., S. 119.
360 Zum Zusammenhang von Opus 83 und Opus 62 gleich noch ausführlicher.
361 Vgl. ebd., S. 118.
362 Man rufe sich an dieser Stelle Weinbergs einleitende Worte ins Gedächtnis sowie den Umstand, dass Nikitinas Publikation 1972 erschien.
363 Es finden sich auch gewisse, jedoch nur angedeutete musikalische Ähnlichkeiten, auf die ich noch zu sprechen kommen werde. Interessant in diesem Zusammenhang ist vielleicht auch der Umstand, dass Šostakovič 1962 Mussorgskijs Zyklus für Bass und Orchester instrumentiert hatte; vgl. dazu Fay (2000), S. 259f.
364 Julian Tuwim: *Kwiaty polskie*. Warschau 1955c, S. 39.

Notenbeispiel 35: M. Weinberg, Opus 83, 1. Satz, T. 1-5 nach Z. 9 (Gesangsstimme ohne Text).

Notenbeispiel 36: M. Weinberg, Opus 62, 4. Lied, T. 1-11 (Ausschnitt Klavierstimme).

Wie bereits erwähnt, arbeitete Weinberg im Verlauf von Opus 83 mit verschiedenen Mitteln, die der Symphonie quasi einen doppelten Boden hinzufügen. Dabei zeigt sich einmal mehr, dass an vielen Stellen offenkundig weniger die Musik als vielmehr der Text ein Problem darstellte. Dies sei an einigen herausgegriffenen Beispielen erläutert, etwa anhand des 4. Satzes mit dem Titel „Byl Sad" [Es gab einen Garten]. Hier – wie auch im 8. Satz mit dem Titel „Matka" [Mutter] – kann anhand des Manuskripts nach-vollzogen werden, dass Stellen, an denen im polnischen Original die Worte „Jude" / „jüdisch" enthalten waren, nachträglich bearbeitet wurden. Dabei wurde die russi-sche Übersetzung verändert, die Referenz auf die dezidiert jüdische Thematik gelöscht (Abb. 30) und das Wort „Jude" durch ‚neutrale' Übersetzungen wiedergegeben. So lau-tet die erste Strophe des Gedichts im polnischen Original und in meiner Übertragung:

Abb. 30: Ausschnitt op. 83, 4. Satz (MWMA 0231).

Był sad. sad Był	Es gab einen Garten, einen Garten gab es,
Mizerny, rzadki i zwarzony,	Kümmerlich, schütter und niedergeschlagen,
Z ubogim sadownikiem-Żydem,	Mit einem schäbigen Juden-Gärtner,
Co klepał w nim nie tylko bidę,	der darin nicht nur kümmerlich sein Leben fristete,
Lecz i obuwie rozłażone Letników,[365]	sondern auch die abgetretenen Schuhe der Sommerfrischler [reparierte].[366]

Die veränderte russische Übersetzung, in welcher vor allem der Verweis auf den jüdischen Gärtner verschwand, lautet:

Byl sad, sad byl	Es war ein Garten, ein Garten war,
Sožžennyj, žalki, poredevšij,	verbrannt, bedauernswürdig, ausgedünnt,
s bolnym sadovnikom gorbatym,	mit einem kranken, buckligen Gärtner,
čto v nem latal ne tol'ko gore,	der darin nicht nur sein Leben zusammenstückelte,
no i potertye podmetki proezžich.	sondern auch die abgewetzten Sohlen der Durchreisenden.[367]

Während also im russischen Text der Bezug zum Jüdischen ausgelöscht wurde, blieb er in der Musik gleichwohl zu hören.

> So prägt den Satz klanglich vor allem die Stimme der I. Violine solo, deren Linie mit zahlreichen Vorschlägen (etwa T. 7-10) und charakteristischen rhythmischen Akzentuierungen (etwa Z. 22) der jüdischen Melosphäre zugeordnet werden kann. Diese Linie tritt (auch nur abschnittsweise) im Verlauf des Satzes immer wieder auf (etwa ab T. 2 nach Z. 24; Z. 29ff.). Insgesamt ist die Musik

---

365 Julian Tuwim: *Kwiaty polskie*. Warschau 1955c, S. 39.

366 Die poetischen Bilder, die im Polnischen verwendet wurden, haben keine Analogie in der deutschen Sprache.

367 Die deutsche Übertragung der russischen Version des Gedichts bereitet einige Probleme, da es für das poetische Bild des „latat' gore" keine korrespondierende Übersetzung gibt. Der hier verwendete Ausdruck „Leben zusammenstückeln" muss im Sinne von „ärmlich das Leben fristen" verstanden werden. Ich danke Frau Rada Krohn Cortes für die Hilfe bei der Übertragung.

dieses Satzes intim und filigran, was auch dem Umstand zu verdanken ist, dass der Gesang allein von kleiner Besetzung begleitet wird. So setzt Weinberg hier neben Violinen (I + II, solo), Viola (solo) und Cello (Solo) zuvorderst Klarinette und Bassklarinette ein, beides Instrumente, denen u.a. auch im Klezmer eine hervorgehobene Bedeutung zukommt. Dazu kommen stellenweise Flöten und Fagott, vereinzelt Harfe, Celesta und Hörner, was dem Satz eine seltsam entrückte klangliche Färbung verleiht. Insgesamt zeichnet er sich durch die streichquartettartige Eigenständigkeit der Stimmen aus, sowohl (a) innerhalb des Streichersatzes als auch (b) im dialogischen Wechsel zwischen Abschnitten, in denen die Gesangsstimmen die Führung übernehmen und die Instrumente sich auf leise gehaltene Töne beschränken und (c) solchen Abschnitten, in denen die Gesangsstimmen pausieren oder Töne aushalten und die Instrumente wieder in den Vordergrund treten.

Die Deutung, die Nikitina für diesen Satz anbietet – nämlich dass hier allein von den „sozialen Kontrasten" im Polen der Vorkriegszeit die Rede sei – ist angesichts der musikalischen Faktur des Satzes nicht haltbar. Denn wenngleich das von Tuwim konkret thematisierte Leid der Juden in der russischen Übersetzung ausgelassen wurde, so stellt die Musik Weinbergs diesen Zusammenhang wieder her. Der Garten, von dem im 4. Satz die Rede ist, kann daher nicht nur als Symbol für das Polen der Vokriegszeit gelten, sondern als Sinnbild für die jüdische Kultur allgemein – sowohl in der jüngeren Vergangenheit als auch in gegenwärtiger Zeit; sowohl in Polen als auch in der Sowjetunion. Da diese Deutung aufgrund der musikalischen Faktur des Satzes gleichsam auf der Hand liegt, scheint es kein Zufall, dass sich im Manuskript am Beginn des 4. Satzes ein handschriftlicher Hinweis von Weinberg findet, dass man an dieser Stelle nach Belieben zum 5. Satz vorspringen könne (Abb. 31).[368] Es muss angenommen werden, dass der Komponist damit den Interpreten die Möglichkeit bieten wollte, diese inhaltlich problematische Passage auszusparen, bzw. dass er – sollte es beispielsweise auch bei der Diskussion des Werks im SK an dieser Stelle zu Problemen kommen – eine Lösung parat haben wollte.

Zu einem weiteren Eingreifen in den Text kommt es im 8. Satz der Symphonie. Der Text, den Weinberg hier verwendet, entstammt nicht den *Kwiaty polskie*, sondern es handelt sich dabei um das separate von Tuwim verfasste Gedicht „Matka". Der Dichter hatte es kurz nach seiner Rückkehr nach Polen geschrieben, unmittelbar nachdem er von seinem Kollegen Stanisław Wygodzki, der selbst das Konzentrationslager Auschwitz überlebt hatte, vom gewaltsamen Tod der Mutter erfahren hatte.[369] Der Anfang des Gedichts lautet in polnischem Original und meiner Übertragung:

---

368 In Weinbergs Handschrift ist nach dem kleinen Kreuzchen zu lesen: „Ab hier kann man, falls gewünscht, zum 5. Satz (Seite 41) vorspringen".
369 Vgl. Shore (2006), S. 283.

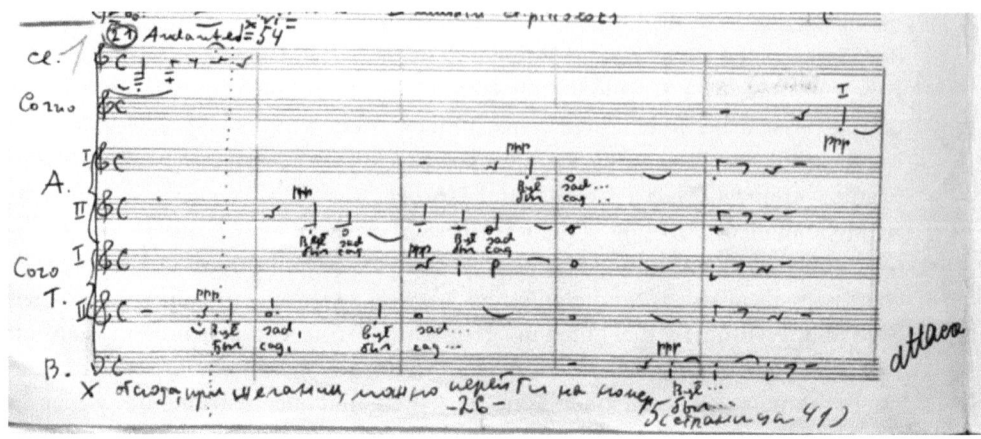

Abb. 31: Ausschnitt op. 83, Ende des 3. Satzes (MWMA 0231).

Jest na łódzkim cmentarzu,	Es gibt auf dem Lodzer Friedhof,
Na cmentarzu żydowskim,	Auf dem jüdischen Friedhof,
Grób polski mojej matki,	Das Grab meiner polnischen Mutter,
Mojej matki żydowskiej.	Meiner jüdischen Mutter.
Grób mojej Matki Polki,	Das Grab meiner Mutter, einer Polin,
Mojej Matki Żydówki, [...][370]	meiner Mutter, einer Jüdin, [...]

Im Manuskript von Opus 83 ist auch an dieser Stelle zu erkennen, dass nicht nur die Worte „jüdisch" und „Jüdin" in der russischen Übersetzung nachträglich gelöscht wurden, sondern auch die Worte „polnisch" und „Polin" (Abb. 32). Offenkundig war es notwendig, einige deutliche Veränderungen am Originaltext vorzunehmen.[371] Die modifizierte Version des Textes lautet in russischer Sprache und deutscher Übersetzung:

Est' na kladbišče v Lodzi,	Es gibt auf dem Friedhof in Lodz,
na zarossem, starinnom,	auf dem verwilderten, alten,
vosle berez plakučich,	bei den Hängebirken,
nebol'šaja mogila.	ein kleines Grab.
Moja mat' tam počila,	Dort ruht meine Mutter,
snom spokojnym i večnym,	in ungestörtem und ewigem Schlaf,

Auch der 8. Satz ist von jüdischer Idiomatik durchdrungen, wobei sich der klangliche Bezug auf sehr subtile Weise äußert.

> So legt sich im 8. Satz der psalmodierende, rhythmisch frei anmutende Gesang des Solisten über ein viertaktiges *Ostinato* aus gesummten Akkorden der Tenöre und Bässe, die von der Orgel *colla parte* gestützt werden. Ein erster Zusammenhang zur ‚jüdischen' Thematik ergibt sich dadurch, dass motivische Fragmente

---

370 Tuwim (1955b), S. 221f.
371 In der Übersetzung des Gedichts von B. Sluckij, die 1965 veröffentlicht wurde, ist Tuwims Gedicht hingegen originalgetreu wiedergegeben; vgl. Tuwim (1965), S. 295f.

Abb. 32: Ausschnitt op. 83, 8. Satz (MWMA 0231).

der Melodie des Solisten deutliche Ähnlichkeit mit dem ersten Lied von op. 57 aufweisen, dem titelgebenden Lied „Biblia cyganka" (Notenbeispiele 37 und 38). Auch die kompositorische Faktur ähnelt sich stark. In diesem Sinne ebenfalls verwandt erweist sich die „Litania", das fünfte Lied aus dem Zyklus Opus 62. Die kompositorische Verbindung zu diesen beiden Stücken verleiht auch dem 8. Satz – trotz des weltlichen Textes – eine religiöse Konnotation.

Diese Konnotation wird durch den rezitativartigen, syllabischen Gesang, insbesondere dessen modale Ausrichtung und seine Quart- und Quintsprünge über ruhenden Begleitakkorden konkretisiert. Denn klanglich wird hier eine Verbindung zum jüdischen Totengebet „El Male Rahamim" erkennbar. Dieses Totengebet hat seinen Ursprung in den jüdischen Kommunen West- und Osteuropas und wurde laut der *Encyclopedia Judaica* im Gedenken an die „Märtyrer der Kreuzzüge und der Massaker von Chmielnicki" vorgetragen, demnach im Gedenken an die Opfer von Pogromen.[372] Es existiert eine Vielzahl unterschiedlicher Versionen des Gebets, welches traditionellerweise vom Chazzam rezitiert wird. Eine Version, die ursprünglich vom Kantor Joshua Abrass stammt, wurde berühmt, als Solomon Razumni sie nach dem Pogrom in Kišinew, in dem auch ein Großteil der Familie Weinbergs (väterlicherseits) ermordet worden war, rezitiert hatte.[373] Auch eine weitere Version erlangte besondere Berühmtheit: Der Kantor Sholom Katz, der selbst 1941 in Auschwitz inhaftiert worden war, hat-

---

372 [M.Y.]: El Male Rahamim (Heb.: אל מלא רחמים „God full of compassion"), in: *Encyclopedia Judaica*, hg. von Cecil Roth. Bd. 6: Di-Fo. Jerusalem [1971], S. 682f., hier: S. 683.
373 Ebd., S. 683.

Notenbeispiel 37: M. Weinberg, Opus 83, 8. Satz, T. 3-14 (Gesangsstimme ohne Text).

Notenbeispiel 38: M. Weinberg, Opus 57, 1. Lied, T. 1-11 (Gesangsstimme ohne Text).

te das „El Male Rahamim" gesungen, als er im Lager dazu aufgefordert worden war, sich selbst ein Grab zu schaufeln. Der Wärter ließ ihn aufgrund seines
Gesangs gehen. Katz überlebte das Lager und emigrierte. 1946 wurde er eingeladen, auf dem Weltkongress der Zionisten in der Schweiz zu singen, wo er in
das „El Male Rahamim" die Namen verschiedener Konzentrationslager einfügte.
Der Gesang wurde im selben Jahr aufgenommen, veröffentlicht und zirkulier-
te als Schallplatte in weiten Kreisen.[374] Dass Weinberg speziell Katz' Version des
„El Male Rahamim" kannte, kann nicht belegt werden, ist aufgrund seiner weiten Vernetzung in der jüdischen Gemeinde Moskaus allerdings nicht unwahrscheinlich. In jedem Falle darf vorausgesetzt werden, dass ihm das Totengebet

---

374 Vgl. dazu den Nachruf auf Katz unter: http://www.jta.org/1982/02/26/archive/cantor-sholom-
katz-dead-at-67 [Stand: 23.03.2017] und die korrespondierende Aufnahme des Gesangs unter:
http://www.youtube.com/watch?v=13lS-qjEyWU [Stand: 23.03.2017]. Es exisitieren verschiedene
Versionen und Aufnahmen.

vertraut gewesen ist. Immerhin war auch bei Syrena-Electro 1926 eine Aufnahme des „El Male Rahamim" veröffentlicht worden, damit nachweislich zu einer Zeit, als auch Weinbergs Vater bereits für die Plattenfirma als Musik-Chef für das Jiddische/jüdische Repertoire tätig geworden war.[375] Auch ohne Kenntnis der hier genannten Zusammenhänge, die sich insgesamt wohl nur einer eingeweihten Zuhörerschaft erschlossen haben, dürfte der transzendente Klang des Satzes jedoch dafür gesorgt haben, dass alle Hörer ihn als Litanei begreifen konnten.

Vordergründig wird in diesem Satz mittels im weitesten Sinne sakraler Klanglichkeit um die von den Faschisten ermordete Mutter getrauert.[376] Für informierte Hörer manifestiert sich in diesem Satz jedoch – obgleich der jüdische Bezug im Text ausgelöscht wurde – deutlich die Trauer um das von den Juden erlittene Leid im Holocaust in einem ganz allgemeinen Sinn. Zusätzlich wird vom Komponisten diese Trauer durch die Verknüpfung mit dem fünften Lied aus Opus 62 mit einer Anrufung an Gott verbunden, der – angesichts der ablehnenden Haltung des sowjetischen Regimes, das Leid der Juden angemessen anzuerkennen, und angesichts des alltäglichen sowjetischen Antisemitismus – auch das aktuelle Leiden lindern möge. Mag diese letzte Codierung auch stark chiffriert sein, so ist sie doch in Anbetracht der Entstehungszeit und des Entstehungsortes der Symphonie einleuchtend. Dass Opus 62 für die Entstehung der 8. Symphonie eine bedeutende Rolle spielte, kann jedoch auch an anderer Stelle gezeigt werden.

> So stellt auch der 4. Satz der 8. Symphonie, von dem bereits die Rede war, einen musikalischen Bezug zu Opus 62 her. Dies zeigt sich in der bekannten ‚Langeweile-Figur', die in diesem Satz in der Violine II (solo, T. 10ff. nach Z. 21) auftritt. Die simplen Wechselnoten (e-d) treten auf derselben Tonstufe im dritten Lied von Opus 62 auf (T. 1ff.; Notenbeispiele 39 und 40). Auch die Tonrepetition der Gesangsstimme in Opus 62 über einem *Ostinato* auf derselben Tonstufe korrespondiert in Opus 83 mit einer nur wenig durchbrochenen Tonrepetition der Violine I (solo), (12 T. vor Z. 22ff.). Dass ein Bezug zwischen dem dritten Lied aus Opus 62 und dem 4. Satz von Opus 83 besteht, hat auch Nikitina festgestellt, die auf die strukturellen Ähnlichkeiten des 4. Satzes von Opus 83 mit dem 6. Satz der 9. Symphonie op. 93 hinweist[377] – der 6. Satz ist jedoch nichts anderes als eine orchestrierte Version des dritten Liedes aus Opus 62. Verbindet man nun das „Gedicht von der gestorbenen Hoffnung" (so der Titel des Liedes von Opus 62) mit dem Inhalt des 4. Satzes der 8. Symphonie, so eröffnet sich nur eine plausible Deutung: Die nervöse, jedoch vergebliche Hoffnung des Bettlers, die in Opus 62 zum Ausdruck kommt, wird im 4. Satz von Opus 83 über-

---

375 Vgl. Lerski (o.J.), S. 347.
376 Und an dieser Stelle deutet sich ein weiterer biographischer Zusammenhang an – man erinnere sich, dass laut Angaben im LoYT Weinbergs Mutter im Ghetto Łódź gewesen sein soll; vgl. Artikel „Sonja", LoYT, Sp. 683. Wenngleich, wie erwähnt, nicht klar ist, ob hier eine Verwechslung vorliegt ist durchaus möglich, dass Angehörige von Weinberg (wie z.B. seine Tante Sonja) im Ghetto Łódź ums Leben kamen.
377 Vgl. Nikitina (1972), S. 137.

Notenbeispiel 39: M. Weinberg, Opus 62, 3. Lied, T. 1-9.

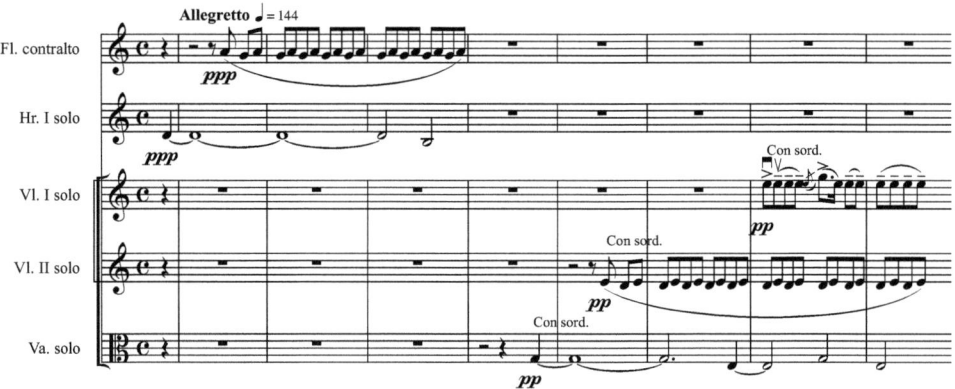

Notenbeispiel 40: M. Weinberg, Opus 83, 4. Satz, T. 1- 8 (mit Auftakt).

tragen auf die (vergebliche) Hoffnung, dass das Leid der Juden – das vergangene und das gegenwärtige – angemessen anerkannt und gelindert werde.

Insgesamt führt die Betrachtung des 4. und 8. Satzes der 8. Symphonie zu folgenden Ergebnissen: Es ist erkennbar, dass Weinberg dezidiert das Leid der Juden, und dabei nicht nur das Leid der polnischen, sondern auch der sowjetischen Juden thematisiert. Dabei widmet er sich – wenngleich verschlüsselt – nicht nur dem Umgang der sowjetischen Führung mit der historischen Realität des Holocaust, sondern auch dem alltäglichen Antisemitismus.

Darüber hinaus wird durch den musikalischen Bezug zu Opus 62 ein Subtext geschaffen, der auf einen zusätzlichen thematischen Schwerpunkt der Symphonie verweist, welchen Weinberg in seiner Einleitung verschwiegen hatte – nämlich die Problematik des Exils. So rekurriert der Komponist mit der immer wieder auftretenden musikalischen Verknüpfung von Opus 83 mit Opus 62 nicht nur auf das Polen, das nach dem Krieg in „sozialistischer Ordnung" wieder aufgebaut wurde, sondern auch auf das Polen, welches vor allem in Weinbergs Erinnerung als Sehnsuchtsort fungiert.

Dies zeigt sich deutlich auch im 6. Satz der Symphonie. Wie im 8. Satz fügt Weinberg hier ein Gedicht ein, welches nicht aus dem Epos *Kwiaty polskie* stammt, sondern von Tuwim bereits 1939 – demnach kurz nach der Flucht aus Polen – in Paris verfasst wurde.[378] In „Lekcja" thematisiert Tuwim, knapp ausgedrückt, die Verbrechen an der polnischen, genauer an der Warschauer Bevölkerung. Dabei unterstreicht der Dichter – versinnbildlicht in einer Art Unterrichtsstunde in Selbst-Bewusstsein, die Warschauer Kindern gegeben wird – die Bedeutung der eigenen Herkunft. Es wird betont, dass die Vergangenheit und begangene Verbrechen nicht vergessen werden dürfe und dass die Erinnerung an die folgende Generation weitergereicht werden müsse.[379] Diese Generation solle sich wiederum mit aller Macht dem Vergessen widersetzen. Ein zentraler Appell im vierten Vers der dritten Strophe lautet demnach: „Zapamiętasz? Zapamiętam." [Erinnerst Du Dich? Ich werde mich daran erinnern.][380] Im letzten Vers des Gedichts erklingen die Worte: „Pieśń warszawskich dzieci zawyj!" [Schrei das Lied der Warschauer Kinder!][381]

Interessant ist nun, wie Weinberg auch in diesem Satz an entscheidenden Stellen in den Text eingreift. So ist im polnischen Original im ersten Vers der ersten Strophe und im vierten Vers der zweiten Strophe ausdrücklich von der polnischen Sprache die Rede, welche die Kinder lernen sollen, um sich ihrer Wurzeln und ihrer Herkunft stets bewusst zu sein.[382] In der von Weinberg verwendeten russischen Übersetzung ist jedoch durchwegs von der „reč rodnuju", der „Muttersprache", die Rede. So wird der dezidiert polnische Bezug abgeschwächt.[383] Die Musik jedoch nimmt von diesem Eingriff in den Originaltext wiederum keine Notiz.

> So ist in Analogie zum Text – der mit dem Aufruf, die polnische Sprache zu lernen, beginnt und endet – ein Großteil des Satzes im Rhythmus einer Mazurka gehalten. Dabei ist auffällig, dass sich der Anfang der polnischen Hymne – der „Mazurek Dąbrowskiego", die seit 1927 als Nationalhymne Polens eingesetzt wurde – und der Einsatz des Chores im 6. Satz der 8. Symphonie nicht nur rhythmisch, sondern auch im Tonhöhenverlauf ähneln (Notenbeispiele 41 und 42). Der klangliche Charakter ist insgesamt hochenergetisch und selbstbewusst, weite Strecken stehen im *f* oder *ff*, der Rhythmus wird *marcato* betont. Im Mittelteil des Satzes (erstmals ab T. 31) wird der Mazurka-Charakter des Anfangs – welcher marschähnliche Züge aufwies – durch die Hum-Ta-Ta-Begleitung eher walzerähnlich und ungestüm. Im Zusammenspiel mit dem Text entsteht jedoch ein grotesker Totentanz. So lautet der Text im ersten Einsatz: „Tańczy wicher ze śnieżycą,/ Tańczy upiór z upiorzycą,/ Piszczą małe upiorzęta…/ Zapamiętasz? Zapamiętam. (3. Strophe)" [in Ermangelung einer deutschen Übersetzung wird hier eine englische Übertragung der Strophe angeführt: Phantom winter storm dances with the gale, Phantoms dancing – one male, one female, As the baby

---

378 Vgl. Tuwim (1955b), S. 218f.

379 Und eingedenk dessen, dass das Gedicht vor dem Zweiten Weltkrieg entstand, kann mit den hier genannten Verbrechen nicht der Überfall Hitlers gemeint sein.

380 Ebd., S. 219.

381 Ebd. ‚Schreien' hier im Sinne von ‚laut aufheulen'.

382 Ucz się, dziecko, polskiej mowy:/ To przed domem – to są groby,/ Małe groby, wielki cmentarz…/ Taki jest twój elementarz. (1. Strophe); Ustawiły się w szeregu/ Czarne krzyże w brudnym śniegu,/ Na Warszawie mrok żałoby,/ Ucz się pięknej polskiej mowy. (2. Strophe); zit. nach ebd., S. 218f.

383 Auch in der Übersetzung des Gedichts von Mark Živov, die 1965 veröffentlicht wurde, ist von der „reč rodnuju", der [Muttersprache] die Rede; vgl. Tuwim (1965), S. 294.

Notenbeispiel 41: Nationalhymne der Republik Polen „Mazurek Dąbrowskiego", T. 1-2 (Klavierversion).

Notenbeispiel 42: M. Weinberg, Opus 83, 6. Satz, T. 7-8 (Gesangsstimmen ohne Text).

phantomlings shrill… Will you remember? Yes, I will].[384] Im zweiten Einsatz (ab T. 52) lautet der Text: „W nocy przez sen gniewnie krzyczysz,/ Straszne ptaki w niebie liczysz […]" [At night, even in your sleep you cry,/ Counting the terrible birds in the sky, 4. Strophe, V. 1-2].[385] So setzt Weinberg hier einen dezidiert fröhlich-optimistischen Klang ein, um eine höchst furcheinflößende Szenerie musikalisch zu illustrieren. Erst am Ende des Satzes weicht der – von wenigen Ausnahmen abgesehen – durchgehend energetische Charakter der Musik. Der erste Durchlauf des Gedichts endet mit den bereits erwähnten Worten: „Pieśń warszawskich dzieci zawyj!" [Schrei das Lied der Warschauer Kinder!], die Weinberg mit abfallenden *glissandi* in allen Stimmen betont (T. 84-87).

Danach greift Weinberg zu einem eindrucksvollen formalen Mittel: Ab T. 94 laufen Text und Musik gleichsam rückwärts. So erklingen in den T. 94-97 die Musik und der Text (V. 2 aus der 5. Strophe des Gedichts) aus den Takten 72-75 erneut. Danach erklingen in den T. 98-101 die Musik und der Text (V. 1 aus der 5. Strophe) aus den Takten 68-72, dann in den T. 104-107 die Musik und der Text (V. 4 aus der 4. Strophe) aus den Takten 61-65 (hier mit einem eintaktigen Einschub im Schlagwerk, der in der ‚Revers-Version' nicht auftaucht), und so fort. Nach diesem Prinzip wird das gesamte Gedicht, wie es im ersten Durchlauf vertont wurde, quasi rückwärts bis zu seinem Anfang noch einmal vorgetragen. Erst am Ende des Revers-Durchlaufes der dritten Strophe weicht Weinberg sein Prinzip etwas auf, wobei er – nach einem instrumentalen Einschub im *tutti* und leisen Klängen in den Bässen (Tuba, Kb) – nur den Text weiterhin rückwärts laufen lässt, die Instrumentierung jedoch ausdünnt (Schlagwerk, Harfe), die Dynamik weiter reduziert (*pp / ppp*) und den Gesang stellenweise kanonartig führt. Ab Takt 196 und dem vierten Vers der ersten Strophe greift Weinberg das Revers-Schema in der Musik wieder auf, lässt jedoch an dieser Stelle diejenigen Motivabschnitte erklingen, die er im ersten Durchlauf für den ersten Vers der ersten Strophe verwendete (T. 7-8), für den dritten Vers der ersten Strophe (T. 199-200) die Musik, die er im ersten Durchlauf für den zweiten Vers der ersten Strophe verwendete (T. 10-11) und so fort. An derjenigen Stelle, wo der Text im zweiten Durchlauf beim ersten Vers der ersten Strophe ankommt (ab T. 204), verwendet Weinberg eine neue musikalische Textur und betont dabei die Worte „polskiej mowy" [polnische Sprache] (T. 207-213), die vom gesamten Chor im *ff* gesungen werden. Dann folgt ein ausgedehntes Zwischenspiel des Orchesters in lauter Dynamik, in welchem motivische Elemente des Satzes verarbeitet werden. In Takt 17 nach Z. 59 setzt dann der Gesang erneut ein, der im *ff* die beim Revers-Durchlauf ausgelassenen letzten zwei Verse der letzten Strophe aufgreift. Das letzte Wort des letzten Verses, das Wort „zawyj" [schrei] greift dabei erneut das *Glissando* auf, welches Weinberg schon zum Abschluss des ersten Durchlaufes einsetzte.

Nachdem somit das Gedicht ein zweites Mal komplett in umgekehrter Richtung vorgetragen wurde und die *Glissandi* des Chores verstummt sind, markieren Schlagwerk, Bläser, Kontrabass und Klavier noch einmal in *ff* und *fff* das

---

384 Übersetzung: http://paczemoj.blogspot.de/2011/09/lesson.html [Stand: 16.06.2013].
385 Ebd.

Notenbeispiel 43: M. Weinberg, Opus 83, 6. Satz, ab T. 17 nach Z. 65.

Notenbeispiel 44: F. Chopin, Opus 35, 3. Satz, T. 7–8.

Ende der Verse (ab 5 T. vor Z. 62). Dann bricht die Dynamik, und in plötzlichem *p* wird in den Trompeten *con sordino* das musikalische Zitat rhythmisch angedeutet, welches im *Largo*-Abschnitt nach Ziffer 65 dann auch tatsächlich erklingt, nämlich die *Marche funèbre* (3. Satz der 2. Klaviersonate op. 35) von Chopin (Notenbeispiele 43 und 44).[386] Die plötzliche Stille wird noch einmal kontrastiert (*ff* Bläser, Schlagwerk, Klavier, *fff* Kontrabass, Z. 63), doch dann erstirbt der Klang mehr und mehr, bis er in den Takten vor Ziffer 65 in gehaltenen Tönen in *pppp* und *morendo* fast gänzlich zum Stehen kommt. Dabei dehnt er das Zitat in der Wiederholung, so dass sich die Musik gleichsam auflöst. Punktuell eingesetztes Schlagwerk in *pppp* fügt (teilweise im Marschrhythmus) dem Abschnitt einen militärischen Gestus hinzu. Insgesamt entsteht jedoch durch die reduzierte Dynamik, den gedehnten Klang der Tuba und das gespenstische Schlagen von Tamburin, Cassa und Pauken ein Klangbild, das jedwedem militärischen Pathos diametral entgegensteht. Der vordergründig positive, teilweise tänzerisch-energetische Charakter, der im Satz vorherrscht, wird an dessen Ende negiert. So wird in der Musik illustriert, dass die im Text erfolgte Aufforderung, weder die Herkunft noch die Vergangenheit zu vergessen, vergeblich ist. Die Hoffnung, die Erinnerung zu bewahren und sich der eigenen, polnischen Wurzeln bewusst zu sein, wird mit dem Trauermarsch hörbar zu Grabe getragen.

---

386 Vgl. auch Nikitina (1972), S. 122.

Auch der 9. Satz muss noch erwähnt werden. Dieser führt bestimmte, bereits im 8. Satz eingesetzte musikalische Mittel weiter und bildet den musikalischen wie inhaltlichen Höhepunkt der Symphonie.[387] Zum Textausschnitt, den Weinberg hier verwendet, gibt Allan Gillon an:

> This fragment won acclaim as an independant poem. It was widely circulated in hand-written copies in occupied Poland during the last war, under the title "Prayer," and it gave hope to many Polish readers.[388]

Um den Satz richtig deuten zu können, ist es notwendig, den vollständigen Text zu kennen. Er lautet in polnischem Original und englischer Übertragung:

Chmury nad nami rozpal w łunę,	Kindle the clouds into a glare, and
Uderz nam w serca złotym dzwonem,	Strike at our hearts with a bell of gold,
Otwórz nam Polskę, jak piorunem	Open our Poland as with a bolt
Otwierasz niebo zachmurzone.	You clear up the overcast heavens.
Daj nam uprzątnąć dom ojczysty	Allow us to rid our father's home
Tak z naszych zgliszcz i ruin świętych	Of our cinders, and holy ruins
Jak z grzechów naszych, win przeklętych.	[von unseren Sünden, von verdammter Schuld].[389]
Niech będzie biedny, ale czysty	Let our house be poor but also clean,
Nasz dom z cmentarza podźwignięty.	Our house, raised from the cemetery.
Ziemi, gdy z martwych się obudzi	To the land, when it stirs from the dead,
I brzask wolności ją ozłoci,	And is gilded by freedom's luster,
Daj rządy mądrych, dobrych ludzi,	Give the rule of wise and righteous men,
Mocnych w mądrości i dobroci.	Mighty wisdom and in goodness.
A kiedy lud na nogi stanie,	And then the people rise to their feet,
Niechaj podniesie pięść żylastą:	Let them raise their veiny, calloused fists:
Daj pracującym we władanie	Give the toilers ownership, the fruit
Plon pracy ich we wsi i miastach,	Of their labor in villages and
Bankierstwo rozpędź – i spraw, Panie,	Cities. Chase away the bankers, Lord,
By pieniądz w pieniądz nie porastał.	Stop the growth of money from money.
Pysznych pokora niech uzbroi,	Let the vain be armbed with humbleness,
Pokornym gniewnej dumy przydaj,	To the humble give an angry pride.
Poucz nas, że pod słońcem Twoim	Teach us under Your sunny sky
„Nie masz Greczyna ani Żyda".	"There is no more Greek and no more Jew."

---

387 In seiner pauschalen Ausführung zur 8. Symphonie irrt David Fanning mit der Aussage, dass im 9. Satz das Wort „Gerechtigkeit" nach „einer Molitwa (Gebet), einer weiteren Transkription aus den *Erinnerungen* op. 62, gegen Ende viele Male wiederholt", werde; Fanning (2010a), S. 122. Vermutlich handelt es sich um eine Verwechslung, denn es ist, wie bereits ausgeführt, der 8. Satz, der Bezug zur „Molitwa" aus op. 62 herstellt

388 Gillon (1968), S. 71.

389 Dieser Vers fehlt in der Übertragung und wurde von mir eingefügt.

[...]   [...]

Przywróć nam chleb z polskiego pola,   Give us back the bread of Polish fields,
Przywróć nam trumny z polskiej sosny.   Return the coffins of Polish pine,
Lecz nade wszystko – słowom naszym,   But above all give our words, altered
Zmienionym chytrze przez krętaczy,   Craftily by wheelers and dealers,
Jedyność przywróć i prawdziwość: Their uniqueness and their truthfulness:
Niech prawo zawsze prawo znaczy,   Let the law always denote law, and
A sprawiedliwość – sprawiedliwość.   Let justice mean nothing but justice.[392]

Wenngleich sich die Inhalte des 9. Satzes von denjenigen des 8. Satzes auf den ersten Blick deutlich unterscheiden, so stehen die beiden Sätze doch musikalisch miteinander in Verbindung.

> Vor allem wird dies in der Musik hörbar, die bestimmte Elemente des 8. Satzes in verwandelter Form im 9. Satz weiterführt: So wird der rezitativische Gesang des Solisten aus dem 8. Satz im 9. Satz durch einen geradlinig rhythmisierten, deklamierenden Gesang des Chores abgelöst. Das Ostinato der Orgel, welches den Klangteppich des 8. Satzes bildete, weicht einzelnen, gehaltenen Akkorden (mit Fermate) der Orgel, die allein bestimmte Versenden markieren. So wird der sakrale Gestus des 8. Satzes in modifizierter Weise auf den 9. Satz übertragen, wobei im 9. Satz klanglich eher ein Bezug zu christlich-sakraler Ästhetik hergestellt wird. Dies zeigt sich auf formbildender Ebene durch eine Abschnitts-bildung entlang der Gedichtverse, die durch orgelgestützte Fermaten auf den Schlusssilben markiert werden. Auf melodischer Ebene wird dies durch einen schlichten, an das Versmaß angelehnten Rhythmus bei sprungdurchsetzter Dia-stematik hörbar, die zusammen an das psalmodierende Vortragen christlicher Fürbitten erinnern. Auf harmonischer Ebene fallen schließlich verschiedene sig-nifikante Wendungen (etwa 2 T. vor Z. 93) auf, die mit ihrem Anklang an tradi-tionelle harmonische Fortschreitungen – fast in der Art eines filmmusikalischen Effekts – Assoziationen an ein nunmehr christliches (und nicht mehr jüdisches, wie im 8. Satz) Umfeld hervorrufen. Vor allem der 23. Vers des Gedichts (T. 3-4 nach Z. 96) ist Weinberg wichtig: Noch nach Abschluss der Reinschrift fügte er diesen zwei Takten eine durchgehende Orgelbegleitung hinzu, die im Umfeld dieses Satzes singulär ist. Die Töne der Orgel verdoppeln den Chorsatz, der an dieser Stelle an die harmonische Wendung 2 Takte vor Ziffer 93 anknüpft. Die an dieser Stelle im Text enthaltene Anrufung an Gott, alle gläubigen Menschen – versinnbildlicht durch „Griechen" (i.e. Christen) und „Juden" (an dieser Stel-le auch im russischen Text das Wort *Evrej*) – in Gleichheit zu vereinen, wird da-durch betont. Hier rekurriert der Text deutlich auf die auch im Bibelkontext an mehreren Stellen erwähnte Einheit aller Gläubigen.[391]
>
> Nachdem im 8. Satz inhaltlich und musikalisch ein Bezug zur jüdischen Sphäre hergestellt wurde, wendet sich der 9. Satz inhaltlich und musikalisch der

---

390 Übersetzung nach Gillon (1968), S. 71f.
391 Etwa Römer 10, 12: Es ist hier kein Unterschied zwischen Juden und Griechen; es ist über alle derselbe Herr, reich für alle, die ihn anrufen.

christlichen Sphäre zu, dabei Elemente des 8. Satzes weiterspinnend und so den Inhalt des Textes – den Wunsch nach Gleichheit und Gerechtigkeit aller Religionen – auch musikalisch zum Ausdruck bringend. Dem Wort „sprawiedliwość" [Gerechtigkeit], dem im Tuwim-Text eine besondere Bedeutung zukommt, weist auch Weinberg innerhalb des 9. Satzes eine hervorgehobene Bedeutung zu. So endet der erste Abschnitt des Satzes, in dem der Text vom Chor in seiner Gesamtheit deklamierend vorgetragen wurde, auf diesem Wort. Nach einer letzten Fermate (1 T. vor Z. 98) verändert Weinberg das Tempo und, begleitet von Klarinetten und schließlich Flöten, hebt ein Kanon an, ausgehend vom Sopran, (Z. 98), nachfolgend Alt (T. 4 nach Z. 98), Tenor (3 T. vor Z. 99) und Bass (Z. 99),[392] der sich kontrapunktisch allein über dem Wort „sprawiedliwość" erhebt. Dabei scheint Weinberg hier auf die der Gattung Kanon innewohnende kirchenmusikalische Symbolik zu rekurrieren.[393] Gleichzeitig greift er die Melodie auf, die bereits im 6. Satz prominent hervorgehoben wurde (dort T. 31f.), nämlich den grotesken Walzer. So wird die Forderung nach Gerechtigkeit im 9. Satz musikalisch verbunden mit den Gespenstern der Vergangenheit, die im 6. Satz ihren Tanz tanzten. Am Schluss weicht der Kanon auf und das gesungene Wort „sprawiedliwość" verschwimmt im Durcheinander der rhythmisch verschiedenen Stimmen. Ab Ziffer 104 verteilt Weinberg die einzelnen Silben zusätzlich auf verschiedene Chorstimmen, nachgezeichnet von Harfe und vier Solocelli. Zusätzlich wird die Dynamik immer mehr reduziert. Schließlich (T. 1f. nach Z. 105) erklingt zum vorletzten Mal das Wort in Gänze, und zwar im *ppp* in einer mediantisch-kadenziellen Wendung. Danach folgt eine fermatierte Pause, und das Wort erklingt erneut im *ff*, begleitet von allen Bläsern und Schlagwerk auf einem A-Dur-Akkord.

Der Verlauf und das Ende dieses Satzes eröffnen mehrere Deutungsansätze. Es scheint, dass die zunächst klar formulierte und im Kanon gleichsam göttlich legitimierte Forderung nach Gerechtigkeit zunächst verschwimmt, (auf die verschiedenen Stimmen) aufgeteilt wird und (den noch so ausdrücklich betonten Völkern) schließlich abhanden kommt. Das affirmative A-Dur erscheint als letzter, klarer Aufschrei einer Forderung nach Gerechtigkeit. Dem steht die Deutung bei, dass das abrupte Ende des Satzes in A-Dur den so lange und langsam verklingenden Satz geradezu negativ bestätigt. Die grundsätzlich auch offiziell gewünschte positive (d.h. Dur-)Wendung erscheint somit als finaler ‚Sieg über die Gerechtigkeit', deren Abgesang im Vorherigen erfolgte.

---

392 In Analogie zu den abfallend einsetzenden Stimmen setzen dann nacheinander Altflöten und Bass-Klarinetten ein, schließlich, – nachdem alle Stimmen das Wort einmal gesungen haben – das Englischhorn.

393 So zu finden etwa bei Johann Sebastian Bach, der beispielsweise Glaubenssätze in Kanons vertonte; vgl. dazu den Artikel „Kanon" von Peter Cahn, in: *Die Musik in Geschichte und Gegenwart. Allgemeine Enzyklopädie der Musik*, begr. von Friedrich Blume. Zweite, neubearb. Ausg., hg. von Ludwig Finscher. Sachteil 4: Hamm-Kar, Kassel u.a. 1996, Sp. 1677-1705, v.a. Sp. 1678; zur Symbolik des Kanons auch Arnold Schering: *Das Symbol in der Musik. Mit einem Nachwort von Wilibald Gurlitt*. Leipzig 1941, v.a. die Seiten 24-49. Schering weist darauf hin, dass der Kanon bei Bach u.a. als „Sinnbild unerschütterlicher Gesetzesmacht" fungiert; ebd., S. 40. Für den Hinweis auf die kirchenmusikalische Bedeutung der Kanon-Technik danke ich Axel Schaffran.

Gerade in Anbetracht dessen, dass auf den ersten Blick der positive Charakter des Satzes mit seiner klaren Struktur und dem signalhaft lauten Ende auf dem Wort „Gerechtigkeit" geradezu ostentativ der Forderung *per aspera ad astra* nachzukommen scheint, ist es wichtig, den verwendeten Text genau zu lesen. Zwar kann er durchaus im Sinne der sozialistischen Ideologie verstanden werden (v.a. die Verse 13-18). Doch achtet man auf die Details des Textes im Zusammenspiel mit der musikalischen Faktur, ergibt sich ein anderes Bild. Vor allem der letzte Abschnitt des Gedichts kann unschwer in einen negativen Bezug zur sowjetischen Realität gebracht werden. So wird in den letzten Versen Gott angerufen, dem Wort, welches von „Betrügern" (V. 27) „hinterlistig" bis zur Unkenntlichkeit verwandelt wurde, seine „Einmaligkeit" und „Wahrhaftigkeit" zurückzugeben. Weinberg betont diesen Abschnitt musikalisch zusätzlich, indem er ab Vers 26 die Orgel nicht nur punktuell, sondern durchgängig einsetzt. Auch die ersten Verse des Textes, in denen zu lesen ist, dass das Haus – hier erscheint erneut das Bild des Hauses als Symbol für die Heimat – gereinigt werden möge (vgl. V. 3-6), lassen sich im Kontext der Entstehungszeit der Symphonie nicht nur auf das von den Nationalsozialisten besetzte Polen übertragen, sondern auch auf das Polen im sowjetischen Einflussbereich sowie auf die Sowjetunion selbst.

So rekurriert Weinberg in diesem Satz zum einen darauf, das Leid des Krieges – und dabei vor allem das Leid der Juden und insbesondere der polnischen Juden – nicht zu vergessen und ein musikalisches Manifest für die Gleichheit und Freiheit aller Menschen zu schaffen. Indem dieser Wunsch sich erneut in einem Gebet äußert, wird – eine weitere Parallele zum Zyklus Opus 62 – die sowjetische Ideologie als potentieller ‚Heilsbringer' ausgeschlossen. Gott, und zwar der Gott aller Menschen, wird stattdessen angefleht. Diejenigen Stellen des Textes, die eine positive Anknüpfung an die sozialistische Ideologie ermöglichen würden, werden zu Fragmenten einer abstrakten Utopie, die keine Verankerung in der echten Welt hat. Die Musik betont den sakralen Aspekt des Textes und vor allem diejenigen Abschnitte, die sich den negativen Aspekten der Ideologie widmen. Als kompositorische Strategie wird erkennbar, dass der sakrale Tonfall des Satzes in seiner positiven Grundgestimmtheit auch dahingehend gedeutet werden könnte, dass auf musikalischer Ebene der Ideologie als Heilsbringer eine religiöse Färbung verliehen wird. Vor allem für Hörer, denen die zahlreichen Querverbindungen zwischen den Sätzen und die subtilen Bezugnahmen innerhalb der Sätze verborgen bleiben, bietet sich eine solche Deutung an der Oberfläche des Satzes an. Bei tieferem Eindringen in den Sinnzusammenhang der Symphonie wird sie jedoch obsolet.

Zusammenfassend lässt sich festhalten, dass Weinberg in Opus 83 eine Form der vokalen Symphonik entwickelte, die es ihm erlaubte, die Texte Tuwims derartig aufeinander zu beziehen, dass sie einerseits im Sinne der sozialistischen Ideologie gelesen werden, jedoch auf unterschiedlichen Ebenen und in unterschiedlicher Deutlichkeit verschiedene Subtexte transportieren konnten. Dabei ist – vor allem im Vergleich mit den hier besprochenen frühen Symphonien – auffällig, wie in Analogie zu den verschiedenen textlichen Verbindungen, die zwischen den Sätzen hergestellt werden, auch die Musik ein Netz von musikalischen Zusammenhängen webt. Ljudmila Nikitina fasst in diesem Sinne ihre Ausführungen zur 8. Symphonie so zusammen:

Die Logik der musikalisch-bildhaften Entwicklung der Symphonie liegt in der vollkommenen Harmonie der Entwicklung der poetischen Idee, die konzise in den folgenden Versen Tuwims wiedergegeben ist, welche als Epigraph für die Symphonie Weinbergs hätten eingesetzt werden können: Oh mein Gedicht, aufgewachsen aus Schmerz, […],/ Du bist geboren aus polnischen Blumen,/ In Blumen wirst Du dich wieder verwandeln…[394]

Die weitere Rezeptionsgeschichte der Symphonie zeigt, dass Weinberg mit seiner Strategie, die affirmativen Aspekte des Werks zu betonen und kritische Momente zu verschleiern, Erfolg hatte. Das Werk wurde im Komponistenverband einhellig gelobt. So äußerte sich Jurij Levitin:

> Sie [die Partitur der Symphonie – V.M] machte einen starken Eindruck. Keine Symphonie Weinbergs gleicht der anderen und darüber hinaus könnte sie [die 8. Symphonie – V.M.] auch nicht mit dem [Werk – V.M.] eines anderen Komponisten verwechselt werden. […] Diese Symphonie fesselt vor allem damit, dass sie zutiefst von ihrer Rechtmäßigkeit überzeugt ist. Dies überträgt sich auf den Zuhörer und sie ergreift einen. Dies ist ein Merkmal echten Talents.[395]

Der Kommentar des turkmenischen Komponisten Sergej A. Balasanjan zeugt davon, dass im Zweifelsfall wohl eher der Text und nicht die Musik als problematisch erachtet wurde, denn Balasanjan ist voll des Lobes über die Musik, wenngleich er über den Text kein Wort verliert:

> Dies ist das stärkste, was Weinberg je geschrieben hat. Kann sein, weil ihm das Thema nahe ist, er es selbst erlitten hat. […] Ganz egal, ob es polnische Klänge oder jüdische Klänge sind, von Anfang bis Ende fühlt man einen einzigen Klang.[396]

Sehr interessant ist auch das Urteil, das der Komponist Vladimir A. Vlasov fällte:

> Die in letzter Zeit beunruhigende Einstellung zum Geschehen, vor allem zum Kriegsgeschehen usw. wirbelt gerade mit Recht Zorn und Hass auf gegen das Durchlebte, und wir fangen aufgrund unserer Natur an, zu vergessen. Die politische Bedeutung dieser Symphonie muss daher als enorm bewertet werden. Es ist gut, dass sie zweisprachig verfasst ist. […]
>
> Mir scheint, doch ist dies nur ein flüchtiger Eindruck, dass nicht alles gleichwertig übersetzt wurde und dem Original des Buches entspricht. Es gibt einige nüchtern ausfallende Strophen. Nicht immer macht die Übersetzung es möglich, einen vollständigen Eindruck der Dinge zu vermitteln.[397]

Gegen Ende der Anhörung wandte sich auch Dmitrij Šostakovič noch einmal an Weinberg selbst und fragte ihn, ob er mit der russischen Übersetzung der Gedichte Tuwims zufrieden sei.[398] Weinberg antwortete:

---

394 Nikitina (1972), S. 123. Nikitina zitiert hier die russische Übersetzung der Verse Tuwims.
395 RGALI, f. 2490, op. 2, ed. chr. 94, l. 2.
396 Ebd., l. 4.
397 Ebd., l. 5.
398 Vgl. ebd., l. 7

Wie bei jeder beliebigen Übersetzung, kann es auch hier sein, dass man nicht durchgängig die Atmosphäre erspüren kann, doch in jedem Fall bin ich Muza Pavlona zutiefst dankbar, die aus Liebe zur Kunst so viele Monate diesen Text übersetzt hat.[399]

Bereits im September 1964 hatte sich Šostakovič auf einer Anhörung von Weinbergs 7. Symphonie op. 81 zu der damals noch unfertigen 8. Symphonie geäußert, dass sie einen „äußerst interessanten Schritt in seinem Schaffen" darstelle, „etwas Neues, wie fast in allen seinen Werken".[400] Nun, auf der Anhörung der 8. Symphonie führte Šostakovič aus:

Erlauben Sie mir, dies noch etwas zu ergänzen. Ich habe die Partitur das erste Mal gesehen und bin schlichtweg verblüfft von ihrer außergewöhnlichen Perfektion. Die Musik erschüttert mich in ihrer Kraft und Prägnanz, ihrer Tiefe, und selbst die Verse des großen Dichters sind ein sehr interessantes Ereignis. Dies ist meiner Meinung nach eine echte Symphonie ohne irgendwelche Abzüge. Auch wenn darin ein oratorienhafter Anfang ist, so wohnt doch dem Oratorium auch ein symphonischer Anfang inne. […] Ich bin stolz auf uns, auf unsere Zeit, stolz auf mich, dass unter meinen Augen ein solch großartiger Komponist wie M. S. Weinberg heranwuchs, für den jede seiner Kompositionen eine Epoche seines künstlerischen Schaffens darstellt. Hoffen wir, dass dies [gemeint ist die bevorstehende UA – V.M.] eine schöne Aufführung werden wird. Auch die Leningrader Philharmonie interessiert sich, sie [die Symphonie – V.M.] aufzuführen. Das ist sehr wichtig. Wir haben diese Komposition über Polen durchgehört. Worte geben nur wenig die Empfindung und das Gefühl wieder. Ich gratuliere Moisej Samuilovič auf das Herzlichste. [Applaus aus dem Auditorium].[401]

Die Uraufführung des Werks fand kurz nach der Anhörung am 6. März 1965 in Moskau (anscheinend in russischer Sprache) statt.

Wie die Symphonie zu deuten ist und mit welchen Themen sich Weinberg zum Zeitpunkt ihrer Komposition beschäftigte, wird nicht nur anhand des Werkes selbst offenkundig, sondern spiegelt sich auch in einem Lied, das Weinberg im Umkreis von Opus 83 komponierte. Es handelt sich um das Lied „O, swia mgło" [Oh, grauer Nebel] op. 84, in dem Weinberg ebenfalls Verse aus Tuwims *Kwiaty polskie* vertonte. Dass das Stück offenkundig in Verbindung mit der 8. Symphonie zu sehen ist, wird nicht nur durch den Text, sondern auch anhand seiner Datierung erkennbar. Weinberg gibt als Zeitraum der Entstehung von Opus 84 die Zeit zwischen dem 1. Januar und dem 22. Juli 1964 an. Dass Weinberg, der auch umfangreiche Kompositionen meist in wenigen Wochen fertig stellte, über ein halbes Jahr an einem einzelnen, zudem nicht besonders umfangreichen Lied arbeitete, ist unwahrscheinlich. Stattdessen ist zu vermuten, dass Opus 84 als ‚Nebenprodukt' entstand, während Weinberg bereits seine 8. Symphonie op. 83 konzipierte, und dass er sich dann entschloss, es nicht in die Symphonie zu integrieren, sondern separat in den Werkkatalog aufzunehmen. Dies scheint auch angesichts der äußeren Form des Manuskripts von Opus 84 plausibel, das deutlich skizzen-

---

399 Ebd., l. 7
400 RGALI, f. 2490, op. 2, ed. chr. 79, l. 6.
401 RGALI, f. 2490, op. 2, ed. chr. 94, l. 8f.

hafte Züge aufweist. Damit wäre auch zu erklären, weshalb er die Symphonie in die Reihenfolge seiner Werke vor dem Lied einordnete, wenngleich die Datierung eine andere Chronologie nahelegt. Darüber hinaus zeigt sich eine zumindest angedeutete musikalische Verbindung zwischen Opus 83 und 84:

> So sind der Anfang des Liedes und der Einsatz des Chores im 1. Satz der 8. Symphonie gleich gestaltet (beide Male Tempo *Adagio*, rezitativischer Gestus in Sprüngen und repetierenden Tönen im Rhythmus des Versmaßes über liegenden Akkorden). Die Struktur des Liedes als ,wandernder Choral' – eine Struktur, die aus einer ganzen Reihe früherer Lieder bekannt ist, und die stets verbunden mit Melancholie und Trauer erscheint (etwa drittes Lied op. 57, fünftes Lied op. 62) – setzt Weinberg auch in der 8. Symphonie ein. Die syllabisch vertonte, reduzierte Melodie ist von Oktav-, Quart- und Quintsprüngen durchzogen, zahlreiche Tonrepetitionen verleihen dem Gesang eine große Klarheit und Schlichtheit ohne jegliche Poetisierung oder Sentimentalität.

Bemerkenswert ist hinsichtlich der äußeren Form des Manuskripts von Opus 84 jedoch nicht nur seine Flüchtigkeit. Es fällt zudem ins Auge, dass die Titelei dieses Liedes ausschließlich in Polnisch verfasst und die Vertonung anhand der polnischen Texte – ohne russische Übersetzung – vorgenommen wurde. Vor allem tritt die Signatur am Ende der Komposition hervor: Denn Weinberg zeichnet das erste Mal nach seiner Flucht aus Polen eine Komposition mit der polnischen Schreibweise seines Namens „M. Wajnberg" (Abb. 33). Wie dieser Umstand zu bewerten und wie das Lied selbst zu deuten ist, wird angesichts des vertonten Texts klar, dessen Inhalt in deutscher Übertragung lautet:

> O Silbernebel! Gräulich blaß!
> O fahler Dunst! O endlos Nebel!
> Als säh ich mich durch trübes Glas
> Von Sonnenfinsternis umgeben:
> Als man beschwingt flanieren ging –
> Wie dicht wird jetzt der Nebelring! –
> Das Mittelstück der Magistrale
> Stets auf und ab, wohl hundert Male.
> Durch Tränenschleier, Reif des Taus,
> Durch die fast blinden Nebelschwaden
> Sehe ich wieder jedes Haus
> Und jedes Fenster, jeden Laden.
> Durch Tränenschleier, Reif des Taus
> Kommt man schnellstens heim, nach Haus,
> Wenn's draußen neblig ist, fällt innen
> Das Heimweh leichter, das Erinnern.[402]

---

402 Zitiert nach: Karl Dedecius (Hg.): *Panorama der polnischen Literatur des 20. Jahrhunderts, Bd. 1: Poesie, hg. und übertragen von dems.*, Zürich 1996, S. 263.

Abb. 33: Ausschnitt op. 84 (MWMA 0232).

Von allen Tuwim-Texten, die Weinberg vertonte, ist dies der erste und einzige Text, in dem das Heimweh als schmerzhafter Zustand offen an- und ausgesprochen wird. Und während Weinberg in der 8. Symphonie nach einer Möglichkeit suchte, eine ganze Reihe von Themen, die ihn beschäftigten, zu integrieren, hielt er es offenkundig für unmöglich, das explizit zum Ausdruck gebrachte Heimweh in diesen Zusammenhang zu stellen. Zwar wird die Sehnsucht nach der Heimat auch in der 8. Symphonie angedeutet, jedoch tritt dieser Aspekt hinter den anderen Themen zurück. In Anbetracht der im Vorhergehenden erarbeiteten Ergebnisse, die nahelegen, dass die künstlerische Reflexion von Heimweh eine Art *forbidden territory* war, ist anzunehmen, dass Weinberg diesen Themenaspekt bewusst außen vor ließ – und ihn stattdessen in einem separaten Werk verhandelte. Zwar teilte Weinberg diesem schlichten, doch eindringlichen musikalischen Tableau einen Platz in seinem Werkkatalog zu, doch wurde Opus 84 weder zur Aufführung gebracht noch veröffentlicht.

Wichtig erscheint, dass mit dem Erfolg der 8. Symphonie zum ersten Mal eine seiner Tuwim-Vertonungen in einem sowjetischen Konzertsaal erklang. Es darf angenommen werden, dass dies für Weinberg ein bedeutender Moment war und sein Selbstvertrauen als Komponist weiter stärkte. Als subtiles Indiz für das gewachsene Selbstbewusstsein mag in diesem Zusammenhang auch gelten, dass Weinberg ab Opus 84 sämtliche Lieder, die er bis zu seinem Lebensende nach Versen polnischer Dichter verfasste, mit der polnischen Signatur seines Namens zeichnete.[403]

Ferne Heimat und fragwürdiges Zuhause: Opus 90 und 91

Mit der Fertigstellung von Opus 83 ist zu erkennen, dass sich die Inhalte, die Weinberg in seinen Vokalwerken musikalisch verarbeitete, thematisch gleichsam separieren. Während er in Opus 83 noch eine ganze Reihe von Themen integriert hatte, die ihm am Herzen lagen, trennte er fortan die thematischen Welten weitgehend und widmete sich einerseits der kompositorischen Auseinandersetzung mit dem Holocaust (und damit einem anderen Dichter) sowie andererseits Themen, die seine ‚alte‘ und seine ‚neue‘ Heimat betrafen (wobei die ‚jüdische‘ Thematik auch darin, wenngleich verdeckt, eine Rolle spielt). Zuerst möchte ich entgegen der Chronologie auf Werke des

---

403 Auf diesen Aspekt werde ich an anderer Stelle noch einmal zurückkommen.

letztgenannten Themenbereichs eingehen, bevor ich zu den Werken, in denen Weinberg den Holocaust behandelt, zurückkehre.

Kurze Zeit nach der Uraufführung von Opus 83 wandte sich Weinberg erneut der Dichtung Tuwims zu und vollendete erneut einen Liederzyklus, den sechsteiligen Zyklus *Słowa we krwi* [Worte voll Blut] op. 90.[404] Wie in der Retrospektive zu erkennen ist, verfasste Weinberg diesen Zyklus unter dem Eindruck seiner bevorstehenden ersten Reise nach Polen. Seit seiner Flucht im Herbst 1939 war er kein einziges Mal nach Polen zurückgekehrt. 1966 jedoch wurde er ausgewählt, als Vertreter der sowjetischen Delegation das zum zehnten Mal stattfindende Festival *Warszawska Jesień* (Warschauer Herbst) zu besuchen,[405] das vom 17. bis zum 25. September 1966 stattfinden sollte. Im Zyklus Opus 90, den Weinberg wenige Monate vor seiner Reise nach Warschau verfasste, wird deutlich, unter welch großer Spannung sich Weinberg in Aussicht auf seine Rückkehr befand. Vor allem im ersten Lied nach dem Gedicht „Podróż" [Die Reise] kommt dies zum Ausdruck. Der Text lautet im polnischen Original und englischer Übertragung folgendermaßen:

Jechał wielkim, głbiącym oceanem	He rode the vast, deepening ocean,
Długie, długie tygodnie,	For long, long weeks,
Wielka burza przeszła orkanem,	A tempest came as a storm then,
Potem było już cicho i pogodnie.	All was quiet and meek.
Jechał wodą gęstą i gtbiącą,	He rode water thick and profound,
Aż do portu wesołego dobił.	Until he called at a joyful port,
Wyszedł na ziemię pachnącą gorąco:	He stepped out onto hot-smelling ground:
„Co ja tu będę robił?"	"What will I do, work of what sort?"
Opadli go czarni chłopcy	The dark boys swarmed around him,
Krzycząc, że odniosą walizki,	Yelling that they'd take his cases,
Wszyscy byli jednakowo obcy,	All were equally strange-seeming,
Lecz ten, który wziął bagaż – był bliski.	Except—who took his baggage—his face was [familiar]
Poszedł za nim, za tym jedynym,	He walked behind him, this one,
Do białego hotelu,	To the white hotel,
Teraz był starego portiera synem,	Now he was the old porter's son,
Chciał zapłakać: „Ojcze i przyjacielu!"	He wanted to cry: "Father," and "friend!" as well.
Uśmiechała się ciemna służąca	Smiling, a black servant-woman,
I przewracała białkami,	While shifting the whites of her eyes,
Przyniosła – jak wszystkie – wodę,	Brought—they all did—some water to him,
I został sam z walizkami.	He was left alone (with the flies.)

---

404 Weinbergs Zyklus umfasst folgende Gedichte aus dem Tuwim-Zyklus *Słowa we krwi* (1926): „Podróż", „Nędza", „Po prostu", „Rozmowa", „Zamyślenie w obcym mieście", „Nieznane drzewo"; vgl. Tuwim (1955a), S. 297f.; S. 277f.; S. 296; S. 300f.; S. 290f.; S. 301.
405 Vgl. Fanning (2010a), S. 117f.

I pomyślał: „Żeby wrócić do domu,	And thought: "To go back home,
Znów muszę jechać przez długie tygodnie,	Again I'd have to travel for long, long weeks,
Śród glbiącego, strasznego ogromu,	Across a deep and terrible unknown,
Na którym smutno było i cudownie.	Which was both sad and a miracle to me.
A wrócić muszę, muszę,	But go back I must, I must,
Bo kłamałem, że ojczyzną jest świat!	For I lied that the world is my homeland!
Ojczyzną jest to smutne podwórze,	A homeland is the sad terrace,
Na którym nie byłem tyle lat!	On which for years I could not stand!
Tam jest teraz zmierzch, deszcz, szarawy kwiecień	There: it's now twilight, raining, grey April,
Miotła w kącie moknie…"	Rain falls on a broom below…"
I, najsmutniejszy na świecie,	And, the saddest man in the world,
Stanął przy oknie.[406]	He stood up and gazed out the window.[407]

Auf eine eingehende musikalische Analyse des Liedes (wie auch weiterer Lieder aus dem Zyklus) kann an dieser Stelle verzichtet werden. Festzuhalten sind aber die Konstanten in Weinbergs Kompositionsstil, die sich insbesondere in seinen Vokalwerken seit Opus 57 abzeichnen und konkretisieren.

> Hier ist etwa der grundsätzlich sparsame Klaviersatz zu nennen, der oft zweistimmig angelegt ist. Das Tonmaterial ist tonal gebunden, weitet diese Zusammenhänge jedoch mehr oder weniger stark aus. Dabei geht Weinberg so vor, dass er nach einer tonalen Vorstellung des Motivs die Entwicklung des Tonmaterials durch zunehmende chromatische Variation aufweicht. Der Duktus der linken Hand ist durch lang anhaltende Töne gekennzeichnet, die schrittweise absteigen oder harmonische *Ostinato*-Formen ausbilden. Der Gestus der rechten Hand ist rhythmisch einprägsam wie auch die Singstimme, die eher rezitativisch und vor allem am Versmaß des Textes orientiert ist. Dabei verwendet Weinberg viele Quart- und Quintsprünge oder auch Tonrepetitionen. Dazu fügt er ornamentale Melodieabschnitte mit eingestreuten kürzeren Notenwerten oder zerklüftete Akkordbrechungen ein.
>
> Gegen Ende des Liedes erscheinen weitere Gestaltungsmittel, die Weinberg insbesondere einsetzt, um auf jüdische Themen zu verweisen. Zuerst erzeugt er in der Musik metrische Unruhe analog zu der Angst vor der Reise zurück in die Heimat, von der in den letzten zwei Versen der Strophe die Rede ist. Nach Abschluss der sechsten Strophe wechselt das Metrum in schneller Abfolge vom $^6/_8$-Puls zum $^2/_8$-, wieder $^6/_8$-, $^9/_8$-, $^3/_4$- und $^2/_4$-Puls (T. 78-84). Zur siebten Strophe ist die Musik mit einem charakteristischen Motiv in der Gesangsstimme und Hum-Ta-Begleitung (in diesem Falle als ‚Ta-Hum'-Begleitung) – dieser Ab-

---

406 Tuwim (1955a), S. 297f.
407 Zit. nach http://paczemoj.blogspot.de/2011/12/journey.html [Stand: 01.06.2013]. Leider liegt nach bisherigem Kenntnisstand keine professionelle Übersetzung des Gedichts vor. Jedoch scheint mir diese Übersetzung ausreichend, um den Sinn des Gedichts wiederzugeben.

schnitt ähnelt der Faktur des zweiten Liedes von Opus 57 – in der jüdischen Melosphpäre verortet. Somit wird die Notwendigkeit, in die Heimat zurückzukehren, in der Musik mit einer Selbstvergewisserung bezüglich der jüdischen Existenz verbunden.

Im MWMA existieren zwei Manuskripte des Zyklus, was darauf hinweist, dass Weinberg mit einer Vorlage des Werks bei verschiedenen Stellen rechnete.[408] In einem der Exemplare (MWMA 0309) ist neben dem polnischen Originaltext auch eine russische Übersetzung eingetragen. Doch ist über eine Aufführung oder Veröffentlichung des Werks nichts bekannt. Wie die Zyklen Opus 62 und Opus 77 gelangte Opus 90 nicht in die Öffentlichkeit.

Trotzdem nahm Weinberg in kurzem zeitlichen Abstand zu Opus 90 im Sommer 1966 die Arbeit an einer weiteren Tuwim-Vertonung auf. Diesmal widmete er sich dem Poem *Petr Płaksin* (1914), das er in seiner gleichnamigen Kantate Opus 91 in Musik setzte.[409] In diesem Werk führt Weinberg die kritisch-satirische Auseinandersetzung mit der ‚neuen‘ Heimat, wie er sie in dem Tuwim-Zyklus Opus 77 betrieben hatte, weiter. Um dies zu belegen, ist es in einem ersten Schritt notwendig, Tuwims Text zumindest ansatzweise analytisch zu beleuchten.[410] In dem Poem, das im Original den Zusatz „Poemat sentymentalny" trägt,[411] widmet sich Tuwim der so genannten „Eisenbahndichtung".[412] Diese zeichnet sich, wie Aleksandar Flaker darlegt, dadurch aus, dass sie das Bild der Eisenbahn und des Bahnfahrens als zentrales poetisches Motiv aufgreift und verarbeitet. Flaker weist nach, dass das Motiv in der russischen und sowjetischen Dichtung eine hervorgehobene Rolle einnimmt. So erlangte es in der klassischen russischen Dichtung seit den 1860er Jahren große Bedeutung und hielt an prominenter Stelle in der Prosa Fedor Dostoevskijs[413] oder Lev Tol'stojs[414] Einzug. Auch in Gedichten von Nikolaj A. Nekrasov, Afanasij A. Fet oder Andrej Belyj findet es an vielen Stellen Verwendung.[415] In der postrevolutionären Zeit blieb das Motiv, wie bei Flaker zu lesen, als dichterisches Mittel erhalten und tritt in Werken u.a. Sergej Esenins, Boris Pasternaks oder Osip Mandel'štams auf.[416] Flaker kommt in diesem Zusammenhang – nach dem Verweis auf die Dichtung Belys – auch auf Tuwims *Petr Płaksin* zu sprechen und konstatiert zur Deutung von Tuwims Poem:

> In Belyj's 'The Telegraphist' (Telegrafist), the model is based upon the point of view of a stationary figure who looks at the moving world. This stationary figure is also placed into a province which emphasizes the opposition gener-

---

408 MWMA 0309 und 0310.

409 Aus dem Zyklus *Sokrates tańczący*; vgl. Tuwim (1955a), S. 156-162.

410 Ich folge hier den Ausführungen von Aleksandar Flaker: Railway Lyrics: The Slavic Forms, in: *Canadian Review of Comparative Literature / Revue Canadienne de Littérature Comparée*, Vol. 9 / Nr. 2 (Juni 1982), S. 172-187. Wichtige Anregungen zur Deutung des Gedichts und weiterführend der Kantate verdanke ich dieser Studie.

411 Vgl. Tuwim (1955a), S. 156.

412 So der Titel der Studie von Flaker.

413 V.a. in *Idiot* (1868); vgl. Flaker (1982), S. 173.

414 V.a. in *Anna Karenina* (1875/77); vgl. ebd.

415 Vgl. ebd., S. 172f.

416 Vgl. ebd., S. 181-185. So taucht der Zug als wichtiges Motiv in Pasternaks Roman *Doktor Živago* schon zu Beginn der Handlung auf.

ated by the dynamic (the external world) vs. the static (provincial everyday life). The Polish poet Julian Tuwim bears witness to the fact that this model has been understood as a specifically Russian one. It is treated parodically in his text, ,Petr Plaksin: A Sentimental Poem' [...]; the immobility of the station telegraphist is correlated with the monotony of the rhythm of the railway in order to create the impression of life's repetitiveness in the sleepy 'Chandra Unyńska' (the name of a locality which stands for the whole of Russia and is taken from the Russian *xandra* meaning a sort of Russian 'spleen',[417] and *unynie* meaning 'sadness', 'melancholy').[418]

So findet in dem Gedicht eine satirisch überhöhte Spiegelung des Lebens in der Sowjetunion statt, die Weinberg auch in seiner Musik aufgriff. Es darf angenommen werden, dass Weinberg unter dem Eindruck der bevorstehenden Rückkehr in die ,alte' Heimat auch intensiv über das Leben in Sowjetrussland im Allgemeinen und seine Situation im Speziellen reflektierte. Hatte er bereits in den unsteten Zeiten des Chruščev'schen Zick-Zack-Kurses seinen Unmut über die Gleichförmigkeit und Trostlosigkeit des Alltags in verschiedenen Werken zum Ausdruck gebracht, so ist unschwer zu vermuten, wie sich die stagnierende, politische Situation unter Leonid Brešnev für Weinberg darstellte.

Denn seit der Machtübernahme durch Brešnev war die Diskontinuität, die unter Chruščev den politischen Alltag dominiert hatte, einer deutlich gleichförmigeren politischen Linie gewichen. Diese Gleichförmigkeit zeichnete sich vor allem durch eine stark restaurative Richtung aus:

> In the domestic sphere, there was an attempt to roll back the Thaw in the cultural and ideological spheres. Even semantic changes pointed in the direction of Stalinist orthodoxy: Brezhnev changed his titel to general secretary, as it had been under Stalin; the top party structure [...] once again became the Politburo. Russocentrism, Russification policies in Soviet republics, and deafening militaristic propaganda, characteristic of late Stalinism, also resurfaced. In Moscow, Leningrad, Kiev, and other major cities, the members of the intelligentsia of Jewish descent lived in fear of another ani-Semitic campaign.[419]

Hildermeier hält zusammenfassend fest:

> Der Apparat und seine Spitze richteten sich in einem Zustand ein, der von der angestrebten Konfliktregulation in sklerotische Trägheit hinüberglitt. [...] Stagnation und Korruption [gingen] in der Retrospektive eine charakteristische Wortverbindung [ein]. Mit guten Gründen deutete man die Vergreisung an der Spitze als Symptom für den Zustand des ganzen Regimes.[420]

Innerhalb der sowjetischen Gesellschaft bildeten sich immer deutlicher Eliten heraus, die eine privilegierte Stellung innerhalb der Gesellschaft einnahmen. Wie Hildermeier anmerkt,

---

417 Russ. „Chandra" kann übersetzt werden mit Frust, Grille, Trübsinn.
418 Ebd., S. 176. Russ. „Unyne" kann übersetzt werden mit Schwermut, Trübsal, Tristesse.
419 Zubok (2007), S. 196.
420 Hildermeier (1998), S. 827.

entfernte sich [die Elite] immer weiter vom Rest der Gesellschaft, die *nomen-klatura* wurde endgültig zu einem sozialen Begriff. Eine Zweiklassengesell-schaft enstand, deren Scheidelinie der Zugang zu Privilegien bildete.[421]

Natürlich hatte die überall spürbar gewordene Stagnation auch Auswirkungen auf den kulturellen Bereich. Hildermeier schreibt weiter:

> Ein neuer Geist oder besser: Ungeist zog in das kulturelle Leben ein. Ihn als konservativ zu bezeichnen, trifft sicher zu, erfaßt aber eher seine Erscheinung als sein Wesen. Oft war unklar, was als rückwärts- und was als vorwärtsge-wandt gelten konnte. [...] Kontrolle, Zensur und Maßregelung, ohnehin nur partiell gelockert, wurden wieder zur ausnahmslosen Regel. Damit provozier-ten Partei und Staat auch den Widerstand vieler, die unter Chruščev den Ge-schmack geistiger Freiheit schätzen gelernt hatten. Oktroi und Dissens waren Zwillinge. [...] Unter Brežnev fiel die Kultur nicht nur wieder in die alte Hö-rigkeit zurück, sie wurde auch zur Wiege des geistigen und politischen Wider-stands.[422]

Diese Schilderung Hildermeiers lässt sich auch anhand von Opus 92 illustrieren. Denn hatte Weinberg bereits in den Zyklen Opus 62 und 77 Kritik geübt, so wird sie in Opus 91 sehr explizit. Man darf vermuten, dass Weinberg erst angesichts der ‚informellen' Rehabilitierung, die er in den zurückliegenden Jahren erfahren hatte, überhaupt den Mut zu einem solchen Werk hatte – wenngleich die Stagnation der Brežnev-Ära für Weinberg, der eine Rückkehr zu alten Zeiten mehr als vieles andere gefürchtet haben muss, ein Gräuel gewesen sein dürfte.

Dass Weinberg das Gedicht Tuwims im Sinne der von Flaker vorgeschlagenen In-terpretation deutete, legt u.a. der Umstand nahe, dass er im Manuskript von Opus 91 erneut in die russische Übersetzung des polnischen Textes eingriff. So ersetzte er aus-gerechnet den sprechenden Namen der Station durch die neutrale Formulierung „ent-fernte Station" (Abb. 34).[423] In der Musik hingegen wird die Ironie des Textes, die die Gleichförmigkeit und quälende Langeweile des Lebens in der „Chandra unynska" zum Ausdruck bringt, deutlich hörbar.

> Die Monotonie manifestiert sich musikalisch u.a. einmal mehr in dem bereits mehrmals erwähnten ‚Langeweile-Motiv', der Figur aus Achtel-Wechselnoten, die Weinberg auch im dritten Lied aus Opus 62 und im 4. Satz der 8. Symphonie einsetzte. In Opus 91 tritt diese Figur an mehreren Stellen auf, in denen im Text die Rede von Trost- und Hoffnungslosigkeit die Rede ist, wie etwa ab Zif-fer 3 (Bratschen), wo im polnischen Original (Strophe 4) die Worte „Splata się tak niespodzianie,/ Jak szare szyny kolei,/ W rozpacz bezsilną, w tęsknotę" [In-einander verschlungen so ungründlich/ wie die grauen Schienen der Bahn/ in hilfloser Verzweiflung, in Sehnsucht] erklingen. Auf dem letzten Vers der Stro-phe, den Worten „W bezbrzeżny ból beznadziei" [in unermesslichem Schmerz

---

421 Ebd., S. 930.
422 Ebd., S. 931.
423 Interessanterweise ist in einer russischen Übersetzung des Poems, welche 1965 erschien, der Name der Station übertragen mit „Smertnaja Skuka" [tödliche Langeweile]; vgl. Tuwim (1965), S. 73-79, hier u.a. S. 73. Übersetzung ins Russische: M. Landman.

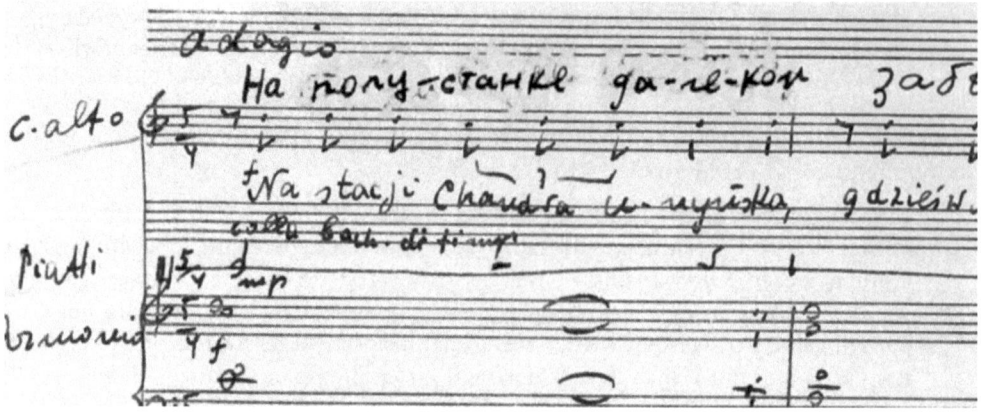

Abb. 34: Ausschnitt op. 91 (MWMA 0311).

der Hoffnungslosigkeit] gerät das Motiv in rhythmische Unregelmäßigkeit (T. 4 nach Z. 3). Auch ab Ziffer 5 tritt das Motiv erneut auf (in den Violinen I), diesmal ganz konkret in Verbindung mit der Beschaffenheit des Orts.

Interessant ist eine Stelle der Kantate (9 T. vor Z. 21), an der Weinberg die russische Übersetzung so veränderte, dass das russische Wort „unyne" [Trübsal], welches in der polnischen Originalversion des Gedichts Teil des sprechenden Namens der Station ist, mehrmals wiederholt wird, wenngleich an dieser Stelle im polnischen Text das Wort „smęcić" [anöden] steht. Die Groteske ergibt sich an dieser Stelle textlich aus der Vertauschung der Übersetzung. Musikalisch tritt sie im Nebeneinander des mehrfach wiederholten Singstimmentaktes und den Instrumentalschlägen in schnell wechselnden, kontrastierenden Lagen und dem Nacheinander dieser Stelle und eines nachfolgenden Orchesterausbruches im *ff* in Erscheinung. Es erklingt eine groteske Tanzmelodie *unisono*, die von einem im $^3/_4$-Takt in Klavier und Bassinstrumenten begleitet wird, und dem Inhalt des Textes diametral entgegen steht (Notenbeispiel 45).

Wie eine Aussage Weinbergs nahelegt, rechnete der Komponist durchaus mit einer Aufführung des Werks, zu der es offenkundig auch konkrete Pläne gab. So ließ Weinberg in der Januar-Ausgabe des *Sovetskaja muzyka* aus dem Jahr 1967 verlauten:

Und noch ein neues Werk von mir – die Kantate „Petr Plaksin" nach Versen von Julian Tuwim für Mezzosopran, Tenor und Kammerorchester – wird das Moskauer Kammerorchester unter der Leitung von R. Baršaj, für den ich sie [die Kantate – V.M.] verfasst habe, spielen.[424] Wer die Solisten sein werden, weiß ich noch nicht.[425]

---

424 Das Werk ist hingegen nicht Rudol'f Baršaj oder dem Moskauer Kammerorchester gewidmet, sondern Georgij Sviridov.

425 Aussage von Weinberg in der Rubrik: Chronika. V god velikogo pjatidesjatiletija. Nad čem vy rabotaete, in: *Sovetskaja muzyka* 1 (1967), S. 145-153, hier: S. 145.

Zu dieser geplanten öffentlichen Aufführung kam es jedoch nach bisherigem Kenntnisstand nicht. Es darf jedoch davon ausgegangen werden, dass eine Anhörung des Werks im Komponistenverband stattfand.

Die tiefere Bedeutung des Poems und Weinbergs Interpretation davon blieben den Behörden nicht verborgen, das Werk wurde von offizieller Stelle harsch verurteilt. Dabei stand nicht Weinbergs Musik, sondern die Textvorlage im Zentrum der Kritik. So findet sich im Manuskriptkonvolut von Opus 91 aus dem MWMA einmal die handschriftliche Beurteilung von Opus 91 durch das Ministerium für Kultur und deren Bestätigung durch den Vorsitzenden – als Jahr ist 1967 zu erkennen, der genaue Zeitpunkt ist leider unklar –, dazu ein zwei Jahre später erteilter, offizieller Ablehnungsbescheid des Redaktionskollegiums der UMU (Abb. 35). Die Beurteilung sei hier in voller Länge wiedergegeben:

> Petr Plaksin – Gutachten aus dem Ministerium der RSFSR[426]
>
> Es ist schwer sich vorzustellen, dass es etwas weniger für die musikalische Vertonung Geeignetes gibt. Das Sujet und die Personage, wie auch die umgebende Atmosphäre – mit einem Wort: alles ist mit Hilfe von ausschließlich grauer Farbe ohne größere Nuancierungen geschildert. Hier Poesie zu finden – offen erkennbar oder verdeckt – ist unmöglich.
>
> Die Mittel der Musik taugen in diesem Fall nicht, ihr bleibt nichts anderes übrig als von Anfang bis Ende mit Hilfe von auf jede erdenkliche Art und Weise parodistischen und grotesken Methoden eintönig und langweilig Grimassen zu ziehen. Nur, dass die Groteske allein in mäßigen Dosen gut ist und nicht innerhalb der Dimensionen eines Oratoriums.
>
> Zweitens: die Form; das heisst der Umfang des Gedichts, der Bau der Phrasen usw., ist außerordentlich unvorteilhaft für die Musik. Das eintönige, langweilige Taktmaß und die verstümmelten Phrasen fesseln den Komponisten.
>
> Drittens: Das ist nicht komisch! Zudem geht angesichts der schlechten Aussprache in der Darbietung des Chores alles Komische verloren.
>
> Viertens: Worüber wurde hier geschrieben? Wo und wann trägt sich [das Geschriebene] zu? Wo sind solch elende Stationen und Petr Plaksins? Wenn interessiert sowas?
>
> [Bestätigung des Vorsitzenden]:
>
> Ich bin vollständig einverstanden mit diesem Gutachten und hauptsächlich mit dem vierten Punkt. Meiner Meinung nach dürfen solche Kompositionen auch nicht herausgegeben werden.[427]

Der Ablehnungsbescheid wurde gezeichnet von dem Musikwissenschaftler und Kritiker Konstantin K. Sakva, der seit 1964 Chefredakteur des Kollegiums für Repertoire und Redaktion der Musikabteilung des Kultusministeriums war.[428]

---

426 Handschriftliches Dokument (MWMA 0311).

427 Für ihre Hilfe bei der Entzifferung des handschriftlichen Gutachtens danke ich Frau Rada Krohn Cortes.

428 Und der über zehn Jahre später Weinbergs Oper „Ljubov' d'Artanjana" in der *Sovetskaja muzyka* besprach.

Notenbeispiel 45a: M. Weinberg, Opus 91, ab 9 T. vor Z. 21.

Ein Schlusspunkt: Die 9. Symphonie op. 93 „Gerettete Verse"

Kurze Zeit, nachdem Weinberg Opus 91 fertig gestellt hatte, reiste er zum zehnten Warschauer Herbst nach Polen. Welchen Effekt die Reise in die verlorene Heimat auf Weinberg hatte, kann nur vermutet werden. Nach bisherigem Kenntnissstand existieren keine konkreten Äußerungen des Komponisten dazu. Jedoch lernte er während seines Aufenthalts den polnischen Komponisten Krzysztof Meyer kennen, der später zu der Begegnung angab:

> Leider fühlte sich Weinberg in Warschau nicht wohl. Die polnischen Kollegen, die immer noch von der Avantgarde der fünfziger Jahre fasziniert waren, hatten anscheinend nicht das Bedürfnis, mit ihm zu sprechen.[429]

Etwa ein halbes Jahr nach seiner Rückkehr begann Weinberg an einem Werk zu arbeiten, das wie der Epilog zu seiner langen kompositorischen Auseinandersetzung mit

---

429 Zit. nach Fanning (2010a), S. 117.

Notenbeispiel 45b: M. Weinberg, Opus 91, ab 9 T. vor Z. 21.

den Werken Julian Tuwims erscheint. Damit markiert es einen entscheidenen Wendepunkt in Weinbergs Schaffen.

In der zehnsätzigen 9. Symphonie op. 93 (1967), der Weinberg den programmatischen Titel *Wiersze ocalałe* [Gerettete Verse] verlieh,[430] verarbeitete der Komponist – von einer Ausnahme abgesehen – ausschließlich Lieder aus u.a. den bereits beschriebenen Tuwim-Zyklen. Allein den 10. Satz, sowie das Prä-, Inter- und Postludium, in dem er (eigenen Angaben zufolge) Verse des polnischen Dichters Władysław Broniewski verarbeitete,[431] komponierte er neu. In Anbetracht der Verse von Broniewski ist es

---

430 So fasste Tuwim eine Reihe von Gedichten, deren Manuskripte er offenbar im Zuge seiner Flucht aus Polen retten konnte, unter dem Titel *Z wierszy ocalałych* zusammen; vgl. dazu Tuwim (1955a), S. 191-219. In der Symphonie op. 93 setzte Weinberg jedoch keinen einzigen Vers aus diesem Zyklus Tuwims ein.

431 Den Angaben Ewa Zawistowskas zufolge, der Enkelin von Broniewski, handelt es sich bei den von Weinberg ausgewählten Versen um eine Zusammenstellung verschiedener Verse aus dem Gedichtband *Nadzieja*; vgl. Władysław Broniewski: *Nadzieja. Poezje.* [Warschau] 1951. Dabei bilde

МИНИСТЕРСТВО КУЛЬТУРЫ СССР

г. Москва, Центр, ул. Куйбышева, 10   Телефон К 8-87-12

На В/№ _____ Дата _____   "14" августа 196 gr.

При ответе ссылаться на № 7-814/22

Москва, Кутузовский просп. 9, кв. 155

М.С.Вайнбергу

Уважаемый Моисей Самуилович!

Так мы не имеем возможности приобрести Вашу кантату "Петр Плаксин"
на стихи Ю.Тувима, возвращаю Вам клавир и партитуру.

С уважением   К.Саква

Главный редактор Репертуарно-
редакционной коллегии УМУ

Abb. 35: Ablehnungsbescheid des Ministeriums (UMU) vom 14. Aug. 1969 (MWMA 0311).

wichtig zu erwähnen, dass er und Tuwim in enger Freundschaft verbunden waren. Die
beiden Dichter teilten nicht nur ihre Liebe zur Sprache, sondern zudem eine von den
Kriegswirren extrem verworfene Biographie[432] sowie eine in diesem Zusammenhang
gewachsene, doch durchaus ambivalente Einstellung zum Kommunismus.[433]

Zur besseren Übersicht habe ich die Sätze der Symphonie und die jeweiligen Zyklen, aus denen die musikalischen Inhalte stammen, tabellarisch aufgeführt (Abb. 36).

---

das Gedicht „Nadzieja" (Hoffnung), den Kern des Texts, doch seien mehrere Verse geändert und
Textstellen verschoben worden, jedoch seien die Änderungen nicht signifikant. Auch sind Tei-
le der Gedichte „Moja biblioteka" [Meine Bibliothek] und „Pokłon Rewolucji Październikowej"
[Eine Verbeugung vor der Oktoberrevolution] eingefügt. Aus einer E-Mail von Ewa Zawistows-
ka an Arnt Nitschke, gesendet von Arnt Nitschke an Verena Mogl am 27.09.2016. Ich danke Arnt
Nitschke für die Auflösung der Suche nach den Broniewski-Textstellen.

432 Broniewski hatte als Soldat in der Legion von Marschall Piłsudski gekämpft und war nach seiner
Internierung durch die Deutschen 1918 nach Polen zurückgekehrt. Er kämpfte im Polnisch-Sowjetischen Krieg und wandte sich ganz der Literatur und Dichtung zu. Seine politische Haltung
war links gerichtet, doch wurde er nie Mitglied der Kommunistischen Partei. Aufgrund seiner liberalen politischen Haltung wurde er 1940 inhaftiert. Nach seiner Freilassung 1941 kämpfte er
für die polnische Armee im Mittleren Osten. Nach dem Krieg kehrte er nach Polen zurück; vgl.
auch die Zusammenfassung bei Shore (2006), S. xiii.

433 Vgl. dazu die Ausführungen ebd., S. 163-170, 182-187 u. 204-207.

9. Symphonie – Sätze	Satztitel	Material	Ursprünglicher Titel
Präludium		Verse von Broniewski	
1. Satz	Nieśmiertelność/ Bessmertie [Unsterblichkeit]	6. Lied op. 90	Niesnane drzewo [Der unbekannte Baum]
2. Satz	Starość / Starost' [Alter]	1. Lied op. 77	Śmierć Izaka Kona / Smert' Izaka Kona [Der Tod von Isaak Kon]
3. Satz	Miłość / Ljubov' [Liebe]	2. Lied op. 4	Akacje [Akazie]
4. Satz	Litania / Moliva [Gebet]	5. Lied op. 62	Litania / Molitva [Gebet]
Interludium		Verse von Broniewski	
5. Satz	Nadzieja / Nadežda [Hoffnung]	3. Lied op. 62	Wiersz o umarłej nadziei / Stichi o pogibšej nadežde [Lied von der gestorbenen Hoffnung]
6. Satz	Gniew / Gnev [Ärger]	2. Lied op. 90	Nędza [Elend]
7. Satz	Rasja / Stract' [Leidenschaft]	5. Lied op. 77	List miłosny / ljubovnoe pis'mo [Liebesbrief]
8. Satz	Samotność / Odinočestvo [Einsamkeit]	5. Lied op. 57	Moment [Moment]
9. Satz	Sen / Son [Traum]	4. Lied op. 62	Przypomnienie / Vospominanie [Erinnerung]
10. Satz	Marzenie / Mečta [Wunschtraum]	Neukomposition	
Postludium		Verse von Broniewski	

Der letzte Satz mit dem Titel „Marzenie" / „Mečta" vertont Tuwims Gedicht „Pieśń o białym domu" [Gedicht vom Weißen Haus] aus der Sammlung *Sokrates tańczący* (Tuwim [1955a], S. 177f.).

Abb. 36: Satzübersicht der 9. Symphonie op. 93 von M. Weinberg.

Da die Tuwim-Zyklen bereits ausführlich behandelt wurden, soll hier auf eine detaillierte Analyse der 9. Symphonie verzichtet werden.[434] Denn tatsächlich setzt Weinberg die Lieder größtenteils völlig unverändert ein, wenngleich instrumentiert und/oder (teilweise) transponiert.[435] Auch auf ausgedehnte instrumentale Übergänge, welche die Sätze, die einander *attacca* nachfolgen, musikalisch verbinden könnten, verzichtet Weinberg weitgehend. Allein über das Prä-, Inter-, und Postludium wird ein musikalischer Zusammenhalt zwischen den einzelnen Abschnitten der Symphonie geschaffen. Der Text, den Weinberg im Präludium verwendete, lautet in deutscher Übertragung:

---

434 Ljudmila Nikitina hat sich der 9. Symphonie analytisch gewidmet und einige Punkte zur formalen und inhaltlichen Konzeption herausgearbeitet; vgl. Nikitina (1972), S. 127-145. Allerdings ist auffällig, dass die Ausführungen Nikitinas an dieser Stelle sehr viel weniger konkret sind.

435 Die Frage, wie er die ursprünglich durchweg nur für Klavier und Sologesang konzipierten Lieder instrumentierte und für Chor setzte, wäre zweifelsohne ein ergiebiges Thema. Da die Fragestellung hier jedoch in eine andere Richtung führt, möchte ich diesem Ansatz nicht weiter folgen.

Ich erinnere mich an den 17. Januar [1945], den Tag, an dem polnische und sowjetische Soldaten in Warschau einzogen. Wunderbarer Tag! Polen, Rußland! Diese wunderbare Zeit! Dieser wunderbare Tag! Wären sie nicht an diesem Tag gekommen, so hätten sie diese Verse nicht gerettet. Knie nieder auf die Steine Warschaus und küsse sie, küsse die geretteten Verse Warschaus! Unwiederholbarer Tag! Tag der Befreiung! Ich erinnere mich…[436]

Im Zwischenspiel verwendet Weinberg einen anderen Text. Er lautet in meiner Übertragung:

Auf der russischen und polnischen Erde, auf der Erde des Bluts und der Liebe wachsen jetzt Blumen, zwischen tausend unbekannten Gräbern. Die Bücher, die der Zerstörung des Kriegs entgingen, entgingen ihrer Verbrennung und Bombardierung, und wer zweifaches Glück hatte, der kehrte zurück und öffnete ihren Umschlag.

Auch im Postludium variiert der Text. Dort lautet der Text des Rezitativs:

Wunderbarer Planet. Ruhm sei ihm! Für ihn gibt es keine Fremdländer, Ruhm sei ihm! Wir nehmen ihn in die Hand, und er ist menschlich, immerwährend, gleich einem Ast des Apfelbaums im Mai, rein und frühlingshaft. Die Stürme schleudern Blitze auf die Erde, die Wolken bedecken sie [die Erde – V.M.] mit bleiernen Kleidern, wir treten dem Donner mit Hoffnung entgegen. Wir bauen, bauen ein turmhohes Haus dort, wo früher Gewitter brüllten, und es zieht ein neue Hoffnung! Polen! Russland! Wunderbarer Tag! Wunderbares Richtmal. Sammle und küsse jeden geretteten Stein Warschaus. Küsse, küsse die geretteten Verse, geretteten Verse…

In diesem Text scheint mir vor allem derjenige Abschnitt von Bedeutung, in dem die Gleichheit aller Menschen betont wird („keine Fremdländer"). Während die Texte voneinander abweichen, bauen die verschiedenen Teile doch grundsätzlich auf demselben Tonmaterial auf.

Der erste und dritte der Ton-Cluster im Harmonium (ab 2 T. nach Z. 1) ist ein Siebenton-Cluster aus dem Tonvorrat von G-Lydisch,[437] der zweite und vierte ein Sechston-Cluster auf cis (unteres System: cis-a-h; oberes System: his-d-e-h). Die Sprünge der Außentöne konstituieren gleichzeitig ein minimales melodisches Element. Der fünfte Akkord – ein Siebenton-Cluster aus drei Halbtongruppen (erste Gruppe: g'-as'; zweite Gruppe: h'-c"-des"; dritte Gruppe: e"-f") – unterscheidet sich vom ersten und dritten, bleibt aber lagenmäßig im selben Raum. Der Dissonanzgrad nimmt über die drei Akkorde zu (Notenbeispiel 46). Mit kleinsten Veränderungen treten diese Akkordfolgen auch im Zwischen- und Nachspiel wieder auf, wobei sich die Abweichungen vor allem in formaler Struktur und Instrumentierung der Abschnitte äußern. So hebt das Präludium allein mit den ersten Versen des Sprechers an. Ab dem oben zitierten zweiten

---

436 Zit. nach Fanning (2010a), S. 125. Die Übertragungen hier und im Folgenden erfolgten auf Grundlage der in den Manuskripten (MWMA 0313 [Particell] und 0314) eingetragenen Texte.

437 Ljudmila Nikitina ist hier offenkundig ein Lesefehler unterlaufen, denn sie definiert den ersten Cluster als g-a-his-c-d-e-fis; vgl. Nikitina (1972), S. 129.

Satz erklingt begleitende Musik im Klavier (allerdings im Klavier nur die Orgel-punkte Fis″ und H‴) und Harmonium. Der Chor schweigt.

Im Interludium setzt das Rezitativ ein, bevor nach zwei Takten das Klavier mit einer punktierten, repetierten Tonwiederholung auf e″ anhebt, *staccato* und mit dem Spielhinweis *una corda secco*. Erst mit Ziffer 1 bringt das Harmonium die erwähnten Toncluster, das Klavier schweigt. 3 Takte nach Ziffer 2 erklingt kurz das Vibraphon mit einer Tonfolge b′- f′- h. 2 Takte vor Ziffer 2 übernimmt das Violoncello die kurzen Achtel-Schläge auf e″ im *Flageolett*, die eingangs im Klavier zu hören waren.

Das Postludium ist im Einsatz der Instrumente am dichtesten. Am Anfang klingt noch Schlagwerk aus dem vorhergehenden Satz im *ppp* nach, bevor das Rezitativ anhebt. Dieses wird im Postludium stellenweise durch den Chor un-terstützt, welcher einzelne Wörter (immer im *pp* oder *ppp*) hervorhebt und in einer Vokalise „M…." ab Ziffer 4 das Ende des Textes gleichsam verlängert. Gleichzeitig – und dies unterscheidet das Postludium eklatant von Prä- und In-terludium – hebt nach dem Ende des rezitierten Textes eine Art Gesang der Vi-olinen an. Sieben Violinen (solo) greifen die Töne der Vokalise auf, und 4 Takte nach Ziffer 4 (mit Auftakt) erklingt eine zarte Melodie der ersten Violine (solo) im *ppp*, die das erste Thema aus Weinbergs 1. Symphonie op. 10 zitiert (No-tenbeispiel 47 und 48).[438] Die Linie wird dann von der ersten Bratsche (solo) weitergeführt, verliert dabei jedoch ihre Lieblichkeit: Die konstant abwärts ge-führten Töne ertönen zuerst *pizzicato*, dann mit der Spielanweisung *sul ponti-cello*. Am Ende verhaucht der Satz auf der letzten, noch nachklingenden Voka-lise des Basses im *pppp*, einem *unisono*-fis in den Streichern, Celesta, der Harfe und den Pauken im *ppp*. Wichtig erscheint dabei, dass das Postludium im pol-nischen (und russischen Text) auf den Worten „ocalały wiersz…" [gerettete Ver-se] endet. So finden die Freude und die Hoffnung, die dem Text von Broniews-ki entnommen werden könnten, in der Musik keinen Widerhall, sie verklingen stattdessen in einem kaum hörbaren Hauch. Die „geretten Verse" verenden.

Im Hinblick auf die musikalische Struktur der 9. Symphonie lässt sich zusammenfas-send festhalten, dass es sich weniger um eine Symphonie im klassischen Sinne handelt als vielmehr um eine Art ‚symphonischen Liederzyklus'. Es wird deutlich, dass sich Form und Sinn des Gesamtwerkes zuvorderst aus der dramaturgischen Anordnung der Texte ergeben. Und es ist erstaunlich, wie wenig Weinberg – angesichts des ‚Scheiterns' der einzelnen Zyklen, aus denen die Lieder entnommen wurden – in diesem Werk auf eine weitere Verschleierung der text-immanenten Inhalte bedacht war: Er veränder-te allein die Übersetzungen der verwendeten Lied-Titel. Ruft man sich die Bedeutung der einzelnen Lieder in Erinnerung, so eröffnet sich auch in der 9. Symphonie ein de-solates, von Stagnation, Trauer, Hoffnungslosigkeit und Verzweiflung geprägtes Gefüge, das sich vor allem nach dem Interludium stark zuspitzt. Mit dem 9. Satz – welcher das Lied „Przypomnienie", das vierte Lied aus op. 62 enthält – wird das geschilderte Elend der vorhergehenden Sätze in die bitter-süße Trauer der Erinnerung an die verlorene

---

438 Vgl. dazu auch ebd., S. 145.

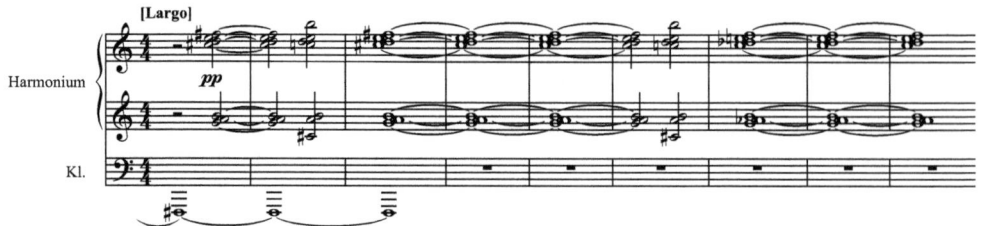

Notenbeispiel 46: M. Weinberg, Opus 93, Präludium, T. 8-16.

Notenbeispiel 47: M. Weinberg, Opus 10, 1. Satz, T. 1-5.

Notenbeispiel 48: M. Weinberg, Opus 93, Postludium, 4. T. nach Z. 4.

Heimat verwandelt.[439] Doch wird die Hoffnung nicht eingelöst, die zumindest Auszüge des Texts, den Weinberg im 10. Satz vertonte, ahnen lassen. Denn auch diese Verse erweisen sich nur wenig geeignet als dichterischer Hymnus auf die sozialistische Utopie. Im polnischen Original und meiner deutschen Übertragung lautet der Text des 10. Satzes:[440]

Budowali Biały Dom,	Sie bauten ein Weißes Haus,
Stupiętrowy Biały Dom,	ein hundertstöckiges Weißes Haus,
Budowali dom szalony,	bauten ein unerhörtes Haus,
Stupiętrowy, marmurowy,	hundertstöckig, aus Marmor,
Na drabinach, rusztowaniach	Auf den Leitern, Baugerüste
Wznosili piorunochrony,	Errichteten sie Blitzableiter,
By weń bił jaskrawy grom	Dass darin der helle Blitz einschlage,
Jak w kościelne lśniące głowy.	Wie in das glänzende Kirchenhaupt.

---

439 Dabei antizipiert Weinberg schon mit Beginn des 8. Satzes den Satzanfang des 9. Satzes.

440 Ich danke Dr. Waldemar Klemm für die Hilfe bei der Übertragung und Interpretation des Gedichts.

Budowali Biały Dom,	Sie bauten ein Weißes Haus,
Tłukł w marmury twardy łom	Die Brechstange schlug den harten Marmor
I wznosili robotnicy	und die Arbeiter stellten auf
Wężom złotej błyskawicy	Wie eine Schlange des goldenen Blitzes
Dachy, wieże i kopuły,	Dächer, Türmen und Kuppeln,
Które przednie mistrze kuły	die die vortrefflichen Meister schmiedeten
Swoim snom, strzelistym snom!	Für ihre Träume, emporstrebenden Träume!
Budowali, budowali,	Sie bauten, bauten,
A gorzało słońce w dali,	und die Sonne leuchtete in der Ferne,
Różowiło szmat ulicy	und färbte rosa ein ordentliches Stück der Straße
I śpiewali robotnicy:	Und die Arbeiter sangen:
„Budujemy Biały Dom,	„Wir bauen ein Weißes Haus,
Stupiętrowy Biały Dom,	ein hundertstöckiges Weißes Haus,
Stupiętrowy, marmurowy,	Hundertstöckig, aus Marmor,
By weń bił jaskrawy grom,	Dass darin der helle Blitz einschlage,
Jak w kościelne lśniące głowy!"	Wie in das glänzende Kirchenhaupt!"
A był jeden murarz młody,	Und es war ein junger Maurer,
Co niebieskie oczy miał,	der blaue Augen hatte,
Na czterdziestym piętrze stał,	Er stand auf dem vierzigsten Stockwerk
I tak śpiewał murarz młody: „A jak stanie dom gotowy,	Und so sang der junge Maurer: „Aber wenn das Haus fertig werden wird,
Stupiętrowy Biały Dom,	das hundertstöckige Weißes Haus,
Mało będzie moim snom,	So werden meine Träume weniger werden,
Pójdę wyżej, pójdę dalej,	Ich werde höher gehen, ich werde weiter gehen,
Bo się białe słońce pali,	weil die weiße Sone brennt,
Pójdę wyżej, zrobię więcej,	ich werde höher gehen, werde mehr tun,
Stanie pięter sto tysięcy!"	hundertausende Stockwerke werden stehen!"
I rozległ się śmiech murarzy:	Und es erklang das Lachen der Maurer:
„Zobaczymy! Jak Bóg zdarzy!"	„Wir werden mal sehen! Wie Gott es fügt!"
I za boki się ujęli	Und sie stemmten die Hände in die Hüften
I śmieli się, śmieli, śmieli! -	Und lachten, lachten, lachten! -

So wie die ersten Verse des Gedichts darauf hinzudeuten scheinen, dass hier der ‚Neubau' der Gesellschaft sowie der fortschrittliche Geist im Sinne des Kommunismus gefeiert wird, erinnert die kompositorische Fakur des 10. Satzes zunächst eher an die *Sinfonietta* op. 41 denn an ein ambitioniertes Vorgängerwerk. Doch dieser Eindruck wird vom Klang des Satzes nicht bestätigt. Im Text wird mit dem Neubau des „Weißen Hauses" als Sinnbild für die sozialistische Utopie klar, dass der Einzelne mit seinen Träumen und Hoffnungen auf Besserung keine Perspektive hat – die Musik korrespondiert damit.[441]

---

441 Auch die Assoziation von dem „hundertstöckigen weißen Haus" mit dem Turm zu Babel unterstützt diese Interpretation. Ich danke Herrn Arnt Nitschke für diesen Hinweis.

In seinem geradlinigen formalen Aufbau (nur leicht erweiterter Sonatenhauptsatz), dem überwiegend gleichmäßigen Viertel-Puls, der fast durchgängig lauten Dynamik im *f* oder *ff* und den plakativen klanglichen Gesten (wie etwa dem lauten Mazurka-artigen Abschnitt ab 4 T. vor Z. 9) scheint der Satz bei nur grober Betrachtung keinerlei Überraschungen zu bieten. Doch zeigt sich, dass die kompositorisch scheinbar schlichte Faktur mit dem ebenfalls nur vordergründig agitatorischen Text korrespondiert. So wie sich der Text am Ende des Gedichts wenig optimistisch zeigt, verliert auch die Musik – die von Anbeginn des Satzes an von scharfen Dissonanzen durchwirkt ist – ihren heroischen Gestus.

So setzt Weinberg vor den letzten Abschnitt des Gedichts, in welchem das Gedicht die unvorhergesehene, trübe Wendung nimmt und von der Reaktion der Kollegen auf die Träumereien des jungen Maurers berichtet wird (ab V. 12, 2. Strophe), eine Generalpause. Danach (9 T. nach Z. 11) verändert er das Tempo (*Largo*) und die Dynamik abrupt (*ppp*). Mit den Worten „Wir werden mal sehen, wie Gott es fügt!" verfällt die Musik in einen zarten Walzergestus (*Andantino* und im *p* bzw. *pp*), der jedoch ebenfalls von scharfen Dissonanzen durchzogen ist und wenig beschwingt-tänzerisch wirkt. So wie das Gedicht inhaltlich unmittelbar an den Inhalt des 9. Satzes anknüpft – mit dem poetischen Bild des „Weißen Hauses" –, so knüpft auch die Musik an den Satz an; 13 Takte vor Ziffer 12 erklingt in zwei Violoncelli (solo) plötzlich wieder das Vorschlags-Motiv, welches für den 9. Satz charakteristisch war. Mit einer Generalpause (T. 4 vor Z. 12) beendet Weinberg auch musikalisch den Abschnitt, der das Ende des gesamten Gedichts markiert. Die Hoffnung geht im Gelächter unter und die Musik schweigt. Anschließend greift der Komponist zuerst mit Ziffer 12 auf den 19. Vers der 1. Strophe zurück und setzt dann mit Ziffer 12 die Reprise, die – in Übereinstimmung mit dem Ruf der Arbeiter, das „Weiße Haus" zu bauen – den agitatorischen Tonfall des Satzfangs erneut aufgreift, wobei die Ahnung eines musikalisch-heroischen Gestus allerdings auch hier von scharfen Dissonanzen unterlaufen wird.

Insgesamt wird in der Musik durch den Widerspruch von geradliniger, klarer Form sowie lauter, selbstbewusster Dynamik und scharf hervortretenden, deutlich dissonanten Reibungen die verzerrte Wirklichkeit einer sich nicht bewahrheitenden Utopie bzw. eines falschen Konstrukts, das den Einzelnen im Zuge seiner Umsetzung verschlingt (vgl. auch den 18. Vers der 1. Strophe) klanglich umgesetzt.

Auch die Verse von Broniewski, die Weinberg zwischen den Sätzen einflocht, reichten offenkundig nicht aus, um der Symphonie (und damit den Versen Tuwims) zur Akzeptanz zu verhelfen. Die nur sehr schwache, äußerliche Camouflage, die Weinberg (auf formaler Ebene) im 10. Satz betrieb, genügte nicht, um auch die restlichen Sätze mit ihren veränderten Titeln quasi rückwirkend zu legitimieren. Die Musik und die Verse, die Weinberg mit Opus 93 aus seinen Liederzyklen in ein neues Werk retten wollte, verklangen mit dem Postludium: Die 9. Symphonie wurde bis heute weder aufgeführt noch veröffentlicht.

Im Hinblick auf die Entstehungszeit der 9. Symphonie muss ein Ereignis erwähnt werden, das in auffälliger Nähe zur Komposition stattfand. Ende April 1967 wurde in Moskau ein Treffen des Moskauer Komponistenverbandes mit Mitgliedern des Sekretariats des Polnischen Komponistenverbandes anberaumt.[442] Zur polnischen Delegation gehörte unter anderem Tadeusz Baird, der die Musik zu Andrzej Munks Verfilmung von *Passażerka* komponiert hatte.[443] Die verschiedenen Beiträge der Teilnehmer, die in der *Sovetskaja muzyka* veröffentlicht wurden, lassen, wiewohl sie sicherlich überarbeitet wurden, trotzdem erahnen, dass es vor allem einen großen Streitpunkt zwischen der polnischen und der sowjetischen Sektion des SK gab. Dieser Streitpunkt bestand offensichtlich in der Frage, inwieweit die Musik weiter vor allem den Anforderungen der politischen Seite zu folgen habe und sich im gleichen Zuge neuen kompositorischen Ansätzen verschließen solle. Von sowjetischer Seite wurde betont, dass die besten Werke der sowjetischen Musik, so Tichon Chrennikov in seiner Begrüßungsrede, „organisch mit den Themen der historischen Ereignisse verbunden" seien, welche in der Sowjetunion in den letzten fünfzehn Jahren stattgefunden hätten. Natürlich hatte der Vorsitzende des Moskauer Komponistenverbandes dabei den Zweiten Weltkrieg bzw. den ‚Großen Vaterländischen Krieg' im Sinne. „Daher", so führte Chrennikov weiter aus, rühre „der zukunftsgerichtete Geist unserer Kunst".[444] Dann echauffierte er sich:

> In den letzten Jahren wurden einige Komponisten buchstäblich von der Welle des formalistischen Experimentierertums überflutet, wobei dies mitunter so hyperbolischen Charakter annahm, dass dessen [des Experimentierertums – V.M.] Resultate bereits nichts mehr mit echter Musik zu tun haben. Solche „Werke" werden auf vielen Festivals zeitgenössischer Musik gespielt, und möglicherweise rufen sie einige Aufregung in irgendwelchen Teilen des Publikums hervor, aber dies hat keinen echten Einfluss auf das große Musikleben [...][445]

Dies war natürlich ein deutlicher Seitenhieb auf das Festival Warschauer Herbst, welches sich zu diesem Zeitpunkt als osteuropäisches Zentrum für zeitgenössische und moderne Musik bereits fest etabliert hatte. Auch der sowjetische Musikwissenschaftler Boris M. Jarustovskij betonte, dass „die soziale Bedeutung der Kunst" vor allem darin bestünde, den Menschen bei seiner

> wichtigsten Bestimmung auf der Erde zu unterstützen – nämlich ein Mensch zu sein. In unseren Konventionen jedoch, in unserem geschichtlichen Abschnitt heißt dies – ein Mensch der sozialistischen Gemeinschaft zu sein.[446]

„Mir scheint, dass diese These genau die Trennlinie darstellt, an welcher unser Treffen stattfindet", konterte daraufhin Tadeusz Baird als einer der Mitbegründer des Warschauer Festivals.[447] Er setzte Chrennikov und Jarustovskij seine Ansicht entgegen, dass verschiedene Formen von Musik zwingend nebeneinander existieren müssten, was

---

442 [Anonymus]: V sekretariate sojuza kompozitorov: Varšava – Moskva, in: *Sovetskaja muzyka* 8 (1967), S. 124-128.
443 Vgl. ebd., S. 124.
444 Ebd.
445 Ebd.
446 Ebd., S. 126.
447 Ebd.

schon allein dem Umstand geschuldet sei, dass die Zeiten sich geändert hätten und sich fortwährend änderten.[448]

Der durchaus heftige Schlagabtausch wurde in verschiedenen Redebeiträgen weitergeführt. Am Schluss der Zusammenkunft (und am Ende des Artikels in der Fachpresse) wurden jedoch der – anscheinend etwas einseitige – Austausch und die Verbindung zwischen der sowjetischen und polnischen Seite betont: Zuerst hielt ein Teilnehmer einen „kurzen" Vortrag über die Bedeutung der Tradition der russisch-polnischen Beziehungen.[449] Dann referierte der auf der Versammlung anwesende Direktor der polnischen Verlagsanstalt über den Stellenwert der in den Verlagsplänen auftretenden russischen und sowjetischen Veröffentlichungen. Danach folgten Ausführungen zur Ausstrahlung russischer und sowjetischer Werke im polnischen Radio und – ein Vortrag zur Entwicklung des polnischen Jazz.[450] Insgesamt wurde eher die Austauschsrichtung Sowjetunion – Polen hervorgehoben als umgekehrt. Stefan Śledziński, der Vorsitzende der polnischen Delegation, beendete das Treffen mit den Worten:

> „Alles ist gut, was gut endet." [...] Doch ich möchte diesen berühmten Aphorismus paraphrasieren: „Alles ist gut, was gut beginnt." Ich denke, dass unser Treffen nur ein Anfang war. Ein Anfang, der uns verstehen lässt, wie viele interessante Themen es zur Diskussion gibt, wie viele hier leider nur angerissene Fragen, die uns in unserer gemeinschaftlichen Arbeit so viel geben können. Bevor man eine Diskussion beginnt, muss man sich vor allem gegenseitig kennenlernen. Heute kennen wir einander besser als vor drei Tagen, und wir werden gemeinschaftlich und beflissentlich diese Bekanntschaft verstärken.[451]

Ob Weinberg bei diesem Treffen im Komponistenverband persönlich anwesend war, konnte nicht eruiert werden. In dem Artikel in der *Sovetskaja muzyka* wird allein erwähnt, dass neben den Referenten auch weitere Mitglieder an der Veranstaltung teilgenommen hätten.[452] Die zeitliche Nähe des Treffens mit der Komposition der 9. Symphonie ist jedoch auffällig – als hätte Weinberg mit diesem Werk auch versucht, den von Subtexten durchzogenen Brückenschlag zwischen ‚alter' und ‚neuer' Heimat ein weiteres Mal zu verwirklichen.

So wie Weinberg jedoch die Heimat weder in der unwiederbringlich zerstörten alten noch in der neuen Umgebung fand, so findet auch die Musik in der 9. Symphonie zu keiner möglichen Lösung. Tatsächlich manifestiert sich in Opus 93 wortwörtlich ein Abgesang auf die für Weinberg so zentralen Themen des Heimatverlusts und der Existenz in der neuen Heimat, der Sowjetunion. Gleichzeitig erweist sich die Symphonie als letzte, groß angelegte Huldigung der Texte Tuwims, mit denen sich Weinberg über elf Jahre intensiv auseinander gesetzt hatte. Nach Opus 93 vertonte er keinen einzigen Text von Tuwim mehr. Auch die kompositorische Auseinandersetzung mit dem Thema der eigenen Herkunft und der Situation in Sowjetrussland rückte für lange Zeit in den Hintergrund. Stattdessen verarbeitete Weinberg diesen Aspekt, in gänzlich neuem

---

448 Ebd.
449 Ebd., S. 128.
450 Ebd.
451 Ebd.
452 Ebd., S. 124.

Kontext und merklich abgemildert, in seiner nur kurz nach Opus 93 vollendeten Oper *Passažirka*, die im folgenden Kapitel eingehend behandelt wird.

Pole und Jude – Weinbergs Reflexion des Holocaust

Ein weiterer Themenbereich, der für das Musikschaffen Weinbergs zentral ist – und dem er sich bereits vor Opus 83 gewidmet hatte –,[453] ist der Holocaust. Wichtig ist, sich an dieser Stelle zu vergegenwärtigen, dass der Komponist nach seiner Flucht aus Polen lange Zeit nichts über den Verbleib seiner Familie wusste. Den Aufzeichnungen Grigorij S. Frids zufolge erfuhr Weinberg erst 1966 vom Tod seiner Angehörigen im Lager Trawniki.[454] Wie bereits eingangs dargestellt, ist diese Information jedoch bisher nicht verifiziert.

Der genaue Blick auf Weinbergs Werkkatalog legt jedenfalls die Vermutung nahe, dass er bereits 1965 vom Schicksal seiner Familie erfuhr. Denn bereits in diesem Jahr wandte er sich das erste Mal der Dichtung des polnischen Poeten Stanisław Wygodzki zu. Es handelt sich dabei um jenen bereits erwähnten Dichter, der wiederum Julian Tuwim kurz nach Kriegsende über die Ermordung von dessen Mutter informiert hatte. Wygodzki hatte selbst Inhaftierungen in Auschwitz, Sachsenhausen und Dachau erlitten und das Lager als einziger seiner Familie überlebt.[455] Hauptsächlich nach dem Krieg setzte er sich in einer Reihe von Gedichten intensiv mit dem Leid des Holocaust und dem damit einhergehenden Verlust der Familie auseinander. Auf diese Gedichte griff Weinberg nun zurück.

In Opus 87, einer Kantate mit dem Titel *Pamiętnik miłości* [Tagebuch der Liebe] (1965),[456] vertonte er Gedichte aus der gleichnamigen Sammlung, die Wygodzki nach seiner Befreiung aus dem Lager verfasst hatte. Das Buch war erstmals 1948 in polnischer Sprache erschienen.[457] Weinberg widmete die Kantate den Kindern von Auschwitz. Die Texte, die er in dem Werk zusammenfügte, legen nahe, dass er an seine eigene Familie dachte, als er die Kantate komponierte. Nur schwer erträglich sind das Leid und der Schmerz, die in den Versen zum Ausdruck kommen. Den Anfang der Kantate bildet das Gedicht „Do Matki" („An die Mutter"). In polnischem Original und deutscher Übersetzung lautet es:

---

453 Vor allem in den *Evrejskie pesni* op. 17 und in der 6. Symphonie op. 79.
454 Vgl. Frid (2002), S. 109.
455 Vgl. zur Biographie Wygodzkis Dorothea Heiser: Eine Begegnung mit Stanisław Wygodzki in Briefen und Interviews, in: Stanisław Wygodzki: *Tagebuch der Liebe. Eine Begegnung in Gedichten, Briefen und Interviews*, hg. von Dorothea Heiser. Vechta-Langförden 2007, S. 9-72. Darüber hinaus begann Weinberg im Jahr 1965 mit seinem Requiem op. 96, ein weiteres Indiz, dass er in diesem Jahr vom Schicksal seiner Familie erfahren hatte.
456 Besetzung: Kontra-Altflöte (G), 2 Oboen d'amore (A), 2 Hörner (F), Tenor solo, Kinderchor und Streicher.
457 Die Sammlung wurde erstmals 1948 in Polen veröffentlicht: Stanisław Wygodzki: *Pamietnik miłosci*. Warschau [Spółdzielnia Wyd. Ksiażka] 1948.

Jeszcze kiedyś o tobie napiszę,
jeszcze kiedyś do ciebie powrócę.
Teraz tobie poświęcam tę ciszę,
którą mi dałaś już dawno, nucąc.

Dereinst über dich schreiben ist mein
Wille,
dich aufleben lassen ist mein Wunsch.
Doch jetzt widme ich dir jene Stille,
die du mir summend gabst vor langer Zeit.

Ale ja tobie pieśni nie śpiewam.
Ja nie potrafię. Ja już nie umiem.
Niech tobie szumią schylone drzewa
nad Oświęcimiem w głuchym poszumie.

Ich aber singe dir keine Lieder.
Ich kann es nicht, kann es nimmermehr.
Die Bäume sollen gebeugt dich wiegen
im stummen Rauschen über Auschwitz'
Kaminen.

Ja tylko jeszcze potrafię w szlochu
płynąć nad tobą spóźnionym czasem
i zostać nocą twojego prochu –
szumem, ciemnością i lasem.[458]

Ich kann nur noch unter Schluchzen
über dir schweben zu verspäteter Zeit
und mich wandeln zu deiner Asche Nacht –
zum Rauschen, zum Wald und zur Dunkelheit.[459]

Bei der Vertonung des ersten Textabschnitts rekurriert Weinberg in lang-samem Tempo (*Adagio*, Viertel = 42), *alla breve* erneut auf die choralarti-ge Struktur mit *Ostinato*-Technik, die bereits im ersten Lied von Opus 57, im fünften Lied von Opus 62 und im 8. Satz der 8. Symphonie op. 83 zum Ein-satz kam. Das *Ostinato* der Streicher, welches harmonisch die ersten Tak-te des 8. Satzes wörtlich zitiert (Notenbeispiele 49 und 50) geht dem rezitativi-schen Gesang des Tenors in diesem Abschnitt voraus. Es tritt noch zwei Mal an Text verbindenden Stellen sowie am Ende der Kantate auf. Dabei ist auffällig, dass alleine die Textabschnitte, die „der Mutter", „der Tochter" und „dem Va-ter" gewidmet sind, von der *Ostinato*-Stelle eingeleitet werden, die letzten bei-den Abschnitte der Kantate – „der Frau" und „die Urne" – nicht.

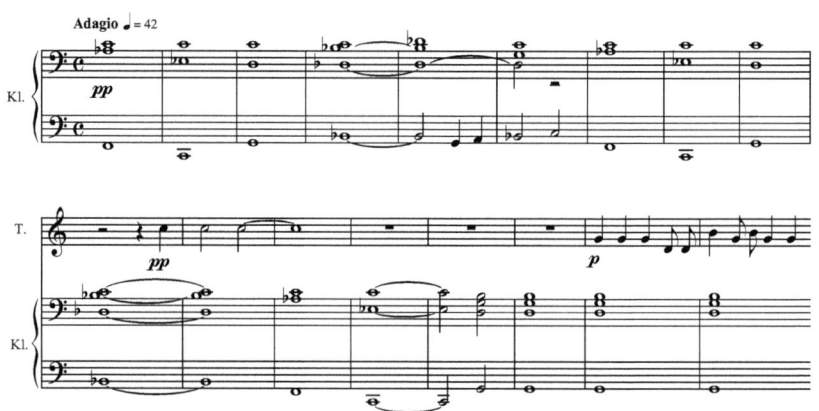

Notenbeispiel 49: M. Weinberg, Opus 87, T. 1-17 (Klavierauszug, Gesangsstimme ohne Text).

458 Zit. nach: Stanisław Wygodzki: *Pamiętnik Miłości*. Warschau 1964, S. 7.
459 Zit. nach: Wygodzki (2007), S. 76. Die Übersetzer der Gedichte sind größtenteils leider nicht an-gegeben.

Notenbeispiel 50: M. Weinberg, Opus 83, 8. Satz, T. 1-12 (Gesangsstimme ohne Text).

Im zweiten Abschnitt der Kantate vertont Weinberg das Gedicht „Lokomotywa" („Lokomotive"):

„Stoi na stacji lokomotywa,
ciężka, ogromna i pot z niej spływa…"
I była dziewczyna, mała dziewczyna
z wierszem Tuwima.

„Am Bahnhof dick und schwer
steht die Lokomotive und schwitzt gar
sehr…"[460]
Und es gab ein Mädchen, ein kleines Mädchen,
es liebte Tuwims Gedicht.

Była maleńka jak wiotkie drzewko-
brzózka, jodełka, jabłonka.
Mała dziewczyna z zieloną śpiewką
jak łąka.

Klein war sie, einem biegsamen Bäumchen
gleich,
einer winzigen Tanne, Birke oder Birne Luise.
Das kleine Mädchen mit einem Liedchen
Grün wie die Wiese.

A gdy słyszała świst lokomotyw,
to chyba z dali.
Mała dziewczyna – muzyczny motyw
z sznurkiem korali.

Und hörte sie der Lokomotive schrillen Pfiff
dann aus der Ferne nur.
Das kleine Mädchen – ein musikalisches Motiv
mit einer Korallenschnur.

I odjechała mała dziewczyna
w ciemnym wagonie,
ale nie było w wierszu Tuwima
o niej.

Und es fuhr davon, das kleine Mädchen,
in einem dunklen Waggon,
aber in Tuwims Gedichten
stand über sie kein Ton.

---

460 Wygodzki zitiert hier eines der bekanntesten Kindergedichte Tuwims, das Gedicht „Lokomotywa".

Ani nie było o tamtych kominach,
co dymią,
kiedy przyjeżdża mała dziewczyna
do Oświęcimia.

Ani o matce nie było, ni o mnie,
gdy ucichł kół turkot,
a mała dziewczynka, co dali ją w
płomień,
to moja córka.[461]

Und auch nicht über jene Kamine,
die rauchen,
wenn ein kleines Mädchen ankommt –
in Auschwitz.

Und auch nicht über die Mutter und über mich,
als das Rädergeratter verstummt,
das kleine Mädchen aber, das man in die Flammen stieß,
das war meine Tochter.[462]

Weinberg markiert den neuen inhaltlichen Abschnitt sowohl durch eine Veränderung der Tempoangabe (*Allegretto*, Viertel = 80), als auch durch ein neues Metrum ($^2/_4$-Takt) und eine neue Vorzeichnung (g-Moll). Hier rekurriert er auf einen ‚jüdischen‘ Begleitgestus, wie etwa auch im 2. Lied aus Opus 57, der im Lied „Żydek“ zu finden ist. Auffällig ist, wie sich der Charakter dieses Abschnitts von dem vorherigen Abschnitt abhebt: In Analogie zum semantischen Inhalt, der sich hier einem kleinen Mädchen widmet, wird die Musik gleichsam ‚verspielter‘. Und Weinberg fügt an dieser Stelle eine Reihe melodischer Wendungen ein, die bereits aus anderen Werken als ‚jüdische‘ Motive bekannt sind. So etwa die abwärts gerichtete Figur aus vier 16teln, die auch in instrumentalen Werken Weinbergs, wie etwa dem Trio op. 24, zum Einsatz kam, oder auch in Šostakovičs Klaviertrio op. 67 (Notenbeispiele 51, 52 und 53). In diesem Abschnitt erklingt auch – eine Ausnahme im Vokalschaffen Weinbergs – ein ausgedehntes Melisma, und zwar über dem ersten Wort des letzten Verses, „to“ [das war]. Damit verlängert Weinberg das auch im Text gesetzte retardierende Moment mit kompositorischen Mitteln.

Notenbeispiel 51: M. Weinberg, Opus 87, ab T. 4 vor Z. 5 (Klavierauszug, Gesangsstimme ohne Text).

461 Zit. nach: Wygodzki (1964), S. 15.
462 Zit. nach Wygodzki (2007), S. 84f.

Notenbeispiel 52: M. Weinberg, Opus 17, 4. Lied, T. 21-24 (Gesangsstimme ohne Text).

Notenbeispiel 53: D. Šostakovič, Klaviertrio op. 67, 4. Satz, T. 36-37.

Im dritten Abschnitt der Kantate ist das Gedicht „Ojcu" („Der Vater") vertont:

A gdy odjeżał mój ojeciec w podróż ostatnią,
a gdy odjeżdżał z matką i dwoma synami,
pewnie był taki surowy ze zmarszczką na czole jak zawsze,
[siwy, schylony jak wtedy, gdy czytał po raz ostatni
książki Pawła de Kruifa i wiersze Chaima Bialika,]
ale na pewno nie wiedział, że pozotanę jedyny,
by świadczyć o jego zadumie nad sprawą życia i śmierci,
by świadczyć o głodzie serca, o bólu niemego cierpienia,
o którym mówić nie mogę, o którym mówieć nie trzeba.
tak jakby ginąc mi kazał poprzez komorę gazową:
żyj i milcz, i cierp.[463]

---

463 Zit. nach Wygodzki (1964), S. 6.

Und als er fortfuhr, der Vater, zur letzten Reise,
Und als er fortfuhr mit Mutter und zwei'n seiner Söhne,
war er gewiß so streng, mit gerunzelter Stirn wie immer,
[grau und gebeugt wie damals, da er zum letzten Male die Bücher des Paul
de Kruif las und Chaim Bialiks Gedichte.]
Aber er wußte wohl nicht, daß ich als einziger bleibe,
um zu bezeugen sein Klären über Dinge des Tods und des Lebens,
über den Hunger des Herzens und das Weh des stummen Erduldens,
von dem ich nicht sprechen kann – von dem es nicht nottut zu sprechen -,
als riefe er sterbend mir zu durch die Wand der Vergasungskammer:
Lebe und leide und schweig![464]

Interessant ist, dass Weinberg in der Vertonung genau die Verse ausließ, die einen jüdischen Bezug herstellen; die Verse, in denen davon die Rede ist, dass der Vater Chaim Bialik liest (V. 4f.).

> Auch diesen Abschnitt setzt Weinberg in ein neues Tempo (*Lento*, Viertel = 63) und verzichtet gleichzeitig auf Vorzeichnung. Die Melodie zeigt sich weniger sangbar und lyrisch als die ersten beiden Abschnitte. In ihem Springen zwischen tiefer und hoher Lage wirkt sie exklamatorisch, zumal die ersten Verse, die vom Tenor gesungen werden, im *f* erklingen. Erst als im Text die Worte „von dem ich nicht sprechen kann – von dem es nicht nottut zu sprechen" auftreten, reduziert Weinberg die Dynamik des Solisten, und auf dem letzten Vers des Gedichts, welches mit dem Wort „schweig" endet, bricht die Musik gleichsam auseinander. Ein Bezug zur jüdischen Melosphäre, etwa über die für Weinberg typischen melodischen Formeln, scheint wider Erwarten in diesem Abschnitt der Kantate zu fehlen.

Danach folgt das Gedicht „Żona" („Die Ehefrau"):

Nie mów mi wierszy o ciemnym wagonie,	Sprich jetzt nicht Verse an meinen Ohren von Lokomotive und dunklem Waggon.
nie mów mi wierszy o parowozie;	Kalt sind schon die Füße. Die Hände erfroren
tak nogi marzną , tak marzną dłonie	ren
w obozie	im Lager schon.
Nie mów mi wierszy, raczej bądź cicho,	Sprich mir nicht Verse. Denk sie für dich.
raczej zamilknij i pozwól spocząć.	Schweigen wir still, da wir ausruhen wollen.
Jeszcze cię widzę, jeszcze oddycham,	Noch sehe ich dich, noch atme ich.
koła się toczą.	Die Räder rollen.

---

464 Zit. nach Wygodzki (2007), S. 75.

Powiedz mi raczej o luminalu –
czy ciężko zbudzić, kiedy już zasnę?
A kiedy spłonę, a gdy mnie spalą,
czy szybko zgasnę?

Vom Luminal[465] sprich. Hast du's zur Hand?
Weckt man die Schlafenden wohl mit Gewalt?
Und ... wenn ich verbrenne ... werd' ich
verbrannt ...
erlösche ich bald?

Powiedz mi jeszcze o dziecku raczej –
popatrz, ja duszno w ciemnym wagonie;
czy jesteś pewien, czy nie zapłacze,
nim spłonie?[466]

Sprich mir doch lieber von unserer Kleinen.
Schwül der Waggon, der nur Finsternis
kennt!
Bist du auch sicher ... wird sie nicht weinen,
eh man sie verbrennt?[467]

Dieser Abschnitt der Kantate – *Andante* (Viertel = 58), c-Moll, $^4/_4$-Takt – ist wieder deutlich in Weinbergs jüdischer Klangwelt verwurzelt. So dominieren Quintklänge die Begleitung, welche teilweise in einer wiegenden Hum-Ta-Strukur unter dem volksliedhaft-schlichten und grundsätzlich munter anmutenden Gesang liegt. Erst ab Ziffer 17, als im Text vom Schlafmittel die Rede ist und von den Fragen, die die Todgeweihten beschäftigen, gibt es auch in der Musik einen stimmungsmäßigen Einbruch; harmonisch durch Moll-Dur-Wechsel, melodisch durch größere Kantigkeit im Rhythmus und durch größere Intervalle. In dem dem Text nachfolgenden Zwischenspiel greift Weinberg zwar melodische Motive der vorangegangenen Strophe auf, verfremdet sie jedoch harmonisch über die Begleitung.

Als Epilog fügt Weinberg das Gedicht „Urne" ein. Es lautet in deutscher Übertragung:

Urna ta będzie z gliny palonej
Ziemi ojczystej, z Polski, z kraju.
Prochy rodziców we wnętrzu trwają –
i moich braci, córki i żony.

Aus gebranntem Ton wird diese Urne sein,
aus Heimaterde, aus Polen, meinem Land.
Der Eltern Staub wird sie bewahren –
Der Brüder, der Tochter und auch der Frau.

Urna ta będzie zwykła, jak dzbanek
z mała pokrywą, a nie jak wazon,
aby w niej trwała gęsta mgła gazu,
jak noc bolesna i sina jak ranek.[468]

Schlicht wird diese Urne sein, einem Kruge
mit kleinem Deckel und nicht der Vase
gleich,
damit des Gases dichter Nebel darin ver-
harre,
wie schmerzlich die Nacht und der Morgen
bläulichbleich.[469]

---

465 Ein Schlafmittel.
466 Zit. nach Wygodzki (1964), S. 23.
467 Zit. nach Wygodzki (2007), S. 93. Übersetzung von Bettina Eberspächer.
468 Zit. nach Wygodzki (1964), S. 5. „Urna" bildet den Anfang von *Pamiętnik Miłości*.
469 Zit. nach Wygodzki (2007), S. 74 (Zeilenfall original).

Auch in diesem Gedicht greift Weinberg in den Text bzw. in die russische Übersetzung des Textes ein. So ist – wie auch in der 8. Symphonie – die Erwähnung
Polens durch eine neutrale Formulierung ersetzt, in der Polen nicht erwähnt
wird. Das zeigt, dass dieser Aspekt des Textes für ebenso problematisch gehalten wurde wie die Thematisierung des Leids der Juden im Holocaust. Musikalisch steht dieser Abschnitt als eine Art Epilog des vorhergegangenen musikalischen Geschehens.

So vollzieht Weinberg einen Bogen zum Beginn der Kantate: Der letzte Abschnitt stellt eine leicht verkürzte Reprise der ersten Strophe dar. Dabei werden einzelne Akkorde durch Störtöne verhärtet, der Einsatz des Chores gibt die
Möglichkeit, auch im vokalen Part Dissonanzen einzuführen. Am Schluss der
Kantate werden die ersten vier Akkorde des Anfangs-*Ostinatos* verfremdet aufgegriffen.

Insgesamt lassen sich zu Opus 87 folgende Ergebnisse festhalten: Die Musiksprache rekurriert auf eine Reihe von Werken, die Weinberg zu einem früheren Zeitpunkt verfasste. Dabei erweist sich der Charakter der Komposition als eher reduziert und klar,
gleichzeitig stellenweise stark durchdrungen von Elementen jüdischer Idiomatik, wie
sie Weinberg auch in anderen Werken anwandte. Den jeweils unterschiedlichen Protagonisten, die in den verschiedenen Texten behandelt werden, weist Weinberg jeweils
eigene Tonfälle zu.

Wenngleich der Bezug im Text an den fraglichen Stellen ausgelöscht wurde oder in
den Texten gar nicht explizit Erwähnung findet, so macht die Musik doch in fast jedem Abschnitt unmissverständlich deutlich, dass hier nicht das Leid ‚friedlicher Sowjetbürger‘ gemeint ist, sondern das Leid der Juden. Indem Weinberg in der Komposition klanglich an die jüdische Melosphäre anknüpft und zusätzlich einen stellenweise
sehr offenkundigen Bezug zu eigenen Werken – vor allem zu Opus 57 – herstellt, erschließt sich die inhaltliche Verbindung für eingeweihte (jüdische) Hörer in jedem Falle. Da die jüdische Idiomatik in der Musik von Opus 87 so deutlich hervortritt, kann
das Werk als exemplarisch dafür gelten, dass die Thematisierung des jüdischen Leids
im Krieg ausschließlich auf der Textebene ein Problem darstellte – oder die in diesem Falle zuständigen Kontrollinstanzen versagten: Opus 87 wurde im Februar 1966 in
Moskau uraufgeführt.

Nur knapp zwei Monate später komponierte Weinberg den Zyklus *Profil* op. 88,
der sich ebenfalls Texten aus der Sammlung Wygodzkis widmete. Doch zeigt sich, dass
Weinberg die Texte, die sich auch inhaltlich deutlich von dem „Tagebuch der Liebe"
unterscheiden, auch kompositorisch anders behandelte.

Grundsätzlich sind die von Weinberg verwendeten kompositorischen Mittel die
bekannten: So die Begleitung aus langgehaltenen, *ostinato*-artig wiederholten
Akkorden (hauptsächlich im ersten, zweiten und vierten Lied), signifikante melodische und rhythmische Gestalten (vor allem im dritten Lied), die in verschiedenen Werken Weinbergs als Signum der jüdische Melosophäre auftreten. Im
Gegensatz zu den meisten vergleichbaren Werken erscheint jedoch die Harmonik deutlich schärfer (etwa erstes Lied, Strophen 3-4) und die Faktur insgesamt

noch karger. So besteht die im dritten Lied eingeführte Hum-Ta-Begleitung nur aus Halbtonklängen und nicht wie sonst aus Moll-Akkorden oder leeren Quinten. Von volksliedhafter Ästhetik, wie sie in Opus 87 noch zu finden ist, kann hier nicht gesprochen werden.

Anders als Opus 87 blieb dieser Zyklus unaufgeführt. Auffällig dabei sind zwei Dinge: (1) So setzen sich die hier verwendeten Texte sehr viel weniger konkret mit dem Holocaust auseinander, sondern schildern eher diffuse Seelenzustände. In den Versen wird eine wenig fassbare, unheilvolle Atmosphäre schmerzender Selbstanklage und Trauer evoziert. Es herrschen Depression und Resignation. (2) In Analogie zu den in den Texten geschilderten, emotional aufgeladenen Gemütsbildern ist auch die Musik abstrakter und hermetischer.

So lassen sich aus dem Vergleich der Werke op. 87 und 88 folgende Schlüsse ziehen: Einmal der Schluss, dass grundsätzlich die künstlerische Auseinandersetzung mit den Schrecken des Krieges, auf musikalischer Ebene auch mit dem Holocaust, in der Öffentlichkeit stattfinden konnte. Darüber hinaus, dass das individuelle Leiden, das sich der kollektiven Vereinnahmung entzieht und in einer ambitionierten, eher hermetischen Musik Ausdruck findet, offenkundig nicht als für den öffentlichen Raum – die Konzertsäle – geeignet gehalten wurde. Dabei spielte anscheinend keine Rolle, ob die Werke von jüdischer Idiomatik durchdrungen waren oder nicht. Der Öffentlichkeit blieben die ‚großen‘ Inhalte – im Sinne von *idejnost'* und *pravdivost'* – vorbehalten. Das individuell erfahrene Leid hatte seinen Platz im Privaten, was zugleich die oft zitierte ‚Schublade‘ bedeutete. So zeigt sich (wie in Opus 77) auch in diesem Werk die Dichotomie zwischen Kunst der öffentlichen Sphäre und des privaten Raums.

Zusammenfassend kann festgehalten werden, dass sich im Werk Weinbergs eine sehr klare, inhaltlich kongruente Linie ausgehend von Opus 22 ausmachen lässt. Diese Linie zeigt in verschiedenen Ausprägungen die unterschiedlichen Schichten der Auseinandersetzung mit der ‚alten‘ und der ‚neuen‘ Heimat, überdies die Frage der jüdischen Identität und den Schrecken des Holocaust. Dabei spiegelt sich in den thematisierten Werken nicht nur wider, welchen Aspekten sich Weinberg in welchem Zeitabschnitt mit wie großer Deutlichkeit widmete oder widmen konnte, zudem zeigen sich deutliche Diskrepanzen der offiziellen Bewertung von Text und Musik.

Die Art der thematischen Reflexion, wie sie Weinberg in den hier betrachteten Werken betrieb, wurde von offizieller Seite nur in Ausnahmefällen für öffentlichkeitstauglich gehalten. Und die die 9. Symphonie markiert nicht nur einen Schlusspunkt in der Auseinandersetzung mit der Lyrik Julian Tuwims, sondern gleichzeitig auch das Ende dieser Form der Reflexion. Die Auseinandersetzung mit diesen Themenbereichen war indes für Weinberg damit nicht vorbei. Vielmehr kulminiert sie in seinem Meisterwerk, der Oper *Passažirka* op. 97.

Ein ‚unerhörtes' Meisterwerk: Die Oper *Passažirka* op. 97

Bereits bevor Weinberg die Arbeit an seinen Wygodzki-Werken aufnahm und seine letzten Tuwim-Werke komponierte[1] – und über 20 Jahre, nachdem er sich der Gattung Oper letztmalig zugewandt hatte –,[2] nahmen die Vorbereitungen zu einem Werk ihren Anfang, dem im Schaffen Weinbergs zentrale Bedeutung zukommt. Es handelt sich um die Oper *Passažirka* op. 97, mit der sich Weinberg zwischen 1965 und 1968 beschäftigte. Sie spielt nicht nur inhaltlich und musikalisch eine Schlüsselrolle, sondern bildet zugleich den Anfangspunkt einer ganzen Reihe weiterer Bühnenwerke, die Weinberg in den Folgejahren komponierte. So entstanden nach der Fertigstellung von Opus 97 in schneller Abfolge die Opern *Madonna i soldat* op. 105 (1970/71),[3] *Moj d'Artan'jan* op. 109 (1971/74),[4] *Pozdravljaem* op. 111 (1975)[5] und *Ledi Magnizija* op. 112 (1975)[6]; nach einer fünfjährigen Pause schließlich die Oper *Portret* op. 128[7] und die Operette *Zolotoe plat'e* op. 129[8] (beide 1980).

Weinberg selbst lag das Werk sehr am Herzen. In einem Interview, in dem er nach seiner wichtigsten Komposition gefragt wurde, antwortete er:

> Das wichtigste [Werk – V.M.]? – Das ist *Passažirka*. Alle übrigen sind auch *Passažirka*. Von den letzten Symphonien die 21., die bisher noch nicht aufgeführt wurde. Sie ist den im Warschauer Ghetto Verbrannten gewidmet, wo auch meine nächsten Angehörigen ermordet wurden. Diese Symphonie – ist auch die *Passažirka*.[9]

Dennoch erlebte Weinberg die Uraufführung dieses für ihn so bedeutenden Werkes nicht mehr. Die erste konzertante Aufführung fand fast 40 Jahre nach der Entstehung der Oper statt, nämlich im Jahre 2006 in Moskau. Es vergingen weitere vier Jahre, bevor das Werk 2010 im Rahmen der Bregenzer Festspiele zur szenischen Uraufführung gebracht wurde.[10] Insofern ist *Passažirka* eine weitere ‚unerhörte' Komposition Weinbergs, und dies, obwohl die Oper seit ihrer Entstehung in Fachkreisen stets als Meisterwerk gehandelt wurde. Weshalb *Passažirka* nie auf die Bühne gelangte und was die genauen Gründe dafür waren, dass diese Oper in sowjetischen Zeiten (und auch da-

---

1   Der Zyklus op. 90, die Kantate op. 91 und die 9. Symphonie op. 93.
2   Über den Verbleib der Opernwerke, die Weinberg 1942 in Taschkent, teilweise wohl in Zusammenarbeit mit anderen Komponisten komponierte, ist nach momentanem Kenntnisstand nichts bekannt.
3   Libretto: Aleksandr Medvedev, nach dem Roman *Zosja* von Vladimir Bogomolov. UA Leningrad 1975.
4   Von Opus 109 existieren unterschiedliche Versionen und angeblich auch eine Operettenversion; vgl. Sladkova (1986), S. 6. Die unklare Materiallage macht eine genaue Zuordnung schwer. Als Alternativtitel wird auch *Ljubov' d'Artan'jan* [d'Artagnans Liebe] genannt.
5   Libretto: M. Weinberg, nach dem gleichnamigen Schauspiel von Sholom Aleichem. Weinberg überarbeitete die Oper 1982. UA Moskau 1983.
6   Libretto: M. Weinberg, nach dem Roman *Passion, Poison and Petrification* von George B. Shaw. UA (konzertant) Liverpool 2009.
7   Libretto: Aleksandr Medvedev, nach der gleichnamigen Novelle von Nikolaj Gogol'. UA Brno 1983.
8   Nach einem Stück von Eleonora Gal'perin und Julij Annenkov. UA Volgograd 1981.
9   Nikitina (1994), S. 23.
10   UA am 21. Juli 2010, durchgeführt von den Wiener Symphonikern, Ltg.: Theodor Currentzis, Chorleitung: Lukáš Vasilek, Regie: David Pountney.

nach) offenkundig als nicht für die Bühne geeignet bewertet wurde, ist bislang gänzlich ungeklärt.

Das Libretto: Hintergründe und Entstehungsgeschichte

Das Libretto zu Opus 97 basiert zu großen Teilen auf einem Werk der polnischen Autorin Zofia Posmysz, die am 23. August 1923 in Krakau geboren wurde. Während der Besatzung durch die Nationalsozialisten nahm Posmysz, die zu diesem Zeitpunkt noch die Schule besuchte, eigenen Angaben zufolge an einem illegalen Unterricht teil, der, wie in einem Interview zu lesen, „im Untergrund stattfand".[11] Posmysz führt dazu aus:

> [I]ch verteilte Flugblätter. Irgendjemand denunzierte uns. Wir waren zu viert und wurden im April 1942 von der Gestapo verhaftet. Zuerst war ich im Montelupich-Gefängnis in Krakau und wurde dort ständig verhört. Dann wurde ich nach Auschwitz transportiert.[12]

In Auschwitz war sie Teil eines Landwirtschaftskommandos, das – nach dem Fluchtversuch einer Mitgefangenen – nach Budy in eine Strafkompanie geschickt wurde. Posmysz gab dazu an: von „400 Frauen überlebten 143".[13] Dann wurde sie weiter ins Lager Birkenau deportiert und dort einem, wie Posmysz es bezeichnete, „Dreckkommando" zugeteilt, das „den Matsch auf der Lagerstraße wegräumen" musste.[14] Danach kam sie zuerst in die Lagerküche, dann in die Schreibstube. In Birkenau erkrankte die junge Frau am Fleckfieber und kam in den „Block 27", welcher „für Häftlinge mit infektiösen Krankheiten" bereitgestellt war.[15] Nur durch die Hilfe eines Mithäftlings, der als Arzt zur Arbeit im Krankenblock des Frauenlagers abkommandiert war und ihr heimlich Medikamente zukommen ließ, konnte Posmysz (eigenen Angaben zufolge) überleben.[16] Ebenfalls in Birkenau lernte Posmysz den Gefangenen Tadeusz Paolone-Lisowski kennen, einen polnischen Hauptmann, der im Juni 1940 als einer der ersten Gefangenen nach Auschwitz deportiert worden war. Er gehörte einer Widerstandstruppe im Lager an und wurde im September 1943 hingerichtet.[17]

---

11 Zofia Posmysz: Die Passagierin. Zofia Posmysz über Auschwitz, das Buch und Weinbergs Oper [Interview], in: *Osteuropa* 7 (2010), Jg. 60, S. 147-155, hier: S. 147. Vgl. zu im Untergrund organisierten Schulstunden auch das transkribierte Interview mit Kazimierz Gabrysiak und Zenon Czaplicki unter: http://www.hausderdemokratie.de/unverzichtbar/downloads/transkript_gabrysiak-czaplicki.pdf [Stand: 08.07.2014]. Ich danke Herrn Arnt Nitschke für diesen Hinweis.

12 Ebd. Das genaue Datum war der 15. April 1942; [Anonymus]: Zof'ja Posmyš, in: Ministerstvo kul'tury Rossijskoj federacii, Ekaterinburgskij god. akad. teatr opery i baleta (Hg.): *M. Vajnberg. Passažirka. Pervaja teatral'naja postanovka opery v Rossii.* New York / Hamburg [2016], S. 38-41, hier: S. 39.

13 Ebd., S. 148.

14 Ebd.

15 Ebd.

16 Ebd., S. 149. Der Häftling hieß Janusz Mąkowski und hatte zusammen mit einem anderen Häftling, der ihm als Medizinstudent bei der Arbeit zugeteilt war, Kontakt zum Widerstand; vgl. ebd.

17 Diese Information verdanke ich dem Programmheft des Badischen Staatstheaters Karlsruhe; vgl. [Anonymus]: Nach Auschwitz. Zum Libretto, in: *Mieczysław Weinberg: Die Passagierin* (Programmheft des Badischen Staatstheaters Nr. 122, hg. vom Badischen Staatstheater). Karlsruhe 2013, S. 17. Posmysz verarbeitete diese Begegnung in ihrer Erzählung „Christus von Auschwitz".

Gegen Ende des Krieges wurde Posmysz nach Ravensbrück gebracht und am 2. Mai 1945 im Außenlager Neustadt-Glewe durch die US-Armee befreit.[18] Nach Kriegsende nahm die junge Frau ein Studium für Polnische Philologie an der Universität Warschau auf. 1953 beendete sie ihr Studium und arbeitete als Kulturredakteurin bei der Rundfunkanstalt *Polskie Radio SA* [Radio Polen].[19]

14 Jahre nach ihrer Befreiung aus dem Lager kam es während eines beruflichen Aufenthalts in Frankreich zu einem Zwischenfall, der Posmysz tief bewegte. Wie sie später berichtete, glaubte sie an der Place de la Concorde in Paris in der Stimme einer Touristin die Stimme einer Aufseherin aus dem Lager wiederzuerkennen:

> Plötzlich hörte ich eine weibliche Stimme: „Erika, wo bist Du, komm her! Wir fahren weg!" Erschrocken drehte ich mich um. Das war die Stimme meiner Aufseherin Franz, eine scharfe, hohe Stimme. Natürlich war sie es nicht, aber die Ähnlichkeit der Stimmen war frappierend. Von dieser Aufgewühltheit konnte ich mich nicht mehr befreien. Zuhause erzählte ich meinem Mann davon. „Was hätte ich gemacht, wenn sie es gewesen wäre? Wäre ich zu einem Polizisten gegangen oder auf sie zugegangen, um zu fragen, wie sie sich fühlt?" Ich kam damit nicht zurecht. Mein Mann sagte: „Schreib darüber."[20]

Posmysz verarbeitete das Erlebnis erstmals in einem Radiohörspiel, dem sie den Titel *Pasażerka z kabiny 45* [Die Passagierin aus Kabine 45] gab. Es wurde 1959 im polnischen Radio ausgestrahlt.[21] Dieses Hörspiel diente als Grundlage für ein Fernsehspiel mit dem Titel *Pasażerka*, das unter der Regie des polnischen Filmemachers Andrzej Munk entstand und im Oktober 1960 im polnischen Fernsehen gesendet wurde.[22] Das Drehbuch hatte Posmysz selbst verfasst.[23] Im Anschluss an das Fernsehspiel wollte Munk eine umfangreiche Filmproduktion aus dem Stoff entwickeln. Da Posmysz wenig Erfahrung mit dem Verfassen von Drehbüchern hatte, schlug der Regisseur ihr vor, „zunächst eine Erzählung zu schreiben".[24] Unmittelbar nachdem Posmysz die Erzählung beendet hatte, begann sie gemeinsam mit Munk mit der Arbeit an dem Drehbuch für den Film. Die Dreharbeiten waren bereits in vollem Gange, als der Regisseur im September 1961 bei einem Autounfall ums Leben kam. Ein Mitarbeiter Munks, der Regisseur und Drehbuchautor Witold Lesiewicz, nahm sich schließlich des unvollendeten Materials an und sorgte dafür, dass genau zwei Jahre nach Munks Tod am 20. September 1963 die Premiere des Films *Pasażerka* stattfinden konnte.[25] In der Folge erhielt der Film eine ganze Reihe von internationalen Auszeichnungen.[26]

Noch während die Arbeit an Munks Film durch dessen jähen Tod unterbrochen war, veröffentlichte Posmysz 1962 die bereits vor dem Drehbuch entstandene Erzäh-

---

18 Ministerstvo kuľtury (2016), S. 39.
19 Vgl. Posmysz (2010), S. 149.
20 Ebd., S. 150.
21 Regie: Jerzy Rakowiecki; Liza: Aleksandra Śląska; Walter: Jan Świderski.
22 Vgl. Posmyzs (2010), S. 150f.
23 Vgl. http://www.filmpolski.pl/fp/index.php/521945 [Stand: 23.03.2017]. TV-Adaption: Anna Minkiewicz, Zofia Mrozofska in der Rolle der Liza.
24 Posmysz (2010), S. 151.
25 Vgl. die Informationen unter: http://www.filmpolski.pl/fp/index.php/122073 [Stand: 23.03.2017].
26 Wiewohl der Film, vor allem der Anfang, fragmentarisch blieb. Unter den Auszeichnungen, die der Film erhielt, war unter anderem der FIPRESCI-Award (Preis der Fédération Internationale de la Presse Cinématographique), 1964; vgl. Posmysz (2010), S. 151.

lung *Pasażerka* [Die Passagierin].[27] In diesem Text verarbeitete sie erstmals in Prosaform die Schrecken ihrer Inhaftierung.[28] Das Buch war nicht nur im polnischen Inland, sondern auch außerhalb Polens ein großer Erfolg und wurde zuerst in russischer Übersetzung 1963 in der Sowjetunion in dem Journal *Inostrannaja literatura* veröffentlicht.[29] Ein Jahr später folgten weitere Veröffentlichungen in der Sowjetunion und 1969 schließlich in der DDR.[30] Auch die Hörspielfassung des Textes wurde 1967 auf Anstoß des Deutschen Demokratischen Rundfunks noch einmal auf Grundlage des Films von Posmysz überarbeitet und im Rundfunk gesendet.[31] Während Posmysz zufolge die Veröffentlichung des literarischen Werks keine Probleme mit der Zensur bereitete, gab es jedoch offenbar

> Widerspruch [...] gegen das Drehbuch. Munk und mir wurde vorgeworfen, die SS-Aufseherin sei zu positiv dargestellt. Ich verteidigte mich: „Sie erzählt von sich selbst. Das bin ich nicht, die von ihr erzählt. Sie entschuldigt sich vor ihrem Mann. Sie hat das Recht, so zu sprechen." Und Munk übernahm die Verantwortung. Das war das entscheidende Argument.[32]

Allein der DDR-Ausgabe der Erzählung wurde ein Nachwort von Lin Jaldati beigefügt, in dem die Erzählhaltung des Textes als problematisch und ideologisch falsch kritisiert wurde.[33] Doch wurde auch betont, dass die „Verfasserin die Wolfsmentalität der faschistischen Vergangenheit und der monopolkapitalistisch-neofaschistischen Gegenwart" entlarve und sich so für den „Leser der Deutschen Demokratischen Republik" die Erkenntnis ergebe, dass „unter unseren sozialistischen Verhältnissen die Grundlage geschaffen" worden sei, „die ein Wiederaufleben einer solchen Mentalität von vorneherein" ausschlösse.[34] Wegen des großen Erfolgs von Buch und Film wurde der Text auch noch als Theaterstück bearbeitet, das sowohl in Polen als auch – just im Jahre 1968 – in Leningrad am Theater im. Lensoveta unter der Regie von Gennadij M. Oporkov aufgeführt wurde.[35]

---

27 Zofia Posmysz: *Pasażerka*. Warschau 1962.

28 Ein weiterer Roman, der sich mit der Thematik auseinandersetzte, war der 1970 erschienene Roman *Urlaub an der Adria*.

29 *Innostrannaja literatura* 8 (August 1963), S. 4-87. Übersetzung aus dem Polnischen von Ė. Gessen und V. Golovskij.

30 Zof'ja Posmyš: Passaširka. Übersetzung von Ė. Gessen und V. Golovskij, in: *Sovremennaja pol'skaja povest'*. Moskau 1964, S. 241-373; Zof'ja Posmyš: *Passaširka* [Übersetzung von Ė. Gessen und V. Golovskij]. Moskau 1964; Zof'ja Posmyš: *Passaširka* [Übersetzung von Ė. Gessen und V. Golovskij], (*Roman Gazeta* No. 18 / 318). Moskau 1964a; Zofia Posmysz: *Die Passagierin*. Übertragen von Peter Ball, illustriert von Ruth Kotsch. Berlin (Ost) 1969.

31 Vgl. die Nachbemerkung von Walter Nowojski, die einer Veröffentlichung der Hörspielfassung beigefügt wurde: Zofia Posmysz: Die Passagierin [Hörspielfassung]. Deutsch von Peter Ball, in: Hans-Jörg Dost (Hg.): *Die schlanke Stimme*. Berlin (Ost) 1988, S. 185-224, hier: S. 221. Wobei Nowojski hier betont, dass die ,alte' Fassung „Gefahr lief, lediglich die Psychologie einer Mörderin bloßzulegen"; vgl. ebd., S. 223.

32 Posmysz (2010), S. 152.

33 Vgl. Lin Jaldati: Nachwort, in: Posmysz (1969), S. 239-243.

34 Ebd., S. 243.

35 Vgl. dazu u.a. die Rezensionen der Theateraufführung, die bei O. M. Malyceva aufgeführt sind. So findet sich im Mai 1968 eine Rezension in der Zeitschrift *Večernyj Leningad*; vgl. O[...] Malyceva: Ob ossobenostjach dramatičeskogo dejstvija v spektakle s mnogočastnoj kompozicjej, in: Dies. (Hg.): *Režisura. vzgljad iz konca veka: Sbornik naučnych statej*. Sankt Petersburg 2006, S. 121-144, hier: S. 126f. Malyceva erwähnt mehrere Rezensionen des Theaterstücks, sowohl in einem Leningrader Journal (29. Mai 1968) als auch in der Volgograder *Pravda* (20. Juni 1968) so-

Zur Entstehung des Librettos und dazu, wie es zur Zusammenarbeit zwischen Weinberg und Aleksandr Medvedev kam, sind bisher nur wenige genaue Informationen verfügbar. Einige Angaben finden sich in einem Artikel des Sängers und Musikpädagogen Sergej Jakovenko, der 2007 – im Nachgang der konzertanten Uraufführung der Oper in Moskau –[36] in der Zeitschrift *Muzykal'naja akademija* veröffentlicht wurde,[37] sowie in einem Text von Aleksandr V. Medvedev (einem der Librettisten) selbst.[38] Gemäß Jakovenkos Angaben, die offenbar auf Unterredungen mit verschiedenen beteiligten Personen basieren, gingen der Entstehung des Librettos folgende Ereignisse voraus: Dmitrij Šostakovič habe sich, so Jakovenko, mit dem Plan getragen, Michail Šolochovs Roman *Tichi Don* als Oper zu vertonen.[39] Er habe daraufhin Medvedev – der zu diesem Zeitpunkt für die *Sovetskaja muzyka* und ab 1963 auch für das Bol'šoj Theater tätig war –[40] beauftragt, ein Libretto zu verfassen. Auch Jurij B. Lukin wird als Verfasser erwähnt.[41]

Den Angaben von Jakovenko und Medvedev zufolge habe Šostakovič bereits an *Tichi Don* gearbeitet, als es zu einer persönlichen Begegnung zwischen dem Komponisten und dem Autor der Romanvorlage, Šolochov, auf einer Veranstaltung des Komponistenverbandes in Rostov na Don gekommen sei. Šolochov habe, so Jakovenko, mit seinem „Gefolge" Šostakovič bei dieser Gelegenheit überschwänglich gratuliert und ihm zugerufen: „Dmitrij, ich glaube an Dich und dass Du was Besseres schreibst als Vano Dzeržinskij."[42] Dabei habe er Šostakovič stürmisch umarmt und ihm immer wieder auf die Schulter geklopft. Dem berühmten Komponisten sei die gesamte Situation peinlich gewesen, er habe sich „der Umarmung entwunden und entfernt".[43] Rückblickend bemerkt Medvedev selbst dazu in einem Artikel: „Man muss die Natur Šostakovičs kennen, um zu verstehen, wie sehr ihn all dies unangenehm berührte."[44] Nur kurze Zeit später, so die Ausführungen bei Jakovenko und Medvedev, habe Šostakovič Medvedev in sein Büro bestellt und ihm mitgeteilt, dass er die Oper nicht verfassen werde; was, verständlicherweise, zu einer etwas unangenehmen Stimmung geführt habe.[45] Am Ende des Gesprächs sei jedoch Weinberg ins Büro getreten, und Šostakovič habe

---

wie ein Jahr später in einer litauischen Zeitung (29. August 1969). Interessanterweise kann sich Frau Posmysz an diese sowjetische Inszenierung ihres Werks nicht erinnern; vgl. Interview mit Arnt Nitschke im Mai 2014. Vermutlich wurde das Theaterstück ohne das Wissen der Autorin (und ohne dieser Tantiemen zu bezahlen) aufgeführt.

36 Am 25. Dez. 2006, die Aufführung wurde durchgeführt von den Solisten, dem Chor und dem Orchester des Stanislavaskij-Musiktheaters, Leitung der Aufführung: Vol'f Gorelik.

37 Sergej Jakovenko: Mirovaja prem'era – čeres desjatiletija, in: *Muzykal'naja akademija* 1(2007), S. 60-65.

38 Tujana Bubaeva: „V opere vse dolžno byt' v dviženii" [Auszug aus einem Vortrag von Aleksandr Medvedev], in: *Tribuna molodogo žurnalista* No. 7/53 (November 2004), Onlineressource: http://www.tribuna.mosconsv.ru/?p=2893 [Stand: 06.05.2012].

39 Vgl. Jakovenko (2007), S. 61. Auch Bubaeva (2004).

40 Ebd.

41 Vgl. Evgenij G. Ševljakov: „Tichi Don" Dmitrija Šostakoviča: istorija nenapisannoj opery, in: *Južno-Rossijskij muzykal'nyj al'manach* (2007/1), S. 108-113.

42 Jakovenko (2007), S. 62. Man erinnere sich, dass die Oper von Dzeržinskij 1936 im Skandal um Šostakovičs *Ledi Makbet Mcenskogo uezda* von politischer Seite als gelungene Opernproduktion gegen Šostakovičs Werk hervorgehoben worden war; vgl. dazu u.a. Fay (2000) S. 83-85.

43 Jakovenko (2007), S. 62.

44 Bubaeva (2004).

45 Jakovenko (2007), S. 62.

daraufhin angeregt, dass Medvedev und Weinberg zusammenarbeiten sollten.[46] Ob die Abläufe wie bei Jakovenko dargestellt den Tatsachen entsprechen, kann nur teilweise überprüft werden. Verifiziert werden konnte jedoch, dass sich Šostakovič und Šolochov Anfang Mai 1964 in Rostov auf dem Musikfestival *Donskaja muzykal'naja vesna* persönlich begegnet und anlässlich der geplanten Vertonung von *Tichi Don* miteinander im Gespräch gewesen waren.[47]

Wie Jakovenko weiter ausführt, habe Medvedev bei dem ersten Treffen mit Weinberg „gerade erst" Posmyszs Novelle *Die Passagierin* gelesen,[48] die im August 1963 in der *Inostrannaja literatura* veröffentlicht worden war. Medvedev habe den Text an Weinberg weitergegeben, und beide seien von der Idee, eine Oper auf Grundlage dieser Novelle zu schaffen, „Feuer und Flamme" gewesen.[49] Zofia Posmysz selbst hingegen gab im Vorfeld der szenischen Uraufführung der Oper in Bregenz in einem Interview an, dass Šostakovič den Text zuerst gelesen und ihn dann an Weinberg weitergegeben habe.[50] Unabhängig von diesen abweichenden Aussagen wäre es darüber hinaus denkbar, dass Weinberg, der offenkundig über polnische (Neu-)Veröffentlichungen gut informiert war – man erinnere sich, dass er die Tuwim-Gedichte stets nach den polnischen Texten vertont hatte – *Passażerka* bereits in seiner polnischen Originalversion kannte oder zumindest mit dem Film vertraut war.[51] Bei Jakovenko ist weiterhin nachzulesen, dass das Bol'šoj Theater die Oper in Auftrag gegeben habe.[52] In Anbetracht dessen, dass Medvedev zum fraglichen Zeitpunkt dem Gremium angehörte, welches Opern in Auftrag gab, scheint der Zusammenhang plausibel.

Gemäß den Angaben einer Version des Librettos, das ich im GCMMK auffinden konnte,[53] vergingen jedoch weitere zwei oder drei Jahre, bis Medvedev 1966 – erneut in Zusammenarbeit mit Jurij Lukin – mit der Anfertigung des Librettos begann. Die Erinnerungen von Zofia Posmysz legen allerdings nahe, dass die Arbeit bereits ein Jahr früher begann. Denn in einem Interview gab sie an, Medvedev habe ungefähr 1965 mit ihr Kontakt aufgenommen. Er habe sie zwei Mal besucht.[54] Beim ersten Mal sei er mit einem Dolmetscher in ihrer Wohnung in Warschau gewesen.[55] Offenbar diskutierten Posmysz und Medvedev bereits über Details der Handlung, denn Posmysz erwähnte rückblickend, es habe dabei auch einen Disput gegeben über einige Dinge, an

---

46 Ebd.
47 Vgl. Michail Šolochov: *Letopis' žizni i tvorčestva*. Moskau 2005. Internetressource, einzusehen unter: http://feb-web.ru/feb/sholokh/shl-abc/shl/shl-3461.htm [Stand: 29.06.2013]. Dort ist jedoch angegeben, dass allein Jurij Lukin das Libretto zu dem Opernvorhaben verfasst habe.
48 Jakovenko (2007), S. 62.
49 Ebd.
50 Vgl. Posmysz (2010), S. 152. In einer Erklärung aus dem Jahre 2007 gibt sie an, Medvedev habe den Text gelesen und sei dann auf sie zugegangen und habe um Erlaubnis gebeten, ein Libretto anzufertigen. Brief, datiert auf den 19. Juli 2007, von Zofia Posmysz an Ljudmila G. Maximova, Leiterin der Rechtsabteilung der Russischen Autoren-Gesellschaft. Ich danke Herrn Arnt Nitschke für die Bereitstellung des Materials.
51 Man erinnere sich, dass Weinberg zu diesem Zeitpunkt bereits regelmäßig und häufig Filme vertonte, d.h., sicherlich Kenntnis des aktuellen Filmrepertoires hatte.
52 Vgl. Jakovenko (2007), S. 62.
53 GCMMK, f. 226, ed. chr. 26.
54 In dem in Fn. 49 erwähnten Brief spricht sie von „mehreren Malen", die Medvedev nach Warschau gekommen sei.
55 Alle Angaben Interview von Arnt Nitschke mit Zofia Posmysz im Mai 2014.

die sich die Autorin jedoch nicht mehr erinnern konnte.[56] Beim zweiten Besuch reiste Medvedev (wiederum mit Dolmetscher) zusammen mit Posmysz nach Auschwitz, um die Handlungsorte des Romans selbst zu besichtigen. Das Libretto sei zu diesem Zeitpunkt jedoch noch nicht fertig gewesen.[57] Jakovenko gibt an, Posmysz habe sich einverstanden gezeigt mit den Veränderungen, die an der Handlung vorgenommen worden waren (dazu gleich ausführlicher) und habe das gesamte Libretto autorisiert.[58] Später erwähnte Posmysz jedoch, dass sie sich lediglich einverstanden gezeigt habe, dass das Sujet in der nämlichen Form der Ausarbeitung verwendet worden sei. Noch heute distanziert sie sich von dem Libretto.[59] Bei Jakovenko gab sie weiter an, in Medvedevs Version seien einigen Personen, die im Buch nicht auftauchen, „ideologische Aussagen in den Mund" gelegt worden, was es, so Posmysz, in ihrem Buch nicht gegeben habe.[60] Medvedev habe jedoch seinerzeit so argumentiert, dass gewisse Dinge im Libretto schlichtweg stattfinden müssten, damit das Werk durch die Zensur ginge.[61]

Auch Weinberg und die Autorin lernten sich persönlich kennen, als sich Posmysz zweimal zu Besuchen in Moskau aufhielt.[62] Posmysz erwähnt zu den Treffen mit Weinberg nur:

> Er war sehr verschlossen, sehr höflich und zurückhaltend. Leider ergab sich nie die Gelegenheit, mit ihm alleine Polnisch zu sprechen, weil ständig irgendwelche Gäste da waren. Damals wusste ich noch nicht, dass seine ganze Familie im Holocaust umgebracht worden war. Hätte ich es gewusst, hätte ich ihn vielleicht darauf angesprochen. Aber ich weiß nicht, ob ich damals den Mut gehabt hätte.[63]

Etwas nebulös sind die Umstände um Jurij Lukin, der ursprünglich als Ko-Autor des Librettos angegeben war. Auf dem bereits erwähnten Libretto, welches im GCMMK archiviert ist, sind sowohl Medvedevs als auch Lukins Name aufgeführt, und der maschinengeschriebene Text ist von beiden Autoren gezeichnet. Auch auf der Orchesterpartitur und dem Klavierauszug der Oper, die ebenfalls im GCMMK einzusehen sind, ist Lukin als Autor eingetragen.[64] Bei einer Anhörung der Oper im Komponistenverband und in verschiedenen Rezensionen des Werks wird Lukin ebenfalls als Mitverfasser des Librettos explizit erwähnt.[65] Und selbst auf dem Titelblatt des Klavierauszugs von Opus

---

56 Ebd.
57 Ebd.
58 Jakovenko (2007), S. 62.
59 Interview von Arnt Nitschke mit Zofia Posmysz im Mai 2014.
60 Posmysz (2010), S. 152.
61 Interview von Arnt Nitschke mit Zofia Posmysz im Mai 2014.
62 Vgl. ebd., S. 153. Auch Interview von Arnt Nitschke mit Zofia Posmysz im Mai 2014. Dort erwähnte Posmysz, der Besuch habe offiziell mit einer Gruppe von Reportern stattgefunden, der zweite Besuch sei privat organisiert worden. Leider ist zu den genauen Inhalten der Besuche, die den Angaben der Autorin zufolge in Zusammenhang mit der Oper standen, nichts in Erfahrung zu bringen gewesen.
63 Posmysz (2010), S. 153.
64 GCMMK, f. 226, ed. chr. 25: Klavierauszug; GCMMK, f. 226, ed. chr. 27: Partitur.
65 Vgl. etwa Skudina (1969), S. 8; Nikitina (1970), S. 68.

97, der erst 1977 veröffentlicht wurde, sind sowohl Lukin als auch Medvedev als Autoren aufgeführt.[66] Diese Ko-Autorschaft wurde Lukin jedoch aus bisher ungeklärten Gründen quasi aberkannt. So wurde sein Name auf dem Notenmanuskript von op. 97, das im MWMA enthalten ist, nachträglich ausgelöscht (Abb. 37). Dieses Vorgehen bekräftigte Aleksandr Medvedev in einer Mail an den Peermusic-Classical-Verlag:

> I strongly ask not to put the name of Yuri Lukin on the publication. In the original score, his name has already been removed. I will also try to contact Sofia Posmysh and will ask her to support my claim.[67]

Gleichermaßen existiert eine ausführliche Erklärung von Ol'ga Rochal'skaja, in der sie ebenfalls betont, dass Lukin zu keiner Zeit an der Entstehung des Librettos beteiligt gewesen sei:

> hiermit bezeuge ich, dass ich Augenzeugin bei der Entstehung von vier Opern war, die M. S. Weinberg in Zusammenarbeit mit dem Librettisten A. W. Medwedjew komponiert hat – „Die Passagierin" (1969), „Die Madonna und der Soldat" (1972), „Das Portrait" (1979) und „Der Idiot" (1982). Ich denke, dass ich das Recht habe, die Art und Weise und die Einzelheiten ihrer gemeinsamen Arbeit zu beurteilen.

> Ich habe Ju. B. Lukin niemals gesehen und gekannt. Nach Aussage meines Mannes weiß ich, dass Ju. B. Lukin für einige Monate verschwand, gleich nachdem er die Anmeldung und den Vertrag, das Libretto zur Oper „Die Passagierin" zu verfassen, unterschrieben hatte. Während dieser ganzen Zeit hat mein Mann zusammen mit A. W. Medwedjew an der Oper gearbeitet. AIs ein Großteil der Oper beendet war, rief Ju. B. Lukin an und sagte, dass ihm ein Familiendrama widerfahren sei – der Zerfall der Familie, der Verlust seiner Wohnung, die Geburt eines unehelichen Kindes – und dass er an der begonnenen Arbeit nicht mitwirken könne. Danach verschwand er erneut. Weder M. S. Weinberg noch A. W. Medwedjew haben Ju. B. Lukin seitdem (1969) gesehen. Vor kurzem haben wir erfahren, dass er vor einigen Jahren gestorben ist.

> Hiermit bestätige ich, dass das Libretto der Oper „Die Passagierin" vollständig, von der ersten bis zur letzten Zeile von A. W. Medwedjew geschrieben wurde und dass M. S. Weinberg die Musik auf genau diesen Text komponiert hat. Wahrend der Arbeit am Libretto ist A. W. zweimal nach Polen gereist, hat Zofia Posmysz, die Autorin der dem Libretto zugrunde liegenden Novelle, getroffen und mit ihr gemeinsam den Text überarbeitet und von ihr autorisieren lassen.

---

66 Mieczysław Weinberg: *Passažirka. Opera v 2 dejstvijach, 8 kartinach s ėpilogom. Libretto A. Medvedeva i Ju. Lukina po odnoimennoj povesti Zofii Posmyš.* Moskau 1977. Auch im Vorwort von Šostakovič, welches dem Auszug vorangestellt ist, spricht der Komponist eindeutig von „den Librettisten"; Dmitrij Šostakovič: [Vorwort zum Klavierauszug], in deutscher Übersetzung abgedruckt in: *Osteuropa* 7 (2010), S. 157f., hier: S. 157. Aus dem Russischen von Olga Radetzkaja. Das Vorwort verfasste Šostakovič im September 1974.

67 E-Mail an Peermusic Classical (Herrn Arnt Nitschke) vom 6. Juli 2007. Ich danke Herrn Nitschke für die Bereitstellung des Materials.

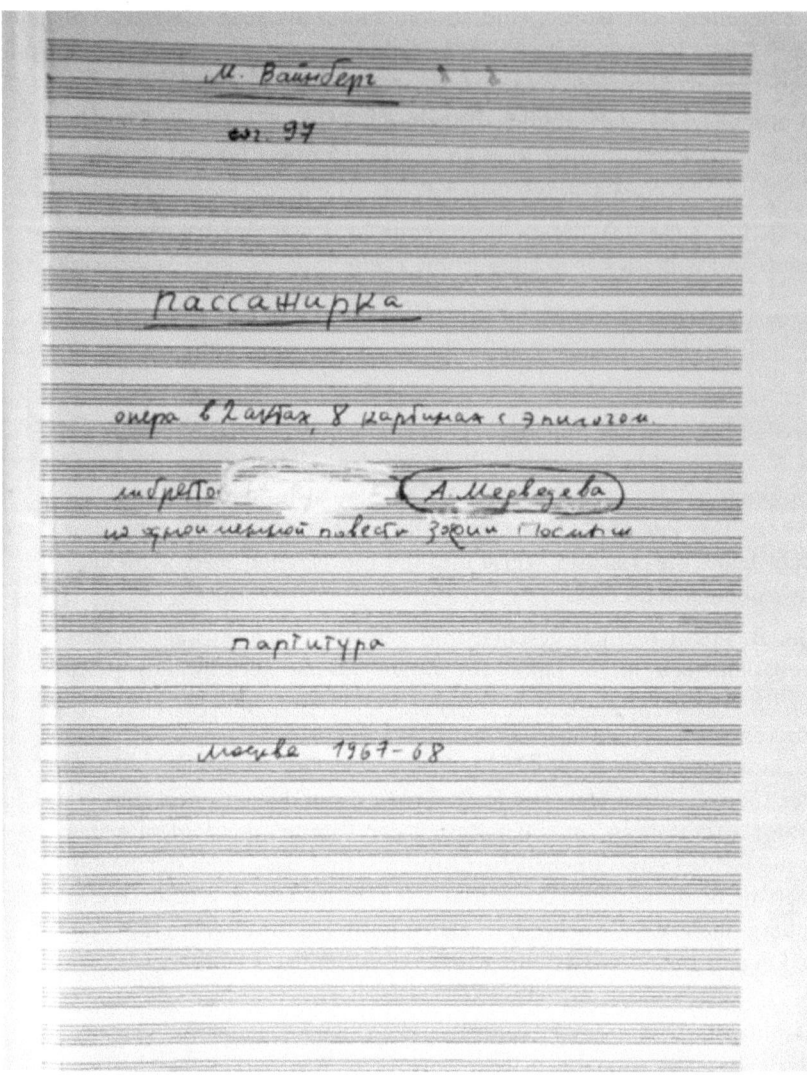

Abb. 37: Titelblatt op. 97 (MWMA 0319).

Dies sind die Fakten, und ich hoffe, dass sie in den Titeleien der Partitur und des Klavierauszuges Niederschlag finden. Einziger Librettist war A. W. Medwedjew, wogegen Ju. B. Lukin an dem Werk in keinerlei Weise beteiligt war.[68]

Jakovenko weist in seinem 2007 erschienenen Artikel zumindest in einer Fußnote darauf hin, dass Lukin anfänglich zur Mitarbeit an dem Libretto eingeladen gewesen sei und er sogar den Vertrag mit den zuständigen Behörden abgeschlossen und gezeichnet

---

68 Brief, datiert auf den 20. Juni 2007, von Ol'ga Rochal'skaja an Ljudmila G. Maksimova, Leiterin der Rechtsabteilung der Russischen Autorengesellschaft. Weiterhin existiert eine Bestätigung von Irina Šostakoviča, der Witwe von Dmitrij Šostakovič, in der sie ebenfalls angibt, ihr Ehemann habe, wenn er von der *Passagierin* gesprochen habe, immer nur von Weinberg und Medvedev gesprochen. Vgl. Brief von Irina Šostakoviča an Ljudmila G. Maksimova [ohne Datierung]. Ich danke Herrn Arnt Nitschke für die Bereitstellung des Materials.

habe. Er sei dann jedoch, so Jakovenko, in eine „schwierige Lebenssituation geraten“ und habe tatsächlich „nicht eine Zeile“ des Librettos geschrieben.[69] Welcher Art diese „schwierige Lebenssituation“ war bzw. was die genauen Gründe dafür sind, warum Lukin die Ko-Autorschaft entzogen wurde, erwähnt er jedoch nicht.[70] Zofia Posmysz selbst gab ebenfalls an, ein weiterer Autor des Librettos sei zu keiner Zeit in Erscheinung getreten[71] und sie sei Jurij Lukin auch nie begegnet.[72] So wird heute ausschließlich Aleksandr Medvedev als Autor des Librettos genannt.

Auch bezüglich der Widmung gibt es Unschärfen. So findet sich im Libretto aus dem CGMMK auf der vierten Seite die Widmung: „Pamjati žertv Osvincima“ [Zum Gedenken der Opfer von Auschwitz]. Diese Widmung ist jedoch fett durchgestrichen und durch den Eintrag „‚Esli zaglochnem ècho ich golosov, to my pogibnem‘ Pol’ Èljuar“ [„‚Wenn das Echo ihrer Stimmen verklingt, werden wir umkommen‘ (Paul Éluard)“] ersetzt.[73] Auch im Werkverzeichnis von Sladkova wird die Widmung „Pamjati…“ aufgeführt.[74] Auf den verschiedenen Notenmanuskripten, die von Opus 97 erhalten sind, ist eine solche Widmung jedoch nicht zu finden, und auch in den gedruckten Notenausgaben fehlt sie. Was den beigefügten Ausspruch von Paul Éluard angeht, so ist er auf den Manuskripten aus dem CGMMK jeweils am Anfang der Partituren eingetragen. Auf dem Exemplar im MWMA findet sich das Epigramm hingegen erst am Ende des Manuskriptkonvoluts.[75]

Das Libretto und seine (literarische/n) Vorlage/n

Das Libretto von Opus 97 weicht, wie bereits angedeutet, von seiner literarischen Vorlage ab. Dies liegt auch daran, dass im Libretto nicht nur der Text von Posmysz, sondern darüber hinaus Material aus den Werken *Ja perežila Osvencim* (Originaltitel: *Przeżyłam Oświęcim*) der polnisch-jüdischen Autorin Krystyna Żywulska[76] verarbeitet

---

69 Jakovenko (2007), S. 62.
70 Eventuell bezieht sich Jakovenko auf das oben zitierte Schreiben von Ol’ga Rochal’skaja. Ljudmila Nikitina, die den Artikel zu *Passažirka* in der *Sovetskaja muzyka* verfasst hatte, gab auf meine Nachfrage an, sie kenne den Grund nicht; E-Mail an Verena Mogl vom 31. Juli 2013.
71 Brief, datiert auf den 19. Juli 2007, an Ljudmila G. Maksimova, Leiterin der Rechtsabteilung der Russischen Autorengesellschaft.
72 Interview mit Arnt Nitschke im Mai 2014.
73 GCMMK, f. 226, ed. chr. 26, S. 4. Es handelt sich dabei um das Zitat „Si l’echo des leur voix faibli, nous périrons“ [Wenn das Echo ihrer Stimmen verhallt, werden wir zugrunde gehen], das Paul Éluard zugeschrieben wird.
74 Sladkova (1986), S. 3.
75 Da sich das Epigramm auf der Rückseite der Besetzungsliste findet, ist anzunehmen, dass die betreffende Seite innerhalb des Manuskript-Konvoluts, in dem auch lose Blätter und unterschiedliche Papierarten enthalten sind, nur aus Versehen und als eine Art Umschlag nach hinten geknickt wurde. Jedoch ist auffällig, dass der Epilog auf einem separat eingefügten Notenpapier notiert und in das Restkonvolut lose eingefügt wurde. In Anbetracht dessen, dass im Text der Martha im Epilog die Worte aus dem Epigramm aufgegriffen werden und das Epigramm – wie aus dem GCMMK-Manuskript hervorgeht – wohl in einem (wie auch immer gearteten) zweiten Schritt eingefügt wurde, eine interessante Beobachtung. Anhand der verschiedenen Manuskripte von Partitur und Libretto (auf dem nur „Oper in zwei Akten“ vermerkt ist) im Moskauer Archiv müsste noch einmal überprüft werden, ob der Epilog tatsächlich erst nachträglich entstand.
76 Ein Roman der polnischen Autorin und KZ-Überlebenden Krystyna Żywulska: *Przeżyłam Oświęcim*. Warschau 1946. Żywulska war selbst im Lager inhaftiert. In deutscher Übersetzung

wurde sowie Elemente aus dem Buch *Srok davnosti* von Il'ja D. Konstantinovskij,[77] einem jüdischen Autor, der aus dem bessarabischen Teil (und dort dem heutigen Rumänien) des Russischen Reiches stammte.[78] Da im Allgemeinen allein Posmysz' Erzählung als Vorlage betrachtet wird, ist dies ein wichtiger Aspekt. Ich werde im Folgenden auf die entsprechenden Stellen im Libretto verweisen, in denen ein deutlicher Bezug zu den anderen Texten besteht. Darüber hinaus ist zu erkennen, dass auch der Film von Andrzej Munk hinsichtlich der inhaltlichen Gestaltung des Librettos eine wichtige Rolle spielt. Bevor ich jedoch auf die in meinem Zusammenhang wichtigsten Unterschiede zwischen Libretto und den (literarischen) Vorlagen zu sprechen komme, skizziere ich Aufbau und Inhalt von Opus 97.

Inhalt und Synopse von Opus 97

Opus 97 besteht aus zwei Akten (mit Vorspiel), acht Bildern und einem Epilog. Die Personage umfasst die Hauptfiguren Lisa (Anna-Lisa) Kretschmer, geb. Franz (Mezzosopran), Walter Kretschmer, ihren Ehemann (Tenor), Martha (Sopran)[79] und Tadeusz (Bariton). Als Nebenfiguren treten unter anderem Katja (eine russische Partisanin, Sopran), Krzystina (eine Polin, Mezzosopran), Vlasta (eine Tschechin, Mezzosopran), Hannah (eine Jüdin, Alt) und Yvette (eine Französin, Sopran) auf.[80]

Die Spieldauer liegt bei ca. zwei Stunden 40 Minuten. Die Besetzung verlangt ein Symphonieorchester mit Schlagwerk, Bläsern, Celesta, Harfe, Klavier und Gitarre, dazu ein Bühnenensemble mit Accordeone (Armonica), Gitarre, Piano, Percussione di Jazz und Kontrabass (solo).

---

von Krystyna Żywulska in der Ausgabe: *Tanz, Mädchen…. Vom Warschauer Getto nach Auschwitz, ein Überlebensbericht. Zweites Buch: Auschwitz-Birkenau.* München 1988, S. 175-384. Im Folgenden beziehe ich mich auf diese Ausgabe. In russischer Übersetzung erschien das Buch bereits 1960 in der *Izdatel'stvo Inostrannoj literatury.*

77 Il'ja D. Konstantinovskij: *Srok davnosti.* Moskau 1966a. In deutscher Übersetzung: Ilja Konstantinovski: *Verjährungsfrist.* Aus dem Russischen von Juri Elperin. Berlin (Ost) 1966b. Im Folgenden beziehe ich mich auf diese Ausgabe. Konstantinovskij wiederum widmet sein Buch Krystyna Żywulska. Interessanter Nebenaspekt im Hinblick auf den Autor Konstantinowskij ist, dass er – den Erinnerungen von Egon Balas zufolge – vor dem Krieg von der kommunistischen Idee überzeugt gewesen sei und der Studentenbewegung angehört habe. Als er indes gegen Ende 1956 einen Freund aus damaligen Zeiten in Bukarest besucht habe, habe Konstantinowskij, so Balas, sich zutiefst deprimiert und desillusioniert über das politische System gezeigt. Die „Ideale ihrer Jugend seien für immer vergangen; die Sowjetunion habe nichts mehr mit ihnen zu tun. Alles sei eine große Lüge; es sei nicht möglich, etwas zu verändern, und deswegen lohne sich ein solcher Versuch auch nicht. Man könne nichts anderes tun, als seine Ideale zu vergessen und zu lernen, mit der hässlichen Realität zu leben. Sein Hauptanliegen sei es nun schon seit vielen Jahren, sich um sein Privatleben und seine Familie zu kümmern, sich gegen die Gefahren seines Berufes zu schützen sowie Fallen und Provokationen auszuweichen." Egon Balas: *Der Wille zur Freiheit. Eine gefährliche Reise durch den Kommunismus.* Aus dem Amerikanischen von Manfred Stern. Berlin / Heidelberg 2012, S. 312f.

78 Diesen Hinweis verdanke ich einer handschriftlichen Eintragung im Libretto aus dem GCMMK; vgl. GCMMK, fond 226, ed. chr. 26, S. 16. Dort ist vermerkt, dass im 3. und 6. Bild Passagen aus den genannten Werken Verwendung gefunden hätten. Tatsächlich konnte ich jedoch auch andere Stellen nachweisen.

79 Im russischen Libretto und in der polnischen Vorlage wird Martha durchgehend „Marta" geschrieben. Da in der deutschen Adaption jedoch der Name übertragen wird, verwende ich im Folgenden ebenfalls durchgehend die deutsche Version des Namens, „Martha".

80 Die Schreibweisen der Namen folgen der deutschen Übersetzung des Librettos: Mieczysław Weinberg: *Die Passagierin. Deutsche Adaption: Ulrike Patow.* [Hamburg 2010].

Die Handlung spielt auf unterschiedlichen zeitlichen Ebenen. So gibt es einmal die Ebene „auf dem Schiff", die laut Libretto in den Jahren 1959/60 anzusiedeln ist. Die Hauptfiguren Lisa, Walter und Martha sind zu diesem Zeitpunkt 37, 50 und 34 Jahre alt. Eine weitere Ebene ist die Ebene „in Auschwitz", die in den Jahren 1943/44 angesiedelt ist. Lisa und Martha sind zu diesem Zeitpunkt 22 und 19 Jahre alt. Als Zeitangabe für den Epilog ist „heute" angegeben. Neben diesen drei zeitlich klar definierten Handlungsebenen ist eine weitere Ebene zu erkennen, die gleichsam ‚außerhalb der Zeit' steht. Diese Ebene wird zwar im Libretto nicht als solche ausgewiesen, ist jedoch im Verlauf der Oper als solche zu erkennen. Sie wird besetzt von einem Chor, der – ähnlich einem Chor im antiken Schauspiel – von einem übergeordneten Standpunkt aus die Handlung kommentiert und punktuell auch in sie eingreift. Nur an wenigen Stellen jedoch bildet dieser Chor eine Art Verbindungsstück zwischen den ansonsten vorwiegend separaten Handlungsebenen.

Synopse

I. Akt, 1. Bild: „Schiff", 15 Jahre nach dem Ende des 2. Weltkrieges und 15 Jahre nach der Hochzeit von Walter und Lisa. Ort: ein Überseedampfer Richtung Brasilien, wo Walter in diplomatischen Dienst treten soll.

Auf dem von „Sonnenlicht überflutete[n] Schiffsdeck"[81] sinniert Walter darüber, wie er Lisa kennengelernt hat und wie „still und [...] traurig" sie damals gewesen sei.[82] Er verflucht den Krieg, der die Seelen der Menschen verkrüppelt habe. Plötzlich sieht Lisa eine andere Passagierin.

> Walter: Was hast du, mein Kleines? Wo schaust du hin?
> Lisa: Diese Frau da...
> [...] Sie scheint mir irgendwie ein wenig seltsam.[83]

Die Szene wechselt den Regieanweisungen zufolge schlaglichtartig auf die Ebene „Auschwitz". Es wird angegeben, dass Lisa in SS-Uniform vor der Oberaufseherin steht, die sie streng zurechtweist. Dann wechselt die Szene sogleich zurück auf die Ebene „Schiff".

Walter fragt sich, was mit Lisa los ist, doch sie klagt nur über Kopfweh und zieht sich in ihre Kabine zurück. Dort überlegt sie, ob die Unbekannte die Frau sein kann, für die sie sie hält.

> Lisa: Martha? Kann das Martha sein? Nein, unmöglich. [...] Hab' mich erschrocken, Anna-Lisa Franz? So ein Quatsch! [...] S'ist vergessen. Martha ist lange tot. Sie blieb bei denen an der Schwarzen Wand.[84]

An dieser Stelle tritt das erste Mal der Chor in Erscheinung, dessen düsterer Gesang von der „Schwarzen Wand" mit Lisas innerer Unruhe korrespondiert.

> Chor: Die Schwarze Wand, die Schwarze Wand. Dein letzter Blick – und dann war es vorbei.

---

81 So die Regieanweisung, ebd., S. 7.
82 Ebd.
83 Ebd., S. 8.
84 Ebd., S. 8f.

Lisa: Martha?... Ich glaub's nicht. Nein, ich glaub's nicht!

Chor: Das Blut ward nicht kalt auf den Steinen im Hof...Lautlos des Todes Schritt. Stumme Nebelschwaden, dumpfe Todesstille. Und nur die Schreie. Und das Stöhnen.

Lisa: Die Ähnlichkeit...

Chor: Die Schwarze Wand, die Schwarze Wand. Der Glockenton, Glockenton, Glockenton.[85]

Lisa ordert den Steward, um herauszufinden, wer die Fremde ist. Walter kommt in die Kabine und stellt Lisa zur Rede. Schließlich offenbart sie ihm, dass sie im Konzentrationslager Auschwitz als SS-Aufseherin tätig war und dass sie in der unbekannten Passagierin eine ehemalige Gefangene vermutet. Gleichzeitig beteuert sie jedoch, dass das unmöglich sei. Walter ist entgeistert. Es zeigt sich, dass er nichts von Lisas SS-Zugehörigkeit wusste. Er fürchtet nun vor allem um seine Karriere als Diplomat. Lisa beteuert, kein Unrecht begangen zu haben:

Lisa: Martha ist Polin, eine Gefangene. Sie war besonders... [...] Oh, du darfst nicht denken, dass ich beteiligt war an den Greueltaten von Auschwitz.

[...]

Lisa: Ich habe niemals jemanden geschlagen. [...]! Ich habe für Martha so viel getan [...].[86]

Dann berichtet sie Walter, wie sie unter der Verachtung der Häftlinge zu leiden gehabt habe:

Lisa: [...] Wir wurden gehasst, Walter, von ihnen. Selbst an der Schwelle zum Tode hatte Martha diesen Blick, diesen schmerzvoll-hasserfüllten, stechenden Blick...[87]

Walter lenkt ein. Er gesteht Lisa zu, vom Lauf der Geschichte unschuldig vereinnahmt worden zu sein:

Walter: Ich versuche dich zu verstehen: Warst du ein Stück Treibholz, das in den Wasserstrudel hineingesogen wurde?

Lisa: Mein Walter![88]

Da erscheint der Steward und teilt mit, dass die Unbekannte Engländerin sei. Walter und Lisa sind erleichtert und begeben sich zurück an Deck. Dort jedoch taucht die Unbekannte erneut auf, und der Chor hinter der Bühne fordert Lisa auf, alles zu erzählen. Als sie sich weigert, vollzieht der Chor den Übergang zum 2. Bild, das auf der Ebene „Auschwitz" spielt.

---

85 Ebd., S. 9.
86 Ebd., S. 10.
87 Ebd., S. 11.
88 Vgl. ebd.

I. Akt, 2. Bild: „Appell", Ort: Auschwitz.

In den Regieanweisungen wird angegeben, dass sich Lisa und die Unbekannte von zwei Seiten über eine Treppe abwärts bewegen und in die Tiefe blicken sollen. Walter bleibt im Hintergrund. Unten erscheint die Ebene „Auschwitz" mit Baracken, Wachtürmen, Betonpfeilern und einer Unmenge Stacheldraht, „mit dem", so die Anweisungen, „hier alles umwickelt ist – die Erde und der Himmel".[89]

Die Szene beginnt mit drei SS-Aufsehern, die sich im Lager langweilen. Sie diskutieren darüber, dass die Liquidierungen zu langsam vorangingen und vor allem die Entsorgung der Leichen ein Problem darstelle:

> 1. SS-Mann: Die Feinde des Reichs umzubringen, ist ganz einfach, doch wohin mit den Leichen? Immerhin sind's pro Tag 20.000! Ja, das ist nicht einfach.[90]
>
> […]
>
> 3. SS-Mann: […] Wir müssten pro Tag eine Million liquidieren!
>
> […]
>
> 1. SS-Mann: Die Menschenvernichtung ist auch eine Wissenschaft.
>
> 2. SS-Mann: Sogar beim Töten unserer Feinde muss Ordnung herrschen, ja Ordnung muss sein.[91]

Lisa tritt auf und wird zuerst von den SS-Männern mit Komplimenten bedacht. Dann wird sie von der Oberaufseherin für ihren klugen Umgang mit den Gefangenen gelobt. Lisa gibt an, dass sie mit Hilfe von Martha die anderen Gefangenen besser beaufsichtigen will. An dieser Stelle tritt Martha das erste Mal auf der Ebene „Auschwitz" in Erscheinung. Sie steht am Ende der Bühne und schaut Lisa nach. Sie ist beunruhigt und fragt sich, was die Aufseherin Franz von ihr will:

> Martha: Sie beobachtet mich unablässig. Sie ist so höflich und aufmerksam. Was bedeutet das wohl? Vielleicht ist diese Deutsche eine gute Frau? Kann es sein, dass sie ein Mensch ist? Wozu braucht sie mich? Wozu, wozu, wozu?[92]

I. Akt, 3. Bild: „Baracke". Ort: Auschwitz.

Verschiedene Mitgefangene werden eingeführt, darunter Yvette, eine junge Französin,[93] Krzystina, eine Polin, Vlasta, eine Tschechin, Hannah, eine Jüdin und Bronka, eine

---

89 Ebd., S. 12.

90 Diese Szene nimmt auch Bezug auf Żywulskas Erzählung, in der das ‚Plansoll' der SS – 20.000 Menschen täglich zu verbrennen – thematisiert wird; vgl. Żywulska (1988), S. 309 u. 333.

91 Weinberg (2010), S. 12. In diesem Abschnitt werden Passagen aus Il'ja Konstantinovskijs Buch *Srok davnosti* fast wortwörtlich eingefügt. So heißt es dort über einen Aufseher: „Ein stiller, ruhiger Mann, der sich gern über technische Probleme unterhielt. Beispielsweise darüber, daß das Dritte Reich ein industrielles Problem nicht bewältigen könne: Schließlich habe jeder Feind des Reiches einen Körper – wohin damit? Töten sei kein Problem. Aber wohin mit dem Körper?"; vgl. Konstantinovski (1966b), S. 24. An anderer Stelle heißt es in Bezug auf die SS-Männer im Lager: „Ordnung muß sein!" Vgl. ebd., S. 52.

92 Ebd., S. 13.

93 Einige Elemente dieser Figur sind auch in Żywulskas Roman zu finden; vgl. Żywulska (1988), S. 259.

nicht genauer definierte „ältere Gefangene".[94] Die Frauen sind verängstigt und verwirrt, eine der Gefangenen hat offenkundig den Verstand verloren.[95] In einer zurückgezogenen Ecke fleht Bronka vor einer kleinen Kerze Gott um ein Ende des Leids an.[96]

Die Ruhe, die in die Szene schließlich einkehrt, wird dann jedoch jäh unterbrochen. Katja, eine junge russische Partisanin, wird von den Wächtern hereingestoßen. Die Kapo findet einen Zettel bei ihr, auf dem eine Nachricht in polnischer Sprache geschrieben ist.[97] Lisa tritt hinzu und fordert Martha auf, den Inhalt der Nachricht vorzulesen. Martha gibt daraufhin vor, dass es sich um eine Liebesnachricht von ihrem Verlobten Tadeusz handele. In den Regieanweisungen heißt es, dass an dieser Stelle auf einem Bildschirm auf der Bühne in großen Buchstaben eine geheime Botschaft der Lageruntergrundorganisation zu lesen sein soll, die tatsächlich auf dem Zettel geschrieben steht. Marthas List gelingt, und Lisa schenkt ihr Glauben. Als Lisa weg ist, berichtet Martha Katja von ihrem Verlobten Tadeusz, den es tatsächlich gibt und der auch ins Lager gebracht wurde. Jedoch gibt sie an, dass sie seit zwei Jahren nichts mehr von ihm gehört habe. Laut Regieanweisungen soll am Ende der Szene Lisas Stimme von der Ebene „Schiff" zu hören sein:

> Lisa: Später erfuhr ich – Martha hatte mich belogen. Sie alle haben uns gehasst, Walter! Ich... wir alle, die wir im Lager Dienst taten, konnten uns damit nicht abfinden. Hörst du mich, Walter? Warum schweigst du?[98]

II. Akt, 4. Bild: „Magazin". Ort: Auschwitz.

Im Lager-Magazin untersuchen und sortieren die Gefangen die Habseligkeiten der Ermordeten.[99] Lisa überwacht die Arbeit. Ein SS-Mann tritt auf und fragt nach einer Geige. Ein berühmter Violinist sei unter den Gefangenen ausgemacht worden, der nun dem Kommandanten seinen Lieblingswalzer vorspielen solle. Lisa sucht eine Geige aus, und der SS-Mann beordert den Musiker, das Instrument selbst abzuholen. Tadeusz tritt auf. Martha und Tadeusz erkennen sich. Lisa nimmt dies wahr, verlässt die Szene und überlässt Martha und Tadeusz sich selbst. Die beiden fallen sich überglücklich in die Arme und erinnern sich schließlich gemeinsam der vergangenen, schönen Tage. Doch dann kommt Lisa zurück und stellt die beiden:

> Lisa: *(einschmeichelnd)* Nun denn... Ich breche alle Vorschriften für euch, für euch allein, für euch, für euch allein. Ein andrer SS-Mann, der gäbe euch Kar-

---

94 So die Angaben bei Weinberg (2010), S. 4. Stimmlage: Alt.

95 Diese Figur wird entlehnt aus Żywulska's Roman; vgl. Żywulska (1988), S. 179.

96 Dieses Bild taucht auch in Ilja Konstantinovskijs Roman auf. Dort heißt es: „Allabendlich kniete Celina, die Markthändlerin, mit ihrem mühsam erstandenen Kerzenstummel in der Ecke und betete. Wenn Celina mit dem Gebet begann, verstummten alle Gespräche. [...] Man hörte nur die Frauenstimme, ihr inbrünstiges Flehen: ‚Hör mich an, o Herr, mein Gott, denn du bist der Allmächtige, der Allweise, der allgütige Richter der Welt über Gut und Böse. Sieh gnädig herab auf mich, deine Magd, die vor dir im Staube kniet...'"; Konstantinovski (1966b), S. 54.

97 Auch Elemente dieser Szene stammen aus Konstantinovskij's Roman. So gibt es dort eine Figur, die verdächtigt wird, an der Untergrundbewegung teilgenommen zu haben; vgl. ebd., S. 12f. Die Figur der Katja aus dem Libretto ist angelehnt an die Figur der Krystyna aus dem Roman. Dazu gleich noch näher.

98 Weinberg (2010), S. 17.

99 Auch dieser Abschnitt referiert teilweise auf Żywulskas Erzählung, in der das Lager-Magazin „Kanada" eine große Rolle spielt; vgl. Żywulska (1988), v.a. S. 315f.

zer. Ich aber will euch helfen. Ich hoffe, ihr wisst das sehr zu schätzen und seid mir in Zukunft dankbar. *(Tadeusz und Martha schweigen. Lisa holt den Zettel aus der Tasche und zerreißt ihn.)* Euer Geheimnis ist kein Geheimnis mehr. Ich schenk' euch dieses Rendezvous.[100]

Als Lisa abtritt und Martha und Tadeusz sich noch einmal innig ihrer Zweisamkeit gewahr sind, betritt Katja die Szene. Es stellt sich heraus, dass der Zettel aus der vorherigen Szene in der Tat von Tadeusz stammte und dass Katja und Tadeusz sich kennen. Katja warnt die beiden Liebenden vor Lisa:

Katja: Nehmt euch in Acht, besonders vor ihr. Sie tötet, sie tötet aus dem Hinterhalt. Nehmt euch in Acht vor ihr, sie tötet, sie tötet durch andere Hände.[101]

Aus den Lautsprechern erklingt der Lieblingswalzer des Kommandanten.

II. Akt, 5. Bild: „Werkstatt". Ort: Auschwitz.

In den Regieanweisungen wird angegeben, dass Tadeusz sich alleine in einer Art Tischlerei oder Graveurwerkstatt befindet.[102] Er liest einen Zettel, der offenkundig in Verbindung mit dem ersten Zettel steht:

„Euer Bericht wurde in Krakau rechtzeitig empfangen. Wir danken für die wertvollen Angaben. Wisst: Kiew ist befreit! Haltet durch, Freunde, und seid vorsichtig!"[103]

Lisa tritt auf. Sie verhöhnt Tadeusz wegen seiner Liebe zu Martha, seiner „Lagermadonna", deren Portrait Tadeusz für ein kleines Medaillon skizziert hat. Lisa bietet ihm an, weitere Treffen mit Martha arrangieren zu können. Tadeusz lehnt jedoch ab, da er Martha nicht in Gefahr bringen und vor allem nicht in Lisas Schuld stehen will:

Lisa: Dies ist mein letztes Angebot. Überleg es dir. Morgen wird's zu spät sein.

Tadeusz: *(spöttisch lächelnd)* Ich habe das verstanden, doch ich gehe nicht, gehe nicht. Ich brauche ihre Gefälligkeiten nicht. […] Ich will nicht in Ihrer Schuld stehen, Anna-Lisa Franz.[104]

Daraufhin ist von der Ebene „Schiff" Lisas Stimme zu vernehmen:

Lisa: Er wollte von mir keine Gefälligkeiten, Walter! Er hat alles verstanden. Obwohl er wusste, dass er zum Tode verurteilt ist, hat er abgelehnt. Sie waren alle blind vor Hass. Walter, hörst du mir zu? Warum sagst du nichts? Warum schweigst du die ganze Zeit?[105]

---

100 Weinberg (2010), S. 19.
101 Ebd.
102 Auch bei Żywulska entspinnt sich eine Art Liebesgeschichte zwischen der Erzählerin und einem männlichen Mitgefangenen Andrzej, der Tischler ist. Die beiden schicken sich heimlich Nachrichten zu, und der Tischler arrangiert über Mitgefangene Treffen. Verschiedene Szenen aus diesem Handlungsstrang dienten – neben Posmyszs „Christus in Auschwitz" – offenkundig auch als Vorlage für die Geschichte von Martha und Tadeusz im Libretto.
103 Ebd., S. 20.
104 Ebd.
105 Ebd., S. 21.

II. Akt, 6. Bild: „Baracke". Ort: Auschwitz.

Die Mitgefangenen gratulieren Martha zum Geburtstag und wünschen ihr Freiheit. Martha singt darauf ein inniges Lied und zeigt den Mitgefangenen die Rosen, die ihr Tadeusz heimlich geschickt hat. Lisa erscheint. Sie bietet Martha an, Tadeusz noch einmal zu treffen, doch diese ist zurückhaltend. Dann bemerkt Lisa die Rosen:

> Lisa: [...] Woher sind diese Rosen?
>
> Martha: Ich habe heut Geburtstag.
>
> Lisa: Das war bestimmt der Tadeusz? Natürlich, er... Heimlich? Ach, sieh mal an! Na, so wisse, du Lagermadonna! Er wird morgen nicht kommen hierher [sic!]. Du bist ihm einerlei! Ich bot ihm an, zu kommen, doch er hat abgelehnt![106]

Doch Martha hält fest zu ihrem Verlobten. Sie lässt sich nicht von Lisa überzeugen, dass Tadeusz sie sitzen gelassen habe, sondern bleibt bei der Meinung, dass Tadeusz mit dem, was er tut, im Recht sei:

> Martha: Wenn er abgelehnt hat, hat er seine Gründe.
>
> Lisa: Wie? Die Verlobte sitzen lassen? Die Braut nicht unterstützen? Nur die Polacken sind fähig zu sowas!
>
> Martha: Was wisst Ihr schon von uns, Frau KZ-Aufseherin! Tadeusz hat recht, Tadeusz hat recht, Tadeusz hat recht...!
>
> Lisa: (drohend) Du, das wirst du mir büßen! Schon sehr bald, sehr bald![107]

Nach Lisas Abgang beschäftigen sich die Häftlinge miteinander und träumen von der so unerreichbar scheinenden Zukunft nach dem Lager. Yvette dekliniert mit der Gefangenen Bronka das französische Wort „vivre".[108] Martha bittet Katja, von ihrem Land zu erzählen, und Katja stimmt daraufhin das Volkslied „Dolina-Dolinuška" an:[109]

> Martha: Ein schönes altes Volkslied, ein weiter Klang...
>
> Katja: Das bedeutet Russland...Heimat. [...][110]

Die Szene wird jäh unterbrochen und eine Selektion findet statt. Vlasta, Hannah, Katja und Yvette werden abgeführt. Beim Hinausgehen ruft Katja: „Bitte vergesst uns nicht! Vergesst uns nicht! Keine Vergebung – niemals!"[111] Und der Chor hinter der Bühne

---

106 Ebd., S. 22.

107 Ebd., S. 23.

108 Auch diese Szene ist fast wörtlich Konstantinovskijs Buch entlehnt; dort ist zu lesen: „,Je vis, tu vis, il vit. Ich lebe, du lebst, er lebt', wiederholt sie [die Gefangene Stefa – V.M.] mit geschlossenen Augen, in der Zelle auf und ab wandernd. Sie lernte gerade das Verbum ,vivre' – ,leben'." Konstantinovski (1966b), S. 59.

109 Dieser Abschnitt ist Żywulskas Roman entlehnt; vgl. Żywulska (1988), S. 289. Dort singen die Gefangenen Volkslieder ihrer Heimat, darunter auch eine Russin, die „inbrünstig ihre sowjetischen Lieder" singt; ebd.

110 Weinberg (2010), S. 23.

111 Ebd. Elemente dieser Szene sind wiederzufinden bei Konstantinovskij. Dort wird die Figur der Krystyna von der SS zur Ermordung abgeführt: „Vergeßt mich nicht", sagte Krystyna, während sie zur Tür ging. [...] „Vergeßt mich nicht! Vergeßt nicht, was ihr gesehen habt! Und vergebt ihnen nie!" Konstantinovski (1966b), S. 31.

antwortet: „Nie und nimmer, nie und nimmer, nie und nimmer, nie und nimmer vergeben wir!"[112]

Martha will Katja folgen, doch Lisa hält sie zurück:

> Lisa: Nein, du bist noch nicht dran! Nur keine Eile. Du schaffst es auch noch. Erst die Strafe; für deine Verbrechen und die von Tadek bekommst du die Strafe. Ich schrieb einen Rapport, du gehst in den Block…in jenen, du weißt, was ich meine… Übrigens… du gehst zuerst ins Konzert. Da hörst du Tadeusz. Deine Liebe hab' ich geschont. Und dies wird mein letztes Geschenk an dich sein.[113]

Als Ruhe einkehrt, sieht man nur noch die kleine Gebetskerze Bronkas leuchten:

> Bronka: *(wie in Trance)* Allmächtiger Herr, Allwissender, Gnädiger, Gerechter, Richter über Gut und Böse…Wenn es dich gibt, wenn es dich gibt… *(Bronka hebt den Kopf nach oben und bläst voller Entschlossenheit die Kerze aus. Ein dumpfes Schluchzen ist zu hören).*[114]

II. Akt, 7. Bild: „Schiff". Ort: Dampfer.
Walter und Lisa sind in der Kabine. Der Steward erscheint und klärt die beiden darüber auf, dass die Unbekannte doch keine Engländerin, sondern Polin sei. Walter ist aufgebracht und befürchtet, nun der Passagierin ausgeliefert zu sein. Lisa wirft ihm vor, dass er nur an seine Karriere denke. Walter drängt nun, alles zu erfahren, doch Lisa beteuert, alles gesagt zu haben und bittet ihn, aufzuhören sie zu quälen. Plötzlich wird Lisa trotzig:

> Lisa: *(provokant)* Ja, ja, ich war in Auschwitz, doch deshalb bin ich noch keine Verbrecherin. Ich war eine ehrliche Deutsche. Ich bin stolz, stolz auf meine Vergangenheit!
>
> (Lisa und Walter schauen sich unverwandten Blickes an. Plötzlich fällt Lisa auf die Knie)
>
> Lisa: Walter, Walter! Ich hab' keine Angst vor Juristen – nur vor dir. Ich hab' keine Angst vor Verurteilung, nur vor dir. Richte mich, doch bitte bleib bei mir! Bleib bei mir! Walter![115]

Dies Flehen erweicht Walter und er gibt an, ihr zu glauben:

> Walter: *(gerührt)* Ich glaube, ich glaube dir, mein Liebling. Ich kann dich sogar verstehen.
>
> Lisa: *(sich beruhigend)* Ich hab' befürchtet, dass du mich allein lässt.
>
> Walter: Mein armes Mädchen, hast gelitten und viel durchgemacht…
>
> Lisa: Muss ich denn für alles und für alle die Verantwortung übernehmen?
>
> Walter: Nein, du bist nicht verpflichtet. Es war halt Krieg. Das ist schon lange her. Jeder hat das Recht, den Krieg zu vergessen.
>
> […]

---

112 Weinberg (2010), S. 24.
113 Ebd.
114 Ebd.
115 Ebd., S. 25.

Walter: Wir kehren nie in die Vergangenheit zurück. die Zeit wusch alles fort, die Zeit wusch alles fort [...].[116]

Daraufhin ist Lisa euphorisch, sie will tanzen und die Schönste des Abends sein. Sie gehen an Deck und Lisa zieht aller Augen auf sich. Sie tanzt mit dem Kapitän, dann mit Walter.

Da erscheint die Passagierin. Sie geht zur Kapelle und bittet um ein Lied. Laut ertönt der Lagerwalzer, der Lieblingswalzer des Oberkommandanten. Lisa gerät außer sich. Sie weiß nun, dass die Unbekannte wirklich Martha ist:

> Lisa: Sie ist es doch! Sie ist's! Martha!
>
> Walter: Jetzt reiß dich zusammen!
>
> Lisa: Walter, das kann ich nicht! Sie hat mich erkannt, mich erkannt! Sie hat absichtlich, absichtlich diesen Walzer bestellt, diesen Walzer der Hölle.[117]

Walter herrscht sie an, sich zusammenzureißen. Aber Lisa kann nicht. Sie will zu Martha:

> Lisa: Lass mich los!
>
> Walter: Wo willst du hin?
>
> Lisa: Zu ihr.
>
> Walter: Du bist ja wahnsinnig!
>
> Lisa: Ich will Dankbarkeit aus ihrem Munde hören!
>
> Walter: Du bist verrückt!
>
> Lisa: Dafür, dass sie überlebt hat, dass sie lebt, dass sie heute tanzen gehen kann![118]

In den Regieanweisungen ist angegeben, dass Lisa zuerst auf Martha zugeht. Doch dann bleibt sie stehen, und schließlich dreht sich das Verhältnis – Martha geht auf Lisa zu. Sie drängt sie an den Rand der Bühne und zu der Treppe, die hinab auf die Ebene „Auschwitz" führt.

II. Akt, 8. Bild „Konzert".
Im zum Konzertsaal umfunktionierten Baderaum des Lagers befindet sich das Gefangenenorchester.[119] Die SS-Leute und Aufseher sitzen auf Stühlen davor. Dahinter stehen die Gefangenen. Der Kommandant tritt auf und nimmt in einem Sessel Platz. Ein SS-Mann gibt Tadeusz das Zeichen anzufangen:

> SS-Mann: Spiel ordentlich, Artist! Spiel dem Kommandanten den Walzer vor. Spiele wie vor Gott, dem Herrn. Du wirst dich bald mit ihm treffen. Fang an![120]

---

116 Ebd.
117 Ebd., S. 26.
118 Ebd., S. 25f.
119 Berichte von Lagerorchestern, die zur Erbauung der SS spielen mussten, gibt es auch in Żywulskas Erzählung, vgl. Żywulska (1988), S. 315.
120 Weinberg (2010), S. 27.

Tadeusz setzt an zu spielen, doch es erklingt nicht der Walzer, sondern die „Chaconne" aus der *Partita* No. 2 in d-Moll (BWV 1004) von Johann Sebastian Bach.

> (Tadeusz dreht sich mit dem Gesicht zum Orchester und beginnt zu spielen. Ein Lichtstrahl fällt in den Reihen der Gefangenen auf Martha. Sie schaut ununterbrochen auf Tadeusz. Aus der banalen Walzermelodie entfaltet sich die Chaconne von Bach. Die Geigenstimme schwingt sich immer weiter empor. Das Licht wird heller. Auch Tadeusz wird beleuchtet. Er spielt, als stünde er vor der ganzen Welt. [...] Unter den Deutschen in der ersten Reihe entsteht Unruhe. Der Kommandant springt auf und gibt irgendeinen Befehl. Der 2. SS-Mann stürzt sich auf Tadeusz, entreißt ihm die Geige und zertrümmert sie. Das Licht geht aus. Ein Lichtstrahl findet Martha in der Tiefe der Bühne. Sie geht lange allein auf der dunklen Bühne hin und her).[121]

Der Gesang des Chores von der „Schwarzen Wand" beendet die Szene.

Epilog „Am Fluss".
Martha singt alleine am Ufer eines Flusses. Sie gedenkt der ermordeten Freunde und verspricht, niemals zu vergessen. In diesem Epilog wird rekurriert auf den Paul Éluard zugeschriebenen Ausspruch, der der Oper vorangestellt wurde:

> Martha: [...] Ich weiß ja, weiß es: Wenn eines Tages eure...Stimmen verhallt sind, die Stimmen verhallt sind, dann gehen wir zugrunde. [...] Ich werde euch, werde euch [...] nimmer vergessen...Vorhang.[122]

Zu den Unterschieden zwischen literarischer Vorlage und Libretto

Obwohl sich das Libretto inhaltlich über weite Strecken klar an der literarischen Vorlage von Posmysz orientiert und einige Stellen fast wortgetreu übernommen wurden, weichen die beiden Texte doch in wichtigen Punkten voneinander ab. Wenngleich an dieser Stelle kein detaillierter Vergleich der beiden Versionen durchgeführt werden soll, möchte ich doch auf diejenigen Unterschiede näher eingehen, die für das Verständnis unerlässlich scheinen.

Die unterschiedlichen Handlungsebenen und die Figur der Lisa[123]

Wie in der Oper spielt auch in der Erzählung die Handlung auf unterschiedlichen zeitlichen Ebenen. Ausgangspunkt der Handlung ist die Erzählebene „Schiff", von der aus analeptisch auf die Ebene „Auschwitz" zugegriffen wird. Der genaue Zeitpunkt der Handlungsebene „Schiff" wird, anders als im Libretto, nicht näher bestimmt. Verschiedene Bemerkungen zur politischen Lage, die im Laufe dieses Handlungsstrangs gemacht werden, lassen jedoch die Vermutung zu, dass die Ebene zwischen 1956 und 1960 angesiedelt sein könnte.[124] Die Handlungsebene „Auschwitz" öffnet sich stets da-

---

121 Ebd.
122 Ebd., S. 28.
123 Da meine Fragestellung anders fokussiert ist, kann und soll an dieser Stelle weder eine narratologische Analyse des Posmysz-Textes noch ein Vergleich der beiden Texte im Sinne der Libretto-Forschung durchgeführt werden. Zweifelsohne wäre dies jedoch ein ergiebiges Thema.
124 So wird in der Erzählung mehrmals auf eine wachsende Spannung zwischen Amerika und der Sowjetunion verwiesen, zudem auf „bestimmte Ereignisse in Deutschland", die „großen Anlass

durch, dass Lisa auf dem Schiff Walter von ihrer Zeit als SS-Aufseherin erzählt oder sie sich – auch unabhängig von Walter – an Episoden aus dem Lager erinnert. Insofern ist diese Ebene fest mit Lisas Person verbunden. Diese Verbindung fehlt im Libretto: Hier wird die Ebene „Auschwitz" von der Figur der Lisa und ihren Erinnerungen/Erzählungen abgesondert. Zwar verknüpfen einzelne Kommentare Lisas die beiden Ebenen stellenweise, doch bildet ihre Figur nicht – wie es im Buch der Fall ist – das definitive Verbindungsstück.

Diese Ablösung der Handlungsebene „Auschwitz" von der Figur der Lisa ist insofern von Bedeutung, als somit Lisa im Libretto die Macht über die dargestellten Vorgänge gleichsam entzogen wird. Während in der Erzählung die Erinnerungen an Auschwitz von Lisa selbst evoziert werden und der Leser weder mit letzter Sicherheit wissen kann, ob sie wirklich alles erzählt hat, noch ob das Dargestellte der Wirklichkeit entspricht, finden die Vorgänge in der Oper, die auf der Ebene „Auschwitz" spielen, ausdrücklich gegen Lisas Wunsch statt und sie wird mehr oder weniger ‚von außen' gezwungen, sich der Wahrheit zu stellen. Dies hat mehrere Folgen: (1) Einmal auf rein formaler Ebene die klare Organisation der Handlungsebenen, die für das Genre der Oper sinnvoll ist. So spielt die Rahmenhandlung (das 1. Bild des I. Aktes und das 7. Bild des II. Aktes) ausschließlich auf der Ebene „Schiff". Innerhalb dieser Rahmenhandlung entwickeln sich die Szenen „in Auschwitz" unabhängig von Lisa und damit auch mehr oder weniger unabhängig von den Vorgängen auf der Ebene „Schiff".[125] Eine Ausnahme stellen die Schlüsselszene und der Höhepunkt der Oper dar, das 8. Bild des II. Aktes. Hier wird über die Regieanweisungen die Grenze zwischen Rahmenhandlung und Binnenhandlung aufgehoben, indem angegeben wird, dass die Figuren der Rahmenhandlung sich in die Binnenhandlung bewegen sollen. (2) Zudem wird die psychologische Gestaltung der Figur der Lisa durch diese Trennung vereinfacht und sie eindeutiger der Kategorie ‚Täter' zugeordnet. Das eigenverantwortliche Handeln wird Lisa entzogen und das Ringen mit dem Gewissen spielt im Hinblick auf ihre Person keine Rolle mehr. Damit scheinen die Librettisten just den Punkt zu berücksichtigen, welcher in der DDR-Ausgabe des Buches harsch kritisiert wurde. So war dort zu lesen, dass es

> schwer vorstellbar [sei], daß ein Mensch wie Lisa, die so vertiert, grausam und roh gehandelt hat, später so empfindlich und philosophierend reagiert. […] Besteht die Gefahr, daß der Leser mit Lisa Mitleid bekommt, Mitleid mit ihren Ängsten und Seelenqualen? Das aber wäre nur Wasser auf die Mühlen all derjenigen, die auch heute noch vor allem in Westdeutschland, selbstklagend denken: Ach, wir armen Deutschen […].[126]

---

zur Sorge bereiteten". Damit können nur die problematische Vergangenheitsbewältigung und die antisemitischen Ausschreitungen in der BRD Anfang 1960 gemeint sein. Die folgenden Ausführungen beziehen sich auf die aktuelle Neuauflage der Erzählung: Zofia Posmysz: *Die Passagierin.* Deutsche Übersetzung von Peter Ball. Norderstedt 2010a, hier v.a. die Seiten 85-88. An anderer Stelle wird darauf verwiesen, dass sich Lisa und Walter „kurz nach dem Krieg" kennenlernten; ebd., S. 5. Und dass sie sich offenbar seit 10 Jahren kennen bzw. seit 10 Jahren verheiratet sind; vgl. ebd., S. 146.

125 An wenigen Stellen verschwimmen die Grenzen durch die Überlagerung von gesprochenen Kommentaren von der Ebene „Schiff" mit den musikalischen Vorgängen auf der Ebene „Auschwitz". Ich werde auf die prägnantesten Stellen im Folgenden verweisen.

126 Jaldati (1969), S. 240.

Im Zusammenhang mit dieser Modifikation der Figur der Lisa spielt auch ein Moment der Erzählung eine bedeutende Rolle, das offenkundig den Anstoß für die Ebene des Chores im Libretto gab. Im Buch wird dieses Moment beschrieben, als Lisa auf dem Schiff erstmals mit Walter über ihre Vergangenheit gesprochen hat und Walter wutentbrannt aus der Kabine gestürzt ist. Lisa ruft den Steward, um in Erfahrung zu bringen, wer die unbekannte Passagierin sei. Sie versucht, sich zu beruhigen, doch ihr Gewissen lässt dies nicht zu:

> Sie hat es ihm gesagt, und sie kann ihm gegenüber nun endlich ruhig sein. Sie hat ihm alles gesagt.
>
> „Alles?"
>
> Sie wandte sich heftig um, aber nein, diese Stimme kam nicht von außen, diese Stimme meldete sich in ihr selbst. War das etwa das vielgerühmte Gewissen?
>
> „Alles, was wesentlich war", antwortete sie diesem Etwas in ihr, „alles, was zwischen mir und ihr das Wichtigste war, was die Wahrheit war."
>
> „Was die Wahrheit war?"
>
> [...] das Gewissen, dieses Etwas in ihr, das sie nicht identifizieren konnte, zwang sie, an etwas zu denken, bei dessen Anblick sich ihr Herz zusammenzog.[127]

Das Gewissen Lisas wird somit in der Erzählung als eigenständige, in die Handlung eingreifende Figur eingeführt, die mit Lisa in Dialog tritt. Das personifizierte Gewissen macht es Lisa im Folgenden unmöglich, der Erinnerung zu entfliehen, da sie sich davon beobachtet fühlt und sich somit gezwungen sieht, sich auch derjenigen Lagerepisoden zu erinnern, denen sie sich eigentlich verweigern wollte.[128] Gleichzeitig ist dieses schlechte Gewissen mit der Figur der Unbekannten gekoppelt sowie mit der Angst, Walter könne mit der Unbekannten auf dem Schiff persönlich in Kontakt treten. Als könne sie dieser Angst allein durch die Rekapitulation der Wahrheit begegnen, zwingt sich Lisa, sich zu erinnern. Sodann wechselt die Handlung auf die Ebene „Auschwitz":

> Sie [Lisa – V.M.] sah dieses Bild wie in einem Wachtraum: Walter und die andere. [...] Jene schwieg noch. Noch hat sie nicht angefangen zu sprechen. Sie wartete. [...] Und wieder spürte sie [Lisa – V.M.] jenen Blick, der durch Walter auf sie traf. ‚Er wird es sowieso erfahren' – sagte dieser Blick – ‚ich bin bereit, in jedem Augenblick zu sprechen, es wird also besser sein, wenn sie sich selbst erinnern...'
>
> Und Lisa erinnerte sich...[129]

Es ist klar erkennbar, dass dieses Moment der Erzählung als Vorlage für den Chor im Libretto diente. Doch kommt dem Chor eine vollständig andere Funktion zu. Er ist eindeutig nicht als das schlechte Gewissen Lisas angelegt, sondern tritt als unabhängige moralische Instanz in Erscheinung, klar außerhalb von Lisas Person. Sehr deutlich wird dies im 1. Bild des I. Aktes:

---

127 Posmysz (2010a), S. 52.
128 Vgl. ebd., S. 56.
129 Ebd., S. 54.

Walter: Hast du wirklich alles gesagt?

Chor: *(hinter der Bühne)* Na los, so sag's, so sag's, na los!

Lisa: Alles, alles!

Chor: Nein, nein, nein, nein, nein! Du hast nicht alles gesagt, nicht alles!

Lisa: Alles!

Chor: Dann werden jetzt einmal andere sprechen, sprechen, jetzt mögen andere sprechen!

Lisa: Alles! Alles![130]

So vollzieht sich im Libretto, anders als in der Erzählung, die Öffnung zur Ebene „Auschwitz" gegen Lisas Willen und auch unabhängig davon. An keiner Stelle im Libretto wird erwähnt (wie es im Buch an mehreren Stellen der Fall ist), dass Lisa mit ihrem Gewissen ringt. Ein kleiner, doch bedeutender Unterschied, der der Figur der Lisa in der Oper die Auseinandersetzung mit ihrem Gewissen entzieht und sie allein der moralischen Beurteilung von außen unterwirft. Durch diese Veränderung der Handlungsstruktur wird die von offizieller Seite als problematisch empfundene Erzählperspektive mit einer Täterfigur als zentraler Figur, von der ausgehend sich die Handlung entwickelt, deutlich abgeschwächt. Darüber hinaus wird der nun eindimensionalen Perspektive Lisas – welche im Buch allein durch die Figur des Mr. Bradley indirekt kontrastiert wird – die übergeordnete moralische Instanz des Chores gegenübergestellt.

Die Figur des Walter: Mr. Bradley und das Verhältnis zu Lisa
Während die Figur der Lisa auf diese Weise im Libretto ‚geglättet' und ihrer moralischen Verwerfungen beraubt wird, wird die Figur des Walter moralisch deutlich abgründiger, dabei jedoch ebenfalls weniger komplex dargestellt als in der Erzählung von Posmysz. Dies ist dem Umstand geschuldet, dass der Leser im Laufe der Erzählung eine ganze Reihe von Informationen zu der Figur erhält, die im Libretto nicht gegeben werden. So erfährt man in der Erzählung etwa Walters Berufstand direkt nach dem Krieg (Antiquitätenhändler) und zum Zeitpunkt der Handlung auf dem Schiff (bekannter Wirtschaftswissenschaftler). Dies macht offenkundig, dass Walter eine klassische ‚Nachkriegskarriere' verfolgte, wie sie durch großen Ehrgeiz einerseits und nicht unbedeutenden Opportunismus andererseits ermöglicht wurde. Im Zuge eines Gesprächs, das sich zwischen der Figur des Walter und der Figur des Mr. Bradley – die im Libretto vollständig fehlt – entwickelt, erfährt der Leser auch Walters Schicksal im Krieg. Wenngleich diese Informationen von Walter selbst mitgeteilt werden, so werden sie dem Leser doch als glaubwürdig präsentiert:

> Er [Walter – V.M.] verstummte plötzlich, erschrocken durch einen neuen, schockierenden Gedanken. Warum war dieser Amerikaner der erste, der die Wahrheit erfuhr? Denn sogar Lisa wußte nur, daß er in Gefangenschaft geriet.[131]

---

130 Weinberg (2010), S. 11.
131 Posmysz (2010a), S. 29.

Zwar wird mit der Figur des Walter in der Erzählung ein Paradebeispiel deutschen Mitläufertums präsentiert, doch wird diese Figur gleichzeitig einer Gewissensprüfung unterzogen. Nicht nur durch die Offenbarungen Lisas, auch durch die Gespräche mit Mr. Bradley sieht sich Walter gezwungen, den eigenen moralischen Standpunkt zu reflektieren. Mr. Bradley wird beschrieben als Amerikaner mittleren Alters, der bei der Befreiung Deutschlands beteiligt gewesen ist. Er befindet sich ebenfalls auf dem Schiff und sucht in Walter einen Gesprächspartner:

> Natürlich wurde ihm [Walter – V.M.] sofort klar, wie er Bradley einschätzen mußte: Dieser Bursche hatte so manches gesehen, daher diese eigenartige Besessenheit. Das Problem der deutschen Seele gab ihm keine Ruhe.[132]

Bradley hält Walter für einen Deutschen, mit dem man „über alles reden könne",[133] und verwickelt ihn in eine Reihe von Diskussionen, die um die Frage von kollektiver und individueller Schuld und das Thema Vergangenheitsbewältigung kreisen. Anfänglich nimmt Walter daran keinen Anstoß:

> Außerdem sehe er keinen Grund, warum er Bradley nicht helfen solle, dieses Problem zu untersuchen. Sofern, fügte er nach einer Weile gedankenvoll hinzu, dies überhaupt möglich sei.[134]

Doch im Laufe der Handlung – und vor allem nach der Entdeckung von Lisas Vergangenheit – wird es für Walter zunehmend schwierig, sich den Gesprächen mit Bradley auszusetzen und die eigene, moralisch fragwürdige Haltung beizubehalten. Denn Bradley bezieht eine sehr eindeutige Position und bemerkt im Laufe einer Diskussion:

> Während 1945 die Deutschen, wenn sie von der deutschen Schuld hörten, im allgemeinen schwiegen, begannen sie bereits drei Jahre später ein „aber" hinzuzufügen. Das hatte den Zweck, die Verantwortung auf Hitler und seine Umgebung zu schieben. Alle waren schuld: die Koalitionsmächte, der Versailler Vertrag, nur nicht die Deutschen selbst. Ich habe die nach dem Krieg erschienenen Publikationen, die mit der Vergangenheit abrechneten, verfolgt. Es gibt sie jetzt fast gar nicht mehr. Und was habe ich festgestellt? Daß selbst die besten, wenn sie von der „deutschen Schuld" sprachen, sich nicht enthalten konnten, ein „aber" hinzuzufügen.[135]

Schließlich lehnt Walter, nachdem er merkt, dass er Bradley nicht von seiner Haltung abbringen kann – und er ihm auch aufgrund von Lisas Geständnissen nicht mehr standhalten kann –, die Diskussion einfach ab:

> Da sieht man, warum unser Gespräch zu nichts führen kann. Wir spielen uns gegenseitig den Ball der Verantwortung zu, als wären wir bei einer Tennispartie. [...] Aber Sie haben dieses Gespräch begonnen, und da ich ein Mensch bin, mit dem man ‚über alles reden kann', nehmen Sie die Gelegenheit wahr. Es kann sein, daß man morgen mit mir über nichts mehr reden kann.[136]

---

132 Ebd., S. 12.
133 Ebd.
134 Ebd.
135 Ebd., S. 87f.
136 Ebd., S. 92.

Im Libretto ist die Figur des Walter gänzlich anders angelegt. Keinerlei Informationen zu Walters Schicksal und Handlungen während des Krieges werden gegeben und es wird allein sein Karrierestreben in der Nachkriegszeit erwähnt. Die Figur wird – gerade auch dadurch, dass man nichts erfährt – insgesamt undurchsichtig und fragwürdig. Verschiedene Äußerungen (etwa sein leichtfertiges Abtun von Lisas Vergangenheit) lassen zudem vermuten, dass Walter selbst eine NS-Geschichte hat. Entscheidend ist auch, dass die Figur des Mr. Bradley, an der Walters Haltung kritisch gespiegelt wird, fehlt; eine Streichung, die sicherlich der librettistischen Straffung des Erzählten geschuldet ist. Jedoch wird auch möglich, die – eingedenk der ‚schwierigen‘ politischen Situation zwischen der Sowjetunion und den USA – problematische Figur des ‚aufgeklärten‘ Amerikaners Bradley, welcher in der Erzählung die einzig integre Person darstellt, quasi verschwinden zu lassen.

Auch die Haltung, die Walter gegenüber Lisa einnimmt, weicht im Libretto entscheidend von derjenigen in der Erzählung ab. So reagiert Walter hier deutlich heftiger auf Lisas Entdeckung als im Libretto. Und sein eigener moralischer Konflikt, der sich durch Lisas Geständnis verschärft, wird im Zuge dessen offenbar:

> [Walter] schrie: „Dieser verfluchte Krieg! Dieser idiotische, verfluchte Krieg!"
> [...] „Die Tatsache deines Dienstes in einer ‚Frauenorganisation‘, wie du es mir
> vor der Hochzeit gestanden hast, hat meine Phantasie nicht angeregt. Ich habe
> nicht gefragt, was das für Organisationen waren, noch was du dort getan hast.
> Und das war mein Fehler. Du..." [...] „Du warst jung. Du hast dich von der
> Ideologie, von diesem ganzen ‚Programm der Macht‘ betrügen lassen. So viele gab es nun wieder nicht, die voraussahen, womit das endet. Nicht jeder hatte meinen Verstand. Na, und mein Glück. Ich habe mich da irgendwie durchgeschlängelt, möglichst weit weg von dieser Schweinerei, und dabei meinen Kopf auf dem Hals behalten. Das war verflucht schwer. Ich weiß. [...] Vielleicht habe ich auch kein Recht, dich zu verurteilen."[137]

Im Laufe der Handlung und mit dem Fortschreiten von Lisas Geständnissen scheitert Walter letztendlich, den Konflikt zu lösen, was vor allem den Gesprächen mit Mr. Bradley geschuldet ist:

> „Zum Teufel!" rief er [Walter – V.M.] zornig. „Es ist nach dieser ganzen
> Schweinerei nicht angenehm, ein Deutscher zu sein. Es ist schwer, mit irgendjemandem ein normales Gespräch zu führen. Wenn man das Unglück hat, in
> meinem Alter zu sein, erscheint in den Augen des Gesprächspartners sofort
> die Frage: Interessant..., wo du ‚damals‘ wohl warst? Wen hast du gemordet?
> [...] Das quält, Lisa."[138]

Zwar hält Walter zuerst noch an Lisa fest:

> „Wenn ich doch so fühlen könnte wie ich denke", sagte er mehr zu sich selbst
> als zu ihr, „wenn ich diesen Fleck auch in meinem Fühlen von dir abwaschen
> könnte. [...] Ich denke daran, wie du dich in diesen wenigen Monaten quälen

---

137 Ebd., S. 48-50.
138 Ebd., S. 106.

mußtest." […] „Und trotzdem…, dieser Schatten bleibt. Und er läßt sich wohl nicht mehr entfernen. Ich muß mich an ihn gewöhnen…Versteh das…"[139]

Doch dann sieht sich Lisa nach einer weiteren Begegnung mit der Unbekannten gezwungen, Walter zu gestehen, dass sie auch an einer Selektion teilgenommen hat. Dabei beharrt sie weiterhin darauf, niemals etwas Unrechtes getan zu haben und durch ihre Handlungsweise Martha sogar gerettet zu haben:

> [Lisa spricht – V.M.] „Sie wäre ins Gas gegangen, ohne jeden Zweifel. Der Bunker hat sie fertiggemacht. Sie kam halbtot dort heraus. Die Bormann hätte sie mit Vergnügen aussortiert. […] Wenn ich nicht daran teilgenommen hätte, wäre sie nicht hier. Noch irgendwo!"
>
> [Walter spricht – V.M.] „Wenn du woran nicht teilgenommen hättest?"

Sie schaute ihn an und versuchte sich zu beherrschen. Bereits ruhiger fuhr sie fort:

> „Niemals hatte ich etwas mit dem zu tun, das Auschwitz den Namen eines Vernichtungslagers gab. Mit den Ausrottungsaktionen. Und offensichtlich deshalb hielt die Lagerführerin meine Probezeit für noch nicht ganz beendet. Einige Tage vor meiner Abfahrt kündigte sie mir an: ‚Annie, morgen ist Selektion, ich meine, daß du daran teilnehmen solltest.' […] Wenn ich mich geweigert hätte…? Wahrscheinlich gab es auch solche, die dies taten. Sie begingen Selbstmord oder wanderten ins Lager als Häftlinge. Ich vermochte weder das eine noch das andere. Ich war keine Heldin. […] Und schließlich, wenn Deutschland groß werden sollte…? […]"[140]

Nach dieser Episode kommt es zum Bruch zwischen dem Ehepaar. Walter gibt Lisa zu verstehen, dass er ohne sie auf dem Schiff weiterzureisen gedenkt. Lisa soll von Bord gehen und alleine nach Brasilien reisen. In der Erschütterung des Augenblicks hält Lisa jedoch auch Walter seine eigene problematische Position vor:

> [Lisa spricht] „Ich wollte eine gute Deutsche sein. So wie du ein guter Deutscher sein willst."
>
> Er schaute sie erstaunt an. „Siehst du da keinen Unterschied?"
>
> „Nein! Zehn Jahre lang hast du mich kein einziges Mal nach den Einzelheiten meines Dienstes gefragt. Und heute willst du mich verlassen! Aus einem Grund, der für dich nicht existierte! Damit kann ich nicht einverstanden sein! Sonst…hätte sie recht gehabt, als sie sagte, daß auch ich das einmal verstehen werde…"
>
> „Was?" fragte Walter fast flüsternd.
>
> „Daß der frei ist, der…nichts mehr zu verlieren hat. Zwinge mich nicht dazu, daß ich das verstehe!" Ihre Stimme begann zu zittern. „Das erst wäre meine Niederlage! Und ihr wirklicher Sieg! Nicht der verlorene Krieg, sondern… das!"

---

139 Ebd., S. 107.
140 Ebd., S. 118.

„Lisa…", Walter war erschüttert. „Ich habe doch …nichts voreilig entschieden. Ich habe nur gesagt, daß…es uns nach alledem ebenso schwerfallen wird zusammenzuleben, wie…Mein Lebensprogramm…"

„Dein Programm!" unterbrach sie ihn. „Warum hast du geschwiegen, als die Welt uns gehörte? Hast du im KZ gesessen wie die, die gegen uns waren?! Hast du das von der großen Schweinerei laut hinausgeschrien?! Was hast du getan gemäß diesem, deinem Programm?"[141]

Kurz vor dem Anlegen des Schiffes teilt Lisa Walter mit, dass die Unbekannte ebenfalls auszusteigen plant, weshalb es keinen Grund mehr für ihr Gehen gebe. Doch Walter ist sich an diesem Punkt der Schuld, ihrer beider Schuld, bewusst:

„[…] Hör mich an, Walter", ihre [Lisas – V.M.] Stimme flehte wieder. „Es gibt nur einen Ausweg…, für uns beide den gleichen: mit diesem Schiff weiterzureisen. Hinter Lissabon haben wir Ruhe. […] Und dort, selbst wenn sie es versuchte…, müßte sie erst beweisen, daß ich… ich bin… Sie wird es nicht beweisen können. Dort – nicht mehr. Jetzt steigt sie aus…, und wir sind gerettet…"

Er schaute sie so kalt an, daß sie blaß wurde.

„Du hast nichts begriffen", flüsterte er, „nichts. Wir sind verurteilt! Unabhängig davon, was sie tut."[142]

In der Erzählung wird hier deutlich, dass sich Walter mit seiner Art der Verdrängung als gescheitert begreift und dass das Ende der Liebesbeziehung von Walter und Lisa besiegelt ist. Lisa, die dies erkennt, hört erst in diesem Moment auf, auf ihrer Rolle als schwaches ‚Opfer der Geschichte' zu beharrren: Kurz bevor die Unbekannte vom Schiff geht, will sie von ihr, von Martha, Dankbarkeit einfordern. Walter ist entsetzt, doch auch Lisa bezieht Position:

„Jetzt erkenne ich dich", sagte er langsam, von ihr abrückend. „Jetzt erst habe ich dich erkannt. Du KZ-Aufseherin."

Sie lachte.

„Das wird einer von den pikanteren Skandalen sein! Ich sehe schon die Schlagzeilen in den Zeitungen: ‚Die Frau des bekannten Wirtschaftswissenschaftlers Doktor Walter Kretschmer, gegenwärtig Berater der Botschaft der Bundesrepublik Deutschland in Brasilien, wurde als frühere Aufseherin in einem Konzentrationslager entlarvt."

„Lisa…", er hielt die Spannung nicht aus. „Du …kannst das nicht wollen, wenn…"

„Genug davon", schnitt sie ihm das Wort ab. „Auch ich habe dich erkannt." […] „Dein Gewissen hat zehn Jahre lang geschwiegen. Geweckt hat es…die Angst um deine Karriere. Du kannst ja gehen. Dem, was jetzt geschieht, dem entgehst du ohnehin nicht."[143]

---

141 Ebd., S. 138.
142 Ebd., S. 144.
143 Ebd., S. 145f.

Die Erzählung endet mit Walter und Lisa, die gemeinsam auf dem Schiff stehen, erschüttert, müde und gleichsam von der Vergangenheit ‚besiegt'. Mr. Bradley stürmt auf Walter zu, doch Walter winkt ab:

> „Es sieht so aus…", er schwieg einen Augenblick, „nun, es sieht so aus, daß Sie niemanden finden werden, mit dem Sie darüber reden können. Ja. Das ist bedauerlich. […]"[144]

So bleiben Lisa und Walter am Ende von Posmysz' Text als zwei Schuldige zurück, die ihre jeweils eigene Position erkannt haben und nun in resignativer Zweisamkeit und dumpfer Isolation auf dem Schiff verharren müssen.

Im Libretto hingegen fürchtet Walter nach Lisas Geständnis vor allem um seine Karriere. Schnell lässt er sich erweichen und ist bereit, die Vergangenheit wegzuwischen. Er steht zu Lisa, auch angesichts ihrer Enthüllungen. Dies impliziert, dass Walter selbst eventuell eine schwierige Vergangenheit haben könnte und dass er auf jeden Fall mit den alten ‚Tätern' kooperiert. Dazu kommt, dass der sowieso nur angedeutete Konflikt zwischen Walter und Lisa sich genau in dem Moment löst, in dem Lisa Walter anfleht, sie nicht zu verlassen. Der insgesamt zwielichtig-undurchsichtigen Figur wird dadurch zusätzlich eine patriarchalisch-chauvinistische Facette hinzugefügt: Walter wird portraitiert als klassischer ‚Wendehals' mit undurchsichtiger Vergangenheit, der sich mit einer sehr viel jüngeren Frau (deren Vergangenheit ihn bis zu dem Zeitpunkt auf dem Schiff nicht interessiert hat) schmückt und die er dominiert.

Zusammenfassend kann festgehalten werden, dass einer der größten Unterschiede zwischen Erzählung und Libretto darin besteht, dass moralische Fragen – wie etwa die Frage der Schuld, die im Buch deutlich hervortritt – und deren Diskussion im Libretto kaum eine Rolle spielen. Eine Gegenüberstellung der beiden Positionen (schuldig als Täter – schuldig als Mitläufer) findet nicht statt. Die Thematisierung verschiedener Formen von Schuld, die sich in der Erzählung in der komplexen Anlage der einzelnen Figuren widerspiegelt, wird im Libretto zugunsten deutlich vereinfachter Figurenkonstrukte und Personenkonstellationen ersetzt: Die moralisch fragwürdigen Positionen Lisas und auch Walters werden der moralisch integren Position der Gefangenen – welche durch das Hinzufügen einer Reihe von ‚neu' eingeführten Figuren noch gestärkt wird – eindeutig gegenübergestellt. Diese Maßnahme, die eine Gegenüberstellung der Positionen ‚schuldig' – ‚unschuldig' sehr viel deutlicher hervortreten lässt, scheint das Libretto – eingedenk der Kritik an der Publikation – offiziellen Anforderungen anzunähern und die schwierige Erzählperspektive (aus der Perspektive der Täter) abzumildern.

Der Film: Ein wichtiges Verbindungsstück zwischen Erzählung und Oper

Um das Libretto und die Komposition einordnen zu können, ist nicht nur die literarische Vorlage zu berücksichtigen, sondern auch Andrzej Munks Film *Pasażerka*. Einige sowohl inhaltliche als auch musikalische Merkmale sind allein auf die filmische Vorlage zurückzuführen. Somit könnte man sagen, dass der Film eine Art ‚Zwischenstufe' zwischen literarischer Vorlage und Oper darstellt.

---

144 Ebd., S. 147.

Dies zeigt sich besonders deutlich in der zunehmenden Konzentration auf die Bedeutung der Musik innerhalb der Handlung, wie sie von der Erzählung über den Film bis hin zur Oper stattfindet. Die so genannte ‚Konzertszene' kann als Beispiel dafür dienen. Dieser Szene kommt in den einzelnen Bearbeitungsstadien von der Erzählung bis zur Oper sukzessive eine immer bedeutendere Rolle zu, bis sie in der Oper den Höhepunkt der Handlung darstellt. Im Buch ist die Konzertszene wichtig, um Aufschluss über die Veränderung des Machtverhältnisses zwischen Lisa und Martha zu erhalten. So wird dort berichtet, wie sich Lisa der Episode des Lagerkonzerts erinnert, nachdem der Steward sie darüber informiert hat, dass die Unbekannte Engländerin sei. Lisa schwankt daraufhin zwischen Angst und Hoffen. Gedanklich kehrt sie nach Auschwitz zurück und gesteht sich zum ersten Mal ein, dass sie Martha terrorisieren wollte:

> Ja. Sie [Lisa – V.M.] hatte veranlaßt, daß Martha zum Konzert ins Männerlager gehen mußte. Sie verwirklichte auf diese Weise das seit kurzem entdeckte, einzig mögliche Programm: das Programm des Terrors. Die Aufseherin Anneliese Franz wußte, daß die andere dort nicht hingehen wollte. Das war ja ein Privileg, vorbehalten den Funktionshäftlingen, und gegen die Identifizierung mit diesen Häftlingen hat sich Martha doch so gewehrt. Hatte sie nicht einmal […] gesagt: „Das ist kein Platz für Musik. [sic]"? Dennoch befand sie sich hier, zusammen mit Lisa, in diesem in seiner Art einzigartigen Konzertsaal.[145]

Dann wird berichtet, dass im Lager der *Tannhäuser* gespielt wurde.[146] Für Lisa hat sich das Konzert im Lager unauslöschlich im Gedächtnis eingeprägt:

> Wäre es zum Beispiel denkbar, daß Martha, wenn sie den „Tannhäuser" hört – […] von jenem Bild befreit ist, das Lisa seit zehn Jahren, von dem Augenblick an, als sie die glückliche Frau Kretschmers wurde, unausbleiblich in den Konzertsälen heimsucht? Ein Symphonie-Orchester in blauweiß gestreiften Anzügen, rasierte Schädel…[147]

Innerhalb der Konzertszene wird berichtet, wie Lisa Tadeusz und Martha beobachtet, die sich über den Raum hinweg ansehen. Als Tadeusz Lisas Blick bemerkt, ist er jedoch nicht irritiert, sondern blickt ihr „frech in die Augen, fast zynisch. Ob…auch er bereits ihre [Lisas – V.M.] Gedanken lesen konnte? Mit einer Handbewegung hieß sie ihn hinausgehen."[148] Dann sieht Lisa, wie Tadeusz durch das Fenster in den Konzertsaal blickt und wieder Martha ansieht:

> Die beiden verharrten bewegungslos, zwei tote Gesichter, in denen nur die Augen lebten, fest miteinander verbunden durch ihren Blick. Ein Ton, der allen bekannt war, riß sie auseinander. Der Pfiff der Lokomotive an der Rampe.[149]

---

145 Ebd., S. 101.
146 Ein interessantes Detail insofern, als im Buch auch die Liebe von Martha und Tadeusz für Lisa, die eine solch reine Liebe selbst nicht kennt, verstörend innig und rein erscheint. Dagegen werden frühere Lieben Lisas und auch ihre Ehe mit Walter als etwas Zweckmäßiges und Mechanisches dargestellt.
147 Ebd.
148 Ebd., S. 102.
149 Ebd., S. 102f.

Wenngleich der Szene im Buch somit eine bestimmte Funktion zukommt, ist sie doch nicht als Schlüsselszene zu bewerten. Im Film hingegen ist die Konzertszene gänzlich anders gestaltet und rückt bereits deutlicher in der Vordergrund der Gesamthandlung (Beginn der Szene: 39':38").[150] So sehen sich im Film Martha und Tadeusz in dieser Szene das letzte Mal (wovon im Buch nicht die Rede ist). Anders als im Buch spielt die Szene im Film im Freien, nämlich vor dem Stacheldrahtzaun des Lagers, wo das Lagerorchester vor der Lagerführung – mit dem Kommandanten in der Mitte – aufgebaut ist. Dahinter sind die Gefangenen – Frauen und Männer auf unterschiedlichen Seiten – aufgereiht. Tadeusz und Martha befinden sich unter den Gefangenen. Neben dem Kommandanten sitzt eine Frau der Lagerleitung mit der Partitur auf dem Schoß. Nachdem der Kommandant das Zeichen zum Anfang gegeben hat (40':15"), fängt das Orchester an zu spielen und es erklingt der 2. Satz von Bachs Violinkonzert in E-Dur BWV 1042. Wie im Buch erblicken sich Martha und Tadeusz, was Lisa ebenfalls nicht verborgen bleibt. Jedoch unternimmt sie im Film nichts gegen den Blickkontakt. Stattdessen versuchen die Liebenden, während die Musik erklingt – und die Lagerführung den Vortrag in den Noten verfolgt –, sich näherzukommen, indem sie heimlich Plätze mit ihren Mitgefangenen tauschen. Schließlich stehen sie nur noch durch den Mittelgang getrennt nebeneinander. Der Pfiff der eintreffenden Lokomotive stört (wie im Buch) das Konzert, und Tadeusz gelingt es, Martha ein Medaillon zu geben, welches er um den Hals trug. Die Szene endet mit der Orchestermusik, die immer mehr durch den Lärm des Zuges und schließlich durch Schüsse gestört wird, und mit der Kamera auf Martha, die zutiefst bewegt und traurig das Medaillon umklammert.

Im 8. Bild des II. Aktes von Opus 97 wird diese ‚Konzertszene' ein weiteres Mal aufgegriffen, jedoch erneut verändert. Dabei ist zu erkennen, dass vor allem Elemente aus dem Film in die Handlung integriert wurden. Gleichzeitig wurde die Musik (gemäß dem Genre) noch weiter in den Mittelpunkt gerückt. So ist in Opus 97 – abweichend von Buch und Film – Tadeusz ein berühmter Violinist. Die Szene, in der sich Martha und Tadeusz im Libretto das erste Mal erblicken, ist – wie bereits dargelegt – die Szene, in der Tadeusz seine Geige in der Effektenkammer abholen soll. In der finalen Konzertszene des 8. Bildes soll Tadeusz nun vor der Lagerleitung den Lieblingswalzer des Kommandanten spielen. In den Regieanweisungen ist zu lesen, dass die Gefangenen – Männer und Frauen getrennt wie im Film – hinter der Lagerführung stehen. Nur Martha befindet sich unter den Häftlingen. Während Lisa im Film in dieser Szene noch selbst auftritt (wenngleich schon deutlicher zurückgenommen als im Buch), wird sie im Libretto nicht als Teil der Szene erwähnt. Stattdessen ist in den Regieanweisungen angegeben, dass sie sich zu diesem Zeitpunkt auf der Treppe zwischen den Ebenen „Schiff" und „Auschwitz" – demnach außerhalb der Szene – befinden soll. Während der Kommandant seinen Lieblingswalzer erwartet (die Musik dieses Walzers erklingt zu Beginn des II. Aktes im 4. Bild),[151] setzt Tadeusz zwar an, spielt dann jedoch, wie bereits erwähnt, die Chaconne von Bach. So erklingt in der Oper, anders

150 Die Szenenangaben beziehen sich auf die online verfügbare Version unter: http://www.youtube.com/watch?v=TWCObAVVCgw [Stand: 28.09.2013].

151 Den Walzer, den Weinberg in der Oper verwendete, hatte er den Angaben von G. Skudina zufolge 1965 in der Musik für das Theaterstücks *Varšavskij nabat* von V. Korostylev eingesetzt; vgl. Skudina (1969), S. 8.

als im Film, die Musik von Bach nicht zur Erbauung der Lagerführung, sondern wird stattdessen zu einem Sinnbild für die Unvereinnahmbarkeit des Geistes, für unbeugsamen moralischen Widerstand und Integrität, repräsentiert durch Tadeusz.

Bei Jakovenko ist nachzulesen, dass Aleksandr Medvedev während der Arbeit an dem Libretto ein Konzert des Violinisten Michail Fichtengol'c besucht habe,[152] der die Chaconne von Bach dargeboten habe.[153] Medvedev sei tief bewegt gewesen und habe vorgeschlagen, die Musik in die Oper zu integrieren.[154] Mit der Einführung von Bach in der Oper wird jedoch auch der Bezug zum Film – in dem an dieser Stelle ebenfalls Bach erklingt – deutlich. Und zweifelsohne ist die Chaconne aufgrund ihrer kompositorischen Anlage an dieser Stelle entschieden besser geeignet als das melancholische Adagio aus dem 2. Violinkonzert. Denn der markante, eher spröde Charakter der Chaconne transportiert auf musikalischer Ebene deutlicher das Moment des Widerstands und der geistigen Stärke, welche auch die Szene in der Oper vermitteln soll. Das Adagio, dessen Klänge eher mit Trauer und Melancholie in Verbindung zu bringen sind, wäre im Sinne der geistigen Auflehnung weniger geeignet. Zumindest gemutmaßt werden könnte an dieser Stelle auch über eine Querverbindung zu Benjamin Britten. Denn wie in Sophie Fetthauers Studie nachzulesen ist,[155] war die Chaconne Teil des Programms, welches Britten und Yehudi Menuhin im Mai 1945 während ihrer Tournee durch Deutschland aufführten. Zwar ist nicht klar, ob die Chaconne Teil eines Programms war, welches die Musiker im Konzentrationslager Bergen-Belsen aufführten,[156] sicher aber wurde das Stück bei einem abschließenden Radiokonzert im NWDR in Hamburg aufgeführt.[157] In Anbetracht der Tatsache, dass Britten zum Zeitpunkt, als sich die Oper schon in voller Planung befand, mehrmals die Sowjetunion besuchte und auch engen Kontakt zu Dmitrij Šostakovič pflegte, ist nicht auszuschließen, dass er über seine Konzertreise im Nachkriegsdeutschland und den Lagern berichtete – und Weinberg dies als weiteren Anlass nahm, sie zu integrieren.

Doch nicht nur das Finale der Oper zeugt von dem engen inhaltlichen Zusammenhang von Oper und Film. Bereits im Vorspiel erweist die Musik dem Film ihre Reverenz. So rekurriert die unbegleitete, spröde Paukenfigur aus zusammenhängenden und durch Pausen strukturierten, prägnanten Achtel-Quintolen, mit denen das Vorspiel anhebt (T. 1-2), eindeutig auf die Filmmusik, welche in der ersten, grausamen Lagerszene

---

152 Dem Weinberg bereits 1947 seine 3. Sonate für Violine und Klavier gewidmet hatte und der (laut VAAP-Katalog) der Widmungsträger der 1. Sonate für Violine solo op. 82 (1964) ist, welche von ihm im Dezember 1965 auch in Moskau uraufgeführt wurde. Auch die 2. Sonate für Violine solo op. 95 (1967) ist Fichtengol'c gewidmet und wurde von ihm im Februar 1970 uraufgeführt.

153 In der *Sovetskaja muzyka* wird auf eine Konzertreihe mit Werken Bachs von M. Fichtengol'c hingewiesen, im Zuge derer Fichtengol'c – abgesehen von Auszügen aus der 1. Sonate in e-Moll und der 2. Sonate in a-Moll – auch die „Chaconne" aus der *Partita* in e-Moll gespielt habe; vgl. I. Čalaeva: Vklad v Bachianu, in: *Sovetskaja muzyka* 5 (1967), S. 75f., hier: S. 75.

154 Dies erwähnte Aleksandr Medvedev auch gegenüber Arnt Nitschke in einem Gespräch in Moskau im Mai 2009. Ich danke Herrn Nitschke für diesen Hinweis.

155 Sophie Fetthauer: *Musik und Theater im DP-Camp Bergen-Belsen. Zum Kulturleben der jüdischen Displaced Persons 1945–1950*, (Musik im „Dritten Reich" und im Exil, Bd. 6). Neumünster 2012, S. 330.

156 Wie bei Fetthauer zu erfahren ist, finden sich zu den Konzerten in Bergen-Belsen nur rudimentäre Hinweise auf das Programm. Dokumentiert ist jedoch, dass auch „Solowerke für Violine von Johann Sebastian Bach" gespielt worden seien; vgl. ebd., S. 330.

157 Vgl. ebd., S. 331.

des Films (4':42") erklingt. Die Filmmusik – komponiert von Weinbergs polnischem Kollegen Tadeusz Baird –[158] beinhaltet an dieser Stelle ebenfalls unbegleitete, strukturell ähnliche Paukenfiguren. Für geübte Hörer, denen der Film bekannt ist, wird somit bereits in den ersten Sekunden der Oper ein assoziativer Zusammenhang mit dem Film und damit mit den physischen und psychischen Grausamkeiten, welchen die Inhaftierten der Konzentrationslager ausgesetzt waren, hergestellt.

Darüber hinaus arbeiten Komponist und Librettist in *Passažirka* mit Techniken, die aus dem Bereich des Films entlehnt sind oder direkt darauf Bezug nehmen – etwa mit der Technik der verschiedenen Handlungsebenen, die gleichsam gegeneinander ‚geschnitten' werden.[159] Auch die erste Szene, in der es um die geheimen Nachricht im Lager geht, verwendet ganz offenkundig die Technik der Montage, indem der wahre Inhalt der Nachrichten als Fließtext über der Bühne erscheint, wenngleich ‚in' der Szene nur Marthas erfundene Version des Inhalts zu hören ist.

Der Einsatz filmspezifischer Techniken ist jedoch sicherlich nicht nur Munks filmischer Vorlage zu verdanken – immerhin hatte Weinberg, als er begann, sich mit *Passažirka* zu beschäftigen, bereits 35 Filme (sowohl Zeichentrickfilme als auch Kinoproduktionen) vertont.[160]

Zur Komposition

Den Angaben von Jakovenko zufolge begann Weinberg nach Aleksandr Medvedevs Rückkehr aus Polen mit der Arbeit an der Oper.[161] Die Datierungen auf dem nach bisherigem Kenntnisstand ältesten Manuskript von Opus 97, einer Klavierpartitur, verweisen auf den Zeitraum vom 13. Dezember 1967 bis zum 8. Februar oder März 1968,[162] und somit auf einen Zeitraum nur kurz nach der Fertigstellung des Requiems op. 96.[163] Überarbeitungen, die im MWMA-Manuskript des Requiems erkennbar sind und die Weinberg erst im April 1968 vorgenommen hatte (sie betreffen vor allem den 4. Satz),[164] zeugen davon, dass sich die Zeiträume, in denen Weinberg an Opus 96 und

158 Baird (*26. Juli 1928, † 2. Sept. 1981, Warschau) war nach dem Warschauer Aufstand von 1944 von den Nationalsozialisten verhaftet und nach Deutschland gebracht worden. Dort war er in verschiedenen Lagern inhaftiert. Nach seiner Befreiung kehrte er bereits 1946 nach Polen zurück und studierte Komposition an der Staatlichen Musikakademie Warschau. In der *Grupę 49* [Gruppe 49], die Baird zusammen mit den Komponisten Kazimierz Serocki und Jan Krenz ins Leben gerufen hatte, setzte er sich für neue Musik ein. 1956 gehörte er zu den Begründern des Festivals *Warzawska Jesień* [Warschauer Herbst]; vgl. den Artikel von Zofia Helman: Tadeusz Baird, in: *Komponisten der Gegenwart*, hg. von Hanns-Werner Heister und Walter Wolfgang Sparrer, Onlineressource, einzusehen unter: http://www.munzinger.de
159 Etwa wenn stellenweise Lisas Stimme aus der Ebene „Schiff" in der Ebene „Auschwitz" zu hören ist; etwa im II. Akt, 5. Bild (Schluss).
160 Vgl. die Filmographie im Anhang.
161 Vgl. Jakovenko (2007), S. 62.
162 GCMMK, f. 226, ed. chr. 25. Der Monat ist leider nicht gut erkennbar, da er eingefalzt ist.
163 Die Datierungen auf dem Manuskript von op. 96 aus dem MWMA verweisen auf einen ersten Arbeitszeitraum vom 24. Sept. 1967 bis zum 5. Nov. 1967.
164 Offenkundig überarbeitete Weinberg den Schluss des 4. Satzes. Im Manuskript ist zu erkennen, dass Weinberg ursprünglich den Satz zwei Takte nach Ziffer 34 beenden wollte. Es ist eine ausgelöschte Signatur mit Datum, wie sie Weinberg am Ende jedes Satzes einfügte, zu erkennen. Dann fügte Weinberg noch eine Passage ein, die er auf den 24.-25. April 1968 datierte.

97 arbeitete, teilweise überschnitten. Denn ein weiteres Manuskript von Opus 97, welches im MWMA vorhanden ist, ist auf den Zeitraum vom 13. bis 30. Mai (I. Akt) zum 8. bis 28. Juni (II. Akt) 1968 datiert.

Allerdings erwähnte Weinberg bereits im August 1965 in einem Brief an seine Frau Ol'ga, dass er an *Passažirka* arbeite: „Die einzige Entschuldigung könnte sein, dass das Auftragswerk erledigt werden wird, nicht die Oper *Passažirka*, aber das 10. Quartett.“[165] Dies belegt zum einen, dass es sich bei der Oper um ein Auftragswerk (vermutlich des Bol'šoj Theaters) handelte, zum anderen, dass es noch weitere Manuskripte und Entwürfe zu Opus 97 geben muss.

Auch in der *Sovetskaja Muzyka* vom Januar 1967 findet sich unter der Rubrik „Chronika: V god velikogo pjatidecjatiletija. Nad čem vy rabotaete?“ [Chronik: Im Jahr des feierlichen fünfzigjährigen Jubiläums. Woran arbeiten Sie?] von Weinberg selbst folgende Aussage:

> Sicherlich kennen die Leser des Journals die Erzählung der polnischen Autorin Zofia Posmysz „Passažirka“ und auch den berühmten polnischen Film desselben Namens. Dieses eigenartige, zutiefst aufwühlende Werk liegt der Oper zugrunde, an welcher mir im neuen Jahr zu arbeiten bevorsteht. Das Libretto verfassen Ju. Lukin und A. Medvedev. Momentan ist es noch schwierig, etwas Spezielles zu der künftigen Oper zu sagen, klar ist nur, dass wir versuchen, so nah wie möglich am Original zu bleiben, sowohl im Aufbau des Sujets als auch im Text des Librettos selbst.[166]

Diese Aussage scheint mir – abgesehen davon, dass die Angabe, das Libretto würde „so nah wie möglich am Original“ bleiben, nur bedingt richtig ist – vor allem in folgender Hinsicht bedeutsam: In Opus 97 widmet sich Weinberg erstmals kompositorisch einer im Original polnischen Textvorlage, die auch in der Sowjetunion stark rezipiert worden war. Der Komponist wusste, als er sich zur Vertonung der Oper und zur Zusammenarbeit mit Medvedev entschloss, dass der Stoff nicht nur in unterschiedlichen Versionen seinen Weg in die Öffentlichkeit gefunden hatte, sondern auch erfolgreich gewesen war. Diesen Aspekt betont er in der oben zitierten ersten öffentlichen Erwähnung des Opernvorhabens explizit. Zudem waren nicht nur Buch und Verfilmung von Posmyszs *Pasażerka*, sondern auch die im Libretto verarbeiteten Erzählungen von Konstantinovskij und Żywulska zeitnah zur Entstehung der Oper in der Sowjetunion verlegt worden. Und es ist sicher kein Zufall, dass in einer Version des Librettos, die den Behörden vorgelegt wurde,[167] auf diese zusätzlichen Textquellen – die auch ohne große Not hätten verschwiegen werden können – hingewiesen wurde. Bereits vor der Fertigstellung der Oper wurde demnach an verschiedenen Stellen betont, dass der dem Libretto zugrunde liegende Inhalt schon in anderer Form gebilligt worden war.

Dies stellt einen bedeutenden Unterschied der bis dahin von Weinberg vertonten polnischen Textvorlagen dar: Das poetische Werk von Stanisław Wygodzki, des-

---

165 *Mečislav Wajnberg (1919–1996). Stranicy biografii. Pis'ma. Materialy meždunarodnogo foruma* (=Biblioteka gazety „Muzykal'noe obozrenie“ t. 3). Moskau 2017, S. 24. Brief an O'lga Rochal'skaja vom 12. August 1965.

166 Weinberg in: [Anonymus]: Chronika. V god velikogo pjatidesjatiletija. Nad čem vy rabotaete, in: *Sovetskaja muzyka* 1 (1967), S. 145-153, hier: S. 145.

167 Ein Stempel auf dem Titelblatt des GCMMK-Exemplars zeugt von der Vorlage.

sen sich Weinberg kurz zuvor angenommen hatte, war in der Sowjetunion nicht publiziert worden.[168] Und obwohl sich Tuwim in der Sowjetunion vor allem in den späten 1950er und den 1960er Jahren einiger Bekanntheit erfreute (vgl. S. 160f.), waren die von Weinberg ausgewählten Texte – und dessen war sich der Komponist sicherlich bewusst – nicht unproblematisch und oftmals nicht in russischer Übersetzung erhältlich. Insofern zeigt sich, dass Weinberg und seine Librettisten schon im Zuge der Konzeption von *Passažirka* bewusst Maßnahmen ergriffen,[169] um die Aufführung des Auftragswerkes, das ihnen inhaltlich am Herzen lag, möglich zu machen. Es ist zwar nicht bekannt, inwieweit Weinberg in die Ausarbeitung des Librettos einbezogen war, jedoch darf angenommen werden, dass Librettisten und Komponist eng zusammenarbeiten.[170] In jedem Falle sind die inhaltliche Modifikation der Handlung (wie im Vorherigen skizziert) und die Betonung der bereits populären Vorlage(n) als Teile einer Strategie zu verstehen, um der Oper ihren Weg in die Öffentlichkeit zu bahnen.

Darüber hinaus zeigt sich, dass Weinberg bestimmte Aspekte des Librettos, die der Aufführung dienlich sein könnten, auch musikalisch besonders hervorhob. Er versuchte, dem eigenen hohen Anspruch gerecht zu werden und gleichzeitig die musikalische Gestaltung der Komposition für die Behörden zurechtzuschneiden. Dazu gehört, dass in der Musik die Illustrierung der Brutalität des Naziregimes, des Leids und der Integrität der Inhaftierten sowie darüber hinaus die Dynamik von verschiedenen Machtkonstellationen in den Vordergrund geschoben wird. Insofern steht die Musik auch in der Tradition einer ‚Gedenkkomposition' (man erinnere sich des Epigramms) für die ‚Opfer des Großen Vaterländischen Krieges', welche die vom sowjetischen Regime gerade in der Ära Brežnev ideologisch ausgebeuteten Gräueltaten der Faschisten musikalisch kolportiert. Damit versuchte der Komponist ganz offensiv seinem, wie Dorothea Redepenning die Funktion solcher Gedenk-Kompositionen bezeichnet, „gesellschaftlichen Auftrag" nachzukommen, indem er das „Ethos seines Staates", nämlich die Aufforderung, diese Gräueltaten nicht zu vergessen, als „künstlerische Botschaft" seiner Oper formulierte.[171]

In diesem Zusammenhang ist von Bedeutung, dass im Libretto das dezidiert polnische Sujet in den Hintergrund geriet.[172] Zwar sind Martha und Tadeusz in Analogie zum Buch als Polen ausgewiesen, doch ihre polnische Herkunft spielt keine entscheidende Rolle. Auch in der Musik fällt – anders als etwa in der 8. Symphonie – kein prononciert polnisches Idiom auf.[173] Dafür ist es mit der Figur der Katja ausgerechnet eine

---

168 Bis heute gibt es keine russischsprachige Publikation der Gedichte.

169 Man erinnere sich auch an die Maßnahmen, die Weinberg in seiner 8. Symphonie ergriff, um das Werk zur Aufführung bringen zu können.

170 Auf Weinbergs Gespür für literarische Inhalte wurde an anderer Stelle bereits verwiesen. Zu seinen Opern op. 111 und 112 verfasste Weinberg die Libretti selbst.

171 Redepenning (2008b), S. 601.

172 An dieser Stelle muss erwähnt werden, dass alle bisher bekannten Manuskripte der Oper ausschließlich kyrillisch betitelt und gezeichnet sind.

173 Wolfgang Mende verweist auf die Häufigkeit der lydischen Quarte in der Partie der Martha, welcher auch an anderer Stelle als Kennzeichen für ein polnisches Idiom Verwendung finde; vgl. Wolfgang Mende: *Sozrealismus als kulturelles Regulativ. Weinbergs Opern „Die Passagierin" und „Die Madonna und der Soldat"*, in: Geiger, Friedrich / Mogl, Verena (Hg.): *Mieczysław Weinberg in der Ära Brežnev. Die Tonkunst* 2. Jg / Nr. 2 (April 2016), S. 135-149, hier: S. 141f. Doch scheint mir diese Quarte in der Partie der Martha in anderem Zusammenhang erwähnenswert; dazu noch im Folgenden.

Russin, welche als Angehörige des Widerstandes unbeugsamen Mut in der Auseinandersetzung mit dem Feind zeigt. Dass in dem Kassiber der widerständischen Bewegung, der im Lager gefunden wird, ausgerechnet von der Befreiung Kiews zu lesen ist, verweist offenkundig auf jene Schlacht am Dnjepr, im Zuge derer die Rote Armee in der zweiten Jahreshälfte 1943 Kiew von der Besatzung der Wehrmacht befreite. Und es ist die Figur der Katja, welche ein Volkslied auf die Schönheit ihrer Heimat singt (vgl. II. Akt, 6. Bild). Das dezidiert jüdische Leid, welches zwar an einer Stelle im Libretto explizit erwähnt wird, tritt angesichts der vielen Gefangenen aller Couleur in den Hintergrund und wird zu einem Detail unter vielen.[174] Wie Wolfgang Mende meint, ist es zudem sicher kein Zufall, dass die Figur der Hannah ausgerechnet aus Thessaloniki stammt und demnach „nicht in unmittelbarer Konkurrenz zu den Opfergruppen aus dem sowjetischen Machtbereich" stammt.[175] Auch in der Musik verzichtet Weinberg ausgerechnet in der Partie der Hannah – von minimalen Ornamenten abgesehen – auf jene charakteristischen kompositorischen Floskeln der jüdischen Melosphäre, wie er sie in einer Reihe anderer Werke verwendete.

Doch gerade in der Anlage und Propagierung der Komposition als ‚Gedenk-Komposition' wird die Bruchlinie offenbar, an der die Interpretationen der Oper auseinanderklaffen und die Deutung des Werkes im Sinne der Ideologie problematisch wird. Denn das ‚Nicht-Vergessen', welches im Epigramm so ausdrücklich betont wurde, betraf natürlich ausschließlich die offiziell verbrämte Version des Kriegsgeschehens, nicht die historische. Diese sollte, wie bereits an anderer Stelle genauer ausgeführt, sehr wohl vergessen werden bzw. am besten gar nicht ins Bewusstsein der Bevölkerung dringen. Die Musik indes erfüllte diesen Anspruch nur bedingt. Darüber hinaus blieb eine zentrale Thematik erhalten, mit der sich Weinberg maßgeblich in den Jahren vor Opus 97 beschäftigt hatte und die sich bereits vor *Passažirka* als problematisch erwies – nämlich die Auseinandersetzung mit dem Verlust der Heimat, dem Verlust geliebter Menschen sowie die schwierige Situation in der ‚neuen' Heimat.

Die Bedeutung wiederkehrender musikalischer Formeln

Die kompositorische Struktur von Opus 97 wird maßgeblich von einer Reihe musikalischer Motive bestimmt, die – mit einer bestimmten Bedeutung konnotiert oder in Bezug zu einer Figur stehend – im Verlauf der Handlung eingesetzt werden und so der librettoimmanenten Deutungsebene eine weitere hinzufügen. Diese leitmotivartigen Figuren sind nicht nur mit Personen verbunden, sondern auch mit Zuständen, Situationen und bestimmten psychologischen Momenten. Es entsteht ein dichtes Netz von musikalischen Querverweisen, das die gesamte Oper überspannt. Diese Form der motivischen Arbeit stellt eine Weiterentwicklung der sinnstiftenden musikalischen Figurationen dar, wie sie Weinberg unter anderem auch in der 8. Symphonie op. 83 einsetzte. Im Folgenden sollen die zur Interpretation der Oper wichtigsten Motive vorgestellt werden.

---

174 Wobei hier Erwähnung finden muss, dass dies auch im Buch der Fall ist.
175 Mende (2016), S. 141.

Das Vorspiel: musikalischer Nukleus der wichtigsten Themen

Das Vorspiel von Opus 97 bildet in durchaus traditioneller Weise den musikalischen Nukleus, in dem die wichtigsten inhaltlichen Elemente der Oper vorgestellt werden.

Bereits das erste Paukenmotiv, mit dem die Oper beginnt (u.a. T. 1, 4-5) – es fand bereits in Zusammenhang mit Munks Film Erwähnung –, ist von Bedeutung, da es nicht nur dem Film seine Reverenz erweist, sondern auch innerhalb der Oper eine wichtige Signalfunktion einnimmt. So erklingt es nach dem Vorspiel erneut im 6. und schließlich auch im 8. Bild (6. Bild, ab Z. 47; 8. Bild [variiert], T. 5-10). Im 6. Bild steht das Motiv inhaltlich in Verbindung mit der Selektion, im Zuge derer die Mitgefangenen Marthas abgeführt werden. Im 8. Bild ist an dieser Stelle in den Regieanweisungen zu lesen, dass der Kommandant des Lagers die Szene betritt und sich in Erwartung eines Walzers in den Sessel setzt. Es ist zu erkennen, dass die Paukenfigur unweigerlich in Verbindung mit der autoritären, aktiv ausgeübten Gewalt der nationalsozialistischen Führung zu verstehen ist. Vom Vorspiel ausgehend über das 6. bis hin zum 8. Bild wird über dieses Motiv ein Bogen gespannt, der auf kompositorischer Ebene verdeutlicht, dass die Handlung im Zeichen der Gewalt beginnt und endet. Allein der Epilog entzieht sich dieser ‚Umklammerung‘. Damit wird auf musikalischer Ebene betont, was aus dem Libretto mit der diffusen Zeitangabe ‚heute‘ hervorgeht, nämlich, dass der Epilog außerhalb der Handlung und damit gleichsam außerhalb der Zeit steht.

Doch nicht nur anhand des Paukenmotivs wird der enge musikalische Bezug zwischen dem Vorspiel und dem 6. Bild erkennbar. Denn tatsächlich erfolgt im 6. Bild ab Z. 47 eine Art modifizierte Reprise des Vorspiels (vgl. die Notenbeispiele 54 und 55).[176] Und durch die Wiederkehr der Motive aus dem Vorspiel wird im 6. Bild quasi retrospektiv deutlich, dass nicht nur das Paukenmotiv, sondern auch die bereits eingangs erklungenen, aufsteigenden Quint-Quart-Schichtungen in den Blechbläsern der Gewaltsphäre zuzuordnen sind. Allerdings wird die Reprise im 6. Bild ab Takt 4 vor Ziffer 48 von der musikalischen Signatur der Yvette – einer abwärtsführenden Linie aus Sekund-Wechselnoten – durchzogen. Diese musikalische Signatur, die im 3. Bild, in dem sie erstmals eingeführt wurde, die französische Herkunft und die Jugend der Gefangenen illustriert, gleicht im 6. Bild einem verzweifelten Schreien und besteht aus einem Melisma auf der Silbe „A", ausgehend vom c''' (wobei in der Partitur vermerkt ist, dass die Tonhöhe *ad libitum* ist) im fff und viermaliger Wiederholung. Durch fortschreitende Augmentierung in der dritten und dann der vierten Wiederholung wird die Ohnmacht Yvettes und ihre schwindende Kraft musikalisch zum Ausdruck gebracht (6. Bild, 3 T. vor Z. 50 und Z. 50). Nachdem Yvettes Schrei zwischen der Paukenfigur und den harten Blechakkorden verklungen ist, wird die ‚Reprise‘ weiter vom rezitativischen Gesang der Katja durchbrochen, die im ff ihre Mitgefangenen auffordert, „nie" (höchster Punkt des Gesangs auf dem c'') zu vergeben und zu vergessen (6. Bild, T. 4-9 nach

---

176 Die Notenbeispiele wurde so schematisiert und nebeneinander gestellt, dass der direkte Vergleich möglich wurde. Das Notenbeispiel 55 wurde zu diesem Zwecke gleichsam ‚auseinandergezogen‘.

Notenbeispiel 54: M. Weinberg, Opus 97, 6. Bild, ab Z. 47 (Gesangsstimme ohne Text).

Notenbeispiel 55: M. Weinberg, Opus 97, Vorspiel.

Z. 50). Der Chor hinter der Szene wiederholt die Worte „nie … vergeben" mehrmals. In den Regieanweisungen ist an dieser Stelle zu lesen, dass Martha Anstalten macht, Katja nachzufolgen, obwohl sie nicht selektiert wurde. Doch sie wird von Lisa zurückgehalten und geschlagen.

Genau an derjenigen Stelle, an der angegeben ist, dass Lisa Martha schlägt, setzt die ‚Reprise' erneut ein, und ein ebenfalls bereits im Vorspiel eingeführter, zerklüfteter 16tel-Lauf in den Violinen (Vorspiel, ab Z. 4, vgl. in Notenbeispiel 55, S. li) – stellenweise angereichert von Holzbläsern – erklingt erneut (6. Bild, Z. 51ff.). Wie im Vorspiel führt er vom f''' ausgehend nach und nach abwärts, wird schließlich diminuiert (Vorspiel, 5 T. vor Z. 5) und kommt endlich auf dem G zum Stehen (Vorspiel, T. 4 vor Z. 5). Erst im Kontext des 6. Bildes wird deutlich, dass auch dieses Motiv als Gewaltmotiv zu verstehen ist. Während jedoch die Paukenfigur, die Quint-Quart-Akkorde der Blechbläser und das so genannte ‚Beethoven-Motiv' (dazu gleich ausführlicher) als musikalische Signa für die Gewalt der Nationalsozialisten bzw. der Staatsmacht zu verstehen sind, erweist sich der 16tel-Lauf als musikalisches Signum für die ‚passive' Gewalt, die von den Gefangenen bzw. dem Individuum erlitten wird. Die Faktur der verschiedenen Motive stützt diese Interpretation insofern, als dass die ‚aktiven' Gewaltmotive in ihrer kompositorischen Anlage wuchtig und flächig erscheinen, der verworfene 16tel-Lauf dagegen eher ‚schicksalshaften' Charakter aufweist.

Insgesamt ist somit aus der Retrospektive zu erkennen, dass im Vorspiel vor allem ein Thema musikalisch betont wird, das auch im weiteren Verlauf der Oper prominent hervortritt – nämlich die aktiv ausgeübte Gewalt der Täter sowie die Gewalt, welcher das Individuum ausgesetzt wird. Diesen Gewaltmotiven werden jedoch weitere musikalische Figuren kontrastierend gegenübergestellt.

So erklingt im Anschluss an die Gewaltmotive ab Takt 4 nach Z. 5 im Vorspiel eine zarte, gleichwohl dichte Akkordfolge in den Violinen I+II (*ppp*), begleitet von der Celesta im *p*, welche auf die Figuren des Tadeusz und der Martha verweist (Notenbeispiel 56). Die Akkordfolge – die man ‚Tadeusz-Motiv' nennen kann – taucht erneut u.a. im 5. Bild in derjenigen Szene auf, in welcher Tadeusz in der Werkstatt die geheime Nachricht der Untergrundbewegung liest, dabei mit sich selbst spricht und versucht, sich Mut zu machen (5. Bild, Z. 6). Offenkundig steht das Tadeusz-Motiv mit seiner intimen Klanglichkeit in Verbindung mit der moralisch integren Figur des Tadeusz und seinem Mut zum Widerstand. Da bereits im Vorspiel das Tadeusz-Motiv im Anschluss an die beiden Gewaltmotive erklingt, wird über die Musik angekündigt, dass dem Moment der Gewalt ein Moment der Integrität und des Widerstandes gegenüberstehen wird. Dadurch, dass im Vorspiel das Tadeusz-Motiv von der Celesta – dem Instrument, welches hauptsächlich der Figur der Martha zugeordnet ist – begleitet wird, wird nicht nur auf die Bedeutung der beiden Figuren verwiesen, sondern auch auf deren enge Verbundenheit.

Auch die in Viertel-Triolen gebrochenen Akkorde, die der Tadeusz-Figur folgen (Klarinetten, Harfe, 9 T. nach Z. 5) und das Vorspiel beenden, erklingen erneut im 5. Bild (strukturelles Aufgreifen der Figur in Streichern und Holzbläsern von Z. 1 bis Z. 2, in allen Instrumentengruppen ab Z. 3, wörtlich zitiert in den Klarinetten ab Z. 5). Im 5. Bild stehen diese Triolen in Verbindung mit der geheimen Nachricht, die Tadeusz in dieser Szene liest. Anders als im Vorspiel werden sie im 5. Bild mit Achtel-Vorschlägen versehen und schließlich auch rhythmisch vereinzelt (erstmalig Klavier, T. 2ff. nach Z. 3). So rekurriert Weinberg auf das bereits im vorherigen Kapitel erwähnte ‚Blumenmotiv', welches in ähnlicher Form unter anderem in der 8. Symphonie op. 83 Anwendung fand (Notenbeispiele 57 und 58).

Die klangliche Rückbindung an Opus 83 ist bedeutsam. Denn so wird im 5. Bild an jener Stelle, an der Tadeusz die geheime Nachricht der Untergrundorga-

Notenbeispiel 56: M. Weinberg, Opus 97, Vorspiel, T. ab T. 4 nach Z. 5.

Notenbeispiel 57: M. Weinberg, Opus 97, 5. Bild, 3 T. vor Z. 4.

Notenbeispiel 58: M. Weinberg, Opus 83, 5. Satz, Anfang.

nisation liest, für informierte Hörer der musikalische Bogen zu den *Blumen Polens* und der damit in Verbindung stehenden Thematik geschlagen. Darüber hinaus steht, wie bereits erwähnt, dieses ‚Blumenmotiv‘ auch in Verbindung mit
dem 4. Lied aus dem Vokalzyklus op. 62. Dass Weinberg dieses Motiv bewusst
wieder einsetzte und nicht einfach auf eine beliebige ornamentale Figuration
zurückgriff, zeigt sich nicht zuletzt darin, dass er in Opus 97 das ‚Blumenmotiv‘
wie im Lied im Klavier erklingen lässt. Ich werde auf das Motiv und seine Bedeutung für die Oper *Passažirka* noch zurückkommen.

Die musikalische Illustration der (Haupt-)Figuren

Im weiteren Verlauf der Oper spinnt sich das Netz aus musikalischen Querverweisen weiter. So wird im 1. Bild deutlich, dass dem Einsatz von bestimmten ‚Klang-Formeln' auch in Bezug auf die verschiedenen Figuren, vor allem jedoch in Bezug auf die Figuren der Lisa und des Walter, eine entscheidende Funktion zukommt.

Lisa, Walter und die übrigen Täter

So markiert den Anfang des 1. Bildes ein in Terzschritten aufwärtsgerichteter Großseptnon-Akkord über G in den Streichern *pp* und *pizzicato*, der den Auftakt zu Walters erstem Einsatz bildet (Notenbeispiel 59). Dem eröffnenden Akkordmotiv steht der deklamierende, schlichte Gesang Walters gegenüber. Während diese vergleichsweise wenig imposante Eröffnung des I. Aktes irritiert, verhindert das Nebeneinander von Instrumental- und Vokalpartie einen geschlossenen Eindruck. Gemeinsam ist beiden Partien ein diatonischer Tonvorrat (der allerdings nach einigen Takten, wie häufig bei Weinberg, frei tonal ausgeweitet wird) sowie ein simpler Viertel-Gestus. Der insgesamt eher im Unbestimmten verharrende Klangeindruck, der den Beginn der Szene dominiert, korrespondiert mit der zwiespältigen Anlage der Figur des Walter im Libretto. Erst als sich im Laufe des 1. Bildes die Szene insgesamt verändert und sich die Handlung von der Konzentration auf Walter und Lisa dem weiteren Geschehen auf Deck öffnet – der Steward tritt auf und bietet Getränke an, das Bühnenorchester beginnt zu spielen (1. Bild, ab Z. 10) –, überlagern sich Walters Gesang und die Begleitung der diegetischen Musik. Im Bass bleiben Elemente der gebrochenen Akkordfigur (als Teil der extradiegetischen Musik) jedoch erhalten.

Der fragmentiert wirkende Beginn des 1. Bildes wird auch durch Lisas Partie betont, die ebenso versetzt zur Begleitung steht. Und während Walters Gesang dozierend und hölzern daherkommt, bleibt Lisas erster Einsatz so unbeteiligt wie mechanisch. Ihre Antworten auf Walters Fragen sind ein wiederholtes und schlichtes: „Ja, Walter" / „Nein, Walter" in Form eines einfachen Quint-

Notenbeispiel 59: M. Weinberg, Opus 97, 1. Bild, T. 1-6.

sprunges d-a (erstmals 1. Bild, 4 T. vor Z. 7). Dieser Quintsprung steht in all seiner Schlichtheit in engem Zusammenhang mit der Figur der Lisa, wobei dadurch zunächst die ‚klassische Rollenverteilung‘ zwischen Lisa und Walter musikalisch hervorgehoben wird. Beide Orchestermotive – sowohl Walters als auch Lisas – illustrieren die oberflächlichen Rollen, welche die Figuren in ihrem Eheleben einnehmen.

Im weiteren Verlauf der Handlung zeigt sich jedoch, dass der Quintsprung nicht nur mit Lisas unausgewogenem Verhältnis zu Walter, sondern grundsätzlich mit ihrem subordinativen Charakter verbunden ist. So erklingt derselbe Quintsprung, als sie sich nach dem ersten Erblicken Marthas gleichsam ins Lager zurückversetzt erlebt und auf die Anweisungen der Oberaufseherin mechanisch antwortet: „Zu Befehl“ (1. Bild, 8 T. vor Z. 20). Damit wird nahegelegt, dass die Unterwürfigkeit ein Grundelement von Lisas Charakter darstellt. Weiterhin signalisiert das Auftreten des Quintsprungs an verschiedenen Stellen der Oper auch Lisas Einverständnis mit den hierarchischen Machtstrukturen im Lager sowie die Tatsache, dass sie sich ihrer eigenen Positionierung innerhalb dieser Strukturen deutlich bewusst ist. Ein hohes Maß an passiver Aggressivität und Wille zur Manipulation gehen damit einher. Die Figur der Lisa zeigt sich somit gleichsam janusköpfig, indem sie sich (nach dem Krieg) in ihrer neuen Rolle als ‚gute Ehefrau‘ bewusst unterordnet, damit andererseits jedoch nur jenes aggressive Potential zu verwischen scheint, welches sie im Lager entfalten konnte.

Die latente Aggressivität Lisas wiederum korrespondiert mit dem musikalischen Gestus des Quintsprunges, der – zumal aufwärts – deutlich fordernder und machtbewusster klingt, als etwa eine Quarte abwärts. In diesem Zusammenhang ist auffällig, dass im Gegensatz zu Lisas Partie Marthas Partie eher von Quartklängen dominiert wird. Anhand einiger Beispiele soll die Bedeutung des Quintsprungs für die Figur der Lisa umrissen werden: So benutzt Lisa die Formel nicht nur, um sich zu fügen („Ja, Walter“, „Nein, Walter“, „Zu Befehl“), sondern auch, um sich selbst Mut zu machen (1. Bild, T. 2 nach Z. 24: „ich glaube es nicht“) oder ihre Zweifel zu artikulieren (1. Bild, T. 5 [mit Auftakt] nach Z. 25: „aber die Ähnlichkeit…“). Darüber hinaus verwendet sie die Formel, um Macht auszuüben, etwa mit ihrer Aufforderung an den Steward, herauszufinden, wer die Passagierin sei (1. Bild, T. 8 nach Z. 26). Der Quintsprung erklingt auch, als sie der Oberaufseherin ihre Strategie darlegt, warum und wie sie Martha für sich zu instrumentalisieren plant (2. Bild, T. 5ff. nach Z. 20). Auch im 5. Bild, als Lisa Tadeusz zu einem Treffen mit Martha bewegen will, Tadeusz jedoch ablehnt mit der Begründung, er wolle Martha nicht in Gefahr bringen, erklingt die erweiterte Quintsprung-Formel, als Lisa scheinheilig fragt: „welche Gefahr?“ (hier als Quint-Quartsprung: d’-a’ [5. Bild, 3 T. vor Z. 14], und anschließend Sprung auf das d” [5. Bild, 2 T. vor Z. 14]).

Neben dem Quintsprung wird Lisa (in Analogie zu Walter) im 1. Bild über eine ebenfalls in Terzschritten geführte, gegenläufige Akkordbrechung Großseptnon-Akkord über D/E7 *staccato* in Oboe und Fagott eingeführt (Notenbeispiel 60). Dieser Akkord kündigt ihren ersten Einsatz an und erklingt dann an vielen weiteren Stellen im Verlauf der Oper. Wie der Quintsprung ist er entscheidend zum Verständnis ihrer Figur, erklingt jedoch auch unabhängig von ihren Äußerungen. Der Akkord gibt durch die Art, wie er eingesetzt wird, Aufschluss über Lisas charakterliche Abgründe und ihr berechnendes Wesen und entlarvt innerhalb der Handlung ihre eigentlichen Absichten. So erklingt er in der bereits erwähnten Szene mit der Oberaufseherin im 2. Bild (T. 5 nach Z. 21), als Lisa über Martha befindet: „Starker Charakter… Und so gefällt mir das." Ebenfalls ist er zu hören, als Lisa versucht, Martha und Tadeusz zu manipulieren (4. Bild, Z. 26; Lisa: „für euch, für euch allein"). Auch im 6. Bild, als Martha sich den selektierten Mithäftlingen anschließen will, Lisa sie jedoch zurückhält („Nein, deine Stunde hat noch nicht geschlagen"), erklingt er (6. Bild, Z. 52, auf anderer Tonstufe in der Klarinette).

Auch in modifizierter Form kommt dieser ‚Lisa-Akkord' zum Einsatz; so etwa im 1. Bild ab Z. 29 im Klavier (aufsteigend) und Marimba (absteigend), als Walter – noch bevor er von Lisas Vergangenheit erfährt – in ihre Kabine kommt und wissen will, ob sie sich besser fühle (1. Bild, ab Z. 29). Die Fortsetzung dieses Akkordmusters (auch in anderen Instrumentengruppen und teilweise fragmentiert) zeugt ohne eine Äußerung von Lisa selbst von ihrer Aufgewühltheit in dieser Szene. Insgesamt wird aus den Kontexten, in denen der ‚Lisa-Akkord' und seine Abwandlungen zu hören sind – und er tritt klanglich stets deutlich hervor –, erkennbar, dass er ein musikalisches Indiz für Lisas Täterschaft ist.

In diesem Zusammenhang wird auch deutlich, dass die auf- und absteigenden gebrochenen Akkorde nicht nur in Verbindung mit Lisa, sondern auch in Bezug auf Walter und auf die Sphäre der ‚Täter' allgemein eine prominente Rolle einnehmen. Wie bereits erwähnt, wurde nicht nur Lisas, sondern auch Walters erster Einsatz von einem gebrochenen, aufsteigenden Akkord in Terzschichtung antizipiert. In der ersten Szene des 1. Bildes zeugen die einander strukturell verwandten Akkordbrechungen von der engen Verbindung der beiden Figuren. In einer nachfolgenden Szene wird diese Verbindung jedoch erweitert. Es handelt sich dabei um die Szene, in der Walter Lisa erstmals zur Rede stellt und sie fragt, weshalb sie die unbekannte Frau fürchte (1. Bild, 4 T. vor Z. 33). Lisa wird zornig. In einem gebrochenen Akkord im *ff* ruft sie in dreimaliger Wiederholung aus: „Ich soll Martha fürchten?" (1. Bild, Z. 33). Danach erklingen im Klavier und im Schlagwerk gebrochene Akkorde auf unterschiedlichen Tonstufen (1. Bild, ab 5 T. vor Z. 34). Walter droht schließlich, die Unbekannte selbst zu fragen, und Lisa ruft erneut in einem gebrochenen Akkord „Schweig!" (1. Bild, 12 T. vor Z. 36). Als sie daraufhin ihr Geständnis macht, ruft Walter entsetzt: „Wie konntest du mich derart täuschen", und seine Worte erklingen in einer absteigenden Akkordbrechung im *ff* (1. Bild, 6 T. [mit Auftakt] vor Z. 39). Einen Takt versetzt dazu spielen zuerst die Violinen (I+II) eine Akkordbrechung, die Weinbergs bisheriges Prinzip der Terzschichtung über acht Töne ausdehnt und sukzessive g-Moll, D-Dur, A-Dur und cis-Moll durchläuft (1. Bild, 5 T. vor Z. 39, wiederholt 2 T. vor Z. 39; Notenbeispiel 61). Damit erreicht dieses Motivprinzip eine Ausprägung, die deutlich an die ersten Töne der Reihe aus dem

2. Satz von Alban Bergs Violinkonzert erinnert (cis bei Weinberg, c bei Berg).[177] Die Töne werden wiederholt (1. Bild, 2 T. vor Z. 39), und schließlich wird eine aufsteigende Akkordbrechung auch von den Holzbläsern aufgegriffen (1. Bild, 3 T. 3f. nach Z. 39). Danach folgt ein absteigend gebrochener Quart-Akkord *pizzicato* in den Streichern (1. Bild, T. 5ff. nach Z. 39). Als Walter seinen Gefühlsausbruch mit den Worten „ein böser Scherz" beendet, ist mit Z. 40 erneut die aufsteigende Großseptnon-Akkordbrechung über G in den Streichern zu hören, die unmittelbar von einem ‚Lisa-Akkord' abgelöst wird (4 T. nach Z. 40).

Weshalb Weinberg hier eine Akkordbrechung einsetzt, die offenkundig Bezug auf Alban Berg nimmt, ist nicht mit letzter Sicherheit zu klären. Naheliegend ist, dass Weinberg die Gelegenheit nutzte, einen Komponisten zu zitieren, der ihm ästhetisch nahestand. Denn der Kontext der Tätersphäre, in dem Weinberg an dieser Stelle Berg seine Reverenz erwies, legt die Anspielung an eine Kompositionstechnik nahe, die zum Zeitpunkt der Entstehung von Opus 97 zwar bereits nicht mehr pauschal als reiner ‚Formalismus' verurteilt, jedoch noch immer beargwöhnt wurde.[178] Somit verband Weinberg (ganz im Sinne der offiziellen Stellen) eine verpönte musikalische Technik mit der Sphäre des ‚Bösen'. Darüber hinaus wird an dieser Stelle jedoch auch ein repressives Moment erkennbar, welches sowohl der Tätersphäre in der Oper wie auch dem Argwohn der offiziellen Stellen gegenüber der Zwölftontechnik gemeinsam ist.

Die Verbindung der ‚Berg-Akkordbrechung' mit der Tätersphäre in der Oper manifestiert sich auch darin, dass die Reihe sich insgesamt in das musikalische Muster der Akkordbrechungen in Terzschichtung einfügt, die in Verbindung mit Lisa und Walter eingeführt werden. So erklingt eine von g ausgehende (man erinnere sich, dass der Walter einführende Akkord ebenfalls von g ausgeht), in Terzen geschichtete Reihe aller zwölf Töne (Notenbeispiel 62), unmittelbar nachdem Walter – noch während er nichts ahnend an Deck vor sich hin monologisiert – in etwas überzogenem Pathos äußert: „Verflucht sei der Krieg! Verkrüppelt hat er unsre Seelen!" (1. Bild, Z. 14). Und als kurz später die Unbekannte auftritt und Walter von Lisa wissen will, was los ist („Lischen? Antworte, Lischen!") bricht dieselbe 12-Ton-Akkordbrechung *unisono* und im *ff* in breiter Orchesterbesetzung und in Wiederholung los (1. Bild, ab 5 T. vor Z. 19) und führt schließlich – nach einer Generalpause des Orchesters – zu der erwähnten ungewollten Rückversetzung Lisas ins Lager. So zeigt sich bereits zu Beginn des 1. Bildes in aller Deutlichkeit, dass die gebrochenen Akkorde nicht nur die Verbundenheit von Lisa und Walter begleiten, sondern auch ihr drohendes Zerwürfnis illustrieren: Darüber hinaus wird angekündigt, dass der Einsatz der Akkordbrechungen als Signum der gesamten Tätersphäre zu verstehen ist. Denn auch die Partie der SS-Männer im 2. Bild ist durchzogen von auf- und absteigenden Akkordbrechungen (u.a. 2. Bild, Z. 5, Holzbläser; ab T. 9 vor Z. 6, Tutti; Z. 7, Gesang, Holzbläser; ab T. 10 nach Z. 7, Holzbläser). Und im 8. Bild erklingt just die genannte ‚12-Ton-Akkordbrechung', als in der Regieanweisung erwähnt wird, wie im Laufe von Tadeusz' Spiel Unruhe unter den SS-Leuten

---

177 Ich danke Axel Schaffran für diesen Hinweis.
178 Vgl. dazu Laß (2002), S. 269-273.

Notenbeispiel 60: M. Weinberg, Opus 97, 1. Bild, ab T. 10 nach Z. 6 (Ausschnitt).

Notenbeispiel 61: M. Weinberg, Opus 97, 1. Bild, ab T. 6 (mit Auftakt) vor Z. 39.

Notenbeispiel 62: M. Weinberg, Opus 97, 1. Bild, ab Z. 14 (Ausschnitt).

entsteht (8. Bild, Z. 4). So wird anhand der Akkordbrechungen kommuniziert, dass nicht nur Lisa, sondern auch Walter den Tätern angehört, und zwar vollkommen unabhängig von seiner Ehefrau. Die im Libretto noch eher ambivalente Figur des Walter wird durch die Musik eindeutig negativ gezeichnet.

Dass sowohl die Figur der Lisa als auch die Figur des Walter den Tätern zuzurechnen ist, zeigt sich nicht nur durch den Einsatz der gebrochenen Akkorde oder die ähnlichen Klangfarben. Auch die Gesangslinien selbst zeugen davon, dass die Figuren gleichsam organisch miteinander verbunden sind. So ist Lisas erster ‚echter‘ Gesangseinsatz (1. Bild, 3 T. vor Z. 8) nur eine Variante der Gesangslinie, die Walter kurz zuvor gesungen hat (1. Bild, T. 8f. nach Z. 7; Notenbeispiele 63 und 64).[179] Auch benutzt Lisa diese von Walter entlehnte Gesangslinie erneut, als sie nach ihrem Geständnis betont, allein davor Angst zu haben, Walter zu verlieren (1. Bild, T. 2 nach Z. 41). Walter wiederum greift seine Linie erneut im 7. Bild auf, als er sich über Lisas Vergangenheit hinwegsetzt und konstatiert: „Wir kehren nie in die Vergangenheit zurück." (7. Bild, T. 8 nach Z. 14). Im Anschluss beruhigt er Lisa („So beruhig dich, mein Liebling […]") mit dem zu Lisas Quintsprung komplementären Quartsprung a-d.

Notenbeispiel 63: M. Weinberg, Opus 97, 1. Bild, T. 8 nach Z. 7.

Notenbeispiel 64: M. Weinberg, Opus 97, 1. Bild, ab T. 3 vor Z. 8.

Insgesamt kann hinsichtlich der Partien von Lisa und Walter festgehalten werden, dass sie stark schematischen Charakter haben. Der erste klangliche Eindruck, der im 1. Bild von den Figuren gegeben wird, modifiziert sich im Verlauf der Oper kaum. Somit gibt Weinberg in der Klangwelt der Täter eine fast plakative musikalische Interpretation der ‚Banalität des Bösen‘. Diese Welt wird bestimmt von starren musikalischen Formeln, die (teilweise in leicht abgewandelter Form) immer wiederkehren. Während Walters Gesang noch deklamierende Züge aufweist – dabei jedoch eher hölzern wirkt –, hat vor allem Lisas Gesang über weite Strecken deutlich rezitativischen Charakter. Bezeichnend ist auch der Umstand, dass weder Lisa noch Walter eine größere Arie oder ein inniges Duett zugestanden wird. Diejenigen Abschnitte, in denen von ei-

---

179 Darauf verweist auch Nikitina (1970), S. 69.

nem Duett der Figuren gesprochen werden kann (neben dem 1. Bild etwa auch im 7. Bild), hinterlassen einen schalen, schematischen Eindruck.

Martha, Tadeusz und die übrigen Gefangenen

Der trockenen, formelhaften Tonsprache Lisas und Walters stehen die Partien von Martha und Tadeusz kontrastierend gegenüber. Sie sind nicht nur lyrischer und sangbarer, sondern auch individueller gestaltet. Zwar treten sinnstiftende musikalische Motive auch in diesen Partien auf, doch wird die musikalische Anlage der Figuren nicht hauptsächlich davon bestimmt. Stattdessen werden die semantischen Motive im Zusammenhang mit Martha und Tadeusz eher punktuell und ergänzend gesetzt. Einzelne Motive treten zudem auch in Verbindung mit den übrigen Gefangenen auf (etwa das ‚Streichquartett-Motiv‘, dazu gleich ausführlicher), wodurch die Musik die Gefangenen als Kollektiv darstellt.

> Auffällig ist auch, dass Weinberg bei den Figuren der Martha und des Tadeusz (und generell in Bezug auf die Sphäre der ‚Opfer‘) völlig andere Klangfarben zum Einsatz bringt als bei Lisa und Walter (und generell der Sphäre der ‚Täter‘).[180] So prägt eine weiche, intime Klanglichkeit die Partien Marthas und Tadeuszs. Instrumente wie Harfe, Celesta, Vibrafon oder Streicher (solistisch) dominieren die Szenen, oftmals in eher gemäßigter Lautstärke und im *Legato*. Dem stehen die oft lauten, markigen Abschnitte und trockenen Klangfarben gegenüber – Holzbläser *staccato*, Streicher *pizzicato* –, die Lisa und Walter zugeordnet sind.
>
> Schon Marthas erster Auftritt – der erste Auftritt der Unbekannten auf dem Schiff (1. Bild, Z. 16) – wird begleitet von den leisen Schlägen eines Vibrafons (*pp, sempre tenuto*) und *ostinato*-artigen, gehaltenen Akkorden in Harfe und Bässen sowie der Celesta wie zu Beginn der 8. Symphonie op. 83.[181] Da die Szene zuvor von der Klangwelt Lisas und Walters sowie dem Bühnenorchester dominiert wurde, eröffnet sich sehr abrupt eine neue Klangwelt und erzeugt eine musikalische Zäsur.[182] Die gleichförmige Repetition einer Quinte im Vibrafon, die dem verschwommenen Ticken einer Uhr gleicht, kündigt – über mehrere Instrumente anschwellend – klanglich Unheil an, kündigt an, dass es für Lisa an der Zeit ist, sich der Vergangenheit zu stellen.
>
> Der erste Auftritt Marthas auf der Ebene „Auschwitz“ wird ebenfalls von der Celesta dominiert, die eine intervallisch aufsteigende 32tel-Figur im *mp* spielt, begleitet von pedalisierten Akkorden des Klaviers und einzelnen Vibrafon-Schlägen (2. Bild, ab Z. 22). Auffällig ist die klangliche Verwandtschaft zwischen dieser Akkordfigur und dem Eingangsmotiv aus dem Prolog von Benjamin Brit-

---

180 Vgl. ebd.

181 Der erste Satz hebt – zusätzlich zum Chor – ebenfalls mit Bässen und Harfen an, dazu nur leise Schläge der Pauke.

182 Nikitina sieht hier, nachdem auch Marthas erster Auftritt von Quintklängen begleitet wird, eine klangliche Verwandtschaft zu Lisas Partie. Nikitinas Ansicht zufolge ist dies dem Umstand geschuldet, dass beide Figuren Frauen sind. Ich halte diese Deutung für problematisch. Denn der Klang, der mit dem Auftritt der Unbekannten eingeführt wird, weicht eklatant von Lisas ersten Gesangseinsätzen ab. Nicht nur aufgrund der verwendeten Instrumente, auch erklingen die Quinten hier nicht als Akkorde.

tens Oper *Turn of the screw* aus dem Jahr 1954 (1. Akt, Prolog; Notenbeispiele 65 und 66).[183] Bei Britten geht eine strukturell ähnliche, zweimal wiederholte, gebrochene 32tel-Akkordfigur in Celesta und Klavier den einleitenden Worten des Erzählers voran („It is a curious story…")[184] und durchbricht im Folgenden immer wieder seine Ausführungen. Somit werden bei Britten die spukhaften Vorgänge, die im weiteren Verlauf der Oper geschildert werden, durch das Motiv musikalisch angekündigt. Beim ersten Auftreten des Celesta-Motivs in Opus 97 reflektiert Martha darüber, ob Lisa vielleicht eine „gute" Deutsche sein könnte. Ihr Versuch, das Unmögliche zu glauben – nämlich, dass unter den SS-Leuten eventuell ein guter Mensch sein könnte –, wird durch die spukhaften, ätherischen Klänge der Musik (in Analogie zu Brittens Werk) in den Bereich des Surrealen verbannt.[185]

Dieses irreale Motiv der Celesta erklingt erneut im 3. Bild. Sein Einsatz erfolgt, nachdem sich die erste Aufregung der Neuankömmlinge im Lager gelegt hat und die Worte Krzystinas – „Es ist schon spät, geht schlafen. Und träumt was Schönes von der Freiheit" – verklungen sind (3. Bild, T. 8ff. nach Z. 15). In den Regieanweisungen ist an dieser Stelle zu lesen, dass die Gefangenen auf ihre Pritschen klettern und ein Lichtstrahl über die Gesichter der Frauen streift. Auch an dieser Stelle steht das Motiv für etwas Unwirkliches, nämlich für tiefen Schlaf und Träume von Freiheit an einem Ort, der dies unmöglich scheinen lässt. An einer weiteren Stelle im 3. Bild erklingt das fragmentierte Celesta-Motiv (3. Bild, ab 4 T. vor Z. 51). Weinberg setzt es in derjenigen Szene ein, in der Martha von Lisa gezwungen wird, die geheime Nachricht zu übersetzen. Entscheidend ist, dass Martha in dieser Szene noch nicht weiß, dass Tadeusz tatsächlich am Leben ist. Und im Zusammenhang mit ihrem fingierten Liebesbrief an den tatsächlich existenten Tadeusz erscheint das Motiv als ein musikalisches Zeichen für Marthas verzweifeltes Hoffen, dass ihr Verlobter am Leben sein möge.

---

183 Die Bezugnahme auf Werke Brittens, die sich auch im zeitnah entstandenen Requiem op. 96 nachweisen lässt, liegt angesichts der bereits erwähnten Besuche Brittens in Russland sowie dessen freundschaftlichem Verhältnis zu Galina Višnevskaja und ihrem Mann Mstislav Rostropovič wie auch zu Dmitrij Šostakovič nahe. Es ist zwar bisher nicht belegt, doch nicht auszuschließen, dass sich Weinberg und Britten auch persönlich kennenlernten. Im Herbst 1964 war *Turn of the Screw* in Moskau und Leningrad aufgeführt worden. Auch 1967 hielten sich Britten und sein Lebensgefährte Peter Pears in der Sowjetunion auf. Ein Liederabend der beiden Künstler wurde in der *Sovetskaja muzyka* ausführlich besprochen; vgl. L. Živov: Prazdnik muzyki, in: *Sovetskaja muzyka* 3 (1967), S. 52f. Ein eingehender Vergleich von Brittens (v.a. *Peter Grimes, Billy Budd, Turn of the Screw*) und Weinbergs Werken (v.a. Opus 96 und 97) wäre erhellend.

184 Benjamin Britten: *The Turn of the Screw. Opus 54. An Opera In A Prologue And Two Acts*. London 1955, S. 1.

185 Im Programmheft der Inszenierung am Badischen Staatstheater Karlsruhe weist der Dirigent Christoph Getschold darauf hin, dass einige Töne der Paukenfigur aus dem Vorspiel in diesem Celesta-Motiv, wenngleich enharmonisch verwechselt, enthalten seien; Christoph Gedschold: Ein Meisterwerk. Zur Musik, in: Weinberg (2013), S. 8. Dass Weinberg hier einen inhaltlichen Zusammenhang andeuten wollte, halte ich jedoch für unwahrscheinlich und wird auch von Gedschold selbst als erstaunlich bezeichnet; vgl. ebd. Die Art, in der Weinberg ansonsten Querverweise setzte, lässt vermuten, dass er – wollte er einen Zusammenhang herstellen – erstens alle Töne der Paukenfigur aufgeführt und zudem den klanglichen Bezug etwas deutlicher akzentuiert hätte. Tatsächlich tauchen die Töne jedoch nicht vollständig im Celesta-Motiv auf, zudem macht die klangliche Divergenz zwischen Pauke und Celesta eine Wiedererkennung quasi unmöglich.

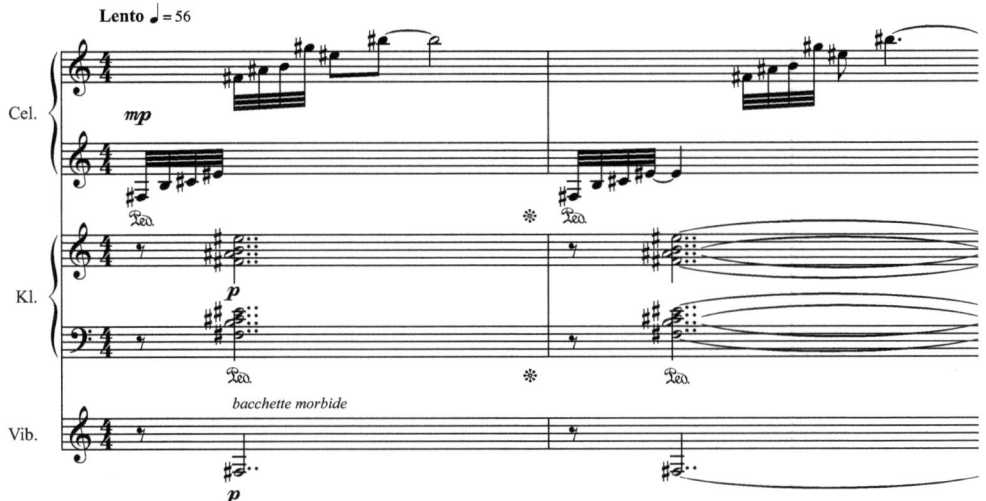

Notenbeispiel 65: M. Weinberg, Opus 97, 2. Bild, ab Z. 22.

Notenbeispiel 66: B. Britten, *Turn of the screw,* Prologue, T. 1-2 (Ausschnitt).

In derselben Szene im 3. Bild wird in den Flöten das erwähnte ‚Streichquartett-Motiv' aufgegriffen, das in Verbindung mit Martha und der Sphäre der Gefangenen steht (3. Bild, 2 T. vor Z. 51). Das Motiv erklingt erstmals im 2. Bild unmittelbar nach dem Celesta-Motiv und nach dem ersten Gesangseinsatz von Martha (2. Bild, T. 9ff. nach Z. 22, Streicher). Dort wird es von einem Streichquartett gespielt, wodurch ein intimer, kammermusikalischer Klang entsteht, der sich von den formelhaften Figurationen der Lisa (ihr Akkord ist kurz vorher zu hören; 2. Bild, T. 5 nach Z. 21) abhebt. Wenngleich – in Analogie zum Wechselspiel von Gesang und Begleitung bei Walters und Lisas erstem Auftritt im 1. Bild – sich auch beim ersten Auftritt Marthas Gesang- und Instrumentalpartien abwechseln, so wird durch die behutsamen Klänge der Begleitung und den zurückhaltenden, gleichwohl gefühlvollen Gesang trotzdem ein geschlossener Eindruck erzeugt. Die klangliche Ausprägung der Figur der Martha in ihrer Menschlichkeit und Wärme steht somit im Kontrast zu der schematischen Figur der Lisa. Anhand der ersten langen Szene der inhaftierten Frauen im Lager (3. Bild) kann dies weiter verdeutlicht werden.

In dieser Szene wird Martha kurzzeitig von ihrer Angst überwältigt und ruft verzweifelt nach ihrer Mutter (3. Bild, T. 3 nach Z. 19). Dann singt sie zu den

Worten: „Am schlimmsten ist die Machtlosigkeit" ein ausgedehntes Melisma. Dieses Melisma, welches sich über mehr als sechs Takte hinzieht, ist das längste Melisma, das in der ansonsten vorwiegend syllabisch vertonten Oper zu hören ist. Im Epilog wiederholt Martha das Melisma (wenngleich etwas verkürzt) an der Stelle, an der sie sich an Tadeusz erinnert (Epilog T. 9ff. nach Z. 5). Dies kann als Ausdruck der Machtlosigkeit Marthas gedeutet werden, Tadeusz während seines Konzerts zu Hilfe zu kommen.

Insgesamt räumt Weinberg Martha und Tadeusz sowie den Gefangenen generell mehr Raum für lyrische Momente ein. Die deutlichsten Beispiele hierfür sind die Arie der Martha (dazu gleich noch ausführlicher) und das Duett von Martha und Tadeusz.

Dieses Duett erklingt innerhalb des 4. Bildes und wirkt im Gefüge dieses Bildes – in Analogie zu der Entrücktheit der Szene – wie aus dem Kontext gefallen. So wird das 4. Bild (welches im „Magazin" spielt) und damit der II. Akt mit einer langen instrumentalen Passage eröffnet, in der allein der ,Lagerwalzer' im *f* zu hören ist. Durchbrochen wird der Walzer von dem gesprochenen Dialog zwischen Lisa und einem SS-Aufseher. Die Musik, die in ihrer Steifheit und Plattheit wie eine Karikatur ihrer selbst erscheint, wirkt vollkommen statisch. Selbst diejenigen Stellen, an denen der Walzer (gemäß dem Schema) retardiert wird, wirken unbelebt: So etwa an der Stelle in der Unterhaltung, als der SS-Aufseher zum bevorstehenden Konzert des Violinisten bemerkt: „Er soll spielen, bevor er sich in Rauch auflöst." Hier bricht der Walzerrhythmus ab und es erklingt in den Blechbläsern und Bässen eine absteigende Akkordlinie im *f* (4. Bild, ab 6 T. vor Z. 9). Danach (mit Z. 9) setzt der Walzer erneut in unverminderter Lautstärke ein.

Der Moment hingegen, in dem sich Martha und Tadeusz im „Magazin" das erste Mal erblicken, wird in der Musik vorbereitet. Zuerst verliert der Walzergestus seine motivische Prägnanz (3 T. vor Z. 12) und endet schließlich auf einem liegenden Akkord (T. 6 nach Z. 12). So wird in der Musik verdeutlicht, wie für die Liebenden, die sich wiedersehen, die Zeit kurz stehenbleibt. Dann setzt der Walzer erneut ein (12 T. vor Z. 13), jedoch deutlich zurückgenommener, was dem Fehlen einer Melodie und der reduzierten Instrumentierung geschuldet ist (keine Flöten, kein Schlagwerk). Nach und nach reduziert sich die Instrumentierung immer weiter und auch die Faktur löst sich auf (ab 5 T. vor Z. 13). An der Stelle, an der in den Regieanweisungen zu lesen ist, dass sich Martha und Tadeusz schließlich umarmen, erklingt zuerst im Vibrafon, in Marimba, Celesta, Harfe und dem Klavier (*ped. al fine*), schließlich auch in den Streichern eine wiederholt aufsteigende Linie aus gebrochenen Akkorden von großer Intensität. Sie ist eine (auch über mehrere Instrumente) ausgebreitete Fassung des Celesta-Motivs (Notenbeispiel 67). Marthas Wunsch, Tadeusz möge leben, wird somit nicht nur in der Handlung, sondern auch in der Musik bestätigt. Bruchstückhaft sind Nachschläge des Walzers eingewoben (v.a. Blechbläser), die jedoch in der Akkordfigur gleichsam untergehen. Somit wird in der Musik illustriert, wie die Innigkeit der beiden Liebenden die Realität des Lagers

Notenbeispiel 67: M. Weinberg, Opus 97, 4. Bild, ab Z. 13 (Ausschnitt).

verdrängt. Nach einer Generalpause (1 T. vor Z. 14) setzen Martha und Tadeusz mit der gegenseitigen Frage „Du lebst?" ein.

In gleichem Maße, in dem sich die von der Situation überrumpelten Liebenden einander annähern, nähern sich auch die Partien an. Tadeusz eröffnet mit den Worten „Weißt du noch!" (T. 4 nach Z. 20) das eigentliche Duett. Mit Ziffer 22 hebt Martha ihren Gesang an und singt „Ach, spiel, bitte spiele für mich" zu einer zarten, tänzerischen Begleitung (in den Streichern *pizz.*), die, auch mit ihrem geraden Taktmaß, den groben ‚Lagerwalzer' konterkariert. Tadeusz stimmt in den Gesang ein (T. 2 nach Z. 23), und auf dem Wort „Glück" erreicht seine Partie den Gipfel über einer strahlenden mediantischen Wendung. Anschließend wird das Moment des Glücks in der Musik zu Tadeusz' Worten „Ich liebe dich, liebe dich, Martha" mit einer zarten e-Moll-Klanglichkeit verschleiert. Die Musik verweilt noch einen Augenblick in der bittersüßen Stimmung, bis 8 Takte vor Ziffer 25 zuerst eine absteigende Akkordbrechung in der Flöte und schließlich ein absteigender Akkord in der Klarinette Lisas Kommen musikalisch ankündigen.

Dieses Duett der Martha und des Tadeusz gehört zu den intimsten Momenten der gesamten Oper. Die Nähe und Verbundenheit der beiden Figuren spiegelt sich – ganz im Gegensatz zu den Partien der Lisa und des Walter – im wechselseitigen Aufgreifen der musikalischen Motive der Figuren und dem ineinander verschlungenen Aufbau der Gesangslinien sowie in den begleitenden Figurationen.

Weinberg gibt im Laufe der Oper, vor allem im 3. Bild, den einzelnen Figuren der Gefangenen viel Raum, sich vorzustellen. Somit unterstützt die Musik die Forderung aus dem Epigramm, nicht zu vergessen.[186] Gleichzeitig wird durch die Einführung der vielen Figuren aller Couleur das dezidiert jüdische Leid in den Hintergrund geschoben. So ist die erste der neu im Lager eingetroffenen Gefangenen, die musikalisch ausführlich illustriert wird, die junge Französin Yvette. Eindrucksvoll wird musikalisch umgesetzt, wie die junge Frau angesichts der verrückt gewordenen alten Gefangenen von ihrer Angst übermannt wird.

> So ist Yvettes erster Einsatz (3. Bild, Z. 2) ein verzweifelter Angstruf „Eine Hexe! eine Hexe!" in der mehrfachen Wiederholung eines a" im *ff*, der dann in einem *glissando* abwärts rutscht. Als sich die Szene beruhigt und Krzystina die Neuankömmlinge freundlich nach ihrer Herkunft (3. Bild, Z. 11) fragt – begleitet vom ‚Streichquartett-Motiv' –, werden zuerst von einem Chor hinter der Bühne Ortsnamen deklamiert, die das Ausmaß des Grauens deutlich machen: von Warschau bis Paris, von Kopenhagen bis Thessaloniki werden eine Reihe von Städten genannt, aus denen Juden deportiert wurden. Dann verstummt der Chor, und mit Ziffer 13 setzt der Gesang Yvettes erneut ein. Er wird begleitet von einer getupften Achtelfigur aus *pizzicato*-Zweiklängen *col legno* in den Bratschen und Violinen (II). Dazu antiziptiert die Harfe in Sekund-Wechselnoten den Gesangseinsatz der jungen Frau, der ebenfalls aus einer schrittweise abwärtsgeführten Figur aus Achtel-Wechselnoten besteht. Wie bereits an anderer Stelle erwähnt, betont die in ihrer Struktur luzide und tänzerisch anmutende musikalische Ausgestaltung der Partie den jugendlichen Charakter der Figur (im Libretto ist angegeben, dass sie 15 Jahre als ist).

Die ausführliche musikalische Darstellung der verschiedenen Gefangenen macht es auch unabhängig vom eigentlichen Handlungsablauf möglich, zumindest an einer Stelle sehr deutlich zu formulieren, was es im Zweiten Weltkrieg hieß, Jude zu sein.

> So entspinnt sich, ebenfalls im 3. Bild (ab Z. 20), zwischen Martha und Hannah, der Jüdin, ein Duett von großer Intimität. Es wird begleitet von einer sich wiederholenden Figuration in den Streichern, die – innerhalb eines $^5/_4$-Taktes – mit einem *unisono*-Orgelpunkt in den Bässen – anhebt. Dieser Orgelpunkt setzt bereits zu einem früheren Zeitpunkt in den Bässen im 3. Bild ein, und zwar in der Szene, in der sich die Gefangenen schlafen legen. Nur unterbrochen an Stellen, an denen sich zwischen den verschiedenen noch wachenden Gefangenen Gesänge entwickeln, wird er von Ziffer 15 ab durchgehend gehalten. Er versinnbildlicht somit die nächtliche Ruhe in der Baracke der Häftlinge. Erst 9 Takte nach Ziffer 37 mit dem Auftritt Katjas, und somit dem Ende der nächtlichen Ruhe, setzt er aus.

---

186 Vgl. Verena Mogl: „Erinnern! Auch wenn es unmöglich ist. Mieczysław Weinbergs Oper *Passažirka* op. 97", in: *Studia Musicologica* 57, 1-2 (2016), S. 403-416.

Zu dem Orgelpunkt in den Bässen ab Ziffer 20 erklingt schließlich in den Bratschen eine wiegende Ostinato-Figur *pizzicato*. Marthas lyrischer und eindringlicher Gesang, der von der Klarinette antizipiert wird, hat hohen Wiedererkennungswert (3. Bild, 4-9 T. nach Z. 20). Nach sechs Takten wechselt das Metrum, und in der Begleitung erklingt eine auf- und absteigende Figur aus gebrochenen Dreiklängen in den Bässen und der Klarinette zu den Worten „Unsere Qualen, unsere Leiden" – die gebrochenen Akkorde verweisen wieder auf die Täter. Ab Ziffer 21 wiederholt sich die Begleitung und Hannas Gesang setzt ein. Sie singt von ihrer Heimat Thessaloniki und der Schönheit des Meeres dort. Als mit Ziffer 22 erneut Martha einsetzt und darauf beharrt, einmal mit Hannah dorthin zu reisen, variiert das Begleitmuster. Hannah verneint Marthas Vorschlag, und nach einer ornamentierten Linie der Klarinette erfolgt über gehaltenen Tönen in den Klarinetten und Bässen die Begründung: „Ich bin Jüdin, Jüdin" (3. Bild, Z. 23f.). Als Hannah diese Worte ausgesprochen hat, erklingt ein scharfes Motiv aus 16tel-Wechselnoten in den Holzbläsern, welches bereits im 1. Bild zu hören war, kurz nachdem Lisa erstmals den Namen des Lagers, in dem sie tätig war – „Auschwitz" – verlauten ließ (1. Bild, Z. 48). An dieser Stelle erklingt das Motiv zuerst im *ff* in Walters Partie (ab Z. 37: „Ein Alptraum! Zerstört sind alle Lebenspläne!") als Motiv aus punktierten Viertel-Wechselnoten, welches dann von Lisa aufgenommen wird (ab 6 T. nach Z. 37). Ab Ziffer 46 erklingt es dann – kurz nach der zweiten Erwähnung von Auschwitz durch Lisa (5 T. nach Z. 45) – in 16tel-Wechselnoten in den Holzbläsern, ebenfalls im *ff*. Durch das erneute Aufgreifen dieses kurzen, doch prägnanten Motivs wird deutlich, dass es als ‚Todesmotiv' zu verstehen ist, das die Aussage Hannahs, ihre jüdische Herkunft komme einem Todesurteil gleich, betont. Als Hannah darauf verweist, dass der Stern auf ihrer Häftlingskleidung „das Todeszeichen" sei, singt sie einen absteigenden, gebrochenen Akkord, der in seiner Struktur auf die ‚Täterakkorde' verweist (Notenbeispiel 68). Martha will Hannah Mut zusprechen und kehrt zurück zu der einprägsamen Melodie vom Anfang des Duetts. Gleichzeitig wechselt die Begleitung zurück in das anfängliche Schema (3. Bild, T. 3 nach Z. 24). Erst als Martha sich verzweifelt die Frage stellt „Warum, warum, so sag mir doch ist unser Wunsch zu leben so groß?", bricht das Schema. Ihre Gesangslinie, nun im *ff*, wird variiert, und in der Begleitung erklingt eine zerklüftete Dreiklangsbrechung mit metrischen Verschiebungen im *ff*. Als Hannah ihre Antwort gibt – „Weil wir Menschen sind, Menschen, Martha, zum Leben geboren" –, kehrt die Begleitung (auf anderer Tonstufe) erneut zum Orgelpunkt der Bässe zurück und das Duett ist beendet.

Notenbeispiel 68: M. Weinberg, Opus 97, 3. Bild, 4. T. nach Z. 23 (Ausschnitt Partie Hannah).

Somit betont die Musik zwar nicht die jüdische Identität Hannahs zeugt jedoch sehr deutlich von der Gewalt, mit der Hannah aufgrund ihres Judentums zu rechnen hat.

Wichtig für den Gesamtzusammenhang ist auch die Szene im 6. Bild, in der die Gefangenen Martha zum Geburtstag gratulieren.

> Die Szene eröffnet mit einer tänzerischen, volksliedhaften Melodie, welche zuerst in den Hörnern, dann in den Holzbläsern (6. Bild, Z. 1) aufgegriffen wird. Mit Ziffer 2 setzen die Gefangenen Kristina, Hannah, Katja, Bronka und schließlich Vlasta über einem Orgelpunkt in den Bässen auf dem Wort *„Poz-dravljaju"* [Herzlichen Glückwunsch!] im *f* in gebrochener motivischer Arbeit ein. Dazu erklingen Fragmente des ‚Volksliedes'. Die Lautstärke wird durch ein *crescendo* in allen Stimmen immer mehr verstärkt und steigert sich bis zum *ff* (6. Bild, 1 T. vor Z. 3) auf einem Akkord und dem Wort „Martha!" Anschließend setzt das ‚Volkslied' in den Streicherstimmen im *f* und neuem Tempo (*Presto*, punkt. Halbe = 88) ein. Dazu singt Martha in einer aufsteigenden Quarte „Danke, Freunde!", während die Gefangenen ihre Wünsche erneuern. Dieser Abschnitt zählt zu den dichtesten Szenen der Oper. Ab Takt 7 nach Ziffer 6 erklingt dann in den Stimmen der Gefangenen „Zum Geburtstag", wieder einige Abschnitte später „Martha!" Somit werden die Glückwünsche über einen großen Zeitabschnitt in die Länge gezogen, immer wieder durchbrochen von Marthas „Danke, Freunde". Ab Takt 6 nach Ziffer 7 erreicht der Gesang der Gefangenen einen neuen Höhepunkt, wiederum auf dem Wort „Martha", welches erneut im *ff* erklingt. Ab Ziffer 11 erklingen die Wünsche der Mitgefangenen, nämlich: „wir wünschen Dir Freiheit!" Diesem Wunsch wird in der Musik ein langer erster Abschnitt eingeräumt (von Z. 11 bis 5 T. vor Z. 12). Wie zur Bekräftigung des Wunsches erklingen ab Ziffer 12 im Orchester Viertelschläge im *ff*. Und nach der von einer Generalpause (T. 11 und T. 16 nach Z. 12) durchsetzten Orchesterpartie erklingt erneut und abschließend der Geburtstagswunsch der Mitgefangenen auf einem Quintklang auf dem Wort „Freiheit" im *ff*.[187] Dieser letzte, nachdrückliche Ruf nach Freiheit gibt dann den Auftakt zur Arie der Martha, die ebenfalls ein Anruf an die Freiheit ist. Die Glückwunschszene ähnelt in ihrer Eindringlichkeit dem 9. Satz der 8. Symphonie op. 83, in dem sich der Gesang auf dem Wort „Gerechtigkeit" steigert. Somit exponiert Weinberg in Opus 97 erneut einen moralischen Wert an zentraler Stelle, ohne jedoch – dadurch, dass er in die Handlung eingebettet wird – explizit Bezug auf die aktuelle politische Situation zu nehmen.

Neben den dargestellten gibt es weitere sinnstiftende Motive, die die Oper durchziehen und assoziative Verbindungen zwischen einzelnen Szenen konstituieren. Exemplarisch sei hier nur auf das Motiv der ‚Stille im Lager' verwiesen, wie es erstmals am Anfang des 2. Bildes ab Takt 5 (erster Durchlauf bis Z. 1) auftritt. Dabei handelt es sich um eine fortlaufende und sich teilweise wiederho-

---

187 Die Aufführung in Bregenz war an dieser Stelle fehlerhaft, da durch einen Kopistenfehler der letzte große Einsatz des Chores der Mitgefangenen von Martha (T. 18 nach Z. 12) um 7 Takte verschoben wurde. Ein Fehler, der von Theodor Currentzis nicht korrigiert wurde und der leider so seinen Weg auf die zur Produktion gehörige DVD fand. Ich danke Herrn Arnt Nitschke für diesen Hinweis.

lende Achtel-Linie, die stets im *pp* und nur in den Violinen (I) auftritt (Noten-beispiel 69). Diese Linie erklingt im Laufe der Oper mehrmals an Stellen, wenn von Momenten der Ruhe im Lager gesprochen werden kann.[188]

Notenbeispiel 69: M. Weinberg, Opus 97, 2. Bild, T. 5ff. (Ausschnitt Vl. I).

Der Chor

Im Verlauf der Oper nimmt der Chor die Funktion einer übergeordneten moralischen Instanz ein, welche – im Grunde unabhängig von der Handlung – außerhalb der verschiedenen Szenen zu verorten ist. Verbindende Funktion kommt ihm vor allem deshalb zu, da er als fortdauerndes musikalisches Moment ab dem 1. Bild bis hin zum Epilog in allen Szenen auftritt.[189]

Die Klangwelt des Chores, und über weite Strecken auch der gesungene Text, bleibt in den verschiedenen Auftritten homogen. So erklingt bei seinem ersten Auftreten im 1. Bild der leise Gesang der Bässe von der „schwarzen Wand" über lange Akkorde in den Streichern. Die melodischen Elemente der Chormelodie (beispielsweise das phrygische halbtönige Ansteuern eines Zentraltones von oben) vermitteln einen archaischen Eindruck.

Auch im 3. Bild erklingt der Chor erneut (3. Bild, Z. 57) just kurz nach der Szene, in welcher Katja – der der Tod bevorsteht – Martha von sich erzählt (3. Bild, 1 T. nach Z. 57). Diese Szene sticht auch dadurch hervor, dass sich in ihr nach und nach alle Ebenen der Oper überlagern. Auf einer Ebene, der Ebene „Auschwitz", sprechen Martha und Katja miteinander. Darunter erklingt der Chor, dessen Stimmen sich vom Tenor ausgehend (3. Bild, Z. 57) langsam anreichern (Einsatz Bässe: T. 10 nach Z. 57, Einsatz Alt: T. 12 nach Z. 57, Einsatz Sopran: T. 15 nach Z. 57). Der Gesang des Chores kommt schließlich auf dem Wort „Auschwitz" im *ppp* ab Ziffer 58 auf einem Akkord von fahler Schärfe zum Stehen. Die besondere Klangfarbe des Akkords, der bereits im zweiten Bild mehrmals über dem Wort „Auschwitz" erklingt (2. Bild, T. 7 nach Z. 14 und T. 4 vor Z. 15) gründet in den Sept-Non-Reibungen und dem enthaltenen Tritonus. Dazu ist Lisas gesprochene Anrede an Walter zu hören, die gleichsam von der Ebene „Schiff" herunterklingt. Und so endet der Satz mit einer Schichtung von Lisas Worten, dem ausklingenden Gesang Marthas und Katjas und den Liegetönen des Chores.

---

188 Dieses Motiv erinnert klanglich an die Achtel-Linie, die prominent und wiederholt im 1. Akt von Brittens *Billy Budd* (1951) auftritt.

189 Ljudmila Nikitina weist im Zusammenhang mit dem Chor auf Igor Strawinskys Opern-Oratorium *Oedipus Rex* hin. Vgl. Nikitina (1970), S. 68.

Aus seiner im Verlauf der Oper stets eher zurückgenommenen Haltung und der kommentierenden Funktion tritt der Chor erst im 8. Bild hervor und beschließt mit seinem Gesang die Handlung. So wird nach Tadeusz' Ermordung und 2 Takte vor Ziffer 6 im *ff* das Resümee der Oper vorbereitet. Nach fragmentierten 16tel-Klängen in Holz-, Blechbläsern und Streichern, die das Zerschlagen der Geige und den sicheren Tod Tadeuszs musikalisch illustrieren (4 T. vor Z. 5), weicht das brutal anmutende Klangbild einer Art Morendo in Form von 32tel-Akkorden (*pizzicato*) im *fff* in den Violinen (I+II) und Bratschen, Achteltriolen in den Celli und einem darüber liegenden d-Moll-Akkord in den übrigen Instrumenten (Z. 5). Das Schicksal Tadeusz' ist besiegelt und die Handlung im Grunde beendet. Doch dann tritt (nach einem Tempowechsel: *Adagissimo*, Viertel = 50) in symphonischer Breite der Gesang des Chores, ebenfalls im *ff*, erneut hervor (T. 4 nach Z. 6). Laut den Regieanweisungen befindet sich Martha an dieser Stelle alleine auf der Bühne und geht umher. Der Gesang des Chors von der „schwarzen Wand" beendet die Szene, eindrucksvoll betont von markanten *unisono*-Läufen in Holzbläsern und Streichern (etwa T. 3ff., nach Z. 7), dicht und anschwellend zum *fff* bis Ziffer 8. Ab Ziffer 8 und der wiederholten Erwähnung des „Glockenschlags" entwickelt sich das fulminante Klanggerüst zuerst zu einer immer mehr geschlossenen und sich schließlich langsam fragmentierenden Klangdecke, die in konstantem *decrescendo* und einer allmählichen Reduzierung der Instrumente schließlich zum Epilog führt.

Es ist auffällig, dass in Verbindung mit dem Chor und erst am Ende der Oper das Orchester über eine größere Strecke und in symphonischer Breite zum Einsatz kommt. Bis dahin erweisen sich die einzelnen Partien eher fragmentiert und klein besetzt. In den Partien der Gefangenen herrscht (vor allem bei Tadeusz und Martha) ein intimer, kammermusikalischer Klang vor. Die wenigen Stellen, an denen im Verlauf der Oper das volle Orchester erklingt, treten deutlich hervor.

Hörbar machen, was der Text verschweigt: der Einsatz musikalischer Zitate
Wie bei vielen Werken Weinbergs werden in Opus 97 musikalische Zitate und motivische Referenzen eingesetzt. Dabei verwendet Weinberg in *Passažirka* jedoch – anders als in vielen anderen Werken – eine Reihe von sehr offenkundigen Selbst- und Fremdzitaten und weist stellenweise sogar im Manuskript darauf hin. Im Folgenden möchte ich die wichtigsten Zitate in der Reihenfolge ihres Einsatzes erörtern.

2. Bild: Oh, Du lieber Augustin
Das erste Zitat, welches in aller Deutlichkeit zu hören ist, ist das Volkslied „Oh, Du lieber Augustin". Seine Melodie erklingt im 2. Bild im Terzett der SS-Aufseher just in dem Moment, als Lisa auftritt (2. Bild, T. 4-6 nach Z. 11; Notenbeispiel 70). Die drei SS-Aufseher flirten mit der jungen Aufseherin, nachdem sie ausgiebig über die Langeweile im Lager und die Schwierigkeiten beim Töten von Menschen geklagt haben.

Notenbeispiel 70: M. Weinberg, Opus 97, 2. Bild, ab 4 T. nach Z. 11.

Die Melodie des Augustin, welche durch eine Molltrübung und Unterschreiten des abschließenden Grundtones einen grotesken Beigeschmack bekommt, erklingt zuerst im Fagott, wird dann weitergereicht vom Gesang des 3. SS-Aufsehers erneut zum Fagott und zur Posaune. Mit dem abgespaltenen zweiten Takt des Motivs bauen die SS-Männer (4 T. vor Z. 13: 1. Motivtakt; Abspaltung 2. Motivtakt: 3. T. vor Z. 13) eine imitatorische Einsatzfolge auf. Das Terzett kulminiert ab Takt 7 nach Ziffer 13 auf den unbegleiteten Worten „sogar in einer Uniform der SS". Dabei erklingt das Wort „SS" *unisono* auf dem wiederholten Ton es.

Das Volkslied *Augustin* war ursprünglich ein Pestlied, in dem davon berichtet wird, dass Augustin, nachdem er alles verloren hat, schließlich stirbt.

> Jeder Tag war ein Fest
> Und was jetzt? Pest, die Pest!
> Nur ein groß' Leichenfest,
> Das ist der Rest.
>
> Augustin, Augustin,
> Leg' nur ins Grab dich hin!
> Oh, du lieber Augustin,
> Alles ist hin!

Das Zitat, welches in der Szene selbst als spöttische Reaktion der Männer auf Lisas Erscheinen zu deuten ist, erscheint vor diesem Hintergrund tatsächlich als höhnische Vorwegnahme dessen, was den Allmachtsphantasien der Nationalsozialisten nachfolgen wird.

Beethoven, 5. Symphonie in c-Moll op. 67

Während das Augustin-Zitat nur an einer Stelle erklingt, wird an das berühmte ‚Schicksalsmotiv' aus Ludwig van Beethovens 5. Symphonie op. 67 mehrmals im Verlauf der Oper klanglich angeknüpft. Dieses ‚Schicksalsmotiv' wird nicht als wörtliches Zitat gebraucht, doch setzt Weinberg eine musikalische Figur ein, deren Gestus auf den Einsatz und insbesondere die Verarbeitung des Motivs bei Beethoven rekurriert.

Sie besteht aus einer rhythmisch und diastematisch in charakteristischen Sprüngen absteigenden Linie, die stets in den Blechbläsern und in *f* erklingt. Zunächst ist dieses Motiv in Opus 97 eindeutig mit Gewalt konnotiert. Es markiert den Anfang des 3. Bildes und erklingt weiterhin, als Martha den gerade neu im Lager eingetroffenen Frauen erklärt, dass die alte Gefangene den Verstand verloren hat, da sie als einzige von den zusammen mit ihr Inhaftierten noch am Leben sei. Als daraufhin Vlasta fragt: „Und die übrigen? Woran sind sie gestorben?" (3. Bild, T. 2ff. nach Z. 9), bricht in den Blechbläsern diese Folge im *f* und *marcato* los (3. Bild, 1 T. vor Z. 10), zu der die alte Frau im *ff* ruft „Am Schnupfen, Schnupfen", „Dummchen, Du Dummchen!" So kann nachvollzogen werden, dass Weinberg die musikalische Figur in Anlehnung an Beethovens 5. Symphonie ebenfalls als ‚Schicksalsmotiv' einsetzt. Im Weiteren erklingt dieses Motiv immer in Momenten, in denen sich die Brutalität der Aufseher über den Gefangenen entlädt. Sehr deutlich hörbar wird dies ebenfalls im 3. Bild, als die Gefangene Katja hereingestoßen wird (3. Bild, ab 10 T. vor Z. 38), die geheime Nachricht gefunden worden ist und Lisa die Gefangenen zur Rede stellt (3. Bild, ab 1 T. vor Z. 47). Auch nachdem die Nachricht verlesen wurde und Lisa droht: „Das wird euch eine Lehre sein! Auseinander!", erklingt das ‚Schicksalsmotiv' (3. Bild, Z. 52; Notenbeispiel 71) an dieser Stelle in einer 16tel-Figur, zuerst im *f*, doch *con sordino* und schließlich *diminuendo* bis hin zum *pp*. Daraufhin wird Katja, der von Lisa der todbringende Karzer angedroht wurde, von ihren Mitgefange-

Notenbeispiel 71: M. Weinberg, Opus 97, 3. Bild, ab Z. 52.

nen beschworen: „Sei ganz ruhig [*p*], sei ganz ruhig [*pp*], sei ganz ruhig [*ppp*]."
Ein letztes Mal erklingt das Motiv im 8. Bild, wo es sehr klar hervortritt und
die Szene eröffnet. Auch an dieser Stelle ist es mit dem Tadeusz bevorstehenden
Schicksal, dem Tod, konnotiert. So wird der Bezug des Motivs auf die im Lager
herrschende Gewalt deutlich hörbar.

Doch öffnet sich hinsichtlich dieses Motivs noch eine weitere Bedeutungsebene. Dazu
ist es wichtig, sich die ambivalente Bewertung von Beethoven und im Speziellen von
Beethovens 5. Symphonie im Kontext der Konzentrationslager zu vergegenwärtigen.
Wie Bernd Sponheuer darlegt,[190] wurde Beethovens op. 67 von Lagerleitung und La-
gerinsassen nicht in gleicher Weise gedeutet. Er zitiert dazu aus Fania Fénelons autobiographischen Aufzeichnungen *Das Mädchenorchester von Auschwitz*:

> PA-PA-PA-PAM…Das ist nicht London. Das ist unser Orchester, das den ers-
> ten Satz der Fünften Symphonie von Beethoven probt. […] Alma [die Kapo
> – V.M][191] wünschte sich sehnlichst Beethoven. Ich gab vor, mich nur an den
> ersten Satz seiner Fünften zu erinnern und suggerierte ihr geradezu, ihn in
> ihr Programm aufzunehmen. Eine seltene Freude für mich! Sie bemerkte die
> Schadenfreude dahinter nicht und die SS-Obrigkeit noch weniger. In keiner
> Weise brachten sie das mit dem Indikativ [der Erkennungsmelodie – V.M.]
> des Senders ‚Freies Frankreich' bei der BBC in Verbindung. Für die Deutschen
> ist das Beethoven, ein Gott, ein Monument deutscher Musik, der sie respekt-
> voll, mit bewunderndem Ausdruck zuhören. […] Welch' grandioser Jubel ist
> es doch, wenn unser Orchester diesen Satz spielt. Einer meiner genußvollsten
> Augenblicke![192]

190 Vgl. Bernd Sponheuer: Beethoven in Auschwitz, in: Heister (2001), S. 798-820.
191 Gemeint ist hier Alma Rosé, die Nichte Gustav Mahlers.
192 Fania Fénelon: *Das Mädchenorchester in Auschwitz*. Frankfurt a.M. 1981, S. 111.

Laut Sponheuer wird in Fénelons Schilderung deutlich, wie „auf den ersten Blick Unvereinbares" vereint werde. „Beide Gruppen", so Sponheuer

> „begreifen" [die] Musik Beethovens, und beide „begreifen" sie in entgegengesetztem Sinne. Was dem einen als tönende Vergegenständlichung des Mythisch-Nationalen mit geradezu religiösen Konnotationen gilt, erscheint den anderen – unmittelbar gleichzeitig – als Symbol des Widerstandes, der Menschenwürde und der Befreiung von eben jener Hypostase des Nationalen, die erstere mit denselben Tönen verbinden.[193]

Es ist zu erkennen, dass Weinberg diese Doppeldeutigkeit auch in Opus 97 aufgreift. Denn er setzt das ‚Schicksalsmotiv' fast ausschließlich in Momenten ein, in denen der Gewalt ein Moment des Widerstands gegenübersteht – im 3. Bild in Verbindung mit Katja als Überbringerin der geheimen Botschaft einer Widerstandstruppe, im 8. Bild mit Tadeusz, der sich gegen die Obrigkeit auflehnt und die Chaconne von Bach anstimmt.

Der Choral der Bronka

Ein weiteres Zitat, welches von Weinberg selbst in der Partitur als solches ausgewiesen wird, findet sich im 3. Bild. Den Angaben Weinbergs zufolge handelt es sich um einen polnischen Choral aus dem 15. Jahrhundert. Bisher konnte nicht verifiziert werden, ob dies den Tatsachen entspricht. Deutliche strukturelle Ähnlichkeiten zu dem bereits an anderen Stellen eingesetzten ‚wandernden Choral' lassen stattdessen die Annahme zu, dass es sich hier, anders als angegeben, nicht um ein authentisches, sondern um ein fiktives Zitat handelt.

> Das Motiv ist eine durch mehrfachen Metrumswechsel strukturierte Figur in Form eines geringfügig modifizierten *Ostinatos* in den Streichern, über die sich der syllabische, psalmodierende Gesang (häufige Tonwiederholungen, Achtelpuls) legt. Der ‚Choral' wird erstmals eingesetzt in der Gebetsszene der Bronka (3. Bild, T. 6ff. nach Z. 26) und taucht an mehreren Stellen der Oper in modifizierter Version wieder auf. Dabei zeigt sich, dass er auch im weiteren Verlauf der Oper als musikalisches Signum mit der Sphäre des Religiösen verbunden ist. So erklingt seine Melodie unter anderem im Duett von Martha und Tadeusz, als die beiden Liebenden sich einer kleinen Kirche erinnern, wo sie eine glückliche Zeit verbrachten (4. Bild, Z. 21).
>
> In seiner Faktur ähnelt dieser Abschnitt durchaus dem bereits an anderen Stellen erwähnten ‚wandernden Choral', dessen musikalischen Ausdruck Weinberg je nach Kontext variiert, der jedoch stets mit den Topoi ‚Not und Verzweiflung', ‚Tod' und ‚Ungerechtigkeit' – besonders mit Blick auf das Schicksal der jüdischen Bevölkerung – verbunden ist.[194]

Im Verlauf der Oper wird der Choral auch in dem Moment aufgegriffen, in dem die gläubige Bronka von Zweifeln übermannt wird (6. Bild, ab 1 T. vor Z. 54). In dieser Szene tritt Krzystina (die im 3. Bild die Existenz Gottes anzweifelte) an Bronka he-

---

193 Sponheuer (2001), S. 811.
194 1. und 5. Lied op. 57, 5. Lied op. 62, 8. Satz 8. Symphonie op. 83, Kantate op. 87 usw.

ran und bittet sie, für Yvette und die übrigen Abgeführten zu beten, „dass die Engel sie aufnehmen in Frieden. Vielleicht hilft es ja …". Bronka beginnt zu beten: „Allmächtiger Herr, Allwissender, Gnädiger, Gerechter, Richter über Gut und Böse…Wenn es dich gibt, wenn es dich gibt …"

> Anders als im 3. Bild pausiert die Musik an dieser Stelle und das Gebet wird nicht gesungen, sondern gesprochen. Danach setzt das Orchester in voller Besetzung (6. Bild Z. 55) ein und greift die Melodie des Chorals auf. Doch im Gegensatz zum ersten Einsatz des Chorals im 3. Bild wird ihm hier eine deutliche Schärfe verliehen. Einmal durch die breite Instrumentierung – dies ist ebenfalls eine der wenigen Stellen im Verlauf der Oper, in welcher das Orchester in ganzer Breite zum Einsatz kommt –, durch die Lautstärke (*ff*) und veränderte Rhythmisierung sowie durch die Harmonisierung nach Art eines Quart-Organums. Das transzendente Moment wird gleichsam ausgelöscht.

Damit verwischt Weinberg nicht nur den musikalischen Bezug zum ‚wandernden Choral‘, zudem betont die Musik eine Stelle des Librettos, die deutlich von seiner literarischen Vorlage abweicht. Denn Zofia Posmysz gab unter anderem im Vorfeld der szenischen Premiere der Oper in Bregenz an, dass „in Auschwitz eine höhere Kraft vorhanden" gewesen sei, die ihr geholfen habe „zu überleben".[195] Jedoch fügte sie hinzu, dass sie dies nicht gerne sage, da sie als Katholikin nicht denjenigen Menschen zu nahe treten wolle, die nicht „an solche Dinge glauben". Und tatsächlich wird in der Erzählung *Pasażerka* der katholische Glaube Marthas explizit erwähnt,[196] während dies im Libretto keine Rolle spielt. Nicht nur, dass es ausschließlich die Figur der Bronka ist, die betet, auch die Musik betont die Unmöglichkeit, im Angesicht der Gewalt den Glauben zu bewahren.

Dies kann einerseits als Zugeständnis der Komposition an das problematische Verhältnis der Sowjetmächte zur Religion gedeutet werden. Durch den Einsatz des Chorals in Opus 97 eröffnet sich jedoch noch ein weiterer Subtext. Denn dadurch wird ein motivischer ‚roter Faden‘ von Opus 57 bis hin zu Opus 97 sichtbar, der – wie bereits an anderer Stelle dargelegt – vor allem auf die zum Zeitpunkt der Komposition aktuelle (kultur-)politische Situation in der Sowjetunion verweist. Die klangliche Schärfung des Chorals könnte demnach – in Analogie etwa zum 5. Lied von Opus 62, in dem das transzendente Moment durch das harte Skandieren der an dieser Stelle aufgezählten Fürbitten negativ betont wird – als verschlüsseltes musikalisches Bekenntnis gedeutet werden, dass Weinberg an eine Verbesserung der sowjetischen Lebenswirklichkeit nicht glaubte.

Das Lied der Martha
Dass Weinberg mit einer Vielzahl von Querverweisen arbeitete, über die sich weitere Zusammenhänge eröffnen, lässt sich vor allem anhand des wohl umfangreichsten Zitats in Opus 97 zeigen. Es handelt sich dabei um die Arie der Martha im 6. Bild (ab 10

---

195 Zofia Posmysz im Begleitheft zu den Bregenzer Festspielen 2010; Axel Renner: Protokoll einer Annäherung, in: Bregenzer Festspiele GmbH (Hg.): *Mieczysław Weinberg. In der Fremde.* Bregenz 2010, S. 60-69, hier: S. 67.
196 Posmysz (1969), S. 85.

T. vor Z. 13). Weinberg weist in der Partitur darauf hin, dass an dieser Stelle ein 1845 entstandenes Gedicht von Sándor Petőfi nach einer Übersetzung von Leonid Martynov eingesetzt wird. Dabei verschweigt er jedoch den Umstand, dass es sich bei der Arie um ein genaues Selbstzitat des Liedes „Esly by…" aus dem Liederzylus *Iz Poèzii Petefi* op. 70 handelt, den Weinberg bereits 1960 komponiert hatte. Das Lied, welches Weinberg Mitte Juni 1960 als letztes Lied in den Zyklus Opus 70 eingefügt hatte, übernahm er für die Oper völlig unverändert und passte allein die Instrumentierung an. Der Text des Gedichtes lautet in deutscher Übertragung:

Wenn der Herrgott also zu mir spräche:
„Lieber Sohn, wie es dein Herz begehrt,
darfst du sterben", würde ich ihn bitten,
daß er diese Wünsche mir gewährt:

Laß es Herbst sein, einen heitren, milden,
wenn der Sonne Purpurvogel verglüht,
und auf gelbem Laub ein wunder Vogel,
der zurückblieb, singt sein Sterbelied.

Wenn der Tod mit leisen Flügelschlägen
Flur und Hain sich naht und niedersinkt,
nahe er auch mir, daß ich ihn fühle
erst, wenn er den Arm schon um mich schlingt.

Dann will ich mein Sterbelied anstimmen
wie der Vogel im verwelkten Wald,
eine Weise, die sich schwingt zum Himmel,
die in allen Herzen widerhallt.

Wenn der letzte Zauberklang verklungen,
soll ein Kuß verschließen mir den Mund,
ja, ein Kuß von dir, du blondgelocktes,
schönstes Mädchen auf dem Erdenrund.

Aber will mir Gott dies nicht gewähren,
bitt ich ihn um einen Frühlingstod,
wenn im Kamp erblühen wilde Rosen
auf der Brust der Männer, blutigrot.

Wenn die Nachtigallen wie Trompeten
schmettern weithin durch die Frühlingsnacht,
mög aus meinem eigenen Herzen sprießen
solche Rose in der Freiheitsschlacht.

Wenn ich sterbend dann vom Pferde sinke,
soll dein Mund verschließen mir den Mund,
Freiheitsgöttin, die du aller Wesen
höchstes bist auf diesem Erdenrund![197]

Um zu erfassen, welche Bedeutung diesem Stück und seinem Inhalt zukommt, muss etwas ausgeholt werden. Im Sommer 1955 war in Ungarn unter der Aufsicht des Ungarischen Jugendverbandes in Budapest ein Diskussionszirkel von, so Matthias Braun, „jungen Literaten und parteilosen Intelligenzlern" gegründet worden, der bald als Petőfi-Kreis bekannt wurde:

> Außergewöhnlich an den Veranstaltungen des Petőfi-Kreises waren nicht nur die Themen, die man in ungewohnter Offenheit diskutierte, sondern auch das hohe geistige Niveau der Beträge zur Ökonomie, Geschichte, Kultur und Philosophie. […] Zu den späteren Referenten gehörte auch Georg Lukács, der über philosophische Themen sprach. Die Zuhörerzahl wuchs von April bis Juni 1956 so rasch an, sodass die Diskussionsabende in immer größere Räume der Budapester Universität verlegt wurden. […] Zunehmend wurden auf den Veranstaltungen politische Forderungen ausgesprochen. […] Nach dem Budapester Vorbild entstanden im ganzen Land Petőfi-Kreise. Auch in Polen schossen im Jahre 1956 Diskussionsklubs wie Pilze aus dem Boden.[198]

Robert Engelmann bezeichnet in seiner Studie zur DDR den Budapester Petőfi-Kreis gar als intellektuellen „Motor der Entwicklung, die im Oktober [1956] in die Revolution führte".[199] Engelmann schreibt weiter: „Für Ulbricht und die anderen Stalinisten in der SED-Führung wurde der Begriff ‚Petőfi-Club' zum Synonym für die gedankliche Wegbereitung der ‚Konterrevolution'."[200] Bekanntlich war der Ungarn-Aufstand niedergeschlagen worden, und die sowjetischen Kräfte hatten alle Macht aufgewendet, um den *status quo* wieder herzustellen. Vor diesem Hintergrund besteht kein Zweifel, dass Weinberg im zunehmend erkaltenden politischen Klima der frühen 1960er Jahre die Petőfi-Gedichte nicht zufällig zur Vertonung auswählte.

Nach bisherigem Kenntnisstand war Opus 70 nach seiner Entstehung zwar nicht aufgeführt, jedoch einige Jahre später (1963) bei *Sovetskij Kompozitor* in Moskau veröffentlicht worden.[201] So war es im politischen Klima der frühen 1960er Jahre immerhin möglich gewesen, die Petőfi-Lieder in die Öffentlichkeit zu bringen, wenngleich nur in gedruckter Form. Auch in einer Rezension wurde der Zyklus kurz vorgestellt. Dabei wurde natürlich nicht auf die politische Dimension der Petőfi-Texte und des Kontexts hingewiesen, sondern auf die „Verneigung" des lyrischen Ich vor den „philoso-

---

197 Sándor Petőfi: *Gedichte. Nachgedichtet von Martin Remané.* Berlin (Ost) u.a. 1973, S. 97f.

198 Matthias Braun: Petőfi-Kreise grenzüberschreitend? Die internationalen Kontakte der intellektuellen Dissidenz, in: Engelmann u.a. (2008), S. 371-389, hier: S. 371f.

199 Robert Engelmann: Lehren aus Polen und Ungarn 1956. Die Neuorientierung der DDR-Staatssicherheit als Resultat der Entstalinisierungskrise, in: Engelmann u.a. (2008), S. 281-296, hier: S. 282, Fn. 6.

200 Ebd., S. 282.

201 Im VAAP-Katalog ist angegeben, dass die Veröffentlichung ohne das letzte Stück erfolgt sei; vgl. Sladkova (1986), S. 65f. Dies konnte jedoch anhand der Ausgabe selbst überprüft und als falsch bewertet werden.

phischen Grundsätzen",[202] die im Laufe des Zyklus dargelegt würden. Das letzte Lied „Esly by…." bezeichnet die Autorin abschließend als „‚ritterlichen' Schlachtentaumel: wenn es schon bestimmt ist, zu sterben, dann soll es ein Tod in der Schlacht sein".[203] Somit wurde der Zyklus in der Fachpresse (zumindest in einem oberflächlichen Zugriff) als musikalisches Heldenepos gedeutet.[204]

Zum Zeitpunkt der Entstehung von Opus 97 hatte sich die (kultur-)politische Situation in der Sowjetunion jedoch wie erwähnt noch einmal entscheidend verändert. Vor allem im Bereich der Kultur zeichnete sich ein ‚Schlingerkurs' ab, der laut Hildermeier in der Phase des so genannten „reifen Sozialismus"[205] zwischen „Anpassung und Dissens" schwankte.[206] So zeichneten sich, just während Weinberg an der Oper arbeitete, in der Tschechoslowakei reformatorische Bestrebungen ab. Der offizielle Beginn des so genannten ‚Prager Frühlings' wird gemeinhin mit Anfang 1968 – mit der Wahl Alexander Dubčeks zum ersten Sekretär des Zentralkomitees der KPČ – angesetzt.[207] Daniel Limberger zeigt indes in seiner Studie, dass bereits früher erkennbar wurde, wie die etablierten Kräfte an Einfluss verloren.[208] Die reformatorischen politischen Entwicklungen im sozialistischen ‚Bruderstaat' wurden von den sowjetischen Machthabern mit Argwohn beobachtet. Hildermeier hält dazu fest:

> Unter dem Eindruck undogmatischer […] marxistischer Ideen […] entwickelten sich seit Anfang 1968 Reformvorstellungen, die das ererbte Ziel von Gleichheit und Gemeinschaftlichkeit mit demokratischen Grundsätzen zu verbinden suchten. Die Sowjetführung beobachtete diesen „Sozialismus mit menschlichem Antlitz" äußerst skeptisch, zeigte sich aber eingedenk paralleler Unruhe in vielen ‚Bruderparteien' nicht nur des Westens zunächst duldsam.[209]

Im Laufe von mehreren Treffen beschlossen schließlich die späteren Interventionsstaaten, die so genannten ‚Warschauer Fünf' – das heißt die politischen Führungen der Ostblockstaaten (unter Ausschluss der ČSSR) –,[210] in den Reformprozess einzugreifen. Die Ziele fasst Peter Ruggenthaler wie folgt zusammen:

> Das politische Ziel der Intervention wurde in den Monaten zuvor von den KP-Chefs […] formuliert: Beendigung des Reformprozesses („Sozialismus mit menschlichem Antlitz"), Abwehr der „Konterrevolution" und Rückführung der ČSSR auf einen Moskau treuen Kurs, Verhinderung einer Demokratisierung der Tschechoslowakei, Ausscheren des Landes aus dem „Warschau-

---

202 Vgl. Genina (1962), S. 29.
203 Vgl. ebd.
204 Den Zyklus eingehend und auch vor den hier nur angedeuteten Kontexten umfassend zu interpretieren kann an dieser Stelle nicht erfolgen.
205 Vgl. Hildermeier (1998), S. 931.
206 So die Kapitelüberschrift zu den kulturellen Vorgängen in diesem Zeitraum, vgl. ebd., S. 931.
207 Übersichtlich zusammengefasst sind die Vorgänge bei Dušan Kováč: Reform und Verlauf: Innenpolitik einschließlich der slowakischen Frage, in: Jiří Gruša u.a. (Hg.): *Der Prager Frühling: das Ende einer Illusion? Internationales Symposium 11. und 12. März 2008*, („Favorita Papers" of The Diplomatic Academy of Vienna). Wien 2009, S. 40-49.
208 Vgl. dazu die Ausführungen bei Daniel Limberger: *Polen und der ‚Prager Frühling' 1968. Reaktionen in Gesellschaft, Partei und Kirche*. Frankfurt a.M. u.a. 2012, v.a. S. 26-33.
209 Hildermeier (1998), S. 998.
210 Limberger (2012), S. 78.

er Pakt" und Ermöglichung eines „bürokratischen" Putsches der „gesunden" (Moskau) ergebenen Kräfte gegen die Reformer in der KPČ.[211]

Im August 1968 erfolgte die militärische Invasion in Prag – worauf vor allem die politische Führung Polens und der DDR gedrängt hatten – und eine restaurative Wiederherstellung der politischen Situation.[212]

Vor diesem zeitgeschichtlichen Hintergrund muss Weinbergs Einsatz des Petőfi-Liedes – zumal die Arie der Martha als einzige wirkliche Arie deutlich aus dem Gesamtzusammenhang hervortritt – in der Oper stark gewichtet werden. So scheint einerseits plausibel, dass Weinberg mit dem Petőfi-Lied seine Hoffnung auf eine reformative Veränderung der politischen Situation – wie sie mit der Tschechoslowakei zum Zeitpunkt des Kompositionsprozesses durchaus möglich schien – zum Ausdruck brachte. Dass es eine Polin ist, die das Petőfi-Lied vorträgt, transportiert den Wunsch, dass auch in anderen Ländern die Reform Einzug halten möge. Der Text des Liedes kann in jedem Fall in diesem Sinn gedeutet werden. Vor allem die Anrufung der Freiheitsgöttin im vorletzten Vers wirkt angesichts der Tatsache, dass die stark konservative Führung Polens unter Gomułka auf eine gewaltsame Intervention drängte, durchaus gewagt.

Andererseits wurde durch die gewaltsame Niederschlagung des ‚Prager Frühlings' auch offenkundig, dass eine Entspannung der politischen Situation nicht eintreten würde. Und die veränderte politische Lage just zum Zeitpunkt der Fertigstellung der Oper dürfte wohl einen entscheidenden Anteil an ihrer verhinderten Aufführung gehabt haben.

Das Lied der Katja

Neben Martha wird noch einer weiteren Gefangenen eine längere Arie zugestanden. Es handelt sich dabei um das Lied der Russin Katja im 6. Bild. Wichtig ist, wie im Libretto die Szene vorbereitet wird. Während sich die Gefangenen in ihrer Baracke beschäftigen, fragt Martha Katja: „Erzähl, wie ist Russland?" (6. Bild, Z. 40). Und Katja antwortet: „Wenn man davon erzählen kann." Daraufhin Martha: „Dann sing ein altes, altes Lied. Einverstanden?" Und Katja überlegt: „Ein altes? Ich muss nachdenken. Vieleicht dieses? Meine Großmutter sang es oft." Mit Ziffer 41 hebt sie dann an, *Adagissimo* und unbegleitet, das russische Volkslied „Dolinuška-dolina" zu singen. Dieses Volkslied, von dem auch heute noch eine Unmenge Versionen existieren,[213] hat eine lange Tradition. So findet sich der Liedtext in den Volksliedsammlungen, die Aleksandr Puškin zwischen 1824–1826 sowie 1833 anfertigte.[214] Den Angaben von Sergej Bugoslavskij zufolge ist das Lied besonders im mittelrussischen Raum sowie im Norden

---

211 Peter Ruggenthaler: Die Interventionspolitik des Kreml und der Einfluss der „Bruderparteien" auf den Entscheid Moskaus zur Niederschlagung des „Prager Frühlings", in: Gruša u.a. (2009), S. 61-74, hier: S. 61.

212 Vgl. dazu Limberger (2012), S. 72-84.

213 Die verschiedensten Versionen und dazugehörigen Aufnahmen finden sich im Internet auf verschiedenen Seiten, u.a. auf www.muzofon.com.

214 Vgl. S. A. Bugoslavskij: Russkie narodnie pesni v zapisi Puškina, in: Akademija nauk SSSR. Institut literatury (Hg.): *Puškin. Vremennik Puškinskoj komissii*. Bd. 6. Moskau / Leningrad 1941, S. 183-210. Den dortigen Angaben zufolge notierte Puškin das Lied 1824; vgl. ebd., S. 194.

Russlands weit verbreitet.[215] Zudem weist er auf eine Reihe von Volksliedsammlungen hin, in denen das Stück ebenfalls enthalten ist.[216] Ljudmila Nikitina erwähnt in ihrem Artikel, Weinberg habe die Melodie des Liedes einer zum damaligen Zeitpunkt noch unveröffentlichten Volksliedsammlung von Evgenij Gippius entnommen.[217]

> Das Lied tritt schon allein aus dem Grunde aus dem Gesamtzusammenhang hervor, weil Katja es unbegleitet singt. An keiner anderen Stelle des Werks findet sich ein solch ausgedehnter Sologesang. Doch bleibt dabei eine gewisse Irritation zurück. Denn der unbegleitete Gesang erscheint wie aus dem Zusammenhang gefallen. Das Lied lässt keinerlei Sentimentalität aufkommen, die Klänge bleiben leer und klagend, voller Schmerz. Dies wird dadurch verstärkt, dass Katja nicht zu Ende singt. Nach einigen Versen bricht sie ab und sagt: „Weiter weiß ich nicht. Hab's vergessen, vergessen…" (1 T. vor Z. 45). Erst dann setzen, von den Bässen aufsteigend, die Streicher ein und greifen in *pp* und *con sordino* die Melodie wieder auf, jedoch auf anderer Tonstufe. Und Martha singt: „Ein schönes altes Lied, ein weiter Klang…", worauf Katja erwidert: „Das ist Russland… Die Heimat. Und Mama und mein Dörfchen. Birken und das Flüsschen und die Schule." Nachdem in jeder Stimme der Streicher die Melodie einmal erklungen ist, verharren die Instrumente auf einem e-Moll Akkord über einem a-Orgelpunkt (dem Grundton der Gesangslinie) und verklingen schließlich *morendo*.

Im Hinblick auf dieses Lied sind mehrere Aspekte von Interesse. Zum einen der Umstand, dass ausgerechnet der Russin Katja zugestanden wird, ein Volkslied auf die Schönheit der Heimat zu singen. So wird einerseits die immer wieder geäußerte Forderung nach nationalem Kolorit gleichsam doppelt erfüllt, indem nicht nur ein offenbar authentisches Volkslied eingesetzt wird, sondern dieses auch von der Figur der Russin gesungen wird. Indem Weinberg darüber hinaus das traditionsreiche Volkslied mit der heldenhaften Katja in Verbindung setzt, wird das musikalische Lokalkolorit symbolisch mit Stärke, Tapferkeit und dem Mut zum Widerstand gegen den Faschismus verbunden – ganz im Sinne dessen, wie die Staatsideologie die sowjetische Rolle im ‚Großen Vaterländischen Krieg' definierte. Wolfgang Mende bemerkte dazu auch, dass das Lied „ein Stück bester sozrealistischer ‚Volksverbundenheit'" sei.[218]

Jedoch wird dies kontrastiert von der Art, wie Weinberg das Lied vertont. So wirkt es im Gesamtgefüge der Oper verloren und wie aus dem Zusammenhang gefallen. Mehr als heldenhafte patriotische Vaterlandsgefühle evoziert es eine intensive Atmosphäre von Verlassenheit und Einsamkeit. Indem Katja das Lied nicht zu Ende singen kann und ihr die Worte und die Melodie entfallen, wird deutlich, dass das Gefühl für die Heimat verloren ist. Es kann sich im Herzen der Gefangenen nicht behaupten und erstirbt.

---

215 Vgl. ebd.
216 Vgl. ebd., S. 194, und Fn. 2.
217 Vgl. Niktina (1970), S. 72. Leider erklärt Nikitina nicht, wie Weinberg dieses unveröffentlichte Material einsehen konnte.
218 Mende (2016), S. 142.

Surabaya Johnny

Neben den umfangreichen (Selbst-)Zitaten setzt Weinberg an anderer Stelle ein weiteres, trotz seiner Kürze prägnantes Zitat ein. Es erklingt im 7. Bild, nachdem Lisa und Walter vom Steward damit konfrontiert wurden, dass die Unbekannte Polin, und damit höchstwahrscheinlich Martha ist. Walter ist aufgebracht und wütend. Daraufhin singt Lisa „Warum quälst du mich? Warum noch immer Erkundigungen?" und formt dabei ein Motiv, das sofort Kurt Weills „Surabaya Johnny" (1929) assoziieren lässt (7. Bild, Z. 8; Notenbeispiele 72 und 73).[219] Der Einsatz dieses Zitats verstärkt musikalisch ein weiteres Mal die ambivalente Figur des Walter. Um dies nachvollziehen zu können, muss man sich den Text des Brecht'schen Songs in Erinnerung rufen:

> Ich war jung, Gott, erst sechzehn Jahre
> Du kamest von Birma herauf
> Und sagtest, ich solle mit dir gehen
> Du kämest für alles auf
> Ich fragte nach deiner Stellung
> Du sagtest, so wahr ich hier steh
> Du hättest zu tun mit der Eisenbahn
> Und nichts zu tun mit der See
> Du sagtest viel, Johnny
> Kein Wort war wahr, Johnny
> Du hast mich betrogen, Johnny, in der ersten Stund
> Ich hasse dich so, Johnny
> Wie du dastehst und grinst, Johnny
> Nimm doch die Pfeife aus dem Maul, du Hund
> Surabaya-Johnny, warum bist du so roh?
> Surabaya-Johnny, mein Gott, ich liebe dich so
> Surabaya-Johnny, warum bin ich nicht froh?
> Du hast kein Herz, Johnny, und ich liebe dich so.

Indem über den Gesang von Lisa, die mehr als alles Walter zu verlieren fürchtet, eine Verbindung zur dubiosen Figur des Surabaya Johnny hergestellt wird, wird die Zwielichtigkeit, die Unehrlichkeit und der Betrug auf Walter übertragen. Einmal mehr wird das ungleichmäßige Kräfteverhältnis zwischen Lisa und Walter deutlich, und Lisas Ergebenheit (man erinnere sich an ihre mechanischen Antworten „Ja, Walter" / „Nein, Walter") scheint darin zu wurzeln, dass sie – mehr als in romantischer Liebe – in höriger Abhängigkeit zu Walter steht. Dass Weinberg das Zitat aufgrund dieses inhaltlichen Zusammenhangs einsetzte, scheint plausibel. Doch wirft der Verweis auf „Surabaya Johnny" auch eine Reihe von Fragen auf.

Zunächst ist unklar, wie deutlich der Zusammenhang zwischen Original und Zitat für den sowjetischen Hörer war. Zwar war das Lied „Surabaya Johnny" – vor allem in den Vorträgen Lotte Lenyas und Marlene Dietrichs – im ‚Westen' bekanntes

---

219 Aus dem 3-aktigen Musikstück *Happy End,* nach einem Stück von Elisabeth Hauptmann, Songtexte: Bertolt Brecht. UA Berlin 1929. Ich danke der Universal Edition für die Erteilung der Abdruckgenehmigung.

Notenbeispiel 72: M. Weinberg, Opus 97, 7. Bild, ab Z. 8 (Ausschnitt Partie Lisa).

Notenbeispiel 73: K. Weill, „Surabaya Johnny", ab T. 26.

Liedgut geworden, aber über die Rezeption des Liedes in der Sowjetunion ist bislang wenig bekannt. In einer kleinen ‚Theatrographie' der Stücke Bertolt Brechts von Vladimir Klimov ist verzeichnet, dass Brecht'sche Stücke – und darunter vor allem die *Dreigroschenoper* –, vorwiegend ab Ende der 1950er Jahre häufig auf den Bühnen der Sowjetunion aufgeführt wurden.[220] Was „Surabaya Johnny" angeht, so konnte nur verifiziert werden, dass der Schauspieler und Regisseur Anatolij Šaginjan vermutlich 1965 einen Abend unter dem Titel „Stichi i pesni Brechta" [Gedichte und Lieder Brechts] geboten hatte, wohl im Leningrader Malyj Theater.[221] Auch die Sängerin Galina Paškova hatte, doch erst 1972, das Lied als Teil eines Brecht-Programms aufgeführt und 1973 auf Melodyja veröffentlicht.[222]

---

220 Vladimir Klimov: *Bertol't Brecht na sovetskom i rossijskoj scene. 1930–1996, po materialam častnogo muzeja.* Moskau 1997, S. 14-34. Hier findet sich eine Auflistung der Brecht-Stücke, die an großen Theaterhäusern und von professionellen Darstellen aufgeführt wurden.

221 Ebd., S. 43.

222 Informationen zu der Aufnahme sowie die *Playlist* finden sich unter: http://knigi.tr200.biz/index.php?id=1678710 [Stand: 28.09.2013].

Schwierig zu beantworten ist auch die Frage, weshalb Weinberg hier einer Täterfigur die Melodie eines jüdischen Komponisten in den Mund legt. Zweifelsohne steht dies im Widerspruch zu dem ansonsten sehr planvollen Einsatz der musikalischen Zitate. In Analogie zum Einsatz des ‚Berg-Akkordes‘ könnte allein gemutmaßt werden, dass Weinberg auch hier die Gelegenheit nutzte, um ein populäres, ‚westliches‘ Lied auf einer großen sowjetischen Bühne zum Klingen zu bringen. Zwar war der Jazz zum Zeitpunkt der Komposition nicht mehr derart im Visier wie noch einige Jahre früher,[223] doch wurde, wie bei Karen Laß nachzulesen ist, vor allem die westliche „Unterhaltungsmusik ab 1966 immer stärker kritisiert."[224]

Franz Schubert, ‚Marche Militaire‘ op. 51, D 733 No. 1
Ebenfalls im 7. Bild, nur kurz nach dem Auftreten der Melodie des *Surabaya Johnny*, rekurriert Weinberg auf die „Marche Militaire" von Franz Schubert (op. 51, D733 Nr. 1, Notenbeispiele 74 und 75). Der Szene geht voraus, dass Lisa ausruft: „Muss ich denn für alles und für alle die Verantwortung übernehmen?" Walter erwidert daraufhin: „Nein, du bist nicht verpflichtet."

> Zu Walters Worten: „Es war eben Krieg. Das ist schon lange her. Jeder hat das Recht, den Krieg zu vergessen" greifen die Bläser die Melodie und rhythmische Struktur von Schuberts Marsch auf (7. Bild, Z. 13), abweichend vom Original (das in D-Dur steht) in G-Dur, dessen Tonbasis in Verbindung zu Walter steht.

Der militärische Gestus des Marsches, im Zusammenspiel mit Walters Äußerungen und übertragen auf seine Figur gibt weiteren Anlass zur Vermutung, dass Walter selbst – von dessen Vergangenheit man in der Oper nichts erfährt – im Krieg eine Rolle spielte, die er nun lieber vergessen würde. Dabei muss daran erinnert werden, dass Walter im Buch Mr. Bradley anvertraut, dass er freiwillig in die Wehrmacht eintrat, um nicht dem Drängen seiner Familie nachgeben zu müssen, in die SS einzutreten.[225] Vor diesem Hintergrund nährt die Musik den Verdacht, dass Walter ebenfalls in den Nationalsozialismus verstrickt war. Schuberts Musik, deren beschwingt-optimistischer Charakter eher die Stimmung eines nostalgisch-feierlichen K&K-Regiments evoziert, steht dem Grauen, welches in Weinbergs Oper in den Szenen unmittelbar zuvor dargestellt wird, diametral entgegen. Walter verweigert sich der Erkenntnis dieses Grauens – in das seine Frau persönlich verwickelt war – und wischt es einfach fort.

> Der vergleichsweise kurze, doch – wie auch bei *Surabaya Johnny* - prägnante musikalische Verweis erstreckt sich über nur fünf Takte. Lisas Erwiderung: „Ja, Walter, ja Walter" in der bekannten Quintsprung-Figur und mit gebrochenen *staccato*-Akkorden in Oboe und Bassklarinette unterbricht den musikalischen

---

223 Zwar war 1965 in Moskau von der dortigen Abteilung des Komponistenverbandes ein Jazz-Festival veranstaltet worden, doch war mit Vano Muradeli, wie bei Laß vermerkt, „kein Kenner des Jazz" als Vorsitzender der Jury involviert; vgl. Laß (2002), S. 268. Die Öffnung zum Jazz erfolgte, wie Laß weiter ausführt, eher aufgrund des wachsenden Reformdrucks; vgl. ebd. Über populäre westliche Musik wurde in der Fachpresse „vorwiegend polemisch und mit Verachtung berichtet"; vgl. ebd., S. 269.
224 Ebd., S. 271.
225 Posmysz (2010a), S. 24f.

Notenbeispiel 74: F. Schubert, Opus 51 (D 733) No. 1, T. 1-4.

Notenbeispiel 75: M. Weinberg, Opus 97, 7. Bild, ab 1 T. vor Z. 13.

Einschub (2 T. vor Z. 14). Nachdem sie bekräftigend und erleichtert hinzufügt: „Ein und für allemal", bricht der Marsch mit Ziffer 14 erneut los, diesmal in vollem Orchester im *ff*.

Johann Sebastian Bach, ‚Partita No. 2' in d-Moll (BWV 1004)
Die Chaconne von Bach erklingt, wie bereits erwähnt, im 8. Bild (T. 5 nach Z. 3) und folgt einer ganzen Reihe von musikalischen ‚Gewaltmotiven'.

Interessant dabei ist, dass bis zum Auftreten der Chaconne kein Gesang erklingt, sondern nur die gesprochene Spielaufforderung des 1. SS-Mannes. Nachdem sich Tadeusz zum Orchester dreht und das Zeichen zum Anfangen gibt, erklingen in den Schlagwerken und im Klavier Tremoli im *ff*, in den Bläsern Triller, weshalb an dieser Stelle von maximaler Lärmentfaltung gesprochen werden kann. Nach drei vehementen d's in den Streicher- und Klavierbässen, verstärkt von der großen Trommel, setzt in den Violinen (I+II) im *tutti* und *non divisi* die Chaconne im *f* ein, sodass ein paradoxer ‚Chor von Solisten‘ entsteht, dessen Klang schroffen, zornig wirkenden Charakter erhält. Ab Ziffer 4 wird die Chaconne von Paukenwirbeln durchsetzt, gleichzeitig baut sich in den Blechbläsern, Holzbläsern und tiefen Streichern die bereits bekannte 12-Ton-Akkordbrechung auf. Dann verdichten sich die Streicherstimmen, die Chaconne wird auch in den Bratschen aufgenommen (8. Bild, T. 7 nach Z. 4), so dass sie in allen Streicherstimmen (außer den Bässen) *unisono* erklingt. In den Regieanweisungen ist zu lesen, dass der Kommandant irgendeinen Befehl gibt und sich der 2. SS-Mann auf Tadeusz stürzt, musikalisch illustriert dadurch, dass der Reihenakkord in rhythmisierten, sich zuspitzenden Sechzehntel-Schlägen skandiert wird. Am Ende dieser Verdichtung entreißt der 2. SS-Mann Tadeusz die Geige, und der bis dahin original vorgetragene Bach-Text reißt ab (8. Bild, 1 T. vor Z. 5). Als in den Regieanweisungen zu lesen ist, dass der SS-Mann die Geige zertrümmert, erklingen ab Z. 5 auf- und abwärts gezupfte Akkorde im *fff*, gegen die das restliche Orchester mit einem hohen d-Moll-Akkord (ebenfalls im *fff*) der Chaconne einen Schlusspunkt setzt. So erfolgt hier die eindringliche musikalische Illustration der Gewalt, welcher nicht nur die Geige, sondern wohl auch Tadeusz selbst zum Opfer fällt.

Der Einsatz der Chaconne ersetzt in dieser Szene den Gesang. Die Lieder sind verstummt, doch die Musik Bachs, als Sinnbild für den moralischen Widerstand und die Unvereinnehmbarkeit des Geistes, erklingt weiter.

An dieser Stelle eröffnet sich erneut eine zweifache Semantik. Zum einen scheint der in der Oper intendierte Symbolcharakter der Musik Bachs ganz im Sinne der sozialistischen Deutung zu funktionieren. Laut Eduard Mutschelknauss wurde die Musik Bachs nach dem Zweiten Weltkrieg – und nach der ‚Vereinnahmung‘ Bachs durch die Nationalsozialisten – von den sozialistischen Staaten gleichsam ‚umgedeutet‘. Bach wurde als Vorbote „der Aufklärung, und nicht als […] Vertreter eines theologisch in sich abgeschlossenen Weltbildes" interpretiert.[226] Er wurde stattdessen, so Mutschelknauss weiter, zu einem „„Mann aus dem Volke‘" transformiert, „der für das gemeine Volk schuf".[227] Mutschelknauss führt aus, wie in den Nachkriegsjahren einige Anstrengungen unternommen wurden, die „konkreten Richtlinien zur Konturierung eines ‚neuen‘ Bach-Bildes vorzunehmen,"[228] und vor allem in der UdSSR wurde in verschiedenen Publikationen die tiefe „Volksverbundenheit von Bachs Werk" betont. Die Intention war, Bach als „großen Volkskünstler" darzustellen.[229] Wichtig war dabei, die religiöse Dimension in Bachs Schaffen zu entkräften und ihn als Komponisten des ‚einfachen Volkes‘ und der im weitesten Sinne ‚weltlichen‘ Musik zu interpretieren.[230]

---

226 Eduard Mutschelknauss: *Wege und Grenzen der Politisierung. Zum Kontext der Bachjahre 1935 und 1950.* Berlin 2003, S. 41. Auch die Ausführungen u.a. S. 46f.

227 Ebd.

228 Ebd., S. 43.

229 Wie Mutschelknauss darlegt, versuchte offenbar bereits Boris Asaf'ev, einen „Einfluß des slawischen Elements auf die sächsische Kultur" nachzuweisen, eine Argumentation, die nun erneut aufgegriffen wurde; ebd., S. 58f.

230 Vgl. ebd., S. 60f.

Bei Mutschelknauss ist weiterhin dokumentiert, dass gerade von sowjetischer Seite das Thema ‚Bach' als besonders wichtig erachtet wurde.[231]

Die Art, wie Weinberg Bachs Musik einsetzt, knüpft an diese Deutung an. Denn dass die Chaconne zuerst in allen Violinen *unisono* erklingt – und nicht in einer solistischen Violine[232] – und schließlich auch die Bratschen mit einstimmen, kann so gedeutet werden, dass Tadeusz, obwohl er derjenige ist, der bestimmt ist (allein) zu spielen, nicht allein ist. Der Widerstand des Geistes und die Integrität der übrigen Gefangenen sind an seiner Seite. Erst als ihm sein Instrument, gleichsam seine Stimme, entrissen und zertrümmert wird, zerfallen auch die Stimmen der Streicher in die gezupften Akkorde.

Dieser gleichsam ‚sozialistischen' Interpretation der Musik Bachs, die Weinberg in seiner Komposition grundsätzlich stützt, laufen jedoch die Regieanweisungen zuwider. Die dortigen Anweisungen evozieren eine deutlich sakrale Atmosphäre, die an dieser Stelle auf der Bühne entstehen soll. So ist zu lesen, dass ein „Lichtstrahl" in den „Reihen der Gefangenen auf Martha" fällt. Es

> entfaltet sich die Chaconne von Bach. Die Geigenstimme schwingt sich immer weiter empor. Das Licht wird heller. Auch Tadeusz wird beleuchtet. Er spielt, als stünde er vor der ganzen Welt.[233]

Martha und Tadeusz werden über die Beleuchtung aus der Menge der auf der Bühne Versammelten hervorgehoben. Die Innigkeit der beiden Liebenden, die auch schon an anderer Stelle sakralisiert wurde (vgl. 4. Bild), wird dadurch erneut betont. Und auch die Musik Bachs wird über diese ‚zweifache' Konnotation wieder in einen (wenngleich verdeckten) religiös konnotierten Zusammenhang gesetzt.

Die ‚Nicht-Aufführungsgeschichte'

Nach bisherigem Kenntnisstand muss davon ausgegangen werden, dass das Werk zwei Mal im Komponistenverband zur Anhörung gebracht wurde. Im RGALI konnte ich das Protokoll einer Anhörung vor dem Sekretariat des Moskauer Komponistenverbandes am 1. November 1968 einsehen.[234] Demnach fand diese Anhörung nur kurz vor dem bereits mehrmals verschobenen vierten Allunionskongress der sowjetischen Komponisten statt.[235] Mehrere Teilnehmer der Anhörung sprachen davon, die Oper nun schon das zweite Mal gehört zu haben. Ein Teilnehmer nannte ganz konkret eine Anhörung in der Opernkommission des Komponistenverbandes zusammen mit Vertretern des Kultusministeriums.[236] Jedoch sei, so die Aussage, damals die Partitur noch nicht fertig gewesen.[237] Als einziger Anwesender gab Šostakovič an, die Oper bereits

---

231 Vgl. ebd., S. 63-66.
232 Hier weicht die Inszenierung der Uraufführung von David Pountney vom Original ab.
233 Weinberg (2010), S. 27.
234 RGALI, f. 2490, op. 2, ed. chr. 191: Stenogramma zasedanija Sekretariata po obsuždeniju opery M. S. Vajnberga „Passažirka".
235 Die Eröffnung fand am 16. Dez. 1968 statt; vgl. Laß (2002), S. 273f.
236 RGALI, f. 2490, op. 2, ed. chr. 191, l. 1f.
237 Ebd.

das dritte Mal gehört zu haben.[238] Daher kann angenommen werden, dass Šostakovič das Werk bereits in einer privaten Darbietung kennengelernt hatte.

Im Protokoll der Anhörung treten Rodion Ščedrin, Boris Čajkovskij und Dmitrij Kabalevskij als Teilnehmer hervor – wobei Ščedrin und Čajkovskij betonen, das Werk bereits zu kennen – dazu auch Šostakovič, Georgij Sviridov und Sergej Balasanjan. Als externer Teilnehmer war der Dichter Adam Galis, der dem polnischen Schriftstellerverband angehörte und kurz vor der Anhörung die Theateraufführung von *Passažirka* in Leningrad besucht hatte,[239] anwesend. Leider sind in dem Protokoll nicht sämtliche Teilnehmer – wie es sonst der Fall ist – separat aufgeführt.[240]

Dem Protokoll zufolge waren sich alle Anwesenden einig, dass es sich bei Opus 97 um ein hervorragendes und bedeutendes Werk handele. Nach dem Vortrag (vermutlich mit Weinberg als ausführendem Pianisten und Sänger)[241] meldete sich als erster Rodion Ščedrin zu Wort:

> Ich bin der Meinung, dass dies schlichtweg das hervorragendste Werk von Weinberg ist. Es hinterließ den allerstärksten Eindruck. Man muss ihm und den Autoren des Librettos gratulieren, und ich wünsche mir sehr, dass unser Verband seinen größtmöglichen Einfluss geltend macht, damit es auf die Opernbühne gelangt.[242]

Danach meldete sich G. Šantyr' und fügte seinem Lob – „die Oper hinterlässt den allerstärksten Eindruck" –[243] hinzu, dass er nicht wisse, mit welcher anderen Oper er *Passažirka* vergleichen solle.[244] Danach erwähnte er, dass die Oper bereits vor einem großen und einflussreichen Auditorium zur Anhörung gebracht worden sei.[245] Anschließend kam er jedoch auf ein Problem zu sprechen, welches auch in anderen Redebeiträgen immer wieder aufgegriffen wurde:

> Ich glaube, dass es nun wichtig ist, eine praktische Frage zu stellen. Es handelt sich darum, dass bisher, soweit es mir bekannt ist, die Frage noch nicht geklärt ist, wo und wann die Oper aufgeführt werden soll. Ich werfe diese Frage nicht zufällig heute in Anwesenheit genau dieses Auditoriums auf, da – soweit mir bekannt ist – bisher nichts Bestimmtes unternommen wird. Ich bin froh, dass heute die Vertreter einiger Theater anwesend sind. Mir sind bedauerliche Fälle bekannt, in denen man sich in einem unserer führenden Theater mit der Oper bekannt machte und verwunderliche Dinge verlautbart wurden, meiner Ansicht nach aufgrund ihrer Anlage. Wir sind alle gleichermaßen davon überzeugt, dass dies ein hervorragendes Werk innerhalb des Operngenres ist, aber es gibt Menschen / [sic!] glücklicherweise sind es nicht sehr viele, doch un-

---

238 Ebd., l. 5.

239 Vgl. den Wortbeitrag von Galis ebd., l. 4.

240 Es findet sich stattdessen der Hinweis, dass eine Teilnehmerliste beiliegend wäre. Jedoch konnte ich einen solchen Anhang nicht auffinden.

241 Vgl. dazu auch bei Skudina (1969), S. 8. Es existiert eine Tonaufnahme der von Weinberg vorgetragenen Oper. Der Kraftakt, der es gewesen sein muss, das Werk allein singend und spielend darzubieten, kann nur erahnt werden.

242 RGALI, f. 2490, op. 2, ed. chr. 191, l. 1.

243 Ebd.

244 Ebd.

245 Ebd., l. 1f.

glücklicherweise haben sie in den Theatern das Sagen / , die ausgesagt haben, dass diese Oper bestätige, dass Weinberg kein Opernkomponist sei.

Als ich dieser Tage die Vorsitzenden eines unserer Ämter zur heutigen Anhörung einlud, musste ich von einer Dame, die ziemlich hohen Einfluss in einem unserer Ministerien besitzt, hören, dass sie dieses Thema nicht interessiere und es kaum notwendig sei. [...]

Ich wende mich mit der Bitte an unser Sekretariat, welches heute repräsentiert ist, dass es notwendig ist, entschiedene Schritte zu unternehmen. Vor allem, dass sich der Verband [Komponistenverband – V.M.] an die Theater und das Ministerium wendet. Das Ministerium schätzte diese Oper sehr, aber es konnte die Widerstände nicht überwinden. Ich möchte, dass diese Oper mit Hilfe der Philharmonie und anderen in einer konzertanten Darbietung aufgeführt wird. [Gennadij – V.M.] Roždestvennskij und [Boris – V.M.] Pokrovskij äußerten sich, dass die Oper auf solche Weise zu verwirklichen wäre. [...] Es ist längst an der Zeit, sich um die Propagierung unserer neuen, zeitgenössischen Werke zu sorgen. [...] Man muss ernsthaft über die gegenwärtige Propaganda nachdenken und darüber, ob diese Oper angenommen wird; darüber, ob sie nicht nur in unseren Verbänden akzeptiert wird, sondern ob auch im Bewusstsein unserer Theater und im Bewusstsein des Publikums – das sich durch die Politik unserer Theater an sehr schlechte Dinge gewöhnt hat – ein großer Umsturz stattfinden wird.[246]

Nicht nur in dieser Wortmeldung, auch in anderen Redebeiträgen, in denen durchweg für eine baldige Aufführung des Werkes plädiert wurde, wurde betont, dass vor allem die Theater der Aufführung entgegenstünden. Vor diesem Hintergrund bot Dmitrij Kabalevskij seine Unterstützung an und machte den Vorschlag, das Werk zunächst konzertant aufzuführen:

Ich möchte nur sagen, dass ich bereit bin, jedes beliebige Vorhaben zu unterstützen, und wir müssen dies tun, um einer schnellstmöglichen Verwirklichung der Oper zu helfen. Mag dies auch in einem ersten Schritt in einer konzertanten Aufführung sein, weil dies schneller geht, als eine Bühnenaufführung. Man muss dies machen, weil es ein bedeutendes und hochengagiertes Werk ist, welches in höchstem Maße einen großen Effekt auf unser Leben haben wird.[247]

Auch der tadschikische Komponist Sergej Balasanjan griff die Problematik auf, die von Šantyr bereits angesprochen worden war:

Oft stößt im Kultusministerium eine Komposition, die eine besonders hohe Bewertung erhalten hat, bei der Realisierung auf eine gewisse Trägheit und Gleichgültigkeit unserer Musiktheater. Doch heute wurden die Namen von Roždestvennskij und Pokrovskij genannt – zweier führender Mitarbeiter des Bol'šoj-Theater – und ich wundere mich, was der Realisierung dieses Werks noch entgegensteht. Vielleicht haben sie [im Theater – V.M.] andere Pläne. Vielleicht muss sich das Sekretariat [des Komponistenverbandes – V.M.] an die Herren Mesjacev und Čaplygin wenden, wie man dieses Werk

246 Ebd., l. 2f.
247 Ebd., l. 8.

schnellstmöglich realisieren kann, umso mehr, als es den innigen Wunsch von Roždestvennskij und Pokrovskij gibt [es zu realisieren – V.M.]. Ich verstehe, dass der intonatorische Bau der Musik nicht in der Tradition unserer Operntheater steht und von den Solisten großen Krafteinsatz erfordert, dass es große Schwierigkeiten geben wird und einen großen Zeitverlust, aber die Theater fürchten sich grundsätzlich, bedeutende Werke dieses Genres aufzunehmen. Das Sekretariat muss sich mit einer solchen Aktion oder einem Brief für die Realisierung dieses Werks einsetzen.[248]

Der Komponist Vladimir Rubin machte daraufhin den Vorschlag, das Werk zunächst im Radio auszustrahlen, um die Oper so einmal „in lebendigen, realen Klängen" zu hören, was zweifelsohne zuträglich sein könne, um „den Weg ins Theater" zu ebnen.[249] Damit spielte Rubin wohl auf das an, was auch G. Skudina in ihrem Artikel im Anschluss an eine Anhörung erwähnte, nämlich dass Weinberg zwar „ein wunderbarer Pianist, aber mitnichten ein Sänger" sei.[250] Šostakovič jedoch hatte Bedenken und wandte ein, dass sich seiner Ansicht nach eine konzertante Aufführung nicht lohne.[251] Danach wies er auf die Bedeutung der Librettisten Medvedev und Lukin hin:

Ich möchte zwei Worte zur Arbeit der Librettisten den Lobesworten hinzufügen. Sie [Lukin und Medvedev – V.M.] haben sehr viel geholfen. Für uns ist es wichtig, dass sich mit unseren folgenden Opernwerken solche Menschen wie Medvedev und Lukin beschäftigen, damit sie sich auch künftig solcher Angelegenheiten annehmen.[252]

Wie erwähnt, hatten beide Librettisten von Opus 97 zum Zeitpunkt der Fertigstellung der Oper eine nicht unbedeutende Position inne gehabt: Medvedev war am Bol'šoj-Theater tätig gewesen und Lukin verfügte sicher allein aufgrund seines Postens bei der südkaukasischen *Pravda* über gewissen Einfluss. Den Angaben Jakovenkos zufolge hatte er sich um die Aufführung der Oper beim Ministerium bemüht. Offenkundig hielt Šostakovič es grundsätzlich für angebracht, in der Runde der Komponisten darauf hinzuweisen, bei der Wahl der/des Librettisten darauf zu achten, dass diese/r über einen gewissen Einfluss verfügte. Insgesamt war Šostakovič in der Anhörung voll des Lobes für *Passažirka*:

Ich höre die Oper das dritte Mal, und das dritte Mal erhalte ich einen ungewöhnlich starken Eindruck, und es ist schwer zu sprechen und Worte auszuwählen für die Darstellung meines Eindruckes und der Erschütterung, die beim ersten, zweiten und dritten Mal wie ein Crescendo anschwillt. Jetzt kenne ich auch bereits die Musik besser und habe die Partitur angesehen, – eine erstaunlich ausgezeichnete Partitur, weshalb sie [die Musik – V.M.] erstaunlich klingt und um einiges besser und ausgezeichneter noch als der innige Vortrag, den wir heute hörten. Sogar als ich die Oper das erste Mal hörte, kam es mir in den Sinn, dass für M. S. Weinberg alles Vorherige – und er hat viele vorzügliche und begabte Werke komponiert –, dass alles ein Weg zu diesem

248 Ebd., l. 8f.
249 Ebd., l. 9f.
250 Skudina (1969), S. 8..
251 RGALI, f. 2490, op. 2, ed. chr. 191, l. 10.
252 Ebd.

Gipfel war, zu dem er mit just dieser Oper gelangte. Mich erstaunte dies, da ich Weinberg als hervorragenden, erstaunlichen Symphoniker kenne, als Autor vieler vokaler, instrumentaler und kammermusikalischer Werke, und auch als ich mich das erste Mal einfand, um die Oper zu hören, war ich beunruhigt, wie dies wohl ausfallen würde und erfuhr zu meiner großen Freude, dass er [Weinberg – V.M.] ein echter Opernkomponist ist.

Das, was ich sagte, dass alle seine vorherigen Kompositionen den Weg zum Gipfel seines Schaffens bilden würden, ist natürlich falsch. Zum Glück habe ich Platten, und im Radio klingen die Werke von Weinberg, und dieses hervorragende Werk [Opus 97 – V.M.] streicht keinesfalls die Werke, die er früher komponierte. Etwa die letzte [gemeint ist die 9. – V.M.] Symphonie.

Ich befinde mich in einem Zustand großer Erregung und hoffe sehr, dass wir sie [die Oper – V.M.] in allernächster Zeit auf unseren Opernbühnen hören werden, gut eingeübt, in einer guten Darbietung, und natürlich dass unser vortrefflicher Zuhörer [gemeint ist das Publikum – V.M.] dieses Werk hochschätzt. Abgesehen von seinen erstaunlichen musikalischen Qualitäten ist dieses Werk ungewöhnlich zeitgemäß und ungewöhnlich wichtig in unseren Tagen. Nachdem ich dieses Werk dreimal gehört habe, bin ich mehr und mehr davon überzeugt.[253]

Die Anhörung wurde abgeschlossen von einem Beitrags Sviridovs, der *Passažirka* ebenfalls noch einmal in den höchsten Tönen lobte. Er gab an, dass das Werk mit „Herzblut" geschrieben worden sei, und dass Weinberg aufgrund seines Lebensweges das „Recht" besäße, „solche Dinge zu komponieren".[254] Diese Aussage macht deutlich, dass Weinbergs Kollegen im SK wohl um das Schicksal des Komponisten als verfolgter Jude und Opfer des NS-Regimes wussten. Durch die Betonung des biographischen Zusammenhangs sollte offenbar die Authentizität der Oper belegt, und sie dadurch weiterhin legitimiert werden.

Er [Weinberg – V.M.] durchlebte ein Leben, das ihm erlaubt, eine solch kapitale und, wie ich sagen möchte, große menschliche Frage und moralische Frage zu stellen. Nicht jeder Beliebige kann darüber schreiben. Weinberg hat nicht nur aufgrund seiner Art und Weise, sondern auch aufgrund seines Schicksals das Recht auf eine solche Komposition erworben, und man muss sagen, dass die Komposition wirklich hervorragend geworden ist. […] Wir werden im Sekretariat oder in zwei Sekretariaten diese Frage [wann die Oper aufgeführt werden soll – V.M.] erörtern, werden alles Wertvolle, was gesagt wurde, in Betracht ziehen, um diese Angelegenheit über den toten Punkt hinwegzubringen, damit diese Komposition schnellstens aufgeführt wird. Ich denke auch, dass es am besten ist, sie schnell ins Theater zu bringen.[255]

Es ist anzunehmen, dass die im Protokoll erwähnte Anhörung vor der Opernkommission übereinstimmt mit der Anhörung, von der Jakovenko in seinem Artikel spricht. Dort heißt es, Šostakovič habe im Anschluss an eine private Darbietung der Oper ein Vorspiel im Komponistenverband organisiert, bei dem auch Aram Chačaturjan, Bo-

253 Ebd., l. 5f.
254 Ebd., l. 10.
255 Ebd., l. 10f.

ris Čajkovskij, Rodion Ščedrin, Alfred Šnitke, Sof'ja Gubajdulina, Ėdison Denisov, Dmitrij Kabalevskij anwesend gewesen seien.[256] Wie Jakovenko weiter ausführt, habe Šostakovič in Folge der begeisterten Reaktion des Auditoriums unmittelbar im Anschluss den Direktor des Bol'šoj-Theaters, Michail Čulaki, angerufen und ihn gebeten, dem künstlerischen Rat des Theaters die Oper so schnell wie möglich vorzulegen.[257] Der Direktor, der – so Jakovenko – selbst Mitglied des Komponistenverbandes gewesen sei, habe Šostakovič versichert, dass die Oper in den nächsten Tagen im Theater angehört werden solle. Nachdem jedoch ein halbes Jahr verstrichen und aus dem Theater nichts zu vernehmen gewesen sei, habe Šostakovič noch zwei Mal erfolglos bei Čulaki angerufen und dann verärgert aufgegeben.[258] Weiterhin habe er Weinberg empfohlen, das Bol'šoj-Theater aufzugeben und stattdessen die Suche nach einem Aufführungsort zu erweitern. Jakovenko weiter:

> Bald äußerten auf Anhieb vier unserer Operntheater, davon zwei baltische, den dringenden Wunsch, „Passažirka" aufzuführen, doch binnen kurzer Zeit und ungefähr mit ähnlichen Ausdrücken [wie Čulaki – V.M.] erklärten sie, dass man noch warten, die laufenden Pläne korrigieren müsse und dann unbedingt zu der Idee zurückkehren müsse – es sei doch eine hervorragende Komposition![259]

Erst 1973 habe sich dann, so Jakovenko, das Prager Nationaltheater erneut der Oper angenommen. Die szenischen Proben seien bereits im Gang gewesen, als aus Moskau die Anweisung erfolgt sei, dass die Arbeit abgebrochen werden solle.[260] Der Dirigent habe erst nach zehn Jahren Jakovenko gegenüber angeben können, dass aus Quellen des tschechischen Kulturministeriums die Formulierung „abstrakter Humanismus" zu hören gewesen und der Rat erfolgt sei, nicht mit der Aufführung zu „eilen".[261] Wohl auf diesen Abschnitt aus Jakovenkos Artikel ist zurückzuführen, dass seitdem immer wieder zu lesen ist, die Oper sei aufgrund eines (wie auch immer gearteten) ‚abstrakten Humanismus'[262] abgelehnt worden. Leider finden sich bei Jakovenko keinerlei Nachweise, und so ist tatsächlich nach bisherigem Kenntnisstand nicht belegt, warum die Oper unaufgeführt blieb. Und anders als etwa bei Michał Bristiger zu lesen ist, gibt es bislang keine Belege, dass das Werk, wie Bristiger schreibt, „vom sowjetischen Regime verboten" wurde.[263]

Stattdessen kann hier gezeigt werden, dass die Oper nicht nur Unterstützung von Kollegen, sondern auch von offizieller Seite bekam. Auf dem bereits erwähnten vierten

---

256 Jakovenko (2007), S. 60.

257 Ebd., S. 62. Und Jakovenko weist noch einmal darauf hin, dass das Bol'šoj-Theater die Oper ja selbst in Auftrag gegeben habe, Medvedev selbst Teil des Stabes des Bol'šoj gewesen sei und Lukin sich beim Ministerium eingesetzt habe; vgl. ebd.

258 Ebd. Auch Irina Šostakoviča gab an, dass ihr Mann sich für eine Aufführung der Oper sehr eingesetzt habe; vgl. den undatierten Brief an Ljudmila G. Maksimova, der in Fn. 67 erwähnt wird.

259 Ebd.

260 Ebd.

261 Ebd. Jakovenko deutet weiterhin an, dass dafür wohl der zur selben Zeit stattfindende Besuch zweier sowjetischer Komponisten (deren Namen er nicht nennen will) in der Tschechoslowakei verantwortlich sei, doch fügt er keine Nachweise für diese seine ,Intrigentheorie' an.

262 Nur eines der ideologisierten Schlagwörter, die benutzt wurden, um Werke abzulehnen.

263 Michał Bristiger: Auschwitz erinnern. Mieczysław Weinbergs Oper „Die Passagierin", in: *Osteuropa* 7 (2010), S. 159-171, hier, S. 159.

Kongress des SK äußerte sich Tichon Chrennikov zu neuen sowjetischen Opern und erwähnte dabei explizit Weinbergs *Passažirka:*

> Vor kürzester Zeit wurden einige neue Opern beendet, die noch nicht aufgeführt wurden – *Passažirka* von M. Weinberg, *Sestry* von D. Kabalevskij sowie neue Kompositionen der Leningrader Komponisten G. Belov und V. Veselov. Es ist noch zu früh, um sie [die Kompositionen – V.M.] erschöpfend zu bewerten, aber allein der Fakt, dass das Interesse am Operngenre gewachsen ist, muss uns erfreuen. Die schnellstmögliche szenische Aufführung der besten Opern-Neuheiten ist wünschenswert. Ich habe nur einige der neuen Opern genannt. Aber die erwähnten Kompositionen geben die Möglichkeit zu beurteilen, wie vielfältig der Inhalt unseres Opernschaffens ist. Es lässt Vorgänge aus lange vergangenen Tagen wieder auferstehen, unsere ruhmreiche Vergangenheit; es hält die Helden des Großen Oktobers und des Bürgerkriegs fest, die Ruhmestaten des Volkes in den Jahren des Kampfes mit den Heerscharen Hitlers, den Kampf gegen den Faschismus. Dies alles sind die wichtigsten Themen der sowjetischen Kunst. Unzweifelhaft werden sie sich auch weiterhin in Opernkompositionen und anderen Kompositionen materialisieren. Allerdings ist zu wünschen, dass das Operngenre noch umfangreicher wird, dass es seine Themen und bildhaften Bereiche noch mehr ausweitet.[264]

Chrennikov spezifizierte, wie er sich diese Ausweitung vorstellte:

> Gemeinsam mit dem Genre der monumentalen epischen Oper, mit mächtigen Chören und großen Volks-Szenen muss sich parallel dazu das Genre der lyrischen und lyrisch-dramatischen, komödiantischen Oper intensiver entwickeln. Man muss bedauern, dass der Humor ein seltener Gast auf der Opernbühne ist.[265]

Und wie er es sich nicht vorstellte:

> Im Westen gab es Versuche, Opern mit ultramodernistischen Mitteln zu komponieren. Diese Versuche ergaben nicht die geringsten relevanten Resultate. Immer wieder werden wir überzeugt, dass der lebendige Opern-Organismus nicht aus den Labor-Retorten der „Avantgardisten" erwachsen kann.[266]

Dafür wurde die Bedeutung der gesungenen Melodie betont:

> Die intonatorische Wahrheit [pravdivost'] und die Expressivität der Vokalpartien, die führende Rolle der gesungenen vokalen Melodie ist eine der Hauptforderungen, die an die Opernkomposition gestellt werden. Sie schließt nicht die Kühnheit des Werkes aus, im Gegenteil, sie verstärkt sie.[267]

Anhand dieser Äußerungen lässt sich eine Reihe von Aspekten erahnen, die der Verwirklichung von Weinbergs Oper im Weg gestanden haben mögen. Einmal, dass Weinberg (a) sich einem Thema von großem Ernst widmete, dieses (b) nicht im Sinne einer Skizzierung der heldenhaften Taten des explizit sowjetischen Volkes darge-

---

264 Tichon Chrennikov: [Četvertyj s'ezd Sojuza kompozitorov SSSR], in: *Sovetskaja muzyka* 2 (1969), S. 4-18, hier: S. 11f.
265 Ebd., S. 12.
266 Ebd.
267 Ebd.

stellt war, und er darüber hinaus (c) ein Idiom entwickelte, das sich in seiner Struktur mehr an der modernen Opernkomposition als an den ‚Klassikern‘ orientierte: Weder setzte Weinberg mächtige Chöre noch große Volksszenen ein, und – um nur ein Beispiel herauszugreifen – die einzigen Arien waren, wie dargelegt, nicht unproblematisch. Zugleich erwies sich die kompositorische Faktur der Oper, durchzogen von subtilen Querverbindungen und Doppeldeutigkeiten, die vermutlich nur einer sehr exklusiven Hörerschaft zugänglich waren, bei ungeübten Hörerern aber möglicherweise Unbehagen hervorrufen konnten, als schwierig. Daher ist zu vermuten, dass die gesamte Anlage des Werks den Verantwortlichen der Theater schlichtweg zu ‚gefährlich‘ war und sich keiner der Gefahr aussetzen wollte, in solch turbulenten Zeiten eine derartige Oper aufzuführen, wenngleich sie ansonsten gelobt und sogar propagiert wurde.

Im Zusammenhang mit der ‚Nicht-Aufführungsgeschichte‘ ist weiterhin interessant, wie an mehreren Stellen darauf hingewiesen wurde, dass Weinbergs Symphonien als Vorläufer von *Passažirka* zu betrachten seien. So wies Šostakovič in Verbindung mit Opus 97 auf die Bedeutung vor allem der 9. Symphonie hin. Und auf die Frage, wie es ihm gelungen sei, eine solche erste Oper zu komponieren, äußerte den Angaben Skudinas zufolge Weinberg: „Gewiss hat es Bedeutung, dass ich bis dahin neun Symphonien geschrieben habe.“[268] Ljudmila Nikitina geht in ihrer Rezension der Oper so weit, sie eine „Opern-Symphonie“ zu nennen[269] und äußert die Meinung, *Passažirka* sei von den symphonischen Werken des Komponisten vorbereitet worden:

> Fast alle seine reifen Werke des betreffenden Genres [gemeint sind die Symphonien – V.M.] führen in dem ein oder anderen Maße zu „Passažirka“. Die Ähnlichkeit der ausgewählten Themen, die Anschaulichkeit der intonatorischen Entwicklung und teilweise die Form. Erinnern wir uns, dass die 8. […] und die 9. […] Symphonie Weinbergs programmatische Werke waren, begründet auf polnischen Literaturvorlagen und die, wie die Oper „Passažirka“, aber in anderer Hinsicht, Ereignisse des Zweiten Weltkriegs wiedergeben. In diesen Werken schuf Weinberg eine eigentümliche Genre-Variante, indem er Züge der eigentlichen Symphonie, der Kantate und des dramatischen Schauspiels vereinigte. In ihnen nimmt der vokale Anfang einen bedeutenden Platz ein, dabei handelt die Stimme wie ein wichtiges Instrument des Orchesters; in „Ucelevšie stroki“ wurde die Partie des Sprechers eingeführt, hier wird die Technik des jähen Aussetzens der Handlung mit Hilfe des Erinnerungen-„Flusses“ angewandt. Eigentlich war es bis zur Opern-Symphonie nur noch ein Schritt, der mit „Passažirka“ getan wurde. Das Orchester nimmt in ihr eine bedeutende Rolle ein, das Prinzip der Gegenüberstellung harsch kontrastierender Situationen, Szenen und Bilder vereinigt sich mit einer folgerichtig andauernd durchbrochenen Entwicklung – all dies zeugt davon, dass das Genre der Vokalsymphonie und der Oper sich zu einer Einheit vereinigen.[270]

Nikitinas Argumentation, die Oper als ‚Opern-Symphonie‘ gleichsam umzudeuten, ist jedoch wenig schlüssig. Vielmehr erweist sich *Passažirka* als originäre Opernkomposition des 20. Jahrhunderts, die in unmittelbarer Nachfolge von Werken wie Alban Bergs

---

268 Weinberg, zit. nach Skudina (1969), S. 9.
269 So der Titel ihres Artikels; vgl. Nikitina (1970), S. 67.
270 Ebd., S. 68.

Wozzeck und Benjamin Brittens *Peter Grimes* steht. Weinberg entwickelte in Opus 97 eine Form der Opernkomposition, welche die tradierten Gattungsgrenzen zwar aufweicht und teilweise mit ‚fachfremden‘ Mitteln (etwa aus dem Bereich des Films) anreichert, jedoch nicht negiert. Dass Nikitina versucht, diesen Umstand mit einer ‚Gattungsumdeutung‘ quasi argumentativ zu verwischen, scheint eher dem ideologischen Umfeld geschuldet, in dem ihr Artikel erschien – immerhin waren seit Fertigstellung der Komposition nur zwei Jahre vergangen.[271]

Dafür ist, wie hier vermutet wird, der von Nikitina angesprochene Punkt der Verbindung zwischen der vorhergehenden 8. und 9. Symphonie und Opus 97 entscheidend, wenn es um die ‚Nicht-Aufführungsgeschichte‘ der Oper geht. Jedoch erweist sich diese Verbindung als noch tiefgreifender, als in Nikitinas Artikel skizziert wird. So wird im Überblick deutlich, dass es eine Art thematischer und auch kompositorischer Kurve von Opus 57 bis hin zu Opus 97 gibt. Weinberg hatte sich, wie im vorherigen Kapitel dargelegt, seit Opus 57 verstärkt nicht nur mit seiner polnischen, sondern zudem mit der jüdischen Identität auseinandergesetzt. Damit einher ging die Reflexion seiner ‚neuen‘ Heimat, die es dem Künstler nicht leicht machte, sich willkommen und vor allem sicher zu fühlen. Nach einer ganzen Reihe von gescheiterten Zyklen gelang es Weinberg, mit der 8. Symphonie op. 83 ein Werk zu schaffen, welches in seiner vielschichtigen Anlage nicht nur den eigenen Anforderungen an Inhalt und Gestaltung entsprach, sondern offenkundig auch den Anforderungen der Behörden. Nach diesem Werk teilte Weinberg sein Liedschaffen thematisch und behandelte in den Zyklen nach Versen von Wygodzki sehr offen das Leid des Holocaust, während er sich in Tuwim-Vertonungen weiterhin verschlüsselten und eher hermetischen Texten widmete. In seiner 9. Symphonie, in der er vergleichsweise schwache Maßnahmen zur Verschleierung ergriff, um die bisher unerhörten Tuwim-Zyklen in die Öffentlichkeit zu bringen, scheiterte er. Dabei ist es wichtig, sich zu vergegenwärtigen, dass Weinberg 1966, als er an der 9. Symphonie arbeitete, zumindest den Plan, *Passaṡirka* zu vertonen, bereits gefasst hatte. In der Oper zeigt sich, wie musikalische und thematische Elemente aus früheren Werken erneut aufgegriffen werden. Eingedenk des Scheiterns von Opus 93 bettet Weinberg sie jedoch erneut sehr tief in den Kontext ein und macht sie nur für informierte Hörer erkennbar. Gleichzeitig traf er eine Reihe von Vorkehrungen, um bestimmte Inhalte abzuschwächen oder gezielt hervorzuheben.

Auffällig in diesem Zusammenhang ist auch, wie sich nach Opus 97 die von Weinberg behandelten Themen weiter verlagern. Der Werkkatalog zeigt, dass nach *Passaṡirka* – von einer Ausnahme abgesehen – kein einziges Stück mehr einen polnischen Text zur Grundlage hatte. Auch des Themas der ‚verlorenen Heimat‘ nahm Weinberg sich in den folgenden Vokalkompositionen nicht mehr an, wie er auch das Thema des Holocaust nicht mehr in Texten aufgriff. Stattdessen komponierte er eine Reihe von Werken, in denen er sich (zumindest vordergründig) dezidiert positiv auf

---

271 In einem Fragenkatalog, den ich Ljudmila Nikitina am 23. März 2013 zusandte, stellte ich ihr einige sehr konkrete Fragen zur 8. und 9. Symphonie sowie zu Opus 97. Frau Nikitina beantwortete jedoch keine dieser Fragen. Ihre Begründung war: „Weinberg never spoke with me about his music." E-Mail von Ljudmila Nikitina an Verena Mogl vom 18. Juni 2013. Dass dies den Tatsachen entspricht, erscheint im Hinblick darauf, dass Nikitina und Weinberg sich seit 1964 persönlich kannten und Niktina eine ganze Reihe von Interviews führte (da sie im Grunde auch vorhatte, eine umfassende Monographie zu Weinberg zu verfassen) nur schwer vorstellbar.

Notenbeispiel 76: M. Weinberg, Opus 131, Z. 34 (Ausschnitt Klarinette).

Notenbeispiel 77: M. Weinberg, Opus 97, Vorspiel, ab Z. 4.

die Sowjetunion bezog: Die ‚Leninaden' aus den Jahren 1969/70,[272] die 15. Symphonie *Ja ver'ju v ètu zemlju!* op. 119 (1977), die dem 60. Jahrestag der Oktoberrevolution gewidmet ist sowie eine Reihe von, wie ich sie nennen möchte, ‚Kriegswerken', nämlich die Oper *Madonna i soldat* op. 105 (1970/71) und die Symphonien 17, 18 und 19 op. 137, 138 und 142 (1982/84, 1985).[273]

Nur angerissen werden kann hier, dass Weinberg zumindest ein Thema weiterverfolgte, es jedoch in den Bereich der Instrumentalmusik verlagert, nämlich die kompositorische Reminiszenz an die im Holocaust verlorene Familie. So widmete er seine 13. und 16. Symphonie (op. 113 und op. 131, 1976 und 1981) sowie die 6. Sonate für Violine und Klavier op. 136 (1982) dem Andenken an seine Mutter. Die 3. Sonate für Violine op. 126 (1979) widmete er seinem Vater, das 16. Streichquartett in as-Moll op. 130 (1981) seiner Schwester. Auch das 2. Streichquartett in G-Dur op. 3/145, welches er im August 1986 überarbeitete, ist der Mutter und Schwester gewidmet.

Dabei griff Weinberg vor allem in der 13. Symphonie sehr konkret auf *Passažirka* zurück. Sie hebt mit einem Zitat aus Opus 97 an, nämlich dem Gesang der Martha im 3. Bild zu den Worten „Ob sich die Menschen irgendwann an uns erinnern, unser Leben verstehn?" (Opus 97: 3. Bild, T. 4 nach Z. 20). Die Melodie wird (nur auf anderer Tonstufe) in Opus 113 vom Violoncello solo gespielt. Im weiteren Verlauf der Symphonie (ab Z. 25) führt Weinberg in den ersten Violinen Ton für Ton den zerklüfteten 16tel-Lauf ein, den er in Opus 97 bereits im Vorspiel als Signatur der erlittenen Gewalt eingesetzt hatte (Opus 97: Vorspiel, ab Z. 4). Auch in der 16. Symphonie erklingt in einer kadenzartigen Passage der Klarinette (ab Ziffer 34) im *ff* ein Lauf, der dem 16tel-Lauf aus Opus 97 deutlich ähnelt (Notenbeispiele 76 und 77).[274]

---

272 Die 11. Symphonie *Toršestvennaja oda* op. 101 (hier wäre interessant zu überprüfen, ob es konkrete Parallelen zu op. 36 bzw. 44 gibt) und das Symphonische Poem *V ètot den rodil'sja Lenin* op. 102.

273 Vgl. dazu auch Mende (2016).

274 Ein ausführlicher Artikel zu den hier genannten ‚Gedenk-Kompositionen', die Weinberg den Mitgliedern seiner im Holocaust ermordeten Familie widmete, befindet sich derzeit in Arbeit.

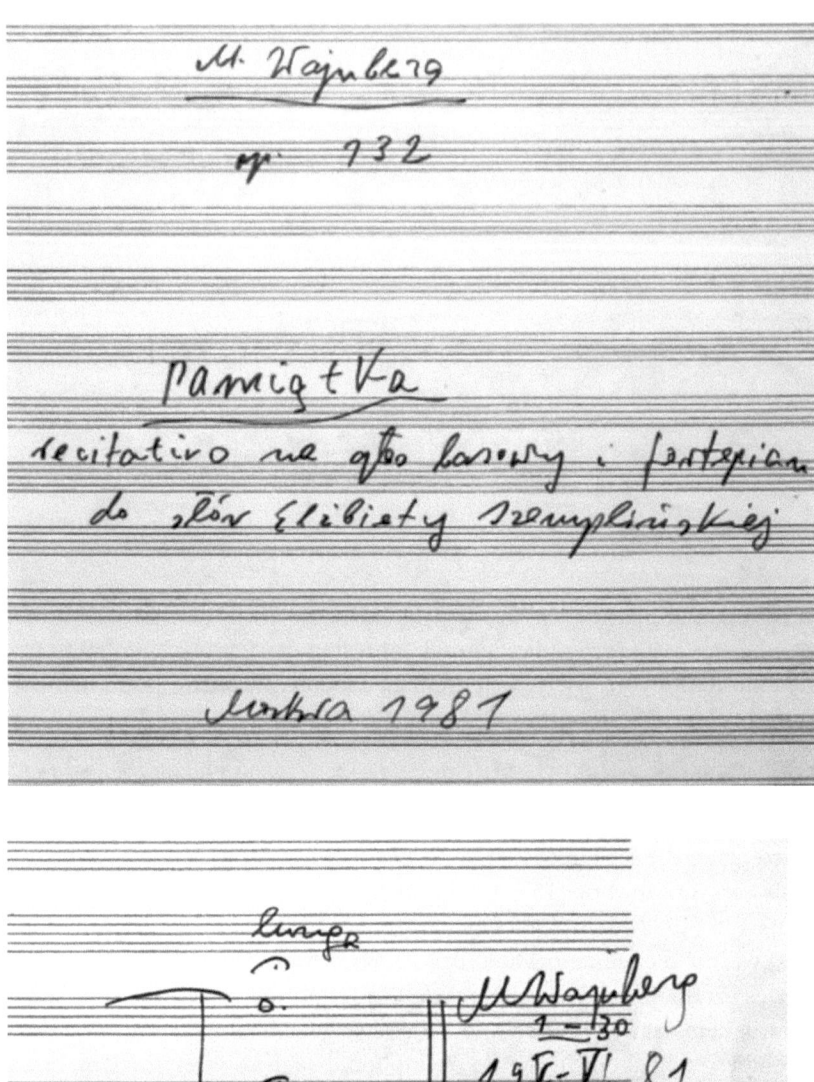

Abb. 38 u. 39: Ausschnitt aus dem Titelblatt op. 132 und Signatur (MWMA 0508).

Zusammenfassend lässt sich festhalten, dass Weinberg – nachdem *Passažirka* trotz aller Bemühungen nicht aufgeführt wurde – sich selbst einen Schlusspunkt setzte und gleichsam aufgab. *Passažirka*, sein ambitioniertestes Werk, das sowohl in der Wahl des Themas wie in seiner inhaltlichen Struktur und kompositorischen Ausgestaltung einen Maßstab setzte, wurde den offiziellen Anforderungen nicht gerecht. Dass Weinberg dies maximal entmutigt haben muss, ist nachvollziehbar.

Dass das Thema der ,alten' und ,neuen' Heimat mit dem Scheitern von Opus 97 nicht abgeschlossen war, davon zeugt indessen ein allein stehendes Werk, das in unmittelbarem Anschluss an die 16. Symphonie op. 131 entstand. Opus 132 ist ein Rezitativ (!) auf Verse der polnischen Dichterin Elżbieta Szemplińska und trägt den Titel „Pamiątka" [Andenken]. Es ist ebenfalls dem Gedenken an die Mutter gewidmet. Und es ist das einzige Werk nach Opus 99, in dem nicht nur die Titelei und die Texte polnisch ins Manuskript eingetragen sind, sondern auch die Unterschrift in polnischer Schreibweise verfasst ist (Abb. 38 und 39). In einer Musik, die in ihrer kompositorischen Ambitioniertheit an den Zyklus Opus 22 anknüpft und keinerlei Sentimentalität aufkommen lässt, vertonte Weinberg folgenden Text:[275]

> Ich ging durch das Feuer,
> durch das Wasser ging ich,
> Das Herz verwundet
> Wüste in den Händen.
> Von weitem Polen
> Bis jetzt bewahre ich eine
> Erinnerung:
> In ihr ist ein verschwundenes
> Haus,
> graue Felder und ein gebeugter Himmel
> und Bücher voller verlorener Wörter
> wie ins Blut übertragen mit der Nadel mir über die Jahre,
> voller Zorn und Liebe und
> Der strahlende Blick eines Kindes
> Verlöscht für immer.
> Rein und wahrhaftig, gierig
> Wie einen Schatz
> Behalte ich im Sinn, in den Worten,
> im Herzen, im Wachen und im Traum
> das einzige Andenken:
> die heimatliche Sprache

---

275 Die Übertragung des Textes erfolgte auf Grundlage des Manuskripts (MWMA 0508).

Anhang

Literaturverzeichnis

Das Literaturverzeichnis ist in verschiedene Abteilungen gegliedert. Artikel aus sowjetischen Fachperiodika (Abt. b), lexikalische Einträge (Abt. c), Onlineressourcen (Abt. d) und Archivalien (Abt. e) wurden separat aufgelistet. Die übrige Fachliteratur findet sich in Abt. a.

Abteilung a: Fachliteratur

Al'tman, Il'ja: Die Widerspiegelung der nationalsozialistischen Politik der Judenvernichtung in der sowjetischen Literatur und Publizistik (1940-1980), in: Grüner u.a. (2006), S. 17-32.

Améry, Jean: Wieviel Heimat braucht der Mensch?, in: Ders.: *Jenseits von Schuld und Sühne. Bewältigungsversuch eines Überwältigten.* Stuttgart 1977, S. 74-101.

Andraschke, Peter: Einführung und Analyse, in: Franz Schubert: *Sinfonie Nr. 7, h-Moll, ,Unvollendete'. Taschen-Partitur.* Mainz 1982, S. 101.

[Anonymus]: Die Partei und die Fragen der Literatur und Kunst, in: *Sowjetwissenschaft. Kunst und Literatur. Zeitschrift für Fragen der Ästhetik und Theorie.* Jg. 5, H. 5 (Mai 1957), S. 460-474.

[Anonymus]: Nach Auschwitz. Zum Libretto, in: *Mieczysław Weinberg: Die Passagierin,* (Programmheft des Badischen Staatstheaters Nr. 122, hg. vom Badischen Staatstheater). Karlsruhe 2013, S. 17.

[Anonymus]: Verhör von Venjamin L. Zuskin, in: Koljazin, V[...] F. u.a. (1997), S. 329-360.

[Anonymus]: Zof'ja Posmyš, in: Ministerstvo kul'tury Rossijskoj federacii, Ekaterinburgskij god. akad. teatr opery i baleta (Hg.): *M. Vajnberg. Passažirka. Pervaja teatral'naja postanovka opery v Rossii.* New York / Hamburg [2016], S. 38-41.

Aranovskij, Mark: *Simfoničeskaja Iskanija.* Leningrad 1979.

Balas, Egon: *Der Wille zur Freiheit. Eine gefährliche Reise durch den Kommunismus. Aus dem Amerikanischen von Manfred Stern.* Berlin / Heidelberg 2012.

Baumann, Zygmunt: *Moderne und Ambivalenz. Das Ende der Eindeutigkeit.* Frankfurt a.M. 1995.

Behring, Eva u.a. (Hg.): *Grundbegriffe und Autoren ostmitteleuropäischer Exilliteraturen 1945-1989. Ein Beitrag zur Systematisierung und Typologisierung.* Stuttgart 2004.

Bek, Mikuláš u.a. (Hg.): *Socialist Realism and Music,* (Musicological Colloquium at the Brno International Music Festival, 36). Brno 2001.

Benz, Angelika: Trawniki, in: Benz / Diestel (2009), S. 602-611.

Benz, Wolfgang / Diestel, Barbara (Hg.): *Der Ort des Terrors. Geschichte der nationalsozialistischen Konzentrationslager. Bd. 9: Arbeitserziehungslager, Ghettos, Jugendschutzlager, Polizeihaftlager, Sonderlager, Zigeunerlager, Zwangsarbeiter.* München 2009.

Berger, Karlhanns: *Die Funktionsbestimmung der Musik in der Sowjetideologie.* Wiesbaden 1963.

Beyrau, Dietrich (Hg.): *Im Dschungel der Macht. Intellektuelle Professionen unter Stalin und Hitler.* Göttingen 2000.

Bjalik, Michail: Šestaja simfonija, in: Tigranov (1967), S. 72-77.

Blobaum, Robert (Hg.): *Antisemitism and its opponents in modern Poland.* Ithaca, NY / London 2005.

Bobowski, Sabrina: Zwischen Industriemoloch und Kulturmetropole. Städtebilder bei Julian Tuwim (= Fokus Osteuropa. Studentische Beiträge zur Kulturwissenschaft, hg. von Agnieszka Brockmann und Christa Ebert, Bd. 3). Frankfurt O. 2011.

Bonwetsch, Bernd: Entstalinisierung und imperiale Politik. Die UdSSR und der Ostblock nach Stalins Tod, in: Engelmann u.a. (2008), S. 169-192.

Borščagobvskij, Aleksandr M.: *Obvinjaetsja krov'. Dokumental'naja povest'.* Moskau 1994.

Braun, Joachim: Jews in Soviet Music, in: Miller (1984), S. 65-106.

Braun, Matthias: Petöfi-Kreise grenzüberschreitend? Die internationalen Kontakte der intellektuellen Dissidenz, in: Engelmann u.a. (2008), S. 371-389.

Brinkmann, Elisabeth: Spottlieder in und außerhalb von Konzentrationslagern, in: Heister (2001), S. 774-778.

— Musik im Konzentrationslager Buchenwald, in: Heister (2001), S. 779-797.

Bristiger, Michał: Auschwitz erinnern. Mieczysław Weinbergs Oper „Die Passagierin", in: *Osteuropa* 7 (2010), S. 159-171.

Broniewski, Władysław: *Nadzieja. Poezje.* [Warschau] 1951.

Brouček, Stanislav: Heimat und Zuhause in den Vorstellungen von Tschechen und Slowaken in Frankreich während des Ersten Weltkrieges, in: Heumos (2001), S. 15-22.

Bugoslavskij, S[…] A.: Russkie narodnie pesni v zapisi Puškina, in: Rossijskaja Akademija Nauk / Institut Russkoj Literatury (1941), S. 183-210.

Dvužil'naja, Inessa F.: *Tema cholokosta v akademičeskoj muzyke.* Grodno 2016.

Chentova, Sof'ja M.: *V mire Šostakoviča. Zapis' besed s D. D. Šostakovičem.* Moskau 1996.

Chew, Geoffrey / Bek, Mikuláš: Introduction: The Dialecticss of Socialist Realism, in: Bek u.a. (2001), S. 9-15.

Chorev, V[…] A. (otv. red.): *Adam Mickewič i pol'skij romantizm v russkoj kul'ture.* Moskau 2007.

Corvin, Matthias: Sinfonietta Nr. 1 in d-Moll op. 41 (1948), in: [Booklet zur] *Weinberg Edition Vol. 1: Symphony No. 6 / Sinfonietta No. 1. NEOS* [11125] 2011, S. 4.

Davies, Norman / Polonsky, Antony (Hg.): *Jews in Eastern Poland and the USSR, 1939–46.* Hampshire / London 1991.

Dedecius, Karl (Hg.): *Panorama der polnischen Literatur des 20. Jahrhunderts, Bd. 1: Poesie, hg. und übertragen von dems.* Zürich 1996.

Dost, Hans-Jörg (Hg.): *Die schlanke Stimme.* Berlin (Ost) 1988.

Engelmann, Robert: Lehren aus Polen und Ungarn 1956. Die Neuorientierung der DDR-Staatssicherheit als Resultat der Entstalinisierungskrise, in: Engelmann u.a. (2008), S. 281-296.

Engelmann, Robert u.a. (Hg.): *Kommunismus in der Krise. Die Entstalinisierung 1956 und die Folgen.* Göttingen 2008.

Ėrenburg, Il'ja: *Ljudi, gody, žizn'.* Buch 1, Bd. 1. Moskau 1990.

— *Na cokole istorij...Pis'ma 1931-1967, izd. podgotov. B. Ja. Frezinskim.* Moskau 2004.

Fadeev, Aleksandr: Iz Vystuplenija na zasedanijach komiteta po stalinskim premija pri SNK SSSR v oblasti literatury i iskusstva, in: Volkova (1977), S. 126-129.

Fanning, David (Hg.): *Shostakovich Studies.* Cambridge 1995.

— *Mieczysław Weinberg. Auf der Suche nach Freiheit.* Hofheim 2010a.

— „Was aber zählt, ist die Musik". Mieczysław Weinbergs Leben und Werk, in: *Osteuropa* 7 (2010b), S. 5-23.

Fay, Laurel: *Shostakovich. A Life.* Oxford 2000.

Fénelon, Fania: *Das Mädchenorchester in Auschwitz.* Frankfurt a.M. 1981.

Fetthauer, Sophie: *Musik und Theater im DP-Camp Bergen-Belsen. Zum Kulturleben der jüdischen Displaced Persons 1945-1950,* (Musik im „Dritten Reich" und im Exil, Bd. 6). Neumünster 2012.

Fieguth, Rolf: Mickiewiz, Dichter der Polen, in: Mazur-Kębłowska / Ott (2000), S. 12-25.

Figes, Orlando: *Natasha's Dance. A Cultural History of Russia.* London 2002.

— *Die Flüsterer. Leben in Stalins Russland. Aus dem Englischen von Bern Rullkötter.* Berlin 2008.

Finscher, Ludwig: *Streichkammermusik,* (MGG prisma). Kassel u.a. 2001.

Flaker, Aleksandar: Railway Lyrics: The Slavic Forms, in: *Canadian Review of Comparative Literature / Revue Canadienne de Littérature Comparée.* Vol. 9, Nr. 2 (Juni 1982), S. 172-187.

Frid, Grigorij S.: *Putešestvie na nevidimuju storonu raja.* Moskau 2002.

Frolova-Walker, Marina: Stalin and the Art of Boredom, in: Grochulski u.a. (2006), S. 252-276.

— „National in Form, Socialist in Content": Musical Nation-Building in the Soviet Republics, in: *Journal of the American Musicological Society.* Vol. 5, Nr. 2 (1998), S. 331-371.

Fukač, Jiří: Socialist Realism in Music: An Artificial System of Ideological and Asethetic Norms, in: Bek u.a. (2001), S. 16-21.

Geiger, Friedrich: *Musik in zwei Diktaturen. Verfolgung von Komponisten unter Hitler und Stalin.* Kassel u.a. 2004.

— Ideologie und Autonomie. Mieczysław Weinbergs Streichquartette, in: *Osteuropa* 7 (Juli 2010), S. 93-109.

Geiger, Friedrich / Mogl, Verena (Hg.): *Mieczysław Weinberg in der Ära Brežnev. Die Tonkunst* 2. Jg / Nr. 2 (April 2016).

Gelhard, Dorothee (Hg.): *In und mit der Fremde: über Identität und Diaspora im Ostjudentum.* Frankfurt a.M. u.a. 2005.

Gillon, Adam: Dancing Socrates and Other Poems, in: *The Polish Reviews.* Vol. 13, No. 4 (Herbst 1968), S. 52-74.

Gorjaeva, Tat'jana: *Političeskaja censura v SSSR. 1917-1991,* (Serija „Kul'tura i vlast' ot Stalina do Gorbačeva". Issledovanie). Moskau 2002.

Goudoever, Albert P. van: *The Limits of Destalinization in the Soviet Union. Political Rehabilitations in the Soviet Union since Stalin.* London / Sydney 1986.

Grochulski, Michaela G. u.a. (Hg.): *Musik in Diktaturen des 20. Jahrhunderts. Internationales Symposium an der Bergischen Universität Wuppertal vom 28./29.2.2004. Tagungsband,* (Musik im Metrum der Macht, Bd. 3). Mainz 2006.

Gromov, Evgenij: *Stalin. Iskusstvo i vlast'.* Mokau 2003.

Grözinger, Elvira: „Polin – du bist wie die Gesundheit...", in: Gelhard (2005), S. 13-33.

— Das „Judenkind" und der „schreckliche Bürger". Ein Panoptikum der Zwischenkriegsjahre in Julian Tuwims Lyrik, in: Kosta u.a. (1999), S. 155-172.

Grüner, Frank: Die Tragödie von Babij Jar im sowjetischen Gedächtnis. Künstlerische Erinnerung versus offizielles Schweigen, in: Grüner u.a (2006), S. 57-96.

— *Patrioten und Kosmopoliten. Juden im Sowjetstaat 1941-1953.* Köln u.a. 2008.

Grüner, Frank u.a. (Hg.): *„Zerstörer des Schweigens". Formen künstlerischer Erinnerung an die nationalsozialistische Rassen- und Vernichtungspolitik in Osteuropa.* Köln u.a. 2006.

Gruša, Jiří u.a. (Hg.): *Der Prager Frühling: das Ende einer Illusion? Internationales Symposium 11. und 12. März 2008,* („Favorita Papers" of The Diplomatic Academy of Vienna). Wien 2009.

Gwizdalanka, Danuta: *Mieczysław Weinberg: Kompozytor z trech światów.* Poznań 2013.

Hakobian, Levon: *Music of the Soviet Age. 1917-1987.* Stockholm 1998.

— *Music of the Soviet Era: 1917-1991. 2. rev. ed.* London 2016.

Heiser, Dorothea: Eine Begegnung mit Stanisław Wygodzki in Briefen und Interviews, in: Wygodzki (2007), S. 9-72.

Heister, Hanns-Werner (Hg.): *„Entartete Musik" 1938 – Weimar und die Ambivalenz. Teil 2.* Saarbrücken 2001.

Heumos, Peter (Hg.): *Heimat und Exil: Emigration und Rückwanderung, Vertreibung und Integration in der Geschichte der Tschechoslowakei. Vorträge der Tagungen des Colloquium Carolinum in Bad Wiessee vom 20. bis 22. November 1992 und vom 19. bis 21. November 1993.* München 2001.

Hildermeier, Manfred: *Geschichte der Sowjetunion 1917-1991. Entstehung und Niedergang des ersten sozialistischen Staates.* München 1998.

Hilger, Andreas: Grenzen der Entstalinisierung. Sowjetische Politik zwischen Rehabilitierung und Repression 1953-1964, in: Engelmann u.a. (2008), S. 253-273.

Hobsbawm, Eric: *Das Zeitalter der Extreme. Weltgeschichte des 20. Jahrhunderts. Aus dem Englischen von Yvonne Badal.* München / Wien 1995.

Iljušin, Aleksandr A.: Stichotvorenie A. Mickewiča „Polilis' moi slezy" v russkom kontexte, in: Chorev (2007), S. 263-266.

Institut für Gesellschaftswissenschaften beim ZK der SED (Hg.): *Zur Theorie des sozialistischen Realismus.* Berlin (Ost) 1974.

Jakovenko, Sergej: Mirovaja prem'era – čeres desjatiletija, in: *Muzykal'naja akademija 1* (2007), S. 60-65.

Jakovlev, A[…]. N. (Red.): Vlast' i chudožestvennaja intelligencija. Dokumenty CK RKP (b) – VKP (b), VČK – OGPU – NKVD o kul'turnoj politike. 1917-1953. Zusammengest. von A. N. Artizov / O. V. Naumov. Moskau 1999.

Jakubov, Manašir: Mečislav Vajnberg: „Vsju žizn ja žadno sočinjal muzyku", in: *Utro Rossii* 7/67 (16.-22.02.1995), S. 13.

Jaldati, Lin: Nachwort, in: Posmysz (1969), S. 239-243.

Jentzsch, Bernd (Hg.): *Adam Mickiewicz,* (Poesiealbum 109). Berlin 1976.

John, Michael: *Die Anfänge des sozialistischen Realismus in der Musik der 20er und 30er Jahre. Historische Hintergründe, ästhetische Diskurse und musikalische Genres.* Bochum / Freiburg 2009.

Kalužskij, Michail (red.): *Repressirovannaja muzyka.* Moskau 2007.

Kandinskij, A[…] (glav. red.): *Iz Istorii Russkoj i sovetskoj muzyki.* Moskau 1971

Katz, Maya B.: *Drawing the Iron Curtain. Jews and the Golden Age of Soviet Animation.* New Brunswick, NJ / London 2016.

Keldyš, Jurij (otv. red.): *Istorija Musyki narodow SSSR. Bd. 5, Teil 1.* Moskau 1974.

Klimov, Vladimir: *Bertol't Brecht na sovetskom i rossijskoj scene. 1930-1996, po materialam častnogo muzeja.* Moskau 1997.

Koelsch, Stefan: Brain Signatures and Musical Semantics, in: *Science and Music – The Impact of Music. Leopoldiana Symposium, Halle (Saale), May 13 to 15, 2004. Org. von Wolfgang Auhagen,* (Nova Acta Leopoldiana, hg. von Harald zur Hausen. Nr. 341, Bd. 92). Halle (Saale) 2005, S. 105-111.

Kojevnikov, Alexej B.: Dialoge über Wissen und Macht. In: Beyrau (2000), S. 45-64.

Koljazin, V[…] F. u.a. (red. sost.): *„Vernite mne svobodu". Dejateli literatuy i iskusstva Rossii i Germanii – žertvy stalinskogo terrora. Memoralny sbornik dokumentov is archivov byvšego KGB.* Moskau 1997.

Konen, V[…] D. (red.): *Muzyka i sovremennost'. Sbornik statej. 3. Ausg.* Moskau 1965.

Konstantinovskij, Il'ja D.: *Srok davnosti.* Moskau 1966a.

— *Verjährungsfrist. Aus dem Russischen von Juri Elperin.* Berlin (Ost) 1966b.

Kosta, Peter u.a. (Hg.): *Juden und Judentum in Literatur und Film des slavischen Sprachraums. Die geniale Epoche.* Wiesbaden 1999.

Kostyrčenko, Gennadij: *Stalin protiv ,kosmopolitov'. Vlast' i evrejskaja intelligencija v SSSR.* Moskau 2009.

Kováč, Dušan: Reform und Verlauf: Innenpolitik einschließlich der slowakischen Frage, in: Gruša u.a. (2009), S. 40-49.

Kramer, Mark: Soviet-Polish Relations and the Crises of 1956. Brinkmanship and Intra-Bloc-Politics, in: Engelmann u.a. (2008), S. 61-126.

Kravets, Nelly: Shostakovich's "From The Jewish Folk Poetry" and Weinberg's "Jewish Songs", in: Kuhn u.a. (2001), 279-97.

Krejčí, Karel: *Geschichte der polnischen Literatur.* Halle (Saale) 1958.

Krivickij, David: M. Vajnberg. Komičeskaja opera „Ledi Magnezija", in: Šantyr' (2003), S. 113-118.

Królikiewicz, Grażyna: Die Literatur der Romantik, in: Walecki (2011), S. 113-143.

Kryński, Magnus: Politics and Poetry. The case of Julian Tuwim, in: *The Polish Review.* Vol. 18, No. 4 (1973), S. 3-33.

Kuhn, Ernst u.a. (Hg.): *Dmitri Schostakowitsch und das jüdische musikalische Erbe.* Berlin 2001.

Lamm, O[…] P.: *Stranicy tvorčestoj biografij Mjaskovskogo.* Moskau 1989.

Laß, Karen: *Vom Tauwetter zur Perestrojka. Kulturpolitik in der Sowjetunion (1953-1991).* Köln u.a. 2002.

Lebedewa, Jekatherina: „Unser Zug fährt nach Auschwitz, heute und alle Tage!". Zum Widerhall der Judenverfolgung in der russischen Gitarrenlyrik, insbesondere im Werk von Aleksandr Galič, in: Grüner u.a. (2006), S. 158-174.

Lerski, Tomasz: *Syrena Records. Pierwsza polska wytwórnia fonograficzna. Poland's first recording company. 1904-1939.* New York, NY / Warschau [o.J.].

Liehm, Mira / Liehm, Antonin J.: *The most important Art. Eastern European Film After 1945.* Berkeley, CA u.a. 1977.

Limberger, Daniel: *Polen und der ,Prager Frühling' 1968. Reaktionen in Gesellschaft, Partei und Kirche.* Frankfurt a.M. u.a. 2012.

Litvak, Yosef: Polish-Jewish Refugees Repatriated from the Soviet Union at the End of the Second World War and Afterwars, in: Davies / Polonsky (1991), S. 227-239.

Lovell, Stephen: *The Shadow of War. Russia and the USSR – 1941 to the present.* Chichester 2010.

Lücke, Martin: *Jazz im Totalitarismus,* (Populäre Musik und Jazz in der Forschung. Interdisziplinäre Studien, hg. von Rainer Dollase u.a., Bd. 10). Münster 2004.

MacFadyen, Donald: *Songs for Fat People. Affect, Emotion, and Celebrity in the Russian Popular Song.* Montreal u.a. 2002.

— *Yellow crocodiles and blue oranges. Russian animated Film since World War Two.* Montreal u.a. 2005.

Maksimenkov, Leonid: Partija – naš rulevoj, in: *Muzykal'naja žizn'* 13 (1993), S. 6-8 u. 15-16.

Malyceva, O[…]: Ob ossobenostjach dramatičeskogo dejstvija v spektakle s mnogočastnoj kompoziciej, in: Dies. (Hg.): *Režisura. vzgljad iz konca veka: Sbornik naučnych statej.* Sankt Petersburg 2006, S. 121-144.

Mazur-Kębłowska, Ewa / Ott, Ulrich (Hg.): *Adam Mickiewicz und die Deutschen. Eine Tagung im Deutschen Literaturarchiv Marbach am Neckar,* (Veröffentlichung des Deutschen Polen-Instituts Darmstadt, gegr. von Karl Dedecius, hg. von Andreas Lawaty, Bd. 13). Wiesbaden 2000.

McCreless, Patrick: The cycle of structure and the cycle of meaning: the Piano Trio in E minor, Op. 67, in: Fanning (1995), S. 113-136.

Mehner, Klaus: Sozialistischer Realismus als Programm, in: Bek (2001), S. 32-38.

Mende, Wolfgang: Sozrealismus als kulturelles Regulativ. Weinbergs Opern „Die Passagierin" und „Die Madonna und der Soldat", in: Geiger / Mogl (2016), S. 135-149.

Messmer, Matthias: *Sowjetischer und postkommunistischer Antisemitismus. Entwicklungen in Russland, der Ukraine und Litauen,* (Konstanzer Schriften zur Schoah und Judaica, Bd. 3). Konstanz 1997.

Miązek, Bonifacy (Hg.): *Adam Mickiewicz. Leben und Werk.* Frankfurt a.M. u.a. 1998.

Mickiewicz, Adam: *Poetische Werke. Erster Band,* (Polnische Bibliothek, begr. u. hg. von Guttry, Dr. A. v. / Kościelski, W. v. Zweite Abt. 2. Bd.). München 1919.

— *Dzieła. Tom 1: Wiersze.* Warschau 1993.

— *Dichtung und Prosa. Ein Lesebuch von Karl Dedecius,* (Polnische Bibliothek, begr. und hg. von Karl Dedecius). Frankfurt a.M. 1994.

— *Mečislav Wajnberg (1919-1996). Stranicy biografii. Pis'ma. Materialy meždunarodnogo foruma* (=Biblioteka gazety „Muzykal'noe obozrenie" t. 3). Moskau 2017.

Miller, Jack (Hg.): *Jews in Soviet Culture.* New Brunswick, NJ / London 1984.

Mjaskovskij, Nikolaj Ja.: *Stat'i, pis'ma, vospominanija.* Bd. 2. Moskau 1960.

Mogl, Verena: Musik in Bewegung. Mieczysław Weinbergs Kompositionen für den Film, in: *Osteuropa* 7 (2010), S. 123-137.

— Erinnern! Auch wenn es unmöglich ist. Mieczysław Weinbergs Oper „Passažirka" op. 97, in: *Studia Musicologica* 57, 1-2 (2016), S. 403-416.

Mutschelknauss, Eduard: *Wege und Grenzen der Politisierung. Zum Kontext der Bachjahre 1935 und 1950.* Berlin 2003.

Neef, Sigrid: Das jüdische Element in Schostakowitschs Opern, in: Kuhn u.a. (2001), S. 200-228.

Neirick, Miriam: *When Pigs Could Fly and Bears Could Dance. A History of the Soviet Circus.* Wisconsin, WI 2012.

Nemčinskij, Maksimilian: *Cirk Rossii. Na peretonki so vremenem. Modeli cirkovych spektaklej 1920-1990 godov.* Moskau 2001.

Nemtsov, Jascha u.a. (Hg.): *„Samuel" Goldenberg und „Schmuyle": Jüdisches und Antisemitisches in der russischen Musikkultur.* Berlin 2003.

Nikitina, Ljudmila: Programmnye simfonii M. Vajnberga, in: Kandinskij (1971), S. 110-133.

— *Simfonii M. Vajnberga.* Moskau 1972.

— O muzyke, o sebe: Počti ljuboj mig [sic!] žizni – rabota, in: *Muzykal'naja akademija* 5 (1994), S. 17-24.

Nowicki, Ron: *Warsaw. The Cabaret Years.* San Francisco, CA 1992.

Ordžonikidze, G[ivi] Š. (Hg.): *Dmitrij Šostakovič.* Moskau 1967, S. 84-86.

Petőfi, Sándor: *Gedichte. Nachgedichtet von Martin Remané.* Berlin (Ost) u.a. 1973.

Pinkus, Benjamin: *The Soviet Government and the Jews. 1948-1967. A documented study.* Cambridge u.a. 1984.

Polonsky, Antony: „Why Did They Hate Tuwim and Boy So Much?". Jews and „Artificial Jews" in the Literary Polemics of the Second Polish Republic, in: Blobaum (2005), S. 189-209.

Posmysz, Zofia [Posmyš, Zof'ja]: *Pasażerka.* Warschau 1962.

— Passaširka. Übersetzung von Ė. Gessen und V. Golovskij, in: *Sovremennaja pol'skaja povest'.* Moskau 1964.

— *Passaširka* [Übersetzung von Ė. Gessen und V. Golovskij], (Roman Gazeta No. 18 / 318). Moskau 1964a.

— *Die Passagierin. Übertragen von Peter Ball, illustriert von Ruth Kotsch.* Berlin (Ost) 1969.

— *Die Passagierin* [Hörspielfassung]. Deutsch von Peter Ball, in: Dost (1988), S. 185-224.

— Die Passagierin. Zofia Posmysz über Auschwitz, das Buch und Weinbergs Oper [Interview], in: *Osteuropa* 7 (2010), Jg. 60, S. 147-155.

— *Die Passagierin. Übertragen von Peter Ball.* Norderstedt 2010a.

Raaben, Lev: *Sovestkaja kamerno-instrumental'naja muzyka.* Moskau 1963.

Redepenning, Dorothea: *Geschichte der russischen und sowjetischen Musik. Bd. 1: Das 19. Jahrhundert.* Laaber 1994.

— *Geschichte der russischen und sowjetischen Musik. Bd. 2: Das 20. Jahrhundert, Teilband 1.* Laaber 2008a.

— *Geschichte der russischen und sowjetischen Musik. Bd. 2: Das 20. Jahrhundert, Teilband 2.* Laaber 2008b.

Renner, Axel: Protokoll einer Annäherung, in: Bregenzer Festspiele GmbH (Hg.): *Mieczysław Weinberg. In der Fremde.* Bregenz 2010, S. 60-69.

Roberts, Geoffrey: *Stalin's Wars. From World War to Cold War, 1939-1953.* New Haven, CT / London 2006.

Rossijskaja Akademija Nauk / Institut Russkoj Literatury (Hg.): *Puškin. Vremennik Puškinskoj komissii. Bd. 6.* Moskau / Leningrad 1941.

Ruggenthaler, Peter: Die Interventionspolitik des Kreml und der Einfluss der „Bruderparteien" auf den Entscheid Moskaus zur Niederschlagung des „Prager Frühlings", in: Gruša u.a. (2009), S. 61-74.

Sandrov, Nahma: *Vagabond Stars. A World History of Yiddish Theatre.* New York, NY 1977.

Šantyr', M[…] (glav. red.): *Antologija opernogo tvorchestva Moskovskich kompozitorov (vtoraja polovina XX veka).* Moskau 2003.

Schering, Arnold: *Das Symbol in der Musik. Mit einem Nachwort von Wilibald Gurlitt.* Leipzig 1941.

Schwarz, Boris: *Music and Musical Life in Soviet Russia.* Bloomington, IN 1983.

Ševljakov, Evgenij G.: „Tichi Don" Dmitija Šostakoviča: istorija nenapisannoj opery, in: *Južno-Rossijskij al'manach* (2007/1), S. 108-113.

Shitomirski, Daniel: *Blindheit als Schutz vor der Wahrheit. Aufzeichnungen eines Beteiligten zu Musik und Musikleben in der ehemaligen Sowjetunion. Mit einem Vorwort von Oksana Leontjewa und einem vollständigen Verzeichnis der wissenschaftlichen Arbeiten Shitomirksis, hg. u. aus d. Russ. übers. von Ernst Kuhn.* Berlin 1996.

Shore, Marci: *Caviar and Ashes. A Warsaw Generation's Life and Death in Marxism, 1918-1968.* New Haven, CT / London 2006.

Skans, Per: Mieczysław Weinberg – ein bescheidener Kollege, in: Kuhn u.a. (2001), 298-324.

— Ein jüdischer Immigrant: Mieczysław Weinberg, in: Nemtsov u.a. (2003), S. 151-161.

— Mieczysław Weinberg, in: *Musica reanimata,* (mr-Mitteilungen Nr. 57, Nov. 2005, hg. vom Förderverein zur Wiederentdeckung NS-verfolgter Komponisten und ihrer Werke e.V.). Berlin 2005, S. 1-13.

Sladkova, Nina: *Kompozitor Mečislav Vajnberg. Notografičceskij spravočnik,* (Vsesojuznoe agentstvo po avtorskim pravam VAAP). Moskau [1986].

Šlifštejn, Semen: O četvertoj simfonii M. Vainberga, in: Ders.: *Isbrannie stati.* Moskau 1977, S. 181-185.

Slonimsky, Nicolas: Tsintsadze: Suite from the Dragon-Fly. Vainberg: Suite from the Tiger Tamer. Mshvelidze: Samaya. Lagidze: Sachidao by Georgian Radio Symphony Orch.; Zakhari Khorodze; Grigori Stolyarov; Shalva Azmaiparashvili; Sulkhan Tsintsadze; Moysey Vainberg; Shalva Mshvelidze; Revaz Lagidze, in: *Musical Quarterly,* Vol. 45, No. 4 (1959), S. 578.

Snyder, Timothy: *Bloodlands. Europa zwischen Hitler und Stalin. Aus dem Englischen von Martin Richter*. München 2011.

Šostakovič, Dmitrij: [Vorwort zum Klavierauszug], in deutscher Übersetzung abgedruckt in: *Osteuropa* 7 (2010), S. 157f.

Sponheuer, Bernd: Beethoven in Auschwitz, in: Heister (2001), S. 798-820.

Stalin, Iosif V.: *Werk*. Bd. 15: Mai 1945-Dezember 1952. Deutsche Ausgabe erschienen auf Beschluss des Zentralkomitees der Kommunistischen Partei Deutschlands / Marxisten-Leninisten. Dortmund 1979, S. 37-53.

Starr, S. Frederick: *Red and Hot. Jazz in Rußland von 1917-1990*. Wien 1990.

Steinecke, Hartmut (Hg.): *Heinrich Heine im Dritten Reich und im Exil* (= Nordrhein-Westfälische Akademie der Wissenschaften, Vorträge G 416). Paderborn u.a. 2008.

Stroińska, Magda: The role of language in the re-construction of identity in exile, in: Dies. / Gecchetto, Vittorina (2003), S. 95-109.

Stroińska, Magda / Gecchetto, Vittorina (Hg.): *Exile, language and identity*. Frankfurt a.M. 2003.

Tigranov, Georgij S. (red. koll.): *Sovetskaja simfonija za 50 let*. Leningrad 1967.

Tomoff, Kirill: *Creative Union. The Professional Organization of Soviet Composers, 1939-1953*. Ithaka, NY / London 2006.

— „Most Respected Comrade...": Patrons, Clients, Brokers and Unofficial Networks in the Stalinist Musical World, in: *Contemporary European History*. Vol. 11, No. 1 (2002), S. 33-65.

Turkov, Ionas [Turkow, Jonas]: *C'était ainsi. 1939-1943, la vie dans le ghetto de Varsovie. Traduit du yiddish par Maurice Pfeffer*. [Paris] 1995.

Tuwim, Julian: *Kwiaty Polskie. Poemat*. Warszawa 1949.

— *Wiersze I*. Warschau 1955a.

— *Wiersze II*. Warschau 1955b.

— *Kwiaty polskie*. Warschau 1955c.

— *Jarmark Rymów. Opracował Janusz Stradecki*. Warschau 1958.

— *Przekłady poetyckie. Obracował Seweryn Pollak. I*. Warschau 1959a.

— *Przekłady poetyckie. Obracował Seweryn Pollak. II*. Warschau 1959b.

— *Stichi. Perevod s pol'skogo*. Moskau 1965.

Vishevskaya, Galina: *Galina. A Russian Story*. San Diego, CA u.a. 1984.

Vlasov, Aleksandr: Variacii na temu „Idiota", in: *Muzykal'naja akademija* 4 (1992), S. 54-57.

Vlasova, Ekaterina C.: *1948 god v sovetskoj muzyke*. Moskau 2010.

Volkova, Natal'ja B. (red. koll.): *Aleksandr Fadeev. Materialy i issledovanija*, Moskau 1977.

Vovsi, Natal'ja: *Moj otec Solomon Michoëls*. Tel Aviv 1984.

Waldenfels, Bernhard: *Topographie des Fremden. Studien zur Phänomenologie des Fremden*. Frankfurt a.M. 1997.

Walecki, Wacław (Hg.): *Polnische Literatur. Annäherungen. Vom Mittelalter bis zum Ende des 20. Jahrhunderts. Übersetzt von Marlis Lami und Jolanta Krzysztofoska-Doschek*. Hamburg 2011.

Weinberg, Mieczysław: Pervaja vstreča s muzykoj Dmitrija Šostakoviča, in: Ordžonikidze (1967), S. 84-86.

— *Passažirka. Opera v 2 dejstvijach, 8 kartinach s èpilogom. Libretto A. Medvedeva i Ju. Lukina po odnoimennoj povesti Zofii Posmyš*. Moskau 1977.

— *Die Passagierin. Libretto. Deutsche Adaption: Ulrike Patow*. [Hamburg 2010].

Weller, Michail: *Moe delo*. Moskau 2007.

Wilson, Elisabeth: *Shostakovich. A Life Remembered*. London / Boston, MA 1994.

Woll, Josephine: *Real Images. Soviet Cinema and the Thaw*. New York, NY 2000.

— *The Cranes are flying*, (Kinofiles Film Companion 7). London / New York, NY 2003.

Wygodzki, Stanisław: *Pamiętnik Miłości*. Warschau 1948.

— *Pamiętnik Miłości*. Warschau 1964.

— *Tagebuch der Liebe. Eine Begegnung in Gedichten, Briefen und Interviews*, hg. von Dorothea Heiser. Vechta-Langförden 2007.

Wyrzens, Günter: Adam Mickiewicz. Der großer Dichter der polnischen Nation, in: Miązek (1998), S. 13-71.

Zemtsovsky, Izaly: Schostakowitsch und der Jiddischismus in der Musik, in: Kuhn u.a. (2001), S. 150-179.

Zolotraev, Vasilij: Zametki o šestoj simfonii Vajnberga, in: Konen (1965), S. 170-185.

Zubok, Vladislav M.: *A failed empire: the Soviet Union in the Cold War from Stalin to Gorbachev*. Chapel Hill, NC 2007.

Żywulska, Krystyna: *Przeżyłam Oświęcim*. Warschau 1946.

— *Tanz, Mädchen.... Vom Warschauer Getto nach Auschwitz, ein Überlebensbericht. Zweites Buch: Auschwitz-Birkenau*. München 1988.

Abteilung b) Sowjetische Fachperiodika

Im Folgenden findet sich eine Auflistung aller Veröffentlichungen in der sowjetischen Fachpresse, die in der vorliegenden Arbeit Verwendung fanden. Anonym verfasste Beiträge wurden als solche gekennzeichnet; Namenskürzel oder Pseudonyme, die nicht aufgelöst werden konnten, wurden kommentarlos übernommen. Kurze Meldungen oder Beiträge der Fachpresse, in denen beispielsweise Weinbergs Werke nur *en passant* Erwähnung fanden, wurden in die Liste nicht aufgenommen.

1946

Žitomirskij, D[aniėl']: Zametki o moskovskich koncertach, in: *Sovetskaja muzyka* 4 (1946), S. 90-92.

Oc.: Novniki sovetskoj muzyki po radio, in: *Sovetskaja muzyka* 7 (1946), S. 97.

[Anonymus]: Porblemy sovetskogo muzykal'nogo tvorčestva, in: *Sovetskaja muzyka* 8/9 (1946), S. 3-14.

[Anonymus]: Itogi plenuma Orgkomiteta Sojuza sovetskich sompozitorov SSSR, in: *Sovetskaja Muzyka* 10 (1946), S. 3-11.

[Anonymus]: Materialy plenuma, in: *Sovetskaja Muzyka* 10 (1946), S. 12-32.

Chrennikov, Tichon: Doklad zamestitelja predsedatelja Orgkomiteta Sojuza sovetskich kompozitorov SSSR A. I. Chačaturjan [Materialy plenuma], in: *Sovetskaja Muzyka* 10 (1946), S. 21-32.

[Anonymus]: Vystuplenija na plenume, in: *Sovetskaja muzyka* 10 (1946), S. 33-89.

1947

[Anonymus]: Vsesojuznoe sovečśanie po voprosam opery i baleta, in: *Sovetskaja muzyka* 1 (1947), S. 3-15.

[Anonymus]: Navstreču velikoj date, in: *Sovetskaja muzyka* 2 (1947), S. 3-6.

1948

Chrennikov, Tichon: Za tvorčestvo, dostojnoe sovetskogo naroda, in: *Sovetskaja muzyka* 1 (1948) S. 54-62.

[Anonymus]: Po stranicym pečati, in: *Sovetskaja muzyka* 1 (1948), S. 111-122.

Chennikov, Tichon: Tridcat let sovetskoj muzyki i sadači sovetskich kompozitorov, in: *Sovetskaja muzyka* 2 (1948), S. 28-46.

B[ernand]t, G[rigorij]: Notografičeskie zametki, in: *Sovetskaja muzyka* 2 (1948), S. 157f.

[Anonymus]: Chronika. V Sojuze sovetskich kompozitorov. in: *Sovetskaja muzyka* 4 (1948), S. 96-98.

ReMi: Notografija i bibliografija. O fortepiannoj muzyke dlja detej, in: *Sovetskaja muzyka* 4 (1948), S. 105f.

Leonidov, M[…]: Muzykaľnaja žizn': K otkrytiju koncertnogo sezona, in: *Sovetskaja muzyka* 9 (1948), S. 57-61.

1949

Chrennikov, Tichon: Vtoroj plenum pravlenija Sojuza sovetskich kompozitorov SSSR, in: *Sovetskaja muzyka* 1 (1949a), S. 21-37.

[Anonymus]: Vystuplenija na plenume, in: *Sovetskaja muzyka* 1 (1949), S. 38-56.

Milovidov, L[…]: Muzykaľnaja žizn': Muzyka v cirke, in: *Sovetskaja muzyka* 4 (1949), S. 67-69.

S[…], S[…]: Festivaľ poľskoj narodnoj muzyki, in: *Sovetskaja muzyka* 8 (1949), S. 104-106.

Chrennikov, Tichon: Za novyj poďem sovestkoj muzyki, in: *Sovestkaja muzyka* 12 (1949b), S. 45-57.

1950

[Anonymus]: Tretij plenum Pravlenija Sojuza sovetskich kompozitorov SSSR: Tvorčeskaja diskussija na plenume, in: *Sovetskaja muzyka* 1 (1950), S. 40-54.

Šedrin, K[…] [Zusammenstellung]: Govorjat sovetskie slušateli, in: *Sovetskaja muzyka* 1 (1950), S. 57-59.

1954

Šostakovič, Dmitrij: Tribuna: Radosť tvorčeskich iskanij, in: *Sovetskaja muzyka* 1 (1954), S. 40-42.

1955

Kovaľ, Marian: K VIII plenumu pravlenija Sojuza sovetskich kompozitorov SSSR. Muzyka moldavskogo naroda, in: *Sovetskaja kuľtura* 34/268 (12. März 1955), [S. 3].

[Anonymus]: V sojuze kompozitorov, in: *Sovetskaja muzyka* 7 (1955), S. 150f.

1957

Chrennikov, Tichon: Sostojanie zadači sovetskogo muzykaľnogo tvorčestva. Doklad, in: *Sovetskaja kuľtura* 43/589 (29. März 1957), [S. 2-4, hier: S. 2].

Šostakovič, Dmitrij: Vystuplenie D. D. Šostakoviča, in: *Sovestkaja kuľtura* 46/592 (2. April 1957), [S. 4].

[Anonymus]: Vystuplenie N. I. Pejko, in: *Sovetskaja kuľtura* 47/593 (3. April 1957), [S. 4].

[Anonymus]: Die Partei und die Fragen der Literatur und Kunst, in: *Sowjetwissenschaft. Kunst und Literatur. Zeitschrift für Fragen der Ästhetik und Theorie.* Jg. 5, H. 5 (Mai 1957), S. 460-474,

Ginzburg, Lev: Novyj violončel'nyj koncert, in: *Sovetskaja muzyka* 8 (1957), S. 55-59.

Jurenev, R[...]: Vernosť, in: *Iskusstvo kino* 12 (1957), S. 7-10.

1960

Nikolaev, Aleksey: O tvorčeste M. Vajnberga, in: *Sovetskaja muzyka* 1 (1960), S. 40-47.

Korev, Jurij: Po pervym vpečatlenijam, in: *Sovetskaja muzyka* 5 (1960), S. 12-17.

1961

Poljanovskij, G[...]: Bol'šoj uspech Vajnberga, in: *Sovetskaja muzyka* 8 (1961), S. 17-19.

1962

Genina, L[iana]: „Vse budet chorošo". O tvorčestve M. Vajnberga, in: *Sovetskaja muzyka* 8 (1962), S. 21-31.

Genina L[iana]: Novaja simfonija, in: *Sovetskaja muzyka* 12 (1962), S. 90f.

1965

[Anonymus]: „Cvety pol'ši", *in: Sovetskaja kul'tura* 31 (Sa., 13. März 1965), [S. 1].

1967

[Anonymus]: Chronika. V god velikogo pjatidesjatiletija. Nad čem vy rabotaete, in: *Sovetskaja muzyka* 1 (1967), S. 145-153.

Živov, L[...]: Prazdnik muzyki, in: *Sovetskaja muzyka* 3 (1967), S. 52f.

Čalaeva, I[...]: Vklad v Bachianu, in: *Sovetskaja muzyka* 5 (1967), S. 75f.

[Anonymus]: V sekretariate sojuza kompozitorov: Varšava – Moskva, in: *Sovetskaja muzyka* 8 (1967), S. 124-128.

1969

Skudina, G[enrietta]: Krov'ju serdca. Ob opere M. Vajnberga „Passažirka", in: *Muzykaľnaja žizn'* 1 (1969), S. 8f.

Rojterštejn, Michaėľ: Simfonija s monologami, in: *Sovetskaja muzyka* 3 (1969), S. 26-28.

1970

Nikitina, Ljudmila: Opera-Simfonija, in: *Sovetskaja muzyka* 12 (1970), S. 67-72.

1975

Fajkina, L[...]: Opera o vojne, in: *Sovetskaja muzyka* 10 [1975], S. 31-35.

1988

Genina, Liana: Esli ne sejčas, to kogda, in: *Sovetskaja Muzyka* 4 (1988), S. 4.

Golovisnkyj, Grigorij: Tak čto že proizošlo v 1948 godu?, in: *Sovetskaja Muzyka* 8 (1988), S. 29-37.

Žmodjak, I[...]: [Interview mit] Mečislav Vajnberg: Čestnosť, pravdivosť, polnaja otdača, in: *Sovetskaja muzyka* 9 (1988), S. 23-26.

1989

Malyšev, Julij: O nekotorych urokach prošlogo i nastojaščego. Stat'ja pervaja, in: *Sovetskaja Muzyka* 4 (1989), S. 4.

Abteilung c) Lexikalische Einträge

In dieser Abteilung findet sich eine Auflistung aller im Text verwendeten lexikalischen Artikel in chronologischer Reihenfolge.

[Anonymus]: Socialističeskij realizm, in: Bucharin, Nikolaj J. u.a. (obšč. red): *Bol'šaja sovetskaja ènciklopedija*. Bd. 52: Soznanie-Strategija. Moskau 1947, Sp. 239-247.

[Anonymus]: Vasilenko, Sergej Nikolaevič, in: Vavilov Sergej I. (glav. red.): *Bol'šaja sovetskaja ènciklopedija*. Bd. 7: Varioloid-Vibrator. 2. Ausg. Moskau 1951, S. 26f.

[Anonymus]: Gejne, Genrich, in: Vvedenskij, Boris A. (glav. red.): *Bol'šaja sovetskaja ènciklopedija*. Bd. 10: Gazel'-Germanij. 2. Ausg. Moskau 1952, S. 329-332.

[Anonymus]: Tuwim, Julian, in: Vvedenskij, Boris A. (glav. red.): *Bol'šaja sovetskaja ènciklopedija*. Bd. 43: topsel'-užen'e. 2. Ausg. Moskau 1957a, S. 352.

[Anonymus]: Cirk, in: Vvedenskij, Boris A. (glav. red.): *Bol'šaja sovetskaja ènciklopedija*. B. 46: Fuse-Curuta. 2. Ausg. Moskau 1957b, S. 637-638.

[Anonymus]: Weinberg, Shmuel, in: *Lexikon of the Yiddish Theatre. Compiled and Edited by Zalmen Zylbercwaig. Published under the auspices of Hebrew Actors Union of America*, Vol. 5. Mexico 1967, Sp. 4847f.

[Anonymus]: Orkestroteka, in: Keldyš, Jurij V. (glav. red.): *Muzykal'naja ènciklopedija*. Bd. 4: Okunev-Simovič. Moskau 1978, Sp. 99.

Akatova, V[...] V.: Agaronovy, in: Švidkoj, Michail E. (glav. red.): *Cirkovoe iskusstvo Rossii. Ènciklopedija*. Moskau 2000, S. 12.

Berkovskij, N[...] Ja.: Gejne (Heine), Genrich, in: Prochorov, Aleksandr M. (glav. red.): *Bol'šaja sovetskaja ènciklopedija*. Bd. 6: Gazlift-Gogolevo. 3. Ausg. Moskau 1971, S. 185, Sp. 541-543.

Black, Peter: Trawniki, in: Megargee, Geoffrey P. (Hg): *The United States Holocaust Memorial Museum: Encyclopedia of Camps and Ghettos, 1933-1945. Vol. 1: Early Camps, Youth Camps, and Concentration Camps and Subcamps under the SS-Business Administration Main Office (WVHA)*. Part B. Bloomington, IN 2009.

Cahn, Peter: Kanon, in: *Die Musik in Geschichte und Gegenwart. Allgemeine Enzyklopädie der Musik,* begr. von Friedrich Blume. 2., neubearb. Ausg., hg. von Ludwig Finscher. Sachteil 4: Hamm-Kar. Kassel u.a. 1996, Sp. 1677-1705.

Dmitriev, Ju[...] A.: Iskusstvo – Cirk, in: Prochorov, Aleksandr M. (glav. red.): *Bol'šaja sovetskaja ènciklopedija*. Bd. 24, Teilbd. 2: Sojuz Sovetskich Socialističeskich Respublik. 3. Ausg. Moskau 1977, Sp. 1398-1401.

Downes, Stephen: Krakowiak: in: Stanley Sadie (Hg.): *The New Grove Dictionary of Music and Musicians*. 2nd Ed., Vol. 13: Jennens to Kuerti. London 2001b, S. 868f.

Downes, Stephen: Kujawiak, in: Stanley Sadie (Hg.): *The New Grove Dictionary of Music and Musicians*. 2nd Ed., Vol. 14: Kufferath to Litton. London 2001a, S. 14.

[M.Y.]: El Male Rahamim (Heb.: לא אלמ סימחר „God full of compassion"), in: *Encyclopedia Judaica*, hg. von Cecil Roth. Bd. 6: Di-Fo. Jerusalem [1971], S. 682f.

Stęszewski, Jan: Polen. II. Volksmusik, in: *Die Musik in Geschichte und Gegenwart. Allgemeine Enzyklopädie der Musik,* begr. von Friedrich Blume, 2. neubearb. Ausg., hg. von Ludwig Finscher. Sachteil 7: Mut-Que. Kassel u.a. 1997, Sp. 1624-1633.

Tyrell, John: Dumka, in: Stanley Sadie (Hg.): *The New Grove Dictionary of Music and Musicians.* 2nd Ed., Vol. 7: Đán tranh to Egüés. London 2001, S. 697f.

Uvarova, E[..] D.: Utesov (Vajsbejn) Leonid Osipovič, in: *Ėstrada Rossii XX veka. Ėnciklopedija.* Moskau 2004, S. 683f.

Veidlinger, Jeffrey: GosET, in: *Enzyklopädie jüdischer Geschichte und Kultur.* Im Auftrag der Sächsischen Akademie der Wissenschaften zu Leipzig, hg. von Dan Dinter. Bd. 2: Co-Ha. Stuttgart / Weimar, S. 469-474

Zelov, N[...]: Blanter, Matvej Isaakovič, in: Prochorov, Aleksandr M. (glav. red.): *Bol'šaja sovetskaja ėnciklopedija.* Bd. 3: Bari-Braslet, 3. Ausg. Moskau 1970, S. 414, Sp. 1228f.

Zylbercwaig, Zalmen (Hg.): Lexicon of the Yiddish Theatre, Vol. 1-6. New York, NY 1931-1969.

Abteilung d) Onlineressourcen

Im Folgenden findet sich eine Auflistung aller Onlineressourcen, die als Sekundärquellen herangezogen wurden. Die unten aufgeführten Verweise wurden, so weit nicht anders angegeben, am 23. März 2017 überprüft. Internetverweise, die in der Arbeit rein als weiterführende Links angegeben waren, sind hier nicht separat aufgeführt.

Bubaeva, Tujana: „V opere vse dolžno byt' v dviženii" [Auszug aus einem Vortrag von Aleksandr Medvedev], in: *Tribuna molodogo žurnalista* No. 7/53 (November 2004).
http://www.tribuna.mosconsv.ru/?p=2893

Codikova, Ada: Derevo Žizni.
http://www.samlib.ru/c/codikova_a/codikova326_1.shtml

Dvužil'naja, Inessa F.: K probleme vospitanija tolerantnosti na urokach discipliny „Tema Cholokosta v akademičeskoj muzyke" v muzykal'nom kolledže.
http://www.muzfond.lv/site/pics/friends/dvuzil/doklad/id2.htm

Dvužil'naja, Inessa F.: Mečislav Vajnberg i belorusskaja konservatorija, in: *Vesci BDAM: navukova-tėarėtyčny časopis,* No. 16 (2010), S. 62-67.
http://www.elib.grsu.by/doc/2666.

Elphick, Daniel: *The String Quartets of Mieczysław Weinberg: A Critical Study.* [Manchester] 2016.
https://www.academia.edu/28121947/The_String_Quartets_of_Mieczys%C5%82aw_Weinberg_A_Critical_Study

Enz, Robert: Sowjetische Repertoirepolitik in der Stalinzeit am Beispiel Moskauer und Leningrader Opern- und Balletttheater wie Philharmonien. Diss. phil. Heidelberg 2006.
http://d-nb.info/982729510/about/html

Gwizdalanka, Danuta: Unknown facts from Mieczysław Weinberg's Biography:
http://culture.pl/en/article/unknown-facts-from-mieczyslaw-wajnbergs-biography

Helman, Zofia: Tadeusz Baird, in: *Komponisten der Gegenwart,* hg. von Hanns-Werner Heister und Walter Wolfgang Sparrer.
http://www.munzinger.de

Janecka, Joanna: The Power of Sound, in: *Translation Journal.* Vol. 5 (4/2001).
http://www.bokorlang.com/journal/18sound.htm

Mogl, Verena: Biogramm / Werke / Werkverzeichnis „Weinberg", in: *Komponisten der Gegenwart*, hg. von Hanns-Werner Heister und Walter Wolfgang Sparrer.
http://www.www.munzinger.de

Orlov, Vladimir: Ne tot – tot Wagner, in: *Mišpocha* Nr. 22.
http://mishpoha.org/n22/22a30.shtml

Polonsky, Antony: Julian Tuwim, the Polish Heine, undatierte Onlinepublikation der *American Association for Polish-Jewish Studies*.
http://www.aapjstudies.org/index.php?id=115

Seehaber, Ruth: „...eine Brücke schlagen...". Deutsch-polnische Musikbeziehungen in den 1960er Jahren, in: *Muzykalia VIII: Zestzyt niemiecki* 2 (2009), S. 1-7.
http://www.demusica.pl/cmsimple/images/file/seehaber_muzykalia_8_2.pdf

Segel'man, Michail: Plač stranstvujuščego (očerk o Dvadcatoj šestoj simfonii N. Mjaskovskogo).
http://www.opentextnn.ru/music/personalia/mjaskovskiy/?id=4216

Šolochov, Michail: *Letopis' žizni i tvorčestva*. Moskau 2005.
http://feb-web.ru/feb/sholokh/shl-abc/shl/shl-3461.htm

Steinlauf, Michael C.: Zylbercweig, Zalmen.
http://www.yivoencyclopedia.org/article.aspx/Zylbercweig_Zalmen

Zverev, Arsenij G.: *Zapiski ministra*. Moskau 1973.
http://sklib.ru/libhistory/18450-zapiski-ministra.html [Stand: 13.03.2013].

Abteilung e) Archivalien

In dieser Abteilung sind die verwendeten Archivalien aus dem *Rossijskij Gosudarstvennyj Archiv Literartuy i Iskusstv* (Russischen Staatsarchiv für Literatur und Kunst, Moskau, RGALI) und dem *Gosudarstvennyj Central'nyj Muzej Muzykal'noj Kul'tury imeni M. I. Glinki* (Staatlichen Zentralmuseum für Musikalische Kultur im. Glinki, Moskau, GCMMK) aufgelistet. Der Vollständigkeit halber wurde auch eine Quelle aus dem Gosudarstvennyj Archiv Rossijskoj Federacii (Staatsarchiv der Russischen Föderation, GARF) aufgeführt, die ich allerdings nicht im Archiv einsah, sondern die mir von Bret Werb in englischer Übersetzung zur Verfügung gestellt wurde.

RGALI

fond 2490 [Sojuz kompozitorov RSFSR]
— op. 4, ed. chr. 319, l. 86-91.
— op. 2, ed. chr. 94.
fond 2454 [Muzykal'nyj fond SSSR]
— op. 1, ed. chr. 12, l. 82
— op. 1, ed. chr. 12, l. 55.
— op. 1, ed. chr. 10, l. 291.
— op. 1, ed. chr. 10, l. 109.
— op. 2, ed. chr. 11, l. 101.
— op. 1, ed. chr. 12, l. 77a.
fond 2075 [Komitet po delam iskusstv pri Sovete Ministrov RSFSR]
— op. 8, ed. chr. 47.
— op. 15, ed. chr. 811.

fond 3005 [Utesov, Leonid Osipovič]
— op. 1, ed. chr. 910.
fond 2469 [Kinostudija „Sojuzmul'tfil'm"]
fond 2453 [Moskovskaja kinostudij „Mosfil'm"]
— op. 5, ed. chr. 463.

GCMMK
fond 226 [M. Vajnberg]
— ed. chr. 15.
— ed. chr. 2.
— ed. chr. 8.
— ed. chr. 22.
— ed. chr. 26.

GARF
fond 8114. op. 1. d. 155. l. 74-75. [Evrejskij antifašistskij komitét; Stat'i korrespondentov gazety „Ėjnikajt" na russkom jazyke: David Rabinovič: Tvorčeskij put' Moiseja Vajnberga (mašinopis' s redaktorskoj pravkoj). Moskau 1943].

YIVO
Records of the Yidisher Artistn Farayn, RG 26, box 29A, folder 607: Shmuel Weinberg.
— folder 606.
— folder 605: Sonja Weinberg.

Werkverzeichnis

Die Angaben des folgenden Werkverzeichnisses richten sich maßgeblich nach den Manuskripten des musikalischen Nachlasses von Mieczysław Weinberg, (MWMA), der in Weinbergs Moskauer Wohnung von seiner Frau Ol'ga Rochal'skaja und seiner Tochter Anna verwaltet wird. Das Archiv wurde von Arnt Nitschke (Peermusic Classical) abfotografiert und mir dankenswerterweise zur Einsicht zur Verfügung gestellt. Zusätzlich wurden Manuskripte und Druckausgaben aus dem Rossijskij Gosudarstvennyj Archiv Literartuy i Iskusstv, RGALI (Russischen Staatsarchiv für Literatur und Kunst, Moskau), der Rossijskaja Gosudarstvennaja Biblioteka imeni Lenina (Russischen Staatsbibliothek im. Lenina, Moskau) und dem Archiv des Gosudarstvennyj Central'nyj Muzej Muzykal'noj Kul'tury imeni M. I. Glinki, GCMMK (Staatliches Zentralmuseum für Musikalische Kultur im. Glinki, Moskau) hinzugezogen.

Da die Manuskripte Weinbergs über viele Orte verstreut sind und eine Vielzahl von Dokumenten als verloren gelten oder an für die Erstellung dieses Werksverzeichnisses nicht zugänglichen Orten lagern, wurden neben den oben genannten Quellen auch das Werkverzeichnis von Ljudmila Nikitina[1] und der Katalog der Moskauer Vereinigten Agentur für Autorenrechte hinzugezogen,[2] die jedoch nur bedingt als zuverlässige Quellen gelten. Weiterhin wurde eine Werksliste in Betracht gezogen, die sich in der Personalakte des Sojuz kompozitorov RSFSR (Komponistenverband der RSFSR) befindet (im Folgenden abgekürzt mit RAGLI-Liste).[3] Wurden Angaben allein dem VAAP-Katalog oder dieser Liste entnommen, ohne dass sie anhand von Notenmaterial oder anderen Quellen überprüft werden konnten, wurde dies im Folgenden gekennzeichnet. Zudem wurden Angaben zu Manuskripten, über deren Verbleib nach bisherigem Kenntnisstand nichts bekannt ist, mit dem Hinweis „verschollen" gekennzeichnet. Insgesamt kann das Verzeichnis aufgrund der schwierigen und lückenhaften Quellenlage keinen Anspruch auf Vollständigkeit erheben.

Dies betrifft vor allem die so genannte funktionale Musik Weinbergs. Das Notenmaterial hierzu (veröffentlicht und unveröffentlicht) wurde weder von Weinberg katalogisiert oder archiviert, noch durch andere Stellen systematisch gesammelt oder erfasst. Die chronologische Einordnung der Werke dieser Zeit stellt demnach eine besondere Schwierigkeit dar und folgt – soweit nicht anders gekennzeichnet – Zeitangaben, die sich anhand von aufgefundenen Veröffentlichungen erschließen ließen. Es muss daher angenommen werden, dass sich auf eventuell erhaltenen Manuskripten der nämlichen Werke andere Datierungen finden. Da die im Folgenden aufgeführten Veröffentlichungen zum Bereich der Filmmusik nicht das komplette Korpus der von Weinberg vertonten Filme wiedergeben, findet sich im Anschluss an das Werkverzeichnis eine vollständige Auflistung der von Weinberg vertonten Filme.

Die chronologische Einordnung der Werke aus dem Bereich der so genannten ernsten Musik folgt weitgehend den von Weinberg selbst datierten und mit Ortsangaben versehenen Manuskripten. Abweichungen wurden kenntlich gemacht. Bei umfangrei-

---

1   Nikitina (1972), S. 191-207.
2   Sladkova (1986)
3   RGALI, f. 2490, op. 4, ed. chr. 319, l. 86-91.

chen Werken, in deren Manuskripte zum Teil jeder einzelne Satz mit einem Datum versehen wurde, wird jedoch auf die Angabe der einzelnen Datierungen verzichtet und stattdessen der Zeitraum zwischen dem ältesten und dem jüngsten Datum angegeben.

Bezüglich der Tempoangaben ist im Folgenden zu beachten, dass bei einsätzigen Werken nur das zu Beginn vorgeschriebene Tempo angegeben wird, ungeachtet der Tatsache, ob innerhalb des Werkes Tempowechsel stattfinden oder nicht.

Die Angaben zu den Uraufführungen folgen weitestgehend den Informationen von Nikitina und dem VAAP-Katalog, den Angaben der Verlage und eigenen Recherchen. Aufgrund der unübersichtlichen Quellenlage – vor allem hinsichtlich der ehemaligen Sowjetunion und der DDR – ist jedoch nicht auszuschließen, dass Werke, die im Folgenden ohne Angaben zur UA gelistet sind, bereits gespielt wurden oder dass Werke, deren Uraufführung erst in der jüngeren Vergangenheit stattfand, bereist zu einem früheren Zeitpunkt uraufgeführt wurden. Zudem werden und wurden in jüngster Zeit zahlreiche Werke (ur-)aufgeführt, so dass die Informationen zu den Uraufführungen keinen Anspruch auf Aktualität erheben können.

Obwohl die Werke Weinbergs größtenteils zuerst in der ehemaligen Sowjetunion veröffentlicht wurden, werden im Folgenden vorwiegend die jeweils deutschen Verlage angegeben, bei denen die Werke veröffentlicht sind. Nur bei Werken, die in Deutschland bisher unveröffentlicht sind, die in der Sowjetunion jedoch veröffentlicht wurden, wurde der entsprechende sowjetische Verlag angegeben. Eine Vielzahl der in Deutschland bisher unveröffentlichten Stücke wird in Zukunft bei Peermusic Classical erscheinen.

Die Übersetzungen der zahlreichen russischen und polnischen Titel und Texte im Folgenden sind größtenteils wörtliche Übersetzungen, keine literarischen Übersetzungen.

Siglen der Verlage

MfM – Muzfond SSSR, Moskau
Muz – Muzyka, Moskau
Muzgiz – Gozudarstvennoe muzykal'noe isdatel'stvo, Moskau
SoSk – Sojuz sovetskich kompozitorov, Moskau
SovK – Sovetskij kompozitor, Moskau
GUC – Glavnoe upravlenie cirkov, Moskau
IS – Gosudarstvennoe izdatel'stvo „Iskusstvo", Moskau
Sik – Sikorski, Hamburg
Pe – Peermusic Classical, Hamburg

1933

Dwa mazurki [zwei Mazurken] für Klavier op. 10, 10a [Vorläufige Opuszahlen] in *f*-moll und *a*-moll. – Pe. – UA Moskau 2010 (21.06.)
Józef Turczyński gewidmet. Die Uraufführung wurde durchgeführt in der Gnesin-Akademie, Moskau. Im Manuskript wurden die Stücke vom Komponisten datiert: 1. Stück: 17.11.1933, 2. Stück: 21.11.1933. Ort: Warschau.

1934/35

Trzy utwory na skrypce i fortepian [Drei Stücke für Geige und Klavier]. – 1. „Nokturn" [Nocturne]. Moderato; 2. „Scherzo". Allegro; 3. „Sen o lalce" [Traum von der – i.e. über die, V.M. – Puppe]. Moderato. – Ms; 5'
Im Manuskript wurden die Stücke vom Komponisten datiert: 1. Stück: 20.8.1934, 2. Stück: 27.12.1934, 3. Stück: 11.2.1935.

1935

Kołysanka [Wiegenlied] für Klavier op. 1. – Pe. – UA Moskau 2010 (21.06.); 4'
Die Uraufführung wurde durchgeführt in der Gnesin-Akademie, Moskau. Im Manuskript vom Komponisten eingetragen: 24.10.1935, Warschau.

1937/85

1. Streichquartett in C-Dur op. 2/141. – I. Allegro; II. Andante con moto. Lento; III. Molto Vivace. – Pe. – UA Manchester 2009 (16.11.); 21'
Józef Turczyński gewidmet. Die mutmaßliche Uraufführung erfolgte durch das Quatuor Danel: Marc Danel (Vl), Gilles Milet (Vl), Vlad Bogdanas (Va), Guy Danel (Vc). Im Manuskript vom Komponisten eingetragen: Warschau 1937. Das Quartett wurde 1985 als op. 141 überarbeitet. Im Manuskript der Überarbeitung wurde vom Komponisten vermerkt: 1.5.1937, Warschau – 14.2.1985, Moskau.

1939/40/86

2. Streichquartett in G-Dur op. 3/145. – I. Allegro comodo; II. Andante non tanto; III. Presto giocoso. – Pe. – UA Taschkent 1941 (2. Dez.); 23'
Der Mutter und Schwester gewidmet. Die Uraufführung erfolgte durch das Streichquartett des Leningrader Konservatoriums. Bei Nikitina (S. 191) wird die Uraufführung mit dem 2. Juli 1941 angegeben, ebenfalls durch das Quartett des Leningrader Konservatoriums. Welche Angabe korrekt ist, konnte nicht überprüft werden. Im Manuskript vom Komponisten vermerkt: 25.11.1939 – 13.3.1940, Minsk. Weinberg überarbeitete das Quartett im August 1986 als op. 145 und komponierte es 1987 als 1. Kammersymphonie (ebenfalls op. 145) neu. Im Manuskript der Überarbeitung wurde vom Komponisten vermerkt: 19.8.1986, Moskau

1939/45

Suite für Symphonieorchester op. 26. – I. „Preljudija" [Prelude]: Maestoso; II. „Arija" [Arie]: Larghetto; III. „Gavot" [Gavotte]: Allegretto; IV. „Menuėt" [Menuett]: Allegro; V. „Žiga" [Guige]: Presto. – Pe. – UA Boras 2010 (2. Feb.); 18'

Die Uraufführung wurde durchgeführt vom Boras Symphonieorchester, Ltg. Thord Svedlund. Im Manuskript vom Komponisten vermerkt: Minsk, Dezember 1939 – Moskau, September 1945. Die Suite ist komponiert für kleines Symphonieorchester.

1940

Sześć pieśni do strów Juljana Tuwima. Akacje [Sechs Romanzen auf Verse von Julian Tuwim. Akazien] für Gesang und Klavier op. 4. – I. „Powiedziec Ci nie mogę..." / „Skazat' Bam ne mogu ja..." [Ich kann es Ihnen nicht sagen...]; II. „Akacje" / „Akacija" [Akazien]; III. „Jesteś znowu..." / „Ty javilas' snova" [Du erscheinst wieder...]; IV. „Wieczór" / „Večer" [Abend]; V. „Yeželi" / „A esli" [Ach wenn]; VI. „Piasenka" / „Pesenka" [Liedchen]. – Ms; 12'

Widmung: „poświęcone Jej" [Ihr gewidmet]. Im Manuskript vom Komponisten eingetragen: 22. – 28. Juni 1940, Minsk. Das 2. Lied fügte Weinberg in den Zyklus *Romansy raznych let* [Romanzen aus verschiedenen Jahren] für Gesang und Klavier op. 71 ein und verarbeitete es im 4. Satz seiner 9. Symphonie *Wiersze ocalałe / Ucelevšie stroki* [Unversehrte Zeilen] op. 93 (1966/67).

1940/41

1. Sonate für Klavier op. 5. – I. Adagio; II. Allegretto; III. Andantino; IV. Allegro. – Pe; 14'

Aleksej [Konstantinovič] Klumov [sic] gewidmet. Im Manuskript vom Komponisten eingetragen: 7.1. [evtl. 2., schlecht leserlich] 1941, Minsk. Auf dem Titelblatt ist als Jahreszahl 1940 eingetragen, Ort: Luninec.

1940/72

Romansy raznych let [Romanzen aus verschiedenen Jahren] für Gesang und Klavier op. 71. – I. „Ottepel'" [Tauwetter]. Text: N. Zabolotskij (1972); II. „Ljubo mne ležalo pod sen'ju" [Mein Liebstes lag im Schatten]. Text: S. Petőfi, Übersetzung: L. Martynov (1960); III. „Sława" [Ruhm]. Text: J. Tuwim (1956); IV. „Żydek / Evrejskij mal'čik". Text: J. Tuwim (1956); V. „U sąsiada" [Beim Nachbarn]. Text: J. Tuwim (1956); VI. „Svatovetvo" [Brautwerbung]. Text: A. Mickiewicz, Übersetzung: M. Živov (1951); VII. „Akacii" [Akazien, sic!]. Text: J. Tuwim, Übersetzung: A. Ėppel' (1940, vgl. op. 4). – Ms; 12'

Als weiteren Titel gab Weinberg *Romansy na stichi raznych avtorov* [Romanzen nach Gedichten verschiedener Autoren] an. Die Lieder wurden von Weinberg datiert – I: 9.4.1972; II: 17.3.60; III: 11.4.1956; V: 13.3.-10.4.1956; VI: 8.4.1951.

Das vierte Lied „Żydek" stimmt mit dem zweiten Lied aus Opus 57 überein. Allerdings fehlt im Manuskript von op. 71 die zweite Seite des Liedes. Der russische Titel wurde mit Bleistift dazunotiert, eine russische Übersetzung liegt nicht vor. Das siebte Lied („Akacii"), stimmt überein mit dem zweiten Lied aus Opus 4. Allerdings ist der

Titel verändert und Weinberg verwendet eine abweichende russische Übersetzung. Zudem handelt es sich bei dem Manuskript der hier verwendeten Version um eine Version, die in C-Dur, nicht in G-Dur wie in Opus 4, aufnotiert ist.

1941

Simfoničeskaja poèma [Symphonisches Poem] für großes Orchester op. 6. – Einsätzig [Lento]. – Ms. – UA Minsk 1941 (21. Juni); 15'
V[asilij] [Andreevič] Zolotraev gewidmet. Uraufführung durch das Philharmonische Orchester Minsk, Ltg. Il'ja Musin. Das Manuskript weist auf den alternativen Titel „Chromatičeskaja poèma" [Chromatisches Poem] hin.

Tri Romansa [Drei Romanzen] nach Gedichten von Aleksander Prokof'ev und Elena Ryvina für Gesang und Klavier op. 7. – I. „Sinij večer" [Blauer Abend]. Text: A. Prokof'ev; II. „Za rekoj" [Hinter'm Fluss]. Text: A. Prokof'ev; III. „Pesenka" [Liedchen]. Text: E. Ryvina. – Ms; 6'
Pesenka ist Xenia Tichonova gewidmet.

Elka [Tannenbaum]. 12 Stücke aus der Vertonung eines Hörspiels für Solisten, Chor und Orchester. – Ms (verschollen)
Alle Angaben entstammen dem VAAP-Katalog (S. 75) und der RGALI-Liste.

Timur i ego komanda [Timur und seine Truppe]. Neun Stücke für ein gleichnamiges Hörspiel nach einer Erzählung von Arkadij Gajdar für Solisten, Chor und Orchester. – Ms (verschollen)
Alle Angaben entstammen dem VAAP-Katalog (S. 75) und der RGALI-Liste.

1942

2. Sonate für Klavier op. 8. – I. Allegro; II. Allegretto; III. Adagio; IV. Vivace. – Pe. – UA Moskau 1943 (16. Okt.); 18'
Die Uraufführung erfolgte durch Èmil' Gilel's. Im Manuskript vom Komponisten vermerkt: 21.4.1942, Taškent.

Arija dljs strunnogo kварteta [Arie für Streichquartett] op. 9. – Einsätzig [Larghetto]. – Pe. – UA Manchester 2009 (17.11.); 5'
Die Uraufführung erfolgte durch das Quatuor Danel: Marc Danel (Vl), Gilles Milet (Vl), Vlad Bogdanas (Va), Guy Danel (Vc). Im Manuskript vom Komponisten vermerkt: 5.5.1942, Taškent.

Boevye Druz'ja [Kämpferische Freunde] Operette in 3 Akten. – Ms. (verschollen)
Alle Angaben entstammen dem VAAP-Katalog (S. 13) und der RGALI-Liste.

Kar'era Kleretty [Die Karriere Klerettas]. Operette. – 3 Akte. – Ms. (verschollen)
Alle Angaben entstammen dem VAAP-Katalog (S. 13).

V boj za rodinu [Im Kampf für die Heimat]. Ballett in einem Akt. – Ms. (verschollen)

Alle Angaben entstammen der RGALI-Liste und dem Werkverzeichnis von Ljudmila Nikitina (Nikitina 1972, S. 204).

Meč Uzbekistana / Uzbekiston kiliči [Das Usbekische Schwert]. Oper – Ms. (verschollen)

Hinweise auf dieses Werk, das in Kooperation mit mehreren Komponisten (u.a. mit Aleksej Klumov, Talib Sadykov, Mutavakkil Burchanov, Tochtasin Džalilov) für das Usbekische Opern- und Balletttheater Ališer Navoj entstanden sein soll, finden sich in unterschiedlichen Quellen, u.a. wird es auch auf der RGALI-Liste geführt. Konkrete Nachweise (in Form von Noten, Libretto, Aufführungshinweisen etc.) waren jedoch bisher nicht aufzufinden.

Orchestrierung der Oper *Davron ota* von Talib Sadykov – Ms. (verschollen)

Die Angabe entstammt Nikitina (1972, S. 204).

1942/43

1. Symphonie für großes Orchester op. 10. – I. Allegro moderato; II. Lento; III. Vivace; IV. Allegro con fuoco. – Pe. – UA Moskau 1967 (11. Feb.); 31'

Der Roten Armee gewidmet. Die Uraufführung erfolgte durch das Symphonieorchester der Moskauer Philharmonie, Ltg. (vermutlich) Kirill Kondrašin. Auf einem erhaltenen Bleistift-Particell Weinbergs wurde das Werk auf dem Titelblatt *Symfonja g-mol* [Symphonie in g-moll] benannt. Auf dem Titelblatt des Particells ist vom Komponisten vermerkt: Juli 1942 – Januar 1943, am Ende der Aufzeichnungen ist vom Komponisten vermerkt: 7.1.1943, Taškent.

1943

Kapriččio [Capriccio] für Streichquartett op. 11. – Einsätzig [Scherzando con grazia e rubato]. – Pe. – UA Manchester 2009 (17.11.); 6'25"

Die Uraufführung erfolgte durch das Quatuor Danel: Marc Danel (Vl), Gilles Milet (Vl), Vlad Bogdanas (Va), Guy Danel (Vc).

1. Sonate für Violine und Klavier op. 12. – I. Allegro; II. Adagietto; III. Allegro; – Pe. – UA Moskau 1965; 19'

S[olomon] Michoëls gewidmet. Die Uraufführung erfolgte durch Valentin Žuk (Vl) und Aleksandr Rossochackij (Pno). Im Manuskript vom Komponisten vermerkt: 11.2.-11.4.1943, Taškent.

Evrejskie pesni [Jüdische Lieder] für Gesang und Klavier nach Gedichten von Itzhok (Izik, Yitskohk) Lejb Perez. Russischer Text: Natal'ja P. Končalovskaja. Erster Zyklus op. 13. – I. „Vstuplenie" [Vorspiel]; II. „Buločka" / „Brejtele" [Brötchen]; III. „Kolybel'naja" / „Wiglid" [Wiegenlied]; IV. „Ochotnik" / „Der jeger" [Der Jäger]; V. „Na zelenoj goročke" / „Ofn grinem bergele" [Auf dem grünen Berglein]; VI. „Gore /

Der jesojmes brivele" [Gram / Der Brief der Waise]; VII. „Zaključenie" [Schluss]. – Pe. – UA (jiddische Version) Taschkent 1943;[4] 13'35"

Im Manuskript vom Komponisten vermerkt: 27.-29.7.1943, Taškent. Von dem Zyklus konnten unterschiedliche Manuskripte ausfindig gemacht werden. Im Manuskript aus dem MWMA wurden Titel und Texte von Weinberg allein auf Jiddisch, jedoch in kyrillischer Lautschrift, niedergeschrieben. In einem weiteren erhaltenen Manuskript sind zusätzlich zu den jiddischen Texten die russischen Texte mit Bleistift eingetragen. Daneben sind in einem Manuskripten-Konvolut der 1. Symphonie noch frühe Entwürfe der Lieder zu finden, in denen ausschließlich die jiddischen Texte (in kyrillischer Lautschrift) enthalten sind. In dem Konvolut ist neben den Liedern (in der folgenden Reihenfolge) „Brejtele", [„Wiglid" – ohne Titel eingefügt], „Ofn grinem bergele", „Der jesojmes brivele" und „Der jeger" auch ein Lied mit dem Titel „Der Schifer" enthalten, das nicht in den späteren, gedruckten Versionen der Lieder enthalten ist. Laut VAAP-Katalog wurde Opus 13 erstmals 1944 unter dem Titel *Detskie pesni* [Kinderlieder] in russischer Übersetzung veröffentlicht. Dies entspricht jedoch nicht den Tatsachen. Der Zyklus wurde unter dem Originaltitel und auch zweisprachig veröffentlicht (Muzf 1944). Auffällig ist, dass der russische Text von Lied 6 stark vom jiddischen Text abweicht. Auf der RGALI-Liste werden für das Jahr 1943 *Pesni na stichi evrejskich poètov* [Lieder nach Versen jüdischer Dichter] erwähnt. Ob es sich dabei um denselben Zyklus handelt, konnte nicht überprüft werden. Opus 13 existiert auch als Arrangement von Venjamin Basner für Gesang, Streichorchester, Harfe und Schlagzeug (22.1.1993, Repino) und als Arrangement von Aleksandr Oratovskij für Gesang und Klaviertrio (2004, UA 24.10.2005, Enschede).

1944

Arija dlja skripki i fortepiano [Arie für Geige und Klavier]. – Ms (verschollen).
Alle Angaben entstammen der RGALI-Liste.

3. Streichquartett in d-moll op. 14. – I. Presto; II. Andante sostenuto; III. Allegretto. – Pe. – UA Manchester 2007 (12.10); 18'

Im Manuskript vom Komponisten vermerkt: Februar 1944, Moskau. Die mutmaßliche Uraufführung erfolgte durch das Quatuor Danel: Marc Danel (Vl), Gilles Milet (Vl), Vlad Bogdanas (Va), Guy Danel (Vc). Weinberg komponierte das Quartett 1987 neu als 2. Kammersymphonie op. 147.

2. Sonate für Violine und Klavier op. 15. – I. Allegro; II. Lento; III. Allegro moderato. – Pe. – UA Moskau 1962 (3. Jan.); 20'

D[avid] F[edorovič] Oistrach gewidmet. Die Uraufführung erfolgte durch David Oistrach (Vl) und Frieda Bauer (Pno). Im Manuskript vom Komponisten vermerkt: Februar – Juni 1944, Moskau.

---

4   Aussagen von Natal'ja Vovsi-Michoëls zufolge fand die UA der jiddischen Version im Sommer 1943 in Taschkent statt, die UA der russischen Version einige Zeit später in Moskau. Der genaue Zeitpunkt der russischen UA war jedoch leider nicht zu ermitteln. – Interview von Brigitte van Kann mit Natal'ja Vovsi-Michoëls in Tel-Aviv am 29.11.2011.

Tri detskich tetradi. 23 preljudii dlja fortepiano [Drei Kinderhefte. 23 Präludien für Klavier], Heft 1 op. 16. – I. „Vstuplenie" [Vorspiel]: Larghetto; II. Allegro; III. Moderato maestoso; IV. Tempo di valse; V. Allegretto; VI. Presto; VII. Andante tranquillo; VIII. „Zaključenie" [Schluss]: Larghetto. – Pe. – UA Moskau (1945); 10'50"

Zusammen mit op. 19 und op. 23 (Heft 2 und 3) Viktorija Weinberg gewidmet. Die Uraufführung aller drei Hefte wurde durchgeführt von Marija Grinberg. Auf dem Manuskript der Einleitung wurde vom Komponisten vermerkt: 29.6.1944, Moskau.

Evrejskie pesni [Jüdische Lieder] für Gesang und Klavier auf Verse von Shmuel Galkin [Halkin], 2. Zyklus op. 17. – I. „Cu di rojte kriger" [Dem Roten Soldaten]; II. „Di muter" [Die Mutter]; III. „Nej ër lid" [Neujahrslied]; IV. „Cum libn" [Dem Liebsten]; V. „Tife griber, rojte lejm…" [Tiefe Gräber, rote Erde..] VI. „Cu di rojte kriger" [Dem Roten Soldaten]. – Pe. – UA Moskau 1944; 14'30"

Im Manuskript vom Komponisten vermerkt: 19.-21.7.1944. Die Uraufführung fand den Angaben von Natal'ja Vovsi-Michoëls zufolge kurz nach der Fertigstellung des Zyklus im Moskauer Komponistenverband statt. Opus 17 existiert auch als Arrangement für Gesang und Klaviertrio von Aleksandr Oratovskij (2004). Das 5. Lied des Zyklus' existiert auch in einer Fassung für Gesang, Kammerensemble und Klavier von Lev Kogan (vermutl. 1961-62) unter dem Titel „Nyt fargest" [Nicht vergessen].

Quintett für Klavier und Streichquartett op. 18. – I. Moderato con moto; II. Allegretto; III. Presto; IV. Largo; V. Allegretto agitato. – Pe. – UA Moskau 1945 (18. März), 40'

Die Uraufführung erfolgte durch Èmil' Gilel's und das Streichquartett des Bol'šoj-Theaters: Isaak Žuk (Vl), Boris Vel'tman (Vl); Moris Gurvič (Va), Svjatoslav Knuševickij (Vc). Im Manuskript vom Komponisten vermerkt: 13.8.-13.10.1944, Moskau.

Tri detskich tetradi. 23 preludii dlja fortepiano [Drei Kinderhefte. 23 Präludien für Klavier]. Heft 2 op. 19. – I. Largo; II. Allegretto; III. Moderato; IV. Lento; V. Allegro; VI. Andantino; VII. Marziale lugubre; VIII. Andante. – Pe. – UA Moskau 1945 (10. Okt.); 14'40"

Zusammen mit op. 16 und op. 23 (Heft 1 und 3) Viktorija Weinberg gewidmet. Die Uraufführung aller drei Hefte wurde durchgeführt von Marija Grinberg. Im Manuskript vom Komponisten vermerkt: Dezember 1944. Die einzelnen Nummern führen die fortlaufende Nummerierung von op. 16 fort.

1944/47

Iz detskoj žizni [Aus dem Kinderleben], Suite für Symphonieorchester. – Ms (verschollen)

Laut VAAP-Katalog und dem Werkverzeichnis von Ljudmila Nikitina (Nikitina 1972, S. 204) handelt es sich dabei um eine Suite aus den *Detskich tetradi* [Kinderheften] op. 16, 19 u. 23 für Klavier.

4. Streichquartett in Es-Dur op. 20. – I. Allegro commodo; II. Moderato assai; III. Largo marciale; IV. Allegro moderato. – Pe. – UA Moskau 1946 (19. Jan.); 24'

Dem Streichquartett des Bol'šoj-Theater gewidmet. Die Uraufführung erfolgte durch das Streichquartett des Bol'šoj-Theater: Isaak Žuk (Vl), Boris Vel'tman (Vl); Moris Gurvič (Va), Svjatoslav Knuševickij (Vc). Im Manuskript vom Komponisten vermerkt: 3.-9.3.1945, Moskau.

1. Sonate für Violoncello und Klavier op. 21. – I. Lento ma non troppo; II. Un poco moderato. – Pe. – UA Moskau 1962 (2. Dez.); 20'

Die Uraufführung erfolgte durch Daniil Šafran (Vc) und Nina Musinjan (Pno). Im Manuskript vom Komponisten vermerkt: 3.-9.4.1945, Moskau.

Trzy pieśni [Drei Romanzen] für Gesang und Klavier nach Versen von Adam Mickiewicz op. 22. – I. „Przypomnienie" [Erinnerung]; II. „Polały się łzu" [Brach in Tränen aus]; III. „Nad wodą wielką" [Über weitem Wasser]. – Ms; 15'

Im Manuskript vom Komponisten vermerkt: 17.-19.4.45, Moskau.

Tri detskich tetradi. 23 preludii dlja fortepiano [Drei Kinderhefte. 23 Präludien für Klavier]. Heft 3 op. 23. – I. Allegro marcato; II. Allegro commodo; III. Moderato; IV. Prestissimo; V. Allegretto quasi andantino; VI. Lento funebre; VII. Andantino semplice. – Pe. – UA Moskau 1945 (10. Okt.); 10'50"

Im Manuskript vom Komponisten vermerkt: 3.-8.5.1945. Von Heft 3 existieren mehrere Manuskripte. Zusammen mit op. 16 und op. 19 (Heft 1 und 2) Viktorija Weinberg gewidmet. Die Uraufführung aller drei Hefte wurde durchgeführt von Marija Grinberg.

Trio für Violine, Violoncello, Klavier op. 24. – I. „Preljudija i arija" [Präludium und Arie]: Larghetto; II. „Tokkata" [Toccata]: Allegro marcato; III. „Poèma" [Poem]: Moderato; IV. „Final" [Finale]: Allegro moderato. – Pe. – UA Moskau 1946 (9. Jan.); 30'

Natal'ja Vovsi gewidmet. Die Uraufführung erfolgte durch Dmitrij Cyganov (Vl), Sergej Širinskij (Vc) und Mieczysław Weinberg (Pno). Im Manuskript vom Komponisten vermerkt: 3.6.-3.7.1945, Moskau.

Iz liriki Tjutčeva [Aus der Lyrik Tjutčevs]. Sechs Romanzen für Gesang und Klavier nach Gedichten von Fedor Tjučev op. 25. – I. „V nebe tajut oblaka" [Im Himmel schmilzen Wolken]; II. „O, ne kladite menja v zemlju syruju" [Oh, legt mich nicht in die feuchte Erde]; III. „Ljublju tvoi glaza" [Ich liebe Deine Augen]; IV. „Ja pomnju" [Ich erinnere]; V. „List'ja" [Laub]; VI. „Ona sidela na polu" [Sie saß am Boden]. – UA Moskau 1999 (10. Nov.). – MfM

Im Manuskript vom Komponisten vermerkt: 5.-6.7.45, Moskau. Die Uraufführung erfolgte im Rahmen eines Musikfestivals anlässlich des 80. Geburtstages des Komponisten durch E. Korneva (Mezzosopran) und O. Makarova (Pno).

5. Streichquartett in B-Dur op. 27. – I. „Melodija" [Melodie]: Andante sostenuto; II. „Jumoreska" [Humoreske]: Andantino; III. „Skerco" [Scherzo]: Allegro molto; IV. „Improvizacija" [Improvisation]: Lento; V. „Serenada" [Serenade]: Moderato con moto; – Pe. – UA Moskau 1947 (17. Mai); 21'

Den Mitgliedern des Beethoven-Quartett gewidmet. Die Uraufführung erfolgte durch das Beethoven-Streichquartett: Dmitrij Cyganov (Vl), Vasilij Širinskij (Vl), Vadim Borisovskij (Va), Sergej Širinskij (Vc). 1991 komponierte Weinberg das Stück als 3. Kammersymphonie op. 151 neu. Der 5. Satz trug ursprünglich den Titel „Pesenka" [Liedchen].

Sonate für Klarinette (A) und Klavier op. 28. – I. Allegro; II. Allegretto; III. Adagio. – Pe. – UA Moskau 1946 (20. April), 19'

Die Uraufführung erfolgte durch Vasilij Getman (Kl) und Mieczysław Weinberg (Pno). Im Manuskript vom Komponisten vermerkt: 6.-13.11.1945, Moskau.

Fantasija [Fantasie] für Symphonieorchester. – Einsätzig [unbez.]. – Ms

Im MWMA ist von diesem Stück nur ein Fragment des Titelblattes erhalten. Im VAAP-Katalog wird der Untertitel angegeben: „Auf Themen der Oper ‚Le Chalet' von A[dolphe] Adam" (S. 28). Auch bei Nikitina wird dieses Werk aufgeführt (S. 204).

Dvenadcat miniatjur [Zwölf Miniaturen] für Flöte und Klavier op. 29. – I. „Introdukcija" [Einleitung]: Maestoso; II. „Arietta": Andante con moto; III. „Burleska" [Burleske]: Allegro moderato; IV. „Kapriččio" [Capriccio]: Marciale marcatissimo; V. „Noktjurn" [Nocturne]: Andantino; VI. „Val's" [Walzer]: Allegro molto; VII. „Oda" [Ode]: Largo; VIII. „Dudet" [Duett]: Andante tranquillo; IX. „Barkarolla" [Barkarole]: Moderato commodo; X. „Ètjud" [Etüde]: Presto; XI. „Adažio" [Adagio]: Adagio; XII. „Pastoral'" [Pastorale]: Allegretto. – Pe; 20'

Im Manuskript vom Komponisten vermerkt: 29.11.-6.12.1945. Auf einer Druckausgabe des Stücks (MfM 1946) korrigierte Weinberg den Titel in *Dvenadcat pes'* [Zwölf Stücke] und änderte auch den Titel des ersten Stücks in „Improvizacija" [Improvisation]. Weinberg bearbeitete das Stück für Flöte und Streichorchester und nahm es als op. 29bis (1983) in den Werkkatalog auf, wobei er die veränderten Titel beibehielt.

Sjuta dlja orkestra. – Ms (verschollen)
Alle Angaben entstammen der RGALI-Liste.

1945/46

2. Symphonie für Streichorchester op. 30. – I. Allegro moderato; II. Adagio; III. Allegretto. – Pe. – UA Moskau 1964 (11. Dez.); 30'

Kurt Ignatevič Sanderling gewidmet. Die Uraufführung erfolgte durch das UdSSR Symphonieorchester, Ltg. Kurt Sanderling. Im Manuskript vom Komponisten vermerkt: 30.12.45-16.1.1946, Moskau.

Sjuita dlja solirujuščich instrumentov [Suite für Soloinstrumente] in fünf Teilen. – I. „Vstuplenie" [Vorspiel]; II. „Val's" [Walzer] (Klarinette); III. „Kapriččio" [Capriccio]

(Geige); IV. „Romans" [Romanze] (Horn); V. „Marš" [Marsch] (Trompete). – Ms (verloren)

Alle Angaben entstammen dem VAAP-Katalog (S. 43), der RGALI-Liste (dort gelistet unter dem Jahr 1946) und dem Werkverzeichnis von Nikitina (S. 204).

1946

3. Sonate für Klavier op. 31. – I. Allegro tranquillo; II. Adagio; III. Moderato con moto. – Sik. – UA Moskau 1946 (5. Okt.); 19'

Lev [Moiseevič] Abeliovič gewidmet. Die Uraufführung wurde gespielt von Marija Grinberg. Im Manuskript vom Komponisten vermerkt: 19.1.-4.2.1946, Moskau.

Pevcy minuvšego [Die Sänger der Vorwelt]. Elegie auf Verse von Friedrich Schiller für Bariton und Klavier op. 32. – Ms; 8'

Im Manuskript vom Komponisten vermerkt: 20.-21.2.1946.

Šesť sonetov dlja basa i fortepiano. Na slova Vil'jama Šekspira [Sechs Sonette für Bass und Klavier. Nach Versen von Shakespeare] op. 33. – I. Sonett 55; II. Sonett 63; III. Sonett 64; IV. Sonett 154; V. Sonett 71; VI. Sonett 66. – Ms; 14'

N[ikolaj] I[vanovič] Pejko gewidmet. Im Manuskript wurden die einzelnen Lieder vom Komponisten datiert: Sonett 55: 8.3.1946 / Sonett 63: 10.3.46 / Sonett 64: 11.3.46 / Sonett 154: 31.3.46 / Sonett 71: 6.4.46 / Sonett 66: 11.3.46, Moskau.

Opus 33 war auf dem geheimen *Prikaz 17* [Befehl] gelistet und infolge dessen bis zur Aufhebung des Erlasses am 16. März 1949 durch Stalin selbst zur Aufführung verboten. Das V. Lied (Sonett 71) setzte Weinberg im Schlusschor seiner Oper *Ledi Magnesija* op. 112 ein, allerdings in leicht modifizierter Version (u.a. transponiert, teilweise andere Übersetzung des Textes).

21 legkaja p'esa [21 leichte Stücke] für Klavier op. 34. – I. „Veselyj marš" [Fröhlicher Marsch]: Allegro; II. „Solovej" [Nachtigall]: Andantino; III. „Skakalka" [Das Springseil]. Allegro; IV. „Baba-Jaga". Allegro; V. „Podružki" [Freundinnen]: Allegretto; VI. „Bol'naja kukla" [Die kranke Puppe]: Lento; VII. „Olovjannyj soldatik" [Der Zinnsoldat]: Allegretto; VIII. „Babuškina skazka" [Großmutters Märchen]: Andante; IX. „Pastušok" [Der Schäfer]: Allegretto; X. „Igra v prjatki" [Versteckspiel]: Vivo; XI. „Ded-Moroz" [Väterchen Frost]: Moderato; XII. „Grustnyj val's" [Trauriger Walzer]: Lento; XIII. „Zolotoj Rybka" [Goldenes Fischchen]: Allegro; XIV. „Žaloba Petruški" [Petruškas Klage]: Allegretto; XV. „Saločki" [Fangen spielen]: Presto; XVI. „Mjačik" [Der Ball]: Presto; XVII. „Kolybel'naja kukol" [Wiegenlied der Puppen]: Andantino; XVIII. „Medvežata" [Kleine Bären]: Maestoso; XIX. „Zajčato" [Das Häschen]: Allegretto; XX. „Seryj vodi" [Graue Wasser]: Marciale; XXI. „Spokojnoj noči" [Gute Nacht]: Andante tranquillo. Allegretto – Pe; 18'

Laut VAAP-Katalog Nikolaj [Ivanovič] Pejko gewidmet, im eingesehenen Manuskript ist jedoch keine Widmung eingetragen. Im Manuskript vom Komponisten vermerkt: 4.-6.6.1946. Im VAAP-Katalog werden – den Angaben einer Kopien-Ausgabe folgend – nur 17 Stücke gelistet, wobei das 16. Stück den Titel „Kukly" [Puppen] trägt und das 17. den Titel „Spokojnoj noči" [Gute Nacht]. Es existiert eine Ausgabe [in der Reihe: „Kompozitory XX veka. Junym pianistam" [MuzL 1966], in der die Stücke „Kukly" und „Žaloba Petruški" separat veröffentlicht wurden. Dabei stimmt „Kukly" mit „Bol'naja kukla" aus op. 34 überein, „Žaloba Petruški" mit dem gleichnamigen Stück aus op. 34.

6. Streichquartett in e-moll op. 35. – I. Allegro semplice; II. Presto agitato; III. Allegro con fuoco; IV. Adagio; V. Moderato commodo; VI. Allegro maestoso e pesante. – Pe. – UA Manchester 2007 (24. Jan.); 24'

Georgij Vasil'evič Sviridov gewidmet. Die Uraufführung wurde durchgeführt vom Quatuor Danel: Marc Danel (Vl), Gilles Milet (Vl), Vlad Bogdanas (Va), Guy Danel (Vc). Im Manuskript vom Komponisten vermerkt 20.7.-24.8.46, Bykovo.

Opus 35 war auf dem *Prikaz 17* [Befehl 17] gelistet und infolge dessen bis zur Aufhebung des Erlasses am 16. März 1949 durch Stalin selbst zur Aufführung verboten.

1946/47

Prazdničnye kartiny. Simfoničeskij cikl [Festliche Bilder. Symphonischer Zyklus]. Für Symphonieorchester op. 36. – I. „Privetstvennaja uvertjura" [Begrüßungsouvertüre]; II. „Evrejskaja rapsodija" [Jüdische Rhapsodie]: Largo; III. „Toržestvennaja oda" [Festliche Ode]: Adagio maestoso. – Ms; 17'

Laut VAAP-Katalog dem 30. Jahrestag der Oktoberrevolution gewidmet. David Fanning stellt die Vermutung an, dass der erste Satz von Opus 36 identisch ist mit Opus 44, worauf der gemeinsame Titel hinweist. Allerdings konnte dies bei Erstellung dieses Werkverzeichnisses nicht überprüft werden, da nur der zweite und dritte Satz von Opus 36 als Manuskript vorlagen. Auf dem Titelblatt des Manuskriptes vom Komponisten vermerkt: 1946–1947. Datierung 2. Satz: 4.-14.1.1947, Ort: Moskau. Datierung 3. Satz: 19.5.1947.

Vermutlich sind es der erste und dritte Satz aus Opus 36, die auf dem *Prikaz 17* [Befehl 17] gelistet und infolge dessen bis zur Aufhebung des Erlasses am 16. März 1949 durch Stalin selbst zur Aufführung verboten waren.

1947

3. Sonate für Violine und Klavier op. 37. – I. Allegro moderato; II. Andantino; III. Allegretto cantabile. – Pe; 21'

M[ichail] I[zrailovič] Fichtengol'c gewidmet. Im Manuskript vom Komponisten vermerkt: 26.2.-22.4.1947, Moskau.

Četyre Romansa na stichi sovetskich poėtov [Vier Romanzen auf Verse sowjetischer Dichter] für Gesang und Klavier op. 38. – I. „Stalinu" [An Stalin]. Text: M. Ryl'skij; II. „Ja prigotovila alye flagi" [Ich legte die roten Flaggen bereit]. Text: G. Nikolaeva; III. „Za čto oni pogib?" [Warum wurden sie getötet]. Text: I. Ėrenburg; IV. „Janvarskij den'" [Januartag]. S. Maršak. – Ms; 10'

Im Manuskript vom Komponisten vermerkt: 26.3.1947. Das vierte Stück „Janvarskij den'" verwendet denselben Text von Samuil Maršak, der auch im 2. Satz der

Dva mužskich chora a cappella [Zwei Männerchöre a cappella] (1948) verwendet wird. Die Musik jedoch unterscheidet sich voneinander.

4. Sonate für Violine und Klavier op. 39. – Einsätzig [Adagio]. – Pe. – UA Moskau 1968; 17'

Laut VAAP-Katalog Leonid Borisovič Kogan gewidmet, im eingesehenen Manuskript ist jedoch keine Widmung eingetragen. Im Manuskript vom Komponisten vermerkt: 16.-22.12.1947, Moskau.

Baletnaja Sjuta N2 [Ballettsuite Nr. 2] op. 40.2. – I. „Pljaska": Allegro con brio; II. „Tanec devušek" [Tanz der Mädchen]: Allegretto; III. Adagio; IV. „Medlennyj val's" [langsamer Walzer]: Lento; V. „Final" [Finale]: Allegro molto.

Die Opusbezifferung auf dem Manuskript und auch die Angaben des VAAP-Katalogs (S. 29) weisen auf eine weitere Balletsuite op. 40/op. 40.1 hin. Auch auf der RGA-LI-Liste findet sich der Hinweis auf eine *Baletnaja Sjuta N1* [Ballettsuite Nr. 1] für Orchester.

Pjat' pes. Dlja flejty i fortepiano [Fünf Stücke. Für Flöte und Klavier]. – I. „Pejzaž" [Landschaft]: Adagio; II. „Pervyj tanec" [Erster Tanz]: Allegretto; III. „Vtoroj tanec" [Zweiter Tanz]: Allegretto con grazia e rubato. Piu mosso. Andante. IV. „Melodija" [Melodie]. Larghetto; V. „Tretij tanec" [Dritter Tanz]. Presto. – SoSk

Die Angaben der Druckausgabe von 1948 (SoSK) stimmen mit den Angaben des VAAP-Katalogs (S. 43) überein. Zwar war zur Erstellung des Werkverzeichnisses kein datiertes Manuskript vorliegend doch wurde das Stück bereits im Juni 1947 zum Druck freigegeben. Auch auf der RGALI-Liste wird dieses Werk dem Jahr 1947 zugeordnet.

Dve pesni bez slova [Zwei Lieder ohne Worte] für Violine und Klavier. – I. Andantino; II. Larghetto. – Ms.

Als Ort wurde Moskau vom Komponisten eingetragen.

1947/84

Šest detskich pesenok [Sechs Kinderliedchen] für Gesang und Klavier op. 139. – I. „Kuznečik". [Die Heuschrecke]. Text: O. Žuk; II. „Veselo živetsja" [Fröhlich lebt es sich]. Text: Z. Aleksandrova; III. „Kozočka" [Das Zicklein]. Text: D. Chorol; IV. „Gusi" [Gänse]. Text D. Chorola. V. „Lopušok" [Das Klettchen]. Text: O. Žuk. VI. „Kolybel'naja" [Wiegenlied]. Text: I. Perec. – SoSk

Im Manuskript vom Komponisten vermerkt: 3.2.1947. Das Werk wurde vom Komponisten 1984 überarbeitet und als Opus 139 in die Werkzählung aufgenommen.

1948

Dva mužskich chora a cappella [Zwei Männerchöre a cappella]. – I. „S neba zvezdočka" [Ein Sternchen vom Himmel]. Text: A. Žarkov; II. „Janvarskij den'" [Januartag]. Text: S. Maršak. – Ms.

Im Manuskript vom Komponisten vermerkt: 21.9.1948, Moskau.

Das 2. Stück verwendet denselben Text von S. Maršak, der auch in den Romanzen auf Verse sowjetischer Dichter für Gesang und Klavier op. 38 (4. Lied) verwendet wird. Die Musik jedoch unterscheidet sich voneinander.

Sinfonietta Nr. 1 für großes Symphonieorchester op. 41. – I. Allegro risoluto; II. Lento; III. Allegretto; IV. Vivace. – Sik. – UA Moskau 1948 (13. Mai); 20'

Der Freundschaft der Länder der UdSSR gewidmet. Die Uraufführung erfolgte im Zuge einer Anhörung vor der Sektion für symphonische, Kammer- und Chormusik des Sowjetischen Komponistenverbandes.

Es wurde ein Manuskript des Werks aufgefunden, auf dem zusätzlich zu Widmung ein Epigramm eingetragen war: „Na kolchoznych poljach zazvučali/ i evrejskie pesni, ne pesni/ prošlogo, polnye grusti i/ bezdol'ja, a novye radostnye/ pesni tvorčestva i truda" [Auf den Feldern der Kolchosen erklangen nun/ auch jüdische Lieder, nicht Lieder/ der Vergangenheit, voller Traurigkeit und/ Unglück, sondern neue, fröhliche/ Lieder des Schaffens und der Arbeit]. Das Epigramm wurde jedoch gestrichen, der Urheber des Epigramms aus dem Papier gekratzt und somit unkenntlich gemacht. Den Angaben Natal'ja Vovsi-Michoëls zufolge handelte es sich bei dem Epigramm um ein Zitat von Solomon Michoëls.[5] Die Widmung wurde – dem äußeren Anschein des Manuskripts zufolge – offenbar erst nach Streichung des Epigramms eingetragen.

Concertino für Violine und Streichorchester op. 42. – I. Allegretto cantabile; II. Lento; III. Allegro moderato poco rubato. – Pe. – UA Moskau 1999 (2. Nov.); 12'

Im Manuskript vom Komponisten vermerkt: 1.-9.7.1948, Stancija otdych [Erholungsheim]. Die Uraufführung erfolgte im Rahmen des Weinberg-Festivals anlässlich des 80. Geburtstages des Komponisten durch Valerij Vorona und das Orchester ‚Musica Viva', Ltg. Fedor Gluščenko.

Konzertouvertüre in *c*-moll für Sinf. Orchester. – Ms. (verschollen)

Alle Angaben entstammen dem VAAP-Katalog (S. 29) und Nikitina (S. 205).

„Galop" [Galopp] in Es-Dur. – Einsätzig [Presto]. – SoSk

Angaben zur Instrumentierung: Flöte (Piccolo), Oboe, Klarinette I+II (B), Fagott, Horn I+II (II), Trompete I+II (B), Posaune, Schlaginstrumente, Violinen I+II, Bratschen, Violoncelli, Kontrabässe, Klavier. Auf Oboen, Fagott, Hörner und Viola kann verzichtet werden.

Im VAAP-Katalog (S. 76) wird hingewiesen auf eine *Musika dlja cirka* [Musik für den Zirkus], die einen Galopp N1 in *Es*-Dur beinhaltet. Ob es sich dabei um den gleichen Galopp handelt, konnte nicht überprüft werden. Auch auf der RGALI-Liste wird für 1948 ein Galopp Nr. 1 gelistet.

---

5 Vgl. Interview von Brigitte van Kann mit Natal'ja Vovsi-Michoëls in Tel-Aviv am 29.11.2011.

5 miniatjur dlja kinochroniki [4 Miniaturen für eine Filmchronik/Wochenschau] – Ms. (verschollen)

Alle Angaben entstammen der RGALI-Liste und Nikitina (S. 205).

„Uvertjura e-moll" [Ouvertüre in e-moll] für Unterhaltungsorchester. – Ms. (verschollen)

Alle Angaben entstammen der RGALI-Liste.

Muzyka dlja cirka. – Ms (verschollen)

Laut Angaben bei Nikitina (S. 205) handelt es sich dabei u.a. um einen Galopp in Es-Dur für Symphoniorchester und Musik für eine Artistennummer.

1948/56

Konzert für Violoncello und Orchester op. 43. – I. Allegro molto; II. Allegretto. Largo; III. Adagio; IV. Allegro risoluto. – Pe. – UA Moskau 1957 (9. Jan.); 28'

Die Uraufführung erfolgte durch Mstislav Rostropovič und das Moskauer Symphonieorchester, Ltg. Samuil Samosud. Alle Angaben folgen dem VAAP-Katalog (S. 25). Dort wird auch auf eine Überarbeitung des Werkes im Jahre 1956 hingewiesen. Auf der RGALI-Liste wird das Werk dem Jahr 1956 zugeordnet. Es existieren ein Manuskript des Werkes in der Version für Violoncello und Klavier, das jedoch für die Erstellung dieses Werkverzeichnisses nicht eingesehen werden konnte sowie eine Fassung für Violoncello und Streichorchester.

1949

Privetstvennaja uvertjura [Begrüßungsouvertüre] für Symphonieorchester op. 44. – Ms; 9'

Die Partitur befindet sich offenbar in der Bibliothek der Moskauer Komponistenvereinigung und konnte für die Erstellung dieses WVZ nicht eingesehen werden. Opus 44 war auf dem geheimen *Prikaz 17* gelistet und infolge dessen bis zur Aufhebung des Erlasses am 16. März 1949 durch Stalin selbst zur Aufführung verboten.

Da der *Prikaz 17* bereits am 14. Februar 1948 erlassen worden war muss das Werk vor 1949 entstanden sein. Vgl. dazu auch bei op. 36. Die Einordnung in das Jahr 1949 folgt den Angaben des VAAP-Kataloges (S. 30) und der RGALI-Liste.

Sonatine für Violine und Klavier op. 46. – I. „Podvižno" [flink]: Allegretto; II. „Medlenno i pevuče" [langsam und klingend]: Lento; III. „Bystro" [schnell]: Allegro moderato. – Pe. – UA Moskau 1955 (9. Okt.); 14'

Alle Angaben folgen der Druckausgabe von 1956 (Muzg). Die Uraufführung wurde durchgeführt von Leonid Kogan (Vl) und Andrej Mytnik (pno). Die Einordnung in das Jahr 1949 folgt der RGALI-Liste.

Rapsodija na moldavskie temy [Rhapsodie über moldawische Themen] für Symphonieorchester op. 47.1. – Einsätzig [Adagio. Očen' medlenno [sehr langsam]]. – Pe. – UA Moskau 1949 (30. Nov.); 12'

Die Uraufführung erfolgte durch das große All-Unions Radio-Symphonieorchester, Ltg. Aleksandr Gauk.

Im Manuskript vom Komponisten vermerkt: August-September 1949. Ort: Kišinov-Moskau. Die Angaben wurden nachträglich durchgestrichen.

„Galop [Galopp] Nr. 2" in C-Dur. – Einsätzig [Allegro]. – SoSk

Angaben zur Instrumentierung: Flöte, Oboe, Klarinette I+II (B), Fagott, Waldhorn I+II (F), Trompete I+II (B), Posaune, Tuba, Schlaginstrumente, Pauke, Violine I+II, Viola, Violoncello, Kontrabass, Klavier

„Galop [Galopp] Nr. 3" in d-moll. – Einsätzig [Allegro]. – SoSk

Angaben zur Instrumentierung: Flöte (Piccolo), Oboe, Klarinette I (B, Alt-Saxophon in Es), Klarinette II (B, Tenor-Saxophon), Fagott, Horn (F) I+II, Trompete (B) I+II, Posaune I+II, Tuba, Schlaginstrumente, Violinen I+II, Bratschen, Violoncelli, Kontrabässe, Klavier. Auf Oboen, Fagott, Hörner und Viola kann laut Partitur verzichtet werden.

Den Angaben des VAAP-Katalogs zufolge existiert eine *Muzyka dlja cirka* [Musik für den Zirkus], die einen Galopp in *d-moll* enthält. Ob es sich dabei um den gleichen Galopp handelt konnte nicht überprüft werden.

Muzyka k nomeram artistov cirka Filatova i Aleksandrova [Musik für die Darbietungen der Zirkusartisten Filatov und Aleksandrov].[6] – Ms. (verschollen)

Alle Angaben enstammen der RGALI-Liste. Laut Nikitina (1972) gehört dieses Stück in ein Korpus mit dem Titel *Muzyka dlja cirka,* zu dem auch ein Galopp in C-Dur und einer in d-moll gehört (möglicherweise die o.g. Stücke) sowie *Desjat' vychodov i udchodov dlja cirkovych nomerov* [Zehn Auftritte und Abgänge zu Zirkusnummern, möglicherweise die u.g. Stücke] und ein Ouvertüren-Zwischenakt in A-Dur gehören.

„Antrakt" [Zwischenakt] für Orchester. – Ms. (verschollen)

Alle Angaben entstammen der RGALI-Liste.

1949/59

3. Symphonie für Symphonieorchester op. 45. – I. Allegro; II. Allegretto; III. Adagio; IV. Allegro molto. – Pe. – UA Moskau 1960 (23. März); 34'

Die Uraufführung erfolgte durch das große All-Unions Radio- und TV-Symphonieorchester, Ltg. Aleksandr Gauk.

Die Datierungen im Manuskript verweisen auf den Zeitraum vom 1.3.1949 bis zum 8.6.1959.

---

6 Möglicherweise handelt es sich bei dem Artisten Filatov um Valentin Ivanovic Filatov, der mit seiner Bärendressur große Berühmtheit erlangt hatte.

Pol'skie napevy [Polnische Weisen]. Suite für Symphonieorchester op. 47.2. – I. Adagio; II. Andantino; III. Allegro; IV. Allegro moderato. – Pe. – UA Moskau 1950 (13. Dez.); 18'

Die Leitung der Uraufführung hatte Karl Ėliasberg inne. Vom Komponisten im Manuskript vermerkt: 14.10.1950.

Es existiert ein weiteres, jüngeres Manuskript der Suite, das allerdings anders betitelt wurde:

Polskie melodje. Suita na symfoniczny orkiestra [Polnische Weisen. Suite für Symphonieorchester]. – I. „Introdukcija" [Einleitung]: Adagio; II. „Kujawiak" / „Kujav'jak" [in Klammern: „Dumka"]: Andantino; III. „Jóvalski Tanec" / „Tanec gorcev": Allegro; IV. „Masur" / „Mazur": Allegro moderato. – Ms

Vom Komponisten im Manuskript vermerkt: Januar/Februar 1950. Das Manuskript wurde offenbar 1952 noch einmal überarbeitet, da Weinberg die Jahreszahl 1950 zu 1952 korrigierte und das Werk 1952 als Opus 47.2. veröffentlicht wurde (Muzgiz). Alle eingesehenen Mansukripte tragen keine Opuszahlen. Der erste Satz trug ursprünglich den Titel „Pejzaż" / „Pejzaž" [Landschaft], der 3. Satz trug ursprünglich den Titel: „Krakowiak" / „Krakov'jak".

Trio für Violine, Viola und Violoncello op. 48. – I. Allegro con moto; II. Andante; III. Moderato assai. – Pe. – UA Moskau 1999 (23.11.); 11'

Die Uraufführung erfolgte im Rahmen eines Musikfestivals anlässlich des 80. Geburtstages des Komponisten durch E. Prochorova (Vl.), M. Antonova (Va) und I. Raspopova (Vc). Vom Komponisten im Manuskript vermerkt: 27.6.-3.7.1950, Bahnsteig 42 km.

Rapsodija na slavjanskie temy [Rhapsodie auf slawische Themen] für Symphonieorchester – Ms. (verschollen)

Alle Angaben VAAP-Katalog (S. 32) und RGALI-Liste, die für das Jahr 1950 ein Werk mit dem Titel *Slavjanskaja rapsodija dlja orkestra* [Slavische Rhapsodie für Orchester] listet.

Suite für Symphonieorchester – I. *Romans* [Romanze]; II. „Vostočnyj tanec" [Östlicher Tanz]; III. „Pejzaž" [Landschaft]; IV. „Polonez" [Polonaise]. – Ms. (verschollen)

Alle Angaben entstammen dem VAAP-Katalog (S. 32) und Nikitina (S. 205). Auch die RGALI-Liste führt für das Jahr 1950 eine *Sjuita v 4-x častjach dlja malogo simforničeskogo orkestra* [Suite in 4 Teilen für kleines Symphonieorchester] auf. Ob damit jedoch diese Suite, die nächstgenannte (s.u.) oder ein gänzlich anderes Werk gemeint ist, war nicht nachzuvollziehen.

Suite für Symphonieorchester – I. „Romans" [Romanze]; II. „Pol'ka" [Polka]; III. „Val's" [Walzer]; IV. „Galop" [Galopp]. – Muzg

Alle Angaben entstammen dem VAAP-Katalog (S. 32f.) und Nikitina (S. 205). Auch die RGALI-Liste führt für das Jahr 1950 eine *Sjuita v 4-x častjach dlja malo-*

go simforničeskogo orkestra [Suite in 4 Teilen für kleines Symphonieorchester] auf. Ob damit jedoch diese Suite, die obengenannte (s.o.) oder ein gänzlich anderes Werk gemeint ist, war nicht nachzuvollziehen.

Improvizacija i romans dlja strunnogo kvarteta [Improvisation und Romanze für Streichquartett] – I. „Improvizacija" [Improvisation]: Adagio; II. „Romans" [Romanze]: Andante. – Ms
   Im Manuskript vom Komponisten eingetragen: Oktober/November 1950.

Portrety tovariščej [Portraits von Genossen]. Zyklus mit Imitationen von Šostakovič, Prokof'ev, Mjaskovskij, Šebalin und Chačaturjan für Klavier – Ms. (verschollen)
   Alle Angaben entstammen dem VAAP-Katalog (S. 55).

Kitajskaja sjuita N1. Muzykal'noe oformlenie nomera artisti Siu-Li, Van-Jum [Chinesische Suite Nr. 1. Musikalische Ausgestaltung der artistischen Nummern von Siu-Li und Van-Jum] für Orchester. – I. „Galop N6" [Galopp Nr. 6]: Allegro giocoso; II. „Vstuplenie k noktjurnu" [Vorspiel zur Nocturne]: Allegretto; III. „Noktjurn" [Nocturne]: Moderato; IV. „Dramatičeskij tanec" [Dramatischer Tanz]: Allegretto; V. „Marš-zaključenie" [Marsch-Abschluss]: Allegro-vivo. – Ms
   Als Ort wurde Moskau vom Komponisten eingetragen. Bei dem Stück handelt es sich um Zirkusmusik für die beiden chinesischstämmigen Artisten Siu-Li und Van-Jum, die sich damals als Illusionisten großer Bekanntheit erfreuten.

„Noktjurn dlja remnej" [Nocturne für Seil][7] für Orchester. – Einsätzig [Lento]. – Ms
   Das Manuskript selbst ist nicht datiert, wird jedoch hier demselben Jahr zugeordnet wie die *Kitajskaja sjuta* [s.o.], da beide Manuskripte gemeinsam aufbewahrt wurden. Die „Noktjurn dlja remnej" ist mit „Nr. 9" beziffert, was darauf schließen lässt, dass sie Teil eines umfangreicheren Corpus ist. Dass sie jedoch eine Folgenummer der o.g. *Kitaskaja sjuta* sein könnte, lässt sich ausschließen.

„Intermecco" [Intermezzo] in G-Dur. – Einsätzig [Moderato]. – MfM
   Angaben zur Instrumentierung: Flöte, Oboe (opt.), Klarinette I (Alt-Saxophon), Klarinette II (Tenor-Saxophon), Fagott (opt.), Waldhorn I+II (opt.), Trompete I+II, Posaune, Tuba (opt.), Schlaginstrumente, Klavier, Violine I+II, Viola (opt.), Violoncello (opt.), Kontrabass.

„Antrakt" [Zwischenakt] in D-Dur. – Einsätzig [Allegro]. – MfM
   Angaben zur Instrumentierung: Flöte, Oboe (opt.), Klarinette I (Alt-Saxophon), Klarinette II (Tenor-Saxophon), Fagott (opt.), Waldhorn I+II (opt.), Trompete I+II, Posaune, Tuba (opt.), Schlaginstrumente, Klavier, Violine I+II, Viola (opt.), Violoncello, Kontrabass.

---

7   Gemeint ist damit das Genre der Seilartistik im Zirkus.

Desjat' vychodov i udchodov dlja cirkovych nomerov [Zehn Auftritte und Abgänge zu Zirkusnummern]. – I. „bravurnyj" [spritzig]; II. „geroičeskij" [heldenhaft]; III. „liričeskij" [lyrisch]; IV. „vostočnyj" [östlich]; V. „slavjanskij" [slawisch]; VI. „signaľnyj" [signal-]; VII. „romansnyj" [romanzenhaft]; VIII. „marševoj" [im Stile eines Marsches]; IX. „dramatičeskij" [dramatisch]. – MfM

Angaben zur Instrumentierung: Flöte, Oboe (opt.), Klarinette I (Alt-Saxophon), Fagott (opt.), Waldhorn I+II (opt.), Trompete I+II, Posaune, Tuba (opt.), Schlaginstrumente, Klavier, Violine I+II, Viola (opt.), Violoncello, Kontrabass.

Laut VAAP-Katalog (S. 76) komponierte Weinberg bereits 1949 eine *Muzyka dlja cirka* [Zirkusmusik], die einen gleichnamigen Part enthielt. Dazu einen Galopp in d-moll und einen Ouvertüre-Zwischenakt in A-Dur und eine *Muzyka k attrakcionu* [Musik für ein Kunststück]. Ob es sich bei dem Galopp um einen der bereit im Vorhergehenden aufgeführten handelt, konnte nicht überprüft werden.

„Noktjurn" [Nocturne] in e-moll. – Einsätzig [Andante]. – MfM

Angaben zur Instrumentierung: Flöte, Oboe (opt.), Klarinette I (Alt-Saxophon), Klarinette II (Tenor-Saxophon), Fagott (opt.), Waldhorn I+II (opt.), Trompete I+II, Posaune, Tuba (opt.), Schlaginstrumente, Klavier, Violine I+II, Viola (opt.), Violoncello, Kontrabass.

„Romans" [Romanze] in C-Dur. – Einsätzig [Adagio]. – MfM

Angaben zur Instrumentierung: Flöte, Oboe (opt.), Klarinette I (Alt-Saxophon), Klarinette II (Tenor-Saxophon), Fagott (opt.), Waldhorn I+II (opt.), Trompete I+II, Posaune, Tuba (opt.), Schlaginstrumente, Klavier, Violine I+II, Viola (opt.), Violoncello, Kontrabass.

„Marš" [Marsch] in D-Dur. – Einsätzig [Marciale]. – MfM

Angaben zur Instrumentierung: Flöte, Oboe (opt.), Klarinette I (Alt-Saxophon), Klarinette II (Tenor-Saxophon), Fagott (opt.), Waldhorn I+II (opt.), Trompete I+II, Posaune, Tuba (opt.), Schlaginstrumente, Klavier, Violine I+II, Viola (opt.), Violoncello, Kontrabass.

Muzyka dlja cirka [Musik für den Zirkus]. – Ms (verschollen)

Alle Angaben VAAP-Katalog (S. 76) und Nikitina (S. 206). Diesen Angaben zufolge beinhaltete das Konvolut einen Walzer in B-Dur und eine Suite.

„V cirke" – *Sjuita v 4-x častjach* [„Im Zirkus" – Suite in 4 Teilen]. – Ms. (verschollen)

Alle Angaben entstammen der RGALI-Liste. Ob es sich dabei um die Suite aus der oben erwähnten *Muzyka dlja cirka* [Musik für den Zirkus] handelt, konnte nicht nachvollzogen werden.

„Koncertnaja uvertjura dlja ėstradnogo orkestra". – Ms (verschollen)

Alle Angaben VAAP-Katalog (S. 76) und Nikitina (S. 205).

Iz iskry [Aus einem Funken]. 20 Nummern für das Theaterstück von Šalva Dadiani. – Ms (verschollen). – UA Moskau 1950 (21.10.)

Alle Angaben entstammen dem VAAP-Katalog (S. 77) und der RGALI-Liste. Die Premiere fand statt am Moskauer Puškin-Theater. Regisseur: Vasilij Vanin.

Obrabotka dlja golosa i orkestra trech češskich narodnych pesen. [Überarbeitung von drei tschechischen Volksliedern für Stimmen und Orchester]. – Ms (verschollen)

Alle Angaben entstammen Nikitina (S. 205). Ob das zeitlich nicht einzuordnende Werk *Muzykanty* (s.u.) mit diesen Überarbeitungen in Zusammenhang steht, war nicht zu überprüfen.

1950/51

Sonatine für Klavier op. 49. – I. Allegro leggiero; II. Adagietto lugubre; III: Allegretto. – Ms; 7'

Dmitrij Dmitrievič Šostakovič gewidmet. Im Manuskript vom Komponisten vermerkt: 1950–1951, 9.2.1951, Moskau. Die Sonatine wurde von Weinberg 1978 überarbeitet und als op. 49bis ausgewiesen. Im VAAP-Katalog wird dieses Werk dem Jahr 1949 zugeordnet. Im Manuskript finden sich keine Hinweise auf eine frühere Datierung.

1951

Moldavskaja rapsodija [Moldawische Rhapsodie] für Violine und Klavier op. 47.3 [47. bis]. – Einsätzig [Adagio]. – Pe. – UA Moskau 1953 (6. Feb.); 12'

Bei Opus 47.3 handelt es sich um eine Bearbeitung von Op. 47.1. Die Uraufführung erfolgte durch David Oistrach (Vl) und Mieczysław Weinberg (Pno). Nach der Uraufführung des Werkes noch in der gleichen Nacht wurde Weinberg verhaftet. Im VAAP-Katalog wird dieses Stück dem Jahr 1949 zugeordnet. In einer Veröffentlichung von 1953 (Muzgiz 1953) wird darauf hingewiesen, dass David Oistrach die Geigenstimme bearbeitete. Es existiert ein Manuskript des Werkes, das die Opusbezifferung 47bis trägt und von Weinberg auf den 24.1.1951 datiert wurde. In diesem Manuskript finden sich keinerlei Hinweise auf eine fremde Bearbeitung der Geigenstimme.

Za gran'ju prošlych dnej [Jenseits der Schwelle vergangener Tage]. Vokalzyklus auf Verse von Aleksandr Blok für Mezzosopran und Klavier op. 50. – I. „Posvjaščenie" [Widmung]; II. „Vojna gorit neukrotimo…" [Der Krieg brennt unbezähmbar…]; III. „K čemu" [Weshalb]; IV. „Mnogoe zamolklo" [Vieles verstummte]; V. „Smejalis' bednye neveždy" [Es lachten die armen Unwissenden]; VI. „Letnij večer" [Sommerabend]; VII. „V sumerki" [In der Dämmerung]; VIII. „Kto-to vzdochnul u mogily" [Einer seufzte beim Grab]; IX. „Golos" [die Stimme]; X. „Vospominanija" [Erinnerungen]. – Ms;19'

Im Manuskript vom Komponisten eingetragen: 23.7.-7.8.1951, Bahnsteig 42 km.

Simfoničeskie pesni v četyrëch častjach [Symphonische Lieder in vier Teilen]. – I. Lento; II. Moderato; III. Moderato assai; IV. Adagietto. – Ms
Im Manuskript vom Komponisten eingetragen: 19.3.1951/8.5.1951.

Pol'skaja fantazija dlja orkestra [polnische Phantasie für Orchester]. – Einsätzig [Presto]. – Ms
Im Manuskript vom Komponisten eingetragen: 21.01.1951, Moskau.

„Val's" [Walzer] in C-Dur. – Einsätzig [Tempo di Valse]. – MfM
Angaben zur Instrumentierung: Piccoloflöte, Flöte I, Flöte II (opt.), Oboe (opt.), Klarinette I (B), Fagott (opt.), Waldhorn I (F) (opt.), Trompete I, Trompete II (opt.), Posaune I, Posaune II (opt.), Tuba (opt.), Schlaginstrumente, Klavier, 1. und 2. Geige, Viola (opt.), Violoncello, Kontrabass.

„Marš" [Marsch] in B-Dur. – Einsätzig [Moderato maestoso]. – MfM
Angaben zur Instrumentierung: Flöte, Oboe (opt.), Klarinette I+II (B), Fagott (opt.), Waldhorn I+II (opt.), Trompete I+II, Posaune I, Posaune II (opt.), Tuba (opt.), Schlaginstrumente, Klavier, 1. und 2. Geige, Viola (opt.), Violoncello, Kontrabass.

„Romans" [Romanze] in g-moll. – Einsätzig [Moderato (quasi Allegretto)]. – MfM
Angaben zur Besetzung: Oboe (opt.), Klarinette I (B), Fagott (opt.), Waldhorn I+II (F) (opt.), Trompete I (B), Posaune I, Schlaginstrumente, Klavier, 1. und 2. Geige, Viola (opt.), Violoncello, Kontrabass. Trompete und Posaune sind für den Fall, dass die Waldhörner I +II nicht vorhanden sind, einzusetzen.

„Uvertjura" [Ouvertüre] in C-Dur. – Einsätzig [Allegro molto]. – MfM
Piccoloflöte (opt.), Flöte, Oboe (opt.), Klarinette (B), Fagott (opt.), Waldhorn (F) (opt.), Trompete I+II (B), Posaune I, Posaune II (opt.), Tuba (opt.), Schlaginstrumente, Klavier, Violine I+II, Viola (opt.), Violoncello, Kontrabass.

„Veseloe putešestvie po Azbuke" [Fröhliche Reise durch das Alphabet]. Drei Lieder und 21 Orchesternummern. Text: S. Maršak. – Ms (verschollen)
Alle Angaben entstammen dem VAAP-Katalog (S. 75) und der RGALI-Liste. Es handelt sich hier um Musik für ein Hörspiel.

Muzyka dlja cirka [Musik für den Zirkus]. – Ms (verschollen)
Alle Angaben entstammen dem VAAP-Katalog (S. 76) und Nikitina (S. 206), denen zufolge es sich um eine Romanze und einen Walzer handelt.

Studenty [Studenten]. 28 Nummern für das Theaterstück vn V. Livšica. – Ms (verschollen). – UA Moskau 1951 (19. April).
Alle Angaben entstammen dem VAAP-Katalog (S. 77) und der RGALI-Liste. Die Premiere fand statt am Moskauer Puškin-Theater.

1951/52

Muzyka dlja cirka [Musik für den Zirkus]. – Ms (verschollen)
Alle Angaben entstammen dem VAAP-Katalog (S. 76).

1951/91

Simfoničeskie kartiny [Symphonische Bilder] für Orchester op. 68. – I. Lento; II. Moderato; III. Moderato assai; IV. Adagietto. – Pe;
Der VAAP-Katalog führt als Opus 68 den Titel *Simfoničeskie pesni* [Symphonische Lieder] für Orchester in vier Sätzen, der 1959 revidiert worden sein soll (vgl. Nikitina, S. 199). Ob es sich dabei um dasselbe Werk handelt ist bisher unklar. Die *Symphonischen Bilder* op. 68 überarbeitete Weinberg 1991. Die Datierungen im Manuskript verweisen auf den Zeitraum vom: 19.3.1951-91 bis zum 22.5.51-91, Ort: Moskau.

1952

Tri p'esy dlja orkestra [Drei Stücke für Orchester]. – I. „Romans" [Romanze]: Andante; II. „Intermecco" [Intermezzo]: Moderato assai; III. „Val's" [Walzer]: Allegro. – Ms
Im Manuskript vom Komponisten eingetragen: 11.11.1952. Im VAAP-Katalog (S. 33) wird das vermutlich selbe Stück als *Suite für Symphonieorchester* geführt, jedoch dem Jahre 1951 zugeordnet.

Sjuta dlja éstradnogo orkestra [Suite für Unterhaltungsorchester]. – Ms. (verschollen)
Alle Angaben entstammen dem VAAP-Katalog (S. 76) und der RGALI-Liste, die für das Jahr 1952 eine 5-teilige Suite für Unterhaltungsorchester listet. Ob es sich dabei um dasselbe Werk handelt, konnte nicht überprüft werden. Bei Nikitina (S. 206) wird ein Stück dieser Bezeichnung mit den Satzangaben Romanze, Intermezzo, Walzer geführt, wie in den o.g. *Tri p'esy dlja orkestra* [Drei Stücke für Orchester]. Ob es sich bei den zwei Werken um ein und dasselbe Werk handelt, konnte nicht überprüft werden.

Serenada [Serenade] für Symphonieorchester op. 47.4. – I. Allegretto; II. Allegro molto; III. Adagio; IV. Allegro giocoso. – MfM. – UA Moskau 1952 (7. Nov.); 18'
Aleksandr Vasil'evič Gauk gewidmet. Die Uraufführung erfolgte durch das Staatliche Symphonieorchester SSSR, Ltg. Gennadij Roždestvenskij.
Die Angaben einer Druckausgabe [MfM 1955] stimmen mit den Angaben aus dem VAAP-Katalog (S. 33) überein.

V kraju rodnom [In der Heimat]. Kantate für Knaben Alt (solo), Knabenchor, gemischten Chor und Symphonieorchester nach Versen sowjetischer Kinder op. 51. – I. „Vstuplenie" [Vorspiel]: Adagio; II. „V kraju rodnom" [In der Heimat]: Lento cantabile poco rubato; III. „Doroga" [die Bahn]: Allegro-molto; IV. „Naša Armija" [Unsere Armee]: Marciale; V. „Pesnja" [Lied]: Lento cantabile; VI. „Černye štory" [Schwarze Vorhänge]: Moderato; VII. „My trebuem mira" [Wir fordern Frieden]: Allegro marciale; VIII. „V svetlye dali" [Auf hellen Weiten]: Allegro moderato. – Ms. – UA Moskau 1953 (1. Feb.); 21

Die Uraufführung erfolgte durch das große All-Unions Radio-Symphonieorchester und den Chor des Radiokomitees; Ltg. Aleksandr Gauk. Solistin: N. Postavničeva. Im Manuskript vom Komponisten vermerkt: 4.8.1952, Bahnsteig 42 km. Im MWMA sind weitere skizzenhafte Werksfragmente enthalten.

Kujavjak i Oberek [Kujavjak und Oberek]. Polnischer Tanz für zwei Xylophone und Orchester. – I. „Kujavjak"; II. „Oberek". – Muzg; 4'33"
    Alle Angaben entstammen dem VAAP-Katalog (S. 34), Nikitina (S. 206) und der RGALI-Liste. Den ersten Teil „Kujavjak" bearbeitete Weinberg 1953 in Zusammenarbeit mit Ja. Frenkel'[8] für Unterhaltungsorchester neu (s.u.).

Pesy v preloženii dlja simfoničeskogo orkestra [Lieder, bearbeitet für Symphonieorchester]. Instrumentierung: Ė. D. Lapsker. – I. „Romans" [Romanze]: Adagio; II. „Val's" [Walzer]: Allegro; III. „Jumoreska" [Humoreske]: Viertel= 96-100; IV. „Galop" [Galopp]: Presto. – Ms.
    Eingesehen wurde ein Manuskript von Lapsker, das von Weinberg am 29.8.1952 als korrekt abgezeichnet wurde.

Četyre p'esy na kitajskie temy dlja malogo simfoničeskogo orkestra [Vier Stücke nach chinesischen Themen für kleines Symphonieorchester]. – I. „Uvertjura". Trio [Ouvertüre. Trio]: Allegro molto; II. „Intermecco" [Intermezzo]: Andantino (quasi allegretto); III. „Tanec" [Tanz]: Moderato con fuoco; IV. „Pljaska": Presto giocoso. – Ms.
    Besetzung: Flöte, Klarinette, Trompete in B, Schlagwerk (Tamburo, Piatti e cassa), Klavier, Violinen I+II, Viola, Violoncello, Kontrabass.

Kitajskaja sjuita N2 [Chinesische Suite Nr. 2]. –Ms (verschollen)
    Alle Angaben entstammen der RGALI-Liste. Ob es sich bei diesem Werk um die oben genannten „vier Stücke nach chinesischen Themen" (s.o.) handelt, konnte nicht überprüft werden.

„Val's" [Walzer] in C-Dur. – Einsätzig [Allegretto cantabile]. – MfM
    Angaben zur Instrumentierung: Flöte, Klarinette I+II (B), Fagott (opt.), Waldhorn I+II (F) (opt.), Trompete I+II, Posaune, Schlaginstrumente, Klavier, 1. und 2. Geige, Viola (opt.), Violoncello, Kontrabass.

„Mazurka" in Es-Dur. Instrumentierung: A. Gel'man. – Einsätzig [Allegro moderato]. – MfM
    Angaben zur Instrumentierung: 2 Klarinetten (B), 2 Trompeten (B), Posaune, Schlagzeug, Akkordeon, Klavier, 2 Violinen, Cello und Kontrabass. Bei kleinerer Besetzung werden als unbedingt notwendig die 1. Klarinette, das Akkordeon, Klavier und die 1. Geige angegeben. Bei vollständigem Orchester kann laut Partiturangaben auf das Akkordeon verzichtet werden.

---

8   Vermutlich der Komponist Jan Abramovič Frenkel' (1920–1989).

„Novogodnjaja pesnja" [Neujahrslied] in A-Dur. Für eine Solostimme und Chor mit Klavierbegleitung. Text: S. Maršak. – Einsätzig [Umerenno [gemäßigt]]. – Muzg

„Romans No. 2" [Romanze Nr. 2] in F-Dur. – Einsätzig [Andante]. – MfM
   Angaben zur Instrumentierung: Flöte, Klarinette I+II (B), Fagott (opt.), Waldhorn I+II (F) (opt.), Trompete I+II (B), Posaune, Schlagzeug, Klavier, 1. und 2. Geige, Viola (opt.), Violoncello, Kontrabass.

Dimka-Nevidimka [Dimka-Unsichtbar]. 3 Lieder und 5 Orchesternummern für ein Hörspiel nach der Geschichte von Vadim Korostylev und Michail L'vovskij. – Ms. (verschollen)
   Alle Angaben entstammen dem VAAP-Katalog (S. 75) und der RGALI-Liste.

Dimka v otkrytom more [Dimka auf offener See]. 4 Lieder und 3 Orchesternummern für ein Hörspiel nach der Geschichte von Vadim Korostylev und Michail L'vovskij. – Ms. (verschollen)
   Alle Angaben entstammen dem VAAP-Katalog (S. 75).

„Mart" [März] – Musikstück für ein Hörspiel. – Ms. (verschollen)
   Alle Angaben entstammen der RGALI-Liste.

1952/53

„Fantazija" [Fantasie] für Violoncello und Orchester op. 52. – Einsätzig [Adagio]. – Sik. – UA Moskau [Klavierversion] 1953 (23. Nov.); 12'
   Jurij Abramovič Levitin gewidmet. Das Stück existiert auch in der Version für Violoncello und Klavier. Die Uraufführung dieser Version wurde durchgeführt von Daniil Šafran (Vc) und Nina Musinjan (Pno).

1953

5. Sonate für Violine und Klavier op. 53. – I. Andante con moto; II. Allegro molto; III. Allegro-moderato; IV. Allegro. – Pe. – Leningrad 1955 (30. Dez.); 28'
   Dmitrij Dmitrievič Šostakovič gewidmet. Die Uraufführung erfolgte durch Michail Vajman (Vl) und Marija Karandašov (Pno). Im Manuskript wurden die einzelnen Sätze vom Komponisten datiert. 1. Satz: 8.7.1953; 2. Satz: 5.-12.7.1953; 3. Satz: 10.-11.7.1953; 4. Satz: 13.-17.7.1953. Ort: Ruza.

„Kujavjak. Pol'skij tanec" [Kujavjak. Polnischer Tanz]. Instrumentiert von Ja. Frenkel'. – Einsätzig [Andante]. – MfM 1953
   Angaben zur Instrumentierung: Flöte, 2 Klarinetten (B), 2 Trompeten (B), Posaune, Schlagzeug, Akkordeon, Klavier, 2 Violinen, Cello und Kontrabass. Bei kleinerer Besetzung werden als unbedingt notwendig die 1. Klarinette, das Akkordeon, Klavier und die 1. Geige angegeben. Bei vollständigen Orchester kann laut Angaben auf das Akkordeon verzichtet werden.

Es handelt sich dabei um eine Bearbeitung des ersten Teils des zweiteiligen Werks *Kujavjak i Oberek* aus dem Jahr 1952.

„Uvertjura" [Ouvertüre] in G-Dur für Symphonieorchester. – Einsätzig [Allegro]; Ms. Im Manuskript vom Komponisten vermerkt: 12.6.1953.

Priključenija Dimki [Dimkas Abenteuer]. Text: Vadim Korostylev und Michail L'vovskij. I. „Pesenka o tridevjatom carstve" [Lied vom Zarenreich am Ende der Welt/ Schlaraffenland]; II. „Pesenka o sapjatoj" [Lied vom Komma]; III. „Pesenka o klassnogo žurnala" [Lied vom Klassenbuch]; IV. „Pesenka o ‚čude'" [Lied vom „Wunder"]; V. „Pesenka kapitana Vokrug-Daokolova" [Das Lied von Kapitän Drum-herum]; VI. „Pesenka korabel'nogo povara Ošibkanebeda" [Lied vom Schiffskoch Ošibkanebeda[9]]; VII. „Pesenka doktora Ljapsusa" [Lied des Doktor Lapsus]; VIII. „Pesenka ob arifmetike" [Lied von der Arithmetik]. – Muz.
Die Angaben richten sich nach einer Ausgabe der gesammelten Lieder der Hörspielreihe, für die Weinberg die Musik verfasste.

Dimka i čudo „46-51" [Dimka und das Wunder „46-51"]. 4 Lieder und 6 Orchesternummern für ein Hörspiel nach einem Text von Vadim Korostylev und Michail L'vovskij. – Ms. (verschollen)
Alle Angaben entstammen dem VAAP-Katalog (S. 75).

1953/54

Partita für Klavier op. 54. – I. „Preljudija" [Prelude]: Allegretto; II. „Choral" [Choral]: Lento; III. „Serenada" [Serenade]: Allegretto con moto; IV. „Sarabanda" [Sarabande]: Lento sostenuto; V. „Intermecco" [Intermezzo]: Allegretto leggiero; VI. „Marš" [Marsch]: Allegro vivace; VII. „Arija" [Arie]: Adagio; VIII. „Ostinato" [Ostinato]: Allegro; IX. „Ėtjud" [Etüde]: Presto; X. „Kanon" [Kanon]: Moderato. – Pe;13'
Levon Tadevosovič Atovm'jan gewidmet.
Die Datierungen im Manuskript verweisen auf den Zeitraum vom 25.10.1953 bis zum 2.1.1954. Ort: Moskau.

1953/55

"Dimka-Nevidimka" – *Vodevil' v 3 aktach* ["Dimka-Nevidimka" – Vaudeville in 3 Akten]. Text: Vadim Korostylev und Michail L'vovskij. – IC. – UA Moskau 1955
Dieses Musical für Kinder wurde am *Central'nyj detskij teatr* [zentralen Kindertheater, Moskau] unter der Regie von Oleg Nikolaevič Efremov uraufgeführt. Weinberg verwendete in dem Musical einzelne Nummern aus dem gleichnamigen Hörspiel (s.o.), veränderte jedoch ihre Abfolge und komponierte zusätzlich eine Reihe von neuen Nummern. Der Text des Librettos wurde zusammen mit dem Klavierauszug 1956 veröffentlicht, jedoch schon im Oktober 1955 zum Satz angenommen.

---

9 Der Name setzt sich zusammen aus den Wörtern Ošibka (Fehler) und Nebežda (Unwissender).

1954

„Pionery-druz'ja" [Pioniersfreunde]. Lied aus dem Kinofilm *Dva Druga* (1954). Text: V. Korostylev. – Muzg

Das Stück wurde erst 1955 veröffentlicht, jedoch bereits 1954 zum Druck freigegeben.

Muzyka k cirkovomu attrakcionu [Musik für Zirkus-Kunststücke]. – Ms (verschollen)
Alle Angaben entstammen dem VAAP-Katalog (S. 76) und Nikitina (S. 207).

Gavan' bur' (Nesbytočnye mečty Kinoly) [Hafen der Stürme (Die unerfüllbaren Träume von Kinoly)]. Musik für ein Theaterstück nach dem Stück von Honoré de Balzac (Les Ressources de Quinola,). – Ms (verschollen). – UA Moskau 1954 (9. Sept.)
Alle Angaben entstammen dem VAAP-Katalog (S. 77) und Nikitina (S. 206). Das Theaterstück wurde am Zentraltheater der Sowjetischen Armee aufgeführt, Regisseure: Vladimir Kancel', A. Charlamov.

1954/55/61/64

Buratino [Buratino]. Ballett in drei Akten, sechs Bildern mit Prolog und Epilog op. 55. Libretto: A. Ja Gajamov. Nach Aleksej N. Tolstoj: *Zolotoj ključik* [Der goldene Schlüssel]. – Pe. – UA Moskau 1962 (10. Juni); 90'

Die Leitung der Uraufführung hatte V. Ėdel'man inne. Ballettmeisterin: N. Grišina. Es gibt Hinweise darauf, dass Weinberg das Ballet bereits im Sommer 1955 das Werk im Stanislavskij-Theater vorstellte. SovMUz 8 (1955), S. 157. Weinberg überarbeitete das Werk 1961 großflächig, eine vollständige Manuskript-Version dieser Überarbeitung ist bisher jedoch nicht bekannt. Eine Kopisten-Abschrift der Bearbeitung trägt den Titel *Zolotoj ključik (Buratino)* [Das goldene Schlüsselchen (Buratino)]. Die Datierungen im ältesten Manuskript von Opus 55 im MWMA, das für die Erstellung dieses Werkverzeichnisses eingesehen wurde, verweisen auf den Zeitraum vom 7.9.1955 bis zum 12.11.1955, Ort: Moskau. Auf dem Titelblatt vermerkte Weinberg die Jahreszahlen 1954/55. Ein weiteres Manuskripten-Konvolut im MWMA beinhaltet eine Vielzahl von Einzelnummern zu op. 55, die 1961 und 1964 vom Komponisten angefertigt wurden und nicht im älteren Konvolut enthalten sind. Die einzelnen Nummern der unterschiedlichen Manuskripte und der Abschrift geben Hinweis auf die von Weinberg angefertigten vier Suiten (s.u.) zu dem Ballett.

Sjuity No. 1-4 iz baleta Zolotoj ključik [Suiten No. 1-4 aus dem Balett Das goldene Schlüsselchen] op. 55a-d. – Ms (verschollen)

Ein vollständiges Notenkonvolut dieser Suiten konnte bisher nicht aufgefunden werden, allein eine Kopistenabschrift der 4. Suite konnte für die Erstellung dieses Verzeichnisses eingesehen werden. Einzelne Fragmente zur 4. Suite, die im o.g. Manuskriptenkonvolut enthalten sind, weisen auf eine weitere Überarbeitung des Korpus im Jahre 1964 hin. Die Opusbezifferung 55a-d folgt den Angaben des VAAP-Katalogs (S. 36), die die Suiten ebenfalls dem Jahr 1964 zuordnen. Auch auf der RGALI-Liste werden die Suiten geführt.

1955

Sonate Nr. 4 für Klavier op. 56. – I. Allegro; II. Allegro; III. Adagio; IV. Allegro. – Pe. – UA 1957 (19. Feb.); 30'

Ėmil' Grigor'evič Gilel's gewidmet. Die Uraufführung wurde durchgeführt von Ėmil' Gilel's. Im Manuskript vom Komponisten vermerkt 9.7.-2.8.1955, Bol'ševo.

Es existiert ein weiteres Manuskript von op. 56, das jedoch andere Satzangaben trägt: I. Allegro moderato; II. Allegretto; III. Adagio. – Ms. Als Datierung wurde in dieses Manuskript 20.-29.7.1955 vom Komponisten vermerkt. Ob und wie stark die beiden Versionen voneinander abweichen konnte nicht überprüft werden.

„Sjuita" [Suite] aus der Musik des Kinofilms *Ukrotitel'nica Tigrov* (1954) für Symphonieorchester. – Ms. (verschollen)

Alle Angaben entstammen dem VAAP-Katalog (S. 35).

„Galopp" in G-Dur aus dem Kinofilm *Dva Druga* (1954). Instrumentierung: L. Milovidov. – GUC

Der Galopp wurde erst 1956 veröffentlicht, jedoch breits 1955 zum Druck freigegeben.

1955/59

„Sjuita" [Suite] aus dem Kinofilm *Dvenadcat' Mesjacev* (1956) für Symphonieorchester. – Ms. (verschollen)

Alle Angaben entstammen dem VAAP-Katalog (S. 35) und Nikitina (S. 207).

1956

Biblia cygańska / Biblija ciganskaja [Zigeunerbibel]. Romanzen für Mezzosopran und Klavier nach Versen von Julian Tuwim op. 57. – I. „Biblia cygańska" [Zigeunerbibel]; II. „Żydek" [kleiner Judenjunge – diese Übersetzung folgt der russischen Übersetzung, die Weinberg im Manuskript zu Opus 71 eingetragen hat: Evrejskij mal'čik]; III. „Kusy" / „Čertik" [Teufelchen]; IV. „Aptekarz majowy" / „Majskij aptekar'" [Mai-Apotheker]; V. „Moment" / „Moment"; VI. „Dwa wiatry" / „Dva vetra" [Zwei Winde]; VII. „Ślepcy" / „Slepcy" [die Blinden]; – Ms; 21'

Dmitrij Dmitrievič Šostakovič gewidmet. Die einzelnen Lieder wurden im Manuskript vom Komponisten datiert: I: 15.-17.3.1956; II: 16.4.56; III: 26.4.56; IV: 18.4.56; V: 19.4.56; VI: 21-22.4.56; VII: 27.4.56. Ort: Moskau. Das Titelblatt des Manuskriptes ist zweisprachig (polnisch/russisch) verfasst, die Texte sind polnisch. Unter alle Titel (außer Nr. 2) wurde die russische Übersetzung mit dünnem Bleistift eingetragen. Nr. 2 verwendete Weinberg in seinem Zyklus *Romansy raznych let* [Romanzen aus verschiedenen Jahren] op. 71. Nr. 5 verarbeitete Weinberg im 9. Satz seiner 9. Symphonie *Wiersze ocalałe / Ucelevšie stroki* [Unversehrte Zeilen] op. 93 (1966/67).

5. Sonate für Klavier op. 58. I. Allegro; II. Andante; III. Allegretto. – Sik. – UA 1958 (9. Nov.); 22'

Boris Aleksandrovič Čajkovskij gewidmet. Die Uraufführung wurde durchgeführt von Leonid Brumberg. Im Manuskript vom Komponisten vermerkt: 11.10.-21.11.1956, Moskau

„Polka" in Es-Dur aus dem Kinofilm *Dva druga* (1954). Instrumentierung: L. Milovidov. – GUC

„Marš" in Es-Dur aus dem Kinofilm *Ukrototel'nica tigrov* (1954). Instrumentierung: L. Milovidov. – GUC

„Pesenka Mokina" [Mokins Lied] und „Duėt Leny i Fedora" [Duett von Lena und Fedor] aus dem Kinofilm *Ukrotitel'nica tigrov* (1954). Text: Michail Dudin. – Muzg

Alle Angaben entstammen dem VAAP-Katalog (S. 71f.)

1957

7. Streichquartett in C-Dur op. 59. – I. Adagio; II. Allegretto; III. Adagio. – Pe. – UA Moskau 1957 (22. Dez.); 23'

Jurij Abramovič Levitin gewidmet. Die Uraufführung erfolgte durch das Borodin Quartett: Rostislav Dubinskij (Vl); Jaroslav Aleksandrov (Vl); Dmitrij Šebalin (Va), Valentin Berlinskij (Vc). Im Manuskript vom Komponisten vermerkt: 24.1.-14.3.1957, Moskau.

Es existiert das Manuskript zu einem Satz „Allegro", der ursprünglich als zweiter Satz für das Quartett vorgesehen war, jedoch aus bisher ungeklärten Gründen nicht in das Konvolut einging.

„Zarja" [Morgenröte]. Sinfonisches Poem für Symphonieorchester op. 60. – Einsätzig [Andante]. – Ms; 15'

Dem 40. Jahrestag der Oktoberrevolution gewidmet. Im Manuskript vom Komponisten vermerkt: 16.6.-28.8.1957, Nikolina Gora.

1957/61

4. Symphonie op. 61. – I. Allegro; II. Allegretto; III. Adagio; IV. Vivace. – Pe. – UA Moskau 1961 (16. Okt.); 27'

Revol' Samuilovič Bunin gewidmet. Das Werk wurde 1961 von Weinberg überarbeitet, dabei wurde der dritte Satz vom Komponisten datiert auf den 17.6.61, der vierte auf den 20.6.61. Ort: Nikolina Gora – Moskau.

1957/58

Wspominenia / Vospominanija [Erinnerungen]. Lieder auf Verse von Julian Tuwim [russ. Übersetzung Muza Pavlova] für mittlere Stimme und Klavier op. 62. – I. „Rozmyślania" / „Razmyšlenija" [Meditation]; II. „Dziecko przed sklepem z zabawkami" / „Rebenok pered vitrinoi s igruškami" [Das Kind vor dem Schaufenster mit Spielzeug]; III. „Wiersz o umarłej nadziei" / „Stichi o pogibšej nadežde" [Gedicht von der gestorbenen Hoffnung]; IV. „Przypomnienie" / „Vospominanie" [Erinnerung]; V. „Litania" / „Molitva" [Gebet]; – Ms; 14'

Im Manuskript vom Komponisten vermerkt: 10.12.57-20.1.1958, Moskau. Das Manuskript wurde auf Polnisch und Russisch verfasst. Nr. 3 verarbeitete Weinberg im 6. Satz seiner 9. Symphonie *Wiersze ocalałe / Ucelevšie stroki* [Unversehrte Zeilen] op. 93 (1966/67.). Nr. 4 verarbeitete Weinberg im vierten Satz seiner 2. Sinfonietta op. 74 (1960), im 10. Satz seiner 9. Symphonie und im 6. Bild seiner Oper *Madonna i Soldat* op. 105 (1970/71). Auch Nr. 5 verarbeitete Weinberg im 5. Satz derselben Symphonie.

1958

Belaja Chrizantema / Sožžennaja Chrizantema [Die weiße Chrysantheme / Die verbrannte Chrysantheme]. Ballett in drei Akten mit Prolog op. 64. Libretto: A. Rumanev und I. Romanovič. – Ms; 97'

Im MWMA befindet sich nur ein Manuskript des Klavierauszuges. Dessen Datierungen verweisen auf den Zeitraum vom 2.7.1958 bis zum 28.12.1958, Ort: Nikolina Gora, Moskau.

1958/59

2. Sonate für Violoncello und Klavier op. 63. – I. Moderato; II. Andante; III. Allegro. – Pe. – UA Moskau 1961 (5. Nov.); 21'

Die Uraufführung wurde durchgeführt von Mstislav Rostropovič (Vc) und Mieczysław Weinberg (Pno). Die mehrmals korrigierten Datierungen im Manuskript verweisen zuerst auf den Zeitraum vom 8.4.-25.5.58 (durchgestrichen), dann auf den Zeitraum: 28.1.-6.4.59 (ebenfalls durchgestrichen) und schließlich auf den Zeitraum: 8.4.58-15.5.59. Ort: Moskau.

1959

V armjanskich gorach [In den armenischen Bergen]. Vokalzyklus auf Verse von Hovhannes Tumanyan für Tenor und Klavier op. 65. – I. „V armjanskich gorach" [In den armenischen Bergen]. Übersetzung: N. Sidorenko; II. Četverostišie [Vierzeiler]. Übersetzung: K. Lispekerov; III. „Grustnaja beseda" [Trauriges Gespräch]. Übersetzung: M. Pavlova; IV. „Pesnja pacharja" [Lied des Pflügers]. Übersetzung: M. Pavlova; V. „Ručej" [Der Bach]. Übersetzung: A. Gornung; VI. „Zov Vesny" [Der Ruf des Frühlings]. Übersetzt: M. Pavlova; VII. „Naša kljatva" [Unser Eid]. Übersetzung: M. Pavlova. – SovK; 22'

Muza Konstantinovna Pavlova gewidmet. Im Manuskript wurden die einzelnen Stücke vom Komponisten datiert: I: 25.-26.1.1959; II: 6.2.1959; III: 22.1.1959; IV: 23.-29.1.1959; V: 28.1.1959; VI: 27.1.1959; VII: 30.1.1959. Ort: Moskau. Im VAAP-Katalog ist dieses Werk dem Jahr 1958 zugeordnet. Im Manuskript finden sich jedoch keinerlei Hinweise auf eine frühere Datierung.

8. Streichquartett in *c*-moll op. 66. – Einsätzig [Adagio]. – Pe. – UA Moskau 1959 (13. Nov.); 18'

Dem Borodin Quartett gewidmet. Die Uraufführung wurde durchgeführt vom Borodin Quartett: Rostislav Dubinskij (Vl); Jaroslav Aleksandrov (Vl); Dmitrij Šebalin (Va), Valentin Berlinskij (Vc). Im Manuskript vom Komponisten vermerkt: Januar-Mai 1959, Moskau.

Konzert für Violine und Orchester op. 67. – I. Allegro molto; II. Allegretto. Largo; III. Adagio; IV. Allegro risoluto. – Sik. – UA Moskau 1961 (12. Feb.); 29'

Leonid Borisovič Kogan gewidmet. Die Uraufführung erfolgte durch das Symphonieorchester der Moskauer Philharmonie, Ltg. Gennadij Roždestvennskij, Solist: Leonid Kogan (Vl). Im Manuskript vom Komponisten vermerkt. 20.6.-28.8.1959, Nikolina Gora. Möglicherweise ging der o.g. Aufführung bereits im Frühjahr 1960 eine Aufführung voran, wie aus einem Brief von Dmitrij Šostakovič an Isaak Glikmann hervorgeht.[10]

Sonate für zwei Violinen solo op. 69. – I. Allegro molto; II. Adagio; III. Allegro. – Pe. – UA Moskau 1962 (13. Jan); 13'

Elizaveta Grigor'evna Gilel's und Leonid Borisovič Kogan gewidmet. Die Uraufführung erfolgte durch Elizaveta Gilel's und Leonid Kogan. Im Manuskript vom Komponisten vermerkt: 1.-15.11.1959, Moskau.

„Kakoe mne delo" [Was geht's mich an], das Lied Bens aus dem Kinofilm *Poslednij djujm* (1959). Text: Mark Sobol'. – Muzg

Alle Angaben entstammen dem VAAP-Katalog (S. 72).

1960

„Malen'kij Tjulen'" [Kleine Robbe], das Lied Dėvis aus dem Kinofilm *Poslednij djujm* (1959) für Gesang und Klavier. Text: Mark Sobol'. – Muzg

Iz Poėzii Petefi [Aus der Poesie von Petőfi]. Sieben Romanzen für Tenor und Klavier nach Texten von Sándor Petőfi op. 70. – I. „Liš' utro minulo" [Kaum war der Morgen vergangen]; II. „Ot mira vdaleke" [Von einer Welt weit draußen]; III. „Cvety bol'ny" [Die Blumen sind krank]; IV. „Čto govorit mudrec?" [Was spricht der Weise?]; V. „Zvon večernij s kolokol'ni" [Der Klang der abendlichen Glocken]; VI. „Tak, snačit, vy – moi druz'ja?" [Also, seid ihr meine Freunde?] – VII. „Esli by…" [Wenn…]. – SovK; 20'

Die Lieder wurden von Weinberg datiert – I: 28.3.1960; II: 27.3.1960; III: 11.-12.4.1960; IV: 14.4.1960; V: 15.4.1960; VI: 16.4.1960; VII: 17-18.4.1960. Ort: Moskau.

Sonate für Violoncello solo op. 72. – I. Adagio; II. Allegretto; III. Allegro. – Pe. – UA Moskau 1960 (15. Dez.); 12'

Mstislav [Leopoldivič] Rostropovič gewidmet. Die Uraufführung erfolgte durch Mstislav Rostropovič.

---

10 Vgl. Dmitrij Šostakovič: Chaos statt Musik? Briefe an einen Freund, hg. und übers. von Isaak D. Glikmann. Paris 1995, S. 171.

6. Sonate für Klavier op. 73. – I. Adagio; II. Allegro molto. – Sik. – UA Moskau 1964 (26. Feb.); 9'

Die Uraufführung erfolgte durch Marina Mdivani. Vom Komponisten im Manuskript vermerkt: 6.3.-31.8.1960, Moskau – Nikolina Gora.

Sinfonietta Nr. 2 für Streichorchester und Pauken op. 74. – I. Allegro; II. Allegretto; III. Adagio; IV. Andantino. – Pe. – UA Moskau 1960 (19. Nov.); 18'

Rudol'f Borisovič Baršaj gewidmet. Die Uraufführung wurde durchgeführt vom Moskauer Kammerorchester, Ltg. Rudol'f Baršaj. Vom Komponisten im Manuskript vermerkt: 1.-8.10.1960, Moskau.

Im letzten Satz der Sinfonietta verarbeitete Weinberg das vierte Lied aus seinem Zyklus *Wspominenia / Vospominanija* [Erinnerungen] op. 62 (1957/58).

1961

Konzert für Flöte und Streichorchester op. 75. – I. Allegro molto; II. Largo; III. Allegro comodo. – Pe. – UA Moskau 1961 (25. Nov.); 14'

Laut VAAP-Katalog Aleksandr [Vasil'evič] Korneev gewidmet. Die Uraufführung wurde durchgeführt vom Moskauer Kammerorchester, Ltg. Rudol'f Baršaj. Solist: Aleksandr Korneev.

„Vse budet chorošo" [Alles wird gut]. Schlaflied aus dem Kinofilm *Most perejti nel'zja* (1960) für Gesang und Klavier. Text: Mark Sobol'. – Muzg

Alle Angaben entstammen dem VAAP-Katalog (S. 73).

„Chožu tropinkuju lesnoju" [Ich gehe den Waldweg entlang]. Lied aus dem Kinofilm *Šofer ponevole* (1958) für Gesang und Klavier. Text: Natal'ja Končalovskaja. – Muzg

Alle Angaben entstammen dem VAAP-Katalog (S. 73).

1962

„Val's" [Walzer] aus der Musik zu dem Kinofilm *Poslednij djujm* (1959) für Unterhaltungsorchester. Instrumentierung: M. Smuzikov. – SovK

5. Symphonie für großes Symphonieorchester op. 76. – I. Allegro moderato; II. Adagio sostenuto; III. Allegro; IV. Andantino. – Pe. – UA Moskau 1962 (18. Okt.); 40'

Kirill Petrovič Kondrašin gewidmet. Die Uraufführung erfolgte durch das Symphonieorchester der Moskauer Philharmonie, Ltg. Kirill Kondrašin. Im Manuskript vom Komponisten vermerkt: 1.1.-17.3.62, Moskau.

Die Symphonie wurde 1965 von Nikolaj Pejko als Version für Klavier (vierhändig) bearbeitet.

Stare listy / Starye pis'ma [Alte Briefe]. Romanzen für Sopran und Klavier nach Versen von Julian Tuwim op. 77 – I. „Staruszkowie" / „Starički" [Die alten Männer]; II. „Zegary biją" / „Časov udary" [Schläge der Uhren]; III. „Śmierć Izaka Kona" / „Smert' Izaka Kona" [Der Tod Isaak Konas]; IV. „Walc starich panien" / „Val's starych dev" [Walzer der alten Jungfern]; V. „List miłosny" / „Ljubovnoe pis'mo" [Liebesbrief]; VI. „Ballada starofrancuska" / „Starofrancuzskajaballada" [Altfranzösische Ballade]; VII. „Lorelei" / „Loreljaj" [Loreley]; VIII. „Ostatni list" / „poslednee pis'mo" [Der letzte Brief]. – Ms; 17'

Galina Pavlovna Višnevskaja gewidmet. Im Manuskript vom Komponisten vermerkt: 1.-13.7.1962. Das Titelblatt wurde vom Komponisten auf Polnisch und Russisch verfasst. Auch Titel und Texte der einzelnen Lieder sind zweisprachig.

Nr. 1 verarbeitete Weinberg im 3. Satz seiner 9. Symphonie *Wiersze ocalałe / Ucelevšie stroki* [Unversehrte Zeilen] op. 93 (1966/67).

1962/63

Tri Romansa dlja basa i fortepiano [Drei Romanzen für Bass und Klavier] auf Verse sowjetischer Dichter op. 78. – I. „Ogonek" [Flämmchen]. Text: Aleksandr Jašin; II. „Budil'nik" [Der Wecker]. Text: Viktor Sonor; III. „Čelovek pošel odin po svetu" [Ein Mensch ging allein durch die Welt]. Text: Evgenij Vinokurov. – Ms. – UA 1964 (8. Feb.); 9'

Die Uraufführung erfolgte vermutlich in Moskau durch Michail Ryba (Bass) und Grigorij Zinger (Pno). Die einzelnen Lieder wurden vom Komponisten datiert – I: 1.12.1963; II: 1.1.1963; III: 27.12.1962. Ort: Moskau.

6. Symphonie *Pacem in terris*. Für Knabenchor und großes Symphonieorchester op. 79. Nach Texten von Lev Kvitko, Shmuel Galkin [Halkin] und Michail Lukonin. – I. Andante sostenuto (Orchester); II. Allegretto (Knabenchor und Orchester). Text: L. Kvitko. Übersetzung aus dem Hebräischen: M. Svetlov; III. Allegro molto (Orchester); IV. Largo (Knabenchor und Orchester). Text: S. Galkin. Übersetzung aus dem Hebräischen V. Potanova; V. Andantino (Knabenchor und Orchester). Text: M. Lukonin. – Sik. – UA Moskau 1963 (12. Nov.); 43'

Victorija Weinberg gewidmet. Die Uraufführung wurde durchgeführt vom Symphonieorchester der Moskauer Philharmonie, Ltg. Kirill Kondrašin, Knabenchor der Moskauer Chorschule, Ltg. Ju. Ulanov. Im Manuskript vom Komponisten vermerkt: 7.11.1962-6.3.1963 Moskau.

1963

9. Streichquartett in fis-moll op. 80. – I. Allegro molto; II. Allegretto; III. Andante; IV. Allegro moderato. – Pe. – UA Moskau 1964 (27. März); 25'

Die Uraufführung wurde vom Borodin Quartett durchgeführt: Rostislav Dubinskij (Vl); Jaroslav Aleksandrov (Vl); Dmitrij Šebalin (Va), Valentin Berlinskij (Vc). Im Manuskript vom Komponisten vermerkt: 4.7.-14.8.1963, Staraja Ruza.

1964

7. Symphonie für Cembalo und Streicher op. 81. – I. Adagio sostenuto; II. Allegro; III. Andante; IV. Adagio sostenuto; V. Allegro. – Pe. – UA Moskau 1964 (18. Nov.); 24'

Die Uraufführung wurde durchgeführt vom Moskauer Kammerorchester, Ltg. Rudol'f Baršaj. Im Manuskript vom Komponisten vermerkt; 1.1.-12.2.1964, Moskau.

1. Sonate für Violine solo op. 82. – I. Adagio; II. Andante; III. Allegretto; IV. Lento; V. Presto. – Sik. – UA Moskau 1965 (31. Dez.); 22'

Laut VAAP-Katalog Michail Fichtengol'c gewidmet. Die Uraufführung erfolgte durch M. Fichtengol'c (Vl). Im Manuskript vom Komponisten vermerkt: 13.-14.6.1964, Moskau.

8. Symphonie *Kwiaty polskie / Cvety Pol'ši* [Die Blumen Polens] auf Verse von Julian Tuwim für Tenor, gem. Chor und großes Symphonieorchester op. 83. – I. „Podmuch wiosny" / „Dunovenie vesny" [Hauch des Frühlings]: Adagio; II. „Bałuskie dzieci" / „Deti okrainy" [Kinder der Ukraine]: Allegro; III. „Przed starą chatą" / „Pered staroj chatoj" [Vor alten Hütten]: Andantino; IV. „Był sad" / „Byl sad" [Es gab einen Garten]: Allegro; V. „Bez" / „Siren'" [Flieder]: Lento; VI. „Lekcja" / „Urok" [Unterrichtsstunde]: Allegro; VII. „Warszawskie psy" / „Varšavskie sobaki" [Warschauer Hunde]: Allegro molto; VIII. „Matka" / „Mat'" [Die Mutter]: Adagio; IX. „Sprawiedliwość" / „Spravedlivost'" [Gerechtigkeit]: Moderato; X. „Wisła płynie" / „Vody Visly" [Die Wasser der Weichsel]: Adagio. – Pe. – UA Moskau 1965 (6. März); 46'

Die Uraufführung erfolgte durch das Symphonieorchester der Moskauer Philharmonie und den Akademischen Russischen Chor, Ltg. Aleksandr Jurlov, Solist: N. Gutorovič (Tenor). Im Manuskript vom Komponisten eingetragen: 3.7.-10.8., 12.-23.10. 1964, Staraja-Ruza-Moskau. Es existiert auch eine Version für Klavier.

„O, siwa mgło" [Oh, grauer Nebel]. Romanze auf Verse von J. Tuwim für Bass und Klavier op. 84. – Ms; 4'

Im Manuskript vom Komponisten eingetragen: 1.1.-22.7.1964, Moskau – Ruza.

1965

10. Streichquartett in *a*-moll op. 85. – I. „Arija" [Arie]: Adagio; II. „Nočnaja muzyka" [Nachtmusik]: Allegro; III. „Reprisa" [Reprise]: Adagio; IV. „Nočnaja muzyka" [Nachtmusik]: Allegretto. – Pe. – UA Moskau 1971 (5. Okt.); 19'

Ol'ga Rachal'skaja gewidmet. Die Uraufführung wurde durchgeführt vom Glinka-Quartett. Im Manuskript vom Komponisten eingetragen: 15.7.-17.8.1965, Staraja Ruza.

Pamiętnik miłości / Dnevnik ljubvi [Tagebuch der Liebe]. Kantate auf Verse von Stanisław Wygodzki (Übersetzung: Natal'ja Vovsi) für Tenor, Knabenchor und Orchester op. 87. – Einsätzig [Adagio] – Ms. – UA Moskau 1966 (16. Feb.); 15'

Den Kindern von Auschwitz gewidmet. Die Uraufführung erfolgte durch das Moskauer Kammerorchester und den Chor der Moskauer Chorschule, Ltg. Ju. Ulanov, Solist: N. Gutorovič (Tenor). Im Manuskript vom Komponisten eingetragen: 6.-8.9.1965, Moskau. Die Kantate existiert auch als Fassung für Klavier und eine Gesangsstimme. Das Titelblatt und der Titel der Kantate sind in beiden Fassungen zweisprachig abgefasst.

Profil [Profil]. Lieder auf Verse von Stanisław Wygodzki für Bass und Klavier op. 88. – I. „Biografia" / „Biografija" [Biographie]; II. „Kniga dnia i nocy" / „kniga dnja i noči"

[Buch des Tages und der Nacht]; III. „W naszym ogródki" / „V našem sadočke" [In unserem Gärtchen]; IV. „Profil" / „Profil'" [Profil]. – Ms; 14'

Natal'ja Vovsi gewidmet. Im Manuskript vom Komponisten vermerkt: 25.-27.10.65, Moskau. Die Texte sind polnisch und russisch aufgeführt.

Kankan vo slavu Rastorguevo [Cancan zu Ehren Rastorguevs] für Klavier. – Einsätzig [Allegro] – Ms.

Ol'ga Reznickaja gewidmet. Im Manuskript vom Komponisten vermerkt: 11.11.1965, Moskau.

11. Streichquartett in F-Dur op. 89. – I. Allegro assai; II. Allegretto; III. Adagio semplice; IV. Allegro leggiero. – Pe. – UA Moskau 1967 (13. April); 21'

Viktorija Moiseevna Weinberg gewidmet. Die Uraufführung wurde durchgeführt vom Borodin Quartett: Rostislav Dubinskij (Vl); Jaroslav Aleksandrov (Vl); Dmitrij Šebalin (Va), Valentin Berlinskij (Vc). Im Manuskript vom Komponisten vermerkt: 23.10.-22.12.1965, Moskau.

Varšavskij nabat [Warschauer Alarm]. Musik für ein Theaterstück von V. Korostylev. – Ms (verschollen). – UA Moskau 1965 (Dez.)

Alle Angaben entstammen dem VAAP-Katalog (S. 77), Nikitina (S. 208) und der RGALI-Liste. Die Aufführung fand statt im *Moskovskij teatr junogo zritelja* [Moskauer Jugendtheater], Regie: Pavel Chomskij.

1965/67

Rekviem [Requiem]. Kantate auf Verse verschiedener Dichter (Dmitrij Kedrin, Federico García Lorca, Sarah Teasdale, Mutenosi [i.e. Munetoshi] Fukagawa, Michail Dudin), für Sopran, Kinderchor, gem. Chor und Symphonieorchester op. 96. – I. „Chleb i železo" [Brot und Stahl]: Largo. Text: Dmitrij Kedrin; II. „Pustynja" [Wüste]: Allegro moderato. Text: García Lorca; III. „Budet laskovyj dožd'" [Es wird ein sanfter Regen kommen]: Allegro moderato. Text: Sara Teasdale; IV. „Chirosimskie pjatistišija" [Hiroshima-Fünfzeiler]: Andante. Text: Munetoshi Fukagawa; V. „Prochodili ljudi" [Menschen gingen]: Allegretto. Text: García Lorca; VI. „Sej zerno!" [Säe die Saat!]: Allegro moderato. Text: Michail Dudin. – Pe. – UA Liverpool 2009 (21. Nov.); 50'

Die Uraufführung erfolgte durch das Royal Liverpool Philharmonic Orchestra und dessen Chor, Ltg. Thomas Sanderling. Im Manuskript datierte der Komponist die einzelnen Sätze: 1. Satz: 5.11.1967; 2. Satz: 24.9.1967; 3. Satz: 27.9.1967; 4. Satz: 25.-25.4.1968; 5. Satz: 28.9.1967; 6. Satz: 01.10.1967. Als Ort wurde Moskau eingetragen. Das Titelblatt des Manuskripts verweist auf die Jahre 1965–1967. Der IV. Satz des Requiems ist der gleichnamigen Kantate op. 92 entlehnt und entspricht dieser über weite Strecken. Neben der Orchesterpartitur existiert laut VAAP-Katalog ein Klavierauszug (MfM 1969). Laut VAAP-Katalog ist dem Requiem ein Epigraph von Aleksandr Tvardovskij aus dem Gedicht „V čas mira" (In der Stunde des Friedens) vorangestellt, der im Manuskript allerdings fehlt: Eše teply stvoly orudij / I krov' ne vsju vpital pesok, / No mir nastal. Vzdochnite, ljudi, / Perestupiv vojny porog.... [Noch sind warm die Läufe der Kanonen / Und das Blut ist noch nicht ganz im Sand versiegt / Aber Frie-

den ist angebrochen. Atmet auf, Menschen, / Ihr habt die Schwelle des Krieges über-
schritten].

1965/68

Passažirka [Die Passagierin]. Oper in 2 Akten, 8 Bildern und 1 Epilog op. 97. Libretto: Aleksandr Medvedev nach der gleichnamigen Novelle von Zofia Posmysz. Für Soli,
Chor, Schauspieler, großes Symphonieorchester, Bühnenmusik. – Pe. – UA (konzertant) Moskau 2006 (25. Dez.); UA (szenisch) Bregenz 2010 (21. Juli); 135'

Die konzertante Uraufführung wurde durchgeführt von den Solisten, dem Chor
und dem Orchester des Stanislavskij Musiktheaters Moskau, Ltg. Vol'f Gorelik. Die szenische Uraufführung wurde im Rahmen der Bregenzer Festspiele durchgeführt von
den Wiener Symphonikern, dem Prager Philharmonischen Chor und seinen Solisten,
Ltg. Teodor Currentzis.

Im 6. Bild (II. Akt) verarbeitet Weinberg das 7. Lied aus dem Zyklus *Iz Poėzii Petefi*
[Aus der Poesie von Petőfi] op. 70 (1960).

Im Manuskript wurden die einzelnen Akte vom Komponisten datiert: I. Akt: 13.-
30.5.68; II. Akt: 8.-28.6.68; Ort: Moskau. Dem Werk ist ein Epigraph, das Paul Éluard
zugeschrieben wird, vorangestellt: Esli zaglochnet ėcho ich golosov, to my pogibnem
[franz.: Si l'écho de leurs voix faiblit, nous périrons; deutsch: Wenn das Echo ihrer
Stimmen verhallt, gehen wir zugrunde.].

Auf einem maschinengeschriebenen Exemplar des Librettos, das ursprünglich in
Kollaboration von Aleksandr Medvedev und Jurij Lukin entstand, findet sich die Widmung: „Pamjati žertv Osvencima" [Dem Andenken der Opfer von Auschwitz], die allerdings nachträglich durchgestrichen wurde. Auf keinem der eingesehenen Notenmanuskripte findet sich eine solche Widmung. Die zeitliche Einordnung in die Jahre
1966/68 folgt ebenfalls dieser Ausgabe des Librettos.

1965/77

2. Sonate für Violoncello solo op. 86/121. – I. Andante; II. Allegro; III. Adagio; IV. Allegretto. – Pe. – UA Moskau 1966 (2. Jan.)

Valentin Aleksandrovič Berlinskij gewidmet. Die Uraufführung wurde durchgeführt
von Valentin Berlinskij. Im Manuskript vom Komponisten eingetragen: 21.-24.08.1965,
Staraja Ruza. In der ursprünglichen Version lautete die Satzfolge: I. Moderato sostenuto; II. Allegretto; III. Adagio; IV. Presto. Die Sonate op. 86 wurde von Weinberg jedoch
1966 und 1977 überarbeitet und neu beziffert als Opus 121. Als Datum trug Weinberg in die überarbeitet Version ein: 21-24.8.65 / 12.-25.12.77, Staraja-Ruza-Moskau.
Im VAAP-Katalog wurde dieses Werk dem Jahr 1964 zugeordnet. Im Manuskript finden sich jedoch keinerlei Hinweise auf eine so frühe Datierung.

1966

Słowa we krwi [Worte voll Blut]. Lieder auf Verse von Julian Tuwim für Tenor und
Klavier op. 90. – I. „Podróż" [Die Reise]; II. „Nędza" [Elend]; III. „Po prostu" [Ein-
fach]; IV. „Rozmowa" [Gespräch]; V. „Zamyślenie w obcym mieście" [Nachdenken in
einer fremden Stadt]; VI. „Nieznane drzewo" [Der unbekannte Baum]; – Ms

Bekannt sind zwei Exemplare des Manuskripts, wobei ein Manuskript ausschließlich polnisch verfasst ist, eines zweisprachig polnisch-russisch. Dabei ist deutlich erkennbar, dass die russiche Übersetzung nachträglich eingefügt wurde und auch nicht jeder polnische Titel eine Übersetzung aufweist. Beide Titelblätter sind ausschließlich polnisch verfasst. Die einzelnen Lieder wurden vom Komponisten datiert, wobei die Datierungen in den Manuskripten übereinstimmen: 1. Lied: 7.-9.5.1966; 2. Lied: 2.-3.5.1966; 3. Lied 1.1.1966; 4. Lied 1.-4.4.1966; 5. Lied: 5.4.1966; 6. Lied: 30.5.-2.6.1966. Ort: Moskau. Im VAAP-Katalog wurde dieses Werk dem Jahr 1964 zugeordnet. In den Manuskripten finden sich keinerlei Hinweise auf eine frühere Datierung. Nr. 2 verarbeitete Weinberg im 7. Satz seiner 9. Symphonie *Wiersze ocalałe / Ucelevšie stroki* [Unversehrte Zeilen] op. 93 (1966/67), Nr. 6 im 2. Satz derselben Symphonie

Piotr Płaksin / Petr Plaksin. Kantate auf Verse von Julian Tuwim (Übersetzung: A. Ėppel') für Alt, Tenor und 19 Instrumente (11 Spieler) op. 91. – Einsätzig [Adagio] – Ms; 12'

G[eorgy] V[asiľevič] Sviridov gewidmet. Das Titelblatt des Manuskripts ist polnisch und russisch verfasst. Auch die Texte sind zweisprachig enthalten. Als Datierung wurde vom Komponisten eingetragen: 4.-11.7.1966 und 6.-09.09.1966, Staraja-Ruza – Moskau.

Chirosimskie Pjatistišija [Hiroshima-Fünfzeiler]. Kantate auf Verse von Muténosi [i.e. Munetoshi] Fukagawa (Übersetzung: Anatolij Mamonov). Für gem. Chor, Flöte, Harfe, Mandoline, 15 Schlaginstrumente und Kontrabass op. 92. – Einsätzig [Andante] – Pe; 12'

Den Opfern von Hiroshima gewidmet. Im Manuskript vom Komponisten vermerkt: 4.-13.11.1966, Moskau. Weinberg verarbeitet die Kantate im vierten Satz seines Requiems op. 96 (1965/67).

„Pol'ka" [Polka] in g-moll, „Wal's" [Walzer] in C-Dur, „Galop" [Galopp] in Es-Dur. Instrumentierung: G. Černyj. – Allegretto. Moderato. Vivace. – Muz

Angaben zur Instrumentierung: Klarinette I+II (B), Trompete I+II (B), Posaune, Gitarre, Schlaginstrumente, Akkordeon, Klavier, Violinen I+II, Kontrabass. Bei kleinerer Besetzung sind unabdingbar Klarinette und Trompete I, Schlagwerk und Klavier.

1966/67

9. Symphonie *Wiersze ocalałe / Ucelevšie stroki* [Unversehrte Zeilen]. Auf Verse von Julian Tuwim und Władysław Broniewski (Übersetzungen: A. Ėppel', M. Pavlova, N. Vovsi, D. Samojlova), für Sprecher, gem. Chor, großes Symphonieorchester op. 93. – I. „Preludium" / „Preljudija" [Präludium]: Largo. Text: W. Broniewski, Übersetzung: A. Ėppel'; II. „Nieśmiertelność" / „Bessmertie" [Unsterblichkeit]: Allegro. Text: J. Tuwim; Übersetzung: A. Ėppel'; III. „Starość" / „Starost'" [Alter]. Moderato. Text: J. Tuwim; Übersetzung: M. Pavlova; IV. „Miłość" / „Ljubov'" [Liebe]: Lento. Text: J. Tuwim; Übersetzung: A. Ėppel'; V. „Litania" / „Molitva" [Gebet]: Adagio. Text: J. Tuwim; Übersetzung: M. Pavlova, „Interludium" / „Interljudija" [Zwischenspiel]: Adagio. Text: W. Broniewski, Übersetzung: A. Ėppel'; VI. „Nadzieja" / „Nadežda" [Hoffnung]: Allegro.

Text: J. Tuwim; Übersetzung: A. Ėppel'; VII. „Gniew" / „Gnev" [Ärger]: Allegro molto. Text: J. Tuwim; Übersetzung: N. Vovsi; VIII. „Rasja" / „Stract'" [Leidenschaft]: Allegro. Text: J. Tuwim; Übersetzung: A. Ėppel'; IX. „Samotność" / „Odinočestvo" [Einsamkeit]: Lento. Text: J. Tuwim; Übersetzung: M. Pavlova; X. „Sen" / „Son" [Traum]: Andantino. Text: J. Tuwim; Übersetzung: A. Ėppel'; XI. „Marzenie" / „Mečta" [Wunschtraum]. Allegro. Text: J. Tuwim; Übersetzung: D. Samojlova; XII. „Postludium" / „Postljudija" [Postludium]. Largo. Text: W. Broniewski, Übersetzung: A. Ėppel'. – Ms; 60'

Die Klavierfassung ist vom Komponisten datiert auf den 21.5.1967, die Orchesterpartitur auf den 24.5.1967. Im VAAP-Katalog wird dieses Werk zeitlich zwischen 1940 und 1967 eingeordnet. Auf das Jahr 1940 weisen im Manuskript keinerlei Einträge hin. Der 2. Satz verarbeitet das sechste Lied aus dem Zyklus *Słowa we krwi* [Worte voll Blut] op. 90 (1966), der 7. Satz das zweite Lied aus demselben Zyklus. Der 3. Satz verarbeitet das erste Lied aus dem Zyklus *Stare listy / Starye pis'ma* [Alte Briefe] op. 77 (1962) und der 8. Satz das fünfte Lied aus demselben Zyklus, der 4. Satz das zweite Lied aus dem Zyklus *Sześć pieśni do słów Juljana Tuwima. Akacje* [Sechs Romanzen auf Verse von Julian Tuwim. Akazien] op. 4 (1940). 5. Satz verarbeitet das fünfte Lied aus dem Zyklus *Wspominenia / Vospominanija* [Erinnerungen] op. 62, (1957/5), der 6. Satz das dritte Lied und der 10. Satz das vierte Lied aus demselben Zyklus. Der 9. Satz verarbeitet das fünfte Lied aus dem Zyklus *Biblia cygańska / Biblija ciganskaja* [Zigeunerbibel] op. 57 (1956).

Den Angaben der RGALI-Liste zufolge ist das Werk der Befreiung Polens gewidmet. In den eingesehenen Manuskripten findet sich darauf jedoch keinerlei Hinweis.

Konzert für Trompete und Orchester op. 94. – I. „Ėtjudy" [Etüden]: Allegro molto; II. „Ėpizody" [Episoden]: Andante; III. „Fanfary" [Fanfaren]: Andante. – Sik. – UA Moskau 1968 (6. Jan); 23'

Timofej Aleksandrovič Dokšiccer gewidmet. Die Uraufführung erfolgte durch das Symphonieorchester der Moskauer Philharmonie, Ltg. K. Kondrašin, Solist: T. Dokšiccer (Tromp). Im Manuskript vom Komponisten eingetragen: 14.11.1966-18.2.1967, Moskau.

1967

2. Sonate für Violine solo op. 95. – I. „Monodija" [Monodie]: Allegro moderato; II. „Pauzy" [Pausen]: Andantino grazioso; III. „Intervaly" [Intervalle]: Presto agitato; IV. „Repliki" [Erwiderung]: Andante non tanto; V. „Akkompanement" [Begleitung]: Allegro leggiero; VI. „Invokacija" [Invokation]: Lento affetuoso; VII. „Sinkopy" [Synkopen]: Vivace marcato. – Sik. – UA Moskau 1970 (22. Feb.); 11'

Michail Izrailovič Fichtengol'c gewidmet. Die Uraufführung erfolgte durch M. Fichtengol'c. Im Manuskript vom Komponisten eingetragen: 24.5.-7.6.1967, Moskau.

„Čto takoe drug" [Was ist ein Freund]. Lied aus dem Kinofilm *Po tonkomu l'du* (1966) für Gesang und Klavier. Text: M. Matusovskij. – Journal *Novosti ėkrana*, Nr. 26 (1967), S. 4

1968

10. Symphonie für Kammerorchester op. 98. – I. „Končerto grosso" [Concerto grosso]: Grave; II. „Pastoral'" [Pastorale]: Lento; III. „Kancona" [Canzona]: Andantino; IV. „Burleska" [Burleske]: Allegro molto; V. „Inversija" [Inversion]: L'istesso tempo. – Sik. – UA Moskau 1968 (8. Dez.); 30'

Rudol'f Baršaj und dem Moskauer Kammerorchester gewidmet. Die Uraufführung wurde vom Moskauer Kammerorchester durchgeführt, Ltg. R. Baršaj. Im Manuskript vom Komponisten vermerkt: 8.-11.9.1968, Moskau-Diližan.

Tryptyk [Triptychon]. Drei Lieder auf Verse von Leopold Staff für Bass und Klavier op. 99. – I. „Cień" [Schatten]; II. „O jesieni" [Über den Herbst]; III. „Cicha sława" [Stiller Ruhm]. – Ms.

Der Titel und die Texte sind polnisch notiert. Die einzelnen Lieder wurden vom Komponisten wie folgt datiert: 1. Lied: 7.9.1968; 2. Lied: 4.-6.9.1968; 3. Lied: 8.-9.9.1968. Ort: Diližan.

1969

24 Preljudii [Präludien] für Violoncello solo op. 100. – Sik. – UA Hamburg 1995 (4. Okt.); 42'

Mstislav Leopoldovič Rostropovič gewidmet. Die Uraufführung wurde durchgeführt von Yosif Feigelson. Im Manuskript vom Komponisten vermerkt: 23.3.-11.4.1969, Moskau.

1969/70

11. Symphonie *Toržestvennaja Sinfonija* [Festsymphonie] auf Verse revolutionärer Dichter (Demian Bednyj, P. Ėdiet, A. Bogdanov, Maxim Gor'kij) für gemischten Chor und großes Symphonieorchester op. 101. – I. „Nikto ne znal" [Keiner wusste]: Lento. Text: D. Bednyj; II. „Nas mnogo!" [Wir sind viele!]: Andante. Text: P. Ėdiet; III. „Kolokol" [Die Glocke]: Moderato. Text: A. Bogdanov; IV. „Burevestnik" [Sturmvogel]. Text: M. Gor'kij. Lento. –Ms; 55'

Dem 100. Geburtstag von V[ladimir] I[l'ič] Lenin gewidmet. Die Orchesterpartitur wurde vom Komponisten mit folgenden Datierungen versehen: 1. Satz: 20.4.1970; 2., 3., 4. Satz: 3.7.-19.8.69; Ort: Moskau-Diližan. Neben der Orchesterfassung existiert auch eine Version für Klavier und Gesang, datiert auf den 3.7-5.8.1969, Ort: Moskau-Diližan. Aus einer Manuskriptversion von Opus 101 geht nicht nur aufgrund des jüngeren Datums, sondern auch aufgrund der Seitennummerierung hervor, dass der erste Satz erst nachträglich vor die anderen Sätze gestellt wurde.

12. Streichquartett op. 103. – I. Largo; II. Allegretto; III. Presto; IV. Moderato. – Pe. – UA Moskau 1971 (14. April); 30'

Venjamin Ėdipovič Basner gewidmet. Die Uraufführung wurde durchgeführt vom Streichquartett des Moskauer Kammerorchesters. Auf dem Titelblatt wurden die Jahre 1969-70 vom Komponisten eingetragen. Im Manuskript vom Komponisten eingetragen: 27.5.1970, Diližan-Moskau.

1970

V ėtot den' Lenin rodilsja [An diesem Tag wurde Lenin geboren]. Sinfonisches Poem auf Verse von Demian Bednyj für Chor (Sopräne) und Symphonieorchester op. 102. – Einsätzig [Lento] – Ms

Dem 100. Geburtstag Lenins gewidmet. Bei der Klavierfassung des Poems aus dem MWMA handelt es sich um eine Bearbeitung des 1. Satzes der 11. Symphonie op. 101. Im Manuskript vom Komponisten eingetragen: April 1970, Moskau.

Konzert für Klarinette (A) und Streichorchester op. 104. – I. Allegro; II. Andante; III. Allegretto. – Sik; 21'

Im Manuskript vom Komponisten eingetragen: 31.5.-30.6.1970, Moskau. Das Konzert existiert auch in einer Version für Klarinette und Klavier.

„O čem vspominajut soldaty" [Woran die Soldaten denken]. Lied aus dem Kinofilm *Seraja bolezn'* (1965/66) für Gesang und Klavier. Text: M. Matusovskij. – Muz

Alle Angaben entstammen dem VAAP-Katalog (S. 73).

1970/71

Madonna i soldat [Die Madonna und der Soldat] op. 105. Oper in 3 Akten und 9 Bildern. Libretto: Aleksandr Medvedev nach der Erzählung „Zosja" von Vladimir Bogomolov. Für Soli, Chor, großes Symphonieorchester und Bühnenmusik.– Muz. – UA Leningrad 1975 (17. März); 95'

Dem 30. Jahrestag des Sieges des sowjetischen Volkes im Großen Vaterländischen Krieg gewidmet. Die Uraufführung wurde durchgeführt unter der Leitung von Aleksandr Dmitriev. Im Manuskript vom Komponisten eingetragen: 1.1.-13.2.71, Ivanovo-Serebrjannyj Bor. Das Werk kursierte zunächst unter anderen Titeln: zuerst unter dem Titel *Zosja*, dann unter dem Titel *Kak belych jablon' dym*. Opus 105 wurde in einer Fassung für Gesang und Klavier veröffentlicht (Muz 1977). Den Chor des 2. Aktes (5. Bild) zum Text von Aleksandr Tvardovskij („Vojna – žestoče netu slova" [Krieg – kein Wort ist grausamer]) verwendete Weinberg später in seiner ebenso benannten 18. Symphonie op. 138 (s.u.).

„Pesnja Anny" [Annas Lied] für Mezzosopran und Orchester. Verse von Julian Tuwim (russ. Übersetzung: A. Ėppel'). – Ms

Der Titel des Liedes wurde überklebt; der Originaltitel lautete „Julia", ein Name, der in der ersten Personage von op. 105 zu finden war und der zu „Anna" korrigiert wurde. Im MWMA findet sich ein Manuskript von op. 105, in dem das Lied Annas fehlt. In einer Druckversion (Muz 1977, Klavierauszug) der Oper ist das Lied enthalten mit dem Hinweis, es im Falle einer zweiaktigen Aufführung der Oper wegzulassen.

Annas Lied entlehnt Weinberg dem 4. Lied „Przypomnienie" / „Vospominanie" [Erinnerung] aus dem Zyklus *Wspomnienia / Vospominanija* [Erinnerungen], Lieder auf Verse von Julian Tuwim op. 62 (1957/58). Abgesehen von marginalen Veränderungen bei der Aufnotierung kommt in op. 105 allerdings eine abweichende russische

Übersetzung des polnischen Originaltextes zum Einsatz, die sich auch von der russischen Übersetzung des Textes in op. 62 unterscheidet.

1971

3. Sonate für Violoncello solo op. 106. – I. Allegro; II. Allegretto; III. Lento; IV. Presto. – Pe; 11'
Im Manuskript vom Komponisten eingetragen: 1.5.1971, Serebrjannyj Bor.

1. Sonate für Viola solo op. 107. – I. Adagio; II. Allegretto; III. Adagio; IV. Allegro. – UA Moskau 1999 (23. 11.). – Pe; 25'44"
F[edor] S[erafimovič] Družinin gewidmet. Im Manuskript vom Komponisten vermerkt: 1.-11.7.1971, Moskau. Die Uraufführung erfolgte im Rahmen eines Musikfestivals anlässlich des 80. Geburtstages des Komponisten, Solist: A. Kulanov (Va).

Sonate für Kontrabass solo op. 108. – I. Adagio; II. Allegretto; III. Allegro moderato; IV. Allegretto; V. Lento; VI. Allegro molto. – Pe; 16'
Im Manuskript vom Komponisten vermerkt: 12.-17.7.1971, Moskau.

2. Sonate für Kontrabass solo op. 108b. – I. Allegretto; II. Moderato pesante; III. Lento. – Ms.
Das Manuskript wurde nicht datiert, doch wird es hier aufgrund der Opusbezifferung in das Jahr 1971 mit eingeordnet. Es existiert ein weiteres Manuskript einer 1. Sonate für Kontrabass solo mit der Opusbezifferung 108a, das Archivangaben zufolge dem Jahr 1973 zugeordnet wird, das jedoch für die Erstellung dieses Werkverzeichnisses nicht eingesehen werden konnte. Ob diese Fassung mit op. 108 identisch ist, konnte nicht überprüft werden.

1971/74

Moj d'Artan'jan (Ljubov' d'Artan'jana) [Mein d'Artagnan (d'Artagnans Liebe)]. Oper in 3 Akten, 7 Bildern [und 43 Nummern für Soli, Männerchor und großes Orchester] op. 109. – MfM. – UA Moskau 1974 (23. Dez.); 120'
Das Werk widmet sich thematisch Motiven des Romans *Die drei Musketiere* von Alexandre Dumas. Laut VAAP-Katalog (S. 6) basiert es jedoch auf einem Stück von Eleonora Gal'perina, dem Motive von Dumas' *Drei Musketiere* zugrunde liegen. Zusätzlich wird im VAAP-Katalog darauf hingewiesen dass offenbar eine Operetten-Version der Oper existiert. Die unübersichtliche Quellenlage macht detailliertere Aussagen hierzu bisher schwierig. Ein vollständig erhaltenes Manuskriptenexemplar der Oper ist datiert auf den Zeitraum vom 1.6. bis zum 5.12.71. Zudem existiert ein unvollständiges Manuskriptenexemplar der Oper, in dem die letzten Bilder fehlen und einige Nummern vertauscht oder ausgelassen wurden. Dieses Manuskript weist insgesamt starke Überarbeitungen auf, die Weinberg offenbar zu einem späteren Zeitpunkt vorgenommen hat: Die Datierungen in dem Exemplar verweisen auf den Zeitraum vom 1.1.1973 bis zum 21.9.1974. Offenbar hat Weinberg bei der späteren Überarbeitung teilweise den Titel *Ljubov' d'Artan'jana* verwendet, da einige später hinzugefügte Nummern der-

art übertitelt sind. Der Titel eines dritten erhaltenen Manuskriptenkonvoluts weist auf einzelne Nummern hin, die aus dem o.g. Gesamtkonvolut herausgenommen wurden, den Angaben zufolge für eine Aufführung des Werkes im Moskauer Stanislavskij-Theater, wo auch die Premiere stattfand.

1973

I. „Poslednij zvonok" [Das letzte Signal] und II. „Granitnye soldaty" [Soldaten aus Granit]. Lieder aus dem Kinofilm *Za vse v otvete* (1972). – I. *Nedelja* 22 (1973), S. 9; II. *Muzykal'naja žizn'* 14 (1973), S. 11.

Bajukaja rebenka [Während ich das Kind in den Schlaf wiege]. Vokalzyklus auf Verse von Gabriela Mistral für Sopran und Klavier op. 110. – I. „Rebenok ostalsja odin" [Das Kind blieb allein]; II. „I ne odinoka ja" [Und ich bin nicht allein]; III. „Nožki, ručki" [Füßchen, Händchen]; IV. „Kačaja kolybel'" [Während ich die Wiege wiege]; V. „Noč'" [Nacht]; VI. „Pečal'naja mat'" [Die traurige Mutter]; VII. „Rosa" [Die Rose]; VIII. „Krotost'" [Sanftmut]; IX. „Strach" [Angst]; X. „Nachodka" [Fund]; XI. „Moja pesnja" [Mein Lied]. – UA Moskau 1999 (23. 11.). – Muz; 30'
Anna Weinberg gewidmet. Im Manuskript vom Komponisten eingetragen: 1.-12.2.1973, Moskau. Die Uraufführung erfolgte im Rahmen eines Musikfestivals anlässlich des 80. Geburtstages des Komponisten, E. Guseva (Sopran), A. Reutov (Pno).
Das 10. Lied existiert als Sonatensatz für Violine und Klavier. Auch im 2. Satz des Konzerts für Flöte und Klavier op. 148 verwendet Weinberg das 10. Lied nur wenig verändert im 2. Satz. Allerdings einen Halbton nach unten transponiert.

Šest' baletnych scen [Sechs Ballettszenen] für großes Synphonieorchester op. 113. – I. Allegro molto; II. Adagio; III. Allegretto; IV. Adagio; V. Adagio; VI. Presto. – Ms; 20'
Die Datierungen im Manuskript verweisen auf den Zeitraum vom 14.7.1973 bis zum 21.7.1973, Ort: Valentinovka.

1975

Ledi Magnizija [Lady Magnesia]. Oper in einem Akt op. 112. Libretto: M. Weinberg nach dem Stück von George B. Shaw *Passion, Poison and Petrification*, Übersetzung: V. Stanevič. Für 4 Solisten, Kammerorchester, gemischten und Kinderchor vom Band. – Sik. – UA (konzertant) Liverpool 2009 (18. Nov.), UA (szenisch) Erfurt 2012 (2. Feb.); 50'
Rodion [Konstantinovič] Ščedrin gewidmet. Die kozertante Uraufführung leitete Clark Rundell, die szenische Uraufführung Samuel Bächli (musikalische Leitung) und Barbara Schöne (Inszenierung). Im Manuskript vom Komponisten vermerkt: 10.9. bis 1.10.1975 und 10. bis 21.11.1975. Ort: Moskau. Neben der Orchesterfassung existiert ein handschriftlicher Klavierauszug, Datierung: 10.9.-01.10.1975.

1975/76

12. Symphonie für großes Symphonieorchester op. 114. – I. Allegro moderato; II. Allegretto; III. Adagio; IV. Allegro. – Sik. – UA Moskau 1979 (13. Okt.); 54'

Dem Andenken an Dmitrij Dmitrievič Šostakovič gewidmet. Die Uraufführung fand als Radioübertragung statt. Im Manuskript vom Komponisten vermerkt: 1.12.1975-29.2.1976, Moskau.

1975/82

Pozdravljaem! [Wir gratulieren!]. Oper in 2 Akten op. 111. Libretto: M. Weinberg, russ. Übersetzung: M. Šambadag, nach dem gleichnamigen Schauspiel von Sholom-Aleichem. Für 5 Solisten und Orchester. – Sik. – UA Moskau 1983 (13. Sept.); 75'
Die Uraufführung leitete Anatoly Levin. Im Manuskript vom Komponisten eingetragen: Juni 1975, Juni 1982, Ort: Moskau/Staraja Ruza. im Konvolut ist eine Variante des Finales enthalten, datiert auf den 3.7.1982. Daneben existiert ein handschriftlicher Klavierauszug, vom Komponisten datiert auf den Zeitraum: 2.-22.6.1975.

1976

13. Symphonie für großes Symphonieorchester op. 115. – Einsätzig [unbez.]. – Ms; 32'
Dem Andenken an die Mutter gewidmet. Im Manuskript vom Komponisten vermerkt: 20.6.-21.7.1976 und 7.-15.8.1976, Moskau. Weiterhin existiert eine handschriftliche Klavierversion von op. 115, datiert auf den Zeitraum vom 20.6.-21.7.1976. Ort: Moskau – Staraja Ruza. Tempoangabe dort: Largo.

Iz liriki Žukovskogo [Aus der Lyrik Schukowskis]. Vokalzyklus auf Verse von Vassilij Žukovskij für Bass und Klavier op. 116. – I. „Kogda ja byl ljubim" [Als ich geliebt wurde]; II. „Cvetok" [Die Blume]; III. „Putešestvennik" [Der Wanderer]; IV. „Koľco" [Der Ring]; V. „Suďba" [Schicksal]; VI. „Uznik k motyľku, vletevšemu v ego temnicu" [Der Gefangene zum Falter, der durch seinen Kerker fliegt]; VII. „Noč" [Nacht]; VIII. „Listok" [Das Blatt]; IX. „Pesnja bednjaka" [Das Lied des Bettlers]; X. „(A. S. Puškin)". – Muz; 31'
Im Manuskript vom Komponisten vermerkt: 28.8.-18.9.1976, Staraja Ruza

1977

14. Symphonie für großes Symphonieorchester op. 117. – Einsätzig [unbez.] – Sik. – UA Moskau 1980 (8. Okt.); 30'
Vladimir Fedoseev gewidmet. Die Uraufführung wurde durchgeführt vom großen All-Unions Fernseh- und Radioorchester, Ltg. Vladimir Fedoseev. Im Manuskript vom Komponisten vermerkt: 1.1.-10.3.1977, Moskau – Staraja Ruza

13. Streichquartett op. 118. – Einsätzig [unbez.]. – Sik. – UA Moskau 1999 (6. Nov.); 14'
Dem Borodin Quartett, M[ichail] Kopeľman, A[ndrej] Abramenkov, D[mitrij] Šebalin, V[alentin] Berlinskij gewidmet. Die Uraufführung erfolgte im Rahmen eines Musikfestivals anlässlich des 80. Geburtstages des Komponisten, durchgeführt vom Romantik-Quartett: A. Čašnikov (Vl), D. Egorov (Vl), L. Serov (Va), S. Astašonok (Vc). Im Manuskript vom Komponisten eingetragen: 1.5.- 13.7. 1977. Ort: Moskau – Pjarnu. Es existiert ein weiteres Manuskript des Quartetts, dort vom Komponisten eingetragen: 1.5.-5.7.1977, 8.-13.7.1977.

15. Symphonie *Ja verju v ètu zemlju!* [Ich glaube an diese Erde!] in 8 Teilen auf Verse von Michail Dudin für Sopran, Bariton, Frauenchor und Orchester op. 119. – I. „Mne dumalos' vo rži" [Ich dachte an das Korn]: Adagio; II. „V den' svad'by" [Am Tag der Hochzeit]: Moderato; III. „K devočke" [Zum Mädchen]: Allegretto; IV. „Moj Pegas" [Mein Pegasus]: Andante; V. „Pered pamjatnikom partizanki" [Vor dem Denkmal der Partisanen]: Largo; VI. „Vdogonku uplyvajuščej l'dine" [Die hinterherschwimmende Eisscholle]: Andante; VII. „Vce by-lo-do…" [Alles war…vor]: Lento; VIII. „Ver'!" [Glaube!]: Moderato. – Sovk. – UA Moskau 1979 (12. April); 40'

Dem 60. Jahrestag der Großen Sozialistischen Oktoberrevolution gewidmet. Die Uraufführung wurde durchgeführt vom UdSSR Radio- und TV-Chor und Orchester. Im Manuskript vom Komponisten eingetragen: 16.8.-12.9.1977, Staraja Ruza

Tri Pal'my [Drei Palmen]. Kantate auf Verse von Michail Lermontov für Sopran und Streichquartett op. 120. – Einsätzig [unbez.]. – Sik. – UA Moskau 1984 (28. Nov.); 18'

B[oris] I[vanovič] Tiščenko gewidmet. Die Uraufführung wurde durchgeführt vom Borodin Quartett: Michail Kopel'man (Vl); Andrej Abramenkov (Vl); Dmitrij Šebalin (Va), Valentin Berlinskij (Vc). Solistin: Galina Pisarenko. Im Manuskript vom Komponisten eingetragen: 3.10.-11.12.1977, Moskau.

1978

Sonate für Klavier op. 49bis. – I. Allegro leggiero; II. Andantino; III. Allegretto. – Pe;

Überarbeitung der Sonatine op. 49 (1950/51). Im Manuskript vom Komponisten vermerkt: 22.4.1978, Moskau

14. Streichquartett op. 122. – fünf Sätze [unbez.] – Sik. – UA Manchester 2007 (26. Jan.); 20'

Jurij Abramovič Levitin gewidmet. Die Uraufführung wurde durchgeführt vom Quatuor Danel: Marc Danel (Vl), Gilles Milet (Vl), Vlad Bogdanas (Va), Guy Danel (Vc). Im Manuskript vom Komponisten vermerkt: 1.5.-11.8.1978, Moskau – Staraja Ruza.

2. Sonate für Viola solo op. 123. – vier Sätze [unbez.] – Pe;

Dmitrij Vissarionovič Šebalin gewidmet. Im Manuskript vom Komponisten eingetragen: 15.-21.8.1978, Staraja Ruza.

„Pesenka Vinni-Pucha" [Das Lied von Vinni-Puch] aus dem Zeichentrickfilm *Vinni-Puch* (1969). Für Gesang und Klavier. Text: B. Zachoder. – SovK

1979

15. Streichquartett op. 124. – neun Sätze [unbez.]. – Sik. – UA Manchester 2008 (8. Mai); 25'

Dem Quartett E[vgenija] Alichanova, V[alentina] Alykova, T[at'jana] Kochanovskaja und M[arina] Januševkaja [später: Quartett-Moskoncert] gewidmet. Die Uraufführung wurde durchgeführt vom Quatuor Danel: Marc Danel (Vl), Gilles Milet (Vl),

Vlad Bogdanas (Va), Guy Danel (Vc). Im Manuskript vom Komponisten eingetragen: 1.1.-1.3.1979, Moskau.

Iz liriki Baratynskogo [Aus der Lyrik Baratynskijs]. Romanzenzyklus auf Verse von Evgenij Baratynskij für Bass und Klavier op. 125. – I. „Moj dar ubog" [Meine Gabe ist ärmlich]; II. „Starik" [Alter Mann]; III. „Vodopad" [Wasserfall]; IV. „Byli buri…" [Stürme gab es]; V. „Raba tomitel'noj mečti" [Sklavin quälender Träume]; VI. „Vesna, vesna" [Frühling, Frühling]; VII. „Muza" [Die Muse]. – Sovk; 17'
    Im Manuskript vom Komponisten eingetragen: 16.8.1979 (1. Lied), 17.8.1979 (2. Lied), 18.8.1979 (3. Lied), 22.8.1979 (4. Lied), 24.8.1979 (5. Lied), 25.-26.8.1979 (6. Lied), 27.8.1979 (7. Lied), Staraja Ruza.

3. Sonate für Violine solo op. 126. – Einsätzig [unbez.]. – Pe; 21'
    Dem Andenken an den Vater gewidmet. Im Manuskript vom Komponisten eingetragen: 1.9.-15.11.1979, Staraja Ruza.

Trio für Flöte, Viola und Harfe op. 127. – drei Sätze [unbez.]. – Pe; 13'31"
    Im Manuskript vom Komponisten eingetragen: 1.-13.12.1979, Moskau.

1980

Portret [Das Portrait]. Oper in 3 Akten und 8 Bildern op. 128. Nach der gleichnamigen Novelle von Nikolaj Gogol'. Libretto: Aleksandr Medvedev. Für Solisten, Chor, Schauspieler und großes Symphonieorchester. – Sik. – UA Brno 1983 (20. Mai); 50'
    Die Uraufführung wurde geleitet von Václav Nosek. Die Datierungen im Manuskript verweisen auf den Zeitraum vom 1.1.1980 bis zum 27.4.1980. Ort: Moskau.

Zolotoe plate [Das goldene Kleid]. Operette in 2 Akten op. 129. Nach einem Stück von Eleonora Gal'perina und Julij Annenkov für Schauspieler und Orchester. – Ms. – UA Volgograd 1981 (Juli)
    Leitung der Uraufführung: Jurij Miluškin. Bei dem Manuskript handelt es sich um einen Klavierauszug. Darin vom Komponisten eingetragen 30.10.1980, Moskau. Das Stück wurde unter dem Titel *Ljubi menja sto let! (Zolotoe plate) Muzykal'naja komedija v 2-x aktach [Liebe mich 100 Jahre! (Das goldene Kleid). Musikalische Komödie in 2 Akten]* veröffentlicht (VAAP-Inform 1981).

1981

16. Streichquartett in *as*-moll op. 130. – I. Allegro; II. Allegro; III. Lento; IV. Moderato. – Pe. – UA Moskau 1984 (8. Nov.); 27'
    Dem Andenken an die Schwester gewidmet. Die Uraufführung wurde durchgeführt vom Borodin Quartett: Michail Kopel'man (Vl); Andrej Abramenkov (Vl); Dmitrij Šebalin (Va), Valentin Berlinskij (Vc). Im Manuskript vom Komponisten eingetragen: 1.1.-1.2.1981, Moskau.

16. Symphonie für großes Symphonieorchester op. 131. – Einsätzig [unbez.]. – Pe. – UA Moskau 1982; 29'

Dem Andenken an die Mutter gewidmet. Die Uraufführung erfolgte im Rahmen des Musikfestivals „Moskauer Herbst" und wurde durchgeführt vom Moskauer Symphonieorchester, Ltg. Pavel Kogan. Im Manuskript vom Komponisten vermerkt: 1.1.-20.3.1981, Moskau.

Pamiątka [Reliquie]. Rezitativ auf Verse von Elżbieta Szemplińska für Bass und Klavier op. 132. – Ms; 7'

Dem Andenken an die Mutter gewidmet. Im Archiv existieren zwei Manuskripte dieses Werkes. Eines wurde vom Komponisten datiert auf den Zeitraum vom 1.5. bis zum 2.7.1981, das andere auf den Zeitraum vom 1.5. bis zum 30.6.1981. Als Ort wurde jeweils Moskau angegeben.

Sonate für Fagott solo op. 133. – vier Sätze [unbez.]. – Sik. – UA Dublin 2009; 18'

Valerij Sergeevič Popov gewidmet. Die Uraufführung wurde durchgeführt von Mathias Baier. Im Manuskript vom Komponisten eingetragen: 2.-16.8.1981, Staraja Ruza.

Iz liriki Feta [Aus der Lyrik Feta]. Zyklus aus 10 Romanzen auf Verse von Afanasij Fet für Bass und Klavier op. 134. – I. „Ja prišel k tebe s privetom…" [Ich kam zu Dir mit einem Gruß]; II. „Ėto, navernoe, ty!" [Das bist sicher du!]; III. „Blagovonnaja noč" [Duftende Nacht]; IV. „I zarja, zarja!" [Und Dämmerung, Dämmerung!]; V. „Ėto vse vesna" [Es ist alles Frühling]; VI. „Primety" [Omen]; VII. „Ne izbegaj…" [Lauf nicht fort]; VIII. „Šumela polnočnaja v'juga…" [Es toste der mitternächtliche Schneesturm]; IX. „Bal" [Ball]; X. „Žizn' proneslas'" [Das Leben verging wie im Flug]. – Sovk. – UA Moskau 1984 (8. Sept.); 30'

Anatoly Aleksandrovič Safiulin gewidmet. Die Uraufführung wurde durchgeführt von Anatoly Safiulin (Bass) und M. Weinberg (Pno). Im Manuskript vom Komponisten eingetragen: 15.-30.8.1981, Staraja Ruza

1982

3. Sonate für Viola solo op. 135. – fünf Sätze [unbez.]. – Pe; 30'

Michail Nikolaevič Tolpygo gewidmet. Im Manuskript vom Komponisten eingetragen: 8.-18.8.1982, Staraja Ruza.

6. Sonate für Violine und Klavier op. 136. – drei Sätze [unbez.]. – Pe; 10'

Dem Andenken an die Mutter gewidmet. Die Sonate trägt dieselbe Opusziffer wie die Sonate Nr. 4 für Viola solo (1983). Im Manuskript wurde von Weinberg eingetragen: 1.1.-14.10.1982, Moskau. Im VAAP-Katalog wird dieses Werk nicht geführt.

Andante für Klavier – [Skizze] – Ms.

Diese Skizze findet sich im MWMA, einliegend im Manuskript der Sonate Nr. 6 für Violine und Klavier op. 136.

Tri sestry [Drei Schwestern]. Musik für ein Theaterstück von Anton Čechov. – Ms (verschollen). – UA Moskau

Alle Angaben entstammen dem VAAP-Katalog (S.77). Die Aufführung(en?) fanden statt am Moskauer Theater Sovremennik, Regie: G. Volček, G. Sokolova.

1982/84

17. Symphonie *Pamjat'* [Erinnerung] op. 137. Für großes Symphonieorchester. – I. Adagio sostenuto; II. Allegro molto; III. Allegro moderato, pesante; IV. Andante. – Pe. – UA Moskau 1984 (1. Nov.); 45'

Dem Andenken der im Großen Vaterländischen Krieg Gefallenen gewidmet. Der Symphonie ist ein Epigraph von Anna Achmatova vorangestellt: Ty stala vnov' mogučej i svobodnoj,/ Moja strana,/ No živy navsegda/ V sokroviščnice pamjati narodnoj/ vojnoj ispepelennye goda [Du bist erneut mächtig und frei geworden,/ Mein Land,/ Aber lebe immerdar/ im Schatz des Gedenkens an die vom Vaterländischen/ Krieg verbrannten Jahre.]

Die Uraufführung erfolgte im Rahmen des Musikfestivals „Moskauer Herbst" und wurde durchgeführt vom Zentralen Radio- und TV-Symphonieorchester, Ltg. V. Fedoseev. Im Manuskript vom Komponisten eingetragen: 1.1.1982-22.3.1984, Moskau

Die 17. Symphonie wurde zusammen mit der 18. und 19. Symphonie (op. 138 und op. 142) unter dem zweisprachigen Titel *Perestupiv vojny porog [Die Schwelle des Krieges überschritten] / To outlive the war* (SovK 1988) veröffentlicht. Der Titel verweist auf einen Vers von Aleksandr Tvardovskij, den Weinberg seinem Requiem op. 96 voranstellte. In den Manuskripten der Symphonien finden sich jedoch keine Hinweise darauf, dass Weinberg die Werke dezidiert als Trilogie anlegte.

18. Symphonie *Vojna – žestoče netu slova* [Krieg – Kein Wort ist grausamer] op. 138. Auf volkstümliche Worte und Verse von Sergej Orlov und Aleksandr Tvardovskij. Für gem. Chor und großes Symphonieorchester. – I. Adagio; II. Lento. Text: S. Orlov; III. Allegro moderato; Text: Volkstümliche Verse; IV. Largo. Text: A. Tvardovskij. – Pe. – UA Moskau 1985; 42'

Dem Andenken der im Großen Vaterländischen Krieg Gefallenen gewidmet. Die Uraufführung erfolgte im Rahmen des Musikfestivals „Moskauer Herbst" und wurde durchgeführt vom zentralen Radio- und TV-Symphonieorchester, Ltg. V. Fedoseev, Akademischer Chor Lettland, Ltg. I. Cepitis. Neben der Partitur ist im Archiv ein Manuskript der Chorpartitur enthalten. Die Orchesterpartitur wurde vom Komponisten datiert auf den Zeitraum vom: 1.1.1982-7.10.1984, die Chorpartitur auf den Zeitraum: 1.1.1982-28.9.1984. Ort: Moskau.

Die 18. Symphonie wurde zusammen mit der 17. und 19. Symphonie (op. 137 und op. 142) unter dem zweisprachigen Titel *Perestupiv vojny porog [Die Schwelle des Krieges überschritten] / To outlive the war* (SovK 1988) veröffentlicht. Der Titel verweist auf einen Vers von Aleksandr Tvardovskij, den Weinberg seinem Requiem op. 96 voranstellte. In den Manuskripten der Symphonien finden sich jedoch keine Hinweise darauf, dass Weinberg die Werke dezidiert als Trilogie anlegte.

1983

Dvenadcat miniatjur [Zwölf Miniaturen] für Flöte und Klavier op. 29bis. – I. „Improvizacija" [Improvisation]: Maestoso; II. „Arietta": Andante con moto; III. „Burleska" [Burleske]: Allegro moderato; IV. „Kapriččio" [Capriccio]: Marciale marcatissimo; V. „Noktjurn" [Nocturne]: Andantino; VI. „Val's" [Walzer]: Allegro molto; VII. „Oda" [Ode]: Largo; VIII. „Duėt" [Duett]: Andante tranquillo; IX. „Barkarolla" [Barkarole]: Moderato commodo; X. „Ėtjud" [Etüde]: Presto; XI. „Intermecco" [Intermezzo]: Adagio; XII. „Pastoral'" [Pastorale]: Allegretto. – Pe. – 20'

Es handelt sich hierbei um eine Bearbeitung von op. 29 (1944). Im Manuskript vom Komponisten vermerkt: 31.03.1983, Moskau. Auf der RGALI-Liste wird das Werk dem Jahr 1946 zugeordnet.

4. Sonate für Viola solo op. 136. – drei Sätze [unbez.]. – Pe

Michail Nikolaevič Tolpygo gewidmet. Im Manuskript vom Komponisten vermerkt: 8.-31.21.83, Moskau. Die Sonate trägt dieselbe Opusziffer wie die 6. Sonate für Violine und Klavier (1982).

Zwei Fugen für Klavier. – Pe

Im Manuskript vom Komponisten eingetragen: „Dlja Miločka Berlinskoj" [Für Miločka Berlinskaja]. 21.6.1983, Moskau. Weinberg komponierte diese kleinen Fugen anscheinend für die Tochter von Valentin Berlinskij, mit der diese ihre Tonsatzprüfung am Konservatorium bestand.

1985

4. Sonate für Violoncello solo op. 140. – I. Andante; II. Allegro. – Pe; 9'10"

Valentin Berlinskij zu seinem 60. Geburtstag gewidmet. Im Manuskript vom Komponisten vermerkt: 1.-18.1.1985, Moskau. Es existiert eine weitere Fassung der Sonate, die Weinberg als op. 140bis (1985/86) in die Werkszählung aufnahm.

19. Symphonie *Svetlyj Maj* [Heiterer Mai] für großes Symphonieorchester op. 142. – Einsätzig [Moderato]. – Pe. – UA Moskau 1986 (23. Nov); 31'

Die Uraufführung wurde im Rahmen des „Moskauer Herbstes" durchgeführt vom Zentralen Radio- und TV-Symphonieorchester, Ltg. V. Fedoseev. Dem Werk ist ein Epigraph von Anna Achmatova vorangestellt: „Pobeda u našich stoit dverej…/ Kak gost'ju želannuju vstretim?/ Pust' ženščiny vyše podnimut detej,/ Spasennych ot tysjač smertej, -/ Tak my dolgoždannoj otvetim. …] [Der Sieg steht vor unserer Tür…/ Wie treten wir dem ersehnten Gast gegenüber?/ Die Frauen werden ihre Kinder hochheben,/ Geborgen vor tausend Toden,/ So begegnen wir dem Langersehnten.]. Im Manuskript vom Komponisten eingetragen: 1.1.-25.7.1985, Moskau.

Die 19. Symphonie wurde zusammen mit der 17. und 18. Symphonie (op. 137 und op. 138) unter dem zweisprachigen Titel *Perestupiv vojny porog [Die Schwelle des Krieges überschritten] / To outlive the war* (SovK 1988) veröffentlicht. Der Titel verweist auf einen Vers von Aleksandr Tvardovskij, den Weinberg seinem Requiem op. 96 voranstellte. In den Manuskripten der Symphonien finden sich jedoch keine Hinweise darauf, dass Weinberg die Werke dezidiert als Trilogie plante.

Znamena mira. Toržestvennaja poèma [Die Friedensbanner. Festliches Poem] op. 143. Für großes Symphonieorchester. – Einsätzig [Andante]. – Ms. – UA Moskau 1986 (23. Feb.)

Der 27. Konferenz der Kommunistischen Partei der Sowjetunion gewidmet. Die Uraufführung wurde im Rahmen des „Moskauer Herbstes" durchgeführt vom Zentralen Radio- und TV-Symphonieorchester, Ltg. V. Fedoseev. Im Manuskript vom Komponisten vermerkt: 1.4.-8.10.1985, Moskau.

1985/86

4. Sonate für Violoncello solo op. 140bis. – I. Andante; II. Adagio; III. Allegro. – Pe; 12'16"

Es handelt sich hierbei um eine überarbeitete Version von op. 140 (1985). Im Manuskript vom Komponisten eingetragen: 1.-18.1.1985, 19.4.1986, Moskau.

1986

Idiot [Der Idiot]. Oper in 4 Akten und 10 Bildern op. 144. Libretto: Aleksandr Medvedev, nach dem gleichnamigen Roman von Fedor Dostoewskij. Für Soli, Schauspieler und großes Symphonieorchester. – Sik. – UA [gekürzte Fassung] Moskau 1991 (19. Dez.); 160'

Uraufgeführt wurde bisher nur eine gekürzte Fassung des Stücks in einer Version für Kammerorchester (1989). Die Datierungen in der handschriftlichen Klavierpartitur verweisen auf den Zeitraum vom 9.3.1986 bis zum 4.6.1986, die Orchesterpartitur ist auf den 15.3.1987 datiert. Ort: Moskau.

1. Kammersymphonie op. 145. – I. Allegro; II. Andante; III. Allegretto; IV. Presto. – Pe; 27'35"

Im Manuskript vom Komponisten eingetragen: August 1986, Moskau. Bei der Kammersymphonie handelt es sich um ein Arrangement des 2. Streichquartettes op. 3/145 (1939/40). Den Angaben von Manašir Jakubov zufolge widmete Weinberg Opus 145 dem Dirigenten Michail (Miša) Rachlevskij. Auf den eingesehenen Manuskripten war keine Widmung eingetragen.

17. Streichquartett op. 146. – Einsätzig [Allegro]. – UA Manchester 2009 (21. Nov.). – Pe; 17'

Dem Borodin Quartett zum 40. Jahrestag gewidmet. Die mutmaßliche Uraufführung erfolgte durch das Quatuor Danel: Marc Danel (Vl), Gilles Milet (Vl), Vlad Bogdanas (Va), Guy Danel (Vc). Im Manuskript vom Komponisten eingetragen: 23.1.1986, Moskau.

1987

2. Kammersymphonie op. 147. – I. Allegro molto; II. Moderato [Pesante]; III. Andante sostenuto. – Pe; 18'

Im Manuskript vom Komponisten eingetragen: 29.4.87, Moskau. Bei der Kammersymphonie handelt es sich um ein Arrangement des 3. Streichquartetts op. 14 (1944).

Konzert Nr. 2 für Flöte und Symphonieorchester op. 148. – I. Allegro; II. Largo; III. Allegretto. – Pe; 21'

Aleksandr Vasil'evič Korneev gewidmet. Im Manuskript der Partitur vom Komponisten eingetragen: 10.11.1987. Das Manuskript der Flötenstimme vom Komponisten eingetragen: 13.11.1987, im Klavierauszug: 15.10.1987. Ort: Kratovo-Moskau. Das Konzert wurde von Weinberg als op. 148bis für Flöte und Streichorchester arrangiert. Datierung dieser Fassung: 17.10.1987

Der 2. Satz entstammt dem Liederzyklus op. 110, allerdings einen Halbton tiefer transponiert. Darüber hinaus existiert der Satz (ebenfalls einen Halbton transponiert) auch als Version für Violine und Klavier.

1988

Mir narodam! [Friede den Völkern!]. Poem für Knabenchor und Symphonieorchester. Verse von S. Maršak op. 149. – Einsätzig [Moderato]. – Ms

Der 19. Allunions-Konferenz der Kommunistischen Partei der Sowjetunion gewidmet. Im Manuskript des Klavierauszuges vom Komponisten eingetragen: 21.3.1988. Im Manuskript der Orchesterpartitur: 30.3.1988, Ort: Moskau.

20. Symphonie für großes Orchester op. 150. – I. Adagio; II. Allegretto; III. Con moto; IV. Allegro molto; V. Lento. – Pe; 39'37"

V[ladimir] I[vanovič] Fedoseev und dem großen Radio-Symphonieorchester gewidmet. Im Manuskript der Orchesterpartitur vom Komponisten vermerkt: 12.8.1988, Moskau. Das Manuskript des Klavierauszugs verweist auf den Zeitraum vom 14.7.1988 bis zum 28.7.1988.

Otče naš! [Vater unser!] . – Lied für Gesang und Klavier [?]. – Ms

Im Manuskript vom Komponisten eingetragen: 13.10.1988.

Es handelt sich dabei um eine Skizze, aus der nicht genau hervorgeht, welche Begleitung angedacht ist. Möglicherweise handelt es sich bei dem Lied um einen Teil der Filmmusik zu dem gleichnamigen Film (Regie: Boris Ermolaev, siehe Filmographie).

1990

3. Kammersymphonie op. 151. – I. Lento; II. Allegro molto; III. Adagio; IV. Andantino. – Pe; 31'25".

Im Manuskript vom Komponisten eingetragen: 13.4.1990, Moskau. Opus 151 ist eine Neubearbeitung des 5. Streichquartetts op. 27 (1945).

1991

21. Symphonie für Sopran und großes Symphonieorchester op. 152. – Einsätzig [Largo]. – Ms

Dem Andenken der im Warschauer Ghetto Umgekommenen gewidmet. Die Orchesterpartitur ist datiert auf den 24.2.1991. Im Manuskriptenarchiv des Komponisten finden sich Skizzenblätter und Notizen zu diesem Werk. Das Titelblatt des Konvoluts ist datiert auf die Jahre 1965-91. Auf einem weiteren eingelegten Titelblatt ist die Symphonie op. 152 mit *Plač* [Klage] betitelt; darauf verzeichnet sind die Jahreszahlen 1989-1991, innen ist als Datierung vom Komponisten der 16.2.1991 eingetragen. Laut David Fanning befindet sich im Familienarchiv eine Kopie des VAAP-Katalogs, in dem dieses Werk handschriftlich mit dem Untertitel *Kaddish* versehen ist (Fanning 2010a, S. 215).

1992

4. Kammersymphonie op. 153. – Einsätzig [Lento]. – Pe. – UA Finnland 2010 (30. März); 34'20"

Boris [Aleksandrovič] Čajkovskij gewidmet. Die Uraufführung wurde durchgeführt vom Lapland Symphonieorchester, Ltg. John Storgårds, Pekka Niskanen (Klar.). Im Manuskript vom Komponisten eingetragen: 30.4.1992 bis [schlecht leserlich, 1./2.].5.1992.

1994

22. Symphonie op. 154. – [unvollendet] I. „Fantazija" [Fantasie]: Lento; II. „Intermecco" [Intermezzo]: Con moto; III. „Reminiscencii" [Reminiszenz]: Adagio; [...]. – Ms
Widmung: Für Olga, meine Frau.

Es handelt sich bei dieser Symphonie um eine unvollständige Partiturskizze. Auf dem Titelblatt des Manuskripts bezeichnete Weinberg das Werk als 21. Symphonie. Als Datierung vom Komponisten eingetragen: 25.3.1994, 10.5.1994.

Werke, die zeitlich nicht genau eingeordnet werden können:

„Muzykanty. Češskaja narodnaja pesnja" [Musikanten. Tschechisches Volkslied]. – Einsätzig [Allegro moderato]. – Ms

Es handelt sich dabei um eine Bearbeitung, die Weinberg den Angaben auf dem Manuskript zufolge vorgenommen hat. Das Manuskript selbst wurde verfasst von Leonid O. Utesov. Den Angaben des RGALI zufolge, stammt es aus den 1960er Jahren, was jedoch nicht überprüft werden konnte.

Filmographie

Für die Erstellung dieses Verzeichnisses wurden maßgeblich Informationen der on-line verfügbaren Kinodatenbank Kino-teatr.ru verwendet, des Katalogs der Moskauer Vereinigten Agentur für Autorenrechte (VAAP-Katalog, Sladkova 1986) und einer Werksliste, die sich in der Personalakte des Sojuz kompozitorov RSFSR (Komponistenverband der RSFSR) befindet (RGALI, f. 2490, op. 4, ed. chr. 319, l. 86-91; im Folgenden abgekürzt mit RGALI-Liste). Die aus diesen Quellen erhobenen Daten wurden – soweit möglich – anhand der Filme selbst überprüft.

1936

Fredek uszczęśliwia świat [Fredek macht die Welt glücklich]. Komödie. – Varsowia Film. – Regie: Zbigniew Ziembiński. – Premiere: 16.09.1936 (Polen).

Neben Weinberg werden Wiktor Krupiński und Wanda Vorbond als für die Musik zuständig genannt. Weinberg wird die ‚musikalische Illustration‘ zugeschrieben.

1949

Polkan i Šafka [Polkan und Šafka]. Zeichentrickfilm. – Sojuzmul'tfil'm. – Regie: Aleksandr Ivanov.

1950

Deduška i vnuček [Großvater und Enkelchen]. Zeichentrickfilm. – Sojuzmul'tfil'm. – Regie: Aleksandr Ivanov.

1953

Chrabry Pak [Der mutige Pak]. Zeichentrickfilm. – Sojuzmul'tfil'm. – Regie: Evgenij Rajkovskij, Vladimir Degtjarev.

Krašenyj lis [Der angemalte Fuchs]. Zeichentrickfilm. – Sojuzmul'tfil'm. – Regie: Aleksandr Ivanov.

1954

Ukrotitel'nica tigrov [Die Tigerdompteurin]. Komödie. – Lenfil'm. – Regie: Nadežda Koševerova, Aleksandr Ivanosvskij. – Premiere: 11.03.1955.

Dva Druga [Zwei Freunde]. Kinderfilm. – Kinostudija im. M. Gor'kogo. – Regie: Viktor Ėjzymont. – Premiere: 29.03.1955.

Na lesnoj ėstrade [Auf der Waldbühne]. Zeichentrickfilm. – Sojuzmul'tfil'm. – Regie: Ivan Aksenčuk.

Tanjuša, Tjavka, Top i Njuša [Tanjuša, Tjavka, Top und Njuša]. Puppentrickfilm. – Sojuzmul'tfil'm. – Regie: Viktor Gromov.

1956

Lesnaja istorija [Waldgeschichte]. Zeichentrickfilm. – Sojuzmul'tfil'm. – Regie: Aleksandr Ivanov, Lev Posdneev.

Medovyj mesjac [Flitterwochen]. Komödie. – Lenfil'm. – Regie: Nadežda Koševerova. – Premiere: 10.12.1956.

Dvenadcat' mesjacev [12 Monate]. Zeichentrickfilm (Spielfilmlänge). – Sojuzmul'tfil'm. – Regie: Michail Botov.

1956/57

Letjat žuravli [Die Kraniche ziehen]. Drama. – Mosfil'm. – Regie: Michail Kalatozov. – Premiere: 12.10.1957

Archivunterlagen zur Entstehung des Filmes weisen auf den alternativen Titel *Za tvoju žizn'* [Für dein Leben] hin (RGALI, fond 2453, op. 5, ed. chr. 463). Skizzen zur Vertonung des Filmmaterials datierte Weinberg auf den 23. November 1956, Ortsangabe: Moskau.

1957

Skazka o sneguročke [Das Märchen vom Schneewittchen]. Puppentrickfilm. – Sojuzmul'tfil'm. – Regie: Vladimir Degtjarev, V. Danilevič.

1958

Šofer ponevole [Chauffeur wider Willen]. Komödie. – Lenfil'm. – Regie: Nadežda Koševerova. – Premiere: 18.7.1958.

1959

Poslednij djujm [Der letzte Zoll]. Drama. – Lenfil'm. – Regie: Teodor Vul'fovič, Nikita Kurichin. – Premiere: 10.6.1959.

1959/60

Jaša Toporkov. Spielfilm. – Mosfil'm. – Regie: Evgenij Karelov. – Premiere: 10.5.1960.

1960

Most perejti nel'zja [Die Brücke überqueren verboten]. Drama. – Lenfil'm. – Regie: Teodor Vul'fovič, Nikita Kurichin.

Poslednie zalpy [Die letzten Salven]. Heldenfilm. – Mosfil'm. – Regie: Leon Saakov. – Premiere: 9.5.1961.

Pro kozla [Von der Ziege]. Puppentrickfilm. – Sojuzmul'tfil'm. – Regie: Vadim Kurčevskij, Iosif Bojarskij.

1961

Bar'er Neizvestnosti [Die Hürde des Unbekannten]. Drama. – Lenfil'm. – Regie: Nikita Kurichin. – Premiere: 29.3.1962.

Sud sumasšedšich [Das Gericht der Verrückten]. Science-Fiction. – Mosfil'm. – Regie: Grigorij Rošal'. – Premiere: 29.4.1962.

Funtik i ogurcy [Funktik und die Gurken]. Zeichentrickfilm. – Sojuzmul'tfil'm. – Regie: Leonid Aristov.

1962

Molodo-zeleno [Jung und unreif]. Melodram. – Mosfil'm. – Regie: Konstantin Voinov. – Premiere: 13.11.1962.

Neobyknovennyj gorod [Die ungewöhnliche Stadt]. Abenteuerfilm. – Kinostudija im. M. Gor'kogo. – Regie: Viktor Ėjzymont. – Premiere: 3.4.1963.

1963

Ulica N'jutona, dom 1 [Newton-Straße, Haus 1]. Spielfilm. – Lenfil'm. – Regie: Teodor Vul'fovič. – Premiere: 21.10.1963.

1964

Kto poedet na vystavku? [Wer geht zur Ausstellung?]. Puppentrickfilm. – Sojuzmul'tfil'm. – Regie: Vladimir Degtjarev.

Možno i nel'zja [Erlaubt und verboten]. Zeichentrickfilm. – Sojuzmul'tfil'm. – Regie: Lev Mil'čin.

Toptyžka. Zeichentrickfilm. – Sojuzmul'tfil'm. – Regie: Fedor Chitruk.

1964/65

Oni ne projdut [Sie kommen nicht wieder]. Drama. – Mosfil'm. – Regie: Siegfried Kühn. – Premiere: 7.11.1965.

1965

Giperboloid inženera Garina [Der Hyperboloid des Ingenieurs Garin]. Science-Fiction. – Kinostudija im. M. Gor'kogo.

Kanikuly Bonifacija [Die Ferien des Bonifaz]. Zeichentrickfilm. – Sojuzmul'tfil'm. – Regie: Fedor Chitruk.

Pereklička [Der Appell]. Drama. – Tadžikfil'm. – Regie: Daniil Chrabrovickij. – Premiere: 4.4.1966.

1965/66

Seraja bolezn' [Die graue Krankheit]. Tragikomödie. – Kinostudija im. M. Gor'kogo. – Regie: Jakov Segel'. – Premiere: 27.12.1966.

1966

Po tonkomu l'du [Auf dünnem Eis]. Kriegsfilm. – Mosfil'm. – Regie: Damir Vjatič-Berežnych. – Premiere: 26.9.1966.

1967

Tat'janin den' [Tatjana-Tag]. Drama. – Kinostudija im. M. Gor'kogo. – Regie: Isidor Annenskij. – Premiere: 4.3.1968.

Fokusnik [Der Zauberkünstler]. Drama. – Mosfil'm. – Regie: Petr Todorovskij. – Premiere: 18.3.1968.

Krepkij orešek [Die harte Nuss]. Komödie. – Mosfil'm. – Regie: Teodor Vul'fovič. – Premiere: 15.7.1968.

1968

Beg inochodca [Der Lauf der Pferde]. Drama. – Mosfil'm. – Regie: Sergej Urusevskij. – Premiere: 19.1.1970.

1969

Vinni-Puch [Pu der Bär]. Zeichentrickfilm. – Sojuzmul'tfil'm. – Regie: Fedor Chitruk.

Skazka pro kolobok [Das Märchen vom Brotleib]. Puppentrickfilm. – Regie: Natal'ja Červinskaja.

1970

Byl'-nebylica [Es war einmal – ein Märchen]. Zeichentrickfilm. – Sojuzmul'tfil'm. – Regie: Vladimir Polkovnikov.

1971

Vinni-Puch idet v gosti [Pu der Bär macht einen Besuch]. Zeichentrickfilm. – Sojuzmul'tfil'm. – Regie: Fedor Chitruk.

Samyj mladšij doždik [Das kleinste Regentröpfchen]. Puppentrickfilm. – Sojuzmul'tfil'm. – Regie: Stella Aristakesova.

1972

Za vse v otvete [Für alles in der Verantwortung]. Drama. – Mosfil'm. – Regie: Georgij Natanson. – Premiere: 15.1.1973.

Vinni-Puch i den' zabot [Pu der Bär und der Sorgentag]. Zeichentrickfilm. – Sojuzmul'tfil'm. – Regie: Fedor Chitruk, Genadij Sokol'skij.

1973

Nejlon 100% [100% Nylon]. Musikkomödie. – Mosfil'm. – Regie: Vladimir Basov. – Premiere: 17.12.1973.

Tovarišč General [Genosse General]. Kriegsfilm. – Mosfil'm. – Regie: Teodor Vul'fovič. – Premiere: 7.1.1974.

1974

Carevič Proša [Zarewitsch Proša]. Märchenmusical. – Lenfil'm. – Regie: Nadežda Koševerova. – Premiere: 18.11.1974.

Afonja. Komödie. – Mosfil'm. – Regie: Georgij Danelija. – Premiere: 13.10.1975.

1975

Čestnoe volšebnoe [Aufrichtige Zauberkraft]. Märchenmusical. – Kinostudija im. M. Gor'kogo. – Regie: Georgij Pobedonoscev. – Premiere: 23.2.1976.

Kak verbljužonok i oslik v školu chodili [Wie das kleine Kamel und das Eselchen in die Schule gingen]. Zeichentrickfilm. – Sojuzmul'tfil'm. – Regie: Leonid Švarcman.

Moj dom-teatr [Mein Zuhause – das Theater]. Biogr. Drama. – Mosfil'm. – Regie: Boris Ermolaev. – Premiere: April 1987.

1976

Prosto tak [Einfach so]. Zeichentrickfilm. – Sojuzmul'fil'm. – Regie: Stella Aristakesova.

Kak Ivanuška-duraček za čudom chodil [Wie Ivanuschka-Dummkopf das Wunder suchte]. Märchenmusical. – Lenfil'm. – Regie: Nadežda Koševerova. – Premiere: 24.10.1977.

1977

Marka strany Gondelupy [Eine Briefmarke des Landes Gondelupa]. Kinderfilm. – Kinostudija im. M. Gor'kogo. – Regie: Julij Fajt. – Premiere: April 1978.

1978

Šestvie zolotych zverej [Der Zug der goldenen Tiere]. Detektivfilm. – Mosfil'm. – Regie: Teodor Vul'focič. – Premiere: Feb. 1979.

1979

Ušastik [Langohr]. Puppentrickfilm. – Ėkran. – Regie: Ol'ga Rozovskaja.

Solovej [Nachtigall]. Märchen. – Lenfil'm. – Regie: Nadežda Koševerova. – Premiere: Jun. 1980.

1980

Tegeran-43 [Teheran-43]. Spionagefilm. – Mosfil'm, Mediterranee Cinema (Frankreich), ProDis Film (Schweiz). – Regie: Aleksandr Alkov, Vladimir Naumov. – Premiere: 8.7.1981 (Paris), 5.3.1982 (Bern).

1981

Ušastik i ego druz'ja [Ušastik und seine Freunde]. Puppentrickfilm. – Ėkran. – Regie: Ol'ga Rozovskaja.

1982

Ušastik. Kak gusenok na lisu ochotilsja [Ušastik. Wie das Entchen auf den Fuchs Jagd machte]. Puppentrickfilm. – Ėkran. – Regie: Ol'ga Rozovskaja.

Ušastik. Tainstvennaja propaža [Ušastik. Der geheimnisvolle Untergang]. Puppentrickfilm. – Ėkran. – Regie: Ol'ga Rozovskaja.

Oslinaja škura [Das Eselsfell]. Märchen. – Lenfil'm. – Regie: Nadežda Koševerova. – Premiere: Dez. 1982.

1983

O strannostjach ljubvi [Von den Seltsamkeiten der Liebe]. – Mosfil'm. – Regie: Teodor Vul'fovič. – Premiere: 16.1.1985.

Lev i byk [Der Löwe und der Stier]. Zeichentrickfilm. – Sojuzmul'tfil'm. – Regie: Fedor Chitruk.

1984

I vot prišel Bumbo... [Und dann kam Bumbo...]. Kinderfilm. – Lenfil'm. – Regie: Nadežda Koševerova. – Premiere: Februar 1985.

1987

Skazka pro vljublennogo maljara [Das Märchen vom verliebten Maler]. Kinderfilm. – Regie: Nadežda Koševerova.

1989

Malenkij čelovek v bol'šoj vojne [Kleiner Mensch im großen Krieg]. Drama. – Uzbekfil'm. – Regie: Šuchrat Abbasov. – Premiere: März 1990.

Die Vertonung dieses Filmes erfolgte in Zusammenarbeit mit Veniamin Basner.

Otče naš [Vater unser]. Drama. – Mosfil'm. – Regie: Boris Ermolaev.

Archivunterlagen weisen auf erste Arbeiten bzw. ein Drehbuch zu dem Film bereits im Jahre 1964 hin.

Abbildungsverzeichnis

Notenmanuskripte (Weinberg):

Folgende Manuskriptausschnitte der Kompositionen M. Weinbergs wurden als Bildmaterial verwendet. Ich danke Peermusic Classical und dem RGALI für die Abdruckerlaubnis des Materials.

Bildmaterial:

Das verwendete Bildmaterial stammt aus dem YIVO und den Privatarchiven von O'lga Rochal'skaja und Victoria Bishops sowie dem RGALI. Ich danke Frau Rochal'skaja und Frau Bishops sowie dem YIVO und dem RGALI für die Erteilung der Abdruckgenehmigung.

Verwendetes Notenmaterial / Notenbeispiele

Auszüge aus folgenden Werken wurden als Notenbeispiele angeführt:

M. Weinberg:

Soweit nicht anders gekennzeichnet © Mit freundlicher Genehmigung von Peermusic Classical, New York and Hamburg.

1. Symphonie op. 10
Evrejskie pesni für Gesang und Klavier nach Gedichten von Itzhok Lejb Perez.
   Russischer Text: Natal'ja P. Končalovskaja. Erster Zyklus op. 13.
Evrejskie pesni für Gesang und Klavier auf Verse von Shmuel Galkin, 2. Zyklus op. 17
Quintett für Klavier und Streichquartett op. 18
4. Streichquartett in Es-Dur op. 20
Trzy pieśni für Gesang und Klavier nach Versen von Adam Mickiewicz op. 22
Trio für Violine, Violoncello, Klavier, op. 24
5. Streichquartett in B-Dur op. 27
2. Symphonie für Streichorchester op. 30
6. Streichquartett in e-moll op. 35
Prazdničnye kartiny. Simfoničeskij cikl. Für Symphonieorchester op. 36
Sinfonietta Nr. 1 für großes Symphonieorchester op. 41 (© Mit freundlicher Genehmigung MUSIKVERLAG HANS SIKORSKI GMBH & CO. KG, Hamburg)
Biblia cygańska / Biblija ciganskaja. Romanzen für Mezzosopran und Klavier nach Versen von Julian Tuwim op. 57

Stare listy / Starye pis'ma. Romanzen für Sopran und Klavier nach Versen von Julian Tuwim op. 77

8. Symphonie *Kwiaty polskie / Cvety Pol'ši* [Die Blumen Polens] auf Verse von Julian Tuwim für Tenor, gem. Chor und großes Symphonieorchester op. 83

12. Symphonie für großes Symphonieorchester op. 114 (© Mit freundlicher Genehmigung MUSIKVERLAG HANS SIKORSKI GMBH & CO. KG, Hamburg)

D. Šostakovič:

© Mit freundlicher Genehmigung MUSIKVERLAG HANS SIKORSKI GMBH & CO. KG, Hamburg

7. Symphonie op. 60

Klaviertrio e-Moll op. 67

13. Symphonie op. 113

Sonstige:

Felix Mendelssohn-Bartholdy: Oktett in Es-Dur op. 20

Johann Strauss: „Wiener Blut" op. 354

Frédéric F. Chopin: Klaviersonate Nr. 2 op. 35

Benjamin Britten: *The Turn of the Screw* © Copyright 1955 Hawkes & Son (London) Ltd. Mit freundlicher Genehmigung Boosey & Hawkes Bote & Bock, Berlin

Kurt Weill: „Surabaya Johnny" aus „Happy End" von Kurt Weill/Bertolt Brecht; © Copyright 1958, 1980 by Universal Edition A.G. Wien /UE 17243

Franz Schubert: *Marche Militaire* op. 51

Danksagung

Vielen Menschen, die meine Arbeit an diesem Buch begleitet haben, bin ich zu großem Dank verpflichtet: Zuvorderst Prof. Dr. Friedrich Geiger, der nicht nur die Promotion begleitet hat, sondern mir auch im Laufe meiner gesamten wissenschaftlichen Ausbildung immer ein Vorbild war, faktische Genauigkeit und inhaltliche Integrität zum obersten Prinzip meiner Arbeit zu machen. Mein Dank gilt auch Prof. Dr. Ivana Rentsch, die mein Promotionsverfahren als Zweitgutachterin betreut hat sowie den Mitgliedern des Prüfungsausschusses Prof. Dr. Clemens Wöllner, Jun.-Prof. Dr. Anna Artwińska und Prof. Dr. Reinhard Flender. Prof. Flender möchte ich besonders erwähnen, da ich ihm – damals noch in seiner Funktion als Geschäftsführer von Peermusic Classical – zu verdanken habe, dass ich überhaupt mit dem Œuvre Weinbergs in Berührung kam. Er war es, der mir vor vielen Jahren erstmals Hörbeispiele der Musik Weinbergs übergab und mir nahelegte, sich mit dem Werk dieses damals noch völlig unbekannten Komponisten wissenschaftlich zu beschäftigen.

Der Gerda-Henkel-Stiftung bin ich unglaublich dankbar, dass mir durch ein Promotionsstipendium der Stiftung ermöglicht wurde, mich über drei Jahre hinweg uneingeschränkt meinem Forschungsvorhaben widmen zu können. Dabei hat nicht nur die großzügige finanzielle Unterstützung zum Gelingen der Arbeit beigetragen, sondern maßgeblich auch der Umstand, dass die Gremien dort an mein Thema und mich geglaubt, und mich dadurch angespornt und ermutigt haben! Dafür danke ich der Gerda-Henkel-Stiftung und namentlich vor allem Frau Dr. Angela Kühnen und Herrn Dr. Michael Hanssler. Weiterer Dank gilt der Gleichstellungsbeauftragten der Universität Hamburg, Frau Prof. Britta Ramminger, die über den Gleichstellungsfond die unmittelbare Abschlussphase der Arbeit unterstützend gefördert hat.

Eine unglaubliche Unterstützung war mir Prof. Dr. Jörg Schönert, der mit seiner detailgenauen und konstruktiven Kritik das Entstehen der Arbeit unermüdlich begleitet hat und mir geholfen hat, die vielen Gedanken zu sortieren und zu bündeln. Dass unsere Diskussionen nie eskaliert sind, ist allein seiner unglaublichen Geduld geschuldet. Unverzichtbare Hilfe leistete auch Herr Arnt Nitschke (Peermusic Classical), der meine Forschungen mit großem Engagement unterstützt hat. Ihm habe ich zu verdanken, dass ich Einblick in das Manuskriptarchiv Weinbergs nehmen, und mich umfassend über das Werk von Frau Posmysz informieren konnte. Generell hat Peermusic Classical meine Arbeit zu jeder Zeit mit der Bereitstellung von Material und der großzügigen Vermittlung von Kontakten gefördert, wofür ich sehr danken möchte. Mein Dank gilt auch Herrn Duffek und dem Sikorski Musikverlag. Herrn Tommy Persson und Frau Ulrike Patow möchte ich ebenfalls für die freundliche Bereitstellung von Materialien und den jederzeit fruchtbaren und hilfsbereiten Austausch danken! Und wie schön war es, dass wir uns in Moskau einmal mit etwas mehr Zeit gesehen haben! Das gilt auch für David Fanning, dem ich herzlich dafür danken möchte, dass er vor allem den Anfang meines Forschungsvorhabens mit seiner kollegialen Hilfe unterstützt hat!

Weiteren Dank möchte ich Frau Brigitte van Kann und Herrn Helmut Butzmann aussprechen, denen ich viele anregende Gespräche, Übersetzungshilfen und wertvolle Informationen und Kontakte verdanke. Und dass aus einem frühen Weinberg-

Abend eine so wunderbare Freundschaft entstanden ist, das freut mich sehr! Weiterhin möchte ich Frau Rada Krohn Cortes für ihre Freundschaft und die geduldige Hilfe bei Übersetzungsfragen danken. So manches Manuskript wäre unentziffert geblieben ohne ihr scharfes Auge und ihre Hilfe. Ebenfalls erwähnt werden müssen die vielen hilfsbereiten und freundlichen Bibliotheksangestellten und Archivarinnen und Archivare, die mir vor allem in Moskau geholfen haben, die Unmengen von Material zu finden, zu sichten und teilweise zu vervielfältigen.

Ein ganz besonderer Dank gilt Herrn Axel Schaffran. Sein kritisches Auge und musiktheoretischer Scharfsinn haben ganz entscheidend zur Verbesserung und Konturierung meiner Arbeit beigetragen. Unsere (analytischen, philosophischen und oft grundsätzlich gern ausufernden) Diskussionen haben mir sehr geholfen, mich in der Unmenge von Notenmaterial zu orientieren und Weinbergs kompositorischen Stil zu fassen zu bekommen. Und dass es möglich ist, musikalische Analysen zu verfassen, ohne sich zwischen den Taktstrichen zu verlieren, habe ich vor allem von Axel Schaffran gelernt. Danke Dir, Axel!

Herrn Johann Layer danke ich für die Erstellung der Musikbeispiele und Korrekturen der musikalischen Analysen. Der Dank für die Endkorrektur gilt Herrn Wilhelm Schernus. Ein großes Dankeschön auch an Frau Dr. Marion Mayer-Hanke, deren Rückendeckung hat es mir möglich gemacht, mein Ziel nicht aus den Augen zu verlieren – sondern zu erreichen. Auch dem Team des „Nil" danke ich dafür, dass es mich immer aufgefangen hat. Ohne Euch wäre ich sicherlich vollkommen in den Noten verloren gegangen.

Ein letzter, unendlicher Dank gebührt schließlich vor allem meiner Familie, meinen Eltern und meinen Freunden, die über die Jahre hinweg viel Geduld mit mir hatten und starke Nerven bewiesen haben, wenn ich bisweilen selbige verlor, und die mich unterstützt und bestärkt haben, wenn mir die Kraft auszugehen drohte. Allen voran möchte ich meine Schwester Dr. Martina Mogl nennen, meinen „Schwippschwager" Michael Keuntje und meine beste Freundin Jessica Köhler. Sie alle haben starke Nerven und viel, viel (sehr viel) Geduld gebraucht. Ein ganz unfassbar großes Dankeschön gilt aber vor allem meinem besten Freund Jan Schlüter, der unermüdlich für mich da war, und der mich und vor allem auch meine Tochter Magdalena in der für alle wirklich aufreibenden Endphase der Dissertation unterstützt hat. Ohne Dich, Jan, hätte diese Arbeit nie beendet werden können.

Meiner Tochter Magdalena Elisa, deren Geburt im Winter 2009 dem Beginn dieser Arbeit nur um etwa ein halbes Jahr vorausgeht, gebührt indes sicherlich der größte Dank. Sie hat ihre Mama die ersten Lebensjahre hindurch immer mit Weinberg teilen müssen. Und ihre etwas genervte Frage „Wann bist Du endlich mit deiner Doktorarbeit fertig, Mama?", hat mich in den entscheidenden letzten Wochen der Arbeit sehr auf Tempo gebracht.

Magdalena ist diese Arbeit gewidmet.

 **Verena Mogl** schloss an der Universität Hamburg ihr Studium in Historischer und Systematischer Musikwissenschaft sowie in Neuerer deutscher Literatur mit dem Magister Artium ab. Im Anschluss war sie wissenschaftliche Mitarbeiterin im DFG-Projekt ›Pauline Viardot‹ an der Hochschule für Musik und Theater in Hamburg. Als Stipendiatin der Gerda-Henkel-Stiftung nahm sie ihre Arbeit an der Dissertation zu Mieczysław Weinberg auf. Seit September 2016 ist Verena Mogl wissenschaftliche Mitarbeiterin und Projektleiterin am Institut für kulturelle Innovationsforschung in Hamburg.